Deborah E. Lipstadt

Betrifft:
Leugnen des Holocaust

Aus dem Amerikanischen
von Gabriele Kosack

Rio Verlag
Zürich

Den Opfern und Überlebenden des Holocaust sowie denen, die ihre Geschichte lebendig erhalten und erzählen.

«Gedenke der vorigen Zeiten und hab acht auf die
Jahre von Geschlecht zu Geschlecht.»
Deuteronomium 32, Vers 7

CIP-Einheitsaufnahme
Lipstadt, Deborah E.: Betr.: Leugnen des Holocaust /
Deborah E. Lipstadt. Aus dem Amerikan. von Gabriele Kosack. -
Zürich: Rio-Verl., 1994
Einheitssacht.: Denying the Holocaust <dt.>

Published by arrangement with
The Free Press, A Division of Macmillan, Inc. (USA)

CH-8032 Zürich, Telefon 01 261 56 02
überarbeitete Auflage

Satz: Stempel Garamond 9,5/12 und 8/9, Rio Verlag, Zürich
Druck und Bindung: Offizin Andersen Nexö, Leipzig
ISBN 3-907768-10-8

Inhalt

Erwin Leiser
Der Vormarsch der Lügner

Deborah E. Lipstadts Buch «Betrifft: Leugnen des Holocaust» erscheint auf deutsch im «Superwahljahr» 1994. In der Auseinandersetzung mit den Neonazis im vereinten Deutschland wird eine so präzise Widerlegung der Propagandalügen der Holocaust-Leugner gebraucht. Aber nicht nur in Deutschland befinden sich die Rechtsradikalen mit ausländerfeindlichen und antisemitischen Parolen auf dem Vormarsch. Und überall, wo rechtsradikale Propaganda verbreitet wird, behaupten die Autoren antijüdischer Hetzschriften, der Holocaust hätte nicht stattgefunden, und in Auschwitz habe es keine Gaskammern gegeben. Wenn man leugnet, daß der Massenmord an sechs Millionen Juden die logische Folge des Antisemitismus im NS-Staat war, ist der Antisemitismus nicht mehr durch solche Verbrechen kompromittiert. Alte und neue Nazis können ihr Evangelium des Judenhasses predigen, ohne unbequeme Fragen nach der braunen Vergangenheit befürchten zu müssen. Das Leugnen des Holocaust macht den Antisemitismus salonfähig.

Die Holocaust-Leugnung findet unter dem Deckmantel der Wissenschaftlichkeit statt; sie versteckt sich hinter der Bezeichnung «revisionistische Geschichtsschreibung», um die unzähligen Berichte von Augenzeugen über die Vernichtungslager als unwahr abzufertigen. Mit Recht verzichtet Deborah E. Lipstadt soweit wie möglich darauf, den Begriff «Revisionismus» zu verwenden, mit dem die Holocaust-Leugner versuchen, ihren Verfälschungen von historischen Tatsachen den Schein legitimer wissenschaftlicher Forschungsresultate zu geben. Statt dessen spricht sie einfach von «Leugnung». Sie hat auch recht, wenn sie sich weigert, mit Holocaust-Leugnern öffentlich zu diskutieren. Wer ein Vorurteil vertritt, ist für vernünftige Argumente nicht zugänglich. Es hat keinen Sinn, mit ihm zu diskutieren. Indem man das tut, stellt man den Holocaust in Frage; man macht ihn zu einem Diskussionsgegenstand und wertet den Holocaust-Leugner auf. Dieser vertritt nicht «die andere Seite», sondern irrationale Lügen.

Je gemeiner eine Lüge ist, je unwahrscheinlicher eine Behauptung der braunen Hetzpropaganda wirkt, desto leichter wird sie geglaubt. Der

Durchschnittsbürger ist gutgläubig und kann sich nicht vorstellen, daß eine sensationelle Behauptung erlogen sein kann. Nach diesem Prinzip handelten Hitler, Goebbels und ihre Helfershelfer. Sie logen hemmungslos und bezichtigen zugleich ihre Gegner und Opfer der Lüge. Sie entwarfen Feindbilder, die Projektionen ihrer selbst waren, und beschuldigten Juden, Kommunisten und andere im NS-Staat verfolgte Gruppen ihrer eigenen Verbrechen. Die Holocaust-Leugner wenden die Methode der NS-Propaganda mit der gleichen Rücksichtslosigkeit an wie ihre Vorbilder, und mit dem gleichen Ziel: die Unterwanderung der Demokratie.

In der von den Holocaust-Leugnern immer wieder scharf angegriffenen Wochenzeitung «Die Zeit» schrieb Karl-Heinz Janssen am 31. Dezember 1993, die «Auschwitz-Lüge»* sei «... als Instrument gedacht, unser Staatswesen aus den Angeln zu heben». Janssen forderte alle, «... die in diesem Lande politische Verantwortung tragen ...», auf, «... die raffinierte Propaganda der antisemitischen Staatsfeinde ...» mit allen Mitteln zu bekämpfen, und fuhr fort: «Auf dem Spiel steht das moralische Fundament unserer Republik. Es geht um nichts weniger, als einen zweiten Judenmord zu verhüten.»

Wie sollen der Staat und die Medien mit den Neonazis umgehen? Man darf ihnen nicht die Möglichkeit geben, ihre Thesen in Radio und Fernsehen zu vertreten. Redefreiheit steht nur denen zu, die sie nicht mißbrauchen. Joseph Goebbels, der Propagandaminister des NS-Staates, sprach bereits vor der Machtergreifung des Nationalsozialismus voller Verachtung von den Regierenden der Weimarer Republik, die ihren Feinden die Tür zu den Medien öffneten, statt einzusehen, daß die demokratischen Freiheiten nicht für die gelten können, die die Demokratie abschaffen wollen. Die Flut der antisemitischen Hetzschriften steigt, sie überschwemmt nicht nur Deutschland, sondern auch Rußland und macht vor keinem Land halt, weder vor Dänemark, noch der Schweiz, Frankreich oder den USA. Die Amerikanerin Deborah E. Lipstadt hat ihr Buch vor allem für Leser in ihrem eigenen Land geschrieben, wo die «revisionistische» Geschichtsschreibung ihren Ursprung hat. Eine Untersuchung kurz vor der Einweihung des Holocaust-Museums in Washington zeigte 1993, daß jeder fünfte Amerikaner es ablehnt, an den Holocaust als historische Tatsache zu glauben. Steven Spielberg stellte bei einer Überprüfung amerikanischer Geschichtsbücher während der Vorarbeiten für den Film «Schindlers Liste» fest, daß die Schüler in den USA über den Holocaust entweder gar nicht oder nur sehr kurz und falsch informiert wer-

* also die Behauptung, die Gaskammern und den Massenmord, für die «Auschwitz» ein Sammelbegriff geworden ist, hätten die Juden erfunden, um die Deutschen zu erpressen.

den. Die Holocaust-Leugner haben aber nicht nur in den Vereinigten Staaten ein leichtes Spiel.

Man sollte meinen, daß den Aussagen der überlebenden Opfer des Holocaust über den Massenmord an den Juden und den zahlreichen Dokumenten, insbesondere von den Prozessen gegen die Kriegsverbrecher nicht widersprochen werden kann. Ein vorurteilsloser, nüchterner Leser der Schriften, die die Holocaust-Leugner verbreiten, nimmt ihnen die Behauptung nicht ab, daß alle Zeugen des Holocaust lügen, ihre haarsträubenden Thesen dagegen der Wahrheit entsprechen. Die Älteren unter uns haben nicht vergessen, wie die Menschen aussahen, die in den Lagern nach der Niederlage Hitlers befreit wurden, und was sie über ihre Leiden berichteten. Die Filme, die von den Befreiern in Auschwitz, Majdanek und anderen Vernichtungslagern aufgenommen wurden, sind eindeutige Beweise für den Holocaust. Und wenn sich jemand von der erdrückenden Anzahl authentischer Dokumente und Aussagen der Opfer nicht überzeugen läßt, glaubt er vielleicht den Tätern, die sich zum Holocaust als der «Endlösung der Judenfrage» bekannten, wie Hitler und Himmler, Ley und Höß, dem Kommandanten von Auschwitz.

In ihrer durch sachliche Argumente und scharfe Analysen überzeugenden Darstellung der Geschichte der Leugnung des Holocaust stellt Deborah E. Lipstadt die berüchtigten Vertreter des «Revisionismus» vor und entlarvt sie als Hetzer, die vor keiner Lüge zurückschrecken. Die Arbeiten, auf die sich die Holocaust-Leugner vor allem berufen, sind erstaunlicherweise in alten Demokratien entstanden, in den USA, Frankreich und anderen westlichen Staaten. Deborah E. Lipstadt gibt nicht nur die Thesen der Holocaust-Leugner wieder, sie stellt ihnen die Wahrheit gegenüber. Mit Recht geht sie davon aus, daß man bei dem breiten Publikum, an das sie sich wendet, keine Sachkenntnis voraussetzen darf. Der Durchschnittsleser braucht die Gegendarstellung, um die Holocaust-Leugner zu durchschauen. Es ist notwendig, Papiere wie den «Leuchter-Report» zu entlarven, den angeblichen Nachweis eines amerikanischen Ingenieurs, daß es in Auschwitz keine Gaskammern gegeben habe. Auf diesen «Spezialisten» für Hinrichtungsanlagen in amerikanischen Gefängnissen, in denen Giftgas bei der Tötung der Verurteilten zur Anwendung kommt, berufen sich die Holocaust-Leugner immer wieder. Deborah E. Lipstadts Buch enthält das Material, mit dem Leuchter von wirklichen Experten widerlegt wird.

Eine der Hauptfiguren des Buches ist Ernst Zündel, der in Kanada lebende Vertreiber von rassistischen und Holocaust-leugnenden Schriften. Er wurde zweimal wegen Aufhetzung zum Antisemitismus von kanadischen Gerichten verurteilt. Er vertreibt aber auch Kopien von

Nazi-Filmen, Tonaufnahmen aus dem Dritten Reich und andere Nazi-Propaganda in mehr als fünfundvierzig Länder. In Winfried Bonengels Film «Beruf Neonazi» zieht er vor der Kamera eine für ihn maßgeschneiderte Kleidung an, die der von Häftlingen in den Konzentrationslagern des NS-Staates entspricht, demonstriert, daß statt der Nummer des Gefangenen seine Telefonnummer eingenäht ist, damit ihn Gleichgesinnte erreichen können, und geht in diesem Aufzug durch die Straßen. Er trägt einen Sarg mit der Inschrift «Der Holocaust ist eine Lüge». Produzent und Regisseur dieses Films werden dem linken Lager zugerechnet und behaupten immer noch, eine Gegendarstellung sei nicht nötig, denn die Nazis in «Beruf Neonazi» würden sich selbst entlarven. Das gilt vor allem für die Szene, in der der junge Protagonist des Films, Ewald Althans, in Auschwitz, in dem Raum, wo die Gaskammern waren, verneint, daß hier Menschen vergast wurden. Der Film war als Pamphlet gegen die Neonazis gedacht und wurde ein unfreiwilliges Instrument brauner Propaganda, weil die Gegenargumente und die Gegenspieler fehlen. Eine heftige Diskussion in Deutschland galt nicht dem Versagen der Behörden gegenüber den Holocaust-Leugnern, über die der Film ausreichendes belastendes Material enthält, sondern der Frage, ob ein solcher Film gezeigt oder verboten werden soll.

Das Buch von Deborah E. Lipstadt kommt zur richtigen Zeit, weil der Stellenwert der Holocaust-Leugnung für die rechtsextremistische Hetzpropaganda unterschätzt wird. Beunruhigend ist meiner Meinung nach, daß Rainer Zitelmann, der seit einiger Zeit für die Abteilung «Geistige Welt» in der einst als liberal geltenden repräsentativen Tageszeitung «Die Welt» des Hauses Springer verantwortlich ist, dort junge «revisionistische» Historiker zu Wort kommen läßt. Dasselbe gilt für die Wochenzeitung «Junge Freiheit», deren 27jähriger Chefredakteur Dieter Stein sich gegen «... Geschichtsvergessenheit, Machtignoranz, antiautoritäres Denken, Pazifismus, Feminismus, Antimilitarismus, Vergangenheitsbewältigung, Westextremismus ...» wendet. Zu seinen Mitarbeitern gehört der englische Historiker David Irving, einer der prominentesten Holocaust-Leugner.

Auch in der Schweiz werden Publikationen mit Titeln wie «Der Holocaust-Schwindel», der «Auschwitz-Mythos» und «Der Holocaust – Legende oder Realität?» verlegt. Sie werden, ebenso wie die unregelmäßig erscheinende Zeitschrift «Der Eidgenoss», auch an Personen versandt, von denen die Absender wissen müßten, daß sie für ihre Propaganda nicht empfänglich sind. Die Methoden, mit denen die Holocaust-Leugner im deutschen Sprachgebiet ihre wahren Absichten verschleiern, entsprechen denen, die Deborah E. Lipstadt uns vorführt. Aber noch ist eine von ihr zitierte Episode während einer Fernsehsendung bei uns undenkbar: «Vor der Werbung forderte Talkshow-Gastgeber Montel Williams die Zuschauer eindringlich auf, am Apparat zu bleiben, weil sie in Kürze erführen, ob der Holocaust 'Märchen oder Wahrheit' sei.»

Vorwort

Als ich mich mit dem Phänomen der Holocaust-Leugnung zu beschäftigen begann, begegnete ich häufig seltsamen Blicken und ungläubigen Fragen: «Nehmen Sie die Leute etwa ernst?» «Warum vergeuden Sie Ihre Zeit mit diesen Wahnsinnigen?» Die Reaktion auf meine Absicht, ein Buch über das Thema zu schreiben, wäre nicht stärker ausgefallen, wenn ich angekündigt hätte, mich mit jenen auseinanderzusetzen, nach deren Theorie die Erde eine Scheibe ist.

Die Situation hat sich seither dramatisch verändert. Leider brauche ich niemanden mehr von der Wichtigkeit dieser Arbeit zu überzeugen. Vielmehr erkundigen sich mittlerweile diejenigen, welche damals meine Wahl des Themas in Frage stellten, wann das Buch erhältlich sein wird. Die Aktivitäten der Holocaust-Leugner haben in jüngster Vergangenheit ein gesteigertes Interesse an ihnen bewirkt, was meiner Arbeit unvorhergesehene Bedeutung verleiht. Ich freue mich nicht, daß ich niemanden mehr davon überzeugen muß, wie berechtigt eine Beschäftigung mit diesem Thema ist. Im Gegenteil, ich wünschte mir, wir könnten uns weiterhin den Luxus der Frage erlauben, ob wir jene Leute ernst zu nehmen haben. In Anbetracht des entsetzlichen Schadens, den sie anrichten können, wäre es mir wesentlich lieber gewesen, irgendeiner obskuren Theorie, statt einer Angelegenheit nachzugehen, die mittlerweile zu solcher Bedeutsamkeit angewachsen ist.

Die Arbeit war ein schwieriges Unterfangen, weil ich mich gelegentlich genötigt sah, Dinge zu beweisen, von denen ich weiß, daß sie der Wahrheit entsprechen. Ich mußte mich beständig davor in acht nehmen, nicht versehentlich in eine Debatte hineingezogen zu werden, die keine Debatte ist, in einen Streit, der kein Streit ist. Eine ärgerliche und mitunter schmerzliche Aufgabe, die zu bewältigen ohne die Hilfe und Rückenstärkung einer Reihe von Menschen unmöglich gewesen wäre. Ohne sie wäre ich diesem Sumpf nicht entronnen. Freunde und Kollegen lasen das Manuskript oder Teile davon und erzählten mir ihre Eindrücke. Ihre Anmerkungen und Kritik waren für meine Arbeit von unschätzbarem Wert. Von ganzem Herzen danke ich Arnold Band, Yisrael Gutman, Manuel Prutschi, Michael Nutkiewicz, Regina Morantz-Sanchez, David Ellenson, Michael Berenbaum, David Blumenthal und Grace Grossman. Darüber hinaus erfuhr ich wesentliche Unterstützung seitens Gail Gans und der Forschungsabteilung der *Anti-Defamation League*. Adaire Klein, Leitender Bibliothekar des *Simon Wiesenthal Center*, gewährte mir großzügig Zugang zu allen Unterlagen und Hilfsmitteln der Einrichtung, dasselbe tat Elizabeth Koenig für das *United States Holocaust Memorial Museum*. Tony Lehrman vom *Institute for Jewish Affairs*, London, war mir bei meinen Nachforschungen eine außerordentliche Hilfe. Durch Manuel Prutschi, Mitglied des *Canadian Jewish Congress*, erhielt ich wesentliche Hintergrundinformationen über die Aktivitäten von Ernst Zündel. Michael Maroko und Jeff Mausner teilten mir wichtige Einzelheiten über den Fall Mel Mermelstein mit. Besonders unermüdlich setzte sich Shelly Z. Shapiro mit Zeit und Kraft für das Projekt ein. Danken möchte ich auch meinem geduldigen, hochgeschätzten und hilfreichen Kollegen Yehuda Bauer, Direktor des *Vidal Sassoon Center* zur Erforschung des Antisemitismus an der Jerusalemer Hebräischen Universität.

Anregung und Unterstützung empfing ich außerdem von Elliot Dorff, Peter Hayes, Elinor Langer, Laurie Levenson, Doug Mirell, Larry Powell, Claudia Koonz, Jason Berry, Alex Heard, Terry Pristin, Paul Kessler, Joyce Appelby, Riki Heilik, Rutty Gross, Mark Saperstein, Glenda B. Minkin und Sherry Woocher. Kenneth Stein vom *American Jewish Committee* beschaffte mir wichtige Angaben zu den neuesten Aktivitäten der Holocaust-Leugner.

Erwin Glikes, Verleger der *Free Press*, erkannte die Bedeutung dieser Arbeit von Anfang an. Während andere mich noch schräg von der Seite ansahen und sich fragten, warum ich mich mit diesem Vorhaben abgebe, drängte er mich weiterzumachen. Adam Bellow erwies sich als gründlicher und anspruchsvoller Lektor; damit war er genau das, was ich brauchte und wollte. Daß er konstant hinter dem Projekt stand und sich der weitreichenden Gefahr der Holocaust-Leugnung bewußt ist, spielte eine entscheidende Rolle dafür, daß ich überhaupt an diesen Punkt gelangen konnte. Susan Llewellyn las sorgsam und aufmerksam Korrektur. Edith Lewis trug zur raschen Endanfertigung des Manuskripts bei.

Während ich die Arbeit an diesem Buch abschließe, geht ein Lebensabschnitt für mich zu Ende, ein neuer liegt vor mir. Ohne Unterstützung aus meinem engsten Freundeskreis hätte ich es niemals geschafft. Meine Freunde waren mir wie eine Familie, liebevoll, zuverlässig – insbesondere in kritischen Phasen. Sie verhielten sich mir gegenüber hilfreich und verständnisvoll, selbst in Zeiten, als das schwierig war. Obwohl ich inzwischen von den meisten sehr weit entfernt lebe, bleiben sie mir innerlich nahe. Sie haben mich gelehrt, daß Gott an vielen Orten zu finden ist und er sich auf mannigfaltige Weise offenbart (Genesis 28, Vers 16).

Deborah E. Lipstadt
Atlanta, Georgia, 14. Januar 1993

1. Holocaust-Leugnung und die begrenzte Kraft der Vernunft

Wir fürchten uns weder davor, der Wahrheit zu folgen, gleichgültig, wohin sie uns führen mag, noch davor, jeglichen Irrtum zu dulden, solange Kräfte der Vernunft frei sind, dagegen zu streiten.

Thomas Jefferson[1]

Wer meint, daß sich durch Vernunft irgend etwas erreichen ließe, irrt. In vergangenen Jahren glaubte ich noch daran und lehnte mich immer wieder gegen jene ungeheure Niedertracht auf, welche der Antisemitismus darstellt. Aber es ist sinnlos, vollkommen sinnlos.

Theodor Mommsen[2]

Die Produzentin konnte es nicht fassen. Sie wollte es nicht glauben, daß ich die Gelegenheit ausschlug, in ihrer landesweiten Sendung aufzutreten: «Sie schreiben doch ein Buch zu dem Thema. Es würde Ihnen viel Beachtung einbringen.» Ich erklärte ihr mehrmals, daß ich mich nicht an einer Diskussion mit einem Holocaust-Leugner beteiligen würde. Daß der Holocaust stattgefunden habe, stehe nicht zur Debatte. Ich analysierte und durchleuchtete, wer sie seien, aber ich träte nicht gemeinsam mit ihnen auf. (Das würde ihnen eine Legitimität und ein Format verleihen, die ihnen keinesfalls zustünden. Ihr Antisemitismus – denn nichts anderes ist die Holocaust-Leugnung – erhielte dadurch den überhöhten Rang einer verantwortungsvollen Geschichtsschreibung – und das ist sie nicht.) Sie war nicht gewillt, mein Nein als endgültig hinzunehmen, deswegen erzählte sie mir, wie heftig sie die Leugnung des Holocaust und alles, wofür diese stehe, verurteile. In einem letzten Versuch, mich umzustimmen, fragte sie schließlich: «Ich pflichte deren Ansichten gewiß nicht bei, aber meinen Sie nicht, unsere Zuschauer sollten auch *die andere Seite* hören?»

Ich fand bald heraus, daß dies kein Einzelfall gewesen war. In den Monaten vor der Fertigstellung dieses Manuskripts machte ich solche oder ähnliche Unterhaltungen ein wenig zu häufig mit. Ein wenig zuviele Fernseh- und Rundfunksendungen haben die Holocaust-Leugnung als Thema für sich entdeckt. Kürzlich erst zeigte sich die Produzentin einer anderen Talkshow für eine überregionale Fernsehgesellschaft höchst verwundert, weil ich die Chance zu einem Auftritt bei ihr mit der Begründung ablehnte, er bringe mit sich, den Sachverhalt mit zwei Holocaust-Leugnern «diskutieren» zu müssen. Als sie erfuhr, daß es sich nicht einmal um die erste Einladung handelte, der ich nicht entsprach, war sie noch verblüffter. Paradoxerweise – oder auch beängstigenderweise – hatte sie sich an mich gewandt, weil sie mein Buch im Zuge eines Seminars über den Holocaust gelesen hatte. Als die Sendung im April 1992 ausgestrahlt wurde, räumte man der Seite, welche die Realität des Holocaust bestreitet, einen Löwenanteil an Zeit ein, um ihre Sprüche aufzusagen. Danach ließ man Holocaust-Opfer auftreten, die ihre Aussagen «widerlegen» sollten. Vor der Werbung forderte Talkshow-Gastgeber Montel Williams die Zuschauer eindringlich auf, am Apparat zu bleiben, weil sie in Kürze erführen, ob der Holocaust «Märchen oder Wahrheit» sei.

Meine Weigerung, in derartigen Sendungen mit Holocaust-Leugnern aufzutreten, kontern die Produzenten unweigerlich mit Variationen folgender, provokativer Frage: Müssen wir nicht auch deren *Ideen, Meinungen* oder *Ansichten* anhören? Ihre Bereitschaft, die Märchen der Holocaust-Leugner zu legitimen Meinungsäußerungen zu erklären, bildet einen ebensogroßen, wenn nicht größeren Grund zur Besorgnis wie die konkreten Aktivitäten der Holocaust-Leugner. Immer wieder begegnet mir die Frage, was denn falsch daran sei, daß die Leute mit einer «anderen Perspektive» konfrontiert würden? Diejenigen, welche die Angelegenheit in diesem Licht betrachten, können nicht zwischen authentischer Geschichtsschreibung und den rein ideologischen Manövern der Holocaust-Leugner unterscheiden und werden dadurch zu wichtigen Trümpfen in der Hand der Holocaust-Leugner, wenn sie ihre Unterstellungen unter die Leute zu bringen versuchen. Und genau das wollen sie: Sie stiften in der Angelegenheit absichtlich Verwirrung, indem sie ihren Aktivitäten jenen Schein von Wissenschaftlichkeit verleihen, der diesen selbstverständlich nicht zukommt.

Der Versuch, die Realität des Holocaust abzustreiten, bedient sich einer grundsätzlichen Verzerrungsstrategie. Wahrheit und Lüge werden miteinander vermischt, was bei den Lesern Verwirrung hervorruft, die mit den Taktiken der Holocaust-Leugnung nicht vertraut sind. Halbwahrheiten und Fragmente von Geschichten, bei denen entscheidende Informationen nach Gutdünken ausgespart werden, vermitteln dem Leser einen entstellten Eindruck von den tatsächlichen Geschehnissen. Die mehr als zahlreichen Dokumente und Zeugnisse, welche den Holocaust belegen, werden als Erfindungen und erpreßte Aussagen oder Fälschungen und Verfälschungen abgetan.[3] Dieses Buch will untersuchen und veranschaulichen, wie die Holocaust-Leugner solche Methoden zur Verschleierung ihrer wahren Absichten anwenden.

Mein letztes Buch über den Holocaust befaßte sich mit dem Thema, wie die amerikanische Presse über die Judenverfolgung der Jahre 1933–1945 Bericht erstattete bzw. eben nicht berichtete. Weiten Teilen meiner Zusammenfassung gebührte die Überschrift: «Kaum zu glauben!» Die meisten Redakteure und Reporter hielten die Geschichten für völlig unglaublich, die Presse nahm jene Nachrichten entweder nicht zur Kenntnis oder ließ sie unter den Tisch fallen. Neue Einzelheiten über Gaskammern, Todeslager und Massenmorde wurden in winzigen Artikeln tief im Inneren der Zeitungen vergraben.

Als ich mich dem Thema der Holocaust-Leugnung zuwandte, war mir von Anfang an klar, daß ich es mit extremistischen Antisemiten zu tun hatte, denen es zunehmend gelungen ist, ihre widerliche Ideologie unter dem Deckmäntelchen der Wissenschaftlichkeit zu verstecken. Allerdings wurde mir damals nicht klar, in welchem Ausmaß ich es mit einem Phänomen zu tun bekommen würde, das noch weitaus unfaßbarer ist als der Gegenstand meiner ersten Untersuchung. In gewisser Weise ist das Phänomen so unfaßbar wie der Holocaust selbst, und obwohl die Lügen, welche die Holocaust-Leugner vorbringen, niemandes Tod zur Folge gehabt haben, stellen sie doch eine grobe Mißachtung der Überlebenden dar. Sie ist unmittelbarer Bestandteil neofaschistischer Programmatik. Holocaust-Leugnung selbst ist indessen nicht das einzige, was ich als schwer verständlich empfinde. Mich schockiert auch, mit welchem Erfolg die Holocaust-Leugner wohlmeinende Menschen davon überzeugen konnten, daß Holocaust-Leugnung tatsächlich eine «andere Seite» historischer Betrachtung verkörpert – abstoßend, verurteilenswert und extremistisch, aber doch eine andere Seite. Während die Zeit vergeht und immer weniger Menschen in der Lage sein werden, jene Behauptungen persönlich anzufechten, werden die Umtriebe jener an Intensität gewinnen.

Inwieweit Schüler und Studenten der Holocaust-Leugnung ausgesetzt sind, läßt sich nicht genau einschätzen. Derzeit hält es sich vermutlich in Grenzen. Vorfälle, bei denen revisionistische Tendenzen mitschwangen, haben sich an einigen Colleges der Vereinigten Staaten ereignet, unter anderen an einer Universität im Mittleren Westen, wo ein Geschichtsdozent sein Seminar über die Napoleonischen Kriege zu der Argumentation nutzte, der Holocaust sei ein Propagandastreich zur Verunglimpfung der Deutschen gewesen. Weiterhin sei «das Schlimmste an Hitler die Tatsache, daß es ohne ihn kein Israel gäbe»; die Holocaust-Geschichte stelle nichts weiter dar als eine üble Masche, durch die es den Juden gelinge, enorme Reichtümer anzuhäufen. Der Dozent verteidigte sich mit der Erklärung, er habe lediglich versucht, «beide Seiten der Medaille» zu präsentieren, da in den Lehrbüchern nur die «orthodoxe Sicht» vertreten sei.[4]

Als das College ihn entließ, weil er in seinen Klassen Stoff unterrichtet habe, der weder relevant noch «wissenschaftlich fundiert» sei, beschwerten sich einige Studenten, er sei ungerecht behandelt worden.[5] In den Nachwehen dieses Vorfalls wurde ich von jenem College eingeladen. Bei Diskussionen brachten mehrere Studenten den Einwand vor, der Dozent habe Zeitungsartikel zum Unterricht mitgebracht, die «seine Thesen untermauerten». Andere betonten: «Er ließ uns selber denken.»[6] Er scheint nur wenige Studenten tatsächlich von seinen Anschauungen überzeugt zu haben, aber selbst bei denjenigen, die er nicht überzeugte, herrschte das Gefühl vor, seine Entlassung habe gegen eines der amerikanischen Grundsatzideale verstoßen, nämlich Fairneß – jedermanns Recht auf freie Meinungsäußerung. Die Studenten begriffen offenbar nicht, daß ein Lehrer die Verantwortung dafür trägt, sich an gewisse Prinzipien der Wahrheit zu halten.

Gymnasiallehrer beklagen gegenüber dem *United States Holocaust Memorial Council* die Tatsache, daß sie es im Geschichtsunterricht immer häufiger mit Schülern zu tun bekommen, die bereits von Thesen der Holocaust-Leugner gehört haben und ihnen eine gewisse Berechtigung zuschreiben. Mir sind Schüler und Studenten begegnet, die glauben, man müsse die Meinung der Holocaust-Leugner als «kontroverse», doch in gewisser Weise gültige Sicht des Holocaust zumindest erwähnen. Kollegen berichten, daß in den Fragen ihrer Studenten zunehmend Elemente der Holocaust-Leugnung erkennbar werden: «Woher weiß man, daß es wirklich Gaskammern gab?» – «Welchen Beweis gibt es, daß die Überlebenden die Wahrheit sagen?» – «Werden wir auch die deutsche Seite hören?» Diese unbewußte Integration von Punkten, die den Holocaust-Leugnern als strittig gelten, in die Gedankengänge der Studenten ist besonders besorgniserregend. Sie verdeutlicht, daß die Holocaust-Leugner bei ihren Bestrebungen, das Holocaust-Verständnis künftiger Generationen zu beeinflussen, gewisse Erfolge vorweisen können.

Eine der Taktiken, deren sich die Holocaust-Leugner zur Durchsetzung ihrer Absichten bedienen, besteht in der Tarnung ihrer Ziele. Sie behaupten, historische Unwahrheiten aufdecken zu wollen, *alle* historischen Unwahrheiten; auf diese Weise versuchen sie den Umstand zu übertünchen, daß sie Faschisten und Antisemiten mit spezifischen politischen Zielen sind. Es ist ihnen mittlerweile gelungen, selbst unter den ranghöchsten Absolventen des amerikanischen Ausbildungssystems Verwirrung zu stiften. Ein Geschichtsstudent aus Yale im höheren Semester sandte seine Abschlußarbeit über die deutsche Luftwaffe im Spanischen Bürgerkrieg an das *Journal of Historical Review*, die führende Publikation der Holocaust-Leugner, welche in Aufmachung und Sprache seriöse, etablierte gesellschaftswissenschaftliche Zeitschriften imitiert. Der Student räumte später ein, er hätte sich vor der Einreichung seiner Arbeit nicht eingehend über das *Journal* kundig gemacht. Die Angaben hätte er einer kommentierten Bibliographie entnommen, in der das *Journal* neben anerkannten historischen und gesellschaftswissenschaftlichen Zeitschriften aufgelistet stand. Aufgrund der Kurzbeschreibung, des Titels und – was am bezeichnendsten ist – aufgrund der Nachbarschaft zu ihm geläufigen Publikationen habe er angenommen, es handele sich um ein Unternehmen zur Neubewertung historischer Ereignisse, bei dem alles mit rechten Dingen zuginge.

Holocaust-Leugner haben in sich radikalisierenden Kreisen bereitwillige Akzeptanz vorgefunden, unter anderem bei Neonazis und Skinheads in Nordamerika wie auch Europa. Holocaust-Leugnung ist zum Bestandteil eines Mischmaschs extremistischer, rassistischer und völkischer Stimmungen geworden. Neonazis, die den Holocaust in der Vergangenheit als zwar entsetzlich, aber gerechtfertigt verteidigt haben, stempeln ihn mittlerweile als Zeitungsente ab. Solange Holocaust-Leugnung durch Extremistenkreise Unterstützung erfährt, hält die Gefahr sich in Grenzen. Sie nimmt allerdings in dem Augenblick zu, da die Verfechter dieser Unterstellungen ihre internen Streite geschlichtet haben und Zugang zu seriösen Kreisen finden. Sie mögen zwar wie «stinknormale Menschen» aussehen und handeln, tun das jedoch, ohne ihre radikalen Vorstellungen aufgegeben zu haben.[7] Das beste Beispiel hierfür bieten David Dukes politische Erfolge. Der Neonazi Duke, ein ehemaliger Großmeister des Ku-Klux-Klan und ein Holocaust-Leugner, wurde in den späten 80er Jahren in das Parlament von Louisiana gewählt. Zwei Jahre später gewann er bei den Wahlen zum US-Senat 40 Prozent der Stimmen. Als er im November 1991 als Gouverneur kandidierte, sprachen sich beinahe 700 000 Wähler für ihn aus. Daraufhin nahm er 1992 am Präsidentschaftswahlkampf teil. Obwohl seine Anstrengungen rasch zunichte gemacht wurden, gelang es ihm, eine beträchtliche Anzahl Anhänger anzulocken. Duke, der bis in die späten 80er Jahre Adolf Hitlers Geburtstag feierte, hat aus seiner Meinung über den Holocaust nie einen Hehl gemacht.[8] In einem Brief für den *Crusader*, die Publikation der *National Association for the Advancement of White People (NAAWP)* – eine Organisation, die Duke ins Leben rief –, beschrieb er den Holocaust nicht nur als «historische Falschmeldung», sondern merkte an, den «schlimmsten» Holocaust «verüben die Juden an den Christen».[9] Er behauptete, die Juden nährten das Gerücht vom Holocaust, weil es in «ungeheuren finanziellen Zuwendungen» für Israel resultiere und jüdische Organisationen «über alle Kritik erhaben» sein lasse.[10] 1986 verkündete

Duke, die Juden «verdienen es, in den Mülleimer der Geschichte zu wandern» und bestritt, daß die Gaskammern zum Zweck der Ermordung von Juden errichtet worden seien, vielmehr haben man in ihnen das Ungeziefer ausrotten wollen, das sie verpeste.[11] Unter Dukes Führung trat die NAAWP für die Segregation aller rassischen Minderheiten in unterschiedlichen Gebieten der USA ein. (Juden dürften sich demnach nur in «Westisrael» aufhalten, das Manhattan und Long Island umfassen würde.)

Um ihre Lügen am wirkungsvollsten zu verbreiten, müssen Holocaust-Leugner wie Duke nicht nur die Geschichte des Zweiten Weltkriegs, sondern auch ihre eigene Vergangenheit neu schreiben. Damit er sich einen Weg in die politische Arena bahnen konnte, war Duke gezwungen, seine eigene Lebensgeschichte neu zu formulieren. Seine Bemühungen, sich von seiner extremistischen Vergangenheit zu distanzieren, illustrieren die Taktiken der Holocaust-Leugner. Sie achten mittlerweile verstärkt darauf, nicht mit offensichtlichen Fanatikern in Verbindung gebracht zu werden. Solange Duke als Clan-Mitglied identifizierbar war, hielt sich auch sein öffentlicher Einfluß in Grenzen. Als er sich zur Kandidatur entschloß, streifte er das Laken ab und einen dreiteiligen Anzug über; dadurch gewann er vielleicht keine Anhänger, zumindest jedoch ein beachtliches Publikum. Er erlangte politische Seriosität, und das ungeachtet der Tatsache, daß er noch kurz zuvor über sein Abgeordnetenbüro rassistische und antisemitische sowie Schriften zur Holocaust-Leugnung vertrieben hatte, unter anderem *The Hitler We Loved and Why* und *The Holy Book of Adolf Hitler*.[12]

Doch nicht nur ehemalige Mitglieder extremistischer Vereinigungen tragen zum Ausstreuen der Saat bei. Auch Menschen, die nicht an den Rändern des gesellschaftlichen Spektrums angesiedelt sind, haben ihr Scherflein zur Verbreitung der Holocaust-Leugnung beigesteuert. Patrick Buchanan, einer der bedeutendsten rechtsgerichteten, konservativen Journalisten der USA, nutzte seine vielerorts erscheinende Kolumne für Ansichten, die geradewegs aus den Manuskripten der Holocaust-Leugner stammen könnten. Er argumentierte, die Gaskammer in Treblinka hätte aus rein technischen Gründen nicht als Todesfalle funktionieren können, weil die Menge an Kohlenmonoxid, welche die dort eingesetzten Dieselmotoren erzeugten, nicht tödlich gewirkt haben konnte. Als «Beweis» führte Buchanan einen Unfall an, der sich 1988 ereignete; damals hatten neunundsiebzig Passagiere eines Zuges in Washington D.C. in einem Tunnel festgesessen, während die Lokomotive mit den Abgasen Kohlenmonoxid ausstieß. Aus dem Umstand, daß den Passagieren nichts geschah, folgerte er, daß den Opfern in einer Gaskammer, wo Kohlenmonoxid aus Dieselmotoren verwendet wurde, ebenfalls nichts zugestoßen sein konnte.[13]

Er ignorierte die Tatsache, daß die Vergasungen in Treblinka länger als eine halbe Stunde dauerten und daß sich ein mehr als beträchtlicher Unterschied ergibt, je nachdem, ob – wie in Treblinka – Hunderte von Menschen in Zellen gepfercht werden oder eine geringere Personenzahl sich in einem Personenzug aufhält. Auf die Frage, woher er die Information bezogen hätte, erwiderte Buchanan: «Jemand hat sie mir geschickt.»[14]

Buchanan verwies außerdem auf das «sogenannte Syndrom der Holocaust-Überlebenden». Seiner Ansicht nach beinhalte es «kollektive Phantasien von Märtyrer- und Heldentum».[15]* Ich unterstelle Patrick Buchanan nicht, er leugne den Holocaust. Öffentlich hat er sich nie in der Richtung geäußert, der Holocaust sei eine Erfindung. Seine Attacken auf die Glaubwürdigkeit der Zeugnisse von Überlebenden allerdings gehören zu den Grundelementen der Holocaust-Leugnung. Buchanans rasche Bereitschaft, jene Information über den Zug für bare Münze zu nehmen und seine Argumentation darauf aufzubauen, bieten Grund zur Sorge,** denn auf genau diesem Weg gelangen Aspekte der Holocaust-Leugnung in das Spektrum der allgemeinen Gesellschaftskultur. Als Buchanan sich 1992 um die republikanische Nominierung bewarb, weigerte er sich, seine Behauptungen zurückzunehmen. Dennoch zeigten sich nur wenige seiner Kollegen gewillt, ihn in dieser Angelegenheit zu konfrontieren. Der Spielraum, den andere Journalisten ihm zugestanden, war ebenso problematisch wie Buchanans bereitwillige Akzeptanz jener Unterstellungen.[16]

Argumente aus dem Bereich der Holocaust-Leugnung waren nicht nur von amerikanischen, sondern auch von Politikern anderer Länder zu vernehmen gewesen. Für extremistische, nationalistische Gruppierungen in mittel- und osteuropäischen Ländern mit einer populistischen Antisemitismus-Tradition ist die Holocaust-Leugnung von besonderem Reiz. Viele Vorkämpfer solcher Bewegungen kollaborierten mit den Nazis. Die

* Buchanans Behauptungen waren Teil seiner Verteidigung John Demjanjuks, eines pensionierten Autofabrikarbeiters aus Cleveland, den man beschuldigt hatte, Iwan der Schreckliche zu sein; Iwan der Schreckliche lautete der Spitzname eines berüchtigten Lageraufsehers und Massenmörders in Treblinka. Ich kritisiere nicht, daß Buchanan Demjanjuk in Schutz nimmt – ich kritisiere, daß er hierfür auf Argumente der Holocaust-Leugnung zurückgreift. Buchanan hat sich stets gegen die Verfolgung nazistischer Kriegsverbrecher gewandt.

** Es erscheint wie eine Ironie des Schicksals, das Dukes Bemühungen, als republikanischer Präsidentschaftskandidat aufgestellt zu werden, von Buchanan in den Schatten gestellt wurden, der sich dafür aussprach, die Republikaner sollten endlich damit aufhören, sich für ihre «Ausschlachtung» der Willie-Horton-Affäre schuldig zu fühlen und lieber «einen sorgfältigen Blick auf Dukes Katalog gewinnträchtiger Themen werfen» (*New Republic*, 15. Oktober 1990, S. 19).

Holocaust-Leugnung eröffnet ihnen die Möglichkeit, diesen geschichtlichen Schandfleck auszulöschen – denn wenn es keinen Holocaust gegeben hat, ist eine Zusammenarbeit mit den Nazis nicht länger unentschuldbar – und gleichzeitig diejenigen zu rehabilitieren, die von den Kommunisten als Kollaborateure verurteilt worden sind. Seit dem Zusammenbruch des Kommunismus haben sich Holocaust-Leugner aus Nordamerika und Westeuropa mit gleichgesinnten Kreisen in Osteuropa zusammengeschlossen, um Ableger des *Institute for Historical Review* (jene in Kalifornien angesiedelte, pseudoakademische Einrichtung, das Hauptquartier für die Aktivitäten und Publikationen der Holocaust-Leugner) zu etablieren. Ziel ihrer Bestrebungen ist es, Menschen, vor allem Intellektuelle, anzulocken, die sich zu einem extremen, von den Makeln des Nazismus befreiten Nationalismus hingezogen fühlen.[17] Länder des ehemaligen kommunistischen Blocks sind für diese Art des Pseudohistorismus besonders anfällig, weil die Nachkriegsgenerationen dort von dem spezifisch antijüdischen Charakter der nazistischen Gewalttaten so gut wie nichts wissen. Die Kommunisten betrieben ihre eigene Version von Revisionismus: Die offizielle Lehrmeinung lautete, daß Faschisten (nicht die Deutschen) Kommunisten (nicht die Juden) umgebracht hätten. Der besondere, jüdische Aspekt der Tragödie wurde ausgespart.

Seinen gesamten Wahlkampf hat bisher kein Politiker auf eine Leugnung des Holocaust aufgebaut, doch haben sich einige ihrer bedient, wenn es den eigenen Interessen förderlich schien. Der kroatische Präsident Franjo Tudjman sprach in Zusammenhang mit der Schätzung, wie hoch die Zahl der Holocaust-Opfer gewesen sei, von «Befangenheit der Zeugen und Übertreibung von Fakten». In seinem Buch *Wastelands – Historical Truth* setzt er das Wort Holocaust ausnahmslos in Anführungszeichen.[18] Historisch hat Tudjman gute Gründe für sein Vorgehen: Kroatien war begeisterter Verbündeter der Nazis; die Mehrzahl kroatischer Juden und Nichtjuden wurde von ihren kroatischen Landsleuten ermordet, nicht von den Deutschen.[19] Tudjman hängt offenkundig der Vorstellung an, sein Land könne die Sympathien der Weltöffentlichkeit unter anderem dadurch gewinnen, daß die Bedeutung des Holocaust heruntergespielt wird.

Wenn Osteuropa zunehmend von nationalen und inneren Rivalitäten auseinandergerissen wird, greifen vermutlich in Zukunft diejenigen Gesellschaftsgruppierungen ethnischer wie auch politischer Couleur, die an der Judenvernichtung beteiligt waren, auf Tudjmans Strategie der Bagatellisierung zurück. Slowakische Demonstranten riefen bei politischen Massenveranstaltungen antisemitische sowie antitschechische Parolen und schwenkten Bilder des nazistischen Kriegsverbrechers Josef Tiso, der persönlich an der Deportation slowakischer Juden nach Auschwitz mitgewirkt hatte. Da man Tiso von seiner antisemitischen Haltung während des Zweiten Weltkriegs reinwaschen und ihn als Volkshelden wiederauferstehen lassen will, wurden Aufnahmen seiner Reden bei Aufmärschen eingespielt. Für die slowakischen Separatisten stellt Tisos Regime den legalen und moralisch legitimen Vorläufer eines souveränen Slowakiens dar. Weder Tudjman noch die Tiso-Demonstranten betreiben unverhüllte Holocaust-Leugnung. Trotzdem zählen ihre Bestrebungen, das Ausmaß der Taten und den Anteil der Hauptakteure herunterzuspielen, zu den entscheidenden, wesentlichen Elementen der Holocaust-Leugnung.[20] Den Zielen der Holocaust-Leugner und der Bagatellisierer ist eine psychologische Ebene gemeinsam: Die Öffentlichkeit neigt dazu, den Opfern eines Völkermords moralische Autorität zuzubilligen. Nimmt man einem Volk die Opferrolle, entkleidet man es gleichzeitig seiner moralischen Autorität, und wer im Gegenzug behaupten kann, selbst Opfer gewesen zu sein – wie es in Polen und Österreich häufig versucht wird –, auf den wird jene moralische Autorität dann übertragen bzw. dem wird sie wieder verliehen.

Holocaust-Leugnung, in den Ländern Mittel- und Osteuropas seit langem etabliert, trat während der vergangenen Jahre auf der ganzen Welt in Erscheinung. Eine kurze Übersicht soll die Bandbreite der Aktivitäten verdeutlichen, in die Holocaust-Leugner verwickelt sind; viele werden in den nachfolgenden Kapiteln ausführlich erläutert.

1992 versandte ein belgischer Verleger neonazistischer Pamphlete Tausende von Flugblättern, auf denen er verkündete, mit wissenschaftlichen Beweisen dafür aufwarten zu können, daß es sich bei den Gaskammern um eine Erfindung handle. In Großbritannien wurden 1988 über 30 000 Exemplare der *Holocaust News* an die jüdischen Gemeinden in London, Glasgow, Newcastle, Birmingham, Cardiff, Norwich und Leicester sowie an Anwälte, Schulen und Parlamentsmitglieder im ganzen Land geschickt. *Holocaust News* ist ein regelmäßig erscheinender Rundbrief, im dem der Holocaust als Mythos abgehandelt wird. (Der *Sunday Times* gemäß wird er von der unverhohlen rassistischen *British National Party* publiziert, der sich diejenigen anschließen, welche die extremistische *National Front* als zu milde empfinden. Sie kämpfen unter anderem für die Rückführung aller Juden und Nichtweißen in ihre Heimatländer.[21])

In England hat die Holocaust-Leugnung in den letzten Jahren eine beunruhigende Entwicklung genommen. David Irving gesellte sich zu den Holocaust-Leugnern; er argumentiert dahingehend, daß die Gaskammern eine «Propagandaübung» gewesen seien.[22] David Irving ist der Verfasser bekannter historischer Werke, in denen er nachzuweisen versucht, daß Großbritannien mit seiner Kriegserklärung an Deutschland einen taktischen Fehler begangen habe und auf den Alliierten eine ebensogroße Schuld am Krieg und seiner Brutalität laste wie auf den Nazis. Seit langem schon preist die extreme Rechte Irving als ihren Guru; seine Aktivitäten beschränken sich nicht auf England. Vor allem in Deutschland ist er sehr rührig gewesen, zum Beispiel nahm er regelmäßig an den Jahresversammlungen der extremistischen Deutschen Volksunion teil.[23] Darüber hinaus trat er häufig bei Demonstrationen, Zusammenkünften und Bierzeltveranstaltungen auf. Seinen eigenen Worten nach sieht Irving seine Mission in Deutschland darin, «vielversprechenden jungen Männern» im ganzen Land die «richtige Richtung» zu weisen. (Irving ist der Auffassung, Frauen seien für eine «bestimmte Aufgabe» geschaffen worden, «und zwar, um uns [die Männer] zu gebären»; deswegen seien sie «den Männern untergeordnet».[24] Offenbar hat er deswegen kein Interesse daran, jungen Frauen die richtige Richtung zu weisen.* Es ist bemerkenswert, daß junge Deutsche, die erklärtermaßen deutschnational eingestellt sind, Irving und auch andere nichtdeutsche Holocaust-Leugner gerade darum für besonders glaubwürdig halten, weil sie keine Deutschen sind.[25]

In Frankreich konzentriert sich das Phänomen der Holocaust-Leugnung um die Person Robert Faurissons, eines ehemaligen Literaturprofessors an der Universität von Lyon, dessen Arbeiten oft wortwörtlich, mit oder auch ohne Zitatangaben, von Holocaust-Leugnern auf der ganzen Welt abgedruckt werden. Faurisson gemäß waren die «sogenannten Vergasungen» der Juden nichts weiter als ein «gigantischer politischer und finanzieller Schwindel, dessen Nutznießer der Staat Israel und der Zionismus insgesamt sind». Die Hauptleidtragenden seien die Deutschen und die Palästinenser.[26] Faurissons Spezialgebiet ist die eher singuläre «Kritik von Texten und Dokumenten sowie die Durchleuchtung von Bedeutung und Gegen-Bedeutung, von Wahrheit und Lüge».[27] Faurissons Entscheidung für dieses Forschungsgebiet entbehrt nicht einer gewissen Ironie, da er – dessen Methoden im Grunde von allen Holocaust-Leugnern übernommen worden sind – in regelmäßigen Abständen Fakten kreiert, wo keine sind, und jede Information als unwahr verwirft, die mit seinen vorgefaßten Schlußfolgerungen nicht übereinstimmt. Er behauptet beispielsweise, die deutsche Armee hätte «drakonische Anweisungen» erhalten, sich nicht an «Exzessen» gegen Zivilisten, Juden mit eingeschlossen, zu beteiligen, ergo könnten Massenmorde an Juden nicht stattgefunden haben. Faurisson übersieht bei dieser Unterstellung geflissentlich die

* Als Lösung des Problems Arbeitslosigkeit schlägt er vor, die Beschäftigung einer Frau zum «kriminellen Delikt» zu erklären.

Aktivitäten der Einsatzgruppen, jener Einheiten, welche für eine ungeheure Zahl ermordeter Juden verantwortlich sind. Pierre Vidal-Naquet, einer der Hauptkontrahenten Faurissons in Frankreich, der seine Methoden sorgfältig studiert hat, wies auf Faurissons besonderes Geschick hin, «auf alles eine Antwort zu finden», wenn er auf eine Information stoße, die seinen Behauptungen widerspreche. Faurisson deutet den Erlaß der Nazis, Juden müßten bei Todesstrafe den gelben Judenstern tragen, als Maßnahme zur Sicherheit der deutschen Soldaten, da Juden – seiner Argumentation zufolge – in Spionage, Terrorismus, Schwarzmarkthandel und Waffenschiebungen verwickelt gewesen wären. Die deutschen Soldaten brauchten ein Mittel, um sich vor diesem mächtigen Feind zu schützen. Er konnte sogar mit einer Erklärung dafür aufwarten, warum auch jüdische Kinder von sechs Jahren an den Stern zu tragen hatten: Auch sie beteiligten sich an «allen möglichen gesetzwidrigen Betätigungen oder dem Widerstand gegen die Deutschen», vor denen die Soldaten abgesichert werden mußten. Wenn Faurisson den Inhalt von Dokumenten nicht wegerklären oder uminterpretieren kann, dann verfälscht er ihn. Über die brutale Zerstörung des Warschauer Ghettos durch die Deutschen schrieb Faurisson, daß die Juden im April 1943 «plötzlich, unmittelbar hinter der Front», einen Aufruhr entfacht hätten. Der Aufstand im Ghetto, für den die Juden 700 Bunker bauten, war ihm Beweis genug, daß die Juden für die Sicherheit des deutschen Militärs eine ernsthafte Bedrohung darstellten.

Es entspricht zwar der Wahrheit, daß die Juden einen Aufruhr entfachten, doch geschah das nicht unmittelbar hinter der Front, sondern Hunderte Kilometer davon entfernt. Faurissons Quelle für seine Informationen bezüglich des Aufruhrs und der Bunker bildete eine Rede, die Heinrich Himmler im Oktober 1943 in Posen hielt. Doch selbst Himmler war ehrlicher als Faurisson: Er sagte, er habe «… in den Etappengebieten große Judenghettos ausgeräumt».[28]

Faurisson stand mit seiner Arbeit in Frankreich nicht allein da. Im Juni 1985 verlieh die Universität von Nantes einem Schützling Faurissons, Henri Roques, für eine Dissertation den Doktortitel, in der Kurt Gerstein – einer derjenigen, die den Alliierten erste Nachrichten von den Gaskammern übermittelten – beschuldigt wird, ein «Meisterzauberer» gewesen zu sein, Schöpfer einer Illusion, welche die Welt ernst genommen habe.[29]

Roques leugnet implizit die Existenz der Gaskammern; er versucht nachzuweisen, daß Gersteins Berichte von Widersprüchen strotzen und er deswegen unmöglich Zeuge von Vergasungen in Belzec gewesen sein konnte, wie er vorgäbe. Es existiert eine Anzahl offizieller Schriftstücke und Zeugnisse, die Gersteins Anwesenheit bei diesen Vergasungen belegen. In seiner Dissertation unterschlug Roques schlicht und einfach die Existenz jener Materialien; er hielt sich an die Methode seines Mentors, sämtliche Dokumente zu ignorieren, die seinen bereits im vorhinein gefaßten Schlußfolgerungen widersprachen.[30] (Nach einer heftigen öffentlichen Kontroverse wurde Roques der Doktortitel 1986 durch den französischen Unterrichtsminister wieder aberkannt.[31])

Obwohl Faurisson und die meisten seiner Anhänger im rechten Spektrum angesiedelt sind, wurde ihnen und ihren Umtrieben doch seitens einer revolutionären Gruppierung der extremen Linken, *La Vieille Taupe* (Der alte Maulwurf), Vorschub geleistet.[32] Ursprünglich war dies der Name einer Buchhandlung, die sich im Lauf der Zeit zu einem Verlag ausweitete, in dem sich ein loser Klüngel revolutionär gesinnter Einzelkämpfer tummelt. Unter der Leitung des Eigentümers, Pierre Guillaume, werden von dort aus Zeitschriften, Kassetten, Comics, Protokolle und Flugblätter vertrieben, die allesamt verkünden, der Holocaust sei eine Erfindung. Guillaume ist Frankreichs führender Verleger für neonazistisches Schrifttum. Am Tag nach Beginn des Prozesses gegen Klaus Barbie in Frankreich wurden Pariser Buchläden und Zeitungskioske mit der ersten Ausgabe der *Annales d'Histoire Revisionniste* beliefert, einer Zeitschrift, deren Redaktion bei Guillaume lag und die Artikel Faurissons enthielt.[33]

Andeutungen im Sinne einer Holocaust-Leugnung waren auch aus den Reihen französischer Politiker zu vernehmen. Der Vorsitzende des ultrarechten *Front National*, Jean-Marie Le Pen, verkündete 1987, die Gaskammern seien nichts weiter als eine «kleine Einzelheit» des Zweiten Weltkriegs. In einem Radiointerview betonte er, niemals irgendwelche Gaskammern gesehen zu haben, und erwähnte des weiteren, daß die Historiker an ihrer Existenz Zweifel hegten. «Wollen Sie mir etwa weismachen, [die Existenz der Gaskammern] sei eine nachgewiesene Wahrheit, die jeder zu glauben habe?» lautete Le Pens rhetorische Frage. «Es gibt Historiker, die derlei Behauptungen anfechten.»[34] Le Pen gilt als Führer der Ultrarechten in Europa; von ihm stammt der Vorwurf, in den französischen Medien arbeiteten zu viele Juden. Le Pen ist ein charismatischer Redner, der es versteht, die französischen Ängste vor der Zuwanderung von Arabern aus Nordafrika für sich zu nutzen; er repräsentiert einen rechtsextremem Antisemitismus der Art, die man gemeinhin mit der Dreyfus-Affäre assoziiert. Le Pen konnte sich zeitweilig der Unterstützung von bis zu 17 Prozent der französischen Bevölkerung gewiß sein. Bei den Präsidentschaftswahlen 1988 erreichte er mit 14,4 Prozent der Wählerstimmen Platz vier.[35]

Anzeichen von Holocaust-Leugnung machten sich auch während des Prozesses gegen Klaus Barbie bemerkbar, als die Verteidiger argumentierten, es sei kein Unterschied, ob man Menschen in Gaskammern treibe oder im Verlauf eines Kriegs töte. Damit wollten sie die Bedeutung des Holocaust schmälern. Es sei nicht krimineller, Juden umzubringen, weil sie Juden seien, als gegen Algerier, Vietnamesen, Afrikaner oder Palästinenser zu kämpfen, die das Joch der Fremdherrschaft abschütteln wollten.[36] Solche trickreichen Versuche, moralische Gleichwertigkeit herzustellen, stellen eine prinzipielle Taktik derer dar, die sich in den Randzonen der Holocaust-Leugnung bewegen. (Siehe Kapitel 11 zu einer Analyse revisionistischer Tendenzen bezüglich des Holocaust in Deutschland.)

1978 äußerte Louis Darquier de Pellepoix gegenüber der französischen Wochenzeitung *L'Express* die Meinung, der nazistische Völkermord sei eine typisch jüdische Erfindung. Louis Darquier war zu Zeiten der Vichy-Regierung Beauftragter für jüdische Angelegenheiten und koordinierte die Abtransporte französischer Juden in die Todeslager. «Es gab keinen Genozid – das müssen Sie sich endlich aus dem Kopf schlagen.» Indem er die Juden beschuldigte, ihr Ziel bestünde darin, «Jerusalem zur Welthauptstadt zu machen», bediente er sich der Standarderklärung der Holocaust-Leugner für jene «Erfindung». Die eher zweideutige Überschrift des Artikels, der keinerlei redaktionellen Kommentar enthielt, lautete: «In Auschwitz wurden lediglich Läuse vergast.»[37] Leon Degrelle, Führer der faschistischen Bewegung in Belgien während des Zweiten Weltkriegs und Nazi-Kollaborateur, schrieb einen «Offenen Brief an den Papst über Auschwitz», in dem er das Kirchenoberhaupt, das aus Polen stammt und den Krieg aus nächster Nähe miterlebt hat, davon unterrichtete, in Hitlers Drittem Reich habe es keine Gaskammern oder Massenvernichtungen gegeben, und die getöteten Juden seien im Bombenhagel der Amerikaner und Briten umgekommen.[38]

Anfälligkeit für die Argumente der Holocaust-Leugner setzt allerdings nicht unbedingt voraus, daß man überzeugter Neonazi ist. Claude Autant-Lara, einer der meistgepriesenen Filmregisseure Frankreichs und ehemals Mitglied des Europaparlaments, bezeichnete in einem Gespräch mit der linksgerichteten Pariser Monatszeitschrift *Le Globe* den Holocaust als eine mit Lügen «vollgepfropfte» Legende und vertrat den Standpunkt, Frankreich befinde sich unter der Fuchtel einer linken Clique, die von jüdischen Kosmopoliten und Internationalisten beherrscht werde.[39]

In Österreich wurde versteckter Antisemitismus durch die Waldheim-Affäre aufgedeckt. Dort ist die Holocaust-Leugnung überwiegend im Umfeld einiger neonazistischer Publikationen angesiedelt, unter anderem bei der Zeitung «Sieg», die verlauten ließ, die Zahl der Juden, die während der Naziherrschaft ums Leben gekommen seien, betrage weniger als 200 000.[40] Herausgeber Walter Ochsenberger ist bereits mehrfach von österreichischen Gerichten wegen «Volksverhetzung» verurteilt worden. Auf Vortragsreisen durch verschiedene Länder, die USA mit eingeschlossen, hat er Thesen der Holocaust-Leugnung gepredigt.[41] Der Herausgeber einer anderen neonazistischen Zeitschrift, «Halt», war aufgrund von Umtrieben in Zusammenhang mit Holocaust-Leugnung angeklagt.[42] Zusätzlich zu «Sieg» und «Halt» sind in Österreich Schriften im Sinn der Holocaust-Leugnung erschienen, die sich an Schulkinder richten.[43] Seit Ende der 80er Jahre hat der amerikanische Ku-Klux-Klan in Deutschland und Österreich Untergruppen ins Leben gerufen. Diese haben ihren traditionsgemäß rassistisch-extremistischen Katalog um die Kategorie der Holocaust-Leugnung ergänzt.[44]

In einigen europäischen Regionen hat die Holocaust-Leugnung ihren Weg in breite Bevölkerungskreise gefunden. Im Herbst 1992 enthüllte eine Meinungsumfrage in Italien, wo eine große Auswahl an entsprechendem Textmaterial veröffentlicht worden ist, daß beinahe zehn Prozent der Italiener glauben, der Holocaust habe niemals stattgefunden.[45]

Argumente aus diesem Bereich haben sich in die Reflexionen von Menschen eingeschlichen, die den Vorwurf der Holocaust-Leugnung weit von sich weisen würden. Ein englisches Theaterstück mit dem Titel *Perdition* erhob den Vorwurf, daß führende zionistische Persönlichkeiten sowohl während des Krieges als auch nach dem Krieg eine Sonderklasse reicher Kapitalisten gebildet hätten, welche die Masse der Juden an die Nazis verriet. Der Autor schildert den Holocaust als eine «nette kleine Ansammlung von Familiengeheimnissen, von Skeletten im Kleiderschrank». In einer Schlüsselszene ruft der Protagonist des Dramas anklagend aus, daß die Juden, die in Auschwitz umgekommen wären, «nicht nur kraft deutscher Waffen, sondern auch aufgrund des wohlberechneten Verrats ihrer eigenen, der jüdischen Führer starben».[46] Obwohl das Stück den Holocaust nicht ableugnet, läuft es am Ende auf dasselbe Ergebnis hinaus: Freispruch für die Verbrecher, während die Opfer verantwortlich gemacht werden.

Dieses Phänomen ist nicht nur in Europa in Erscheinung getreten. Material zur Holocaust-Leugnung war seit 1965 über ganz Lateinamerika verbreitet. In Brasilien wurde der überwiegende Teil von einem Verlag herausgegeben, der sich auf antisemitische Literatur in portugiesischer Sprache spezialisiert hat. Der Verleger teilte kürzlich mit, eines seiner Bücher aus dem Themenkreis der Holocaust-Leugnung habe innerhalb von vier Jahren nach Ersterscheinung die 28. Auflage und eine Leserschaft von 200 000 erreicht. (Die Zahlen mögen zwar reichlich aufgebläht sein, aber der Verleger kurbelte den Verkauf in der Tat kräftig an, indem er den Buchhändlern äußerst großzügige Konditionen einräumte. Er überließ ihnen statt der üblichen dreißig Prozent die Hälfte des Verkaufspreises und verlängerte die Zahlungsfrist auf hundertzwanzig Tage, was in einem Land mit einer monatlichen Inflationsrate von vierzig Prozent einen ungeheuren Vorteil darstellt. Profit zählt ganz offensichtlich nicht zu den Hauptbeweggründen jenes Verlegers.[47]) Auch in Argentinien, Mexiko, Chile und Peru sind Holocaust-Leugner aktiv gewesen.

In Australien und Neuseeland haben sie eine besonders irreführende Tarnung entwickelt. Die australische *League of Rights* verbirgt ihre Absichten hinter der Fassade einer Menschenrechtsorganisation, ist jedoch in Wahrheit ein fanatisch antisemitischer Zusammenschluß. Der Buchladen dieser Organisation führt eine Auswahl klassischer antisemitischer Werke, unter anderem Traktate zur Holocaust-Leugnung, und ihr Vorsitzender John Bennett hat den Holocaust als «gigantische Lüge» zur Förderung israelischer Interessen bezeichnet. Mit ihm an der Spitze hat die *League of Rights* prominente Holocaust-Leugner und Neonazis nach Australien eingeladen, darunter Fred Leuchter, den selbsternannten «Ingenieur» und Gaskammerexperten, der für sich in Anspruch nimmt, wissenschaftliche Untersuchungen in Auschwitz und Majdanek durchgeführt zu haben.

Dabei sei er zu dem Ergebnis gekommen, daß die Gaskammern dort nicht als Mittel zur Tötung von Menschen im Einsatz gewesen sein konnten. (Siehe Kapitel 9 und meinen Anhang bezüglich einer Analyse von Leuchters Bericht.)

Auf den Versammlungen der Liga haben mehrere Holocaust-Leugner Reden gehalten, unter anderem eingefleischte Neonazis und Vertreter des kalifornischen *Institute for Historical Review*. Während seines Aufenthalts in Australien gab Leuchter Radiointerviews und wurde von den Medien generell vielfach beachtet.

Die Liga bedient sich bestimmter Verschwörungstheorien, um wirtschaftlich schwache Angehörige der Arbeiterschicht anzulocken; arbeitslosen Holzarbeitern wurde zum Beispiel mitgeteilt, sie hätten ihre Arbeitsplätze verloren, weil jüdische Bankiers sich ihre Wälder und Grundstücke angeeignet hätten.[48] Die australische *Human Rights and Equal Opportunities Commission* beschreibt die Liga als die «einflußreichste, bestorganisierte und bestfinanzierte rassistische Organisation Australiens mit dem größten Wirkungskreis».[49]

Neuseeland hat seine eigene *League of Rights*, deren Aktivitäten denen ihrer australischen Schwester ähneln. Weil beide Verbände nicht den aggressiven Ruf haben, in dem manche der unverkennbar antisemitischen und neonazistischen Gruppierungen stehen, sind ihre Bemühungen um Unterstützung bei einer breiten Öffentlichkeit von mehr Erfolg gekrönt. Indem sie sich selbst das Image verliehen, jedermanns Recht auf freie Meinungsäußerung schützen zu wollen, haben diese Pseudo-Menschenrechtsorganisationen Anhänger gewinnen können, die sich von neonazistischen und unverhüllt antisemitischen Zusammenschlüssen ferngehalten hätten. Ihre Verschleierungs- und Ablenkungsmanöver in bezug auf ihr eigentliches Programm basieren auf einer Taktik, welche Holocaust-Leugner künftig wohl verstärkt anwenden werden. Es gehört zur Strategie der Bewegung, in die Hauptströmungen der Gesellschaft vorzudringen.

Während der vergangenen Jahre sind in Japan mehrere antisemitische Bücher auf die Bestsellerlisten gelangt. Masami Uno, Autor eines der populärsten Werke, stellt die These auf, die Juden bildeten eine «Nation hinter den Kulissen», welche amerikanische Konzerne kontrolliere. Sein Buch verknüpft die ärgsten wirtschaftlichen Befürchtungen der Japaner mit den Juden, erklärt die USA zur «jüdischen Nation» und präsentiert die Juden als die Verantwortlichen für Feindseligkeit gegenüber Japan. Uno, dessen Bücher millionenfach verkauft worden sind, übermittelt seinen japanischen Lesern die Botschaft, der Holocaust sei eine Erfindung und die Tagebücher der Anne Frank voller «Lügen».[50]

Holocaust-Leugnung in Japan muß als Teil der dortigen revisionistischen Haltung zum Zweiten Weltkrieg insgesamt gesehen werden. Japan hat bisher jene Aspekte des Kriegs ignoriert, die mit seinen eigenen Vergehen zusammenhängen. Japanische Geschichtsbücher verfälschen die historische Wirklichkeit der brutalen japanischen Verbrechen in Nanking, indem sie sie als «Zwischenfall von Nanking» bezeichnen. Erwähnung finden weder die medizinischen Experimente, welche die Japaner an Kriegsgefangenen durchführten, noch die Mißhandlung der koreanischen «Soldatentrösterinnen» durch japanische Armeeangehörige. Selbst der Angriff auf Pearl Harbour wird als Maßnahme zur Selbstverteidigung dargestellt, welche die Japaner ergreifen mußten, weil die amerikanische Seite angemessenen Forderungen der Japaner nicht stattgab. Stillschweigen bewahrt die offizielle Kriegsgeschichtsschreibung auch über den Einsatz koreanischer Zwangsarbeiter.[51] Da die Holocaust-Leugner den Beweis führen wollen, daß die Alliierten und nicht etwa die Achsenmächte im Zweiten Weltkrieg die schlimmsten Gewalttätigkeiten verübten, wird Holocaust-Leugnung in Japan vermutlich zunehmend auf offene Ohren treffen, vor allem, falls sich die Wirtschaftslage dort verschlechtert und ein Sündenbock gebraucht wird.

Zieht man das Bemühen der Holocaust-Leugner in Betracht, den Nachweis über die Unrechtmäßigkeit des Staates Israel zu führen, kann es nicht überraschen, daß die arabischen Länder sich als für das Thema besonders empfänglich erwiesen haben. Als die Holocaust-Leugner während der 70er Jahre erstmals versuchten, sich einen akademischen Anstrich zu geben, finanzierte Saudi-Arabien die Veröffentlichung einer Reihe von Büchern, in welchen die Juden der Erfindung des Holocaust beschuldigt werden, um so Unterstützung für Israel zu gewinnen. Diese Bücher wurden weltweit vertrieben.[52]

Artikel, in denen der Völkermord an den Juden bestritten wird, sind in Publikationen der PLO (*Palestine Liberation Organization*) und der *Palestinian Red Crescent Society*, einer Zweigorganisation des Internationalen Rotes Kreuzes, erschienen. Letztere veröffentlichte einen Artikel, in welchem der Vorwurf erhoben wurde, daß «die Lüge bezüglich der Existenz von Gaskammern die Juden in die Lage versetzt hat, den Staat Israel zu gründen».[53] Ein weiterer Artikel in einer palästinensischen Zeitschrift tadelte die Juden für ihre Beschwerden über die Behandlung durch die Gestapo, während ihnen die Deutschen in Wirklichkeit «gesundes Essen serviert» hätten.[54]

Ein traditioneller Einwand der Araber lautet, die Vereinten Nationen hätten Israel ins Leben gerufen, weil sich die Welt für das jüdische Leid während des Holocaust schuldig fühlte. Die Thesen der Holocaust-Leugner gießen Öl in dieses Feuer. Wie Robert Faurisson mir gegenüber äußerte, entfernte die Völkergemeinschaft der Erde nicht nur «ein Volk aus seinem Land, so daß ein anderes es an sich nehmen konnte», sie wurde überdies – wie die Leugner des Holocaust bewiesen hätten – durch einen Betrug dazu veranlaßt.[55]

Die Bündelung antiisraelischer, antisemitischer und Holocaust-leugnender Kräfte hätte sich in einer internationalen antizionistischen Konferenz, die für November 1992 in Schweden geplant war, beispielhaft manifestiert. Die schwedische Regierung untersagte die Veranstaltung in letzter Minute; als Redner hatten sich bereits angekündigt: Louis Farrakhan, Führer der *Black Muslim*, Faurisson, Irving und Leuchter. Vertreter verschiedener antisemitischer und antiisraelischer Vereinigungen wollten ebenfalls teilnehmen, darunter die russische *Pamjat*, die vom Iran unterstützte *Hisbollah* sowie die fundamentalistische islamische Organisation *Hamas*.[56]

Anklänge von Holocaust-Leugnung haben sich auch seitens Einzelpersonen vernehmen lassen, die keinerlei extremistischen oder unverhohlen antisemitischen Vereinigungen angehören. In einem im Februar 1983 veröffentlichten Interview mit der Zeitschrift *Esquire* wies Robert Mitchum, der in der Fernsehfassung von Herman Wouks Weltkriegsepen *Wind of War* und *War and Remembrance* eine Hauptrolle spielte, darauf hin, daß an der Realität des Holocaust Zweifel bestünden. Auf die Frage nach der Abschlachtung von sechs Millionen Juden antwortete er: «Das behaupten die Juden.» Verdutzt wiederholte der Journalist Mitchums Bemerkung: «Das behaupten die Juden?», und Mitchum erwiderte: «Ich weiß es nicht. Es gibt Leute, die das anzweifeln.»[57]

Der Redakteur der sozialistischen Monatszeitschrift *The Progressive* berichtete kürzlich, er sei zwar daran gewöhnt, regelmäßig einen beträchtlichen Berg von «Irrenpost» zu erhalten, aber das Material, welches ihm von Holocaust-Leugnern zugesandt werde, sei eine «entschieden geschickter verpackte, raffiniertere» Form der Haßpropaganda. Er frage sich, wer diesem «bösartigen Quatsch» – ungeachtet des darin angeschlagenen gemäßigten, objektiven Tons – überhaupt je Glauben schenken könne.

Seine Frage wurde durch den Brief eines Gymnasiasten beantwortet; der Schüler beschrieb sich selbst als ausgesprochen an Artikeln interessiert, welche schwierige Themen zu ergründen suchten. Er sprach dem Redakteur seine Anerkennung dafür aus, daß er in der Zeitschrift eine große Bandbreite von Themen abdecke, forderte ihn jedoch dringend dazu auf, «kontroverse Meinungen über den Holocaust» darzustellen, beispielsweise über die Realität der Gaskammern. In seinem Antwortbrief versicherte der Redakteur – ein Überlebender des Holocaust – dem Schüler folgendes: Falls er bei seiner Frage von der Vermutung ausgehe, es habe keine Gaskammern gegeben, unterliege er einem Irrtum. Das hierauf eingehende Schreiben des Schülers war vom Wortlaut her unverkennbar auf eine Provokation angelegt; er forderte den Redakteur auf, genau zu berichten, wie viele Gaskammern er tatsächlich gesehen habe und wie ihm die Flucht gelungen sei.[58]

In Illinois haben zwei Elternpaare eine konzertierte Briefaktion gegen ein Gesetz durchgeführt, das allen Schulen des Bundesstaates vorschreibt, die Geschichte des Holocaust in den Lehrplan einzugliedern. Obwohl viele ihrer Argumente aus den üblichen Unterstellungen bestehen, die in den Schriften der Holocaust-Leugner endlos wiederholt werden, haben diese Eltern doch ein neues Element hinzugefügt, indem sie damit drohten, ihre Kinder nicht an Unterrichtsstunden teilnehmen zu lassen, in denen der Holocaust behandelt werde, um sie vor jenen «höchst fragwürdigen, obszönen Haßtiraden zu schützen».[59] Sie sandten ihr Schreiben an Tausende von Adressen, unter anderen an gewählte Abgeordnete und Beamte, Lehrer und Erzieher, Universitätsangehörige und Eltern; die Empfänger forderten sie zum Nachdenken darüber auf, wie es dazu kommen könne, daß eine kleine Minderheit in der Lage sei, die Schulen zu unterwandern und «unsere Kinder für ihre eigenen politischen und nationalistischen Zwecke zu mißbrauchen».[60]

Daß die Holocaust-Leugner sich Zugang zum amerikanischen Erziehungssystem verschaffen konnten, ist besorgniserregender als alles andere. Ihre Verteidiger – der bekannteste von ihnen ist vermutlich Noam Chomsky – sind an den unterschiedlichsten Orten aufgetaucht. Der MIT-Linguistikprofessor (*Massachusetts Institute of Technology*) verfaßte das Vorwort zu Faurissons Buch *Mémoire en défense* (Paris 1980). Die *New York Times* bezeichnete Faurisson übrigens als eine Figur, «welche in den intellektuellen oder akademischen Kreisen Frankreichs keine sonderlich hohe Stellung einnimmt».

Faurisson argumentiert, einer der Gründe, warum er nicht an die Existenz von Gaskammern zur Tötung von Menschen glaube, bestehe darin, daß es keinen Gefangenen aus einem Todeslager gebe, der einen Augenzeugenbericht über tatsächliche Vergasungen abgelegt habe.[61] Dieses Argument widerspricht allen etablierten Methoden der Beweisführung. Es ist so, als würden sich die Geschworenen bei einem Prozeß weigern, einen Massenmörder zu verurteilen, bis nicht eines seiner Opfer zurückkäme und verkündete: «Ja, dieser dort hat mich umgebracht.» Ein derartiger Gedankengang steht auf so tönernen Füßen, daß man sich fragen muß, wer ihn überhaupt ernst nehmen soll. Darüber hinaus läßt er die detaillierten Zeugenberichte der Sonderkommandos außer acht, welche die Leichen aus den Gaskammern schleppten.

Chomsky äußerte, er sehe nach seiner Lektüre von Faurissons Arbeiten «keinerlei Anlaß» zu der Vermutung, der Franzose sei Antisemit.[62] Laut Chomsky bilden nicht einmal Faurissons Behauptungen, der Holocaust sei eine «zionistische Lüge», einen Beweis für seinen Antisemitismus. «Ist es antisemitisch, von zionistischen Lügen zu sprechen? Ist der Zionismus die erste nationalistische Bewegung in der Geschichte, die nicht zur Förderung der eigenen Interessen Lügen ausgeheckt hat?»[63] Wenn Studenten, die eine Universitätszeitung redigieren, oder Fernsehproduzenten, die Zuschauer gewinnen wollen, sich als unfähig erweisen, derartige Differenzierungen vorzunehmen, ist das ein Grund zur Sorge. Wenn allerdings ein Mann vom Format Chomskys in dieser Angelegenheit Verwirrung stiftet, ist es ein Grund zum Entsetzen. Es waren in der Tat derartige Gedankengänge, welche Alfred Kazin dazu veranlaßten, Chomsky als einen «leichtgläubigen Typen» zu beschreiben, «der sich eine so überragende Intellektualität anmaßt, daß er nicht länger zwischen totalitären und demokratischen Gesellschaftssystemen, zwischen Unterdrückern und Opfern, zu unterscheiden vermag».[64] Chomsky stellt zwar einen Spezialfall dar, dennoch hat seine energische Verteidigung der Holocaust-Leugner viele Leute schockiert, unter anderem auch solche, die dachten, sie wären gegen seine Kapriolen abgehärtet.

In einem Aufsatz vertrat Chomsky den Standpunkt, die Ideen eines Wissenschaftlers dürften keinerlei Zensur ausgesetzt werden, und seien sie noch so geschmacklos.* Während der turbulenten Affäre um Faurisson beharrte Chomsky unablässig darauf, ihm lägen vor allem Faurissons verfassungsmäßige Rechte und seine Meinungsfreiheit am Herzen.[65] Anklänge an Chomskys argumentatives Vorgehen waren während der letzten Jahre wiederholt aus den Reihen von Studenten, Professoren und sogar Universitätspräsidenten zu vernehmen, und zwar in Zusammenhang mit den verstärkten Anstrengungen der Holocaust-Leugner, sich in die akademische Welt zu integrieren, indem sie Anzeigen in College-Zeitungen aufgaben, welche die Realität des Holocaust bestritten. (Siehe Kapitel 10 für Zusatzinformationen über Holocaust-Leugnung im akademischen Bereich.) Als Studenten und Mitglieder des Lehrkörpers gegen die Entscheidung des *Duke Chronicle* protestierten, eine Anzeige zu veröffentlichen, in der die Existenz des Holocaust geleugnet wurde, reagierte Keith Brodie, Präsident der *Duke University*, folgendermaßen: Jede anderslautende Entscheidung hätte «unserem Glauben an das Recht auf freie Meinungsäußerung widersprochen und die Dukesche Tradition unterbrochen, sich schützend vor die Grundartikel unserer Verfassung zu stellen».[66] Brodie vergaß zu erwähnen, daß die Zeitung erst kurz zuvor eine Anzeige wegen Frauenfeindlichkeit abgewiesen hatte. In diesem Fall hatte sich niemand über eine mögliche Verfassungsverletzung beklagt.

Es soll hier kein Mißverständnis entstehen. Die Holocaust-Leugner haben jedes Recht, sich an jede Straßenecke zu stellen und ihre Verleumdungen hinauszuposaunen. Sie haben das Recht, Artikel und Bücher zu veröffentlichen sowie Versammlungen abzuhalten. Aber das Recht auf freie Meinungsäußerungen verbürgt ihnen nicht das Recht, als die «andere» Seite einer gerechtfertigten Diskussion behandelt zu werden. Es garantiert ihnen auch keinen Platz auf *Op-ed*-Zeitungsseiten [Anm.d.Ü.: d.i. *opposite editorial*] oder Sendezeit in Fernsehen und Rundfunk. Vor allem leitet sich nicht der Anspruch daraus ab, daß Leute wie Chomsky

* Es wirkt wie Ironie, daß dieser international bekannte Gelehrte sich zu einem so engagierten Verteidiger von Faurissons Recht auf Meinungsäußerung aufschwingen konnte, während er den Befürwortern einer amerikanischen Einmischung in Vietnam dasselbe Recht absprach. In *Amerika und die neuen Mandarine* (Frankfurt/Main 1969, S. 14) schrieb er: «... mit dem Eingehen auf die Voraussetzung, daß die Debatte über gewisse Streitfragen legitim sei, hat man bereits seine Menschlichkeit verloren.» Obwohl dies lange vor den Vorgängen um Faurisson geschrieben wurde, bildet dieser Kommentar die präziseste Bewertung seines eigenen Verhaltens.

sich hinter sie stellen müssen und auf diese Weise ihre Ansichten der Öffentlichkeit nahebringen.*

Wir haben bisher nur erste Versuche gesehen, welche diese Bewegung unternimmt, um sich in die Einflußbereiche der allgemeinen Gesellschaftskultur, der Geschichtsschreibung und der Erziehung zu infiltrieren. Sie sind überaus ernst zu nehmen, denn auf dem Spiel steht weit mehr als die Realität des Holocaust.

Holocaust-Leugnung ist zwar kein neues Phänomen, hat allerdings seit Mitte der 70er Jahre an Ausmaß und Intensität zugenommen. Man muß sich vergegenwärtigen, daß die Holocaust-Leugner nicht in einem Vakuum operieren. Ihr Erfolg läßt sich zum Teil auf ein intellektuelles Klima zurückführen, das der akademischen Welt während der beiden vergangenen Jahrzehnte seinen Stempel aufgedrückt hat. Die Holocaust-Leugner betreiben ihr Gewerbe zu einem Zeitpunkt, da weite Domänen der Geschichtsschreibung anscheinend frei disponibel geworden sind und Angriffe auf die Tradition der Aufklärung in der westlichen Hemisphäre zur Tagesordnung gehören. Diese Tendenz kann zumindest teilweise auf intellektuelle Strömungen zurückverfolgt werden, die sich während der späten 60er Jahre herauszubilden begannen. Diverse Wissenschaftler traten mit der These hervor, Texte besäßen keine feststehende Bedeutung. Bedeutung definiere sich durch die Interpretation des Lesers, nicht durch die Intention des Autors. Für die Literaturwissenschaft in den USA verbindet man mit diesem Ansatz vor allem Stanley Fish, Professor an der *Duke University*.[67] Es erwies sich als zunehmend problematischer, in bezug auf einen Text, Gesetzesentwurf oder selbst ein Ereignis von objektiver Wahrheit zu sprechen. Angehörige der geisteswissenschaftli-

* Chomskys Verhalten findet seinen Widerpart in der Vorgehensweise von vierunddreißig führenden französischen Historikern, die als Reaktion auf Faurissons Behauptungen eine Protesterklärung gegen seine Versuche, den Holocaust abzustreiten, herausgaben. Hier ein Ausschnitt aus dieser Erklärung: «Es steht jedem frei, ein Phänomen wie den Hitlerschen Genozid seiner eigenen Philosophie gemäß zu interpretieren. Es steht jedem frei, ihn mit anderen mörderischen Unternehmungen zu vergleichen, die früher, zur selben Zeit oder später vollstreckt wurden. Es steht jedem frei, diesbezüglich unterschiedliche Erklärungen anzubieten; es steht jedem unbegrenzt frei, sich vorzustellen oder davon zu träumen, daß diese grauenvollen Ereignisse nicht stattgefunden hätten. Leider haben sie stattgefunden, und niemand kann ihre Realität bestreiten, ohne die Wahrheit zu vergewaltigen. Die Frage, wie dieser Massenmord *technisch* möglich war, erübrigt sich. Er war technisch möglich, weil er stattgefunden hat. Genau das muß Voraussetzung und Ausgangspunkt für jede historische Untersuchung dieses Themas sein. Es ist unsere Pflicht, uns – um es in einfache Worte zu fassen – an folgende Wahrheit zu erinnern: die Realität der Gaskammern steht nicht zur Diskussion und kann niemals zur Diskussion gestellt werden.» Die Erklärung erschien in ihrem vollen Wortlaut am 21. Februar 1979 in *Le Monde*.

chen Fakultäten redeten von einer relativen Wahrheit und verwarfen die Vorstellung, daß es eine Version der Welt gebe, die zwingend richtig sei, während andere falsch seien.[68] Verfechter dieser Methodenlehre, zum Beispiel der bekannte, vielrezipierte Philosoph Richard Rorty, wiesen die Unterstellung zurück, sie hingen dem Glauben an, in bezug auf ein relevantes Thema besäßen auch zwei nicht miteinander zu vereinbarende Standpunkte dieselbe Gültigkeit.[69] Sie begegneten trotzdem erheblicher Kritik. Hilary Putnam, einer der akademisch einflußreichsten zeitgenössischen Philosophen, hielt derartige Erwägungen für überaus gefährlich, da sie suggerierten, jedes theoretische System sei «nicht besser und nicht schlechter als jedes andere».[70] Wieder andere verliehen ihrer berechtigten Sorge Ausdruck, daß hierdurch sowohl im Bereich der Wissenschaft und Lehre als auch der Gesellschaft allgemein einer Ansammlung weithergeholter Ideen Tür und Tor geöffnet würde, die man nicht länger allein aufgrund ihrer Absurdität sofort verwerfen könne.

Als mögliche Methode war diese Art der Textannäherung allerdings durchaus zu empfehlen. Durch sie wurde die Rolle, welche die Sichtweise des Lesers bei der Bedeutungsbildung eines Textes spielt, in ihrer Relevanz – wenn auch vermutlich in übertriebenem Maße – hervorgehoben. Sie gemahnte außerdem daran, daß Interpretationen seitens schwächerer Gesellschaftsgruppen in der Vergangenheit zu häufig übergangen worden sind. Die Methode begünstigte allerdings auch eine Atmosphäre, in der die Aussage, diese oder jene Idee liege außerhalb der Grenzen rationalen Denkens, zunehmend erschwert wurde. In ihren Extremauswirkungen rüttelte sie an den Grundfesten dessen, was gemeinhin Erfahrung genannt wird: Erfahrung werde durch die Sprache des einzelnen übermittelt. Die Wissenschaftler, welche einen solchen dissoziativen Ansatz befürworteten, waren weder Holocaust-Leugner noch symphatisierten sie mit deren Theorien; den meisten von ihnen bereitete es keinerlei Mühe, die Hinterhältigkeit der Holocaust-Leugnung zu durchschauen. Weil jedoch im Dekonstruktivismus Erfahrung relativiert wird und es keine Fixpunkte gibt, schuf er ein Klima, das die Infragestellung der Bedeutung historischer Ereignisse begünstigte und es seinen Verfechtern erschwerte, irgend etwas mit einem «Verbot» für ihre skeptizistische Interpretationsweise zu belegen. Die Auswirkungen dieser Methodologie manifestierten sich in der Art und Weise, wie sich die Studenten mit dem Thema auseinandersetzten. Allzu vielen unter ihnen fiel es allzu schwer, Holocaust-Leugnung als eine Strömung zu identifizieren, die jeglicher wissenschaftlichen, intellektuellen oder rationalen Gültigkeit entbehrt. Nicht nur innerhalb der Colleges und Universitäten, sondern auch in der breiten Gesellschaft war eine Atmosphäre geschaffen worden, die folgende Beurteilung beinahe unmöglich machte: «Das hat nichts mit Ideen zu tun. Das ist Fanatismus.»

Die relativistische Bewertung der Wahrheit ist in die Sphären der Populärkultur eingedrungen, wo sich zunehmend Interesse und Toleranz für das Irrationale beobachten lassen. Ein Bereich, in dem dies sichtbar wird, ist die wiederaufkommene Diskussion um die Ermordung Präsident Kennedys. Es besteht durchaus Grund, einige der Schlußfolgerungen seitens der Warren-Kommission zu hinterfragen; die Vermutungen über das Attentat allerdings, welche derzeit mehr und mehr Anhänger finden, grenzen ans Irrationale. Die Theorie von einer Verschwörung innerhalb der ranghöchsten Zirkel der amerikanischen Regierung wird bereitwillig als plausible Möglichkeit akzeptiert. Gemäß Oliver Stones Film «JFK» aus dem Jahr 1991 wurde damals in den USA mit dem geheimen Einverständnis des Vizepräsidenten, der Generalstabschefs, des Generalbundesrichters, des FBI, der CIA und der Mafia ein Coup d'Etat vorbereitet. Stones Film preßte eine Fülle verwirrender Informationen in ein hübsch ordentliches Schema und lieferte eine in sich geschlossene Erklärung für ein Ereignis, das nach wie vor schwer nachzuvollziehen ist. Viele Kritiker und Kinobesucher erwogen die aufgestellten Thesen mit großer Ernsthaftigkeit.

Bei einem anderen Beispiel für die Entwertung historischer Betrachtungsweisen, das mit gläubiger Ernsthaftigkeit aufgenommen wurde, verkehrte man die Argumente von Forschern mit weißer Hautfarbe in ihr Gegenteil. Vertreter eines extremen Afrozentrismus, die mit Recht darauf hingewiesen haben, daß die Rolle Afrikas bei der Entwicklung der westlichen Zivilisation zu häufig übergangen wird, stellten die These auf, die Wurzeln *jeglichen* intellektuellen und wissenschaftlichen Gedankenguts seien auf jenem Kontinent zu suchen. Leonard Jeffries, Dozent für afroamerikanische Studien am New Yorker *City College*, hat Schwarze als «Sonnenmenschen» und Weiße als «Eismenschen» eingeordnet. Alle Wärme, aller Gemeinschaftssinn, alle Hoffnung kämen von den Schwarzen, alle Unterdrückung, Kälte und Rigidität von den Weißen.[71] In Fällen wie diesem wird die Geschichte zu politischen Zwecken umgeschrieben und wissenschaftliche Historik durch «ideologische Konformität»[72] ersetzt, um die Worte Henry Louis Gates' jr. zu wiederholen, Harvard-Professor für afroamerikanische Studien. Wissenschaftler, die ähnlich exotische Sichtweisen einst weit von sich gewiesen hätten, fühlen sich nun genötigt, sie so zu behandeln, als besäßen sie eine gewisse Gültigkeit.

Solche Attacken auf Geschichte und Wissen besitzen das Potential, dramatisch die Methoden zu verändern, mittels derer allgemein anerkannte Wahrheiten von Generation zu Generation weitervermittelt werden.

Letztlich ist das Klima, das durch sie entsteht, nicht weniger wichtig als die Frage, welche Realität sie im einzelnen anfechten, sei es der Holocaust oder das Attentat auf Präsident Kennedy. Dieses Klima bildet einen ausgezeichneten Nährboden für die schlimmsten Auswüchse dissoziativer Geschichtsschreibung. Keine Tatsache, kein Ereignis, kein Aspekt der Geschichte besitzt irgendeine feste Bedeutung oder festen Inhalt. Jede Wahrheit kann neu erzählt, jedes Faktum umgestaltet werden. Es gibt keine letztlich gültige historische Realität.

Die Holocaust-Leugnung bildet einen Teil dieses Phänomens. Sie stellt keinen Spezialangriff auf eine abgesonderte Gruppe von Menschen dar. Obwohl die Leugnung des Holocaust in höchst aggressiver Weise die Geschichte der Judenvernichtung in Frage stellt, müssen alle, die daran glauben, daß Wissen und Erinnerung zu den Schlußsteinen unserer Zivilisation zählen, sie von ihrem Charakter her als Bedrohung empfinden. So wie der Holocaust keine jüdische Tragödie war, sondern eine Tragödie der zivilisierten Menschheit, der die Juden zum Opfer fielen, so bedeutet die Holocaust-Leugnung nicht nur eine Gefährdung jüdischer Geschichtsschreibung, sondern auch eine Gefahr für alle, welche an die Kraft der Vernunft glauben. Analog zu der Art und Weise, in welcher der Holocaust die Werte der Zivilisiertheit negierte, wird jede auf den Gesetzen der Ratio basierende Diskussion negiert. Sie ist ohne Zweifel eine Form von Antisemitismus, und in dieser Eigenschaft repräsentiert sie einen Angriff auf die grundsätzlichen Werte einer auf Vernunft gegründeten Gesellschaftsordnung. Wie jedes andere Vorurteil stellt sie einen irrationalen Antagonismus dar, dem man nicht mit normalen Mitteln der Forschung, Argumentation und Thesendiskussion entgegentreten kann. Die Thesen der Holocaust-Leugner sind in ihrem Kern nicht nur antisemitisch und antiintellektuell, sondern, wie der Historiker Charles Maier es ausdrückte, «eine rassistische Anthropologie, die zum Himmel schreit».[73] Holocaust-Leugnung stellt die Apotheose der Irrationalität dar.

Weil die Strömung zur Verbreitung dieser Märchen weder wissenschaftlich noch historiographisch ist, habe ich mich dazu entschlossen, auf den Begriff «Revisionismus» soweit wie möglich zu verzichten und zu ihrer Beschreibung stattdessen den Begriff «Leugnung» zu verwenden. Daß die Holocaust-Leugner sich selbst als «Revisionisten» bezeichnen, weist auf ihre prinzipielle Strategie der Täuschung und Verfälschung sowie ihr Bestreben hin, sich selbst als legitime Historiker in der Beschäftigung mit ihnen angestammten Aufgabe darzustellen, die Vergangenheit zu erhellen. In den Ohren von Geschichtsforschern klingt der Begriff des Revisionismus in der Tat vollkommen legitim; man assoziiert ihn mit der kontroversen historischen Richtung der «Revisionisten» nach dem Ersten Weltkrieg, deren Argumente dahingehend lauteten, daß den Deutschen die Schuld für den Krieg ungerechtfertigterweise in die Schuhe geschoben wurde und der Versailler Vertrag infolgedessen ein auf politischer Fehlentscheidung basierendes Dokument wäre, bei dem man von falschen Voraussetzungen ausgegangen war. Die Holocaust-Leugner stellen sich in den Kontext dieser spezifischen historiographischen Tradition der Vergangenheitsumwertung. Sie hüllen sich in den Mantel der ursprünglichen Revisionisten – welche sich mit der Geschichte des Ersten Weltkriegs befaßten – und behaupten felsenfest, kein anderes Ziel im Auge zu haben als das der Wahrheitsfindung; aus diesen beiden strategischen Elementen setzt sich ihre Taktik zur Gewinnung einer intellektuellen Glaubwürdigkeit zusammen, die ihnen sonst vorenthalten bliebe.

Revisionismus nennt man auch einen neueren Ansatz der Geschichtswissenschaft, welcher sich vor allem mit der Person des bekannten Historikers William Appleman Williams verbindet, eines ehemaligen Vorsitzenden des amerikanischen Historikerverbands. Sein Ansatz befaßt sich mit Fragen der amerikanischen Außenpolitik, insbesondere in Zusammenhang mit den Ursachen des kalten Kriegs, sowie dem Konflikt zwischen dem Westen und der kommunistischen Erdhälfte. Weil die Vertreter dieser Form des Revisionismus der amerikanischen Außenpolitik kritisch gegenüberstehen, erscheint sie den Holocaust-Leugnern als nützliches Modell.[74] Die *Wisconsin School* – so der Name, unter welchem die Thesen von Williams' Anhängern bekannt geworden sind – geht davon aus, daß die Hauptmotive für die amerikanische Außenpolitik in dem Streben nach Hegemonie über den Weg eines Imperialismus der «offenen Türen» zu suchen sind. Obwohl viele Historiker heftige Kritik an dieser tendenziösen Sichtweise üben, herrscht allgemein Übereinstimmung, daß die *Wisconsin School* und ihre Ableger sich ebenso unverbrüchlich an die Regeln der Beweisführung halten wie andere Historiker. Im Gegensatz dazu spielen aber für die Holocaust-Leugner Beweismittel überhaupt keine Rolle.

Schließlich vermeide ich den Begriff des Revisionismus auch deswegen, weil auf einer gewissen Ebene alle ernsthaften Historiker Revisionismus betreiben. Historiker sind keine reinen Chronisten – sie erzählen nicht einfach eine Geschichte. Jeder versucht, aus einer bereits bekannten Geschichte eine neue Erkenntnis, ein neues Verständnis zu extrahieren, und bemüht sich so um eine neue Deutung der Vergangenheit zum besseren Verständnis der Gegenwart. Der Vorgang der Interpretation kann in sich selbst nicht vollkommen objektiv sein. Er beruht allerdings auf einem gewissen Fundament unwiderlegbarer Tatsachen: Sklaverei hat existiert; Pest und Holocaust ebenfalls.

Um ihre Fassade als eine Vereinigung aufrechtzuerhalten, deren einzige Absicht die Ergründung der Wahrheit sei, haben die Holocaust-Leugner ihre Publikationen mit Artikeln übersät, die zunächst nichts mit dem Zweiten Weltkrieg zu tun haben, sondern demonstrieren sollen, daß ihre Verfasser eine generelle kritische Durchleuchtung und Richtigstellung historischer Verfälschungen anstreben. Ihre Zeitschriften enthalten Artikel über den amerikanischen Bürgerkrieg, den Ersten Weltkrieg und Pearl Harbour, die demonstrieren sollen, wie etablierte Historiker, letztlich aus versteckten politischen Beweggründen, die Geschichte wiederholt in verzerrender Weise dargestellt haben. Damit wollen die Holocaust-Leugner das Vertrauen der Leser in das Engagement «orthodoxer» Geschichtswissenschaftler für die Wahrheitsvermittlung untergraben. Sie verkünden, daß diese politisch motivierte Verzerrungstaktik seitens der «Hofgeschichtsschreiber» im «Mythos» vom Holocaust gipfelt.

Welche Thesen stellen die Holocaust-Leugner auf? Der Holocaust – der Versuch, das jüdische Volk auszurotten – sei nie passiert. Typisch für die Verwirrungstaktik der Holocaust-Leugner ist ihre Behauptung, sie bestritten die Existenz eines Holocaust gar nicht, sondern lediglich die eines Plans zur Ausrottung des jüdischen Volkes.[75] Sie haben die Definition des Begriffs «Holocaust» verfälscht und zersetzt. Diese und alle daraus abgeleiteten Behauptungen sind in eine weitere Argumentationsstrategie eingebettet, die sich auf eine zunächst harmlose Prämisse beruft: Der Krieg als solcher ist böse, und es ist daher letztlich ein sinnloses Unterfangen, irgendeiner Seite irgendeine Schuld zuzuschieben. Da das Hauptverbrechen, dessen die Nazis angeklagt werden, nie verübt worden ist, besteht in diesem Krieg – wie in jedem anderen – in Wirklichkeit kein Unterschied zwischen Siegern und Besiegten.[76] Doch falls tatsächlich, so versichern sie, eine Schuldverteilung vorgenommen werden muß – nicht die Deutschen sind es gewesen, die sich im Verlauf des Kriegs der Aggression und Grausamkeit schuldig gemacht haben. Die wahren Verbrechen an der Zivilisation wurden von den Amerikanern, Russen, Briten und Franzosen an den Deutschen begangen. Die Grausamkeiten, denen die Deutschen seitens der Alliierten ausgesetzt wurden, waren – laut Harry Elmer Barnes, früher ein prominenter Historiker und eine der Schlüsselfiguren in der Entwicklung der Holocaust-Leugnung auf dem amerikanischen Kontinent – «brutaler und qualvoller als die vorgeblichen Tötungen in den Gaskammern».[77] Hat man erst einmal in den Alliierten die eigentlichen Aggressoren erkannt, muß man sich den Deutschen zuwenden und sie – wie Austin App, Professor für englische Literatur und später ein «Haupttheoretiker» der Holocaust-Leugnung, sich ausdrückte – beschwören, «uns die entsetzlichen Greueltaten zu vergeben, die aufgrund unserer Politik an ihnen begangen wurden».[78]

In den Augen einiger Holocaust-Leugner war Hitler ein Mann des Friedens, den alliierte Aggression in den Krieg trieb.[79] Sie führen ins Feld, daß die Deutschen unter folgenden Ereignissen zu leiden gehabt haben: die Bombardierung Dresdens, Hungersnöte während des Kriegs, Invasionen; nach dem Krieg Umsiedelung ganzer Bevölkerungsteile aus den deutschen Gebieten, die Polen zugesprochen wurden, die Nürnberger Rache der Sieger und schließlich entsetzliche Mißhandlungen seitens der sowjetischen und alliierten Besatzungen.

Man habe Deutschland als eine Verbrechernation bloßgestellt, die unerhörte Brutalitäten begangen hatte; deswegen wurde es zur Zielscheibe weltweiter emotionaler und wissenschaftlicher Aburteilung und ist es bis heute geblieben.

Das wahre Programm der Holocaust-Leugner besteht allerdings darin, den Holocaust als Mythos zu entlarven. Sie behaupten, daß die falsche Anschuldigung, die Deutschen hätten das ruchloseste Verbrechen der gesamten Menschheitsgeschichte begangen, den Gipfel an Ungerechtigkeit darstellt. Nach dem Krieg sei soviel Gift und Galle gegen die Deutschen gespuckt worden, daß sie sich unmöglich verteidigen konnten. Anstatt gegen diese schändlichen Vorwürfe anzukämpfen, hätten sie sich deshalb dafür entschieden, ihre Kollektivschuld einzugestehen.

Dieser Widerspruch – nämlich daß die Täter zugeben, sie hätten ein Verbrechen verübt, während eine Gruppe von anderen, die nicht zugegen waren, sie von demselben Verbrechen freisprechen – birgt für die Holocaust-Leugner ein potentielles Problem. Wie können Menschen, welche den Geschehnissen nicht als Zeugen beigewohnt haben, die Täter für unschuldig erklären, wenn die Täter selbst ihre Schuld eingestehen? Die Erklärung der Holocaust-Leugner für dieses Problem lautet: In den Nachwehen des Zweiten Weltkriegs sahen sich die Deutschen mit einer strategischen Schwierigkeit konfrontiert. Um wieder in die Völkerfamilie aufgenommen zu werden, mußten sie ihre Vergehen beichten, obwohl sie um die Unrichtigkeit der Beschuldigungen wußten. Sie befanden sich in derselben Situation wie ein Angeklagter, der fälschlicherweise für die Ausübung eines Kapitalverbrechens verurteilt wird. Er weiß, daß seine Strafe wahrscheinlich milder ausfällt, wenn er seine Schuld zugibt, Reue zeigt und sich zu bessern gelobt. Desgleichen also gestanden die unschuldigen Deutschen ihre Schuld ein und gelobten Besserung in Form finanzieller Zuwendungen (und das bis heute).

Die Angeklagten der Kriegsverbrecherprozesse bedienten sich einer ähnlichen Strategie. Sie gaben zu, daß der Holocaust vonstatten gegangen war, versuchten sich jedoch mit dem Argument zu verteidigen, keine *persönliche* Schuld daran zu tragen. Arthur Butz, Dozent für Elektrotechnik an der *Northwestern University*, ist derjenige unter den Holocaust-Leugnern, der diese Theorie – ich nenne sie Inkriminierung zur Umgehung der Selbstinkriminierung – am weitesten entwickelt hat (ausführliche Erörterungen siehe Kapitel 7).

Holocaust-Leugner räumen ein, daß einige Juden an Orten wie Auschwitz inhaftiert waren, aber sie halten – wie bei dem Prozeß gegen einen Holocaust-Leugner in Kanada – an der Aussage fest, daß Auschwitz mit allen «Annehmlichkeiten eines Ferienclubs» ausgestattet war, zu denen ein Schwimmbad, ein Ballsaal und diverse Erholungseinrichtungen zählten.[80] Einige Juden mögen dort gestorben sein, sagen sie, aber das sei eine natürliche Konsequenz der kriegsüblichen Entbehrungen gewesen.*

Die zentrale Unterstellung der Holocaust-Leugner ist, daß die Juden keine Opfer waren, sondern Opfer schufen. Sie «stahlen» Milliarden von Reparationsgeldern, zerstörten Deutschlands guten Namen, indem sie den «Mythos» vom Holocaust verbreiteten, und erwarben sich aufgrund dessen, was ihnen angeblich zugefügt worden war, weltweites Mitleid. In der Folge eines kapitalen Justizirrtums nutzten sie die internationalen Sympathien dazu aus, ein anderes Volk «zu versetzen», damit der Staat Israel gegründet werden konnte.[81] Diese Charakterisierung der Entwicklung, die zur Entstehung des Staates Israel führte, ist der Angelpunkt ihrer Argumentationskette, denn hierin liegt das Motiv für die Erfindung der «Holocaust-Legende» durch die Juden begründet. Haben die Holocaust-Leugner diese Gleichung erst einmal solchermaßen ergänzt, befinden sich alle wesentlichen Bestandteile ihres Gedankengebäudes an ihrem Platz.

Einige verfolgen eindeutige politische Absichten: Falls es keinen Holocaust gegeben hat, was ist dann gegen den Nationalsozialismus einzuwen-

* Eine kleine Gruppe von Amerikanern hat in unmißverständlicher Nachahmung der Holocaust-Leugner dieselben Behauptungen bezüglich der Internierungslager für Japaner in den USA während des Zweiten Weltkriegs aufgestellt. Manzanar, das berüchtigte Lager für Amerikaner japanischer Abstammung, habe lediglich «freiwillige Besucher» beherbergt. Sie seien fürstlich behandelt worden, hätten jede erdenkliche Begünstigung erhalten und konnten «auf Kosten unserer Regierung soviel essen, wie sie wollten». Die Vertreter dieser Ansicht konstatieren, die gegenwärtig in den USA lebenden Japan-Amerikaner, welche hinter der Verbreitung jenes Märchens stünden, hätten – genauso wie die Juden – tieferliegende Gründe dafür: Sie wollten nämlich die Aufmerksamkeit von ihrer Komplizenschaft mit Japan während des Zweiten Weltkriegs ablenken (*Los Angeles Times*, 28. August und 6. Dezember 1991).

den? Der schlechte Ruf des Faschismus ist durch die geschichtliche Wirklichkeit des Holocaust entstanden. Extremistische Vereinigungen wissen, daß sie jedesmal, wenn sie die Vorteile des Nationalsozialismus rühmen, mit der Frage konfrontiert werden: Wie konnte es zu einem Holocaust kommen, wenn der Nationalsozialismus gut war? Vor einer Wiederauferstehung des Faschismus steht die Tilgung dieses Schandflecks. Zunächst wurde versucht, den Holocaust zu rechtfertigen; mittlerweile wird er abgestritten. Auf diesem Weg versuchen jene, die bis heute für den Faschismus eingetreten sind, ihn erneut als ein überlebensfähiges politisches System zu etablieren (siehe Kapitel 6). Bei vielen Fälschern steckt diese Überlegung und nicht Antisemitismus als Hauptantrieb hinter ihren Bemühungen; sie ist mit Sicherheit ein wichtiges Thema für die europäischen Holocaust-Leugner aus den wachsenden Reihen der extrem Rechtsgerichteten.

Wer ihnen zum erstenmal begegnet, fragt sich, wer sie ernst nehmen könnte oder würde. Angesichts der erdrückenden Fülle von Zeugnissen seitens der Opfer, Zuschauer und Täter sowie der Tatsache, daß die Argumentationsstrukturen der Holocaust-Leugner weit außerhalb der Grenzen wissenschaftlicher Theoriebildung liegen, scheint es lächerlich, einen Funken geistige Energie auf sie zu verschwenden. Sie bilden eine Gruppe, deren Beweggründe in einer eigenartigen Mixtur aus Verschwörungsglauben, Wahnvorstellungen und neonazistischen Neigungen zu finden sind. Rational denkende Menschen, Historiker und Soziologen mit eingeschlossen, neigen naturgemäß dazu, sie auf den Platz einer unbedeutenden Randgruppe abzuschieben. Manche haben sie mit Leuten verglichen, welche über die Erde als Scheibe philosophieren: sie verdienten bestenfalls ein amüsiertes Lächeln, aber keineswegs, daß man sich ernsthaft mit ihnen befaßt oder sich ihretwegen sorgt. Sie betrachten die Holocaust-Leugnung als verschroben oder boshaft, glauben jedoch nicht daran, daß sie eine wirkliche, aktuelle Gefahr bildet.

Es gibt eine Reihe zwingender Gründe, die Holocaust-Leugner und ihre Unterstellungen nicht leichtfertig abzutun. Zunächst einmal haben ihre Methoden während des vergangenen Jahrzehnts eine Veränderung erfahren. Ursprünglich engagierte sich lediglich eine geringe Anzahl politischer Extremisten in der Holocaust-Leugnung. Ihre Behauptungen erschienen in den USA überwiegend in miserabel aufgemachten Pamphleten und rechtsgerichteten Blättern, beispielsweise *Spotlight*, *Thunderbolt* oder der Zeitung des Ku-Klux-Klans, *Crusader*. In den vergangenen Jahren haben sie allerdings zunehmend mehr produziert und ihren Stil verändert, wodurch sich ihr Einfluß intensivierte. Sie verschleiern ihre politischen und ideologischen Ziele.[82] Ihre Tricks verstärken die

Gefahr, die sie darstellen. Ihre Publikationen, unter anderem das *Journal of Historical Review*, das führende Organ der Holocaust-Leugnung, imitieren ernsthafte wissenschaftliche Veröffentlichungen und stiften bei denjenigen Verwirrung, die (wie jener Geschichtsstudent aus Yale) die Absichten des *Journal* nicht sogleich durchschauen. Sie haben ihren Büchern und Zeitschriften ein wissenschaftliches Gepräge verliehen und ganze Arbeit geleistet, um sich in den Arenen historiographischer Interpretation tummeln zu können. Einer ihrer Lieblingsplätze ist der Campus amerikanischer Colleges, wo sie sich um die Entfachung einer Diskussion über die Realität des Holocaust bemühen. Hier stoßen sie möglicherweise auf den fruchtbarsten Boden; das läßt sich an dem Erfolg ablesen, den sie beim Schalten von Anti-Holocaust-Anzeigen in Universitätszeitungen hatten (siehe Kapitel 10). Sie haben überdies mit der Nutzung von Bildschirmtextsystemen begonnen, durch die sie ihre üblichen Unterstellungen übermitteln. Gewisse Computernetzwerke sind mit ihrem Material überschwemmt worden. Sie wollen eine Saat des Zweifels ausstreuen, die in künftigen Jahren Frucht tragen soll, wenn es keine Überlebenden oder Augenzeugen mehr gibt, welche die Wahrheit aussagen können.

Es ist eindeutig ein Risiko, davon auszugehen, daß man Holocaust-Leugnung ignorieren könne, nur weil sie so weit hergeholt sei. Die Weltsicht der Holocaust-Leugner ist nicht weniger bizarr als die, welche in den «Protokollen der Weisen von Zion» zutage tritt, einem Bericht, der vorspiegelt, den Wortlaut eines Geheimplans zur Errichtung der jüdischen Weltherrschaft wiederzugeben.[83] Die Holocaust-Leugner haben sich durch die «Protokolle» inspirieren lassen; das Werk erfreut sich einer anhaltenden, lebhaften Rezeption, ungeachtet der Tatsache, daß es schon vor langer Zeit als Fälschung entlarvt worden ist.

Vor vielen Jahren sprach der bedeutende deutsche Historiker Theodor Mommsen die Warnung aus, es sei ein Fehler zu hoffen, Vernunft allein reiche aus, um die Menschen vom Glauben an derlei Unwahrheiten abzuhalten. Wenn das der Fall wäre, so Mommsen, gäbe es keinen fruchtbaren Boden für Rassismus, Antisemitismus und andere Vorurteile. Wer erwartete, daß ein auf den Gesetzen der Ratio basierender Dialog das ausschließliche Bollwerk gegen alle Versuche bilden könne, die Vernichtung der europäischen Juden durch die Nazis abzustreiten, ließe eine der zentralen Lektionen des Geschehens selbst außer acht: Der rationale Dialog kann einem Angriff durch die mythischen Kräfte der Lüge nur in begrenztem Maß standhalten, insbesondere dann nicht, wenn diese Lüge in einer archaischen, sozialen und kulturellen Erscheinung wurzelt. Für die Grausamkeiten der Nazis gab es keine rationale Basis, aber es gab die mythische Faszination des Antisemitismus. Hitler und die Nazis wußten das. Zu mythischen Vorstellungen und den Kräften des Irrationalen fühlen sich gebildete wie ungebildete Menschen auf eine merkwürdige, unwiderstehliche Weise gleichermaßen hingezogen. Die Intellektuellen Nazideutschlands waren gegen irrationales, mystisches Denken nicht immun. Ähnliches gilt für die Holocaust-Leugner.

Die große Mehrheit der westlichen Intellektuellen ist den Lügen nicht auf den Leim gegangen. Einige allerdings sind auf eine andere Weise hineingezogen worden; sie stärken den Holocaust-Leugnern im Namen des Rechts auf freie Meinungsäußerung den Rücken, plädieren für deren Recht auf freie Forschung und Freiheit der Gedanken. Bedingungslosen Verfechtern der verbindlichen, liberalen Idee eines uneingeschränkten Dialogs unterläuft zuweilen der Fehler, daß sie die wesentliche Differenz zwischen einem auf Vernunft gegründeten Diskurs und antiintellektuellen, pseudowissenschaftlichen Disputen nicht erkennen. Sie versäumen, folgende kritische Unterscheidung vorzunehmen: Auf der einen Seite gibt es die Konklusion – gleichgültig, wie unerhört sie ausfallen mag –, zu der man durch sachliche Forschung und die Anwendung normativer Beweisführung gelangt ist, auf der anderen Seite hingegen steht ein ideologischer Extremismus, der alles von sich weist, was sich zu bereits vorgefaßten Schlußfolgerungen in Widerspruch befindet. Thomas Jefferson vertrat einst die Meinung, wo Wahrheitsfindung als oberstes Ziel gelte, sollten alle vorgetragenen Ideen und Ansichten toleriert werden. Er ergänzte seine Überlegung allerdings durch eine Mahnung: Die Kräfte der Vernunft müssen frei dagegen streiten können.[84] Ein Mittel, gegen Irrtümer anzukämpfen, ist die Differenzierung zwischen Wissenschaftlichkeit und Mythos. Im Fall der Holocaust-Leugnung haben wir es mit Menschen zu tun, welche diese Grenzen bewußt verwischen. Das Resultat ist, daß die Vernunft zur Geisel einer besonders widerwärtigen Ideologie wird.

Der auf Vernunft basierende Diskurs im Kontext eines historiographischen Verständnisses begründet sich in der Vorstellung, es gebe eine geschichtliche Realität, die letztlich – selbst wenn die Historikerin oder der Historiker sie einer Vielzahl an Deutungsmöglichkeiten aussetzen mögen – vorgefunden und nicht erfunden wird.[85] Historiker erschaffen nicht, sie enthüllen. Die Gültigkeit einer historischen Interpretation determiniert sich durch die Qualität ihrer Faktenaufarbeitung. Obwohl die Aufgabe der Historiker darin besteht, als neutrale Beobachter Tatsachen nachzuzeichnen, entwickelt sich zunehmend ein Bewußtsein dafür, daß die Historikerin bzw. der Historiker persönliche Werte und Befangenheiten in ihre Arbeit einbringen. So etwas wie wertfreie Geschichtsbetrachtung gibt es demzufolge nicht. Dennoch: Selbst Historiker mit gewissen Voreingenommenheiten unterscheiden sich noch erheblich von den Vertretern pseudorationaler Ideologien. Jene verformen oder erfinden nach Belieben Informationen, um ihre Überzeugungen abzustützen, und verwerfen jegliches Zeugnis als unwahrscheinlich, das ihnen widerspricht. Sie bedienen sich der Sprache wissenschaftlicher Untersuchungen, dabei steht hinter ihrem Vorhaben eine rein ideologische Tendenz.

Die absolutistisch verstandene Verpflichtung, jegliche Art der Forschung frei zuzulassen, sowie die Macht irrationalen, mythischen Denkens bieten zumindest eine partielle Erklärung dafür, wie es den Holocaust-Leugnern gelingen konnte, bei verschiedenen Persönlichkeiten und Einrichtungen der breiten Öffentlichkeit Fürsprecher zu finden. Dem uneingeschränkten Prinzip, jede Argumentation verdiene, als legitimer Gegenstand zur Diskussion gestellt zu werden, fallen selbst diejenigen zum Opfer, von denen man vermuten sollte, sie seien die Schutzherren der liberalen westlichen Idealvorstellung vom aufgeklärten Dialog. Indem sie die Auffassung vertreten, den Ansichten der Holocaust-Leugner müsse ungeachtet möglicher Anrüchigkeit Gehör geschenkt werden, verzerren sie einen positiven Wert abendländischen Denkens in sein Extrem. Sie übersehen, daß die Thesen der Holocaust-Leugner ein Konglomerat von rassistischen, extremistischen und antisemitischen Unterstellungen der bösartigsten Sorte bilden. Zur Debatte steht nicht eine bestimmte Interpretation: Die heikle Frage, mit welcher die Holocaust-Leugner uns konfrontieren, läuft vielmehr darauf hinaus, ob einer falschen Berichterstattung derselbe Status und dieselben geistigen Privilegien zuerkannt werden sollen wie authentischer Geschichte.

Ich wiederhole: Ich bin nicht daran interessiert, daß man den Holocaust-Leugnern einen Maulkorb umbindet. Sie haben ein Recht auf freie Meinungsäußerung, gleichgültig, wie verabscheuungswürdig diese Meinung ist. Sie setzen dieses Recht indessen nicht als einen Schild ein, wie es seitens der Verfassung vorgesehen war, sondern als ein Schwert. Es ist ein qualitativer Unterschied, ob man jemanden daran hindert, seine Meinung auszusprechen, oder ob man ihr oder ihm ein Podium zur Verbreitung einer Botschaft verschafft. Die Holocaust-Leugner erkannten rasch, wie sie die Situation ausnutzen konnten, und verlegten sich auf ein wohlkalkuliertes, manipulatives Spiel mit zwei amerikanischen Lieblingsprinzipien: dem Recht auf freie Meinungsäußerung und der Suche nach historischer Wahrheit.

Auf den folgenden Seiten werde ich sowohl den Modus operandi der Holocaust-Leugnung als auch ihren Einfluß auf die zeitgenössische Gesellschaftskultur untersuchen. Ich nehme diese Aufgabe nicht ohne Zögern auf mich, weil einige Leser gewiß nachfragen werden, ob die Holocaust-Leugner tatsächlich eine Randerscheinung bilden können, wenn Historiker sie nicht schlicht und einfach übersehen. Ist wissenschaftliche Aufmerksamkeit Anlaß genug, in ihnen mehr als bloße Fälscher zu vermuten? Verschafft ihnen die Beschäftigung mit ihren Behauptungen lediglich genau die Beachtung durch die Öffentlichkeit, nach der sie sich sehnen?*

Holocaust-Leugner stürzen sich in der Tat freudig auf *jede* Diskussion ihrer Arbeiten und betrachten sie als Beweis für eine ernsthafte Berücksichtigung ihrer Anschauungen. 1981 betonte Präsident Reagan in seiner Ansprache bei der offiziellen Gedenkfeier anläßlich der Tage zur Erinnerung an den Holocaust, wie «entsetzt» er gewesen sei, als er erfahren mußte, daß es Menschen gab, welche die Realität des Holocaust bestritten. Das *Institute for Historical Review*, das Hauptinstrument zur Verbreitung von Schriftgut der Holocaust-Leugner, zitierte in seinem Rundbrief die Äußerungen des Präsidenten, weil sie die «Vitalität» der Holocaust-Leugnung und die «blühende Entwicklung des Revisionismus seit der Gründung unseres Instituts» veranschaulichten[86] – eine Reaktion, welche an die Logik gemahnt: Mir ist egal, was man über mich sagt, solange man überhaupt etwas sagt.

Die Holocaust-Leugner verstehen es, empörenden, vollkommen unrichtigen Thesen Respektabilität zu verschaffen. Der Anthropologe Marshall Sahlins hat den Verlauf dieses Prozesses für den akademischen Bereich beschrieben. Professor X macht eine Theorie publik, und zwar ungeachtet der Tatsache, daß ein Übermaß dokumentierter Fakten seinen Schlüssen widerspricht. In den «höchsten moralischen Tönen» drückt er seine Mißachtung für alles Beweismaterial aus, das Zweifel an seinen Erkenntnissen weckt. Seine persönlichen Angriffe gelten den Verfassern kritischer Werke auf dem bewußten Gebiet sowie den Leuten, die dumm genug sind, ihnen Glauben zu schenken. Die Wissenschaftler, welche die Zielscheibe jenes Professors bilden, können nicht umhin zu reagieren. Ehe man sich's versieht, ist aus ihm «der kontroverse Professor X» geworden, dessen Theorie auch von Nicht-Profis, d.h. von Journalisten, ernsthaft diskutiert wird. Über kurz oder lang hat er sich zu einer vertrauten Erscheinung auf den Fernsehschirmen und im Rundfunk gemausert, wo er seine Idee Gesprächspartnern «auseinandersetzt», die keine Herausforderung für ihn darstellen oder die Unwahrhaftigkeit seiner Argumentation nicht entlarven können.[87]

* Robert Lifton äußerte ähnlich zwiespältige Gefühle bezüglich der möglichen Wirkung, die seine Forschungen über Ärzte in der nazistischen Tötungsmaschinerie haben könnten. Er befürchtete, bereits seine Erklärungen könnten wie eine Entschuldigung oder Rationalisierung ihrer Taten klingen (Lifton, *The Nazi Doctors: Medical Killing and the Psychology of Genocide*, New York 1986, S. XI f.).

Wir sind zwar noch nicht auf das Niveau herabgesunken, daß ehrerbietige Rezensionen von Literatur aus den Reihen der Holocaust-Leugner in *Time*, *Newsweek* oder *The New Yorker* erscheinen, aber alles andere hat sich exakt gemäß Sahlins' Prophezeiung entwickelt. Die allgemein akzeptierten und üblichen Maßstäbe der Wissenschaftlichkeit, darunter die ordnungsgemäße Behandlung erwiesener Fakten, werden über Bord geworfen. Übrig bleibt, in den Worten jenes bedeutenden Anthropologen, ein «Skandal».

Das Risiko, meine Untersuchung könnte den Holocaust-Leugnern unfreiwillig Format verleihen, ist nicht mein einziger Grund zur Sorge. Sich auf eine Widerlegung der Holocaust-Leugner einzulassen, birgt eine weitere, noch stärkere Gefahr in sich.

Der französische Historiker Pierre Vidal-Naquet hat darauf hingewiesen, daß als Ergebnis einer kontroversen Reaktion auf die Holocaust-Leugnung eine Richtung der «Exterminierung» – im Gegensatz zur «revisionistischen» – entstehe.[88] Dieser Fall trat zum Beispiel in dem Augenblick ein, da Rundfunk- und Fernsehproduzenten sich darüber verwunderten, warum ich mit der «anderen Seite» nicht reden wollte. Holocaust-Leugner haben sich in der Tat bereits darauf verlegt, Holocaust-Forscher als «Exterministen» zu bezeichnen.

Trotz der Risiken habe ich die Untersuchung aus mehreren Gründen durchgeführt. Zunächst einmal ist nichts grausamer, als Verfolgung, Demütigung und Leiden eines einzelnen oder einer Gruppe zu negieren – in gewisser Hinsicht übertrifft es die Verfolgung noch an Grausamkeit. Wer dem Holocaust oder dem Stachel des Antisemitismus nicht ausgesetzt (gewesen) ist, dem fällt es womöglich schwer, die gefährliche Verwundbarkeit nachzuvollziehen, die sie bei den Opfern verursachen. Analog dazu kann jemand, der niemals Erfahrungen mit Rassismus gemacht hat, den Schmerz und die Wut, welche damit einhergehen, nicht begreifen. Dieses Buch will unter anderem den Schmerz vergegenwärtigen, den die Holocaust-Leugner verursachen. Beim Schreiben habe ich häufig Wut auf sie empfunden, ungeachtet der Tatsache, daß sie in einem eigenartigen geistigen Wunderland leben und weder sie noch der Unsinn, den sie verbreiten, meiner Wut würdig sind. Auch wenn man ihre Schlußfolgerungen nicht ernst nimmt, muß man, so widersinnig es klingt, ihre Methoden zu einem Studienobjekt machen. Es ist eine zwingende Aufgabe, und zwar nicht, weil ihren Gedanken ein Wert innewohnte, sondern weil die Kräfte der Vernunft verletzlich sind und die Gesellschaft für abwegige Vorstellungen anfällig ist. Menschen, die in vergleichbaren irrationalen Wunderländern wohnen, haben mächtige Strömungen ins Leben gerufen, zum Beispiel den Nationalsozialismus selbst.

Ich habe mich außerdem in dieses widerwärtige Thema vertieft, weil ich folgender Überzeugung bin: Hoffnung, daß Geschichte nicht um der Konformität zu einer Vielzahl niederträchtiger Ideen willen verformt wird, besteht nur dann, wenn das gesellschaftliche Kollektiv – insbesondere jener Teil der Gesellschaft, der sich geistig-rationalen Fragestellungen verpflichtet fühlt – die gesamte Tragweite der Absichten jener Gruppe erkennt. Man braucht seine Zeit nicht mit einer Widerlegung jeder einzelnen Unterstellung der Holocaust-Leugner zu vergeuden. Es wäre eine Sisyphusarbeit, Argumenten begegnen zu wollen, deren Verfechter Befunde verfälschen, aus dem Zusammenhang herausgelöst zitieren und eine erdrückende Anzahl von Zeugnissen verwerfen, nur weil sie ihren Thesen entgegenstehen. Auf das Blendwerk ihrer Argumentationsweisen muß man reagieren, nicht auf die Argumente selbst. Ich möchte demonstrieren, wie sie Verwirrung stiften und Verzerrung betreiben; *wichtiger als alles andere ist es, die Illusion einer rationalen Forschungsmethodik zu zerstören, hinter der sich ihre extremistischen Anschauungen verbergen.*

Eine entscheidende Erkenntnis ist schließlich, daß es sich hier nicht um einen obskuren Disput handelt. Die Vergangenheit und – noch wichtiger – ihre Rezeption beeinflussen in starkem Maß die Art und Weise, wie die Menschen mit Problemen der Gegenwart umgehen. Nicht zufällig vermutete Harry Elmer Barnes, Geschichte könne als «Mittel zur Entscheidungsfindung und bewußt gehandhabtes Instrument der gesellschaftlichen Veränderung» dienen.[89] Geschichte ist relevant. Die gesellschaftliche Wahrnehmung vergangener Ereignisse und deren Bedeutung bilden einen überragenden Faktor bei der Beurteilung und Handhabung der Gegenwart, gleichgültig ob man den Nahen Osten, Vietnam, den Balkan, den kalten Krieg oder die Sklaverei ins Zentrum der Aufmerksamkeit rückt. Adolf Hitlers Aufstieg zur Macht wurde durch die methodische Geschicklichkeit begünstigt, mittels deren er den Massen eine Perspektive auf die jüngsten geschichtlichen Entwicklungen in Deutschland nahezubringen verstand, die dem Volk gefiel. Daß es sich um eine verzerrte Darstellung handelte, spielte keine Rolle – den Deutschen gefiel sie, weil dadurch die Schuld an ihren Problemen verlagert wurde. Obwohl sich die Historie im Ringkampf mit den mythischen Kräften irrationalen Vorurteils stets in einem Nachteil befindet, muß sie doch in den Ring steigen.

Ich wurde an die Potenz der Geschichte erinnert, als 1991, am Vorabend der Regierungswahlen in Louisiana, ein Anhänger David Dukes während eines Fernsehinterviews anmerkte, da wäre all das Gerede von Dukes früheren Ansichten über Juden und Schwarzen sowie seiner aktiven Mitgliedschaft im Ku-Klux-Klan. Das sei Vergangenheit, stellte jener Anhänger fest; er frage sich, welche Bedeutung es für die bevorstehende Wahl haben könne? Die einzig mögliche Antwort lautet: Dukes Vergangenheit stand in unmittelbarem Zusammenhang mit seinem Bestreben, gewählt zu werden; durch sie war er geworden, was er bis heute ist. Nichts konnte besser veranschaulichen, wie relevant Geschichte ist. (Nicht rein zufällig verfälschte der verstorbene Paul de Man, einer der Begründer des Dekonstruktivismus, seine Vergangenheit ebenfalls und schrieb seine Lebensgeschichte eigenhändig um.[90])

Falls Geschichte Bedeutung hat, dann sind die, welche mit ihr umgehen, um so wichtiger. Die Rolle des Historikers ist mit der Funktion eines Kanarienvogels im Schacht verglichen worden, dessen Tod die Kumpel warnt, daß gefährliche Gase ausströmen – «irgendeine Spur eines giftigen Zeugs, und der Kanarienvogel stirbt».[91] Heutzutage liegt reichlich giftiges Zeug in der Luft. Die Holocaust-Leugner trachten danach, ihr Ziel zu erreichen, indem sie sich Anerkennung als legitime wissenschaftliche Fachrichtung verschaffen und bei der jüngeren Generation Zweifel säen. Nur wenn die Bedrohung erkannt wird, welche die Holocaust-Leugnung sowohl für die Vergangenheit als auch für die Zukunft darstellt, sind ihre Anstrengungen letztlich zu vereiteln.

2. Die Vorläufer: Geschichte, Verschwörung und Phantasie

Die gegenwärtige Holocaust-Leugnung hat Einflüsse der unterschiedlichsten Strömungen integriert. Dazu gehören unter anderen: eine legitime historische Praxis, welche scharfe Einwände gegen die amerikanische Regierungspolitik erhob und die Auffassung vertrat, Geschichte werde zur Rechtfertigung der Politik mißbraucht; eine bereits Tradition gewordene Verknüpfung von Verschwörungstheorien, welche ein weitgefächertes Sortiment verschiedenartiger Szenarien in einen sauber geordneten Zusammenhang brachte; und maßlose Kritik an regierungspolitischen Entscheidungen, die in ihren Ausgangspunkten zwar an der Realität orientiert sein mochte, sich jedoch in das Extrem der Phantasterei steigerte. Die zuerst erwähnte historische Praxis wurde von den Holocaust-Leugnern übernommen und verarbeitet. In den beiden anderen Fällen bildete Holocaust-Leugnung deren logische Konsequenz.

Ihrem Selbstverständnis nach betrachten sich die Holocaust-Leugner als rechtmäßige Nachfolger eines Zirkels einflußreicher amerikanischer Historiker, die große Besorgnis wegen des amerikanischen Engagements auf internationaler Ebene äußerten. Jene respektierten Geschichtswissenschaftler, die sich als Revisionisten bezeichneten, wären entsetzt gewesen, wenn sie wüßten, welchem Zweck ihre Argumente zugeführt wurden. Im Gegensatz zu den Holocaust-Leugnern, die zwischen Fakten und Fiktionen nicht differenzieren, gingen die Revisionisten des Ersten Weltkriegs seriöser Forschung nach, bei der sie sich auf einen anerkannten Kanon von Beweismaterialien stützten. Ungeachtet solcher Unterschiede haben die Holocaust-Leugner versucht, die zwei Richtungen miteinander zu verflechten, indem sie argumentierten, in beiden Fällen hätte man sich auf die Suche nach Wegen zu einer alternativen Geschichte der zentralen Ereignisse im 20. Jahrhundert begeben. Die eine Forschungsrichtung benutzte hierfür allerdings etablierte historiographische Methoden, während die Holocaust-Leugnung auf Pseudowissenschaftlichkeit fußt.

1920 wurde die Eröffnungssalve auf diesem Feld abgefeuert; Sidney B. Fay, Dozent am *Smith College*, veröffentlichte in der *American Historical Review* eine Reihe von Artikeln über die Ursachen des Ersten Weltkriegs. In jenen Artikeln wie auch in seinem später erschienenen Buch entwickelte Fay anhand von nach dem Krieg freigegebenem Archivmaterial die These, daß die Deutschen, entgegen der in Amerika vorherrschenden Meinung, keinen Krieg angestrebt hätten. Fay beschwerte sich, man habe die Amerikaner einer Menge «törichter Propaganda» über die wahren Verantwortlichen des Krieges ausgesetzt.[1] Er beharrte darauf, daß Deutschland den Krieg weder geplant noch gewollt, sondern statt dessen echte Anstrengungen zu seiner Verhinderung unternommen hätte. Fay zufolge waren die deutschen Staatsmänner am Vorabend des Ersten Weltkriegs die letzten Führer Europas, welche ihre Friedensbemühungen aufgaben und ihre Armee mobil machten; sie hätten sich aber erst dazu entschlossen, nachdem alle anderen Möglichkeiten gescheitert waren.[2]

So entstand der amerikanische Revisionismus zum Ersten Weltkrieg. Einer der ersten, die Fay in seinen Bemühungen beisprangen, war Harry Elmer Barnes; 1923 wurde er sein Kollege am *Smith College*. Barnes, ein produktiver Autor und bereits mit 30 Jahren ordentlicher Professor, stürzte sich eilends in die Schlacht. Schon bald übertraf er Fay und fast alle anderen Revisionisten in seiner vehementen Kritik an der amerikanischen Außenpolitik. Durch seine unbarmherzigen Attacken gegen die «orthodoxe» Darstellung des Krieges wurde er in Deutschland zum Helden. In amerikanischen Historikerkreisen war er für seine persönlichen Angriffe auf diejenigen berüchtigt, in denen er die Verfechter einer traditionellen Geschichtsschreibung des Ersten Weltkriegs vermutete.[3] Barnes spielte in der Revisionistendebatte nach dem Ersten Weltkrieg zwar eine tragende Rolle, aber seine Relevanz für diese Untersuchung besteht in seiner Stellung als «Vater» der amerikanischen Holocaust-Leugnung: Er wurde einer ihrer Vorkämpfer und zerpflückte in seinen Publikationen als einer der ersten die Vernichtungsgeschichte der europäischen Juden. Wie Kapitel 5 zeigen wird, waren seine Methoden in beiden Fällen von auffallender Ähnlichkeit.

Ein weiterer führender Wissenschaftler, der sich Fay und Barnes anschloß, war Charles A. Beard.[4] Hohnlachend verwarf Beard die «Sonntagsschultheorie» des Krieges: daß nämlich Rußland, Frankreich und England, «drei unschuldige, reine Knaben», von zwei Bösewichten, Deutschland und Österreich, überfallen worden waren, die miteinander «böse Taten im dunkeln» ausgeheckt hätten.[5] Diese Historiker lehnten nicht nur die Vorstellung ab, Deutschland trüge die alleinige Verantwortung, ihnen bereitete außerdem die Art und Weise Kummer, in welcher im Versailler Vertrag mit dem Tatbestand einer Kriegsschuld umgegangen worden war, so daß Deutschland rigorose Strafbedingungen diktiert werden konnten. Die Revisionisten hielten den Artikel 231 des Vertrags, in welchem deutsche Aggression als direkte Ursache für einen alliierten Kriegseintritt definiert wird, für «historisch falsch und moralisch nicht zu rechtfertigen».[6]

Die Revisionisten entlasteten jedoch nicht nur die Deutschen, sie belasteten statt dessen die Alliierten und warfen ihnen Doppelzüngigkeit vor, sowohl vor als auch nach dem Krieg. Ihrer Ansicht gemäß verhinderten die Briten und Franzosen, die die USA um jeden Preis in den Krieg mit hineinziehen wollten, daß die Amerikaner von dem realen deutschen Friedenswunsch und den «vernünftigen, staatsmännischen» Vorschlägen der Deutschen zur Kriegsvermeidung erfuhren.[7] Durch Frankreichs militante Eroberungspolitik wurden Chancen für eine friedliche Lösung mehrfach zunichte gemacht. Großbritannien beschuldigte die Deutschen fälschlicherweise entsetzlicher Gewalttaten. Den Revisionisten zufolge fuhren die Alliierten sogar nach Beendigung des Ersten Weltkriegs in ihrem betrügerischen Verhalten fort und weigerten sich, andere Sachverhalte als jene anzuerkennen, die der Auffassung von einer alleinigen deutschen Kriegsschuld entsprachen.[8] Die Revisionisten verurteilten die britischen, französischen und amerikanischen «Täuschungsmanöver» nach dem Krieg vor allem deshalb, weil die Alliierten als Sieger gewußt hätten, daß die Deutschen nicht wirklich schuldig waren. Indem sie ihre Macht zur Unterdrückung der Wahrheit ausnutzten, nahmen die Alliierten eine wohlberechnete Verformung der Fakten vor und zwangen die Deutschen dazu, den Becher der Niederlage bis zur Neige auszutrinken, obwohl sie dies nicht verdienten.

Einige der extremeren Revisionisten, Barnes an der Spitze, richteten ihre Angriffe insbesondere gegen Präsident Woodrow Wilson, weil er für die Ausgaben, Verluste und Nöte des Krieges sowie die «arrogante und brutale Politik Frankreichs und Englands» verantwortlich gewesen sei.[9] Sie behaupteten, Wilsons ursprüngliche Befürwortung einer amerikanischen Neutralität sei nicht aufrichtig gemeint gewesen. Ihren Darlegungen entsprechend war Wilson bereits seit langem davon überzeugt gewesen, England würde Deutschland nicht ohne amerikanische Hilfe besiegen können. Deshalb beschloß er, so bald wie möglich auf Englands Seite in den Krieg einzutreten, und wartete nur auf eine geeignete Provokation.[10] Revisionisten des Zweiten Weltkriegs trugen später gegen Präsident Roosevelt ähnliche Vorwürfe vor. Sie argumentierten, Roosevelt habe – wie sein Vorgänger Wilson – schon geraume Zeit die Absicht gehegt, die USA in die europäischen Streitigkeiten zu verwickeln, und lediglich die rechte Gelegenheit abgewartet, dies in die Tat umzusetzen. In den Augen dieser Kritiker mangelte es beiden Männern beträchtlich an Ehrlichkeit gegenüber dem amerikanischen Volk; beide hätten die USA in eine katastrophale Außenpolitik hineingeführt.

Viele der revisionischen Argumente entbehrten durchaus nicht einer gewissen historischen Substanz. Deutschland war *nicht* der Alleinschuldige des Krieges. Der Versailler Vertrag enthielt strenge, vom Wunsch nach Rache motivierte Forderungen, durch welche Deutschland eine derart drückende finanzielle Bürde auferlegt wurde, daß der Zusammenbruch der Weimarer Republik quasi vorprogrammiert war. Die Franzosen hatten ihre eigenen Hintergedanken bei der Angelegenheit. Die amerikanische Waffenindustrie und die Banken profitierten in hohem Maße von dem Krieg.

Er brachte Europa weder Frieden noch eine Lösung für seine lange schwelenden Konflikte. Die revisionistische Sache wurde durch den Umstand gestützt, daß die britische Propaganda während des Kriegs alle möglichen Greuelmärchen über deutsche Grausamkeit gegenüber Zivilisten verbreitet hatte; man erzählte unter anderem, die Deutschen benutzten tödliches Gas, um an den Kämpfen Unbeteiligte umzubringen, setzten Babys als Zielscheiben zu Übungszwecken ein und verstümmelten belgische Frauen. Die amerikanische Öffentlichkeit war sich nicht bewußt, daß es sich dabei um vorsätzliche Falschmeldungen handelte, und erwies sich als für derartige Geschichten besonders empfänglich.[11] (Jene propagandistischen Bemühungen zeitigten so große Erfolge, daß ihnen in der Folge ein neuer Gewerbszweig entwuchs: Die Ursprünge moderner Öffentlichkeitsarbeit leiten sich unmittelbar aus der britischen und, in geringerem Maße, amerikanischen Kriegswerbung ab.) Als Amerika zwanzig Jahre später Berichte erreichten, die Nazis setzten Gas zur Ermordung von Juden ein, offenbarten sich die anhaltenden Auswirkungen jener ersten, unwahren Schauergeschichten. In Amerika wurde die zweite Flut derartiger Neuigkeiten als Wiederholung der Kindermärchen über die Deutschen abgetan. Das Problem war nur, daß die Berichte dieses Mal der Wirklichkeit entsprachen.

Einer der Gründe, warum sich zahlreiche Amerikaner zu einer revisionistischen Sichtweise hingezogen fühlten und in der Zeit zwischen den Weltkriegen eine Nichtintervention befürworteten, war folgender: Obwohl der Krieg mit einem Sieg geendet hatte, entsprach das Ergebnis bei weitem nicht den Erwartungen. Während des Kriegs hatten Politiker wie Wilson nach außen hin die Vorstellung genährt, es handele sich um einen Kreuzzug im Namen der Demokratie, während de facto häufig nationale Interessen der übelsten Sorte im Spiel waren.[12] Für viele Menschen, die Revisionisten des Ersten Weltkriegs mit eingeschlossen, ging der Schuß nach hinten los; der Versuch, den Krieg mit grandiosen, übertrieben hehren Ideen zu umgeben, verkehrte sich in sein Gegenteil. Die Menschen zeigten sich bitter enttäuscht, daß der Krieg weder ein demokratischer Kreuzzug noch ein Krieg zur Beendigung aller Kriege – wie Wilson versprochen hatte – gewesen war.

Er brachte den kriegsmüden Völkern der Welt keinen gesicherten Frieden. In der Phase zwischen den Weltkriegen, während die Situation in Europa immer unbeständiger wurde, entwickelte eine wachsende Anzahl Amerikaner – allen voran die Revisionisten und Isolationisten – eine verbitterte, desillusionierte Haltung.[13] Sie waren der Überzeugung, eine arglose amerikanische Öffentlichkeit sei hinters Licht geführt worden, und die amerikanische Kriegseinmischung sei nicht nur für die USA, sondern für die ganze Welt eine grenzenlose Katastrophe gewesen.[14] Ihre Anklagen ex post facto klangen hart und unerbittlich. Der Streit um die Ursachen des Ersten Weltkriegs bildete in der Epoche vor dem Zweiten Weltkrieg den Rahmen für eine leidenschaftliche Debatte über die amerikanische Außenpolitik. Die Revisionisten zielten darauf ab, die Einstellung der Gesellschaft zu diesem Thema zu verändern.[15] Die revisionistische Sicht entwickelte sich zu einem Prisma, in welchem anstehende politische Entscheidungen reflektiert wurden.[16]

Zwar besteht die einzige Verbindung zwischen den ersten Revisionisten und den Holocaust-Leugnern in der Person Harry Elmer Barnes'. Trotzdem gaben die Argumente der Revisionisten für die Holocaust-Leugner einen idealen Hintergrund ab. Ihre Mutmaßungen über Intrigen seitens der amerikanischen Regierung, ungerechte Behandlung der Deutschen, Berichte von Greueltaten aus dem verdeckten Motiv, die öffentliche Meinung zu beeinflussen, waren zu verführerisch, als daß man sie hätte ignorieren können. Die Holocaust-Leugner kidnappten jene Denkrichtung und setzten sie für ihre eigenen Zwecke ein.

Sowohl innenpolitisch als auch hinsichtlich der internationalen Beziehungen war die Periode zwischen den beiden Weltkriegen eine turbulente Zeit. Kritik an der amerikanischen Außenpolitik erklang aus allen Ecken und Enden des politischen Spektrums.[17] Auf dem Kapitol bemängelten Liberale, Konservative wie auch Progressive gleichermaßen die Richtung, die Roosevelt mit seinen politischen Entscheidungen in Übersee einschlug.[18] In gewissen Kreisen herrschte die feste Überzeugung, daß es eine Verschwörung oder gar eine Kette von Verschwörungen mit dem Ziel gebe, Amerika zu schaden. Die Furcht vor den Roten nahm den Charakter einer Hexenverfolgung an. In den USA trat eine tiefverwurzelte Fremdenfeindlichkeit zutage, von erheblichem Antisemitismus durchsetzt. In demselben Maß, wie sich die Auswirkungen der Depression verschlimmerten, wuchs in verschiedenen Kreisen das Gefühl, daß irgend jemand oder irgend etwas – eine Gruppe, eine Ideologie, finanzielle Interessen – dafür die Schuld tragen müsse. Die Auswüchse dieser Ängste ließen sich auf unterschiedlichen Gebieten beobachten.

Hinter der Verabschiedung des Immigrationsgesetzes im Jahr 1924 stand das Bestreben, die Zahl der Einwanderer zu begrenzen, die nicht angelsächsischer, protestantischer Provenienz waren. Die Gegner der jüngsten Immigrantenströme führten den Einwand ins Feld, jene würden das Gesicht Amerikas verändern. Das Gesetz war zu einem Zeitpunkt erlassen worden, da die Amerikaner sich finanziell sicher fühlten; nun, angesichts der wirtschaftlichen Verschlechterungen und der Probleme in den internationalen Beziehungen, traf das Gesetz auf noch größere Zustimmung. Durch die Depression entwickelte sich ein heftiges Mißtrauen gegen die möglichen Interessen von Banken und Konzernen. In den Augen vieler Menschen waren die Schuldigen an der sich stetig verschärfenden Situation leicht auszumachen.

1935 berief der republikanische Senator Gerald P. Nye (North Dakota) einen Ausschuß zur Untersuchung der Geschäfte von Reedereien, Rüstungsfabriken und internationalen Finanzinstituten während des Ersten Weltkriegs ein. Bei diesen Anhörungen ging man von der Prämisse aus, daß nicht nur den politischen Führern Verantwortung dafür zuzusprechen war, das Land in den Krieg verwickelt zu haben. «Böse» Wall-Street-Bankiers hatten sich mit Unterstützung und Anstiftung seitens «finsterer» Waffenhändler an einem heimtückischen Plan beteiligt, um ihrer eigenen Bereicherung willen die USA in den lodernden Konflikt hineinzulocken.[19] Die *Nye Committee Hearings* entfesselten in den USA eine stark isolationistische Stimmung und hatten weitreichende Folgen für die amerikanische Außenpolitik.[20] Obwohl sich keine Beweise dafür fanden, daß Wall Street die amerikanische Einmischung vorsätzlich vorangetrieben hätte, hielten einige Senatoren zum damaligen Zeitpunkt die Untersuchungen für das wirksamste Mittel zur Förderung einer amerikanischen Isolationspolitik.[21] Als der demokratische Senator Homer T. Bone (Washington), ein eifriger Isolationist, 1935 anmerkte, der Krieg sei «äußerster sozialer Wahnsinn» gewesen und Amerika hätte «nichts damit zu tun» haben dürfen, schwang in seiner Äußerung die Meinung von Millionen amerikanischer Bürger mit.[22]

In gewissen Kreisen bestand wenig Zweifel über die Identität derjenigen, die an der unheilvollen Lage der USA die Schuld trugen. Man klagte Roosevelt an, mit seiner Außenpolitik «jüdischen Interessen» Vorschub zu leisten. Der republikanische Senator Hiram W. Johnson (Kalifornien) beschwerte sich im Februar 1939, die Juden befänden sich samt und sonders «auf einer Seite, wären voll freudiger Begeisterung für den Präsidenten und gewillt, bis zum letzten Amerikaner zu kämpfen»; damit faßte er die Haltung einer wachsenden Zahl von Antisemiten zusammen. Er erhob den Vorwurf, die Loyalität der Juden liege einzig bei ihrer Gemeinschaft, niemals jedoch bei ihrem Land. Diesem mächtigen Verbund – so Johnson weiter – stünden die Reihen derjenigen gegenüber, «derjenigen unter uns – und das sind eine Menge –, denen das Wohl unseres Vaterlands am Herzen liegt, und zwar ausschließlich». Johnson bemängelte, niemand hätte den Mut auszusprechen, das Hauptaugenmerk bei den Auseinandersetzungen um die amerikanische Europapolitik gälte eindeutig dem Umgang der Deutschen mit ihrer jüdischen Bevölkerung, denn jeder hätte Angst davor, «die Juden zu beleidigen». Er beschuldigte Roosevelt, der seiner Meinung nach einen «Diktatorenkomplex» hatte, in den Juden mächtige Unterstützer gefunden zu haben, die lauthals verlangten, er müßte «ihren Leuten» Hilfe gewähren, «die weder hier leben noch irgend etwas mit unserer Heimat gemein haben».[23]

Pater Charles C. Coughlins antisemitische Hetzreden im CBS-Radioprogramm erreichten landesweit ein Millionenpublikum; sein Magazin, *Social Justice*, druckte Antisemitismen ab, die unmittelbar Joseph Goebbels' Propagandamaschinerie entstammten (selbstverständlich ohne Quellenangaben). 1941 beschuldigte der als Antisemit bekannte demokratische Kongreßabgeordnete John E. Rankin (Mississippi) «Wall Street und das Häuflein unserer internationalen jüdischen Brüder» der Kriegshetze und beklagte, daß «weiße Nichtjuden» in den USA verfolgt würden.[24] 1941 überprüften isolationistisch eingestellte Senatoren den Einsatz von Propagandamitteln in der Filmindustrie, um «die Öffentlichkeit in bezug auf eine Beteiligung der USA am gegenwärtigen Krieg in Europa günstig zu stimmen».[25] Bei den Ermittlungen herrschte ein stark antisemitischer Ton, da es sich bei fast allen, die der Untersuchungsausschuß vorlud, um Juden handelte. Charles A. Lindbergh vertrat die Ansicht, die Juden bildeten eine deutlich abgegrenzte Einheit mit starkem inneren Zusammenhalt, die eine Interventionspolitik verfolge und die politische Macht besitze, ihre Bestrebungen durchzusetzen.* Seine öffentlichen Bemerkungen diesbezüglich entfachten eine heftige Debatte.[26]

Nach der Besetzung der Tschechoslowakei durch die Deutschen im März 1939 griff selbst ein so weithin respektierter Gelehrter wie Charles Beard zwei «Hauptgruppen» an, weil sie «Druck» ausübten, um eine «realistische US-Außenpolitik auf den Grundlagen der geographischen Lage des Landes und seiner demokratischer Prinzipien» zu verhindern.

* Lindberghs bekannteste, kontroverseste Äußerung zur damaligen Zeit machte er im September 1941 auf einer *America First*-Versammlung in Des Moines, Iowa. Bei einer Rede mit dem Titel «Wer sind die Kriegsaufwiegler?» sagte er vor 8 000 Zuhörern, die «drei wichtigsten Gruppen, welche dieses Land in einen Krieg hineintreiben, sind die Briten, die Juden und die Regierung Präsident Roosevelts ... Wenn eine dieser Gruppen – Briten, Juden, Rooseveltsche Regierung – die Anstiftung zum Krieg unterließe ...[bestünde] wenig Gefahr für einen Kriegseintritt unsererseits.»

Bei diesen beiden Gruppen handelte es sich um idealistische Internationalisten einerseits sowie «Kostgänger» andererseits: ethnische Gemeinschaften und Kommunisten, deren «Hoffnungen und Herzblut am Schicksal fremder Regierungen und Völker hingen».[27]

Die archaische Neigung, hinter den Problemen eines Volkes jüdische Konspiration zu vermuten, hat tiefe Wurzeln. Die Juden waren beschuldigt worden, Brunnen zu vergiften, Christenkinder umzubringen, die Pest zu verbreiten und Hungersnöte, Erdbeben sowie Überschwemmungen zu verursachen. Enormen Auftrieb erhielt diese Art des Verfolgungswahns im Amerika des 20. Jahrhunderts durch Henry Ford, dessen Name als Synonym für amerikanischen Erfindungsgeist und Arbeitseifer steht; Ford machte eine jüdische Verschwörung für die sozialen und wirtschaftlichen Unruhen verantwortlich. In den Jahren 1920 bis 1927 veröffentlichte Fords *Dearborn Independent* (mit einer Auflage von 600 000 Stück) die englische Übersetzung der «Protokolle» sowie eine Serie von Artikeln, in welchen den Juden vorgehalten wurde, sie setzten den Kommunismus, Banken, Gewerkschaften, Alkohol, Glücksspiel, Jazz, Zeitungen und Kinofilme zur Attackierung und Schwächung Amerikas, seiner Kultur und seiner Menschen ein. Ihr Ziel sei es, das Land einem «Über-Juda» einzuverleiben, einer vermeintlichen Weltregierung. In Buchform wurden von *The International Jew: The World's Foremost Problem* in den USA mehr als eine halbe Million Exemplare verkauft und Übersetzungen in sechzehn Sprachen angefertigt.[28]

Man zog die «Protokolle der Weisen von Zion» häufig zum Beweis für eine jüdische Verschwörung heran. Ein Kommentar der *Chicago Tribune* stellte die Behauptung auf, daß zwischen dem Kommunismus und einer jüdischen Konspiration zur Weltherrschaft enge Verbindung bestünde. An demselben Tag, an dem dieser Kommentar erschien, wies der Leitartikel des *Christian Science Monitor* unter der Überschrift «Die jüdische Gefahr» darauf hin, daß die «Protokolle der Weisen von Zion» auffallende Ähnlichkeit mit der Verschwörung des Illuminatenordens besäßen.[29] Die Vertreter von Verschwörungstheorien haben die Illuminaten längst als Luzifers moderne Nachfolger entlarvt. Angeblich mißbrauchten sie die Gesetze der Vernunft, um die religiöse und politische Ordnung auf ihrem Weg zur Übernahme der Weltherrschaft zu unterminieren. Man sagte ihnen nicht nur nach, die treibende Kraft hinter der Französischen Revolution gewesen zu sein, sondern sah in ihnen auch die eigentlichen Drahtzieher bei der Entstehung von Karl Marx' «Kommunistischem Manifest» und dem raschen Aufstieg des Kommunismus. Innerhalb dieses Netzwerks konspirativer Wahnideen, welche der *Dearborn Independent* widergab, zeichneten die Juden – und jüdische Bankiers im besonderen – für die schändlichen Taten der Illuminaten verantwortlich. Diejenigen, welche die vermeintliche Verschwörung aufdeckten, verliehen ihrer unsinnig wirkenden Behauptung – Bankiers unterstützen Kommunisten – ein logisches Gepräge, indem sie argumentierten, die Bankiers sähen voraus, daß die Kommunisten eine Weltregierung begründen, welche sie wiederum später übernehmen und kontrollieren könnten.[30]

Angesichts einer Verleumdungsklage entschuldigte Ford sich schließlich offiziell dafür, derartige Märchen verbreitet zu haben. Der Schaden war allerdings bereits geschehen. In vielen amerikanischen Köpfen hatte die Vorstellung von einer jüdischen Konspiration, bei der sich kommunistische und kapitalistische Kräfte im Bemühen um die Weltherrschaft zusammenschlossen, bereits feste Gestalt angenommen, insbesondere im rechten Lager.

Viele der Theorien über jüdische Verschwörungen, unter anderem auch die Holocaust-Leugnung, weisen gemeinsame Züge auf: Hinter jeder Verschwörung steckt ein Kollektiv, das eine andere Gemeinschaft aufs Korn genommen hat. Obwohl die Zahl der Opfer größer ist als die der Verschwörer, sind die Opfer höchst angreifbar, weil sie der Verschwörung nicht gewahr werden. Diejenigen, welche den Plan enttarnt haben, tragen Verantwortung dafür, die Opfer auf ihn aufmerksam zu machen. Den Verschwörern wird bei der Verfolgung ihrer Absichten eine diabolische Geschicklichkeit unterstellt, welche die Fähigkeiten ihrer Feinde bei weitem übertrifft. Sie sind mit beinahe mystischen Kräften ausgestattet und kontrollieren die Börsen, das internationale Banksystem und die Medien. Da sie in der Vergangenheit mit ähnlichen Verschwörungen bereits Erfolg gehabt haben, besitzen die Verschwörer so viel Erfahrung, daß sie auch in der Zukunft wieder triumphieren werden, es sei denn, man geböte ihnen Einhalt.[31]

Derlei Wahnvorstellungen verleihen Ereignissen, die anderweitig unerklärbar erscheinen – weltweite Depression, Hungerkatastrophen, der Tod von Millionen –, eine wohlgeordnete Struktur und beschwören vertraute Stereotype herauf. Die Holocaust-Leugner haben sich dieses Schema zunutze gemacht. Einige unter ihnen mögen von der Wahrhaftigkeit ihrer Unterstellungen sogar überzeugt sein. Durch ihren Glauben, sie hätten recht, werden ihre Behauptungen allerdings nicht rationaler oder zutreffender, genausowenig wie die Beschuldigungen in der Vergangenheit, die Juden hätten Brunnen vergiftet, bei ihren Ritualen Christenkinder getötet und eine Weltrevolution entfacht.

In der Zeit unmittelbar nach dem Zweiten Weltkrieg brachen einige Isolationisten erneut eine Lanze für Deutschland. Zu den Revisionisten des

Zweiten Weltkriegs zählten Extremdenker, die alle derselben Idee anhingen, nämlich daß wieder einmal eine militärische und politische Verschwörung ungeheuren Ausmaßes angezettelt worden war, um die USA in den Krieg hineinzuziehen. Ihren Worten gemäß habe Roosevelt eine amerikanische Beteiligung gleich 1939, vom Ausbruch des Krieges an gewollt. Mit Hilfe einer ausgewählten Gruppe von Beratern und der Unterstützung gewisser ethnischer Gruppen und Interessenverbände habe er nach einer Hintertür für den Eintritt in den Zweiten Weltkrieg gesucht. Zu diesem Zweck habe er Informationen, daß sich ein Angriff auf Pearl Harbour anbahnte, unterschlagen. Die *Chicago Tribune* war von Roosevelts geheimem Einverständnis mit jenem Angriff überzeugt und beschuldigte ihn, vorsätzlich das Leben Tausender amerikanischer Soldaten geopfert zu haben. Die Kritiker, an deren Spitze Journalisten, Pazifisten und Politiker standen, behaupteten weiterhin, Pearl Harbour sei Teil eines größeren, komplexeren Zusammenhangs. Sie vertraten die Ansicht, die Roosevelt-Regierung habe einen Krieg gebraucht, um die Aufmerksamkeit der Öffentlichkeit vom Scheitern ihrer Wirtschafts- und Sozialpolitik (*New Deal*) abzulenken.

Die Vorwürfe erklangen aus den Reihen derer, die über das Stattfinden des Krieges sowie sein Ergebnis sehr enttäuscht waren. Ihre Rhetorik spiegelte ihre Bitternis. In seinem Buch *The Roosevelt Myth* beschuldigte John T. Flynn, Führer der Bewegung *America First*, Roosevelt, im Krieg einen «glorreichen, wunderbaren Ausweg für die unlösbaren Probleme Amerikas entdeckt» zu haben. Flynn argumentierte, der Krieg habe nichts weiter bewirkt, als «Stalin Mittel in die Hände zu spielen, sich einen großen Batzen des europäischen Kontinents anzueignen». Alle bedeutenden Verlagshäuser lehnten Flynns Buch wegen seines aufwieglerischen Stils ab; es wurde letztlich von Devin-Adair veröffentlicht, der sich später zu einem der führenden Verlage für die Schriften der Holocaust-Leugner entwickelte. Ungeachtet seines Stils gelangte das Buch auf Platz zwei der Bestsellerliste in der *New York Times*.[32]

Auch Charles Beard brachte den Einwand vor, die Bezwingung eines totalitären Systems habe einem ebenso despotischen Regime Auftrieb verliehen. Der Nazismus sei durch eine andere Tyrannei ersetzt worden, demnach gebe es für den Krieg keine Rechtfertigung. Beard stellte die Freveltaten der Nazis in Relation zu denen der Sowjets und stellte gleichzeitig die Frage, wie man in diesem Fall noch die Rechtfertigung vorbringen könne, «daß der 'Zweck' die Mittel heiligte, die zur Anwendung kamen, um die USA in den Krieg zu verwickeln».[33] Beard wäre entsetzt darüber gewesen, in welcher Art und aus welchem Grund die Holocaust-Leugner seine Argumentationen nachzeichnen, wenn sie in ihren Zeitschriften und Büchern behaupten, der Krieg gegen Hitler sei nicht nur Irrsinn, sondern auch den amerikanischen Interessen alles andere als förderlich gewesen. Infolgedessen – unterstellen die Holocaust-Leugner – muß irgendeine Interessengemeinschaft den Krieg gewollt haben.

Die Kritiker verfolgten unterschiedliche Ziele. Einige, die deutsch-amerikanischer Abstammung waren, sahen sich vermutlich deswegen veranlaßt, mildere wirtschaftliche und politische Bedingungen für das besiegte Deutschland zu erwirken. Bei anderen – vor allem aus dem Mittleren Westen – mögen die Beweggründe in ihrem starken Konservativismus und ihrem Argwohn gegenüber Fremdeinflüssen gelegen haben. Viele waren Antikommunisten, die glaubten, ein starkes Nachkriegsdeutschland böte den besten Schutzwall gegen den sich ausbreitenden Kommunismus. Wieder andere, beispielsweise Barnes, hatten bereits dem Ersten Weltkrieg gegenüber eine revisionistische Haltung eingenommen und differenzierten nicht zwischen dem einen und dem anderen Waffenkonflikt. Der Gedanke eines starken Deutschlands entwickelte sich zum Drehpunkt der amerikanischen Nachkriegspolitik; einige extreme Revisionisten des Zweiten Weltkriegs gingen jedoch noch einen Schritt weiter und stellten in Anknüpfung an ein Argument, das bereits vor dem Krieg bekanntgeworden war, die These auf, daß auch Nazideutschland einen exzellenten Schutzschild gegen den Kommunismus gebildet hätte, die Alliierten hierfür jedoch blind gewesen – oder geblendet worden wären.

Die extremste revisionistische Darstellung über Amerikas Eintritt in den Zweiten Weltkrieg, *Back Door to War*, stammt von Charles C. Tansill, Professor für die Geschichte der amerikanischen Diplomatie an der *Georgetown University*; das Buch erschien 1952. Tansill hatte sich bereits vorher im Kontext seiner Lincoln-Kritik mit dem Thema verzerrter Geschichtsschreibung in Amerika befaßt; er bezeichnete Lincoln als «einen 'Faulenzer' von einem Soldaten, der im Frieden unbesiegbar und im Krieg unsichtbar» gewesen wäre. Lincoln – so Tansills Vorwurf – hätte die Südstaaten mit einem Trick dazu gebracht, Fort Sumter anzugreifen, und so den Bürgerkrieg entfacht.[34] Tansills Arbeit hat auf die Holocaust-Leugner großen Eindruck gemacht; sie rühren eifrig die Werbetrommel für sein Werk und benutzen seine Argumentationsstruktur als Basis für ihre eigene. Tansill verkündete, das «Hauptziel» der US-Außenpolitik in der ersten Hälfte des 20. Jahrhunderts sei «die Erhaltung des Britischen Königreichs» gewesen. Er stellte zwischen der Beteiligung der USA am Ersten Weltkrieg und dem Aufstieg des Nazismus in Europa eine Verbindung her; letzterer sei die Konsequenz der amerikanischen Kriegseinmischung: «Unsere Intervention vernichtete das alte Gleichgewicht der Macht und säte die Saat unvermeidbarer zukünftiger Konflikte.» Seiner Auffassung gemäß hörte das schäbige Geschäft mit der Beendigung des Ersten Weltkriegs nicht auf, und deswegen hielt er Amerikas Eintritt in den Zweiten Weltkrieg für einen Versuch, die «verpfuschte Arbeit des Jahres 1919» ohne Rücksicht auf die Kosten zu retten.[35]

Tansill steckte eine Reihe von Argumenten ab, die später als wesentliche Merkmale der Holocaust-Leugnung auftauchten. Die meisten sind nicht auf Fakten gegründet; zum Beispiel behaupteten Tansill und andere Revisionisten, Hitler habe gegen Polen nicht Krieg führen wollen, sondern den Plan gehegt, daß Deutschland und Polen gemeinsam über Europa herrschen sollten. Wenn Polen in Hitlers Komplott eingewilligt und sich zum Hauptsatelliten in der deutschen Umlaufbahn entwickelt hätte, wäre seine Sicherheit garantiert gewesen.[36] Lediglich die Weigerung der Polen, sich dem Plan der Nazis anzuschließen, führte zum Ausbruch des Krieges; die Polen sahen sich zu dieser Weigerung veranlaßt, weil die Briten ihnen Versprechungen gemacht und die Amerikaner sie wiederum selbst zu Versprechungen gedrängt hatten. Letztlich waren also die Intrigen der Amerikaner daran schuld, daß Polen in den Krieg getrieben und die Welt in einen Zweiten Weltkrieg gestürzt wurde.[37] Nach diesem extrem revisionistischen Standpunkt spielte Roosevelt in der gesamten Affäre eine «groteske Rolle», weil er den britischen Premierminister Neville Chamberlain bestürmt hatte, Polen unerfüllbare Versprechungen zu machen.[38] Derlei extreme Hypothesen, die von beinahe allen Historikern zurückgewiesen werden, lassen die Tatsache außer acht, daß Hitler nicht die Absicht hatte, Polen in einen Satellitenstaat zu verwandeln, sondern es zu zerstören, und daß er die Polen als Untermenschen betrachtete. Bei derartigen Überlegungen wird außerdem Roosevelt übertrieben großer Einfluß auf die Kriegsentscheidungen der Briten und Polen unterstellt. Zur Gewinnung jener Argumente wurde tatsächliche historische Evidenz bis ins Unkenntliche verzerrt; dadurch wurde Nazideutschland freigesprochen und die Verantwortung für den Krieg den Alliierten übertragen. Es kann nicht überraschen, daß die Holocaust-Leugner sie als entscheidende Bestandteile in das Geflecht von Behauptungen aufnahmen, aus denen sich ihre Perspektive der Welt zusammensetzt.

Zu den Extremdenkern, die binnen weniger Monate nach Ende des Krieges damit begannen, sich für einer Minderung der erdrückenden Schuldlast Deutschlands einzusetzen, zählte die Vorhut der Holocaust-Leugner. Ihre Vertreter äußerten die gemeinsame Auffassung, die USA hätten sich nicht in den Krieg hineinziehen lassen sollen. Ihr Hauptziel war jedoch, Deutschland bei der Wiedererlangung moralischen Ansehens in der Welt den Rücken zu stärken. In ihren Augen bildete ein starkes, wiederbelebtes Deutschland den Schlüssel für die Zukunft Westeuropas. Sie wußten, daß die Alliierten insgesamt und die Amerikaner im besonderen sich davor scheuen würden, einem Land zur Hilfe zu eilen, das für durch und durch verdorben gehalten wurde, ganz abgesehen von dem Ruf, Völkermord begangen zu haben. Deshalb mußte die Unerhörtheit des deutschen Verhaltens im Krieg abgeschwächt oder – noch besser – möglichst negiert werden. Zu diesem Zweck wandten sie diverse Mittel an: Sie rückten Nazideutschland in ein vorteilhaftes Licht, bagatellisierten seine schweren Verbrechen und Feindseligkeiten und stellten unethische Äquivalenzen her, indem sie angeblich vergleichbare Vergehen der Alliierten ins Feld führten.

Einige verhehlten ihre Sympathien für Hitler nicht und porträtierten ihn als einen Führer, dessen Beweggründe ausschließlich dem Wohl seines Landes gegolten hätten. Er hatte nicht nur Polen gegenüber eine versöhnliche Haltung bewiesen, sondern einen Krieg zu verhindern versucht. Laut Austin App war er «ein Mann der Kunst und der Architektur, nicht der Rüstung und des Krieges». Er habe keinen Krieg führen wollen und gezögert, die Deutschen mobil zu machen.[39] Hitlers Deutschland sei eine Gesellschaft mit vielen positiven Eigenschaften gewesen, die aufgrund einer einseitigen Konzentration auf einige unliebsame innenpolitische Entscheidungen ignoriert würden.[40] Man könnte den Krieg nicht als moralisch gerechtfertigte Auseinandersetzung betrachten, denn alle Parteien hätten sich gleichermaßen unredlich verhalten und wären deshalb gleichermaßen schuldig. Diejenigen, die Deutschland seiner besonderen, schweren Schuld entheben wollten, konnten zur Verwirklichung ihrer Absicht nicht umhin, das Thema der nazistischen Gewalttaten unverblümt anzusprechen. Dabei neutralisierten ihre extremsten Sprecher Deutschlands Taten, indem sie die Judenvernichtung und Millionen anderer Morde durch die Nazis mit Taten der Alliierten verglichen. Sie waren der Meinung, die USA hätten ebenso ungeheure Verbrechen begangen. Die engagierte Isolationistin Freda Utley brachte in *The High Cost of Vengeance* dasselbe Argument vor: «Falls Nachahmung die ehrlichste Form der Schmeichelei sein sollte, dann hat niemand den Nazis je größere Ehrerbietung gezollt als ihre Eroberer ... Wir bestätigten die Nazi-Doktrin: Macht macht gerecht. Anstatt den Deutschen zu demonstrieren, daß Hitlers Rassentheorien sowohl falsch als auch lächerlich waren, übernahmen wir selbst den Part einer Herrenrasse.»[41]

Die Behauptung, daß die USA ebenso schlimme Verbrechen verübt hätte wie Deutschland, wenn nicht gar schlimmere, ist zum springenden Punkt gegenwärtiger Holocaust-Leugnung geworden und zieht sich als Thema durch viele dieser Schriften. Doch hierbei lassen es die Holocaust-

Leugner nicht bewenden. Um ihre Ziele zu erreichen, welche die historische Rehabilitierung Deutschlands einschließen, müssen sie den Holocaust «eliminieren». In dem Moment, da sie dies tun, wird es noch leichter, jene Gleichung – jeder ist in gleichem Maße schuldig – aufzustellen. Wenn es keinen Holocaust gegeben hat und die Alliierten gräßliche Gewalttaten begangen haben, was soll dann an Nazideutschland so schlecht gewesen sein?

Auch denen, die den Holocaust relativieren – die also die Ansicht vertreten, die Nazis seien nicht schlimmer als alle anderen –, dient es als zentrales Argument. Die Relativisten nutzen derlei Behauptungen zum Zweck einer unethischen Gleichsetzung, durch welche die Singularität der deutschen Verbrechen eingeschränkt werden soll. George Morgenstern, ein Redakteur der *Chicago Tribune*, wartete mit einem milden Beispiel für die amerikanische Tendenz zur Gleichsetzung oder Relativierung nach dem Krieg auf, als er bemerkte, keiner unter den Alliierten habe «saubere Hände» oder sei ein wahres «Muster an Gerechtigkeit». Jeder anständige Mensch empfinde Grauen vor den faschistischen «Sklavereistaaten», aber das Britische Königreich, dessen Existenz von der «Ausbeutung» Millionen Eingeborener abhänge, sei genauso grauenvoll.[42] William Neumann, der als einer der ersten die US-Außenpolitik vor dem Krieg unter Beschuß genommen hatte, hielt die alliierten Gewalttaten für die genaue – und zwar «Punkt um Punkt» – Entsprechung der Naziverbrechen.[43] Stalin sei 1939 in Polen eingefallen, England und Frankreich hätten Deutschland den Krieg erklärt und die USA hätten sich noch *vor* Pearl Harbour durch das Leih-Pacht-Gesetz Deutschland gegenüber als Aggressor erwiesen. Frederick Libby vom *National Council for the Prevention of War* versuchte, Deutschlands Schuld durch die Aussage zu verringern, «keine Nation» habe «ein Monopol auf Grausamkeit. Der Krieg selbst ist die ultimative Grausamkeit.»[44]

Einige gaben sich nicht damit zufrieden, Roosevelt zu kritisieren oder deutsche und amerikanische Vergehen einander gleichzusetzen; sie gingen einen Schritt weiter und zeichneten Deutschland als das übel verleumdete Opfer alliierter Angriffe. Derartige Argumente dienten denjenigen als Modell, die später Deutschland vom Holocaust nicht nur freizusprechen, sondern dessen Realität rundweg zu bestreiten versuchten. Den Nachkriegsrevisionisten gemäß bildeten die Bombardierungen Dresdens und Kölns wie auch die alliierte Deutschlandpolitik nach dem Krieg das Gegenstück zu den Greueltaten der Nazis. Sie attackierten die stillschweigende Einwilligung der Alliierten in die Teilung Deutschlands und die sowjetische Vorherrschaft in Osteuropa; dabei ließen sie allerdings bewußt den Umstand außer acht, daß dem Westen kaum eine Alternative blieb, oder er hätte sich möglicherweise auf einen bewaffneten Konflikt mit den Sowjets einlassen müssen. Sie forderten eine Sondereinwanderungserlaubnis für Deutsche nach Amerika und hatten damit auch Erfolg.[45] Sie beschuldigten die USA, die deutsche Bevölkerung verhungern zu lassen, und beharrten auf der Durchführung spezieller Hilfsprogramme für Deutschland, wobei sie ähnliche Lebensbedingungen in anderen Gebieten Europas geflissentlich übersahen. Verfechter des Isolationismus im Senat erreichten, daß insgesamt vierunddreißig Senatoren den Präsidenten gemeinsam davon in Kenntnis setzten, Deutschland und Österreich «sähen sich einer Hungerkatastrophe ausgesetzt, deren Ausmaße alles in der westlichen Welt Dagewesene überträfen».[46] Utley und andere Revisionisten verbreiteten die unwahre Behauptung, die Alliierten hätten in den drei Jahren nach der bedingungslosen Kapitulation die Deutschen auf Lebensmittelrationen gesetzt, die niedriger waren oder bestenfalls genauso hoch wie die in einem Konzentrationslager.

Justus Doenecke – er hat eine wohlwollende Abhandlung über die Isolationisten verfaßt – beobachtete, daß viele von ihnen ihren gerechten Zorn aus dem Erfolg ableiteten, Deutschland als Opfer und die USA als Täter und «böswillige Macht» darzustellen.[47] Einigen Revisionisten des Zweiten Weltkriegs fiel es dennoch schwer, den politischen und militärischen Führern Deutschlands, die das Land in den Krieg gerissen hatten, die Absolution zu erteilen. Sie bemühten sich statt dessen um eine Differenzierung zwischen dem Verhalten der «Leute» im Gegensatz zu dem ihrer «Führer» und stellten die Deutschen als Volk dar, das selbst verfolgt und gequält worden war. In diesen Einwänden mag ein Funken Wahrheit gesteckt haben, aber jene extremen Revisionisten übertrieben sie bis an den Punkt, da Phantasie über die Realität die Oberhand gewinnt.[48]

Die Relativisten und Apologeten Deutschlands zogen die alliierten Massendeportationen deutscher Volksangehöriger aus der Tschechoslowakei und Polen in den unmittelbaren Nachwirren des Kriegs als das äußerste Beispiel alliierter Brutalität heran. Der republikanische Senator William Langer (North Dakota) sprach von einem «grausamen, verbissenen Anschlag» auf das Leben von fünfzehn Millionen deutscher Frauen und Kinder.[49] Senator Langer verbreitete die Nachricht, drei Millionen deutscher Flüchtlinge seien unterwegs gestorben.[50] Freda Utley bezeichnete die Umsiedlungen ganzer Bevölkerungsteile als «Verbrechen gegen die Menschlichkeit». Es spricht Bände, daß sie genau diesen Ausdruck verwendet, der in der Folge der Nürnberger Anklagen eine spezifische, weitverbreitete Gültigkeit erhalten hatte. (Utley entwickelte sich später zu einer lautstarken Anhängerin Senator Joseph McCarthys; sie brandmarkte einen von ihm der kommunistischen Spionage Beschuldigten als

«Judasschaf», als Tier, welches andere den Klauen des Schlächters zuführte.[51]) Sie verglich die Flüchtlingstransporte mit dem, was man den Juden angetan hatte, und bediente sich auf diese Weise einer Taktik, welche die Bemühungen aller charakterisiert, die auf ihrem Feldzug zur Verteidigung Nazideutschlands nur knapp davor haltmachten, die Existenz der Vernichtungsaktionen abzustreiten. Laut Utley war die Vertreibung von Millionen Menschen aus ihrer Heimat aufgrund des einzigen «Verbrechens», Angehörige der deutschen «Rasse» zu sein, eine «Schandtat», die «der Ausrottung der Juden und den Massakern an Polen und Russen seitens der Nazis» gleichkäme. Sie schrieb weiter: «Die Frauen und Kinder, die auf dem langen Marsch von Schlesien und aus dem Sudentenland in die Überbleibsel des Deutschen Reichs umkamen, *mögen gedacht haben, daß ein rascher Tod in einer Gaskammer dagegen vergleichsweise gnädig gewesen wäre.*»[52]

Sie entlastete die deutschen Kriegsverbrecher, die in Nürnberg vor Gericht gestellt wurden: Was sie getan hätten, sei in Relation zu den Ausschreitungen der russischen Armee nach dem Krieg und dem «Genozid», den die Polen und Tschechen an den Deutschen verübt hätten, «quantitativ und wohl auch qualitativ unbedeutend».[53] Sie strapazierte die Strategie der unethischen Gleichwertung über jede Gebühr, indem sie behauptete, es habe «kein Verbrechen der Nazis gegeben, das wir oder unsere Verbündeten nicht ebenfalls begangen haben».[54] Obwohl es sich bei Utley um eine Ausnahmeerscheinung handelte, die ihre politischen Überzeugungen nicht einmal nach dem Krieg ablegte, wurden derartige Vorwürfe nicht nur aus extremdenkenden Kreisen erhoben. Die *Chicago Tribune* beschuldigte Frankreich, es hindere mehr als eine halbe Million deutscher Kriegsgefangener an der Heimkehr. Nach dem Bericht des Blattes halte man sie als «Sklaven» fest, verweigere ihnen genügend Nahrung, ohne welche sie bei der Arbeit unmöglich durchhalten könnten, und lasse sie von «marokkanischen Wilden» auspeitschen.[55]

Viele der Kritiker schossen sich auf einen Antrag ein, den der Staatssekretär für Finanzen, Henry Morgenthau, gegen Ende des Kriegs vorgelegt hatte; die Durchführung jenes Konzepts hätte einer wirtschaftlichen Wiedererstarkung Deutschlands vorgebeugt. Obwohl der Plan nie verwirklicht wurde, verbreiten Revisionisten des Zweiten Weltkriegs und Holocaust-Leugner gegenteilige Gerüchte und zitieren ihn als Beispiel für die böswillige Grundeinstellung der Alliierten gegenüber Deutschland und für die Methoden, mittels deren Deutschland zur Zielscheibe alliierter Vergeltungsmaßnahmen nach dem Krieg gemacht werden sollte. Henry Regnery, der beträchtliches Material zum Revisionismus des Zweiten Weltkriegs publiziert hat, ließ ein Flugblatt drucken, das einen

Vergleich zwischen Morgenthaus Vorschlag und dem Plan der Nazis zur Vernichtung von Millionen Juden durch Aushungern anstellte.[56] Die Ankläger beeilten sich, den Umstand auszuschlachten, daß Morgenthau nicht nur Mitglied in Roosevelts Kabinett, sondern zudem praktizierender Jude war.*

Die Isolationisten der Nachkriegsära und Revisionisten des Zweiten Weltkriegs spielten Deutschland auch dadurch die Opferrolle zu, indem sie die «Unmenschlichkeit» und «Ungerechtigkeit» der durch die Alliierten angestrengten Kriegsverbrecherprozesse und Entnazifizierungsprogramme unterstrichen. (Lindbergh warf den Alliierten vor, eine Bestrafung in «Auge um Auge»-Manier vorzunehmen.) Sie äußerten Zweifel an der Legalität der Nürnberger Prozesse und beschuldigten die Alliierten wegen ihrer Durchführung der Heuchelei; wäre der Krieg nämlich andersherum ausgegangen, hätten die Führer der Alliierten sich auf der Anklagebank wiedergefunden. Beard ging ebenfalls gegen die Prozesse an.[57] Senator Robert Taft, Republikaner aus Ohio, argumentierte, die Prozesse seien von einem «Geist der Rache» durchdrungen; die *Chicago Tribune* erklärte, die Beteiligung der Russen verwandele sie in einen «illegales Gericht».[58] Der Kongreßabgeordnete Rankin warf dem Nürnberger Gerichtshof vor, er habe «mehr Vergewaltigungen an der Gerechtigkeit begangen als jede andere Einrichtung dieser Art». Für besonders erschreckend hielt er die Tatsache, daß kommunistische Sowjetjuden, die in seinen Augen die Verantwortung für die Ermordung vieler Millionen Christen trugen, «fünf bis sechs Jahre nach Kriegsende über deutsche Soldaten, Zivilisten und Ärzte» Urteile verhängen durften.[59] Robert McCormick, wahrscheinlich Amerikas einflußreichster Isolationist, weigerte sich bei einer Gelegenheit, mit dem ehemaligen Bundesgeneralstaatsanwalt Francis Biddle zu Abend zu essen, weil er in ihm wegen dessen Rolle bei den Nürnberger Prozessen einen «Mörder» sah.[60] Die *New York Daily News* befand, «das wahre Verbrechen» der Angeklagten sei wohl, «daß sie nicht gewonnen haben».[61]

Das Verhalten der Alliierten in der unmittelbaren Nachkriegsphase war nicht makellos. Man hatte sich auf diese Zeit nicht ausreichend vorberei-

* 1977 charakterisierte der Holocaust-Leugner James Martin den Morgenthau-Plan als ein Administrationsmodell für das Deutschland der Nachkriegsepoche, «welches auf dem Alten, nicht dem Neuen Testament beruht». Er beharrte darauf, der Plan sei realisiert worden und habe die Massenumsiedlungen von Deutschen zur Folge gehabt, die er «den barbarischsten Vorfall in der Geschichte Europas» nannte: «Wann sieht man je ein Tier, welches dazu gezwungen wird, derart entwürdigende, verzweifelte Bedingungen zu ertragen?» Martin gehört zur Redaktionsleitung des *Journal of Historical Review*; die 1970 erschienene Ausgabe der *Encyclopedia Britannica* verzeichnet ihn als Mitautor. James J. Martin, *The Saga of Hog Island and Other Essays in Inconvenient History*, Colorado Springs 1977, S. 193.

tet, demzufolge wies die alliierte Politik zahlreiche Mängel auf. Das Entnazifizierungsprogramm wurde nicht überall in gleicher Weise angewendet, woraus sich Ungerechtigkeiten bei der Bestrafung ergaben. Die Kritiker ignorierten allerdings die Umstände, die zu dieser Situation geführt hatten. Außerdem gab es keinen Plan zum Aushungern Deutschlands, und die den Deutschen ausgeteilten Lebensmittelrationen übertrafen bei weitem alles, was die Nazis den Insassen ihrer Konzentrationslager je gegeben hatten. Die Wucht der isolationistischen Attacken auf das Entnazifizierungsprogramm ließ nicht einmal nach, als Washingtons Wunsch offenbar wurde, es zu verändern oder gar abzuschaffen.

(Inwieweit die Deutschen als alleinige Kriegsverbrecher hingestellt werden durften, stand unmittelbar von Kriegsende an zur Debatte. Die Konzentrationslager waren kaum befreit worden, da brachten Kritiker und Kommentatoren bereits den Einwand vor, die Berichte, offiziellen Photographien und Filme aus den Lagern würden nur veröffentlicht, um den Herzen der Amerikaner Rachedurst einzuimpfen. In der *Nation*-Ausgabe vom 19. Mai 1945 übte James Agee scharfe Kritik an den Konzentrationslagerfilmen der Fernmeldetruppe, obwohl er sie nicht einmal gesehen hatte. Er hielt ihre Vorführung für «unnötig»: «Derartige Propaganda» – selbst wenn sie der Wahrheit entspreche – sei darauf angelegt, alle Deutschen mit den wenigen in einen Topf zu werfen, welche jene Verbrechen verübt hatten.[62] Milton Mayer ging in einem Artikel für den *Progressive* einen Schritt weiter als Agee. Er sprach sich nicht nur gegen ein Sentiment der Rache aus, sondern meldete Fragen nach dem Wahrheitsgehalt der Filme und Berichte an. «Die Berichte beinhalten mit Sicherheit phantastische Widersprüchlichkeiten.»[63] Trotz überwältigender Beweismittel klangen die Zweifel nicht ab.[64])

Angesehene amerikanische Persönlichkeiten äußerten sich besorgt über das Entstehen einer rachsüchtigen Stimmung. In diesem Zusammenhang rüttelten sie zuweilen an der Glaubwürdigkeit der Berichte und nahmen die Täter in Schutz. Robert Maynard Hutchins, Präsident der Chicagoer Universität und vehementer Isolationist, der als Berater für *America First* tätig gewesen war, schrieb 1945, auch «die schlimmsten Schreckgeschichten» könnten die «schlichte Wahrheit» nicht ins Wanken bringen, daß «Menschen keine wilden Tiere sind». (Die unausgesprochene Botschaft, welche Hutchins' Nebeneinanderstellung der Begriffe «schlimmste Schreckgeschichten» und «schlichte Wahrheit» einschließt, mag unbeabsichtigt gewesen sein – sie muß allerdings bei seinen Lesern einen gewissen Eindruck hinterlassen haben.) Ein *Progressive*-Artikel William B. Hesseltines, Historiker an der Universität von Wisconsin, verglich die unwahren Berichte von Gewalttaten, welche im Gefolge des amerikanischen Bürgerkriegs in Umlauf gerieten, mit denjenigen, die nach Beendigung der Kampfhandlungen aus Deutschland durchsickerten.[65]

Als Musterbeispiel dafür, wie die Holocaust-Leugner historische Argumente verdrehen, kann eine Jahre später aufgestellte, nahezu identische These Austin Apps gelten:

«Es ist bereits Tradition, daß die führenden Medien in den USA – vielleicht, weil sie von Juden beherrscht werden ... – in bezug auf ihre Gegner keine Fairneß kennen ... Außerdem haben sie während des Krieges die Öffentlichkeit durch subversive Verbreitung von Vorurteilen aufgewiegelt. Selbst in unserem Bürgerkrieg, als Amerikaner gegen Amerikaner kämpften, erzählte man den Amerikanern aus dem Norden, daß in Choctaw County die Leichen ermordeter Sklaven gen Himmel stänken und die Südstaatendamen Halsketten aus den Augäpfeln von Yankees trügen – bis sie es schließlich glaubten ... Wenn die Yankees tatsächlich zu glauben vermochten, daß die Mädchen aus dem Süden Halsketten aus Yankee-Augen trugen, dann würden sie gewiß noch bereitwilliger glauben, daß die Deutschen die Haut ihrer Gefangenen zu Lampenschirmen verarbeiteten und Juden zu Seife einkochten.»[66]

Zwei Jahrzehnte später würde dieser Gedankengang in einem Aufsatz des *Journal of Historical Review* wiederholt werden, dem Organ der Holocaust-Revision.[67] (Zur Erörterung der Bürgerkriegsanalogien siehe Kapitel 9.) Indem sie historische Parallelen aufzeigten – vielmehr das, was sie dafür hielten –, versuchten die Holocaust-Leugner zu verdeutlichen, daß der Holocaust nicht das einzige Ereignis war, bei dem die Öffentlichkeit durch geschichtliche Konventionen in die Irre geführt worden war.

In den ersten Nachkriegsjahren bemühten sich auch die Deutschen um eine Bagatellisierung der Nazivergehen und wollten die Schuld von sich abwälzen. Einige deutsche Neonazis hielten an der Meinung fest, die deutschen Verbrechen hätten nie das von den Alliierten behauptete Ausmaß erreicht.[68] Andere strebten danach, Hitler von jeglicher Verantwortung loszusprechen. 1952 richtete Dr. Herbert Grabert in Tübingen das Institut für Deutsche Nachkriegsgeschichte ein; Grabert pflegte bekanntermaßen Verbindungen zu rechtsextremistischen und neonazistischen Vereinigungen. Seine öffentliche Schelte galt allen, die Hitler irgendwelche Ambitionen auf die Weltherrschaft unterstellten[69], obwohl er zu diesem Zweck Absichtserklärungen in «Mein Kampf» ignorieren mußte, welche eindeutig das Gegenteil besagen (siehe Kapitel 5). 1958 wurde in Hannover das «Komitee zur Wiederherstellung historischer Wahrheit» gegründet, dessen Mitglieder die Auffassung teilten, der Zweite Weltkrieg sei durch den Versailler Vertrag verursacht worden, die Briten hätten Deutschland ohnehin seit langem den Krieg erklären wollen, und Roosevelt habe am Kriegseintritt Großbritanniens kräftig mitgemischt. Das Komitee verleumdete die Juden als «Krebsgeschwür» auf dem «Volkskörper».[70] 1962 wurde in «Nation Europa», Deutschlands führender Neonazi-Zeitung, die Behauptung aufgestellt, nichts deute darauf hin, daß «Hitler über die Irrsinnstaten einer kleinen Bande von Verbrechern Bescheid gewußt hat». Und 1963 ließ die Deutsche Hochschullehrer-Zeitung verlauten, der Holocaust sei eine legitime Vergeltungsaktion gegen die Juden gewesen, eine Reaktion auf jüdische Geschäftsmethoden und die Ermordung deutscher Patrioten durch jüdische Bolschewiken.[71]

Bis zum Jahr 1950 war das Fundament für alle gegossen worden, die mehr als eine bloße Relativierung oder Abschwächung der deutschen Taten anstrebten: Die Argumente, welche sie zur Erhärtung ihrer Unterstellung von der «Erfindung» eines Holocaust brauchten, lagen samt und sonders auf dem Tisch; einige waren seitens respektabler Historiker geäußert, andere durch Politiker und Journalisten mit extremen Anschauungen vorgetragen worden. Die Holocaust-Leugner übernahmen nahezu alle Vorwürfe der Revisionisten, unter anderen Deutschland trage keine Schuld, die beiden Präsidenten Wilson und Roosevelt hätten sich zur Durchsetzung ihrer Absichten erheblicher Kniffe bedient, nach beiden Kriegen sei die Wahrheit unterdrückt und Propaganda – vor allem in Form verfälschter Berichte von angeblichen Greueltaten – eingesetzt worden, um die Öffentlichkeit bei der Stange zu halten. Derlei Argumente entwickelten sich zu entscheidenden Faktoren für die Beweisführung der Holocaust-Leugner, laut denen es sich bei der «Erfindung» des Holocaust nicht um eine Einzelerscheinung, sondern um ein Glied in einer ganzen Kette historischer Gepflogenheiten handelte, deren Merkmale Intrige, Verschwörung und Täuschung waren. Die französische Autorin Nadine Fresco merkte in ihrer Analyse des Holocaust-Leugners Robert Faurisson an: «Auf einer ausschließlichen Ethik des Mißtrauens läßt sich keine Wissenschaft begründen.»[72] Aber genau das haben die extremeren Vertreter des Revisionismus zum Zweiten Weltkrieg versucht.

Eines jedoch haben die Verteidiger Nazideutschlands wie auch die Kritiker der amerikanischen Einmischung und der alliierten Nachkriegspolitik nie durchblicken lassen: nämlich daß die fraglichen Gewalttaten nicht geschehen seien. Gleichgültig, auf welcher Seite des Ozeans sie sich befanden – zu einer Negierung dieser Art ließen sie es nicht kommen. Sie mögen behauptet haben, daß die Brutalität vielleicht nicht so schlimm war, wie die Berichte vermeldeten. Sie mögen dahingehend argumentiert haben, daß die Sowjets oder die Alliierten ähnliche Taten begingen oder daß Hitler nichts darüber wußte. Sie mögen auch die moralische Implikation dieser Taten übersehen haben, damit sie das Verhalten der Achsenmächte mit dem der Alliierten gleichsetzen konnten. Die Faktizität der Ereignisse bestritten sie allerdings nie. Es dauerte unterdessen nicht lange, bis Beschuldigungen in dieser Richtung erhoben wurden und binnen weniger Jahre nach Kriegsende Verbreitung fanden.

3. Anfänge der Holocaust-Leugnung

Der Ausgang des Zweiten Weltkriegs bedeutete das Ende für Adolf Hitlers Traum vom Dritten Reich. Die meisten rational denkenden Menschen gingen davon aus, daß damit auch der Faschismus als Ideologie zum Untergang verurteilt war. Solange Faschismus mit Nazismus in Zusammenhang gebracht werden konnte und Nazismus wiederum mit dem Grauen der Endlösung, wären beide auf Dauer in Verruf gebracht. Es gab indessen Leute, die zu einer Absage an diese politischen Systeme nicht bereit waren. Sie wußten jedoch, daß der einzige Weg zu deren Wiederbelebung in ihrer Abgrenzung vom Holocaust und den damit einhergegangenen, entsetzlichen Greueltaten bestand. Nirgendwo traten diese Bemühungen in den unmittelbaren Nachkriegswirren so deutlich hervor wie in Frankreich, wo die Holocaust-Leugnung ihre ersten Fürsprecher fand.

Zunächst versuchte man, das Ausmaß und die schier unglaubliche Brutalität der nazistischen Gewaltverbrechen zu verharmlosen. Aber bereits nach wenigen Jahren ging man noch weiter: Die Ermordung von sechs Millionen Juden sei nicht nur grob übertrieben, sondern eine Lüge. Obwohl der Kreis der ersten Holocaust-Leugner nicht nennenswert wuchs, wurden ihre Taktiken und Argumente zu Grundbausteinen in der heutigen Holocaust-Leugnung. Die ersten Leugner bemühten sich kaum oder gar nicht um eine Verhehlung ihrer antisemitischen Einstellung.

1947 leitete Maurice Bardèche, bekannter französischer Faschist, eine Serie gezielter Vorwürfe gegen die alliierte Kriegspropaganda ein. Außerdem warf er sich zu einem vehementen Verteidiger der Nazis auf. In seinem ersten Buch, *Letter to François Mauriac*, nahm Bardèche die Kollaborationspolitik energisch in Schutz. Im zweiten, *Nuremberg ou la Terre Promise*, stellte er die Behauptung auf, die Dokumente und anderen Materialien bezüglich der Konzentrationslager seien zumindest teilweise gefälscht und die verzeichneten Todesfälle in erster Linie auf kriegsbedingte Entbehrungen zurückzuführen, zum Beispiel unzureichende Nahrungsversorgung, Krankheiten usw. Bardèche schrieb weiterhin, die Welt sei seit Ende des Krieges «von der Geschichtsschreibung an der Nase herumgeführt» worden.[1] Nach ihm bezogen sich Nazi-Akten, die von einer «Endlösung der Judenfrage» sprachen, in Wahrheit auf die geplante Umsiedlung der Juden in osteuropäische Ghettos.

Sein zentrales Argument lautete, die Nazis hätten keine Greueltaten verbrochen – die Juden selbst seien die wahren Schuldigen. Sowohl die umgekommenen als auch die überlebenden Juden verdienten kein Mitleid, da sie durch ihre Unterstützung des Versailler Vertrags aktiv an der Entstehung des Krieges beteiligt gewesen seien. Er bezeichnete es als ethisch verwerflich, deutsche Soldaten oder Offiziere aller Ränge für die Befolgung von Befehlen haftbar zu machen. Nazideutschland mußte um des eigenen Überlebens willen die Kommunisten bezwingen. Ein starker Staat mit einer starken, loyalen Armee war hierfür unerläßlich. Die Nürnberger Prozesse stellten ein moralisches wie legales Unrecht dar, weil sie Deutschland für das bestraften, was es tun mußte, um Stalin abzuschmettern. Aus Bardèches Perspektive kam der alliierte Bombenkrieg einem Kriegsverbrechen gleich.

Einige dieser Überlegungen, insbesondere im Zusammenhang mit dem Versailler Vertrag und der alliierten Bombardierungspolitik, wurden zwar auch von anderen geäußert, beispielsweise von den Isolationisten in den USA; Bardèche war indessen der erste, der de facto behauptete, bei dem Bild- und Dokumentationsmaterial zum systematischen Morden in den Lagern handle es sich um Fälschungen. Ebenfalls als erster war er der Auffassung, die Gaskammern seien zur Desinfektion eingesetzt worden, nicht als Vernichtungseinrichtungen.

Bardèches zweifelhafter Hintergrund – er blieb sein Leben lang überzeugter Faschist – machte ihn in den Kreisen der Holocaust-Leugner zu einer umstrittenen Figur. Ungeachtet seiner Ansicht, der Holocaust sei ein Mythos, in den die Nazis zu Unrecht verwickelt seien, ist Bardèche von den Holocaust-Leugnern der Gegenwart nie offen rezipiert worden, was sie allerdings nicht daran gehindert hat, seine Gedanken zu übernehmen. Doch obwohl sie sich seiner Argumente bedienen, erwähnen sie ihn wegen seiner politischen Anschauungen – über die er nie ein Blatt vor den Mund genommen hat – selten mit Namen. Sein Buch *What Is Fascism?* leitet er mit dem unzweideutigen Bekenntnis ein: «Ich bin ein faschistischer Schriftsteller.»

In *Nuremberg ou la Terre Promise* erläuterte Bardèche seine Ziele, welche nahezu wörtlich wie ein Glaubensbekenntnis der zeitgenössischen Holocaust-Leugnung klingen: «Nicht Deutschland nehme ich in Schutz, ... sondern die Wahrheit ... Ich weiß, daß eine Lüge in die Welt gesetzt worden ist, mir ist die systematische Verzerrung von Fakten bekannt ... Wir haben mit einer Fälschung gelebt, welche die Vorstellungskraft in ihren Bann schlägt.»[2] Heutzutage erklären die Holocaust-Leugner, daß sie weder für Deutschland noch gegen die Juden seien. Sie wollten weder Hitler verteidigen noch die Alliierten geißeln. Ihr einziges Interesse bestehe darin, die Geschichtsschreibung zu überprüfen, auf daß sie die Wahrheit wiedergebe. Doch trotz dieses Anspruchs enthüllt eine Analyse ihrer Methoden und Argumente, daß ihre Aktivitäten seit Bardèches Ansätzen konstant sämtliche Regeln der Wahrheitsfindung verletzen.

Der nächste Eingriff in die geschichtswissenschaftliche Interpretation des Krieges ging ebenfalls von Frankreich aus. 1948 veröffentlichte Paul Rassinier, ehemaliger Kommunist, Sozialist und in den Konzentrationslagern Buchenwald und Dora inhaftiert, das Buch *Le Passage de la Ligne* (Grenzüberschreitung). Es handelte sich um das erste in einer Reihe von Büchern, welche er im Laufe der beiden nächsten Jahrzehnte schreiben würde; mit ihnen wollte er nachweisen, daß den Berichten der Überlebenden über das Verhalten der Nazis, insbesondere in Zusammenhang mit deren Gewalttaten, kein Glauben zu schenken war. Rassinier trat der kommunistischen Partei 1922 bei, im Alter von sechzehn Jahren; Mitte der 30er Jahre kehrte er den Kommunisten den Rücken und wurde Sozialist. Als der Krieg ausbrach, schloß er sich der Résistance an. Er geriet schließlich in Gefangenschaft und auf diese Weise nach Buchenwald. 1945, nach der Befreiung und seiner Rückkehr, wurde er in Frankreich als Sozialist in die Nationalversammlung gewählt, deren Mitglied er ein Jahr lang blieb. Kurze Zeit später setzte seine rastlose schriftstellerische Produktivität ein; er konzentrierte sich überwiegend auf eine Rehabilitierung der Nazis, indem er darzulegen versuchte, daß die Beschuldigungen gegen sie wegen ihrer angeblichen Grausamkeit übersteigert und ungerecht seien. Unter Berücksichtigung seines früheren Engagements in der Widerstandsbewegung wirken seine Überlegungen wie die Äußerungen eines reuigen Sünders.

Seine Bücher enthalten eine Mischung himmelschreiender Lügen, Halbwahrheiten, aus dem Kontext gerissener Zitate und Attackierungen des «zionistischen Establishments». 1977 wurden Rassiniers wichtigste Schriften über den Holocaust unter dem Titel *Debunking the Genocide Myth* vom amerikanischen Verlag *Noontide Press* neu aufgelegt; der Verlag publiziert Neonazi-Material und steht mit dem in Kalifornien angesiedelten Hauptquartier der zeitgenössischen Holocaust-Leugner in Verbindung, mit dem *Institute for Historical Review*. Der erste Teil des Sammelbands umfaßt Rassiniers früheste Werke, *Crossing the Line (Le Passage de la Ligne)* und *The Lie of Ulysses*, in deren thematischen Mittelpunkt er die Konzentrationslager und das Verhalten der Lagerinsassen wie auch der nazistischen Lageraufseher stellte. Dabei ging er von zwei grundsätzlichen Unterstellungen aus: Die Überlebenden bauschten ihre Erfahrungen auf, und für die entsetzlichen Zustände in den Lagern war nicht die SS verantwortlich, sondern die Häftlinge, die von der SS mit der

Verwaltung der Lager betraut worden waren. Das Zeugnis von Überlebenden, welche die Gewalttaten mit eigenen Augen gesehen hatten, tat er als Gerede ab; außerdem setzte er alles daran, Zweifel an der Verläßlichkeit ihrer Schätzungen über die Zahl der ermordeten Juden zu säen. «Wenn es um Mengenangaben geht, haben die 'Zeugen' die unwahrscheinlichsten Dinge erzählt. Ähnliches gilt für die Beschreibung der Tötungsmethoden und ihrer Durchführung.»[3] Er nannte alles, was über die Konzentrationslager geschrieben wurde, «eine Sammlung widersprüchlichen, übelsten Geschwätzes».[4]

Ursprünglich beschränkte sich Rassinier bei seinen Ausführungen über die nazistischen Massenmorde darauf, die Realität einer Vernichtungspolitik zu bestreiten. Es mögen Menschen umgebracht worden sein, befand er, aber diejenigen, welche derartige «Ausrottungen» durchführten, handelten auf eigene Faust und nicht im Rahmen einer «staatlichen Vorschrift auf der Basis eines politischen Prinzips».[5] Rassinier wollte die nationalsozialistische Führung von der Verantwortung für die Gaskammern freisprechen, indem er behauptete, die Nazis hätten keine offizielle politische Linie der Vernichtung durch Gaskammern verfolgt. In späteren Jahren leugnete Rassinier ihre Existenz zwar vollkommen ab, doch in seinen anfänglichen Abhandlungen machte er davor noch halt und räumte statt dessen ein, vermutlich seien Menschen durch Gas umgekommen, allerdings nicht so viele wie gemeldet. Zum damaligen Zeitpunkt bestritten nicht einmal die radikalsten Neonazis, daß Gaskammern zur Ermordung von Juden eingesetzt wurden. Anstatt sie zu leugnen, verteidigten sie die Greueltaten der Nazis – das ist einer der grundlegenden Unterschiede zwischen den frühesten Holocaust-Leugnern – unter anderen Bardèche, Rassinier, Barnes, App – und ihren Nachfolgern bis heute. Die erste Gruppe strebte eine Rechtfertigung der Nazis an, indem sie deren Antisemitismus in Schutz nahm. Sie argumentierte, die Gewalttaten seien überspitzt oder falsch dargestellt worden. Gleichzeitig vertraten sie den Standpunkt, die Juden verdienten alles, was man ihnen angetan haben mochte, weil die Juden Deutschlands Feind waren. Sie verdrehten die Wahrheit nach ihrem Belieben, gaben den Juden die Schuld an Deutschlands finanzieller wie auch politischer Not und stellten die Behauptung auf, die Juden seien die Hauptnutznießer des Weimarer Chaos gewesen. Juden waren schlechte Patrioten, die sich leicht als Spione und Umstürzler entpuppen konnten.

Erst während der 70er Jahre änderten die Holocaust-Leugner ihre Taktik, als sie nämlich erkannten, daß alle Anstrengungen zur Reinwaschung des nationalsozialistischen Antisemitismus scheitern mußten. Die Anzeichen für den Antisemitismus der Nazis waren unverkennbar, deswegen sahen sie schließlich – unter strategischen Gesichtspunkten – ein, daß der Versuch, ihn zu rechtfertigen oder abzustreiten, ihre Glaubwürdigkeit untergraben würde. Im Laufe der Zeit entwickelten die Holocaust-Leugner zunehmend mehr Geschick und Raffinesse dabei, ihre Thesen zu Gehör zu bringen; dabei flochten sie allmählich das «Zugeständnis» ein, die Nazis seien antisemitisch gewesen. Sie gebärdeten sich gar als Gegner des Antisemitismus, während sie sich in Wahrheit wie echte Antisemiten verhielten. Außerdem pflegten sie zuzugeben, daß einige Juden infolge von Mißhandlungen seitens der Nazis gestorben sein mochten, hielten jedoch an der Behauptung fest, ein Holocaust habe nicht stattgefunden.

In *Le Passage de la Ligne* schlug Rassinier einen bemerkenswerten Weg ein, um seine extremen Anschauungen über die Konzentrationslagerinsassen und deren Erlebnisse zu vermitteln. Anstatt die Ichform zu wählen, ließ er einen Mithäftling reden; er sei Anwalt in der Tschechoslowakei und vor dem Krieg stellvertretender Bürgermeister von Prag gewesen.[6] Es bleibt unklar, ob dieser Tscheche wirklich gelebt hat oder ob Rassinier ihn als Sprachrohr für seine eigenen, umstrittenen Ideen erschuf. Nicht zu übersehen ist, daß jener Tscheche Überlegungen formulierte, die Rassinier später in seine Holocaust-Tiraden integrierte. Möglicherweise kleidete Rassinier seine Gedanken aus praktischen Erwägungen in die Worte eines anderen. Zu Beginn der 50er Jahre, als er die Meinung äußerte, die Nazis könnten schwerlich, wenn überhaupt, für die begangenen Gewalttaten verantwortlich gemacht werden, waren die Wunden noch nicht verheilt, vor allem in Frankreich nicht, das die Nazis besetzt gehalten hatten. Es ist denkbar, daß Rassinier deshalb zögerte, seinen brisanten Thesen Ausdruck zu verleihen: Unschuld der Naziführer, Eigenverantwortlichkeit der Lagerinsassen für ihre Leiden, Glaubwürdigkeit bzw. mangelnde Glaubwürdigkeit der Zeugenberichte durch die Überlebenden. Derlei Ansichten wären in den 50er Jahren auf heftige Ablehnung gestoßen.

Ob jener Tscheche existiert hat oder lediglich eine literarische Erfindung war, ist im Grunde irrelevant, da Rassinier nicht nur keinerlei Bedenken bezüglich seiner Anschauungen äußerte, sondern vielmehr wiederholt seine Überzeugung kundtat, daß der Tscheche recht habe. Selbst in den Fällen, da Rassinier die Einstellung des Tschechen kritisierte, erkannte er am Ende stets an, daß die Sicht seines Freundes seine eigene widerlege.

In jenen frühen Abhandlungen setzte Rassinier sich drei Hauptziele: Zunächst mußte er den Berichten seiner Mithäftlinge Unglaubwürdigkeit nachweisen. Solange man ihren Aussagen Glauben schenken konnte, war jeder Versuch vergeblich, die Nazis von ihrer Schuld freizusprechen. Wegen der Sympathie allerdings, welche den einstigen Lagerinsassen insbesondere während der unmittelbaren Nachkriegsjahre entgegengebracht wurde, konnte er ihnen keine heimtückischen oder gar betrügerischen Motive unterstellen. Statt dessen deutete er ihr Verhalten psychologisch: «Die Menschen stehen unter dem Zwang, sowohl das Böse wie auch das Gute, das Häßliche wie auch das Schöne zu übertreiben. Jeder wünscht und hofft, aus dieser Angelegenheit von der Aura eines Heiligen, Helden oder Märtyrers umgeben hervorzugehen, daher strickt jeder an seiner eigenen Odyssee, ohne sich bewußt zu werden, daß die Realität an und für sich bereits ausreichen würde.»[7]

Wenn Rassinier oder sein Tscheche die Vermutung geäußert hätten, daß gelegentlich *einige* Lagerinsassen gewisse Aspekte der von ihnen erlittenen Behandlung überspitzt darstellten, wäre kaum Zweifel an ihren Schlußfolgerungen entstanden. Es kommt bis heute – aus unterschiedlichen Gründen – mitunter vor, daß ehemalige KZ-Häftlinge ihre Erlebnisse ausschmücken oder die Erfahrungen anderer Mitüberlebender als ihre eigenen ausgeben. Holocaust-Forscher haben dies erkannt und entwickeln daher eine historische Fallbeschreibung nicht allein aus dem mündlichen Bericht eines einzelnen Überlebenden, sondern bedienen sich der (von den Anthropologen so genannten) Triangulation, indem sie das Zeugnis eines Überlebenden in den Kontext anderen Beweismaterials einarbeiten, beispielsweise Dokumente und geschichtliche Zusatzdaten. Rassinier jedoch verwarf jeden Augenzeugenbericht mit großer Dreistigkeit.

Und das war nicht einmal das Ende seiner Schmähungen gegen die Überlebenden. Er erhob nicht nur Zweifel an den Aussagen der Opfer, sondern entlastete die Täter, die nationalsozialistische Führung im allgemeinen und die SS im besonderen. Laut Rassinier «mischte sich die SS nie ins Lagerleben ein». Falls es dort je zu Exzessen kam, lag die Verantwortung dafür bei den Häftlingen. Gewalttätige Übergriffe in den Lagern wurden durch die Gefangenen stets «noch schlimmer» gemacht.[8]

Wer das Argument ins Feld führte, die Lager hätten eine spezifische Nazimethode zur Bestrafung und Festsetzung gebildet, dem hielt Rassinier die Versicherung entgegen, sie seien keine rein deutsche Einrichtung gewesen. Einsperrung in Konzentrationslagern war eine von allen Nationen praktizierte «klassische Form der Zwangsmaßnahme», Frankreich nicht ausgenommen. Hier kündigt sich ein Gedanke an, der später als Mittel zur Rehabilitierung der Nazis bis zum Überdruß auftauchte: Was immer sie taten, sie wurden stets zu Unrecht angeklagt, denn alle anderen Länder verhielten sich genauso.

Schließlich unternahm Rassinier den Versuch, die Nazis aus Verbrechern in Wohltäter umzuwandeln. Er vertrat die These, sie hätten bei der Einsperrung von Menschen in Konzentrationslager positive, geradezu wohlwollende Absichten gehegt. Die nationalsozialistische Inhaftierung gewisser Personenkreise in Konzentrationslagern sei ursprünglich aus «einer Geste des Mitgefühls» heraus geschehen. Letztlich verfolgten die Nazis lediglich das Ziel, ihre Widersacher zu schützen, indem sie diese an Orte brachten, «wo sie der neuen Regierung nicht schaden konnten und vor einer aufgebrachten Öffentlichkeit sicher waren». Die Nazis wollten sie nicht nur abschirmen, sondern auch alle «verirrten Schafe an ihren angestammten Platz zurückbringen und einem gesünderen Konzept der deutschen Gemeinschaftsordnung [und] ... deren Bestimmung zuführen».[9] Die Überlegung erinnert an Erklärungen und Rechtfertigungen aus Goebbels' Propagandaministerium in den Anfangsjahren des Regimes. Wenn die Nazis Menschen in Lager oder Ghettos pferchten, geschah dies offiziell im Sinn einer Umerziehung oder Wiedereingliederung. Sie «halfen» ihnen durch die Einsperrung dabei, sich zu nützlicheren Mitgliedern der Gesellschaft zu entwickeln. Rassinier ignorierte zwei signifikante Punkte: Besagte «Wiedereingliederung» wurde mit allergrößter Härte durchgeführt; außerdem konnten der Nazidoktrin gemäß Juden ohnehin nicht integriert werden.

In Anbetracht seiner persönlichen Lagererfahrungen und derjenigen Millionen anderer konnte Rassinier sie nicht ohne weiteres als Anstalten zur Ausbildung des Charakters ausgeben. Er kam um das Eingeständnis nicht herum, daß das Lagerdasein trotz der angeblich fürsorglichen Beweggründe der Nazis durchaus Probleme schuf. Er wollte die Schuldlosigkeit der nationalsozialistischen Führung etablieren und wälzte daher die Verantwortung von ihnen ab: Die eskalierende Grausamkeit habe nicht in der Absicht derjenigen gelegen, die an der Spitze standen, sondern sie wurzelte in den niederen Rängen der SS, wo man Befehlen nicht gehorchte. Laut Rassinier wurden «die SS-Angehörigen zur Rechenschaft gezogen», wenn die Berliner Behörden irgendwelche «Ungereimtheiten bei der Lagerverwaltung entdeckten».[10] Sogar die Entscheidung der SS, Verbrecher, Mörder, Vergewaltiger als Lagerälteste und Kapos einzusetzen, war entschuldbar, obwohl diese Menschen anderen Häftlingen gegenüber eine ausgeprägte Skrupellosigkeit an den Tag legten. Die SS wählte derartige Aufseher für die Lager nicht aus «Sadismus», sondern «um Personal einzusparen». Sie waren brutal, doch daran trug die SS keine Schuld. Im Gegenteil, Rassinier zog den Umgang mit den SS-lern vor, da sie «im Prinzip ... besser und ... menschlicher waren».[11]

In den 60er Jahren verlagerte Rassinier den Schwerpunkt seiner Kritik. Er konzentrierte sich jetzt nicht mehr überwiegend darauf, die SS zu verteidigen oder die Glaubwürdigkeit der Überlebenden der Konzentrationslager in Frage zu stellen; zu seinem Lieblingsthema entwickelte sich nun vielmehr der «Mythos vom Genozid». In *The Drama of European Jewry* (1964) schrieb er, bei der Beschuldigung, die Nazis hätten in den Gaskammern Massenmorde verübt, handle es sich um eine Lüge der «zionistischen Bewegung». Alle Vorwürfe in bezug auf die Gaskammern wie auch die angeblichen sechs Millionen getöteter Juden seien nichts als Hirngespinste. Bei seinen Erklärungsversuchen, wer hinter dem Schwindel stecken mochte, suchte Rassinier den Fehler nicht bei den Überlebenden. Er verzieh ihnen, obwohl sie ihre Erlebnisse mitunter «drastisch ausschmückten»: «Sie sind Opfer, getrieben von einem Groll, der im Verhältnis ihrem Martyrium entspricht.» Wie andere Holocaust-Leugner mußte er Gründe für die Geständnisse der Täter finden. Wer sich fälschlicherweise zu den Greueltaten bekannte, hatte gewiß kaum eine andere Wahl gehabt, als den Alliierten zu berichten, was sie hören wollten. «Um sich die Gunst seiner Häscher zu erwerben, meldete irgendein armer, gewöhnlicher SS-Soldat aus einer Einsatzgruppe, daß seine Einheit ... Zehntausende von Juden vernichtet hatte.»[12] («Einsatzgruppen» hießen die mobilen Tötungseinheiten, welche unmittelbar nach der deutschen Kriegserklärung an die UdSSR unter den sowjetischen Juden Massaker veranstalteten.) Die Aussagen der Naziführer, die bei den Kriegsverbrecherprozessen vor Gericht standen, mußten ebenfalls mit Vorbehalt betrachtet werden, weil sie «unter Androhung der Todesstrafe zum Reden gebracht wurden» und alles gestanden, von dem sie sich «am ehesten die Rettung ... [ihres] Lebens» erhofften. In Rassiniers Augen war diese Art der Reaktion «leicht verständlich», deswegen konnte der Wert jener Zeugenberichte generell in Abrede gestellt werden.[13]

Wenn jedoch weder Überlebende noch Täter die Urheber des Schwindels waren, wer setzte ihn dann in Umlauf? Rassinier bereitete es keinerlei Mühe, die Schuldigen zu identifizieren. Es waren die «Zionisten», deren Verschwörung durch eine Reihe jüdischer Historiker sowie Einrichtungen zur Holocaust-Forschung begünstigt wurde. Ihnen galten Rassiniers erbittertste Kommentare, gegen sie entfesselte er seine unbarmherzigsten Attacken. Im Gegensatz zu den Überlebenden, die logen, weil sie soviel erdulden mußten, sowie den Nazis, welche Geständnisse ersannen, um ihre Schergen günstig zu stimmen und ihre Haut zu retten, hatten die Erfinder jenes Schwindels keine Motive, die psychologisch nachvollziehbar oder ethisch zu rechtfertigen gewesen wären. Besagte Historiker (samt den Institutionen in ihrem Rücken) verbreiteten die Denunziation Deutschlands nur, um sich zu bereichern – persönlich, als jüdische Gemeinschaft oder als jeweilige Institution.

Über den prominenten Holocaust-Forscher Raul Hilberg schrieb Rassinier, seine «Verhaltensweise» lasse sich nur durch «Unredlichkeit» erklären. Rassinier teilte seinen Lesern mit, daß Hilberg in eine jüdische Publikation involviert sei: «Als ich ... eine biographische Notiz über ihn las, fand ich heraus, daß er an den *Jewish Encyclopedia Handbooks* mitarbeitet.» Das sagte Rassiniers Ansicht nach «alles». Allerdings stand Hilberg in seiner Verantwortlichkeit für die Propagierung jenes Mythos im Auftrag jüdischer Organisationen nicht allein auf weiter Flur. Rassinier diskreditierte auch Hannah Arendts «gedankliche Perspektive» und ihre Beiträge zur Holocaust-Analyse, und zwar aufgrund ihrer Position als Forschungsbeauftragte der Konferenz für jüdische Angelegenheiten.[14] Die beim Eichmann-Prozeß vorgetragene Expertenmeinung des namhaften Geschichtswissenschaftlers Salo Baron, des ersten Inhabers des Columbia-Lehrstuhls für jüdische Geschichte, mußte unbedingt angezweifelt werden, weil Baron Jude war. Damit kein Leser über Barons Abstammung im unklaren blieb, pflegte Rassinier ihn in seinem Buch ausnahmslos als «Mr. *Shalom* Baron» zu bezeichnen.[15]

Die Unaufrichtigkeit der jüdischen Wissenschaftler und die Verlogenheit der Institutionen, denen sie offiziell oder im verborgenen angehörten, rührte – so Rassinier – von einem typisch jüdischen Laster her: der Geldgier. Ihr Beweggrund für das Ersinnen des Völkermordmärchens «ist ausschließlich und infamerweise materieller Natur»,[16] wie Rassinier ohne Umschweife verkündet. Sie wollten «Deutschland zur ewigen Milchkuh Israels machen».[17] Sie konstruierten die Lügengeschichte und verlangten danach, daß «Deutschland Summen an Israel zahlen solle, welche von sechs Millionen Toten ausgehend berechnet sind». Rassinier erläuterte, daß die Reparationsleistung, die Deutschland an Israel entrichtete, anhand der Zahl der Ermordeten kalkuliert wurde: je höher die Todesrate, um so höher die finanzielle Kompensation.[18] Mit Hilfe bereitwillig kooperierender jüdischer Historiker und des «zionistischen Betriebs» blähte Israel die Zahl der Todesopfer auf, damit es die Deutschen um Millionen von D-Mark «erleichtern» konnte. Die Juden sprachen von sechs Millionen Menschen, dabei seien in Wahrheit vier Fünftel besagter sechs Millionen «am Ende des Krieges springlebendig gewesen».[19] Für diese wie auch für die meisten anderen seiner Thesen lieferte Rassinier keine Beweise. Die nämlich wurden vor der Welt verborgen gehalten, damit die Beträge, welche Israel den Deutschen aus der Tasche zu ziehen vermochte, in schwindelnde Höhen getrieben werden konnten.

Rassinier baute seine Argumentation auf einer grundsätzlich fehlerhaften Prämisse auf, und man muß in Anbetracht der von ihm zitierten Dokumente davon ausgehen, daß es ihm bewußt war. Die Höhe der Entschädigung, die Deutschland an Israel zahlte, beruhte nicht auf der Zahl der Toten, sondern auf den Israel entstandenen Kosten für die Aufnahme und Ansiedelung von Juden, die in den Vorkriegsjahren aus Deutschland und den von Deutschland kontrollierten Ländern geflohen waren, sowie von Holocaust-Überlebenden, die nach dem Krieg in Israel eintrafen.

1951 spezifizierte die israelische Regierung ihre Ansprüche gegenüber Deutschland in einem Kommuniqué an die vier Siegermächte; dieses Schriftstück bildete in der Folge die offizielle Basis für die Reparationsvereinbarungen. Es enthielt eine Erläuterung, wie die Höhe der Schadenersatzforderung zustandekam. Die israelischen Behörden erklärten, daß die nazistische Verfolgung einen «zweiten jüdischen Exodus» von nahezu 500 000 Menschen verursacht habe. Israel gründete die Kalkulation des Betrags, den es als Reparationsleistung verlangen würde, auf den Umfang des Exodus:

«Die israelische Regierung sieht sich nicht in der Lage, einen vollständigen Überblick über sämtlichen von den Deutschen konfiszierten oder geraubten Besitz jüdischer Bürger zusammenzustellen und vorzulegen; man rechnet allerdings mit einem Gesamtwert von mehr als sechs Milliarden Dollar. Sie kann ihre Forderung nur anhand der bereits entstandenen Kosten und derjenigen Summen kalkulieren, die für die Ansiedelung jüdischer Zuwanderer aus den ehemals von den Nazis besetzten Ländern noch notwendig sein werden. Die Zahl der Immigranten wird auf etwa eine halbe Million geschätzt, was zu Gesamtausgaben in Höhe von anderthalb Milliarden Dollar führen wird.»[20]

Das Geld, welches dem Staat Israel zufloß, hing also mit den Aufwendungen für die Wiedereingliederung der *Überlebenden* zusammen. Unter diesem Aspekt erscheint folgender Hinweis daher beinahe überflüssig: Wenn Israel wirklich seine Entschädigungsansprüche an Deutschland in die Höhe hätte treiben wollen, wäre es wohl eher an einer Zahl von Toten interessiert gewesen, die unter sechs Millionen lag, weil dies bedeutet hätte, daß entsprechend mehr Menschen die Flucht nach Israel gelungen war.

Die Unterstellung, Israel sei der finanzielle Hauptnutznießer des «Mythos vom Genozid», hat sich aus mehreren Gründen zu einem entscheidenden Bestandteil der Holocaust-Leugnung entwickelt. Wichtig ist dieser Erklärungsansatz für die Holocaust-Leugner vor allem deshalb, weil er die Begründung für die Genese des «Schwindels» selbst liefert. Außerdem greift er auf ein traditionelles antisemitisches Vorurteil zurück, denn die Juden werden dabei mit Geld, genauer gesagt: mit unrechtmäßiger Bereicherung assoziiert. Denen, die ohnehin für antisemitische Hetze anfällig sind und die damit verbundenen Stereotype für bare Münze nehmen und anerkennen, ist jener Vorwurf vertraut – er leuchtet ihnen also ein. Es handelt sich hier lediglich um einen der zahlreichen Fälle, in denen die Holocaust-Leugner einen komplexen Zusammenhang herstellen konnten, der Pseudo-Historiographie und überkommenen Antisemitismus geschickt miteinander verflicht. Die Charakterisierung Israels als Nutznießer einer weltweiten jüdischen Konspiration nutzt außerdem bereits vorhandene Abneigungen gegenüber dem Staat Israel aus. Das Holocaust-Märchen muß allen genehm sein, welche Israels Existenz ablehnen und glauben, daß der Staat nur durch Hinterlist gegründet werden konnte. De facto jedoch wurden die allermeisten Entschädigungssummen an überlebende Individuen gezahlt, nicht an Israel.

Seine größte Verachtung behielt sich Rassinier unterdessen für Raul Hilberg vor. Hilberg veröffentlichte seine international vielbeachtete Studie der deutschen Tötungsmaschinerie, *Die Vernichtung der europäischen Juden*, erstmals 1961; es verwundert nicht, daß Rassinier und nachfolgende Generationen von Holocaust-Leugnern gerade ihn häufig und heftig attackierten. Sie standen von Anfang an geradezu unter dem Zwang, Hilbergs Glaubwürdigkeit zu zerstören, weil er sich mit der Bürokratie des Dritten Reichs in ihrer spezifischen Anwendung auf die systematische Ermordung von Menschen derart ausführlich beschäftigt hatte. In *The Drama of the European Jews* brandmarkte Rassinier Hilbergs «Unaufrichtigkeit» und klagte ihn der Fälschung von Informationen an, und zwar vor allem in bezug auf Zahlenangaben über die von den Nazis umgebrachten Juden. Bezeichnenderweise bediente sich Rassinier auf derselben Seite, auf welcher er diesen Vorwurf erhob, eben jener Art der Irreführung, deren er Hilberg beschuldigte.

Eine von Rassiniers Methoden zur Überzeugung seiner Leser war das Zahlenverwirrspiel. Er gehörte zu den ersten, welche diese Praktik anwendeten, und führte auf diesem Weg ein Schema ein, das alle Holocaust-Leugner applizieren, wenn sie die Ungültigkeit der Zahl der Todesopfer beweisen wollen. Rassiniers Argument lief darauf hinaus, daß jüdische Historiker bei ihrer Arbeit von vorneherein mit Täuschungsabsichten vorgehen und entsprechend Daten manipulieren. Den Beweis für ihre Unaufrichtigkeit bildet Rassiniers Ansicht nach der Umstand, daß jeder die Fakten auf unterschiedliche Weise interpretiert. Infolgedessen ist auf ihre Analysen kein Verlaß und ihnen persönlich nicht zu trauen.

Um seinem Anliegen Erfolg zu verschaffen, produzierte Rassinier eigene Daten, zitierte inkorrekt und riß Aussagen aus ihrem Kontext. Er versuchte zunächst, die mangelnde Einheitlichkeit von Arendts und Hilbergs Schätzungen über die in Polen getöteten Juden herauszustreichen. Rassinier schreibt, daß Arendt in ihrem Artikel im *New Yorker* vom 23. Februar 1963 «uns kühl darüber informiert[e], 'am ersten Kriegstag sind drei Millionen polnische Juden ermordet worden.'» Er fährt fort:

«Mr. Raul Hilberg fand heraus, daß 'in den Jahren 1942 und 1943 ungefähr zwei Millionen *polnische* Juden ihrem sicheren Tod zugeführt' wurden.» Rassinier rügt die unübersehbare Unstimmigkeit in den Untersuchungsergebnissen beider Historiker und fügt hinzu: «Es wäre gut, wenn man sich einigen könnte, ob während des Krieges 3 bis 3,3 Millionen Juden in Polen lebten, wie alle – auch die jüdischen – Statistiken gleichermaßen verzeichnen. Oder gab es 5,7 Millionen, eine Zahl, die Madame Hannah Arendt voraussetzen muß, da sich nach ihrer Rechnung fünf Millionen Todesopfer ergeben?»[21]

Rassinier gab Arendts Erläuterungen einfach irreführend wieder. Außerdem nahm er an dem Hilberg-Zitat geringfügige, aber strategisch wichtige Veränderungen vor und riß es dann aus dem Zusammenhang, um den Eindruck zu vermitteln, die beiden Wissenschaftler hätten sich in Widersprüche verwickelt. In *Die Vernichtung der europäischen Juden* analysiert Hilberg die Bedeutung der Eisenbahn für den Vernichtungsprozeß. Er schreibt: «Das Bahnsystem hat in den Jahren 1942 und 1943 über zwei Millionen polnische Juden ihrem sicheren Tod zugeführt.» Geflissentlich übergeht Rassinier den Hinweis auf das Eisenbahnsystem. Er gibt dem Zitat den Anschein, als nenne Hilberg darin die Gesamtzahl aller polnischen Juden, die umgebracht wurden, nicht nur die per Zug transportierten. (Hilberg schließt in diese Zahl weder die Juden mit ein, die auf anderen Wegen deportiert wurden, noch diejenigen, die in Ghettos oder in unmittelbarer Nähe ihrer Wohnstätten den Tod fanden.[22] Wenn sie ebenfalls berücksichtigt werden, gelangt Hilberg zu einer Gesamtzahl von drei Millionen jüdischen Todesopfern in Polen.)

Arendts Zitat verfälschte Rassinier allerdings noch gravierender. *Nirgendwo* schreibt sie, am ersten Tag seien drei Millionen polnische Juden ermordet worden. Arendt befaßt sich an einer Stelle mit den Angaben der Nazis darüber, wie viele Juden 1940 noch in Europa übrig gewesen wären, und weist in diesem Zusammenhang darauf hin, daß in gewissen Schätzungen «die drei Millionen polnischer Juden, die ohnehin, wie jedermann in diesen Ämtern wußte, seit den ersten Tagen des Krieges massenweise liquidiert wurden», fehlten.[23] Indem er Arendts Satz klingen läßt, als seien drei Millionen *am ersten Tag* umgebracht worden, präsentiert Rassinier Arendt nicht nur so, als isolierten ihre konträren Befunde sie von anderen Forschern, sondern als habe sie zu allem Überfluß unrealistische Vorstellungen. Derartige Taktiken haben Holocaust-Leugner häufig angewandt, um die Untersuchungsresultate der Holocaust-Forscher als Phantastereien zu entwerten.

Rassinier war zwar sehr erpicht darauf, so viele jüdische Wissenschaftler wie möglich zu schmähen, Zweifel an ihren Resultaten und Motiven zu wecken, doch die Zerstörung von Hilbergs Autorität lag ihm – wie bereits gesagt – besonders am Herzen. Er rüttelte an Hilbergs Glaubwürdigkeit, nutzte jedoch gleichzeitig paradoxerweise dessen Ruf als eines bedeutenden Holocaust-Forschers aus, um die Analysen anderer jüdischer Historiker und Institute in Frage zu stellen. Mit der unmißverständlichen Absicht, die Erkenntnisse des Jüdischen Weltkongresses zu diskreditieren, schrieb Rassinier, der Kongreß «gibt (die Toten in der UdSSR) mit einer Million an, während Herr Raul Hilberg nur 420 000 gezählt hat».[24] Wieder einmal zitiert Rassinier Hilbergs Resultate falsch. Auf einer seiner Tabellen, welche die Zahl der Todesopfer nach Herkunftsländern auflistet, verzeichnet Hilberg die Einwohnerzahl der UdSSR jeweils vor und nach dem Krieg. Die Differenz zwischen beiden Ziffern beträgt 420 000. Sie beziehen sich jedoch auf zwei völlig unterschiedliche Kategorien, was Hilberg in einer Fußnote zu der Tabelle genau erläutert; er verweist darauf, daß die erste Spalte sich auf Vorkriegs-, die zweite auf Nachkriegsgrenzen bezieht. Nach dem Krieg war das Staatsgebiet der UdSSR beträchtlich größer als vorher, Hilbergs Aufstellung spiegelt das wider. In der Vorkriegsspalte werden die baltischen Republiken als einzelne Länder aufgeführt, weil sie vor dem Krieg unabhängig waren. Infolge einer Vereinbarung zwischen Deutschland und der Sowjetunion wurden sie 1941 der UdSSR zugeschlagen, deswegen zählt Hilberg ihre Holocaust-Opfer bei seinen Nachkriegsgesamtsummen zu der Todesbilanz für die gesamte UdSSR. Hilbergs Vorkriegszahlen müssen ebenfalls modifiziert betrachtet werden, da sie – wie er auch in diesem Fall präzise vermerkt – 300 000 Flüchtlinge, Verschleppte und Überlebende aus anderen Gebieten mit einbezieht.* Nach diesen Angleichungen gelangt Hilberg zu der Gesamtsumme von einer Million, die sich exakt mit der des Jüdischen Weltkongresses deckt. Indem er diese Informationen beiseite läßt, erweckt Rassinier den Eindruck, Hilberg wider-

* Der Abschnitt über die UdSSR sieht folgendermaßen aus:

	Jüdische Bevölkerung vor dem Krieg 1939	Jüdische Bevölkerung nach dem Krieg 1945
UdSSR	3 020 000	2 600 000
Estland	4 500	
Lettland	95 000	
Litauen	145 000	
Insgesamt:	3 264 500	2 600 000

Anmerkung: Die Nachkriegsgesamtzahl für die UdSSR schließt 300 000 Verschleppte, Flüchtlinge und Überlebende aus anderen Territorien mit ein.
Zieht man die 300 000 Verschleppten, Flüchtlinge und Überlebenden von den 2,6 Millionen ab, ergibt sich für die UdSSR ein Verlust von einer Million Juden.

spreche nicht nur anderen Historikern, sondern auch sich selbst, da er an einer anderen Stelle seines Buches die Gesamtzahl aller Getöteten in der UdSSR mit etwa einer Million angibt.[25]

Rassinier kreierte derlei vermeintliche Unstimmigkeiten, damit er die genannten Historiker so hinstellen konnte, als erschüfen sie vorsätzlich abstruse Fakten und Zahlen. «Am liebsten möchte man diese Leute – [Arendt, Baron, Hilberg] und die vielen weiteren, welche auf demselben Dampfer fahren – auffordern, sich bitte zusammenzusetzen und über ihre Zahlen zu einigen, ehe sie sich anschicken, uns uns selber zu erklären.»[26] Tatsache ist, daß es zwar voneinander abweichende Berechnungen, jedoch keine fundamentalen Unvereinbarkeiten zwischen den Ergebnissen dieser oder anderer anerkannter Historiker gibt. Sie stimmen fast alle darin überein, daß von allen Getöteten ungefähr drei Millionen polnische Juden gewesen sind. Über die Zahl der sowjetjüdischen Todesopfer herrschen leicht unterschiedliche Ansichten. Die Schätzwerte liegen zwischen einer Million und 1,3 Millionen. Insgesamt sind etwa fünf bis sieben Millionen Todesopfer zu beklagen.[27]

Rassinier vertritt die auf verfälschten Daten gegründete Auffassung, die Diskrepanzen zwischen diesen Historikern machten ihre Befunde ungültig. In einer Beziehung hat Rassinier tatsächlich recht: Forschung weist stets gewisse Variablen auf. Wenige Wissenschaftler berufen sich auf haargenau dieselben Zahlen. Anstatt jedoch die Ergebnisse in ihrer Plausibilität zu entkräften, wirken derlei Diskrepanzen bestätigend. Rassinier gemäß beweist die Tatsache, daß Hilberg und Baron bezüglich der Todesopfer zu verschiedenen Gesamtzahlen gelangen, daß beide fiktive Forschungsberichte erstellen. Da sie sich bei ihren Konklusionen gleichermaßen auf offizielle Dokumente und Zeugenaussagen stützen, kann die Widersprüchlichkeit ihrer Untersuchungsergebnisse nur den Schluß zulassen, daß weder ihnen noch den Dokumenten zu trauen ist. Mit diesem Argument ignoriert Rassinier ein Prinzip jeder Geschichtsschreibung. Unter Historikern ist vorbehaltlose Einmütigkeit in bezug auf ein Geschehnis dieser Größenordnung in sich verdächtig. Wenn sämtliche Holocaust-Forscher ausnahmslos von einer einzigen Todesopferzahl ausgingen, entstünde berechtigter Zweifel an ihrer Unparteilichkeit. Die Differenzen belegen, daß sie keine «höfischen» Geschichtsschreiber, sondern unabhängige Wissenschaftler sind, von denen jeder neutrales Interesse daran hat, die unzähligen Einzelheiten über eines der brutalsten, chaotischsten Kapitel der jüngsten Geschichte zusammenzutragen.

Nun hatte Rassinier zwar die Verantwortlichen für die Entstehung des Mythos «entlarvt», aber er mußte – wie alle Holocaust-Leugner – noch mit einer wesentlichen Schwierigkeit fertig werden, die er allerdings nicht so unproblematisch manipulieren konnte wie die Informationen über die Reparationszahlungen. Hitler und seine engsten Mitarbeiter erwähnten den ausdrücklichen Willen der Nazis zur Judenvernichtung bei zahlreichen Gelegenheiten. Hitlers bekannteste Hetzrede über dieses Thema stammt vom 30. Januar 1939: «Ich will heute wieder ein Prophet sein: Wenn es dem internationalen Finanzjudentum in und außerhalb Europas gelingen sollte, die Völker noch einmal in einen Weltkrieg zu stürzen, dann wird das Ergebnis nicht die Bolschewisierung der Erde und damit der Sieg des Judentums sein, sondern die Vernichtung der jüdischen Rasse in Europa.»[28]

Dies war nicht seine einzige öffentliche Drohung, die Juden zu vernichten. Im September 1942, sechs Monate nachdem die Gaskammern ihre Arbeit aufgenommen hatten, erinnerte er sich seiner Rede von 1939 und wiederholte seine Voraussage über das Schicksal der Juden. Dieses Mal drückte er sich in bezug auf das Ergebnis sogar noch unmißverständlicher aus.

«Ich habe am 1. September 1939* in der damaligen Reichstagssitzung zwei Dinge ausgesprochen: Erstens, daß, nachdem man uns diesen Krieg schon aufgezwungen hat, keine Macht der Waffen und auch nicht die Zeit uns jemals niederzwingen werden, und zweitens, daß, wenn das Judentum einen internationalen Weltkrieg zur Ausrottung etwa der arischen Völker Europas anzettelt, dann nicht die arischen Völker ausgerottet werden, sondern das Judentum. ... Die Juden haben einst auch in Deutschland über meine Prophezeiungen gelacht. Ich weiß nicht, ob sie auch heute noch lachen, oder ob ihnen nicht das Lachen bereits vergangen ist. Ich kann aber auch jetzt nur versichern: Es wird ihnen das Lachen überall vergehen. Und ich werde auch mit diesen Prophezeiungen recht behalten.»[29]

Rassinier sah sich genötigt, für derlei Ankündigungen – die anders ausgelegt werden mußten, als sie wirklich gemeint waren – eine Begründung zu finden, damit er die Behauptung, der Genozid sei bloß eine Geschichte aus dem Reich der Fabel, aufrechterhalten konnte. Also erklärte er die Rede von 1939 kurzerhand als charakteristisch für eine «brüske, trotzige Haltung in der Tradition antiker Heroen» und demzufolge «von geringer Bedeutung».[30] Wie bei seinen Kommentaren zur Gesamtzahl der Todesopfer nahm Rassinier auch hier beide Seiten des Disputes ein. Mehrfach forderte er ausdrückliche, spezifische Beweise für den Plan der Nazis, alle Juden umzubringen. Sämtliche Schlußfolgerungen, ein Massenmord habe stattgefunden, seien null und nichtig, da keine solchen Beweise existier-

* Anmerkung der Autorin: Hitler änderte das ursprüngliche Datum seiner Rede, in welcher er die Juden mit Vernichtung bedrohte, vom 30. Januar 1939 auf den 1. September 1939.

ten. Aber sobald ein Dokument oder eine Aussage, die den nazistischen Willen zur Vernichtung explizit erwähnten, als Indizien angeführt wurden, tat Rassinier sie als euphemistisch, hyperbolisch oder belanglos ab. Diese Strategie wurde später von Holocaust-Leugnern bei der Auslegung jener historischen Materialien übernommen, die bezeugten, daß der Genozid an den Juden kein Mythos ist. (Machen die Dokumente definitive Aussagen, dann sind sie euphemistisch. Wenn sie hingegen euphemistisch sind, werden sie für bare Münze genommen.)

Für die Interpretation der Hitler-Rede von 1942 wählte Rassinier einen leicht variierten Ansatz. Anstatt sie als hochgespielten Einschüchterungsversuch unter den Tisch fallen zu lassen, betonte er, diese Drohung gegen die europäischen Juden sei bei den Nürnberger Kriegsverbrecherprozesse nicht zur Sprache gekommen, weil man sie nicht für ein gewichtiges Indiz hielt.

Hätten die Alliierten die Äußerung als relevant empfunden, wäre sie von ihnen auf die Liste der Beweismittel gesetzt worden. Rassinier unterschlug die Tatsache, daß Hitler in Nürnberg nicht vor Gericht stand und aus diesem Grund viele seiner Verlautbarungen und Reden, darunter solche spezifisch antisemitischen Inhalts, nicht zitiert wurden. Es ist übrigens sowohl amüsant zu beobachten als auch bezeichnend, daß Rassinier – der gegen die Nürnberger Prozesse Gift und Galle spie – sie als Maßstab dafür verwendete, wodurch ernst zu nehmende Evidenz sich auszeichnet und wodurch nicht.

Rassiniers Erklärungen, wie der Holocaust-Schwindel ersonnen und weltweit verbreitet wurde, sind gar noch plumper und entlarven die wahren Absichten hinter seiner Leugnung des Holocaust. Bei der Auslegung der jüdischen Pläne bediente er sich landläufiger antisemitischer Vorstellungen: «Die Juden haben es geschafft, die Welt an der Nase herumzuführen, indem sie ihre mystischen Kräfte und konspirativen Fähigkeiten ausnutzten. Wie so häufig schon hat das Weltjudentum seine unbändige Stärke eingesetzt, um die Interessen von Medien und Politik sowie die Mittel der internationalen Finanz für seine eigenen Ziele einzuspannen.»

Den Ursprung dieser gewaltigen Verschwörung gegen Deutschland konnte Rassinier bis aufs i-Tüpfelchen genau bestimmen, und zwar wurzelte sie seiner Meinung nach in den Aktivitäten einer einzigen Person, eines Juden aus Polen.

«Nach fünfzehn Jahren historischer Forschung bin ich zu folgendem Schluß gelangt: 1943 wurde das nationalsozialistische Deutschland erstmals der systematischen Massenvernichtung von Juden in Gaskammern angeklagt. Der Urheber jener ersten schrecklichen, niederträchtigen Beschuldigung war ein polnischer Jude, ... Rafael Lemkin.»[31]

Lemkin unterstützte als Berater Bundesrichter Robert Jackson, während Jackson bei den Nürnberger Prozessen als Ankläger für die USA auftrat; 1944 hatte Lemkin den Begriff und den Tatbestand des Genozids in die internationale Gesetzgebung eingeführt.[32] Rassinier lag wieder einmal falsch. Nazideutschland wurde erstmals 1942 der Massentötungen von Juden beschuldigt, nicht 1943. Lemkin hatte mit diesem Vorwurf nichts zu tun. Rassinier erklärte sich Lemkins Erfolg damit, daß seine Bestrebungen durch angeblich gefälschte Dokumente sowie eine gefügige Weltpresse unterstützt und begünstigt wurden, welche ihre Marschbefehle von den Juden entgegennahm:

«Mit der Bekanntgabe jener Falschmeldung durch einen polnischen Juden sowie der 'Entdeckung' ausführlicher Akten über die Existenz der Gaskammern während der Nürnberger Prozesse setzte in der internationalen Presse der Wirbel um die Gaskammern ein, ein melodienreiches Märchenballett mit diabolischen Rhythmen; man hat seitdem nicht aufgehört, diese zuchtlose Sarabande mit ihren falschen Schritten zu tanzen.»[33]

Die Presse bildete eines der Hauptinstrumente der Juden zur Verbreitung ihrer Verleumdungen. Erneut verließ Rassinier sich auf herkömmliche antisemitische Spekulationen. Die Medien mußten den Juden helfen, da sie von ihnen beherrscht wurden. Also «veröffentlich[t]en» die Medien «mit bemerkenswerter Hartnäckigkeit» die Hypothese, den Nazis seien sechs Millionen Juden zum Opfer gefallen.[34]

Die eigentlichen Schuldigen hinter Lemkin, jüdischen Historikern und Organisationen sowie allen anderen am Schwindel Beteiligten waren in Rassiniers Augen die «Zionisten», die ihren erstaunlichen Einfluß zur Verschleierung der Wahrheit ausnutzten; unter anderem verhinderten sie eine weltweite Zählung der Juden, damit sie die Zahl der Opfer, welche der Holocaust forderte, «allen möglichen Manipulationen» unterziehen konnten.[35] (Rassiniers Quelle für diese Behauptung war der *American Mercury*, von 1952 bis zu einem Besitzerwechsel in den 70er Jahren eine Publikation, die sich besonders durch ihren Antisemitismus auszeichnete.[36]) Letztlich war ihr Motiv finanzieller Natur: Sobald sie Deutschland in eine «Milchkuh» für Israel und dessen Anhänger verwandelt hätten, konnten sie sich ihrem schrecklichen Endziel zuwenden, nämlich der Kontrolle aller internationalen Finanzmittel. Nicht genug damit, daß Rassinier ein traditionelles antisemitisches Vorurteil an das andere reihte und ausschlachtete: die Juden würden ihren ausufernden politischen Einfluß schändlich mißbrauchen, die Medien beherrschen und finanzielle Ränke schmieden – bei seiner Schilderung, was nach einer Bündelung der jüdischen Machtfaktoren geschehen würde, verfiel er endgültig in einen hemmungslos antisemitischen Hetzjargon:

«Heutzutage richtet sich das Sinnen und Trachten [der Zionisten], metaphorisch gesprochen, auf das Gold von Fort Knox. Falls ihrem Plan Erfolg beschieden sein sollte – und dazu ist nichts weiter nötig, als daß die amerikanische Unterabteilung des internationalen Zionismus Wall Street in ihre Finger bekommt –, würde jener israelische Stützpunkt in der Diaspora ... der Hauptbefehlsposten für die Industrie auf der ganzen Welt. 'Im Schweiße eures Angesichts sollt ihr euer Brot verdienen', sagte der Allmächtige zu Adam und Eva. 'Unter Schmerzen sollst du deine Kinder gebären', sagte er und verjagte das Paar aus dem irdischen Paradies, das er für sie geschaffen hatte ... Die Frauen Israels müßten ihre Kinder gewiß weiterhin unter Schmerzen gebären, doch ihre Männer würden ihr Brot und das ihrer Kinder im Schweiße andere [sic!] Angesichter verdienen. Dann könnte man mit Fug und Recht behaupten, daß ihre Bestimmung als 'auserwähltes Volk', welche die Juden für sich in Anspruch nehmen, in ihre volle [sic!] Bedeutung erfüllt wäre.»[37]

In letzter Konsequenz sind es Gedankengänge wie dieser, die zeigen, daß Rassiniers Leugnung des Holocaust nichts weiter als eine Tarnung für klassische antisemitische Verdächtigungen ist. Obwohl Rassiniers Abhandlungen aufgrund ihrer Holocaust-leugnenden Aspekte aus dem Rahmen fallen, unterscheiden sie sich de facto nicht im geringsten von dem endlosen antisemitischen Gezeter, das im Laufe der Jahrhunderte verbreitet worden ist. Seine Schmähreden über jüdische Macht und jüdischen Einfluß sowie seine Überzeugung, die Juden hegten finsterste Absichten, plazieren ihn in der guten Gesellschaft ganzer Horden von Antisemiten.

Auf die Beobachtungen dieses Mannes berufen sich alle nachfolgenden Holocaust-Leugner, die von ihm bei der Entwicklung ihrer Gedanken entscheidend geprägt wurden. Rassiniers und Bardèches Beiträge zur Entwicklung der Holocaust-Leugnung in Frankreich wurden später von den Arbeiten ihres Schützlings Robert Faurisson, ehemals Professor an der Universität von Lyon, ergänzt; heute zählt Faurisson zu den führenden Holocaust-Leugnern. Anflüge von Faschismus und Holocaust-Leugnung machen sich auch in Frankreichs politischer Arena bemerkbar, man denke beispielsweise an das politische Programm und die Erklärungen Jean-Marie Le Pens und seiner Partei, des *Front National*. Sie stellen Bardèches und Rassiniers wichtigstes Vermächtnis dar und verdeutlichen, daß sowohl Faschismus als auch Holocaust-Leugnung im Frankreich der Gegenwart fruchtbaren Boden vorfinden.

4. Die ersten Regungen der Holocaust-Leugner in Amerika

In den 60er und 70er Jahren schenkte man der Holocaust-Leugnung in den USA bereitwillig Gehör; das taten insbesondere jene, die für ihre ausgeprägten Beziehungen zu extremistischen Gruppierungen und antisemitischen Publikationen bekannt waren. Ihr Antisemitismus bahnte ihrer Neigung zur Holocaust-Leugnung den Weg.[1] Bis zu Beginn der 70er Jahre war das Thema in erster Linie ein Tummelplatz für extremistische, rassistische Randgruppen, denen allerdings durch gewisse, äußerlich respektable Kreise unerwartete Unterstützung zuteil wurde.

Die ersten Holocaust-Leugner in den USA zeigten sich vor allem für Paul Rassiniers Idee empfänglich, daß führende jüdische Persönlichkeiten den Holocaust ersonnen hatten, um Kontrolle über internationale Finanzgeschäfte zu erlangen und die Israel-Hilfe zu fördern. Ihre Behauptungen waren undurchdacht, ungeschickt und ließen häufig jeden Versuch vermissen, ihre Argumente wirklich zu beweisen. 1952 verkündete der amerikanische Antisemit W.D. Herrstrom in *Bible News Flashes*, es gebe in den USA fünf Millionen illegaler Einwanderer, die meisten von ihnen seien Juden, und zwar genau diejenigen, welche angeblich während des Holocaust umgekommen seien. «In Schickelgrubers [Hitlers] Öfen braucht man gar nicht erst nach ihnen zu suchen. Man laufe nur die Straßen irgendeiner amerikanischen Stadt entlang – dort wird man sie finden.»[2] 1959 schrieb James Madole, Herausgeber des rassistischen *National Renaissance Bulletin*: «Obwohl der Weltalmanach die Tatsache bestätigt, daß stets weniger als 600 000 Juden in Deutschland gelebt haben, beharren die Juden auf ihrer ungeheuerlichen Lüge, Nazideutschland habe sechs Millionen ihrer Rassenangehörigen verbrannt.»[3] Madoles Winkelzug ist leicht durchschaubar. Es entspricht zwar der Wahrheit, daß die jüdische Bevölkerung Deutschlands 1933 weniger als 600 000 betrug, doch waren die meisten jüdischen Opfer des Holocaust keine deutschen Juden. Benjamin H. Freedman, Geldgeber der antisemitischen Publikation *Common Sense*, sagte 1959, es gebe viele Millionen Juden mehr in den USA, als die Juden zugeben wollten. Hierbei handele es sich um die sechs Millionen, «die angeblich zwischen 1939 und 1945 in Verbrennungsöfen und Gaskammern zu Tode gekommen seien».[4] Freedman führte ein Argument ein, das in den 70er Jahren bei zahlreichen Holocaust-Leugnern, unter anderen Arthur Butz von der *Northwestern Uni-*

versity, wieder anklingen sollte; er behauptete nämlich, die jüdische Gemeinde in Amerika lehne sich gegen die Zensusfrage nach der Religionszugehörigkeit auf, weil dadurch ans Licht kommen würde, daß «angeblich» gestorbene Juden sich in Wahrheit in den USA aufhielten. (Jüdisch-amerikanische Organisationen haben sich seit je gegen eine derartige Frage gewehrt, weil sie der Auffassung sind, sie verletze die in der Verfassung garantierte Trennung von Kirche und Staat.)

Der berüchtigte amerikanische Nazi-Anführer George Lincoln Rockwell nannte den Holocaust einen «monströsen, einträglichen Betrug». Er betete Freedmans Einfall nach, die sechs Millionen «seien irgendwann einmal reich und glücklich in der Bronx, New York, gestorben». Im Juni 1959 informierte *Cross and the Flag*, das Blatt des amerikanischen Antisemiten Gerald L.K. Smith, seine Leser in einem Artikel mit der Überschrift «*Into the Valley of Death Rode the Six Million. Or Did They?*», die sechs Millionen Juden lebten in den USA.[5]

Solche himmelschreienden Versuche, die Leserschaft zu verunsichern, waren für das Verhalten der Holocaust-Leugner in den ersten beiden Jahrzehnten nach dem Krieg typisch. Letztlich bewirkten die meisten von ihnen wenig, weil man sie so rasch als Extremisten und Rechtsradikale deklassieren konnte. Dessenungeachtet wurden ihre Unterstellungen im Lauf der Zeit Teil einer allgemeinen, auch einem breiteren Publikum zugänglich gemachten Strömung zur Holocaust-Leugnung. Später wurden die statistischen Spielereien der Holocaust-Leugner zwar nicht unbedingt raffinierter, in jedem Fall jedoch komplizierter.[6] Zur Verwirrung all derjenigen, welche die Fakten nicht kannten, wob man schamlos Lügen in komplexe Argumentationsstränge mit ein. Nicht alle frühen Holocaust-Leugner standen in offener Verbindung zu Extremistenkreisen. Daher konnten sie einige ihrer Anschuldigungen in Publikationen unterbringen, die sich an eine übergreifende Öffentlichkeit richteten. In der Ausgabe der weitverbreiteten katholischen Wochenzeitung *Our Sunday Visitor* vom 14. Juni 1959 hieß es in einem Leserbrief: «Ich verbrachte nach Kriegsende sechs Jahre in Deutschland und Österreich und konnte feststellen, daß eine Reihe von Juden getötet worden war, doch nie und nimmer mehr als eine Million, eher weniger.»[7] Verschiedentlich wandten sich Zeitungsredakteure mit der Bitte um Klarstellung an die *Anti-Defamation League*, weil *Boniface Press* – Apps verlegerisches Organ – ihnen Holocaust-leugnendes Material zugesandt hatte. Ein Redakteur forderte Dokumente zum Beweis dafür an, daß wirklich Juden umgekommen seien.[8]

Harry Elmer Barnes bildete die direkte Verbindung zwischen zwei Generationen amerikanischer Revisionisten einerseits und den Holocaust-Leugnern andererseits.[9] Einige seiner zahlreichen Bücher und Artikel, vor allem jene zur westlichen Zivilisationsgeschichte, zählten während der 60er Jahre an prestigereichen amerikanischen Universitäten, unter anderem Harvard und Columbia, zur Pflichtlektüre. Außerdem hielt Barnes an zahlreichen Universitäten in den USA Vorlesungen; seine Ausführungen zur unnötigen Teilnahme Amerikas am Ersten Weltkrieg fanden die bewundernde Zustimmung vieler Menschen in den USA und im Ausland, unter anderen auch die des Herausgebers der *Nation*, Oswald Garrison Villard, des Sozialistenführers Norman Thomas, des Journalisten H.L. Mencken sowie des Historikers Charles Beard. Eine Zeitlang arbeitete er als Redakteur bei *Foreign Affairs* mit und bibliographierte Quellenverweise.[10]

Barnes' Karriere hat jedoch von Anfang an kontroverse Reaktionen ausgelöst. Während des Ersten Weltkriegs gebärdete er sich als derart eifriger Befürworter der alliierten Sache, daß das Material, welches er dem *National Board for Historical Service* zur Verfügung stellte, als «unzumutbar, da allzu rigoros» abgelehnt wurde. Das *Board* war eine Einrichtung, von der aus die Verbreitung proalliierter Propaganda durch Historiker zentral gesteuert wurde; Personen, die mit dem Thema beschäftigt waren, charakterisierten Barnes als «einen Chauvinisten der härtesten Sorte, nach dem Motto: Die gehören alle bei Sonnenaufgang erschossen!»[11] Doch nach dem Krieg änderte er seine Ansichten um hundertachtzig Grad. Mit dem fanatischen Ehrgeiz eines Konvertiten wechselte er zur isolationistischen, deutschfreundlichen Seite des politischen Spektrums über und verblieb dort bis an sein Lebensende. In seinen Arbeiten bedient er sich häufig einer polemischen, theatralischen Rhetorik. Gegen die Vertreter einer «orthodoxen» Beurteilung des Krieges konnte er derart ausfallend werden, daß selbst diejenigen, welche ihm beipflichteten, sich aufgrund seiner planvollen Beleidigungen anderer von ihm zurückzogen.[12] Als er gegen Bernadotte Schmitt, einen bekannten, anerkannten Historiker an der *University of Chicago*, öffentlich den Vorwurf erhob, seine wissenschaftlichen Schlußfolgerungen den Erfordernissen seiner akademischen Laufbahn angepaßt zu haben, zog er sich den Zorn zahlreicher Universitätsangehöriger zu, Revisionistenkollegen mit eingeschlossen.

Barnes unterstellte Schmitt, er sei nur deswegen zu dem Ergebnis gekommen, daß Deutschland für den Ausbruch des Kriegs verantwortlich war, um auf den heißbegehrten Posten in Chicago zu gelangen. Dieser persönliche Angriff ist typisch für Barnes' spätere Attacken gegen alle und jeden, die seine Meinung nicht teilten. Er glaubte fest daran, seine Vorstellungen seien die objektive Wahrheit; infolgedessen war jeder, der einen anderen Standpunkt einnahm, weder objektiv noch ehrlich.

Barnes' Arbeiten erreichten sowohl in den USA wie auch im Ausland ein breites Publikum. 1926 hielt er während einer Deutschlandreise eine Reihe von Vorträgen des Inhalts, daß Deutschland am Ersten Weltkrieg keine Schuld trage. Begeistert verbreitete Barnes sich über seine Aufnahme durch die Deutschen – er habe sich «wie in einem Märchen» gefühlt. Einen besonderen Eindruck hinterließ bei ihm das «enorme Interesse und Engagement», welches die Weimarer Forscher und Behörden bei ihren Anstrengungen zeigten, «Deutschland von der Schande und dem Betrug der Kriegsschuldklausel im Versailler Vertrag zu befreien».[13] Bei seinem Aufenthalt in Europa traf er sich sogar mit dem exilierten Kaiser Wilhelm II., eine beträchtliche Ehre für einen noch jungen Gelehrten. Barnes zufolge freute sich der Kaiser darüber, «daß ich ihm nicht vorhielt, 1914 den Krieg angefangen zu haben». Sie stimmten allerdings, wie Barnes erinnert, nicht in allem überein: «Meine Ansicht, daß Rußland und Frankreich die Hauptschuldigen gewesen wären, teilte er nicht. Er betrachtete das internationale Judentum und die Freimaurer als die Bösewichte des Jahres 1914; seiner Auffassung nach wollten sie die Auslöschung der Nationalstaaten und des Christentums.»[14] In diesem Punkt pflichtete Barnes dem Kaiser nicht uneingeschränkt bei; er neigte dazu, England und Frankreich für die wahren Übeltäter zu halten.

In den Jahren zwischen den Weltkriegen setzte Barnes seine revisionistische Bewertung des Ersten Weltkriegs zur Förderung der isolationistischen Sache ein. Ehe noch der Zweite Weltkrieg geendet hatte, stellte er die amtliche Version des Kriegsverlaufs in Frage. Er zählte zu einer kleinen Gruppe von Isolationisten, welche das Ansehen der Bewegung wiederherzustellen und Roosevelt in den Schmutz zu ziehen suchten. Finanzielle Unterstützung erhielten sie durch Anhänger des Isolationismus vor dem Krieg, unter anderem Charles Lindbergh und Henry Ford. Barnes wiederholte die Vorwürfe, die er bereits nach dem Ersten Weltkrieg erhoben hatte, und kritisierte die Politiker, Journalisten und Historiker, die die Alliierten von der Verantwortung für den Krieg freisprachen. Er griff Roosevelts Politik an und verteidigte Hitler, indem er darlegte, nahezu sämtliche politischen und militärischen Schachzüge Hitlers, auch der Einfall in die Tschechoslowakei, seien zur «Korrektur» der Ungerechtigkeiten im Versailler Vertrag notwendig gewesen.[15] Schuld war jedoch nicht nur der Versailler Vertrag; das wirkliche Problem ergab sich aus dem grundsätzlichen Versagen der Alliierten, Hitler zu verstehen. 1950 bezeichnete Barnes Hitlers Forderungen von 1939 in einem Brief an seinen revisionistischen Mitstreiter Charles Tansill als «die vernünftigsten von allen»; in seinen Artikeln und Aufsätzen suchte er Hitler fortwährend zu entlasten.[16] Barnes hielt Hitler nicht für einen größenwahnsinnigen Machthaber, der bezwungen wurde, weil er die Herrschaft über Europa angestrebt hatte. Nicht die Bestialität des Führers war die Ursache für seine militärische Niederlage, sondern seine Menschlichkeit. Hitlers Sturz resultierte in Barnes' Sicht aus der «mangelnden Bereitschaft, seine militärische Stärke rückhaltlos» gegen unschuldige englische Zivilisten einzusetzen.[17] Im Gegensatz zu der vorherrschenden, einmütigen Auffassung «lancierte» Hitler keine «jähe Attacke» gegen Polen. Nein – behauptete Barnes –, Hitler unternahm 1939 sogar größere Anstrengungen zur Kriegsvermeidung als 1914 der Kaiser. Nicht nur nahm Barnes Hitler in Schutz, er bezeichnete auch die Briten als die «beinahe ausschließlich Verantwortlichen» für den Ausbruch des Kriegs, an der östlichen wie an der westlichen Front. Hitler stieß im Juni 1940 nicht mutwillig «einen Dolch in Frankreichs Rücken», sondern wurde durch die britischen «Unternehmungen zur wirtschaftlichen Erdrosselung» Deutschlands in den Krieg hineingetrieben.[18]

1952 schrieb Barnes in einem Brief an den Harvard-Historiker William Langer, Autor einer zweibändigen Verteidigungsschrift zum amerikanischen Vorkriegsverhalten, er betrachte Roosevelts Außenpolitik «als das gewaltigste Verbrechen an der Allgemeinheit in der gesamten Menschheitsgeschichte».[19] An dieser Anschauung hielt Barnes während seiner gesamten Laufbahn fest; 1958 behauptete er, Roosevelt hätte «die USA in den Krieg hineingelogen», und wenn es ihm nicht gelungen wäre, die Japaner zum Angriff auf Pearl Harbour «anzustacheln», hätten die Tragödie des Kriegs und die damit verbundenen, weitaus «größeren Katastrophen» durchaus vermieden werden können.[20] (Über Wilson und den Ersten Weltkrieg hatte Barnes exakt dieselben Argumente vorgebracht.) Barnes hielt nicht nur Hitler für «vernünftig» und Großbritannien, Frankreich sowie die USA für Kriegstreiber, sondern beschwerte sich, daß jeder, der das Konzept der deutschen Schuld hinterfrage, durch eine alles überlagernde, historische «Vernebelung» zum Schweigen gebracht werde. Die «Vernebelung» war der Schlußstein eines Plans, der verhindern sollte, daß die Wahrheit über den Zweiten Weltkrieg ans Licht kam. Barnes' erster Ansturm gegen diese «Verschwörung» manifestiert sich in einer langatmigen Schrift, *The Struggle Against Historical Blackout*, die 1947 erschien und bis 1952 die neunte Auflage erreicht hatte. Laut Barnes ließen sich westliche Liberale durch ihren Haß auf Hitler und Mussolini dazu verleiten, vor Frankreichs Aggressivität, Großbritanniens Doppelzüngigkeit und Roosevelts Täuschungsmanövern die Augen zu verschließen. «Höfische Geschichtsschreiber» verschleierten die Wahrheit, indem sie sämtliche Informationen unterschlugen, die Roosevelts Ansehen beeinträchtigen mochten, und die kritischen Stimmen zum Verstummen brachten, die gegenüber der amerikanischen «Intervention» im Zweiten Weltkrieg Bedenken anmeldeten. Wissenschaftlern, denen man revisionistische Ansichten unterstellte, wurde der Zugang zu offiziellen Dokumenten verweigert.[21] Verleger, die Bücher oder Zeitschriften zu dem Thema herausgeben wollten, mußten mit Druck von außen rechnen, revisionistische Autoren unter Verfolgungen leiden. Material, das revisionistische Fakten oder Argumentationen enthielt, wurde ignoriert oder aus dem Umlauf genommen. Hierbei handelte es sich nicht um einen bloßen Akt der Gleichgültigkeit – dies war willentliche Täuschung. Die «höfischen Geschichtsschreiber» waren für die Tatsachen nicht nur nicht aufgeschlossen oder sich ihrer nicht bewußt; sie logen, übersahen mißliebige Informationen und ersannen neue Wahrheiten. In den darauffolgenden Jahren machten die Holocaust-Leugner Barnes' Beschwerden ebenfalls für sich geltend.[22] Barnes gemäß überstieg die Rachsucht von Politikern, Diplomaten und Historikern gegenüber Deutschland jedes berechtigte Maß, *und sie wußten es*. Sie brauchten daher einen Grund, um ihr Feindbild zu verteidigen. Also beschuldigten sie Deutschland, den Krieg begonnen und beispiellose Greueltaten begangen zu haben.

Barnes behauptete, er sei bereits zehn Jahre nach dem Krieg zu dem Schluß gelangt, daß Deutschland keine Schuld am Ausbruch des Kriegs oder an den Gewalttaten trage, deren man es bezichtigte. 1962 schrieb er: «In der Dekade nach 1945 war ich überzeugt, das Beste, was Deutschland und der Welt in den Vorkriegsjahren hätte passieren können, wäre ein Attentat auf Hitler gewesen, ungefähr 1938 oder Anfang 1939, wenn nicht gar viel früher.»[23] Er gab vor, sich von dieser Perspektive auf ein böses Nazideutschland nur nach langem Zögern getrennt zu haben; er sei jedoch durch evidente Tatbestände gezwungen gewesen, eine anderslautende Wahrheit anzuerkennen. Eine höchst hinterhältige Beteuerung, wenn man seine schriftlichen Äußerungen 1947 in *The Struggle Against the Historical Blackout* wie auch die Anschauungen bedenkt, die er in seiner Privatkorrespondenz äußerte. Der Krieg war in der Tat kaum zu Ende, da machte Barnes sich bereits daran, den Alliierten die Schuld zuzuschieben und Hitler reinzuwaschen.

Bemerkenswert ist seine Versicherung, er habe seine Auffassung von der Wahrheit erst nach der Bekanntschaft mit revisionistischer Literatur geändert, und zwar nur mit großem Widerstreben. Das ist der Trick, den zahlreiche Verfechter von Verschwörungstheorien anwenden, allen voran die Holocaust-Leugner. Beinahe jeder schwört, er sei nur bekehrt worden, weil die Beweislage ihn gezwungen habe, seine vorherige, irrtümliche Meinung aufzugeben. Wer sich im Laufe der Zeit also mit einer Übermacht an «Informationen» konfrontiert sieht, die zu seiner ursprünglichen These von der Existenz eines Holocaust im Widerspruch stehen, gibt beschämt zu, einem Schwindel aufgesessen zu sein. Offenbar glauben Verschwörungstheoretiker und Holocaust-Leugner, eine solche Version der Geschichte verleihe ihrer neuen Überzeugung mehr Plausibilität. Außerdem umgehen sie damit den Vorwurf, gegen Juden feindlich gesinnt zu sein oder mit den Faschisten sympathisiert zu haben.

Als Tatsache bleibt allerdings folgendes: Weder mußte Barnes dazu überredet werden, diese Sichtweise zu akzeptieren, noch wartete er zehn Jahre, bevor er sie sich zu eigen machte. In einem Brief an Villard vom Juni 1948 erwähnte Barnes, daß Roosevelt und Churchill, «mit gewissen Interessengruppen im Rücken», größere Schuld am Krieg trügen als Hitler. Im selben Jahr brachte er das Argument vor, Frankreich sei im Laufe der Geschichte mehrfach ohne Provokation in Deutschland einmarschiert. In einer privaten Mitteilung schrieb er: «Aus dem Stegreif kann ich mich an keine grundlose deutsche Besetzung Frankreichs in der jüngeren Geschichte erinnern.»[24] Um seine Theorie zu untermauern, stellte er eine Liste aller französischen Invasionen in Deutschland zusammen, angefangen beim Jahr 1522; für das 20. Jahrhundert enthält die Liste zwei Einträge: «1918 – Frankreich überfällt Deutschland mit amerikanischer Unterstützung. 1944–1945 – wieder marschiert Frankreich auf dem Rücken der Amerikaner in Deutschland ein.»[25] Er verschweigt, daß es sich bei beiden «Invasionen» um Reaktionen auf massive deutsche Angriffe handelte.

Ungeachtet der Realität bestand Barnes auf seiner Behauptung, erst 1955 habe er – und zwar mit Hilfe einer in Harvard entstandenen Dissertation von David Leslie Hoggan – erkannt, daß «Hitler keinen Krieg gewollt» habe und Großbritannien im Grunde der «Alleinverantwortliche» gewesen sei.[26]

Hoggan, der zum damaligen Zeitpunkt einen Lehrauftrag am Historischen Institut der *University of California* in Berkeley innehatte, überzeugte Barnes davon, daß Hitler 1939 keinen Krieg wollte. Laut Hoggan stellte Hitler «Forderungen an Polen, die gemäßigter waren als alles, was zahlreiche führende amerikanische und britische Völkerrechtler in den Jahren nach Versailles empfohlen hatten. Darüber hinaus machte Hitler Polen erstaunliche Zugeständnisse, welche die Weimarer Republik auch nicht ansatzweise gebilligt hätte.»[27]

Barnes stand Hoggan bei der Veröffentlichung seines Buchs *The Forced War* («Der erzwungene Krieg») tatkräftig zur Seite; das Buch basiert auf der Dissertation, unterscheidet sich von ihr jedoch erheblich. Der Aussage eines Dozenten zufolge, der in Harvard zu Hoggans Tutoren gehörte, war seine Dissertation «ein solides, gewissenhaftes Stück Arbeit, das die polnische und britische Politik des Jahres 1939 kritisch betrachtete, ohne jedoch die tatsächliche Evidenz überzustrapazieren». Was allerdings 1961 von Herbert Grabert in Deutschland verlegt wurde, war ein völlig anderes Buch.[28] Hoggan zeichnete die Engländer und Polen als willentliche Kriegsprovokateure und die Deutschen als unschuldige Opfer, die jedes Mittel versucht hätten, einen Konflikt abzuwenden. Dieser Krieg war Hitler aufgezwungen worden.

Wie die Deutschen mit den Juden verfuhren, bildete zwar nicht Hoggans Hauptthema, doch richtete er sein Augenmerk auch auf diesen Punkt. Er versuchte, Deutschlands guten Namen wiederherzustellen sowie Hitler und die Nazis von jeder außerordentlichen Schuld zu befreien, indem er argumentierte, die Behandlung der polnischen Juden durch die Polen selbst sei weitaus brutaler gewesen als bei den Deutschen. Er vertrat die Ansicht, die meisten antisemitischen Maßnahmen Deutschlands seien eingeleitet worden, um Polen die Konzession abzuringen, daß es seine jüdische Bevölkerung nicht in das Deutsche Reich ausweise.[29] Hoggan beschrieb die Judenpolitik Nazideutschlands durchweg als wohlmeinend; zumindest war sie besser als Polens. Hoggan erläuterte, daß die Strafen, welche die deutschen Juden nach den Zerstörungen der «Reichskristallnacht» zahlen mußten, lediglich unterbinden sollten, daß die Juden aus der Zerstörung unberechtigt Kapital schlugen, indem sie «riesige Geldsummen von den deutschen Versicherungsanstalten einklagten».[30] Er vergaß hinzuzufügen, daß es sich bei den Geldern um Schadensersatzbeträge handelte, mit denen die Juden theoretisch für die Vernichtung ihres Eigentums kompensiert worden wären. Die «Sühnezahlungen» wurden nicht nur gefordert, um die Juden am Erhalt der Versicherungssummen zu hindern, sondern auch, um jegliches noch vorhandene Barvermögen der jüdischen Bevölkerung zu beschlagnahmen.[31] Außerdem widersprach Hoggan mit der Behauptung, weder während der Pogrome noch in ihren unmittelbaren Nachwirren sei auch nur ein Jude umgebracht worden, sämtlichen historischen Berichten über die Kristallnacht.

Weil er zeigen wollte, daß die Juden keiner wirklichen Diskriminierung ausgesetzt waren und sich bis in das Jahr 1938 in einer gesicherten Lage befanden, machte Hoggan darauf aufmerksam, daß noch Anfang 1938 jüdische Ärzte und Zahnärzte in das System der gesetzlichen Ortskrankenkassen Deutschlands integriert waren. Dieses «garantierte ihnen eine ausreichende Zahl von Patienten».[32] Geflissentlich verschwieg Hoggan die beträchtlichen Hindernisse, die den jüdischen Ausübenden medizinischer Berufe in den Weg gelegt wurden, unter anderem den Umstand, daß der Besuch eines Deutschen bei einem jüdischen Arzt schon vor 1938 unerhört bis illegal war; 1938 hatten die jüdischen Ärzte keine «arischen»

Patienten mehr. Durch eine im selben Jahr erlassene Vorschrift wurden ihnen schließlich die Zulassungen ganz entzogen. Auch jüdische Anwälte durften laut Hoggan in Deutschland bis 1938 frei praktizieren, wobei er erneut die Fülle von Gesetzen und Verfügungen ignorierte, welche die Möglichkeiten der Juden zur aktiven Teilnahme am öffentlichen Leben in Deutschland enorm einschränkten. Unter Beiziehung eines Zitats aus einem Brief des US-Botschafters in Deutschland an das amerikanische Außenministerium verweist Hoggan darauf, daß 1938 zehn Prozent der deutschen Anwälte Juden waren. Falls dies zutraf, wie konnte man da unterstellen, sie würden verfolgt! Der Botschafter erwähnte in der Tat, daß zehn Prozent der Anwälte Juden waren, allerdings in einem Zusammenhang, der sich erheblich von dem Bild unterschied, welches Hoggan malte. Der Botschafter schrieb nach Washington, daß sich die seit langem beklagenswerte Situation der jüdischen Anwälte zunehmend verschlechterte. «Bereits 1933 wurde Druck ausgeübt, um die Juden von allen juristischen Berufen auszuschließen», teilte er dem Außenministerium mit. Juden standen bei der Beantragung ihrer Anwaltslizenz vor fast unüberwindlichen Hindernissen, und die Ausübung des Notaramts war jüdischen Juristen untersagt: eine Maßnahme, die – so der Botschafter – «in Anbetracht des gewaltigen Bedarfs und der hohen Honorare für notarielle Dienste in Deutschland eine schwerwiegende Benachteiligung für den Berufsstand der jüdischen Juristen bedeutete».[33] Obwohl also 1938 noch zehn Prozent aller Anwälte Juden gewesen sein mögen, waren sie Anwälte nur dem Namen nach, weil ihnen ihre Arbeit so gut wie unmöglich gemacht wurde. Man verbannte sie aus den Gerichtssälen, und sie durften eine ganze Reihe von Amtshandlungen nicht vornehmen, die essentiell zu ihren beruflichen Aufgaben zählten. Am 27. September 1938 verbot Nazideutschland den Juden endgültig jede juristische Betätigung.

Den nationalsozialistischen Beschluß, mit dem der Status der jüdischen Gemeinde als einer offiziell genehmigten religiösen Glaubensgemeinschaft aufgehoben wurde, legte Hoggan ebenfalls vollkommen irreführend aus. Die deutsche Regierung erhob regulär eine Kirchensteuer, die dann der jeweiligen Glaubensgemeinschaft zugeführt wurde. Der Staat fungierte hierbei im wesentlichen als Vermittler, der bei den Einwohnern Deutschlands Geld einzog und dieses ihren jeweiligen Kirchen auszahlte. Der amerikanische Botschafter berichtete, die jüdischen Gemeinden erhielten nicht länger «die Steuern, die der Staat [ihren] Mitgliedern zur Deckung der Gemeindekosten abzog», weil sie aufgehört hätten, staatlich sanktionierte Institutionen zu sein. Anders ausgedrückt: Juden zahlten zwar weiterhin ihre Kirchensteuer, aber der Staat gab sie nicht mehr an die jüdischen Gemeinden weiter. Daraus versuchte Hoggan den Eindruck zu erwecken, als sei in der Vergangenheit vor allem die jüdische Gemeinde vom Staat unterstützt worden, denn er schrieb, durch das neue Gesetz «fielen die Steuereinnahmen Deutschlands nicht länger der jüdischen Kirche in die Hände». Um die Tragweite der Anordnung noch weiter herunterzuspielen, stellte Hoggan die irrige These auf, durch sie habe man die deutsche Praxis schlicht und einfach «der englischen angeglichen».[34] Hoggan erwähnte nicht, daß anderen religiösen Gemeinschaften nichts dergleichen widerfuhr, und ließ den Kommentar des Botschafters außer acht, die neue Vorschrift konstituierte eine «diskriminierende» Gesetzgebung, welche die «ohnehin bereits erheblich eingeschränkte jüdische Gemeinde in ihren gesellschaftlichen und sozialen Aktivitäten» weiter behindere.[35]

Hoggans Buch, das Barnes mit jubelnden Lobreden überhäufte, wimmelt von derartigen Falschdarstellungen der britischen und polnischen Außenpolitik sowie des Umgangs Deutschlands mit seiner jüdischen Bevölkerung. Seine Dissertation dagegen enthält noch wenige solcher Tendenzen. Barnes las die Dissertation, bevor sie in Buchform gebracht wurde, und stand sechs Jahre lang mit Hoggan in Verbindung, ehe das Buch zur Veröffentlichung gelangte. Barnes setzte sich dafür ein, daß es erscheinen konnte, und lieferte den Klappentext für den Einband; offensichtlich spielte er bei der Umwandlung des «soliden, gewissenhaften Stücks Arbeit» in eine Entschuldigungsarie für die Nazis eine bedeutsame Rolle. Ein deutscher Historiker merkte an, selten seien so viele banale, unverbürgte Thesen, Schilderungen und «Schlußfolgerungen» ... in ein einziges unter dem Deckmantel geschichtlicher Wissenschaftlichkeit verfaßtes Werk gezwängt worden.[36] Bei seiner Rezension des Buchs in *American Historical Review* beschrieb Gerhard Weinberg es als Ansammlung von Erfindungen, verzerrten Tatsachen und willkürlichen Umstellungen in der Reihenfolge von Ereignissen. Sämtliche öffentlichen Deklarationen Hitlers, die Hoggans Standpunkt untermauerten, wurden wörtlich verstanden, zum Beispiel daß Hitler verkündete, er wollte nichts als den Frieden. Alle seine ungeeigneten Aussagen, offizieller wie privater Natur, wurden ignoriert.[37] Hoggans Beitrag zur Holocaust-Leugnung war von großer Bedeutung. Er bekräftigte die absurden Vorstellungen, Deutschland sei das Opfer, die Alliierten die Gewalttäter, und der Krieg sei vermeidbar gewesen. Abgesehen davon verhalfen seine Urkunden aus Harvard und seine Verbindung mit Berkeley, so dürftig sie waren, einer Bewegung, die bis dahin in den entlegenen Zonen wissenschaftlicher Forschung dahingetrieben war, zu Respektabilität.

Im Laufe der 70er Jahre konzentrierte Barnes sich zunehmend auf das Thema der deutschen Gewalttätigkeit. Er behauptete nicht verbatim, daß die Berichte von Greueltaten erfunden seien, ließ indessen durchblicken, sie entsprächen nicht der Realität und entsprängen politischen Beweggründen. In *Revisionism and Brainwashing*, das 1962 erschien, beklagte Barnes, er vermisse «ernsthaften Protest oder gemeinsame Aktionen, um die Schauergeschichten zu widerlegen und Methoden zu enttarnen, durch welche der deutsche Nationalcharakter und das deutsche Verhalten diffamiert werden». Barnes bemühte sich, den Vorwurf der Greueltaten von den Deutschen abzuwälzen, und griff dabei auch zu dem Mittel amoralischer Äquivalenzierung; er betonte nämlich, nirgendwo fänden sich Hinweise darauf, «daß die Gewaltanwendung der Alliierten brutaler, grausamer, vernichtender und häufiger gewesen wären als noch die extremsten Taten, welche man den Deutschen anhängen wollte».[38] Diese Relativierungstechnik entwickelte sich zu einem fundamentalen Element der Holocaust-Leugnung.

In dieser Zeit machte Barnes Bekanntschaft mit Paul Rassiniers Thesen, der Holocaust sei eine glatte Lüge. Anscheinend führten Rassiniers Arbeiten Barnes zu der Erkenntnis, die Berichte von grauenhaften Gewalttaten seien reine Hirngespinste. Barnes stellte Rassinier als «angesehenen französischen Historiker» vor und applaudierte ihm, weil er die Einrichtung von Gaskammern in deutschen Konzentrationslagern anzweifle und «die übersteigerten Greuelmärchen» bloßstelle.[39] (Siehe Kapitel 8.) In einem Aufsatz mit dem Titel *Zionist Fraud*, der ursprünglich im *American Mercury* erschien, überhäufte Barnes Rassinier mit überschwenglichen Lobeshymnen und äußerte seine Zustimmung zu vielen Kritikpunkten des Franzosen: «Der mutige Autor [Rassinier] gibt denjenigen, die wir wohl Krematorienschwindler nennen müssen, die Hauptschuld an den unrichtigen Darstellungen. Es sind die israelischen Politiker, die sich durch nichtexistente, mysteriöse, eingebildete Leichen, deren Anzahl auf schockierend betrügerische, irreführende Weise ermittelt wurde, Milliarden von D-Mark erschleichen.»[40]

Barnes war nach wie vor mit seinen Einwänden gegen die Politik beider Weltkriege beschäftigt; er erkannte, daß Rassiniers Verteidigung der Deutschen und sein Bemühen, ihre grauenhaften Verbrechen von ihnen abzuwälzen, seine – Barnes' – wichtigste Überzeugung als Wissenschaftler bestätigten: die wahrhaft Schuldigen waren die Alliierten. Rassiniers Leugnung des Holocaust lieferte Barnes wertvolle historische Munition und das theoretische Fundament für seine These, daß der Zweite Weltkrieg dem Ersten Weltkrieg aufs Haar glich. Deutschland blieb das wunderbare Land, welches es immer gewesen war, und Amerika hatte sich wieder einmal völlig ohne Not in den Konflikt eingemischt. Warum wußten die meisten Amerikaner hierüber nicht Bescheid? Barnes kannte die simple Antwort. Es gab eine Verschwörung mit dem Ziel, Deutschland entsetzlicher Greueltaten anzuklagen und seine Vergehen dramatisch aufzubauschen.

Die «Unterstellungen» und «Übertreibungen» nämlich entsprangen, laut Barnes, nicht einer bloßen Laune, sondern dienten den Historikern und politischen Machthabern der alliierten Länder zu einem wichtigen Zweck. Sie waren unabdingbar notwendig, um den Nimbus prominenter amerikanischer, englischer und französischer Führungspersonen zu bewahren, die während der 30er Jahre eine Beschwichtigungspolitik befürwortet hatten. Denn diese Führungsschichten nahmen selbst dann noch Hitler und den anderen Naziführern gegenüber eine wohlwollende Haltung ein, als die «schlimmsten Züge des Hitlerregimes konkret ihre Wirkung entfaltet hatten, und das bereits seit geraumer Zeit», manifest unter anderem in der Verfolgung der Juden gemäß den Nürnberger Gesetzen.[41] Aufgrund ihrer positiven Einstellung zu Hitler und dem Nationalsozialismus in der Phase vor dem Krieg vermochten sie ihre spätere Verdammung Hitlers als «pathologischen Dämon» nur mit Mühe zu rechtfertigen. In den 30er Jahren noch als ein vernunftbegabter Politiker geltend, zehn Jahre später dagegen die Verkörperung des Bösen selbst – wie sollte das zusammenpassen? Man brauchte «etwas anderes, Spannendes», um den Leuten die «Lehre vom wahrhaftigen Satan nahezubringen und einzuprägen», sonst würden jene «prominenten Lobhudeler [der Vorkriegszeit] ... wie leichtgläubige Toren» dastehen. Deswegen gehörten die Behauptungen über angebliche Greueltaten der Nazis *während* des Krieges zu einer Strategie, mit deren Hilfe das Ansehen der Führer der Alliierten erhalten werden sollte. Nun konnten sie ihn als einen «Wahnsinnigen» porträtieren, von dessen verbrecherischem Potential man bis zum Ausbruch des Krieges nichts wußte.

Doch nicht nur die «Lobhudeler» der Vorkriegszeit mußten den Krieg gegen Hitler verteidigen. Die Erblast der «Anstrengungen, dem 'Nazi-Irren' Einhalt zu gebieten» – des Krieges also –, war «noch verhängnisvoller als der Krieg selbst». Aus Barnes' isolationistischem Blickwinkel hatte sich der Krieg für die Alliierten als Desaster erwiesen. Deutschland war geteilt, Stalin stärker als zuvor. Osteuropa, unter anderem deutsche Gebiete, stand weitestgehend unter sowjetischer Oberhoheit, während die USA Milliarden ausgeben mußten, um Westeuropa wiederaufzubauen und zu bewaffnen. All dies die Resultate eines Versuchs, Hitler aufzuhalten, der – laut Barnes – an einem Krieg gegen die Alliierten kein Interesse gehabt hatte. Um die «Schrecken und schlimmen Folgen des Zweiten Weltkriegs» zu entschuldigen, mußten diejenigen, welche die Alliierten in den Krieg verwickelt hatten, ihr Vorgehen rechtfertigen.[42] Also stellte man zwei unzutreffende Glaubensartikel auf, welche «dieses Vorhaben ausgezeichnet unterstützten»: Deutschlands gleichsam teuflische Künste bei der Entfesselung des Kriegs zum einen und die unfaßbaren nazistischen Gewalttaten zum anderen. Die Alliierten kürten Hitler und den Nationalsozialismus zu ihrem «Sündenbock».[43] Laut Barnes' Beobachtungen wurden beide Unterstellungen auf eine perfide Weise miteinander verknüpft: «Daß Hitler den Krieg auslöste, betrachtete man gleichzeitig als Ursache für die Massenausrottung der Juden, denn man gab immerhin zu, daß diese erst geraume Zeit nach Kriegsausbruch einsetzte.»

Er war zwar noch nicht an dem Punkt angelangt, den Holocaust abzustreiten, meldete jedoch Zweifel an seiner Existenz an – er sei nämlich bestenfalls eine Theorie: «Das Ausmaß der deutschen Reparationsleistungen an Israel stützt sich auf die Theorie, *auf Hitlers ausdrücklichen Befehl* sei eine riesige Anzahl von Juden ausgelöscht worden, wobei man in der Regel von sechs Millionen ausgeht.»[44]

In seinem Artikel *Revisionsm: A Key to Peace* einige Jahre später betonte Barnes erneut die fragwürdige Realität des Holocaust. Offensichtlich schreckte er vor einer direkten Leugnung des Holocaust zurück, deswegen relativierte er, wie bereits bei früheren Gelegenheiten, die «angeblichen» Greueltaten der Nazis: «Selbst wenn man die radikalen, übertriebenen Klagen akzeptiert, die jeder, der eben das Recht besitzt, außerhalb einer psychiatrischen Anstalt herumzulaufen, gegen Hitler und die Nationalsozialisten wegen ihres Verhaltens nach 1939 aufs Tapet bringen mag, ist es fast alarmierend einfach nachzuweisen, daß die Brutalität der Alliierten im selben Zeitraum weit mehr Opfer betraf und sich in den überwiegenden Fällen *durch Methoden manifestierte, die grausamer und qualvoller waren als die vorgeblichen Hinrichtungen in Gasöfen.*»[45]

In *The Public Stake in Revisionism* erhob Barnes 1967 den Vorwurf, was ursprünglich eine «Vernebelung» gewesen sei, habe sich im Zuge des Eichmann-Prozesses zu einer kompletten «Verdunkelung» entwickelt. Der Prozeß bot seiner Meinung nach eine «unerwartete, aber ungewöhnlich günstige Gelegenheit und eine wirkungsvolle Ausgangsposition, um revisionistischen Ansätzen zum Zweiten Weltkrieg die Luft abzuwürgen». Mit der Bemerkung, das Verfahren veranschauliche «... die geradezu pubertäre Leichtgläubigkeit und Erregbarkeit der Amerikaner im Umgang mit deutschen Kriegsverbrechen, echten oder *eingebildeten* ...»[46], bewegte Barnes sich knapp an einer unumwundenen Holocaust-Leugnung vorbei. Die Anschuldigungen gegen Eichmann und Nazideutschland beruhten auf der «... prinzipiellen, aber *unbewiesenen Vermutung*, daß Hitler und die Nationalsozialisten gemeine, sadistische, blutrünstige Verbrecher der niedersten Sorte waren. Dies enthüllt sich angeblich durch ihre Handlungen in den Jahren *nach* Großbritanniens und Amerikas Kriegseintritt.»[47]

Barnes kritisierte gewisse vielgelesene amerikanische Wochen- und Monatsjournale wegen ihrer «überspitzten, sensationslüsternen Artikel» über «das nationalsozialistische Barbarentum».[48] Die Greueltaten der Alliierten waren schlimmer als die der Nazis – wie ein Kehrreim zog sich der Gedanke durch seine Artikel. Zu den alliierten Grausamkeiten, auf welche er immer wieder verwies, zählte Barnes die Bombardierungen Hamburgs, Tokios und Dresdens sowie die Vertreibung der Sudetendeutschen nach dem Krieg, in deren Verlauf, wie er angab, «mindestens vier Millionen von ihnen bei Massakern und durch Krankheiten starben oder verhungerten». Barnes wählte bewußt Formulierungen, die Assoziationen mit den «Klagen» der Juden darüber weckten, was man ihnen angetan hätte, indem er die Umsiedlung jener Volksgruppe als «Endlösung» für die besiegten Deutschen bezeichnete.

In *The Public Stake in Revisionism* machte Barnes wieder nur eben vor einer expliziten Negierung der Gaskammern halt: «Die Zahl der Zivilisten, welche die Alliierten vor, während und nach dem Zweiten Weltkrieg auf dem Gewissen haben, ist genauso hoch, wenn nicht höher als die von den Deutschen Umgebrachten, und die alliierten Liquidierungspläne wurden oft mit Mitteln durchgeführt, die erheblich brutaler und qualvoller waren als *jede Form der Tötung*, die sich in den deutschen Gasöfen *tatsächlich abgespielt haben mag.*»[49]*

Im selben Artikel beschwerte er sich darüber, die Gewalthandlungen der Alliierten würden niemals «zwingend und ehrlich mit den Vorgängen, *ob real oder hypothetisch*, in Auschwitz verglichen».[50]

Barnes versuchte zu argumentieren, bei den Gaskammern handele es sich um eine Nachkriegserfindung. Er ignorierte den Umstand, daß Nachrichten über Gaskammern in verschiedenen Todeslagern bereits lange vor Kriegsende an die Öffentlichkeit getragen wurden, und behauptete fälschlicherweise, diese Beschuldigungen seien erst im nachhinein erhoben worden, als die Notwendigkeit entstand, den Krieg und seine Folgen zu rechtfertigen. Barnes vermutete, daß die «höfischen Geschichtsschreiber» etwas Neues brauchten, um dem Nazireich weiterhin den Geruch

* Ganz offensichtlich beunruhigte den zuständigen Redakteur des *Journal of Historical Review* die Ambiguität dieser Aussage zutiefst, denn sie konnte auch dahingehend ausgelegt werden, daß Barnes glaubte, es hätte in Auschwitz wirklich «Gasöfen» gegeben. Als das *Journal* den Artikel 1980 neu abdruckte, versah der Redakteur Barnes' Äußerung über die Gasöfen mit einer Fußnote: «Barnes ist sich an dieser Stelle nicht über den Unterschied zwischen einem 'Gasofen' und einer 'Gaskammer' im klaren. Bald nachdem er den Artikel verfaßt hatte, begann er den Holocaust-Mythos in seiner Gesamtheit zu verwerfen, nicht mehr nur Aspekte davon.»

des Bösen anheften zu können. Die «Revisionisten» hätten ihnen nämlich schließlich das widerwillige Eingeständnis abgerungen, daß es in Deutschland lediglich Konzentrations- und keine Todeslager gab. Daraufhin dachten sie sich das Vorhandensein von Gaskammern in den anderen Lagern aus. Als diese Unterstellung der Allgemeinheit bekannt war, verlagerten die «Verdunkelungs»-Historiker den Tenor ihrer Angriffe auf das nazistische Deutschland. Sie strichen nicht länger den japanischen Überfall auf Pearl Harbour oder Hitlers Kriegstreiberei heraus, denn sie hatten etwas weitaus Wirkungsvolleres gefunden:

«Heutzutage hält man die Frage, ob Hitler 1939 den Krieg begann oder ob Roosevelt an Pearl Harbour schuld war, nicht mehr für wichtig, sondern befaßt sich damit, wie viele Gefangene *angeblich* in den Konzentrationslagern der Deutschen während des Kriegs zu Tode kamen. Zunächst vermutete man, die meisten Sterbefälle hätten sich in den in Deutschland selbst gelegenen Lagern ereignet, in Dachau, Belsen, Buchenwald, Sachsenhausen und Dora, doch dann erfolgte der Nachweis, daß in diesen Lagern keine systematische Vernichtung stattgefunden hat. Nun verlagerte sich die Aufmerksamkeit auf Auschwitz, Treblinka, Belzec, Chelmno, Jonowska [sic!], Tarnow, Ravensbrück, Mauthausen, Brezeznia [sic!] sowie Birkenau, und damit ist die Liste noch nicht erschöpft; sie wurde offenbar nach Belieben erweitert.»[51]

Die neuen Anschuldigungen verhinderten in Barnes' Worten, daß die Öffentlichkeit sich beim Hören der ewig gleichen Geschichten «langweilte». Um das Interesse der Allgemeinheit zu gewährleisten, ließ man die Kette «zündender, die Empörung schürender Details nicht abreißen».[52] Wieder einmal verfremdete er die Wahrheit völlig und verlieh den historischen Fakten ein neues Gesicht. Man wußte über Chelmno, Auschwitz, Birkenau und andere Lager lange vor Kriegsende Bescheid; Einzelheiten waren wiederholt in der westlichen Presse veröffentlicht worden.

Außerdem hatten akkurat diejenigen, die Barnes der «höfischen Geschichtsschreiberei» anklagte, Belege dafür erbracht, daß in den Konzentrationslagern Deutschlands keine mörderischen Gaskammern in Betrieb waren. Nach dem Krieg herrschte beständig Verwirrung über den Unterschied zwischen Konzentrations- und Todeslagern. Letztere – außerhalb Deutschlands gelegen – besaßen eigens zu diesem Zweck konstruierte Tötungsanlagen, in erster Linie zur Vernichtung der Juden. In Deutschland selbst gab es zwar keine Todes-, dafür allerdings zahlreiche Konzentrationslager, in denen unzählige Menschen an Krankheit, Hunger, Zwangsarbeit, Prügeln und schweren Mißhandlungen starben. Ein Großteil des Mißverständnisses resultierte aus der Annahme, in Dachau habe eine Gaskammer zur Ermordung der Häftlinge existiert. Mehrere

Historiker versuchten im Lauf der Jahre, die Angelegenheit aufzuklären; in diesem Sinn schrieb beispielsweise Professor Martin Broszat, langjähriger Direktor des Münchener Instituts für Zeitgeschichte, 1962 an «Die Zeit», der fortwährend übersehene oder bestrittene Unterschied zwischen Konzentrations- und Vernichtungslagern gehöre endlich und ein für allemal den Köpfen eingebleut.

Er distanzierte sich sogleich von den Unterstellungen der Holocaust-Leugner, indem er sagte, sein Brief bedeute kein Eingeständnis seinerseits, sondern den Versuch, den Sachverhalt richtigzustellen.[53] Denn dies ist und bleibt eine ständige Taktik der Holocaust-Leugner. Jedesmal wenn Wissenschaftler, die sich mit dem Holocaust beschäftigen, einen Fehler in den historischen Darstellungen korrigieren, verkünden die Holocaust-Leugner auf der Stelle, dies geschehe, weil sonst ihre Lügen ans Licht kämen.*

Barnes' Anläufe, die Geschichte umzuschreiben, manifestierten sich auch darin, wie er die Aufgabe der Einsatzgruppen, der mobilen Tötungseinheiten, schilderte; er verlieh ihnen nämlich einen vollkommen anderen Charakter. Im Juli 1941 erreichten die Einsatzgruppen sowjetisches Gebiet. Man schätzt, daß sie von diesem Zeitpunkt an bis zum Rückzug der deutschen Streitkräfte im Frühjahr 1943 weit über eine Million Juden und Hundertausende weitere Sowjetbürger umbrachten. Ihre bestialischen Methoden wurden schließlich von den «effizienteren» Gaskammern abgelöst. Barnes modelte diese Trupps, deren ausdrücklicher Auftrag in der Ermordung aller Juden auf sowjetischem Territorium bestand, in Einheiten um, welche «den Partisanenkrieg hinter der Front niederzuschlagen hatten». Unzählige Dokumente sowie die Zeugnisse von Einsatzgruppenleitern und -mitgliedern sowie jener, die ihre Massaker an den Juden mit ansahen, widerlegen diese Interpretation ohne jedes Wenn und Aber. Barnes' Umdeutung der Einsatzgruppenfunktion war seine Art, um den heißen Brei herumzureden. Er brauchte gar nicht zu bestreiten, daß sie vermutlich wirklich einige Juden umgebracht hatten, denn seinen Ausführungen gemäß waren ihre Aktionen ohnehin gerechtfertigt, da es sich bei den Opfern um feindliche Partisanen handelte.

Doch trotz aller Manöver, Informationen zu verdrehen und etabliertes historisches Wissen irreführend zu präsentieren, standen Barnes und andere Revisionisten bei ihren Bemühungen um eine Absolution Nazi-

* So reagierten sie beispielsweise im Zusammanhang mit dem Verdacht, die Nazis hätten die Leichen getöteter Juden zu Seife verarbeitet. Als Holocaust-Forscher die Irrtümlichkeit dieser Vermutung aufdeckten, hatten die Holocaust-Leugner nichts Eiligeres zu tun, als zu behaupten, das hätten sie nur getan, um nicht als vorsätzliche Lügner entlarvt zu werden.

deutschlands unweigerlich vor einem grundlegenden Problem. Solange sich die westdeutsche Nachkriegsregierung zu ihrer Verantwortung für den Krieg und seine Auswüchse bekannte, war es schwierig, die These aufrechtzuerhalten, daß Deutschland keine Freveltaten begangen hatte.[54] Barnes tadelte sowohl die Regierung als auch die akademischen Zirkel der Bundesrepublik Deutschland dafür, daß sie sich nicht gegen den «unfairen» Schuldzuspruch und die «falschen Dogmas» wehrten, welche von den Alliierten verbreitet und von der Bonner Regierung hingenommen wurden.[55] Das Eingehen der Regierung auf die deutsche Geschichte verhinderte, daß «Deutschland an seinen angestammten Platz unter den Nationen der Welt zurückkehren und seine Einheit, Stärke und Ehre wiedererlangen konnte».[56]

Barnes' Zorn auf Adenauers Regierung steigerte sich noch, als er ihr «masochistisches» Gebaren mit der Haltung der Weimarer Republik zum Ersten Weltkrieg verglich. Er beklagte, von der geistigen Offenheit, welche er bei seiner Deutschlandreise zu Zeiten der Weimarer Republik erlebt hatte, sei in der Bundesrepublik nichts zu spüren. Die Bonner Regierung habe die Deutschen «einer Gehirnwäsche unterzogen» und ihnen «eingeimpft», den «Vorwurf einer deutschen Kriegsschuld» zu akzeptieren. Barnes' Meinung nach ging das Verhalten der führenden deutschen Politiker nach dem Krieg über eine stillschweigende Anerkennung der Deutschland gemachten Vorhaltungen hinaus. Es begünstigte vielmehr die «Verdunkelung», indem es die «Enthüllung und Bekanntmachung der Wahrheit verunmöglichte».[57] Barnes sagte von sich selbst, er stünde vor einem «kompletten Rätsel», warum die Adenauer-Regierung eine deutsche Verantwortlichkeit für den Ausbruch des Kriegs nicht ablehnte und sich «geradezu sträubte, die empörenden Beschuldigungen zurückzuweisen, die gewissenlose Schauergeschichtenerzähler über Deutschland verbreiteten und in denen Deutschland der Grausamkeit und Barbarei angeklagt wurde. [Außerdem] erhob sie keinen Einspruch gegen die Fortführung der gar nicht so geringfügigen Nürnberger Prozesse.»[58] Selbstverständlich zog Barnes keine Sekunde lang die Möglichkeit in Betracht, daß Westdeutschland nicht einschritt, weil die Vorwürfe der Wahrheit entsprachen und die Westdeutschen, angefangen bei Bundeskanzler Adenauer, dies wußten. Statt dessen verurteilte er die deutschen Regierungsmitglieder, weil sie den Ruf von Leuten wie Rassinier «besudelten» und die «wahnsinnige Verrücktheit» begingen, Reparationen zu leisten, die «auf Greuelmärchen beruhten».[59] Mit derlei Argumenten wiederholte Barnes exakt das, was bereits sein Vorgehen zur revisionistischen Auslegung des Ersten Weltkriegs gekennzeichnet hatte. Da er der festen Überzeugung war, seine Ansichten entsprächen einer objektiven Wahrheit, verwarf er jede seinen Schlußfolgerungen widersprechende Information als die Ausgeburt eines gestörten Verstandes.

Ganz besonders ärgerte Barnes die Beziehung Westdeutschlands zum Staat Israel. Über eine Rede des deutschen Bundestagspräsidenten 1962 in Israel zeigte er sich völlig verblüfft; der Politiker bekannte sich zu den deutschen Missetaten und bat um Vergebung für den Holocaust. Barnes nannte die Rede «unterwürfig ... fast unbeschreiblich kriecherisch».[60] Über den deutschen Beschluß, im Rahmen der «Aktion Sühnezeichen» Freiwillige nach Israel zu entsenden, war er entsetzt. Es ist erstaunlich, wenn der Nichtdeutsche Barnes sich derart darüber ereifern kann, daß die deutsche Regierung Israel um Vergebung ersucht und deutsche Bürger in israelischen Kibbuzim arbeiten wollen.

Die Wurzeln von Barnes' Anschauungen über den Holocaust sowie seine Haltung zu Israel reichen über seine eingefleischte Germanophilie und sein revisionistisches Geschichtsverständnis hinaus; sie sind bei seinem Antisemitismus zu suchen. Barnes' Abhandlungen ist dieser Antagonismus bis in die späten 60er Jahre in der Regel nicht anzumerken, privat hat er ihm allerdings bereits in den 40er Jahren Ausdruck verliehen. In einem unmittelbar nach dem Krieg veröffentlichten Artikel ließ er durchblicken, Lord Vansittart (Robert Gilbert Vansittart) sollte mitsamt den Nazis wegen Mitverursachung des Kriegs vor Gericht gestellt werden; Vansittart war bis Anfang 1938 ständiger Staatssekretär im britischen Außenministerium und im Anschluß diplomatischer Hauptberater der Regierung Seiner Majestät. Revisionisten und Holocaust-Leugner schießen sich häufig gegen Vansittart – einen erklärten Nazigegner – ein: er habe im wesentlichen die englischen Politiker zur Befolgung einer antideutschen Linie gedrängt. Vansittart reagierte auf Barnes' Polemik, indem er sich zu einer Verleumdungsklage entschloß; mit seiner Vertretung beauftragte er den prominenten amerikanischen Anwalt Louis Nizer. Als die Klage in der *Washington Post* angekündigt wurde, teilte Barnes Oswald Garrison Villard seinen Unmut mit. Beide waren standhafte Isolationisten und unterhielten einen regelmäßigen Briefwechsel bezüglich Amerikas «fehlgeleiteter» Außenpolitik. (Barnes' Ansichten über vermeintliche Greueltaten oder eine Schikanierung Deutschlands teilte Villard allerdings nicht, ungeachtet seiner fanatischen Überzeugung, daß die US-Politik ein Fehler gewesen war.) Barnes bezeichnete die Klage als «Intrige der Juden und der *Anti-Defamation League* zur Einschüchterung aller amerikanischen Historiker, die sich der wahren Gründe für den Krieg annehmen». Er beschimpfte Louis Nizer als «Strohmann der *Anti-Defamation League*», der «[Vansittart] zum Handeln aufgehetzt» habe, und beklagte, daß er sich nicht imstande sehe, der unermeßlichen

Macht und den finanziellen Ressourcen der Gegenpartei Entsprechendes entgegenzusetzen:* «Wenn ich genügend Geld für eine echte Verteidigung zusammenbekäme, könnten wir hieraus einen internationalen *Cause célèbre* machen, aber mit leeren Taschen vermag ich gegen die dreißig Millionen Dollar in den Schatzkammern der *Anti-Defamation League* zu Zwecken des Rufmordes nichts auszurichten. Wenn wir denen gestatten, hiermit durchzukommen, sind wir von Anfang an erledigt.»[61]**

Barnes gab die Schuld an seinem Mißgeschick also einem jüdischen Anwalt und führte es zusätzlich auf den Erfolg zurück, den eine jüdische Organisation bei der Anstiftung eines prominenten britischen Regierungsbeamten zu einer Klage gehabt hatte. Beide Unterstellungen bilden ein weiteres Indiz für seine Antipathie den Juden gegenüber und illustrieren seine bevorzugte Verwendung antisemitischer Stereotype. Außerdem demonstriert der Fall beispielhaft Barnes' Verhaltensmuster, andere Menschen konspirativer Absichten gegen seine Person zu beschuldigen. In den Augen Peter Norvicks von der *University of Chicago*, der Barnes' Korrespondenz sorgfältig analysiert hat, enthält sie einen «umfassenden pathologischen Befund» seiner unverschämten Ausfälle gegen alle, die nicht mit ihm übereinstimmen, sowie seiner Gewißheit, er sei die Zielscheibe ungezählter Verschwörungen. Als das *New York World-Telegram* 1940 seine Kolumne strich, gab er dem britischen Geheimdienst, der Morgan-Bank und jüdischen Kaufhausbesitzern aus New York die Schuld; Barnes behauptete, sie hätten dem Verleger gedroht, «alle Anzeigen zurückzuziehen, falls er mich weiterhin beschäftigte».[62]

Aber offenbar begriff Barnes auch, daß er – wie alle Holocaust-Leugner – ein schwerwiegendes Hindernis zu bewältigen hatte. Solange man sie als antisemitische Extremisten verurteilen konnte, würden sie beim allgemeinen Publikum niemals Fortschritte erzielen. Wenn man ihre Äußerungen schlicht für die Umformulierung uralter Ressentiments hielt,

* Die *Anti-Defamation League* (ADL) nahmen die Revisionisten bevorzugt ins Visier. In einem vertraulichen Bericht aus dem Jahr 1944 verwies John Flynn auf die ADL als eine der Gruppierungen, die für die Entwicklung eines Programms zuständig waren, durch das Isolationisten zum Schweigen gebracht und «[ihr] Ansehen zerstört» werden sollte, indem man sie und alle, die unter ihrem Einfluß stehen mochten, unter Druck setzte. 1947 veröffentlichte die *Chicago Tribune* eine Serie von fünf Artikeln Flynns, in denen er seine Mutmaßungen erläuterte (Wayne S. Cole, *Roosevelt and the Isolationists, 1932–1945* [Lincoln, Nebraska]).

** Villard rügte Barnes ob dieser Unterstellungen: «Ich glaube keinen Moment lang, daß Du dies den Juden in die Schuhe schieben kannst. Wie seine Bücher gezeigt haben, ist [Vansittart] ein harter, aggressiver Kämpfertyp; als er Nizer zu seinem Berater auserkor, suchte er sich den Mann aus, der die 100 000-Dollar-Klage gegen Victor Ridder übernahm, einen Betrag, den der Richter auf 50 000 Dollar kürzte. Engländer sind in puncto Verleumdung sehr empfindlich ... ich denke nicht, daß er auch nur den geringsten Anstoß von außen brauchte.»

besaßen sie keinerlei Glaubwürdigkeit. Barnes versuchte, diesem Vorwurf den Wind aus den Segeln zu nehmen, indem er ihn gegen diejenigen richtete, die ihn erhoben: Er warf allen vor, welche die Holocaust-Leugner als Antisemiten abstempelten, sie würden dieses Etikett als Mittel einsetzen, um jedem einen Dämpfer zu verpassen, der die «offizielle» Version der Geschichte hinterfragte. Den Gipfel ihrer «Verdunkelungsbestrebungen» bildete die These, die Juden seien beispielloser Verfolgung und Mißhandlung ausgesetzt gewesen. Ein genialer Schachzug, fand Barnes, da er die Schöpfer des Betrugs in die Lage versetzte, Kritiker mundtot zu machen. Jeder, der die offizielle Version der Geschichte anzweifelte, wurde als Antisemit eingeordnet. Barnes vermutete bei den Drahtziehern der «Verdunkelung» die Einstellung, daß «es prinzipiell weitaus schlimmer [sei], Juden umzubringen, als Christen auszurotten, selbst bei einem Verhältnis von zwei Christen zu einem Juden».[63] Auch diese Art der Argumentation reflektiert Barnes' persönliche Abscheu vor Juden. Sobald Barnes oder andere Gleichgesinnte diese Moralvorstellung im Namen eines «rassistisch unvorbelasteten Humanismus» konfrontierten, wurden sie des Antisemitismus angeklagt, dem ein «schlimmeres Stigma als Elternmord oder Nekrophilie anhaftete».[64]

Barnes' Status als Historiker ist umstritten. Seine frühen Arbeiten zum Ersten Weltkrieg wurden positiv bewertet, viele Jahre lang galten seine Beiträge als ernstzunehmend, wenn auch extrem. Seine beleidigenden Attacken gegen jeden, der seine Meinung nicht teilte, sowie seine Überlegungen zum Zweiten Weltkrieg schreckten viele seiner ehemaligen Anhänger ab, gingen jedoch zunächst nicht auf Kosten seiner Glaubwürdigkeit als Historiker. In späteren Jahren, als er bereits eifrig Schriften über «Verdunkelungsbestrebungen» und eine «Theorie» des Holocaust verfaßte, wurden seine Bücher in Universitätsseminaren zur (Geistes-) Geschichte der westlichen Welt nach wie vor als vorgeschriebene Lektüre angegeben. (Studenten in Harvard und Columbia haben mir berichtet, sie hätten keine Ahnung davon gehabt, wie und was er sonst schriebe, als sie seine Bücher benutzten.)

Die bereits erwähnte Anspielung auf die «Vorgänge, ob real oder hypothetisch, in Auschwitz» machte er in *The Public Stake in Revisionism*, und im selben Aufsatz charakterisierte er auch die Einsatztruppen als «Bekämpfer feindlicher Partisanen»; als er im Magazin des *Rampart College* erschien, machte der Dekan des Colleges, Robert LeFevre, in derselben Ausgabe dazu einige Anmerkungen. Sein Kommentar dokumentiert die Bereitschaft der akademischen Welt, Barnes' Benehmen als entschuldbare Ausbrüche eines überschäumenden Temperaments zu betrachten: «An einigen Stellen wird Dr. Barnes' verständliche Frustration durch seine Verwendung einer emotionsgeladenen Sprache verdeutlicht, was bedauernswert, aber verzeihlich ist.»[65]

Heutzutage distanzieren sich die meisten Wissenschaftler von Barnes' Œuvre, weil er von seiner Verschwörungstheorie in Verbindung mit dem amerikanischen Kriegseintritt 1941 wie besessen war. Für einige Mitglieder der *Libertarian Party* unterdessen, die Barnes' Stil einer revisionistischen Historiographie nacheifern, ist er eine Art historische Kultfigur geblieben. Wie Paul Berman in einem Artikel in *The Village Voice* berichtet, machen Buchhandlungen, die sich auf Literatur der *Libertarians* spezialisiert haben, besondere Angebote für Bücher von Barnes und James Martin, der auch für Holocaust leugnende Ansichten steht.[66] Man darf die *Libertarians* weiterhin als Randgruppierung einstufen; größeren Anlaß zur Besorgnis bietet indessen eine Ausgabe des *History Teacher* aus dem Jahr 1975, einer Publikation der *Society for History Education*, die damals von der *California State University* in Long Beach herausgegeben wurde. *History Teacher* will Lehrern Anregungen zur Entwicklung interessanter Unterrichtsmethoden bei der Vermittlung geschichtlicher Daten geben. Die bewußte Ausgabe trug den Titel *Harry Elmer Barnes: Prophet of a 'Usable' Past* und charakterisierte Barnes als einen Wissenschaftler, der sich «mit Leib und Seele der Geschichte verschrieben hat». Auf diese Weise wurde Barnes' Hinterlassenschaft ungeachtet seiner Ideen über den Holocaust und andere Aspekte des Zweiten Weltkriegs weitgehend intakt gehalten. In Justus Doeneckes Worten – er war der Autor dieses Barnes-Porträts – «ähnelt» die Sache, die er «verficht, der unseren, und das Dilemma, vor dem er steht, kommt uns auf unheimliche Art bekannt vor». Barnes' Anschauungen über Hitler, jüdische Macht, alliierte Greueltaten und den Holocaust wurden in dem ausführlichen Essay mit keiner Silbe erwähnt. Statt dessen präsentierte er Barnes all denjenigen als nachahmenswertes Vorbild, die an die Relevanz von Geschichte glauben. Stillschweigen bewahrte der Autor auch über Barnes' Behauptung, die Brutalität der Alliierten überträfe die der Deutschen, doch immerhin gab es einen flüchtigen Hinweis auf seine Tendenz, Ansichten zu vertreten, die nur «teilweise durchdacht» waren. Jeder Lehrer, der sich in Zukunft auf Barnes zu stützen gedachte, würde seine Holocaust-Thesen womöglich ernst nehmen, wenn er mit ihnen Bekanntschaft machte. Denn der *History Teacher* hätte Barnes gewiß nicht als Vorbild empfohlen, wenn seine Arbeit keine Gültigkeit besäße.[67]

5. Austin J. App: Ein Universum amoralischer Äquivalenzen

Harry Elmer Barnes war nicht der einzige amerikanische Akademiker, der zur Entlastung Deutschlands den Holocaust abstritt. Austin J. App, Englischprofessor an der *University of Scranton* und *La Salle College*, spielte für die Genese der Holocaust-Leugung in den USA ebenfalls eine bedeutende Rolle. Er war zwar nicht so bekannt wie Barnes, dafür allerdings weitaus infamer; schon wenige Jahre nach dem Krieg leugnete er die Realität des Holocaust vehement ab. In den späten 50er Jahren offerierte er in einem Brief an das katholische *Brooklyn Tablet* nicht nur «Beweise» dafür, daß es sich bei der Zahl von sechs Millionen um eine «überspitzte Verleumdung» handele, sondern posaunte auch vor diversem Publikum seine Beschuldigung heraus, die Juden hätten eine faustdicke Lüge in die Welt gesetzt.[1]

Wie Barnes wollte App vor allem die moralische Last von den Schultern eines besiegten, geteilten Deutschlands nehmen, die dem Land auferlegt worden war, indem man es wegen begangener Greueltaten anklagte. Im Gegensatz zu Barnes hatte App in Universitätszirkeln keine wichtige Position inne. Er hegte eine ausgesprochene Vorliebe für die Deutschen und Nazideutschland. Mehrere Jahre lang stand er als Präsident der *Federation of American Citizens of German Descent* vor, die 1945 gegründet wurde und 500 000 Mitglieder zählte. Obwohl er seine angestrebte Mitgliederzahl von drei Millionen nie erreichte, trug der Verein entscheidend zum Erfolg einer Lobby im amerikanischen Kongreß bei, der es nach dem Krieg gelang, deutsche und österreichische Immigranten in den Genuß eines beträchtlichen Teils der Einwanderungsquoten zu bringen, die ursprünglich Holocaust-Überlebenden zugedacht gewesen waren.[2]

App wurde 1902 in Milwaukee als Sohn deutschstämmiger Eltern geboren. Er besuchte die Katholische Universität in Washington D.C. und schloß das Studium mit dem Magister- und dem Doktortitel in englischer Literatur ab. Die *University of Scranton* verlieh ihm in den Jahren 1934 bis 1942, während er dort unterrichtete, ihren Fakultätspreis für außergewöhnliche pädagogische Befähigung. 1942 diente er kurze Zeit beim Militär, wurde jedoch bald nach seiner Einziehung aus unbekannten Gründen ausgemustert. Hierauf wurde er Mitglied des Lehrkörpers am *La Salle College*, wo er bis zum Ende seiner Universitätslaufbahn blieb. In *La Salle* hielt er Seminare über englische Literatur des Mittelalters und war dafür bekannt, *Beowulf*, die *Canterbury Tales* und andere alt- und mittelenglische Werke im Original zu rezitieren, weswegen manche seiner Studenten ihn für eine Art «langweiliges Faktotum» hielten, welches das College nicht entließ, um ein bestimmtes Prestige zu erlangen. Von seinen Umtrieben außerhalb des Colleges ahnten sie nichts.[3]

Denn App hatte – was seine Studenten nicht wußten – eine weitaus dubiosere Seite. Er überschwemmte Zeitungen, Zeitschriften, Politiker und Journalisten mit Briefen, in denen er die US-Intervention im Zweiten Weltkrieg, die alliierte Durchsetzung einer bedingungslosen Kapitulation und die erzwungene Anwendung des «Morgenthauismus» in Deutschland attackierte. App neigte nämlich dazu, sämtliche Verantwortung für die Nachkriegsprobleme Deutschlands Henry Morgenthau in die Schuhe zu schieben, Präsident Roosevelts Finanzminister. Morgenthaus Plan wurde selbstverständlich nie in die Tat umgesetzt. De facto gingen die Alliierten mit Deutschland genau entgegengesetzt um. Die Briefe gehörten außerdem zu Apps selbstauferlegter Mission, die «Lügen und Verunglimpfungen» zum Platzen zu bringen, die seit dem Krieg über Deutschland verbreitet wurden, sowie Roosevelt und Morgenthau noch nachträglich davon abzuhalten, das «christliche Europa an die roten Barbaren» zu verkaufen. Sie barsten von unverhülltem Antisemitismus und Rassismus. In Apps Hirn waren Talmudisten, Bolschewiken und Zionisten untrennbar miteinander verbunden und trugen die Schuld an allem Übel, das die Welt nach dem Krieg befallen hatte.[4] Obwohl nur wenige seiner Briefe je von den Zeitungen und Zeitschriften veröffentlicht wurden, ließ App den Strom seiner Verlautbarungen niemals abreißen. Die meisten schriftlichen Ergüsse Apps fallen in die Kategorie eines klassischen, geradezu vulgären Antisemitismus; er ist eine für die Entwicklung und Evolution der Holocaust-Leugnung wichtige Figur. Sein Hauptbeitrag bestand in der Formulierung von acht Axiomen, auf denen die wesentlichen Postulate der Holocaust-Leugnung beruhen. Das kalifornische *Institute for Historical Review* erkor sie sich bei seiner Gründung zum zentralen Prinzip. Seit App diese Thesen 1973 formulierte, haben so gut wie alle Holocaust-Leugner ihre Argumentation auf ihnen aufgebaut. Die Strategien der Holocaust-Leugner mögen sich im Lauf der Zeit verändert haben, doch ihre Unterstellungen sind dieselben geblieben.

App übernahm viel von Barnes' Sichtweise, zum Beispiel charakterisierte er Hitler als «Mann der Architektur und der Kunst, nicht der Rüstung und des Krieges»[5] und Deutschland als Opfer, nicht Gewalttäter; er gebärdete sich allerdings radikaler als Barnes. Barnes liebte die Deutschen, war aber kein Faschist. Er bemühte sich, Deutschland von dem Makel des Verbrechers zu befreien, doch er strebte nicht nach einer Wiederbelebung des totalitären Regimes, während App mit dieser Idee liebäugelte. Seine Holocaust-Leugnung setzte eher ein als Barnes', sie war ungestümer und eindeutiger ausgebildet. Barnes schreckte, wie bereits gesagt, zunächst vor einer unverhüllten Bestreitung des Holocaust zurück. Statt dessen ließ er auf verschiedene Arten durchblicken, der Holocaust sei eine «Theorie», ein «realer oder eingebildeter Vorgang», eine «angebliche Freveltat». Während des Kriegs sah Barnes von offener Kritik an der alliierten Politik ab. Austin App hingegen übte derlei Zurückhaltung nie. Er wartete das Ende des Krieges nicht erst ab, um sein Plädoyer zur Rechtfertigung des deutschen Verhaltens aufzubauen. Zu dem Zeitpunkt, da die Alliierten 1942 an allen Fronten Niederlagen erlitten, sandte App eine nicht enden wollende Flut von Briefen an Zeitungen, Magazine und einzelne Journalisten, in denen er seiner ausgeprägten Sympathie für Deutschland und dessen politische Ziele Ausdruck verlieh. In Anlehnung an die Revisionisten des Ersten Weltkriegs wandte er sich heftig gegen die Auffassung, man könne Deutschland für den Ausbruch des Krieges belangen, und versuchte, Deutschlands Handlungsweise vor Kriegsbeginn in Schutz zu nehmen.

Im Mai 1942, also knapp sechs Monate nach Pearl Harbour, meldete App in einem Brief an den CBS-Kommentator Elmer Davis Zweifel daran an, daß Deutschland Europa «beherrschen» wolle. Laut App waren Deutschlands Eroberungen fremder Territorien kein Merkmal unverblümten Angriffs, sondern verdeutlichten lediglich den Wunsch des Reiches, sich die Rohstoffe und Hoheitsrechte zu sichern, die es benötigte und – in seinen Augen – verdiente. Während die Alliierten sowohl in Europa als auch im Pazifik von den Achsenmächten zurückgedrängt wurden, verkündete App, das «angelsächsische Lager» müsse Deutschland vermutlich sowohl die Rohstoffquellen als auch die Macht überlassen, «die seiner Befähigung angemessen sind», andernfalls würden die Alliierten unweigerlich «zermalmt und entsetzlich geschlagen». App hielt an der Theorie fest, Deutschland habe sich nur auf einen Krieg eingelassen, weil es das, was ihm legitimerweise zustand, «anders nicht bekommen konnte». In seinen Überlegungen bestand die einzige Möglichkeit zur Beendigung des Krieges und Herbeiführung des Friedens darin, Deutschland «exakt die Dinge zu geben, die den Krieg verhindert hätten, wenn wir sie Deutschland 1939 gewährleistet hätten».[6] Doch damit nicht genug. Seine Unterstützung Deutschlands und seine Einwände gegen die alliierte Politik hielten den ganzen Krieg über unvermindert an. Nachdem sich Roosevelt und Churchill 1943 auf der Konferenz von Casablanca darüber geeinigt hatten, daß nur die «totale Eliminierung» Deutschlands und Japans der Welt Frieden bescheren könne, beschwerte sich App gegenüber dem *Columbus Evening Dispatch*, die Forderung nach einer bedingungslosen Kapitulation Deutschlands sei «in höchstem Maße unethisch».[7] Als sich die bevorstehende Niederlage Deutschands 1944 immer deutlicher abzeichnete und Spekulationen darüber einsetzten, wie ein Nachkriegsdeutschland aussehen mochte, argumentierte App, die Alliierten führten Krieg gegen Deutschland, weil es einen berechtigten Anspruch auf den Zusammenschluß mit Danzig (Gdansk) besäße. In Apps Augen hatte die Aussicht auf ein vereintes Deutschland die Alliierten in Angst versetzt, deswegen entfesselten sie den Krieg. In diesem und ungezählten anderen Briefen wiederholte App seine wesentlichen Thesen. Am Vorabend des Zweiten Weltkriegs stand Deutschland im Vergleich zu Großbritannien als die stärkere Nation da. Das konnten die Briten und ihr Verbündeter, die USA, nicht ertragen. App behauptete, die USA befänden sich mit Deutschland nur deswegen im Krieg, weil sie niemanden «in Europa zivilisiert und leistungsfähig sein lassen wollen; sonst könnten unsere lieben Verwandten, die Briten, ihn ja nicht mehr herumschubsen und ihm erzählen, was er tun und lassen darf».[8]

Während der Gesamtdauer der kriegerischen Auseinandersetzungen hielt App an seinem nazifreundlichen Standpunkt fest: Deutschland war unschuldig, die Alliierten waren für den Ausbruch des Krieges verantwortlich. Nach Kriegsende erweiterte App die Konstanten seiner Strategie. In der Nachfolge der Erste-Weltkriegs-Revisionisten – beispielsweise Barnes und Beard – vertrat er die Auffassung, Deutschland sei für das Entstehen eines bewaffneten Koflikts nicht verantwortlich. Er beschränkte sich indessen nicht darauf, Deutschlands Streben nach territorialer Expansion in Schutz oder mutmaßliche politische Ränke der Alliierten aufs Korn zu nehmen. Vielmehr wandte er sich nun einem weitaus gravierenderen Projekt zu, nämlich dem, die Kriegsverbrechen der Deutschen zu verteidigen und zu rechtfertigen. Als eine Woche nach dem Kriegsende in Europa, im Mai 1945, Nachrichten von der Befreiung der Konzentrationslager in Amerika die Zeitungen füllten, vertrat App die Meinung, daß Deutschlands Handlungsweise nach den Gesetzen der Kriegsführung legitim gewesen sei.

Zunächst konzentrierte er sich auf einige wenige Ausschreitungen, beispielsweise das Massaker, welches die Deutschen an den Bewohnern des tschechoslowakischen Dorfs Lidice verübt hatten. Nach dem Attentat auf Reinhard Heydrich im Mai 1942 behaupteten die Deutschen, die Bewohner des Dorfes hätten bei Heydrichs Ermordung geholfen. Sie töteten sämtliche Männer des Dorfes, insgesamt 192, sowie 72 Frauen. Die übrigen 198 Frauen wurden nach Ravensbrück gebracht, wo viele von ihnen starben. Nur 16 der 98 Kinder, die man «in Erziehungsanstalten steckte», überlebten. Lidice wurde dem Erdboden gleichgemacht.[9] Die Zerstörung des Ortes war Anlaß zu stürmischen Reaktionen in der amerikanischen Öffentlichkeit. App führte allerdings an, die Liquidierungen seien gemäß der internationalen Gesetzgebung gerechtfertigt gewesen, weil die Deutschen jedermann hingerichtet hätten, der an politischen Morden beteiligt war,[10] und überdies würde amerikanisches Recht ein derartiges Vorgehen unterstützen. Er erhellte weder, aufgrund welcher Umstände er zu dem Schluß gelangt war, das gesamte Dorf hätte den Attentätern geholfen, noch lieferte er eine Erklärung dafür, inwiefern die Ermordung aller Männer sowie eines Drittels der Frauen, die Einsperrung der restlichen Bewohner inklusive der Kinder sowie die vollkommene Zerstörung des Ortes als korrekte Anwendung internationaler bzw. amerikanischer Gesetze interpretiert werden konnte.

Zwei Wochen nach seinem Anlauf zur Verteidigung der deutschen Vergeltungsmaßnahmen in Lidice brachte App die Massenmorde an Juden zur Sprache. Da er noch nicht an dem Punkt einer unumwundenen Leugnung des Holocaust angelangt war, tat er vorerst nichts weiter, als das Verhalten der Deutschen zu entschuldigen, wobei er sich auf zwei Prämissen stützte. Er räumte zwar ein, die Deutschen hätten «Verbrechen und Fehler» begangen, insistierte allerdings gleichzeitig darauf, daß jedes andere Land in ihrer Situation dasselbe getan hätte. Die USA beispielsweise, meinte er, hätten während des Kriegs ähnlich gehandelt, indem sie willkürlich Amerikaner japanischer Abstammung inhaftierten – so wie Deutschland seine Juden.

Dies war jedoch nicht Apps einziger Schachzug bei Erteilung der Absolution an Deutschland. Das störrische Benehmen der Opfer rechtfertigte ihre Ausrottung. Wären die Japaner ebenso «eigensinnig» gewesen wie die deutschen Juden, argumentierte App, «hätten wir sie möglicherweise genauso umgebracht».[11] An Apps Legitimierung der deutschen Judenvernichtung verblüfft vor allem, daß er zum damaligen Zeitpunkt die millionenfachen Tötungen noch nicht bestritt. Aber Widerspenstigkeit bildete offenbar einen ausreichenden Anlaß für das Ermorden von Menschen.

Fünf Monate später änderte App seine Taktik und näherte sich echter Holocaust-Leugnung an. Er versuchte, die Tragweite der nazistischen Greueltaten herunterzuspielen, indem er die Spuren der Gaskammern verwischte. In einem 1945 verfaßten Brief an den Autor eines Artikels über die Kriegsverbrechensverfahren betonte App ausdrücklich, die «sogenannten deutschen Missetäter» müßten rasch verurteilt werden. «Im Interesse von Unvoreingenommenheit und Gerechtigkeit» müßte, so App, «allen Kriegsverbrechern beider Seiten in ähnlicher Weise der Prozeß gemacht werden». Im Anschluß daran formulierte er seine Definition eines Kriegsverbrechers: «Die Deutschen, die Deutsche jüdischer Herkunft aufgrund ihrer Abstammung in Konzentrationslager einsperrten, müssen verurteilt werden – analog dazu haben Amerikaner, die Amerikaner japanischer Abstammung um ihrer Rasse willen in Internierungslager (*relocation camps*) brachten, sich vor Gericht zu verantworten. So wie Hitler für seinen Angriff auf Polen (um das Prinzip der politischen Selbstbestimmung wieder herzustellen, das der Versailler Vertrag in puncto Danzig verletzt hatte) hätte angeklagt werden müssen, so auch Stalin für seine Invasion in Finnland (die völlig grundlos erfolgte). Die Deutschen, die vergewaltigten und plünderten, haben mit einer Verurteilung zu rechnen; entsprechend sollte den Truppen General Eisenhowers, die an einem einzigen Wochenende 2000 Stuttgarter Frauen Gewalt antaten und seitdem noch Hunderten anderer, sowie den Russen, die ... vergewaltigten ... plünderten und raubten ... ebenfalls der Prozeß gemacht werden. Wenn ihre Schuld erwiesen ist, muß man mit ihnen genauso umgehen, wie gemäß allen Regeln des Anstandes und der unparteiischen Rechtsprechung mit den Deutschen verfahren wird – wie Sie es fordern.»[12]

Aus naheliegenden Gründen vermied es App, den deutschen Einsatz der Gaskammern zur Tötung von Juden und anderen Gefangenen zu erwähnen. Um derlei amoralische Äquivalenzen – jeder war eines Vergehens schuldig, alle sollten gleichermaßen betraft werden – konstruieren zu können, mußte App den Holocaust sowie die Ermordung unzähliger Menschen in Todes- und Konzentrationslagern von der Liste der Gewalttaten streichen. Einige der Übergriffe, die App aufzählt, sind nicht erwiesen, unter anderem die Stuttgarter Vergewaltigungen. Den Holocaust und die Gaskammern mit einzubeziehen, hätte die Balance seiner Gleichung gestört. Der Holocaust verhinderte ein wechselseitiges Aufwiegen der Handlungen aller Kriegsparteien, weil nichts, was die Alliierten getan hatten, mit den Tötungsmethoden der Nazis und der Zahl der von ihnen Umgebrachten vergleichbar war. App mußte die Alliierten und die Nazis zu Gegnern umfunktionieren, die gemeinsam – wie es sich seit den Anfängen der Menschheitsgeschichte fortlaufend zugetragen hatte – in das Grauen des Kriegs verwickelt gewesen waren. Deswegen wurden die Reduzierung der Todesopfer und die Aussparung der einzigartigen, automatisierten Mordprozeduren für die Holocaust-Leugner zu unabdingbaren Voraussetzungen, um ihre Gleichsetzung vorzunehmen. So errichteten sie die Fassade rationalen Denkens, hinter der sie sich verbargen: Krieg ist durch und durch böse, alle Seiten sind schuld, zwischen den Kämpfenden gibt es keine moralischen Unterschiede.

Die Massenmorde und Gaskammern unterschlug App bei seinen Schilderungen zunächst völlig. Er stellte jedoch schnell fest, daß er sie nicht länger nur unter den Tisch fallen lassen konnte, wenn er sein Ziel verwirklichen wollte. Deswegen verlegte er sich darauf, der Öffentlichkeit weiszumachen, sie würde zum Narren gehalten. Dieses Unterfangen gab er dreieinhalb Jahrzehnte lang nicht auf.

1946 verfiel App bei seinen sich intensivierenden Bemühungen zur Rechtfertigung des deutschen Verhaltens auf das «Zahlenverwirrspiel», dem sich alle Holocaust-Leugner mit ausgesprochener Inbrunst widmen. Sie versuchen nachzuweisen, daß – statistisch betrachtet – unmöglich sechs Millionen umgekommen sein können. Dieses Argument bildet eines der Grundversatzstücke ihrer Strategie; dazu tritt die Frage nach der Einsatzmöglichkeit von Gaskammern zum Töten, die sie für wissenschaftlich nicht plausibel erachten. Die Holocaust-Leugner stürzen sich absichtlich auf solche schwer nachzuvollziehenden Aspekte des Holocaust, weil sie der größten Vorstellungskraft bedürfen; im Grunde muß man sie schlicht und einfach glauben. Die Ausnutzung fortschrittlicher Technologie zu Zwecken der Massenvernichtung und das schiere Ausmaß des Unternehmens – speziell die Zahl seiner Opfer – tragen dazu bei, das Geschehen in den Bereich des Phantastischen zu verweisen.

App kam sogar Paul Rassinier mit diesen arithmetischen Kniffen zuvor, stellte sich im Anfang allerdings eher ungeschickt an. Zunächst versuchte er, die jüdischen «Vermutungen» in bezug auf den Holocaust zu widerlegen, indem er demonstrieren wollte, daß die meisten deutschen Juden den Krieg überlebt hätten. In einem Brief an *Time Magazine* aus dem Jahr 1946 verwies er darauf, daß Deutschlands jüdische Bevölkerung nie mehr als 700 000 Menschen gezählt habe und bei der deutschen Kapitulation «weiterhin etwa eine halbe Million dort zu leben schienen».[13]

Damit bediente App sich voller Wonne eines der taktischen Winkelzüge, die man inzwischen als für die Holocaust-Leugnung charakteristisch erkannt hat. Da er die Aufgeblähtheit der Zahlen veranschaulichen wollte, gab er die Zahl der überlebenden Juden mit einem Betrag an, der mehr als doppelt so hoch war wie in Wirklichkeit; er erläuterte allerdings nicht, wie er dieses Resultat errechnet hatte.[14] Zusätzlich zur Aufstockung der Zahl überlebender Juden in Deutschland nach Ende des Krieges verlieh er ihnen eine neue Identität als *deutsche* Juden. In Wahrheit jedoch kamen die meisten Überlebenden nicht aus Deutschland, sondern aus den zahlreichen besetzten Ländern. Viele von ihnen waren im Osten in Konzentrationslagern gewesen und in den letzten Kriegsmonaten, während die sowjetische Armee vorrückte, auf brutalen Todesmärschen nach Deutschland getrieben worden. Unter anderem dadurch wollten die Nazis verhindern, daß Lagerinsassen von den Sowjets entdeckt wurden. Unvorstellbar viele Menschen starben unterwegs; diejenigen, die überlebten, fanden sich zu Kriegsende in Deutschland wieder. Ihre Schar wurde durch Juden vergrößert, die sich unmittelbar im Anschluß an die Befreiung gen Westen aufmachten, um nicht den Sowjets in die Hände zu fallen.

Nach offizieller Alliiertenpolitik sollten alle *Displaced persons* (DPs) so zügig wie möglich in ihre Heimatregionen zurücktransferiert werden. Ein beträchtlicher Teil weigerte sich jedoch kategorisch, wieder nach Polen, in die Sowjetunion oder andere kommunistische Blockländer repatriiert zu werden, und ersuchte um Aufnahme in Palästina oder den Vereinigten Staaten. Die Briten waren strikt gegen ihre Einreise nach Palästina eingestellt, und die Amerikaner gestatteten nur einer sehr begrenzten Anzahl die Immigration in die USA. Als ein Ergebnis des Konflikts um jene DPs wurde die Tatsache, daß fast alle Juden in Deutschland damals keine deutschen Juden waren, weithin bekannt gemacht und hätte von jemandem wie App, der die Ereignisse so aufmerksam verfolgte, nicht übersehen werden können.

Im selben Brief deutete App an, unter den vermeintlichen jüdischen Opfern nazistischer Gewalttaten gebe es viele, die aus «legitimen» Gründen gestorben, und solche, die gar nicht wirklich tot seien, sondern sich gemütlich in der westlichen Hemisphäre aufhielten. Er forderte *Time Magazine* auf zu überprüfen, «... wie viele Juden hingerichtet wurden und weswegen; wie viele aufgrund von Mißhandlungen in den Konzentrationslagern starben und worin die Ursachen bestehen; wie viele angeblich getötet wurden, in Wahrheit jedoch lediglich aus Altersschwäche starben. Und wie viele brachte man auf dem einen oder anderen Weg in die USA, nach Mexiko und Kanada? Laut einer AP-Meldung ... haben die Vereinigten Staaten drei Millionen Vertriebene gerettet, anscheinend überwiegend Juden, und dennoch ließ Richter Simon F. [sic!] Rifkind kürzlich verlautbaren, die Nazis hätten sechs Millionen Juden *erschlagen*. Fakten, bitte!»[15]

Die Fakten waren simpel: Die USA *hatten* zahlreiche europäische Flüchtlinge aufgenommen. Sie hatten jedoch nicht drei Millionen Flüchtlingen, jüdischen DPs, Überlebenden oder Vertriebenen *irgendeiner* ethnischen Gruppierung die Einwanderung erlaubt. App wandte einen cleveren, doch leicht durchschaubaren Trick an. Die von ihm zitierte AP-Meldung beruhte auf dem Bericht des Militärgouverneurs in der amerikanischen Besatzungszone zur *Heimatüberführung* – nicht Immigration in die USA – der geschätzten drei Millionen DPs, die sich bei Kriegsende in den amerikanischen Besatzungszonen Deutschlands und Österreichs befanden. Bericht und Meldung legten unmißverständlich dar, daß die große Mehrheit der DPs bis Ende Dezember 1945 an ihre Herkunftsorte zurückgebracht worden war. Darüber hinaus enthielt der Bericht des Gouverneurs an keiner Stelle einen Anhaltspunkt dafür, daß es sich bei den fraglichen Flüchtlingen um Juden handelte.[16] Die meisten Juden, denen die Einreise in die USA genehmigt wurde, kamen vor Beginn der 50er Jahre nicht ins Land.

App versuchte jedoch nicht nur, Zweifel an der Anzahl der getöteten Juden zu erwecken. Er ließ, und zwar unverhohlen, durchblicken, daß seitens jüdischer Politiker und anderer Führungspersönlichkeiten ein schwerwiegendes Täuschungsmanöver in Gang gesetzt worden war; man deklarierte Millionen für tot, obwohl viele der Millionen noch lebten. Auf diesen Leitgedanken – vermeintlich ermordete Juden versteckten sich in Wirklichkeit in Amerika – sollte App wiederholt zurückgreifen, und zwar immer unverblümter. 1973 bezog er sich beispielsweise auf eine 1947 erfolgte Äußerung des Rabbis Philip S. Bernstein, der als Berater in jüdischen Fragen den US-Militärkommandanten in Deutschland und Österreich zur Seite stand. Bernstein vertrat die Auffassung, die «einzige realistische Lösung» für das Problem der *Displaced persons* in Deutschland bestünde in ihrer Übersiedelung in die USA oder nach Palästina. In die Appsche Sprache übersetzt hieß das: «Hier mag die Erklärung dafür liegen, warum New York seit 1945 ein jüdisches Sodom und Gomorrha sowie Washington D.C. eine Arbeitsvermittlungsstelle für Juden und Neger [sind].» Auf diese Weise vermittelte er den verwirrenden Eindruck, die Angelegenheit sei dadurch geregelt worden, daß man DPs in die USA geschickt habe.[17]

1949 sandte App einen weiteren seiner redundanten Kettenbriefe an *Time Magazine*, in dem er die Zeitschrift erneut dringend ersuchte, die Zahl der ermordeten Juden «gründlich» zu überprüfen. Außerdem stellte er eine der bis heute unverfrorensten Kalkulationen zur tatsächlichen Anzahl von Opfern des Holocaust-«Schwindels» auf: «Bevor ich im Juni nach Europa reiste, hatte ich errechnet, daß rund anderthalb Millionen Juden ihr Leben durch die Nazis verloren hatten; dabei stützte ich mich auf die besten mir damals zur Verfügung stehenden Quellen. Einige der Opfer waren Partisanen und Spione, die sterben mußten, genauso wie Amerika Personen exekutiert hätte, wenn sie ähnlicher Vergehen schuldig gewesen wären. Nachdem ich mich einen Monat lang hier aufgehalten habe, entdecke ich vermehrt Anzeichen dafür, daß selbst diese Schätzung zu hoch angesetzt ist.»[18]

App bot keinerlei Beweismaterial an, um seine These zu untermauern. Seine Überlegungen fanden bei den Leuten große Resonanz, denen eine Rehabilitierung der Nazis am Herzen lag. (1952 stutzte ein ehemaliger Angehöriger des deutschen Außenministeriums unter den Nazis die Zahl auf 1 277 212 herab.[19]) Doch zu dem Zeitpunkt, da App den erwähnten Brief schrieb, betrat er damit Neuland. Kein anderer Holocaust-Leugner – Bardèche, Rassinier oder Barnes eingeschlossen – hatte je derart krasse Mutmaßungen geäußert.

Jahre später schilderte App seine Europareise. Sein Bericht enthüllt die ausgeprägte Abneigung, die er gegenüber den Juden dort empfand. «Als ich 1949 Deutschland und Österreich besuchte, wimmelten sie von ungehobelten Juden aus dem Osten.» Die Juden benahmen sich «den Deutschen gegenüber grundsätzlich arrogant», schrieb App. «Es wirkte so, als wären sie alle in Schwarzmarktgeschäfte verwickelt, und die deutsche Polizei durfte ihnen kein Haar krümmen. Sie logen, betrogen und bestahlen die Deutschen, ganz nach Belieben.»[20] (App wußte also offensichtlich darüber Bescheid, daß die am Ende des Krieges in Deutschland verbliebenen Juden keine deutschen Juden waren.) In seiner Beschreibung bediente er sich sämtlicher bei den Antisemiten beliebten Schlagworte – finanzielle Halsabschneiderei, die Macht der jüdischen Minderheit über die unschuldige Mehrheit, Arroganz und Arglist; ein verlogener Refrain, der sich zu einem Dauerthema seiner diversen Werke entwickelte. Darüber hinaus stellte er sein Leben lang unablässig die Todesopferzahl in Frage und spornte andere Holocaust-Leugner an, es ihm gleichzutun.

1965 trieb App seine Offensive gegen den Holocaust auf die Spitze, als er die Zahl von sechs Millionen als «Fabel zu Zwecken der Denunzierung und Terrorisierung» anprangerte und ungeachtet der erdrückenden Masse von Gegenbeweisen behauptete, es gebe «kein einziges Dokument, keine einzige Verfügung oder Bauzeichnung», die belegten, daß die Nazis die Juden zu vernichten gedachten. Um seinen Standpunkt zu erhärten, brachte er ein sonderbares Argument ins Spiel: Die Tatsache, daß einige überlebten, genügte als der Beweis dafür, daß niemand ermordet worden war. App ging bei seiner Begründung tautologisch vor, indem er darauf beharrte, die Beschuldigung sei «offenkundig» falsch, «*weil die Nazis sie nicht ausgerottet haben. Jeder Jude, der die deutsche Zwangsherrschaft überlebt hat, bezeugt das.*» Nazideutschland habe so präzise funktioniert, daß «kein Kalb geboren, kein Schwein geschlachtet wurde, ohne daß es hierzu eine Aktennotiz gab». Wenn die Nazis den Beschluß gefaßt hätten, alle Juden zu töten, «hätten sie es auch getan – sie hatten immerhin fünf Jahre Zeit dazu».[21]

Diese Argumente – das Dritte Reich arbeitete zu wirkungsvoll, als daß irgendein Jude hätte entkommen können, und es hätte sie mit Stumpf und Stiel ausgerottet, wenn das sein Ziel gewesen wäre – entwickelten sich zu Standardideen der Holocaust-Leugner.[22] Die trügerische Logik von Apps Beweisführung war allerdings leicht durchschaubar. Nazideutschland bildete eine vergleichsweise effiziente Gesellschaft, doch auch seine Effizienz war nicht unbegrenzt, und nicht jedes Ziel, das die Regierung sich setzte, wurde erreicht – den Krieg hat Deutschland zum Beispiel verloren. Auch in bezug auf die Juden ging der Plan nicht perfekt auf: Dänemark und Bulgarien retteten ihre Juden. Außerdem kämpften zahlreiche Juden bei Partisaneneinheiten mit, und Tausende wurden über die gesamte Kriegsdauer hinweg in Konzentrationslagern festgehalten.

Apps Gedankengebäude weist allerdings ein Element auf, das noch besorgniserregender ist als die ihm innewohnende sublime Widersinnigkeit und Kaltblütigkeit. Die Implikationen seiner Andeutungen werden deutlich, wenn man die Hypothesen definiert, auf die er seine Argumentation stützt. Holocaust-Forscher konzentrieren sich häufig auf die wissenschaftlichen und technologischen Gesichtspunkte des Grauens sowie seine ungeahnten, unfaßbaren Dimensionen. Diese Aspekte strapazieren, wie gesagt, das menschliche Vorstellungsvermögen und erfordern daher zunächst nichts weiter als Glauben. Wie der Theologe Richard Rubenstein jedoch beobachtet hat, bestand der eigentliche Horror der Naziherrschaft darin, daß sie die sittlichen Barrieren jeder gesellschaftlichen Organisationsform durchbrach. Ihre inhumane Gesellschaftsordnung verschaffte den Nazis die Gelegenheit, ihr Vorhaben zur Massenvernichtung der Juden unter Einsatz fortschrittlichster Technologien zu realisieren.[23] Und weil die bürokratischen Errungenschaften der Nazis das Morden erst ermöglichten, waren sie beängstigender als ihre technischen Leistungen.

Lange vor dem Aufkommen des Nazismus analysierte Max Weber die potentielle Macht der Bürokratie in der Gesellschaft. Nach Weber wird der Bürokratie um so höherer Wert beigemessen, je stärker sie entmenschlicht ist. Sie wird in dem Grad «perfekter», indem es gelingt, jegliche Emotion aus den amtlichen Betriebsabläufen zu eleminieren. Ein absolutistisch bürokratischer Mechanismus setzte optimale Präzision, Einigkeit, Unmißverständlichkeit, Aktenkenntnis und strikte Unterordnung voraus.[24] Weber erkannte auch, daß Bürokratien selten, wenn überhaupt, diesen Idealzustand erlangen, obwohl sie ihn ansteuern. Die Nazis waren sich über die entscheidende Rolle des bürokratischen Apparats bei der Verwirklichung ihrer Pläne im klaren. Sie wußten, daß sie ihrem System – wie Weber es erläutert hatte – bedingungslose «Dehumanisierung» abverlangen mußten, falls sie ihr Ziel erreichen wollten. Vielleicht schafften sie es letztlich nicht, einen reibungslos funktionierenden, bürokratischen Organismus ins Leben zu rufen – doch nicht, weil sie es nicht versucht hätten. Es wirkt daher wie Ironie, daß App bei seinem Anlauf, Nazideutschland aus der Perspektive von dessen bürokratischer Leistungsfähigkeit zu verteidigen, den Nagel auf den Kopf traf und genau Nazideutschlands entsetzlichste Eigenschaft ins Feld führte.

1973 faßte App seine vollständig ausgereiften Thesen zur Holocaust-Leugnung in der Schmähschrift *The Six Million Swindle: Blackmailing the German People for Hard Marks with Fabricated Corpses* zusammen. Die Verwendung des Begriffs «Schwindel» im Titel kennzeichnet einen weiteren seiner nicht allzu subtilen Vorstöße zur Verkettung seiner Holocaust-Unterstellungen mit herkömmlicher antisemitischer Metaphorik. In dem Pamphlet setzte App seinen Lesern auseinander, daß es sich bei dem Holocaust-Betrug um eine von Kommunisten und Juden gemeinsam ersonnene und aufrechterhaltene Intrige handele. Gegen Ende der 50er Jahre hatte er behauptet, die «gänzlich unbewiesenen» Angaben – über sechs Millionen Tote – dienten ausschließlich dem Vorteil der Roten.[25] In Apps Augen besaßen die Sowjets ein naheliegendes Motiv, sich an dem Täuschungsmanöver zu beteiligen; sie wollten nämlich den düsteren Umstand verschleiern, daß in Stalins Reich mehr Juden «zu Schaden» gekommen waren als in den von den Nazis beherrschten Ländern. Die Sowjets selbst hatten die verübten Greueltaten begangen, nicht die Nazis. Durch das Holocaust-Märchen konnten sie die Schuld bequem den Deutschen in die Schuhe schieben.

Die Sowjets standen allerdings nicht allein da. App vertrat den Standpunkt, die «talmudischen» Führer seien sich der «gräßlichen Wahrheit» ebenfalls wohl bewußt: die Anklagen entsprangen der Phantasie, die Deutschen waren unschuldig. Doch sofern die Juden davon Kenntnis hatten – warum ließen (und lassen) sie sich darauf ein? Worin bestand (und besteht) ihr Motiv, Deutschland an den Pranger zu stellen, wenn sie wußten, daß in Wirklichkeit die UdSSR verantwortlich war? App führte eine einfache und – für alle, die zum Antisemitismus neigen – höchst logische Antwort ins Feld. Die Juden kannten die Wahrheit, aber machten sie aus praktischen Erwägungen heraus nicht publik, da man die Bolschewiken wegen einer Entschädigung für «echte wie erfundene Leichen» nicht gewinnbringend unter Druck setzen konnte.[26] Solange ihr Hauptinteresse letztlich dem Geld galt, ergab es keinen Sinn, die Bolschewiken zu beschuldigen. Deutschland hingegen war sowohl finanziell gut bestückt als auch politisch gewillt zu zahlen, um seinen Ruf reinzuwaschen. Mit diesem Punkt befaßte App sich in einem Artikel mit der Überschrift *The Elusive Six Million* für den *American Mercury* sehr ausführlich; er warf den Zionisten vor, «rachsüchtig nütz(t)en sie die Zahl von sechs Millionen als ewige Keule aus, um von Westdeutschland Abfindungen zu erzwingen und aus den amerikanischen Juden monetäre Unterstützung herauszuprügeln».[27] Laut App gleichen Zionisten und Bolschewiken sich in ihrer Prädestination für das Böse aufs Haar, und die Zionisten stehen als treibende Kraft hinter dem Holocaust-Mythos. (Die Holocaust-Leugner ritten auf diesem Argument herum, bis die sowjetische Politik einen scharf antizionistischen Kurs einschlug, aufgrund dessen es schwierig wurde, die Existenz eines sowjetisch-zionistischen Geheimbunds zu unterstellen. Deswegen mußten die Holocaust-Leugner von dieser These Abstand nehmen.) In *The Six Million Swindle*, das er bald nach dem Jom-Kippur-Krieg verfaßte, ließ App an den Hintergedanken der Juden keinen Zweifel. «Von Anfang an haben die Talmudisten den Sechs-Millionen-Schwindel zur Erpressung Westdeutschlands eingesetzt, damit es mit einer Schadenersatzzahlung über zwanzig Milliarden Dollar an Israel 'Sühne leisten' könne.»[28] (App übertrieb maßlos. Deutschland überwies dem Staat Israel 110 Millionen Dollar, ein insgesamt weitaus größerer Betrag wurde an Einzelpersonen verteilt.[29]) Darüber hinaus nutzten Israel und seine Helfershelfer den «betrügerischen Sechs-Millionen-Verlust an Menschenleben» zur Verwirklichung ihrer politischen und militärischen Absichten aus.

«Verborgene, uneingestanden [sic!] Gewissensbisse» veranlaßten die USA dazu, sich 1973 im arabisch-israelischen Krieg auf Israels Seite zu schlagen. Hier offenbart sich ein weiterer Schnitzer in Apps Argumentationsaufbau. In seiner Interpretation übernahmen die USA bei der Begünstigung des Holocaust-Betrugs einen zentralen Part. Warum sollte eine Regierung aus uneingestandenen Gewissensbissen heraus handeln, wenn sie um die Unwahrheit der vorgebrachten Beschuldigungen wußte? Apps Meinung nach waren sämtliche Beteuerungen über Israels Bedeutung für die amerikanische Sicherheit nichts als «Gewäsch und Scheinheiligkeit», Israel ein «Mühlstein um Amerikas Hals und wir sowie die Deutschen sein Futtertrog».[30] Israel manipulierte die amerikanische und deutsche Öffentlichkeit, indem es das Märchen von der Holocaust-Leugnung ausschlachtete. 1974 rekurrierte App auf dieses Thema und verknüpfte dessen wesentliche Aspekte miteinander. Er behauptete, mindestens 500 000 der angeblich in deutschen Konzentrationslagern vergasten Juden lebten de facto in Israel, wo sie gewaltige «Reparationen» von Deutschland erhielten. Weitere vermeintliche Opfer befanden sich in Wirklichkeit in New York und hatten 1973 zur Entstehung der Energiekrise beigetragen, indem sie Nixon zu einer übereilten Waffenlieferung im Wert von mehreren Milliarden Dollar an Israel «nötigten», auf daß es die Araber «niederknüppeln» konnte. Bei ihren Anstrengungen zur Beeinflussung der Außenpolitik besaßen die «Talmudisten» einen geheimen Verbündeten: die Medien. Die Juden brüllten sich in «*ihren* Medien» – zu denen App unter anderem die *New York Times*, die *Washington*

Post und *Newsweek* zählte – «heiser», weil die Araber kein Öl an den Westen liefern wollten.[31] App war nicht der erste, der eine jüdische Kontrolle der Medien mit der Holocaust-Falschmeldung in Zusammenhang brachte (das hatte Rassinier bereits vor ihm getan), aber App machte diesen Vorwurf zu einem Hauptargument seiner Beweisführung. Wiederholt befaßte er sich mit dem Thema der jüdischen Medienbeeinflussung[32]: Durch ihre Beherrschung der Presse konnten die Juden nicht nur ihren Betrug verwirklichen, sondern in seiner Folge auch die Innen- und Außenpolitik vieler Länder auf der ganzen Welt steuern. Der Klagegesang über die jüdische Dominanz in den Medien ist eine traditionelle Komponente des modernen Antisemitismus. Antisemitische Kräfte im äußersten rechten Spektrum des politischen Lagers nähren prinzipiell die Vorstellung, die Juden seien eine nie versiegende Quelle für allen Aufruhr und alle revolutionären Tendenzen in der Gesellschaft.[33] Laut jenen Antisemiten nutzen die Juden unter anderem in erster Linie die Medien, um Unruhe zu schüren. Das in dieser Beschuldigung enthaltene Paradox wird von ihnen geflissentlich übersehen. Falls die Medien unter jüdischer Kontrolle stehen, warum behandelten sie dann Nazideutschlands Judenverfolgung zwischen 1933 und 1945 mit derartiger Gleichgültigkeit?

Neben den Hauptanstiftern hinter dem Holocaust-Märchen, den «Talmudisten und Bolschewiken», identifizierte App einen dritten Drahtzieher bei den verleumderischen Holocaust-Klagen. Als die Amerikaner und Briten gegen Kriegsende in Deutschland «eindrangen», entdeckten sie die Resultate ihrer wahllosen Bombardierungen. Die Alliierten wußten – so App –, daß sie für mehr Zerstörung verantwortlich waren als sämtliche «Vandalen der Menschheitsgeschichte zusammen – mit Ausnahme der Bolschewiken». Die Führer der allierten Mächte begriffen, daß ihre Bürger solch «unnötige Barbarei» weder verstehen noch entschuldigen würden; deswegen brauchten sie einen Vorwand, der ihnen eine unausweichliche Verurteilung ersparen würde. Gemäß Apps Theorie gelangten sie genau zu jenem Zeitpunkt zu der Einsicht, daß ihre einzige «Rettung» darin bestand, «einen Berg von Gewalttaten», insbesondere gegen die Juden, «zu ersinnen» und auf ihnen «herumzureiten». Die geschundenen Juden in den Mittelpunkt zu rücken, erkannten die Alliierten als besonders wirkungsvoll, weil die Juden ja die Medien in der Hand hatten und die Medien wiederum bei der Ausstreuung des lügnerischen Samens eine entscheidende Rolle spielen würden. Sie dehnten das Ausmaß wahrer wie erfundener Greueltaten des Dritten Reiches bis ins Unendliche aus, so daß die Verbrechen der Alliierten völlig in den Hintergrund gerieten. Danach gingen sie sogar noch einen Schritt weiter, indem sie Deutschland einen derartigen Schuldkomplex einimpften, daß sich die Deutschen gezwungen fühlten, beispiellos hohe Entschädigungssummen an die Juden und Israel zu zahlen.[34]

Doch obwohl er den Holocaust-Betrug mit dem Bedürfnis der Allierten erklärte, ihre eigenen Freveltaten zu verbergen, sprach App die «Talmudistenherrscher» von ihrer Schuld nicht frei. Vielmehr vertrat er beharrlich den Standpunkt, letztlich seien die Juden für die alliierte Handlungsweise generell verantwortlich, denn sie hielten die Fäden der alliierten Politik in Händen. Dieser Gedankengang ermöglichte ihm zu behaupten, die sowjetische und amerikanische Brutalität gegen die Deutschen sei jüdischem Betreiben entsprungen. App richtete seine Kritik vor allem gegen zwei Personen, die seiner Meinung nach die Grausamkeiten maßgeblich befürworteten. Natürlich handelte es sich in beiden Fällen um Juden, nämlich um den Staatssekretär im amerikanischen Finanzministerium, Henry Morgenthau, sowie um Ilja Ehrenburg, Mitglied des sowjetischen Antifaschismuskomitees. Ihnen fiel die Schuld an der Vergewaltigung deutscher Frauen und der Plünderung deutschen Eigentums durch sowjetische Soldaten zu. Ohne einen einzigen Beweis anzuführen, unterstellte App, Ehrenburg habe höchstpersönlich sowjetische Soldaten dazu aufgefordert, deutsche Frauen zu vergewaltigen. (Ehrenburg rief nach Rache, doch nicht nach Vergewaltigung.) Der vergeltungssüchtige jüdische Kommunist gab angeblich den «viehischsten Befehl aller Zeiten: Vergewaltigt die deutschen Frauen als Beute!» In ähnlicher Weise bezichtigte App Henry Morgenthau, für so gut wie jede amerikanische Aktion gegen die Deutschen verantwortlich zu sein. Nachdem Morgenthau von der grauenhaften Judenvernichtung der Deutschen Kenntnis erhalten hatte, schlug er in der Tat vor, Deutschland nach dem Krieg in ein primär landwirtschaftlich orientiertes, präindustrielles Land zu verwandeln.[35] Wie bereits erwähnt, wurde der Plan nie ernsthaft in Betracht gezogen und schließlich von Präsident Truman ganz fallengelassen. App verkündete jedoch, er sei zumindest teilweise durchgeführt worden. Morgenthau habe nicht nur Druck auf Churchill ausgeübt, damit er die Behandlung der deutschen Kriegsgefangenen verschärfte, sondern die Alliierten dazu angeregt, mehrere Millionen Kriegsgefangener auszuhungern und «zu mißhandeln, bis sie starben». Das sei unverkennbar ein Produkt aus der jüdischen Ränkeschmiede gewesen, sagte App, denn «selbst die schlechtesten Christen sind niemals so verdorben wie das Gros der Kommunisten und Juden».[36] Die Juden sorgten für Gegenmaßnahmen, als sie beobachteten, daß die Alliierten mit den Deutschen nach dem Krieg nachsichtig verfahren würden. App wußte von einem Plan zu berichten, demzufolge die amerikanischen Streitkräfte allen deutschen Gefangenen nach Kriegsende so rasch wie möglich die Heimkehr gestatten wollten. Doch ungeachtet dessen, was die militärische Führung und «unsere christlichen Mitbürger» wünschten, geschah nichts dergleichen. App lieferte eine simple Begründung, warum die «Stammesbrüder» diese Absicht erfolgreich verhindern konnten. Unaufhörlich «kreischten sie Zeter und Mordio, weil die Deutschen sechs Millionen von ihnen 'vergast' hätten. Die Juden waren es, die nach einer Schikanierung der deutschen Kriegsgefangenen schrien, die wollten, daß sie nicht nach Hause zurückkehren durften und daß man sie zur Zwangsarbeit einsetzte ... So klingt die Stimme der Talmudisten, der primitiven Morgenthauisten!»[37]

Je wütender Apps Polemik gegen den Einfluß der Juden in der alliierten Politik wurde, um so untrennbarer flossen die Dinge für ihn ineinander. Inzwischen sprach er nicht einmal mehr von einer jüdischen Kontrolle der alliierten Politik. Die Strategie der Alliierten und die Ziele der Juden wurden eins, alliierte Politik war – in ihren schlimmsten Auswüchsen – gleichbedeutend mit jüdischer Politik. Am deutlichsten läßt sich dies im letzten Teil des Buchs *A Straight Look at the Third Reich* erkennen. Nach einer Erörterung der alliierten Greueltaten schreibt App – ohne mit einer Silbe zu erwähnen, daß nun das Thema seiner Hetzrede wechselt: «Weil sie sich eingestehen mußten, daß die Nazis keiner echten Kriegsvergehen schuldig waren, die sich mit den monströsen Verbrechen der Sieger vergleichen ließen, verlegten sie sich auf die einzige Alternative, die Heuchlern und Lügnern offensteht, nämlich auf die Erfindung eines Massenmords. So entstand die Legende von sechs Millionen 'vergaster' Juden ... ein Märchen und ein Schwindel.»[38]

In Apps Augen handelte es sich bei den Entscheidungsträgern der alliierten Politik und den Anführern der Juden um ein und dieselben Personen. Er wählte einen ähnlichen Ansatz wie Harry Elmer Barnes, indem er den Hintermännern des Täuschungsmanövers unterstellte, sie bezichtigten jeden der «Verunglimpfung und Terrorisierung» und beschimpften ihn als Antisemiten, der dem Mythos mit wissenschaftlichen Mitteln auf die Spur kommen wollte.[39]

Den neutestamentlichen Ausdruck «Heuchler und Lügner» zur Charakterisierung der Juden verwendete App sicher nicht zufällig, sondern verfolgte damit zweierlei Absichten: Erstens sollte eine solche Bedienung antisemitischer Stereotype bei vielen Nichtjuden auf Widerhall stoßen. Darüber hinaus waren für ihn die Juden des 20. Jahrhunderts, die den Holocaust-Schwindel in die Welt setzten, im Prinzip dieselben Personen wie im Neuen Testament die Kreuziger Jesu. Im Vorwort zu seiner 1975 veröffentlichten Sammlung privater Briefe merkte App an, daß seine Korrespondenz ebensowenig zu einer Erleichterung des deutschen Schicksals und zur Verhinderung einer gültigen Rezeption der Schauergeschichten hatte beitragen können, wie es Jesus von Nazareth gelungen war, seine Kreuzigung abzuwenden. Das hieß jedoch nicht, daß Jesus' oder Apps Kampf unberechtigt waren. Beide Märtyrer unterlagen denselben Gegnern. Die Vorfahren der «Weltkriegstalmudisten» hatten Jesus ans Kreuz geschlagen, und nun zerfetzten ihre Nachkömmlinge jeden, der die Wahrheit verkündigen wollte. (Dies war nicht das einzige Mal, daß App zur Charakterisierung der Juden biblische Bilder heranzog. 1948 forderte er eine Umerziehung der Juden, die sie von ihrer «Auge um Auge»-Grundsatzhaltung abbringen würde. Siehe App, *Morgenthau Era Letters*, S. 73.)

Am Ende von *The Six Million Swindle* hatte App sämtliche seiner Holocaust-leugnerischen Thesen durchgearbeitet und formuliert; er präsentierte seinen Lesern acht sogenannte «unumstößliche Erklärungen» zur Veranschaulichung dessen, daß die Zahl von sechs Millionen, welche die Medien «*bis zum Erbrechen* (ad nauseam) und ohne jegliche Basis» wiederholten, irreführend war. Apps Grundsatzüberlegungen teilen sich in drei klar eingrenzbare Kategorien auf; sie wurden peu à peu vom *Institute for Historical Review* und anderen revisionistischen Kreisen als fundamentale Doktrin der Holocaust-Leugnung adaptiert. Zunächst werden die Nazis mit den Argumenten entschuldigt, daß sie in keinem Moment die Absicht zur Ausrottung der Juden gehegt hätten und daß die angeblich eingesetzten Vernichtungsmittel technisch niemals funktionstüchtig gewesen sein können. Die Nazis wollten nichts weiter als eine jüdische Emigration, und falls Juden starben, war letztlich die UdSSR dafür verantwortlich. Zweitens legitimieren Apps Thesen die Tötung der tatsächlich umgekommenen Juden durch die Behauptung, sie seien aus berechtigten Gründen liquidiert worden. Drittens beschuldigen sie israelische und jüdische Führer sowie Forscher der Erfindung und Verbreitung des Holocaust-Schwindels, und zwar aus materiellen wie auch politischen Interessen.

Die acht Axiome lauteten:

1. Zur Lösung des deutschen Judenproblems sah das Reich die Auswanderung, doch niemals die Auslöschung der Juden vor. Wenn Deutschland sie hätte vernichten wollen, hätten niemals eine halbe Million Konzentrationslagerinsassen überleben und nach Israel gelangen können, wo sie «hübsche Abfindungssummen von Deutschland eintreiben».

2. «In keinem deutschen Konzentrationslager wurde auch nur ein einziger Jude vergast, und die Beweise häufen sich, daß auch in Auschwitz keine Vergasungen stattfanden.» Hitlers Gaskammern existierten nicht. Die Vergasungseinrichtungen in Auschwitz dienten in Wirklichkeit zur

Kremation derer, die aus vielerlei Gründen gestorben waren, unter anderem im «völkermörderischen» anglo-amerikanischen Bombenhagel.

3. Die Mehrheit der verschwundenen Juden, über deren Verbleib keine Nachricht vorliegt, stammte aus sowjetischen, nicht deutschen Hoheitsgebieten.

4. Bei den meisten Juden, die angeblich durch die Deutschen ums Leben kamen, handelte es sich um subversive Elemente, Partisanen, Spione, Saboteure und Verbrecher oder Opfer bedauernswerter, doch nach internationalem Recht legaler Vergeltungsmaßnahmen.

5. Bestünde auch nur die geringste Wahrscheinlichkeit, daß die Nazis wirklich sechs Millionen Juden ermordet haben, würde das «Weltjudentum» Subventionen zur Untersuchung der Angelegenheit beantragen und Israel seine Archive Historikern öffnen. Dies ist bisher nicht geschehen. Statt dessen schmähen und brandmarken sie jeden als Antisemiten, der den Schwindel entlarven möchte. Ihre Druckausübung belegt schlüssig, daß es sich bei der Angabe von sechs Millionen um «Betrug» handelt.*

6. Die Juden sowie die Medien, welche die Zahl ausschlachten, haben nicht das Zipfelchen eines Beweises für ihre Richtigkeit erbracht. Die Juden zitieren Eichmann und andere Nazis mit Bedacht falsch, um ihre Behauptung zu erhärten.

7. Den Anklägern, nicht den Angeklagten, fällt die Beweislast zur Untermauerung der Zahl von sechs Millionen zu. Die Talmudisten und Bolschewiken haben die Deutschen dermaßen eingeschüchtert, daß sie Milliarden zahlen und nicht wagen, nach der Wahrheit zu fragen.

8. Selbst bei den Berechnungen jüdischer Gelehrter zur Zahl der Todesopfer haben sich «absurde» Diskrepanzen ergeben, was endgültig jeden Zweifel daran zerstreut, daß es für diese Anklage keinerlei wissenschaftlich nachprüfbare Evidenz gibt.[40]

Apps Unterstellungen können mühelos durch Dokumente und anderes Beweismaterial ad absurdum geführt werden; einige beruhen auf derart unsinnigen Gedankengängen, daß ihre Verkehrtheit sogar ohne die Hinzuziehung von Beweismaterial verdeutlicht werden kann. Bei seiner achten These übersah App – Rassinier hierin ähnlich – eine grundlegende Unlogik. Falls es sich beim Holocaust wirklich um eine jüdische Lüge handelte, hätte man von einer so mächtigen Bewegung wie dem «Weltjudentum» berechtigterweise erwarten können, es würde sicherstellen, daß jüdischen Holocaust-Forschern bei ihren Analysen keine Ungereimthei-

* Diese Unterstellungen entsprechen nicht im mindesten der Realität. Israel hat seine Archive jedem seriösen Wissenschaftler und Studenten, der sich mit dem Thema befaßt, zugänglich gemacht.

ten unterliefen. Ihre Befunde wären nahtlos ineinander verzahnt und würden sich gegenseitig bestätigen. Und wenn die «Talmudisten» so schlau waren, hätten sie überdies gewußt, daß vollkommene Uniformität verdächtig war; sie hätten dafür gesorgt, daß die Forschungsergebnisse die erforderlichen winzigen Unterschiede aufwiesen.

Selbstverständlich ist dies nicht die einzige Inkonsistenz der Appschen Argumentationsweise. Er schiebt zum Beispiel den israelischen Archiven beim Ersinnen des «Hirngespinstes» eine zentrale Rolle zu, benutzt jedoch gleichzeitig ihre Erkenntnisse zur Bekräftigung seiner eigenen: App wollte nachweisen, nicht einmal israelische Institutionen seien in der Lage gewesen, die Zahl der Toten zu eruieren; deswegen zitierte er bei einer Gelegenheit aus einer Veröffentlichung Yad Vashems, der nationalen Holocaust-Gedenkstätte in Israel. In ihr heißt es, man habe lediglich zweieinhalb Millionen Seiten mit Zeugnissen über die Toten sammeln können.* Yad Vashem habe in den Jahren seit Kriegsende also nicht einmal vier Millionen dokumentieren können, sagte App und folgerte daraus, dies deute darauf hin, daß es einfach nicht so viele Tote gegeben habe. Selbst die von ihnen geltend gemachten zweieinhalb Millionen seien nichts als «Lug und Trug».[41] Aber falls Yad Vashem Apps Schilderung entspricht – nämlich eine israelische Organisation ist, die am Hebel des Holocaust-Schwindels sitzt –, hätte es den dort Beschäftigten ein leichtes sein müssen, die fehlenden Schriftstücke zu fälschen, die gebraucht wurden, um zu einem Ergebnis von sechs Millionen zu gelangen.[42]

In jüngerer Vergangenheit veröffentlichte das *Institute for Historical Review* eine Meldung der *Jerusalem Post*, in welcher der Direktor von Yad Vashem berichtete, mehr als die Hälfte seiner Zeugnisse von Holocaust-Überlebenden seien «nicht abgesichert». Nach den Verlautbarungen Yad Vashems wurden sie niemals in den Kriegsverbrecherprozessen gegen die Nazis verwendet, weil Überlebende, die «in die Geschichte eingehen» wollten, vielleicht in der Tat ihrer Phantasie erlaubten, «mit ihnen durchzugehen»[43] – ein gefundenes Fressen für die Holocaust-Leugner! Die Frage allerdings, welche das *Institute for Historical Review* in Anbetracht seiner ideologischen Befangenheit nicht stellen konnte, lautete: Warum bekannte Yad Vashem sich zu gewissen Unstimmigkeiten in seinen Archivunterlagen, wenn ihm an einer Aufrechterhaltung des Holocaust-«Mythos» gelegen war? Warum wurden derlei Zeugnisse nicht ein-

* Eine «Seite mit Zeugnissen» in Yad Vashem verzeichnet Namen und Geburtsdatum des Toten sowie zusätzliche biographische Angaben. Im Normalfall wird diese Art Fragebogen von einem überlebenden Verwandten, Freund oder Nachbarn ausgefüllt. Viele Menschen starben allerdings, ohne Verwandte oder Nachbarn zu hinterlassen, welche diese Aufgabe zu ihrem Gedächtnis übernehmen konnten.

fach durch «fehlerlose» ersetzt? Warum beauftragte man die dortigen Forscher nicht damit, die Daten noch einschneidender zu «verfälschen»? Falls die Juden es fertigbrachten, binnen weniger Monate nach dem Krieg Dokumente zu produzieren, die für eine Verurteilung nazistischer Kriegsverbrecher ausreichten, wären sie im Laufe der Jahrzehnte seit 1945 gewiß auch imstande gewesen, Yad Vashem mit glaubwürdig wirkenden, historisch zutreffenden Zeugenberichte auszustatten. Die simplifizierende und dennoch tückische Betrachtungsweise der Holocaust-Leugner ist lediglich ein weiteres von vielen Beispielen für ihre Taktik, Beweise für die Realität des Holocaust entweder nach Belieben zu ignorieren oder so zu entstellen, daß ihre Verschwörungstheorie auf stabileren Füßen steht.

App stolperte also gelegentlich, wie man unschwer am Aufbau seines argumentativen Blendwerks erkennt. Wenn er sich zum Beispiel in die wissenschaftliche Auseinandersetzung um die Zahl der Todesopfer einmischte oder Statistiken und Kommentare aus Yad Vashem zu Zwecken der eigenen Beweisführung verfremdete, waren das nicht die einzigen Fälle, in denen er seinen eigenen Bemühungen zur Verzerrung des Tatbestands auf den Leim ging. In *The Six Million Swindle* attackierte er einen Journalisten, weil jener geschrieben hatte, daß die Nazis vor Kriegsende noch «so viele Juden wie möglich» umbringen wollten. App bezichtigte den Journalisten der Lüge und versuchte dies dadurch zu konkretisieren, daß er auf Himmlers Order vom Herbst 1944 verwies, die jede weitere Exekution von Juden untersagte.[44] Das Dokument belegte laut App zweierlei: Erstens wollten die Nazis nicht so viele Juden wie möglich umbringen, sonst hätte Himmler den Tötungen nicht Einhalt geboten. Zweitens offenbarte sich an dieser Stelle, daß Himmler, nicht Hitler, für die Judenpolitik verantwortlich war.[45] Indem er Himmler die Verantwortung an den Maßnahmen gegen die Juden in die Schuhe schub, begab er sich auf eine heikle Gratwanderung zur Entlastung der Nazis im allgemeinen wie auch Hitlers im besonderen. Dabei achtete App allerdings nicht darauf, daß sein Argument einen elementaren Widerspruch enthielt: Falls es kein politisches Programm zu Ermordung der Juden gab, wem oder was galt dann Himmlers Befehl?

Apps Umgang mit den Fakten erinnert hier und auch anderswo an Rassiniers Unterstellungen bezüglich der Augenzeugenberichte. Mit dieser Standardmethode verwerfen die Holocaust-Leugner jegliche Evidenz, welche ihre Schlußfolgerungen anficht. Die vor Gericht beschworenen Aussagen der Nazis, in denen sie den Plan einer Endlösung zugaben, werden als «unverfrorene Fälschungen» abqualifiziert; alle Bezeugungen der Massenmorde seitens jüdischer Überlebender sind «teilweise oder insgesamt meineidig, stets unzuverlässig und häufig das Ergebnis reicher Belohnungen».[46] Eine derartige, allumfassende Entwertung des Dokumentationsmaterials – Augenzeugenberichte mit eingeschlossen –, das die Existenz des Holocaust belegt, hat sich zum Paradestück in der Strategie der Holocaust-Leugner entwickelt. Einfacher gesagt: Alles, was ihren vorgefertigten Konklusionen widerspricht, wird zurückgewiesen. Aufgrund der erdrückenden Fülle von Berichten durch Überlebende, Täter und Augenzeugen müssen die Holocaust-Leugner die zahlreichen Hinweise auf die Realität des Holocaust kategorisch ablehnen, andernfalls können sie ihren eigenen Schwindel nicht aufrechterhalten.

Apps Thesen bilden letztlich ein Konglomerat aus fehlerhaften Behauptungen, Manipulation der Daten und – vor allem – unverhohlenem Antisemitismus. Er tat mehr, als bereits existente antisemitische Vorurteile auszubeuten: Er trug wesentlich zur Unterstützung antijüdischer Strömungen in den USA und anderswo bei. Seine Einbettung der grundsätzlichen Unterstellungen der Holocaust-Leugner in besagte acht Axiome hat sich für die Einzelpersonen wie Gruppen gleichermaßen als äußerst nützlich erwiesen, die nicht nur den Holocaust abstreiten, sondern die Juden so porträtieren wollen, als könnten sie die amerikanische Außenpolitik zur Förderung ihrer eigenen diabolischen Absichten steuern. Jedes einzelne dieser Axiome bringt eine altbekannte antisemitische Saite zum Klingen. Seine Hypothesen leisten außerdem denjenigen unschätzbare Dienste, welche die Existenz des Staates Israel für unrechtmäßig erklären.

App, Barnes, Rassinier, Bardèche und Hoggan sind Schlüsselfiguren bei der Entwicklung des Schwindels, der Holocaust-Leugnung genannt wird. Die Nachfolger entledigten sich einiger ihrer Argumente, die zu offensichtlich falsch und niederträchtig waren; sie lernten, ihre Anschuldigungen etwas eleganter vorzutragen. Doch der kanonische Text war etabliert – von jetzt an war so gut wie alles Erläuterung.

6. Holocaust-Leugnung: Rechtsextremismus mit Methode

Seit Ende der 60er und durch die 70er Jahre hindurch wächst in Westeuropa, vor allem in England, die Zahl und Stärke neofaschistischer Verbände und Parteien. In diesen Kreisen wehrt man sich entschieden gegen die Präsenz von Asiaten, Arabern, Schwarzen, Juden – Nichtweißen generell – in der eigenen Heimat; ganze Serien gewaltsamer Anschläge gegen Immigranten, Minderheiten und jüdische Einrichtungen gehen auf ihr Konto. Eine grundsätzlich ablehnende Haltung gegenüber der Einwanderung von Afrikanern und Ostasiaten aus den anderen Commonwealth-Ländern nach Großbritannien entwickelte sich im Fall der neofaschistischen englischen *National Front* zu einem veritablen politischen Programm. 1977 konnte sie bei landesweiten Wahlen beinahe eine Viertelmillion Stimmen auf sich vereinen.

In der Ideologie jener Gruppierungen verschmolzen Rassismus, Ethnozentrismus und Nationalismus, wobei sie gemeinsam vor einem gewissen Dilemma standen. Seit dem Zweiten Weltkrieg war der Faschismus durch den Nazismus im allgemeinen und den Holocaust im besonderen in Verruf geraten. Wer – wie diese Vereinigungen es bevorzugt taten – nach dem Krieg weiterhin behauptete, daß Hitler ein Held und der Nationalsozialismus ein lebensfähiges politisches System waren, hatte mit heftigsten Reaktionen zu rechnen. Deswegen mußten sie die Holocaust-Leugnung in ihr weltanschauliches Gefüge integrieren. Hatte man die Allgemeinheit nämlich davon überzeugt, daß es sich beim Holocaust um einen Mythos handelte, rückte eine Wiederbelebung des Nationalsozialismus durchaus in den Bereich des Möglichen.

Diese speziell auf eine Leugnung des Holocaust gerichteten Bestrebungen wurden 1974 durch die Veröffentlichung des 28seitigen Pamphlets *Did Six Million Really Die? The Truth at Last* von Richard Harwood entscheidend vorangetrieben. Beinahe zehn Jahre lang blieb es die hervorstechendste britische Publikation zur Holocaust-Leugnung.[1] Bei ihrem ersten Erscheinen standen sämtliche Parlamentsmitglieder, eine breite Auswahl von Journalisten und Akademikern, führende Angehörige der jüdischen Gemeinden sowie zahlreiche Personen des öffentlichen Lebens auf der Versandliste. Innerhalb eines Jahrzehnts wurden über eine Million Exemplare in mehr als vierzig Ländern vertrieben.[2] Weil das Heft auf den ersten Blick wie eine sachliche wissenschaftliche Arbeit wirkte, konnten die darin enthaltenen Thesen bei denjenigen Verwirrung stiften, die nicht zu den Kreisen der Holocaust-Leugner zählen. Letztere zitieren das Pamphlet häufig und bis heute als maßgebende Quelle.

In Anbetracht der immensen Publizität, die ihm zuteil wurde, herrschte in der Öffentlichkeit beträchtliche Neugier über den Autor und Verleger der Schmähschrift. Als Verfasser wurde Richard E. Harwood vorgestellt, der sich – so beschrieb man ihn – über politische und diplomatische Themen zum Zweiten Weltkrieg Kompetenz erworben hatte und «derzeit an der *University of London* tätig ist». Die britische Presse brauchte nicht lange, um die Unrichtigkeit der biographischen Angaben aufzudecken. Die *University of London* teilte der *Sunday Times* mit, daß Harwood weder Mitglied ihres Lehrkörpers noch eingeschriebener Student und dazu vollkommen unbekannt dort sei; sämtliche an Harwood adressierte Post wurde mit dem Vermerk «Empfänger unbekannt» zurückgeschickt.[3] In Wirklichkeit handelt es sich bei Richard Harwood um ein Synonym Richard Verralls (der einst an der *University of London* ein Geschichtsstudium absolvierte); er war Herausgeber des *Spearhead*, Organ der rechtsextremen, neofaschistischen *National Front* Großbritanniens. *Did Six Million Really Die?* ähnelt in Format, Aufmachung und Druckbild dem *Spearhead* wie ein Ei dem anderen.[4] Weder die *National Front* noch Verrall dementierten seine Urheberschaft.[5] 1979, in einem Brief an den *New Statesman*, formulierte Verrall eine Replik auf diverse Holocaust-Artikel jenes Blatts; dabei wiederholte er die Hauptargumente seines Pamphlets und verteidigte seine Erkenntnisse gegen Angriffe seitens der britischen Presse, obwohl die meisten seiner Schlußfolgerungen bereits widerlegt waren.[6] Er machte keine Anstalten, gegen seine Kenntlichmachung als Autor von *Did Six Million Really Die?* zu protestieren; ein Artikel des *New Statesman* hatte ihn namentlich als solchen genannt. Die Redakteure der Zeitschrift bezeichneten seinen Brief als eines der «zahlreichen pseudowissenschaftlichen Schreiben», welche sie in regelmäßigen Abständen von Verrall und Konsorten erhielten.

Der oder die Herausgeber versuchten nicht nur, die wahre Identität des Autors zu verbergen, sondern auch ihre eigene. Das Impressum verzeichnete zwar die Adresse eines Verlags, *Historical Review Press*; dabei handelte es sich allerdings um ein leerstehendes Gebäude, dessen Besitzer – wie die britische Presse herausfand – Robin Beauclair hieß. Er war Landwirt und stand in enger Beziehung zur *National Front* sowie weiteren Organisationen, die sich der Bewahrung «rassischer Reinheit» widmeten.[7] Als er zu dem Pamphlet befragt wurde, äußerte er gegenüber der Presse, er halte den Holocaust für nur einen Strang in einem weitverzweigten «jüdischen Propagandanetzwerk», und verlieh einem tiefsitzenden Antisemitismus Ausdruck. «Wissen Sie denn nicht, daß wir von den Juden beherrscht werden? Sie kontrollieren sämtliche Massenmedien. Es wird Zeit, daß wir Briten unser Schicksal selbst in die Hand nehmen.»[8]

Die Schmähschrift war kein Originalwerk, sondern fußte weitestgehend auf einem schmalen Band mit dem Titel *The Myth of the Six Million*, der 1969 von der amerikanischen *Noontide Press*, einem Ableger der antisemitischen *Liberty Lobby*, verlegt worden war.

Die amerikanische Ausgabe enthielt sowohl ein nicht unterzeichnetes Herausgebervorwort sowie die Einführung eines gewissen E.L. Anderson, der den biographischen Angaben nach fester Mitarbeiter beim *American Mercury* war; zu jenem Zeitpunkt bemühte sich jenes Magazin gar nicht mehr darum, seinen blanken Antisemitismus zu verhehlen. Bei dem anonymen Herausgeber handelt es sich wohl um Willis Carto, Gründer der *Liberty Lobby*, der *Noontide Press* und des *Institute for Historical Review*. Wie später zu sehen sein wird, pflegte Carto damals bereits langjährige Beziehungen zu einer Mélange rechtsextremistischer US-Politgruppen. (Laut Cartos ehemaligen Kollegen benutzte er E.L. Anderson gelegentlich als Pseudonym.[9]) Der Anhang von *The Myth of the Six Million* beinhaltet fünf Artikel, die ursprünglich 1967 und 1968 in dem von Carto seit längerem redigierten *American Mercury* erschienen waren: Apps «*The Elusive 'Six Million'*», Barnes' «*Zionist Fraud*», Teressa Hendrys «*Was Anne Frank's Diary a Hoax?*», «*The Jews That Aren't*» von Leo Heiman, «*Paul Rassinier: Historical Revisionist*» von Herbert C. Roseman sowie Harry Elmer Barnes' Rezension des Rassinierschen Buches.

Die amerikanische Version hat offensichtlich David Hoggan verfaßt, der Harvard-Doktorand, dessen Arbeiten Harry Elmer Barnes beeinflußten. 1969 reichte er gegen *Noontide Press* eine Entschädigungsklage ein, in der er Anspruch auf die Verfasserrolle bei der Entstehung des Buchs erhob.[10] (Die Einführung von *The Myth of the Six Million* weist den Autor als College-Dozenten aus; er habe das Büchlein 1960 geschrieben, aber keinen Verleger gefunden, der den Mut aufbrachte, das Risiko einer Veröffentlichung einzugehen. Die Identität des Autors durfte angeblich nicht enthüllt werden, da er seine «wohlverdiente Pension nicht verlieren will, die ihm dereinst ins Haus steht».[11])

In beiden Publikationen mischen sich fortlaufend Wahrheit und Phantasie, korrekte und gefälschte Zitate, glatte Lügen und teilweise zutreffende Details. An der Art und Weise, wie die britische Ausgabe das amerikanische Original an vielen Stellen paraphrasiert, läßt sich ablesen, daß Harwood häufig nicht auf ursprüngliche Quellen zurückgriff, sondern lediglich die Aussagen des Amerikaners wiederholte.* Der wiederum lehnte sich häufig selbst bei anderen Holocaust-Leugnern an. Freizügige Anleihen sind bei den Holocaust-Leugnern an der Tagesordnung; es ist gängige Praxis unter ihnen, sich wechselseitig aufeinander zu beziehen, und zwar nicht nur hinsichtlich der Quellen, sondern auch deren Verifikation. Sie fahren bereits seit langem auf einem «inzestuösen Karussell [von] gegenseitiger Befruchtung und ineinander verzahnten Unwahrheiten» im Kreis umher.[12] Die in beiden Büchern erörterten Grundsatzüberlegungen stützen sich auf Rassiniersches Material, wobei sie allerdings in einigen Fällen wesentlich weiter gehen.[13]

Die Zusammenhänge zwischen Holocaust-Leugnung, rassistisch geprägtem Nationalismus und Antisemitismus manifestieren sich in beiden Schriften aufs lebhafteste. Harwood beschwerte sich darüber, daß die «große [Holocaust-]Lüge» jedes aufkeimende Nationalgefühl in seiner Entfaltung behinderte; wann immer Großbritannien oder ein anderes europäisches Land seine «nationale Sauberkeit» zu bewahren suchte, wurde es sogleich als neonazistisch gebrandmarkt.[14] Auf die Erhaltung der nationalen Integrität eines Lands legte man in beiden Ausgaben großen Wert. Der Holocaust-Mythos gefährdete das «Überleben der Rasse als solcher». Harwood käute eine aus Extremistenkreisen vertraute Klage wider, nämlich daß die Bewohner der angelsächsischen Welt sich der schwerwiegendsten Krise in ihrer Geschichte gegenübersähen, weil «fremde Rassen» in ihrer Mitte lebten. Er stellte die Holocaust-Leugnung und die Notwendigkeit zum Schutz der «Rasse» in einen gemeinsamen Kontext und warnte, irgend etwas müßte unternommen werden, um die Zuwanderung und Aufnahme Nichtweißer aufzuhalten, andernfalls stünde den Angelsachsen nicht nur «biologische Umwandlung», sondern auch die «Vernichtung» der europäischen Kultur und ihres rassischen Erbes bevor.[15]

Dieses Denkschema – in das Programm der *National Front* einbetoniert – gibt den Juden die aktive Schuld am rassischen und nationalen Niedergang Englands wie auch Europas insgesamt. Kurz nach dem Erscheinen

* Sowohl der amerikanische als auch der britische Verfasser beschreiben beispielsweise Eichmanns Assistenten als «nervöses Wrack mit der starken Neigung, in stundenlange, unkontrollierbare Weinkrämpfe zu verfallen» (S. 46 bzw. S. 11). Außerdem charakterisieren sowohl die amerikanische als auch die britische Fassung Dr. M. Nyiszli, den Autor von *Doctor at Auschwitz*, als eine «offenkundig erfundene, höchst mysteriöse Gestalt» (S. 118 bzw. S. 20). Der jüdische Arzt Nyiszli arbeitete unter dem berüchtigten Dr. Joseph Mengele als Pathologe. Seine Existenz und Position sind durch Dokumente und Zeugenberichte zur Genüge belegt. Es gibt zahlreiche weitere Beispiele für derartige «geteilte», abgeschriebene Querverweise und Zitate. Siehe z.B. den Abschnitt über das *Internationale Komitee vom Roten Kreuz* mit der Überschrift «Dankesbriefe jüdischer Internierter» (S. 99 bzw. 25). Man vergleiche zudem S. 98 mit S. 24 sowie S. 101 mit S. 25.

des Harwoodschen Pamphlets bezichtigte ein Führer der *National Front* die Juden, sie steckten «Milliarden» in die Förderung «rassischer Vermischung», um überall auf der Welt die nationale Identität der Länder zu schwächen und sich so den Weg zur eigenen Weltherrschaft zu ebnen.[16] Wenn man Harwood glauben darf, haben die Juden das Holocaust-Märchen zur Rettung ihres eigenen kulturellen Erbes eingesetzt und damit gleichzeitig andere Völker «ihrer Kraft» zur Selbsterhaltung «beraubt».[17] Die Juden – so Harwood – nutzten ihre gewaltige Macht und Manipulierungsfähigkeit aus, um sich persönlich wie auch ihre Gemeinden enorm zu bereichern, und zwar in beträchtlichem Maße auf Kosten des Wohlergehens und der Sicherheit anderer Volksgemeinschaften. (Harwood ließ selbstverständlich keinen Zweifel daran offen, daß es sich bei letzteren um Menschen weißer Hautfarbe handelte.) Harwood kritisierte, daß jeder, der das Rassenproblem anzusprechen wagte, als Rassist angeprangert wurde, ein Codewort für *Nazi*, und *Nazi* war natürlich gleichbedeutend mit Holocaust-Verbrecher.[18]

Die Einleitung zur amerikanischen Ausgabe stellte eine analoge Verbindung her: Die Fabel vom Holocaust verunmöglichte es den USA, ihr «überwältigendes Rassenproblem» anzugehen. Der Nazismus war durch den Holocaust in Ungnade gefallen, infolgedessen konnten die Schwierigkeiten, die sich in der US-Gesellschaft durch einen «Kontakt zwischen Negern und Weißen» ergaben, nicht bei ihren wirklichen Namen genannt werden, dem biologischen nämlich und dem politischen. Jeder, der den Mut aufbrachte, es auszusprechen, wurde ein Freund des *Rassismus* geschimpft, und «Rassismus ist das Hauptmerkmal eines Nazis»![19] Seit den 60er Jahren, seit der zunehmenden Immigration von Nichtweißen nach Europa, vor allem nach Großbritannien und Frankreich, wiederholen Angehörige der extremen Rechten diese seltsame Mixtur aus Vorwürfen, in der Rassismus, die Wiederbelebungsversuche des Faschismus und Holocaust-Leugnung miteinander verwoben sind. Auch in Nordamerika wurden derlei Überlegungen von einer Reihe rechtsextremistischer Gruppierungen absorbiert. Berücksichtigt man die Beziehungen der ideologischen Strömungen auf beiden Seiten des Atlantiks untereinander, kann nicht verwundern, daß der Holocaust-«Schwindel» in der ewigen Leier von Argumenten, welche von jenen äußersten Rändern der Gesellschaft her ertönen, eine feststehende Komponente bildet.

Zur Rehabilitation des Nationalsozialismus bemühten sich beide Publikationen um den Nachweis, daß die Nazis die Auswanderung, nicht die Vernichtung der Juden befürworteten. Zunächst behaupteten sie, bei der Endlösung habe es sich lediglich um ein Unternehmen zur Aussiedlung aller Juden aus dem Reich gehandelt. Später versuchten sie sich an einer historischen Legitimierung des Evakuierungsplans, indem sie ihn mit dem Namen Theodor Herzls, des Begründers des modernen Zionismus, verbanden. Ihrer Meinung nach hatten die Nazis nichts anderes angestrebt, als Herzls ursprüngliches Ziel zu verwirklichen und alle Juden nach Madagaskar überzusiedeln. Herzl hat Madagaskar nie erwähnt. Vorübergehend erwog er zwar Uganda als denkbare Alternative zu Israel, ließ den Gedanken allerdings wieder fallen, da er bei anderen Zionisten auf stürmische Ablehnung stieß.

Dies war nicht Harwoods einziger Ansatz, die Nazis in Befürworter einer allgemeinen Emigration zu verwandeln. Indem er eine jüdische Auswanderung nach Madagaskar als Hauptanliegen des nationalsozialistischen Parteiprogramms vor 1933 bezeichnete, wollte er herausstreichen, daß den Nazis in erster Linie an einer harmlosen Umschichtung der Bevölkerung gelegen war. Die Wirklichkeit sah so aus, daß die Nazis eine Emigration der Juden vor 1933 nicht zu ihren politischen Zielen zählten, geschweige denn eine solche Aktion programmatisch in den Mittelpunkt gestellt hätten.[20] Der Madagaskar-Plan wurde erst in den späten 30er Jahren als Option genannt. Der nazistische Schlachtruf lautete «Juda verrecke!», nicht «Juda verschwinde». «Juda verrecke» könnte genausogut heißen: «Stirb, du räudiger Hund!»[21] Naziführer wie Joseph Goebbels, Julius Streicher und Hans Frank verglichen die Juden mehrfach mit auszurottendem Ungeziefer. 1929 schrieb Goebbels, der Jude sei gewiß ein menschliches Wesen. Aber auch der Floh sei eine lebendige Kreatur – nur keine erfreuliche. Da der Floh kein angenehmes Insekt sei, sei man nicht verpflichtet, ihn zu schützen und gedeihen zu lassen, es sei vielmehr Pflicht, ihn zu vertilgen. Selbiges gelte für die Juden.[22] In einem Artikel des «Völkischen Beobachters» aus dem Jahr 1921 charakterisierte Hitler die Juden als «Läuse und Wanzen, die unserem lieben Volk das Blut aus den Poren saugen».[23]

Die Unterstellung, daß die Nazis an einer allgemeinen jüdischen Auswanderung interessiert gewesen wären, illustriert die Methoden der Wahrheitsfälschung, die die Holocaust-Leugner anwenden. Während der 30er Jahre förderten die Nazis *in der Tat* die Auswanderung von Juden, weil sie auf diesem Weg das Reich säubern wollten. Von 1933 bis 1939 drängten sie die jüdische Bevölkerung zum Verlassen des Landes, was mehr als 300 000 Menschen bzw. etwa die Hälfte der deutschen Juden auch taten. Diesen Umstand schlachten die Holocaust-Leugner aus, um die Nazis als wohlmeinende Organisatoren einer Generalumsiedlung darzustellen, während ihre wahre Absicht in den 30er Jahren darin bestand, die deutschen Juden brutal auseinanderzutreiben und gleichzeitig den Antisemitismus im Ausland zu schüren. In der Vorkriegsperiode stellte dies ihr Mittel dar, Deutschland «judenrein» zu machen. Im Chaos des Kriegs konnten – oder, wie manche behaupten würden: mußten – sie sich statt dessen auf die Vernichtung der Juden verlegen.* Doch bereits die Aufforderung zur Auswanderung barg teuflische Hintergedanken – Auswanderung in dem Sinn, daß die Nazis hierunter eine Lösung für das «Judenproblem» des Dritten Reichs verstanden. Ein Memorandum des Außenministeriums vom 25. Januar 1935 skizziert den Zynismus hinter der Emigrationspolitik: «Je ärmer und damit belastender für das Einwanderungsland der einwandernde Jude ist, desto stärker wird das Gastland reagieren, und desto erwünschter ist die Wirkung im deutschen propagandistischen Interesse.»[24] In dem Grad, in dem die Deutschen mittellose, verzweifelte Juden in andere Länder schickten, exportierten sie auch ihren Antisemitismus. Das war unter anderem der Grund, warum sie die Juden durch Erhebung einer stetig wachsenden Emigrationsgebühr all ihres Vermögens beraubten. Bis zum Januar 1939 waren sie vollständig aus der deutschen Wirtschaft «herausgesteuert» worden. Verschiedentlich verfügten Nazipolitiker schlicht, daß ganze jüdische Gemeinden an Orte außerhalb der deutschen Grenzen geschafft wurden, und nötigten so ihren Nachbarn die Versorgung zahlloser bedürftiger Immigranten auf. Der bekannteste Zwischenfall dieser Art ereignete sich Ende Oktober 1938 an der polnischen Grenze, kurz vor der Reichskristallnacht, dem antijüdischen Nazipogrom im November 1938, in dessen Verlauf Hunderte Synagogen zerstört und 26 000 Juden in Konzentrationslagern inhaftiert wurden.

Das Auswanderungsmärchen – die Hypothese, daß die Nazis an ihrer ursprünglichen Absicht festhielten, sich die Juden durch Emigration vom

* Unter Historikern herrscht Uneinigkeit darüber, wann genau im Verlauf des Jahres 1941 die Nazis den Entschluß zur Ermordung aller Juden in ihrem Einflußbereich faßten. Als ihnen klar wurde – gerade während sie die Sowjetunion überrollten –, daß sie mehrere Millionen Juden in ihre Gewalt bekommen würden, kristallisierte sich bei ihnen der Gedanke heraus, Mord sei das einzig «wirksame» Mittel zur Lösung des jüdischen «Problems». Die Intentionalisten argumentieren dahingehend, daß die Nazis von Anfang an die Ausrottung der Juden im Sinn hatten und die Endlösung nach einem höchst konsequenten, logisch strukturierten Plan ablief. Die Funktionalisten hingegen glauben, daß es für die Massenmorde an den Juden kein Konzept gab; stattdessen wies der Vernichtungsprozeß den Nazis zunächst einmal vor allem einen Ausweg aus der Sackgasse, in die sie sich selbst hineinmanövriert hatten. Funktionalisten sind der Auffassung, daß die Tötungen zunächst improvisiert wurden und später eine Eigendynamik entwickelten. Ich gedenke nicht, in diese Diskussion einzugreifen. Beide Seiten stimmen überein, daß der Krieg und speziell die Invasion der Sowjetunion das Eliminierungsprogramm ermöglichten – unabhängig davon, wann und wie die Idee entstand. Bis 1939 versuchten die Nazis, die Juden durch Zwangsemigration loszuwerden. Von 1939 an stießen sie diesen Bevölkerungsteil unter Anwendung von Gewalt ab. Eine ausgezeichnete Zusammenfassung der Debatte findet sich bei Michael R. Marrus, *The Holocaust in History*, New York 1989 (*pbk.*), S. 34–48.

Hals zu schaffen – läßt sich mühelos anhand von Originalakten, Zeitungen und Zeitschriften der Nazis widerlegen; darin wimmelt es von Verlautbarungen der Parteiführer und anderer leitender Beamter, welche deren wahre Ziele preisgeben. Reichsarbeitsführer Dr. Robert Ley artikulierte diesen Vorsatz 1942 mit der Bemerkung, es genüge nicht, «den Juden, den Feind der Menschheit, auszugliedern – der Jude muß vernichtet werden.»[25] Bei seiner Aussage vor dem Nürnberger Gerichtshof gab Victor Brack zu, daß die «unbedingte Tilgung der Juden» in den Führungskreisen der Partei kein Geheimnis gewesen sei;[26] Victor Brack war von 1939 bis 1941 für die Vergasung von 50 000 geistig behinderten sowie chronisch erkrankten Deutschen und Juden im Rahmen des Euthanasieprogramms verantwortlich. In einem Artikel der Berliner Wochenzeitung «Das Reich» vom 9. Mai 1943 verkündete Goebbels: «Kein prophetisches Wort des Führers bewahrheitet sich mit einer so unheimlichen Sicherheit und Zwangsläufigkeit wie das, wenn das Judentum es fertigbringen werde, einen zweiten Weltkrieg zu provozieren, dieser nicht zur Vernichtung der arischen Menschheit, sondern zur Auslöschung der jüdischen Rasse führen werde.»[27] Im Oktober 1943 sprach SS-Chef Heinrich Himmler vor ranghohen Offizieren in Posen von einer «Pflicht gegenüber unserem Volk, dieses Volk [der Juden], das uns umbringen wollte, umzubringen».[28]

Man vermag sich also auf diese und eine Vielzahl anderer Erklärungen seitens der Naziobersten zu stützen, darunter Hitlers persönliche Zusage vom Januar 1939, die Juden zu vernichten, sowie die Wiederholung dieses Versprechens während des Kriegs. In den 30er Jahren diente die Emigration durchaus als Mittel, um Deutschland von seinen jüdischen Einwohnern zu entledigen, doch dann gerieten Polen und sowjetische Gebiete mit ihren starken jüdischen Bevölkerungsanteilen unter Naziherrschaft. Von diesem Zeitpunkt an – daran besteht kein Zweifel – wurde die Judenvernichtung von den Deutschen zum politischen Prinzip erhoben.

Selbst der erfinderischste Holocaust-Leugner vermag sich nicht auf den Standpunkt zu stellen, daß der Nationalsozialismus nicht antisemitisch war – dafür manifestiert Antisemitismus sich allzu offenkundig als fundamentaler Aspekt dieser Ideologie. Doch was die Holocaust-Leugner nicht abstreiten oder verdrehen können, das rationalisieren sie, wie sich beispielsweise an ihren Bemühungen beobachten läßt, die deutschen Juden als Spione und Partisanen zu zeichnen, welche jede Strafe im Ermessen der Nazis verdienten. Harwood erweiterte dieses Spiel um einige Varianten. Er interpretierte den Antisemitismus der Nazis als Deutschlands legitime Erwiderung auf Angriffe durch das «internationale Judentum». Sein Argument lautete, man müsse eine bestimmte, 1939 erfolgte Ankündigung des Zionistenführers Chaim Weizmann als offizielle Kriegserklärung der Juden an Nazideutschland betrachten, die sie zu einer Bedrohung für Deutschlands Sicherheit werden ließ;[29] Harwood zitierte Weizmann dahingehend, daß er unmittelbar vor Kriegsausbruch gesagt habe, die Juden stünden auf seiten Großbritanniens und würden gemeinsam mit dem demokratischen Lager in den Kampf eingreifen. De facto hat Weizmann Großbritannien in seiner Verlautbarung niemals erwähnt, er bezog sich vielmehr auf die demokratische Welt insgesamt. «Großbritannien» ergänzte Harwood eigenmächtig. Er beharrte darauf, daß Hitler laut den Statuten der internationalen Gesetzgebung das Recht besaß, die Juden zu einer feindlichen Macht zu erklären, die einen Krieg gegen das Reich anstrengte. Deswegen durfte man sie berechtigterweise einer generellen Internierung unterziehen.

Harwood ignorierte die Tatsache, daß die Nazis ihren antisemitischen Kurs bereits fast sieben Jahre vor Weizmanns Aussage eingeschlagen hatten. Sie bildete eine Entgegnung auf die Politik der Nazis, nicht umgekehrt. Seit 1933 verbannten die Nationalsozialisten die Juden aus fast allen Berufen und setzten sie wirtschaftlichen Restriktionen, Verhaftungen, physischer Gewalt und unerträglichen Schmähungen aus. Diese Entwicklung setzte sich in den Nürnberger Gesetzen aus dem Jahr 1935 fort, kraft deren die Juden ihre Bürgerrechte verloren, und gipfelte 1938 in der Zerstörung und Brutalität der Reichskristallnacht. Weizmann sprach als Anführer eines staatenlosen Volks, das sich mitnichten in der Lage gesehen hätte, einen Krieg gegen eine unabhängige, wohlgerüstete Nation anzustrengen.[30] Immerhin war er britischer Staatsbürger und Palästina eine Region unter britischer Oberhoheit. Seine Loyalität zu den demokratisch regierten Ländern der Welt bei ihrem Krieg gegen Deutschland zu bekunden war das mindeste – und, auf einer gewissen Ebene, das einzige –, was er tun konnte.

Man könnte diesen hämischen Trick, den nazispezifischen Antisemitismus als berechtigte Reaktion auf eine Gefährdung der deutschen Sicherheit darzustellen, leicht abtun, wäre nicht die Art und Weise beunruhigend, in der er von ernsthaften Historikern aufgegriffen worden ist. Der deutsche Wissenschaftler Ernst Nolte, dessen Faschismusbücher zu den klassischen Werken der Geschichtsschreibung zählen, legte für seine argumentative Milderung der nationalsozialistischen Schuld am Grauen des Zweiten Weltkriegs Weizmanns Worte ähnlich aus. In den 80er Jahren war Nolte an prominenter Stelle in einen unter dem Stichwort «Historikerstreit» bekanntgewordenen Disput verwickelt; einige Wissenschaftler, insbesondere solche, die zu konservativen politischen Anschauungen neigten, unternahmen damals den Versuch, die Geschichte der Nazizeit mit der Begründung zu neutralisieren und zu relativieren, daß viele der nationalsozialistischen Vorhaben, unter anderem die Judenvernichtung, in Abwehr gegen Druck von außen entstanden seien und sich nicht von der Handlungsweise anderer Länder in der Vergangenheit unterschieden. Bundeskanzler Helmut Kohls Einladung an Präsident Ronald Reagan, mit ihm an einer Kranzniederlegung in Bitburg teilzunehmen, reflektierte auf politischer Ebene diese historische Tendenz zur Normalisierung der deutschen Vergangenheit, d.h. insbesondere der nationalsozialistischen Vergangenheit. Kohl bat den amerikanischen Präsidenten, ihn in einem Akt der Versöhnung auf einen deutschen Militärfriedhof zu begleiten, wo auch gefallene SS-Soldaten begraben lagen; damit bemühte sich Kohl, den historischen Schandfleck auf deutschem Nationalismus und Patriotismus zu verwischen. Er versuchte nicht, die Vergangenheit umzudichten und abzustreiten, aber er wollte sie in einem anderen Licht betrachtet wissen.[31] Eine der Holocaust-Leugnung immanente Gefahr besteht darin, daß ihre Verfechter die Parameter der Diskussion über das deutsche Verhalten im Krieg so lange erweitern, bis Noltes relativistischer Ansatz an Gültigkeit gewinnt. (Für eine ausführlichere Erörterung der Verquickung von Relativismus und Leugnung siehe Kapitel 11.)

Wie ein Echo Harwoods sprach Nolte die Überzeugung aus, daß Weizmanns offizielle Deklaration unmittelbar vor dem Ausbruch der Feindseligkeiten Hitler begründeten Anlaß gab, «von dem Vernichtungswillen seiner Gegner sehr viel früher überzeugt zu sein als zu dem Zeitpunkt, wo die ersten Nachrichten über die Vorgänge in Auschwitz zur Kenntnis der Welt gelangt waren.»[32] Nolte erläuterte nicht näher, mit welchen Mitteln die Juden Hitlers Vernichtung hätten vollziehen können. Als Kritiker Noltes ihm hierauf die gewaltsamen Diskriminierungsmaßnahmen gegen die Juden in der Vorkriegszeit entgegenhielten, lautete seine Antwort, er habe sich lediglich an David Irving orientiert, einem rechtsextremen Autor geschichtswissenschaftlicher Werke. Es bleibt offen, wie eine historisch so unqualifizierte Sichtweise durch das Zitieren Irvings gerechtfertigt werden kann, es sei denn, man zieht es vor, Noltes persönliche Voreingenommenheit darin reflektiert zu sehen.[33] Irving ist – zu seiner Entwicklung siehe die Folgekapitel – mittlerweile zum authentischen Holocaust-Leugner geworden; er hat in der Vergangenheit des öfteren höchst kontroverse Holocaust-Theorien, unter anderem auch die Hypothese formuliert, daß Hitler über den Holocaust nichts wußte.

Derartige Machwerke veranschaulichen, auf welche Weise Holocaust-Leugner inkorrekt zitieren, Unwahres berichten, Statistiken verfälschen und sich bei ihren verlogenen Schlußfolgerungen auf respektable Quellen berufen. Sie können sich auf Bücher stützen, die ihren Argumentationen diametral widersprechen, weil sie diese Werke in einer Art referieren, durch welche die Intentionen des jeweiligen Autors vollkommen irreführend wiedergegeben werden. Holocaust-Leugner verlassen sich auf den Umstand, daß die große Mehrheit ihrer Leser keinen Zugang zu den von ihnen benutzten Dokumenten hat bzw. nicht die Mühe auf sich nimmt nachzuvollziehen, wie sie Informationen falsifiziert oder mißdeutet haben.

Harwood wollte nachweisen, daß schon aus rein statistischen Gründen niemals sechs Millionen Juden durch die Nazis umgekommen sein konnten. Seine Pseudomethodologie hält unterdessen schon einer flüchtigen Überprüfung seiner Quellen nicht stand. Harwood berief sich auf einen Artikel der *Chambers Encyclopedia*, der in seiner Interpretation besagt, daß die jüdische Gesamtbevölkerung Europas vor dem Zweiten Weltkrieg sechseinhalb Millionen betrug. «Dies würde bedeuten, daß fast alle umkamen», schrieb Harwood, und fragte weiter, wie in dem Fall so viele Juden in andere Länder auswandern oder Abfindungssummen erhalten konnten, wenn angeblich fast alle getötet worden waren.[34]

Die *Chambers Encyclopedia* nennt zwar an einer Stelle sechseinhalb Millionen, allerdings nicht in Zusammenhang mit der jüdischen Einwohnerzahl Europas vor dem Krieg: «Auf dem europäischen Kontinent – *Rußland nicht mit eingerechnet*, dessen westliche Regionen ebenfalls schrecklich litten – konnte nur eine Handvoll jüdische Gemeinden in den neutral gebliebenen Staaten entkommen, eine zu vernachlässigende Zahl; von den sechseinhalb Millionen Juden, *die 1939 in Ländern unter nationalsozialistischer Regierung lebten*, waren sechs Jahre später, als der Krieg endete, kaum noch anderthalb Millionen übriggeblieben.»[35]

Die *Chambers Encyclopedia* berücksichtigte bei ihrer Angabe von sechseinhalb Millionen also weder die jüdische Bevölkerung der Sowjetunion noch die anderer, von den Nazis 1939 nicht besetzter Länder.

Harwood behauptete des weiteren, die Mehrzahl der deutschen Juden habe Deutschland vor dem Krieg verlassen. Infolgedessen hätten sie sich außerhalb der Reichweite der Nazis befunden und seien vor jeglicher Verfolgung geschützt gewesen.[36] Man dürfe sie daher bei den sechs Millionen Toten nicht mit einkalkulieren. Mehr als die Hälfte der deutschen Juden emigrierte, das trifft zu. Aber obwohl viele in Länder auswanderten, welche Mitte der 30er Jahre genügend Sicherheit zu bieten schienen, zum Beispiel die Niederlande, Frankreich und Belgien, erfaßte der nationalsozialistische Mahlstrom sie am Ende doch. In Anbetracht der Tatsache, daß die Todesrate unter Europas Juden mit insgesamt sechs Millionen beziffert wird, bleibt der Prozentsatz ausgewanderter Juden eine statistisch irrelevante Größe, außer man vermerkt ihren Bestimmungsort.

Sofern die Holocaust-Leugner Daten nicht entstellen können, werden sie von ihnen unterschlagen, vor allem natürlich, wenn sie wesentlichen Ideen der Leugner widersprechen. Dies geschah auch mit Material aus der *Chambers Encyclopedia*, denn der bereits zitierte Abschnitt wendet sich – nach den Bevölkerungszahlen – einer Beschreibung der «systematischen Ausrottungskampagne in den unterschiedlichen Todeslagern» zu, in deren Verlauf ein Drittel der Juden umkam.[37]

Wiederholt teilte Harwood Fakten nur bruchstückhaft mit, um hieb- und stichfeste Dokumentierungen zu verfälschen. Zum Beispiel ließ er seine Leser wissen, die «Basler Nachrichten» hätten im Juni 1946 von einer «Maximalzahl von eben anderthalb Millionen jüdischer Todesopfer» geschrieben.[38] Harwood unterschlägt einen sich an die Meldung unmittelbar anschließenden Artikel, der die Unrichtigkeit der zuvor genannten Ziffer bestätigt und die korrekte Zahl der Opfer mit 5 800 000 vermeldet.[39]

Margarete Buber-Neumanns Aufzeichnungen *Als Gefangene bei Stalin und Hitler* stellte Harwood in ähnlicher Weise auf den Kopf. Er legte sie so aus, als habe Buber-Neumann belegen wollen, daß es sich bei Konzentrationslagern um komfortable Institutionen mit ausreichender Nahrungsversorgung und einer Ausstattung gehandelt habe, die den Insassen akzeptable Lebensbedingungen boten. Harwood wies die Autorin als deutsche Jüdin aus, der von der Gestapo als einziger Jüdin in einer Gruppe von Deportierten aus Rußland verboten wurde, nach Rußland zurückzukehren.[40] In dem Erinnerungsband wird dagegen mit keiner Silbe erwähnt, daß Buber-Neumann Jüdin war. Noch bezeichnender ist allerdings, wie Harwood ihre Schilderung des Lagers Ravensbrück verfremdet. Seinen Worten gemäß fand sie es bei ihrem Eintreffen 1940 «sauber, wohlgeordnet und gut verwaltet» vor. Nach der Ankunft erhielt sie eine aus «Weißbrot, Wurst, Lauchgrütze und Trockenfrüchten» bestehende Mahlzeit.[41] Unter diesen bequemen Umständen wohnte sie mehrere Jahre lang in Ravensbrück, bis sie 1945 die «wachsende Verschlechterung der Lagerbedingungen miterleben» mußte. Mit diesen Unterstellungen rekurrierte Harwood auf ein altbekanntes Argument. Laut den Holocaust-Leugnern resultierten die entsetzlichen Zustände in den Lagern aus den alliierten Angriffen auf die deutschen Kommunikations-, Transport- und Versorgungssysteme. Die Allierten richteten in den letzten Stadien des Krieges verheerende Verwüstungen der zivilen Infrastruktur Deutschlands an und behinderten dadurch die Deutschen in der Verpflegung der Lagerhäftlinge. Deswegen waren die Überlebenden bei der Befreiung der Lager so unendlich ausgezehrt und ausgemergelt. Harwood sprach die Gewalttäter frei und klagte die Sieger an; er verwandelte die Allierten in

Verbrecher, die die größte Schuld an den in Deutschland durchlittenen Qualen trugen. Er schlug damit gewissermaßen zwei Fliegen mit einer Klappe, da gleichzeitig ein Umstand neu dargestellt wurde, der nicht zu bestreiten war, nämlich die skeletthafte Magerkeit der Lagerinsassen.

Harwoods Version des Buberschen Berichts steht in völligem Widerspruch zu ihren eigentlichen Aussagen. En détail beschreibt sie die Existenzbedingungen in Ravensbrück, wo bereits lange vor 1945 alles zusammenbrach. Explizit erwähnt sie auch Hinrichtungen, verhungernde Menschen, gräßliche Zustände, und zwar vor den alliierten Bombardierungen 1945. Sie schildert nicht nur, wie Gefangene «im Zellenbau erschlagen worden, erfroren oder verhungert» waren, sondern bezieht sich ausdrücklich auf Gaskammern und Exekutionen. Sarkastische Bemerkungen wie «'Du gehst auch nur durch den Kamin nach Hause!'», schreibt sie, «kennzeichneten die Einstellung der Häftlinge zum Sterben».[42] Womit sie ohne Umschweife auf das Krematorium im Lager anspielt. Derlei Einzelheiten übersieht Harwood geflissentlich und verwandelt so Buber-Neumanns Buch mit seinen unmißverständlichen Beschreibungen des Grauens in ein Werk, das die Lager positiv darstellte.*

Auch Colin Cross' *Adolf Hitler* krempelte Harwood durch selektives Zitieren völlig um. Gemäß Harwood gelangte Cross zu der Ansicht, daß die Verschiebungen von Millionen Juden innerhalb Europas und «ihre Ermordung in einer Phase desperater Kriegsanstrengungen ... von einem rationalen Standpunkt her unsinnig» war.[43] Damit implizierte Harwood, daß Cross das Ausrottungsprogramm – weil er es als vollkommen absurd empfand – für nicht existent erklärte. Diese Schlußfolgerung entbehrt jeder Basis, denn fast alle Holocaust-Forscher betonen die Irrationalität der nationalsozialistischen Judenvernichtung. Man tötete fähige Arbeiter, bevor ihre Aufgaben fertiggestellt waren. Güter- und Lastwagen, welche dringend für Materialtransporte an die Front benötigt wurden, kamen zum Einsatz, um Juden in den sicheren Tod zu befördern. Es ist dem Holocaust immanent, daß er keine mit Mitteln der Vernunft nachvollziehbare Funktion besaß; dies muß zu seinem Verständnis vorausgesetzt werden. Aus diesem Grund darf man Cross' Etikettierung des Holocaust als irrational keinesfalls so auslegen, als zeichne sich darin eine Leugnungstendenz ab. Analog zur Interpretierung von Bubers Buch kehrt Harwood auch hier eine Anzahl von Textabschnitten unter den Tisch, an

* Buber-Neumanns Buch enthält eine Reihe faktischer Irrtümer. Ich beziehe mich auf ihr Werk nicht wie auf eine historisch fundierte Quelle, sondern aufgrund seines Beispielcharakters dafür, in welcher Weise die Holocaust-Leugner regelmäßig die Schlußfolgerungen der von ihnen angeführten Autoren verzerrt wiedergeben.

denen sich Cross' feste Überzeugung ablesen läßt, daß es einen systematischen Plan zur Vernichtung der Juden gegeben hat: «Zeitgleich mit dem Einmarsch in die Sowjetunion richtete Hitlers politisches Kalkül sich definitiv auf die Durchführung eines Massenmordes.»[44] Cross zweifelte außerdem keinen Augenblick lang an Hitlers Rolle beim Zustandekommen der Endlösung: «Bereits eine oberflächliche Bestandsaufnahme der Fakten verdeutlicht plausibel, daß Hitler von der Judenpolitik nicht nur Kenntnis hatte, sondern sie aktiv vorantrieb ... Außerdem teilte Himmler seinen Offizieren – wie aus Gesprächsprotokollen ersichtlich – mehrfach dezidiert mit, die Vernichtungsaktionen würden auf Befehlen des Führers beruhen. Und schließlich enthält Hitlers 'Testament' aus dem Jahr 1945 Paragraphen, in denen er die Ausrottung der europäischen Juden als persönliche Leistung verzeichnet.»[45] Cross hob hervor, daß der Holocaust einen «Stützpfeiler» der Hitlerschen Politik bildete: «Millionen von Männern, Frauen und Kindern wurden in Gaskammern gepfercht und ermordet, nur weil sie Juden waren.»[46]

Als Harwood sich mit dem 1948 veröffentlichten dreibändigen Bericht des Internationalen Komitees vom Roten Kreuz (IKRK) über dessen Bemühungen zugunsten der Internierten befaßte, wandte er die Taktik, Texte vollkommen anders klingen zu lassen, als sie gemeint sind, noch systematischer an. Schamlos präsentierte er die in jenem Bericht enthaltenen Informationen so, als erhärteten sie die Glaubwürdigkeit seiner Behauptungen, durch die er die Realität des Holocaust widerlegen wollte. Harwood nannte den IKRK-Report die einzige Untersuchung über die Lage der Juden in Europa während des Zweiten Weltkriegs sowie die Umstände in deutschen Konzentrationslagern, die sich nicht nur durch eine «singuläre Redlichkeit und Objektivität», sondern auch durch strikte politische Neutralität auszeichnete. Für ihn ging aus der Studie eindeutig hervor, daß das Internationale Rote Kreuz in den europäischen Lagern der Achsenmächte «nicht die geringsten» Spuren eines «politischen Vorsatzes zur Eliminierung der Juden» entdeckt hatte.[47] Harwood schrieb, auf keiner der insgesamt 1 600 Seiten des Berichts werde «so etwas wie eine Gaskammer» auch nur erwähnt. (Die amerikanische Version, *The Myth of the Six Million*, stellte bezüglich des IKRK-Reports dieselbe Behauptung auf.) Das IKRK gebe zwar zu, daß die Juden, wie viele andere Völker während des Kriegs, unter besonderen Unbilden und Entbehrungen litten, aber «von einer durchgeplanten Vernichtungsaktion ist nirgends die Rede, was die Legende von den sechs Millionen unbestreitbar widerlegt».[48]

An dieses Ergebnis konnte Harwood sich nur herantasten, weil er Schlüsselpartien des IKRK-Reports ignorierte. Das Internationale Rote

Kreuz drückte sich über das Schicksal der Juden klar und deutlich aus. Es vermerkte, daß Juden unter dem Naziregime «vogelfrei» und «aufgrund einer unbarmherzig rassistischen Gesetzgebung zu permanentem Terror, Verfolgung und *systematischer Vernichtung* verurteilt waren».[49] Das IKRK mußte eingestehen, daß es für die Juden nichts hatte tun können, trotz der Kontrollbefugnisse, mit denen es in bezug auf andere Häftlinge und Kriegsgefangene ausgestattet war. «Nichts schützte sie; die Juden waren weder Kriegsgefangenen noch internierten Zivilisten gleichgestellt, sie bildeten eine Sondergruppe, deren Sicherheit durch kein geltendes Abkommen gewährleistet wurde.» Obwohl die Nazis mit der fabrikmäßigen Vernichtung von Menschen noch gar nicht begonnen hatten, waren die Erscheinungsformen der Nazi-Methoden eindeutig. Ohne jegliche Beschönigung schilderte es die Verfahrensweisen in einem kühl kalkulierten Eliminierungsprozeß: «Sie wurden in Konzentrationslager und Ghettos gesperrt, zur Zwangsarbeit abkommandiert, brutal mißhandelt und in *Todeslager* deportiert, ohne daß irgend jemand in dieser Angelegenheit einschreiten durfte.»[50] Dies waren nicht einmal die einzigen Hinweise des IKRK auf Todeslager oder systematische Vernichtung; in dem Bericht finden sich unmißverständliche Angaben folgender Art: «Im September 1940, als die [rumänische] 'Eiserne Garde' mit Unterstützung der Gestapo und der deutschen SS die Macht übernahm, fielen die Juden schwerster Verfolgung zum Opfer und wurden in *Todeslager* gebracht.»[51]

«In Deutschland und seinen Satellitenstaaten war das Los derjenigen Zivilisten, die dieser Bevölkerungsgruppe angehörten, bei weitem das schlimmste. Sie befanden sich in der Gewalt einer rassendiskriminierenden Regierung, die mehr oder minder offen ihre *Vernichtung* anstrebte, und konnten selbst das Notwendigste zum Leben nicht mehr beschaffen.»[52]

Harwood stellte die Studie so hin, als hielten ihre Verfasser die Vermutung für «Unsinn», daß es «listig als Duschkabinen getarnte Gaskammern gegeben» habe. Ein von ihm vorgebrachtes Beispiel soll seine Deutung untermauern: Die von ihm zitierte Passage berichtet über eine IKRK-Inspektion von Bädern und Duschen in mehreren Lagern. Sofern den Vertretern der Hilfsorganisation Mißstände auffielen, schritten sie unverzüglich ein, «damit die Installationen verbessert, repariert und ggfs. vergrößert wurden».[53] Ein schlüssiger Beweis dafür – so Harwood –, daß Duschen als Duschen funktionierten, so primitv sie auch sein mochten, und nicht als Tötungseinrichtungen. Die Schwierigkeit bei dieser Zitatwahl Harwoods besteht trotz seiner ausnahmsweise korrekten Zitierweise darin, daß der Abschnitt nicht von deutschen Konzentrationslagern handelte, sondern sich auf *alliierte* Lager zur Internierung von Zivilisten in Ägypten bezieht.[54]

Harwood betonte wiederholt, dem IKRK sei es von August 1942 an gestattet gewesen, die wichtigsten Konzentrationslager Deutschlands aufzusuchen und dort Lebensmittelpakete auszuteilen; dieses Privileg sei von Februar 1943 an auf alle weiteren Lager und Gefängnisse ausgedehnt worden.[55] Harwood schreibt allen Ernstes, dies stünde auf Seite 78 des dritten Bands. Auf jener Seite ist zwar vom Betreten «wichtiger deutscher Konzentrationslager» die Rede, allerdings mit der Einschränkung, daß dies lediglich für Dachau und Oranienburg galt. Die Zusatzgenehmigung, welche 1943 erteilt wurde, erweiterte den Aktionsradius des IKRK auf alle *in Deutschland befindlichen* Lager und Gefängnisse.[56] Die zahlreichen Lager außerhalb Deutschlands waren davon nicht betroffen. Darüber hinaus gab das IKRK bekannt, daß seine Möglichkeiten darauf reduziert wurden, an verschleppte Ausländer, deren Adressen genau bekannt waren, Pakete auszuteilen, und daß viele Lagerinsassen, unter ihnen die große Mehrheit der Juden, überhaupt keine Nahrungsmittel entgegennehmen durften.

Bei seinen Bemühungen, die Befunde des IKRK zu verfälschen, blieb Harwood hartnäckig; er vermeinte, der Dokumentation expressis verbis entnehmen zu können, daß ein Großteil der europäischen Juden nicht in Lagern inhaftiert war, «sondern weiterhin, wenn auch gewissen Zwangsmaßnahmen unterworfen, zur freien Zivilbevölkerung zählte». Dies stand laut Harwoods Worten in direktem Widerspruch zu den jüdischen Klagen, das «Vernichtungsprogramm» sei mit durchschlagender «Gründlichkeit» vollstreckt worden. In diesem Fall versäumte Harwood es, den ersten Absatz des Kapitels zu zitieren, auf welches er seine Behauptung gründete. Dieser führt seine Hypothese über Behandlung und Schicksal der Juden ad absurdum: «Keine andere Bevölkerungsgruppe mußte ein solches Übermaß an Demütigungen, Entbehrungen und Leid ertragen. Die Situation der Juden gewährte ihnen keinerlei Schutz durch vertraglich festgesetzte Konventionen, sie wurden der Doktrin der nationalsozialistischen Ideologie gemäß verfolgt, ihnen drohte die völlige Vernichtung ... Man *deportierte sie wie Herdenvieh auf unmenschliche Weise, sperrte sie in Konzentrationslager, teilte sie zur Zwangsarbeit ein und brachte sie in Massen um.*»[57]

Harwoods Mißbrauch des IKRK-Reports veranschaulicht, wie die Holocaust-Leugner Informationen und Feststellungen grob verzerren, weil sie sich im großen und ganzen sicher sein können, daß nur wenige Menschen in der Lage sind, das Originalmaterial zur Überprüfung heranzuziehen. Statt inkorrekt zu zitieren, so wie er mit anderen Dokumenten tat, verlegte Harwood sich darauf, die unzähligen Abschnitte des Berichts zu unterschlagen, welche mit seinen Vorstellungen nicht harmonierten.

Er benutzte sogar noch andere Quellen, um die Erkenntnisse des IKRK verfälscht wiedergeben zu können. Laut seinen Angaben hatte die Schweizer Zeitung «Die Tat» eine Auflistung sämtlicher Verluste des Zweiten Weltkriegs erstellt und anhand von IKRK-Statistiken ermittelt, daß die Zahl der Opfer, welche aufgrund politischer, rassischer oder religiöser Verfolgung zwischen 1939 und 1945 in Gefängnissen und Konzentrationslager starben, sich auf «300 000 belief, von denen nicht alle Juden waren». Harwood deklarierte diese Ziffer zur bis dato präzisesten Schätzung.[58] Das Schweizer Blatt nannte in der Tat die Zahl 300 000, allerdings ausschließlich in Zusammenhang mit «Deutschen und deutschen Juden», nicht mit Angehörigen anderer Nationalitäten.[59] Es eruierte weder die Gesamttodesrate des Zweiten Weltkriegs noch verwendete es Zahlen des IKRK.

Weil letzteres infolge von Harwoods tückischen Kapriolen mit Briefen überschwemmt wurde, unternahm es mehrmals den Anlauf, sich von den Aussagen der Holocaust-Leugner zu distanzieren. 1978 ließ das offizielle *IKRK Bulletin* verlauten, das aus humanitären Motiven gegründete IKRK habe «niemals Statistiken der Art recherchiert oder gar veröffentlicht», die man ihm unterzuschieben suche. Die Aufgabe des IKRK sei, «den Betroffenen der Kriege zu helfen, nicht, sie zu zählen». Man hätte die Opfer des Zweiten Weltkriegs zahlenmäßig nie erfassen können, selbst wenn man es gewollt hätte, da den IKRK-Repräsentanten nur zu wenigen Konzentrationslagern der Zutritt erlaubt wurde und das «lediglich in den letzten Kriegstagen».[60]

Es war nicht das erste Mal, daß das IKRK Harwoods Unterstellungen öffentlich und entschieden zurückwies. Nachdem Harwoods Schmähschrift in England erschienen war und eine wachsende Zahl von rechtsgerichteten Gruppierungen begonnen hatte, seine Thesen über die Kriegsstudie der Hilfsorganisation nachzubeten, erreichte das *Board of Deputies of British Jews* in London 1975 ein Brief aus dem Hauptbüro des IKRK, der sich mit Harwoods Verleumdungen befaßte: «Die Zahlen, auf welche der Urheber jenes Pamphlets verweist, beruhen auf Statistiken, die von uns stammen sollen, was nicht der Wahrheit entspricht; vermutlich geschah dies mit der Absicht, ihre Glaubwürdigkeit zu steigern, und das ungeachtet der Tatsache, daß wir niemals derartige Informationen veröffentlicht haben.»[61]

Trotz diverser Bemühungen seitens des IKRK zur Richtigstellung des historischen Sachverhalts beriefen die Holocaust-Leugner sich weiterhin hemmungslos auf derlei Fehlinformationen. Die bewußt irreführenden Auslegungen des IKRK-Reports wurden 1985 auch von der Verteidigung im Zündel-Prozeß als Beleg dafür angeführt, daß selbst eine anerkannte internationale Hilfsorganisation den Holocaust für eine Legende hielt. (Ernst Zündel war aus Deutschland nach Kanada ausgewandert; später klagte die kanadische Regierung ihn wegen der Veröffentlichung und Verbreitung von Holocaust-leugnendem Material an, unter anderem *Did Six Million Really Die?*[62])

In einer für die Holocaust-Leugner charakteristisch gewordenen Weise bediente sich Harwood traditioneller antisemitischer Stereotype. Er hob darauf ab, Deutschlands Judenverfolgung sei für den Kriegseintritt der Alliierten ausschlaggebend gewesen.[63] Damit wollte er das antisemitische Vorurteil vom übermächtigen Einfluß der Juden schüren; angeblich setzten die Juden damals durch, daß die Alliierten ihre sämtlichen Wünsche ausführten. Nonchalant überging Harwood den Umstand, daß Deutschland den Krieg durch seinen Überfall auf Polen am 1. September 1939 eingeleitet hatte. Die USA – wo man über das Ausmaß des jüdischen Leids wohl Bescheid wußte – mischten sich in den europäischen Konflikt erst nach Pearl Harbour ein, als Deutschland Amerika den Krieg erklärte. Die Alliierten hatten Deutschlands Umgang mit seiner jüdischen Bevölkerung seit 1933 sorgfältig beobachtet. Sie hatten Nazideutschland weder im Gefolge der Nürnberger Gesetze noch der Reichskristallnacht noch der mannigfachen Erniedrigungen, denen die Juden während der Vorkriegszeit ausgesetzt wurden, den Krieg erklärt. Den USA waren die an Juden verübten Massaker hinter der in die Sowjetunion vorstoßenden Wehrmacht beim Vorrücken der russischen Front 1941 bekannt, aber sie handelten nicht, leisteten keine Hilfe. Wären tatsächlich die Verbrechen an den Juden der Grund für den Kriegseintritt der Alliierten gewesen, hätten sie sich lange zuvor dazu entschlossen.

Harwood stiftete auch bei seiner Darstellung der Nürnberger Prozesse absichtlich Verwirrung. Gemäß seinen Angaben wurden dem Gericht 300 000 «schriftliche Erklärungen» vorgelegt, welche die Vorwürfe gegen die angeklagten Kriegsverbrecher spezifizieren sollten. Harwood versteifte sich darauf, die enorme Zahl der Petitionen sei ein Indiz für die ungeheuerlichen Dimensionen des Holocaust-Betrugs. Laut Raul Hilbergs Schätzungen, der beim Zündel-Prozeß als Experte in den Zeugenstand gerufen wurde, legte die Staatsanwaltschaft bei der Beweisaufnahme in Nürnberg insgesamt etwa 40 000 Dokumente vor, darunter Korrespondenz der deutschen Regierung und andere Materialien aus dem Dritten Reich. Daß ein Gerichtsverfahren sich je auf einen Korpus von 300 000 Schriftstücken berufen könnte, scheint vollkommen unrealistisch; trotzdem haben sich die Holocaust-Leugner Harwoods «Argument» nach gewohntem Muster angeeignet. Seine abwegigste Behauptung zu den Kriegsverbrecherprozessen lautet, daß die Nürnberger Verteidiger davon abgehalten wurden, die Zeugen der Anklage einem Kreuzverhör zu unterziehen.[64] Schon eine oberflächliche Beschäftigung mit den Prozeßunterlagen ergibt, daß die Anwälte genügend Gelegenheit zur Befragung aller Zeugen erhielten.

Harwood versuchte auch, seine Leser davon zu überzeugen, daß Anne Franks Tagebücher nicht echt seien. In einem Abschnitt mit der Überschrift «Wie man aus einem Schwindel einen Bestseller macht» verkündete er, die Tagebücher gehörten zur «Konstruktion einer Propagandalüge».[65] Harwood war nicht der erste, der Zweifel an der Authentizität der Tagebücher wecken wollte. Er schloß sich kritischen und ungläubigen Stimmen gegen die Tagebücher an, die bereits seit 1957 laut geworden waren. (Der Feldzug der Holocaust-Leugner gegen Anne Franks Tagebücher wird im Anhang ausführlicher erläutert.) Der französische Holocaust-Leugner Robert Faurisson griff das Thema ebenfalls auf und verbreitete sich des langen und breiten darüber; unter anderem deswegen faßte das Niederländische Staatliche Institut für Kriegsdokumentation 1989 den Beschluß, eine historisch-kritische Ausgabe der Tagebücher anfertigen zu lassen, die ihre Echtheit verbindlich verifizierte.[66]

Die Anhäufung absichtlich mißverständlicher Aussagen, inkorrekter Zitate sowie regelrechter Fälschungen in Harwoods Broschüre wirft Fragen nach ihrer Rezeption und Wirkung auf. Bis zur Veröffentlichung von *The Hoax of the Twentieth Century*, das Arthur Butz von der *Northwestern University* schrieb, blieb Harwoods Werk die meistzitierte Schrift zur Holocaust-Leugnung. Weil sie weniger umfangreich und billiger in der Machart ist als Butz' Buch, wird sie bis heute vertrieben. Natürlich läßt sich unmöglich feststellen, in welchem Umfang genau sie in die allgemeine Literatur Eingang gefunden hat. In zumindest einem Fall wurden Harwoods Thesen beinahe wörtlich übernommen; sie tauchten nämlich in einer nicht unwichtigen britischen Publikation wieder auf, wo sie nicht etwa als Paradebeispiel für die Lügen und unredlichen Befunde eines Rechtsextremisten, sondern als Resultate gültiger historischer Forschung zitiert wurden. 1974 erschien in der englischen Zeitschrift *books and bookmen* eine umständliche zweiteilige Rezension zu Joachim Fests Hitlerbiographie.[67] Ihr Verfasser war Colin Wilson, bekannter britischer Romancier und Kritiker, der für das Magazin regelmäßig Bücher besprach. Den zweiten Teil seiner Fest-Rezension beschloß Wilson mit einem – in seinen eigenen Worten – «sonderbaren, doch höchst bedeutsamen Postskriptum».[68] Wilson berichtete, daß er einige Jahre zuvor von einem Dubliner Verleger eine Vorankündigung für *The Myth of the Six Million* erhalten hätte. Aus «Neugier» bestellte er den Titel, mußte allerdings erfahren, daß er dort bereits vergriffen war. Während seiner Arbeit an dem Artikel über Fests Buch erhielt er plötzlich das Pamphlet durch Richard Harwood von der *University of London*. Wilson faßt Harwoods Argumentation folgendermaßen zusammen: «Kurz gesagt, Harwood schreibt, daß Hitler keinen Grund zur Ermordung von Juden besaß, weil er sie zur Zwangsarbeit brauchte, und schließt den Hinweis an, daß die Gesamtzahl der Juden in Europa vor dem Krieg sechseinhalb Millionen betrug und daß anderthalb Millionen ins Ausland emigrierten. Um zu verdeutlichen, daß sich nicht mehr als drei Millionen Juden in Nazideutschland befanden, stützt Harwood sich auf die Zahlen internationaler Organisationen und belegt alles durch Zitate.»[69]

Harwoods Leugnung der Existenz von Vernichtungslagern beeindruckte Wilson sehr; er schien Harwoods Theorie Glauben zu schenken, daß die meisten Berichte über die Lager «journalistische Dichtungen» seien, mit denen das sensationslüsterne «Publikum wie mit Pornographie überschüttet wird, auf daß es sich am Entsetzen weide». Er akzeptierte außerdem, daß Harwood angeblich gewissenhaft Zahlenangaben internationaler Einrichtungen wie des IKRK auswertete. Wilson räumte ein, er könne sich zwar, nachdem er sowohl Raul Hilbergs «500 000-Wörter-Buch» (*Die Vernichtung der europäischen Juden*) zum Thema (ein «gigantisches» Werk, so Wilsons Kommentar) sowie die mehr als fünfzig Bücher über den Holocaust in seiner eigenen Bibliothek gründlich gelesen habe, kaum vorstellen, daß der Holocaust «eine pure Erfindung» sei. Es gebe tatsächlich mehr als genügend dokumentierbare Anzeichen dafür, daß Juden im Dritten Reich abgelehnt wurden und Hitler sich vermutlich «nichts dabei gedacht hätte, sie von der Erde zu tilgen». Dennoch hielt Wilson nach seiner Lektüre Harwoods die Frage für angemessen, ob die Nazis wirklich *sechs Millionen* Juden vernichtet hätten oder ob derlei Anschuldigungen lediglich eine «weitere historische Verzerrung» bildeten. Er schreckte schließlich nicht einmal davor zurück, öffentlich darüber nachzusinnen, ob es sich bei der Endlösung nicht doch um ein Märchen handele, und falls ja, ob es in dem Fall «nicht besser ist, sich auf die ganze Wahrheit einzulassen, gleichgültig, wie unerfreulich sie sein mag.» [70] Dies war nicht das letzte Mal, daß er derlei provozierende Fragen stellte. Wilson gab unmißverständlich zu verstehen, daß Harwood ihn von der unliebsamen Wahrheit überzeugt hatte: Der Holocaust hatte nicht stattgefunden.

Wie zu erwarten war, lösten Wilsons Reflexionen eine Flut von Briefen an *books and bookmen* aus, darunter zwei Schreiben Harwoods. Viele Leser zitierten Beweismaterial, welches Harwoods Thesen widerlegte. Mit diesen Vorwürfen konfrontiert, verteidigte Wilson Harwoods Ansichten um so heftiger. Bei seiner Reaktion auf das briefliche Sperrfeuer wagte Wilson eine eigentümliche Prognose, die in gewisser Weise seine persönliche Voreingenommenheit widerspiegelt: «Irgendwann im Lauf der nächsten zehn Jahre wird ein israelischer Historiker ein Buch mit dem Titel *The Myth of the Six Million* verfassen. Er bricht dadurch einen ungeheuren Skandal vom Zaum, das Buch macht ihn zum Ziel vehementer Angriffe – aber er wird dabei ein reicher Mann. Und niemand beschuldigt ihn des Judenhasses.»[71]

Wilson versuchte also, seine Argumentation auf dieselbe Art zu verstärken wie Barnes und App: Die Juden werfen jedem Zweifler an der Realität des Holocaust vor, er sei Antisemit, um ihn so zum Schweigen zu bringen.

Über die Bücher, die er zum Holocaust in seiner persönlichen Bibliothek zusammengetragen hatte, schrieb Wilson: «Ich würde gerne wissen, wie viele meiner fünfzig Abhandlungen über die Todeslager lügen.»[72] Besonders aufschlußreich ist Wilsons Bereitwilligkeit, Harwoods Unterstellung, daß gewisse Bücher Fälschungen oder «kommunistische Propaganda» seien, kommentarlos für bare Münze zu nehmen, jedoch die Möglichkeit außer acht zu lassen, daß Harwood selbst ein Fälscher sein könnte. In seinem zweiten Antwortbrief auf weitere Zuschriften bezeichnete Wilson Harwoods Stil als «rational, logisch» und «bar jeder Hysterie oder jedes emotionsgeladenen Antisemitismus». Er empfand Harwoods Ideen als einleuchtend, weil jener Zahlen liefere, seine Quellen nenne und einen «insgesamt ziemlich pedantischen» Tonfall anschlage. Wilsons Beurteilung bildet ein weiteres Indiz dafür, warum der von Holocaust-Leugnern in den vergangenen Jahren adaptierte pseudoakademische Stil Gefahr in sich birgt. Ihre Verpackung – sie ahmen die Terminologie seriöser Geschichtsforschung nach – verwirrt gleichsam den Verbraucher. Leser lassen sich durch eine akademische Diktion eher beeindrucken als durch nachlässig produzierte, extreme und rassistische Flugschriften.[73]

Gegen die Angriffe wegen seiner Sympathiebekundungen für Harwoods ideologische Einstellung verwahrte sich Wilson mit der beinahe verräterisch reflexhaften Erwiderung, er sei nicht gegen die Nazis oder Juden eingestellt, sondern lediglich «zutiefst an 'Objektivität'» interessiert. Derlei Einwände gemahnen an die Beteuerungen der Holocaust-Leugner, ihnen liege an nichts anderem als an der Wahrheit, und sie hegten weder eine besondere Vorliebe für die Nazis noch eine spezielle Abneigung gegen die Juden.[74]

Die Kontroverse setzte sich bis zum Juni 1975 fort. Schließlich fühlten sich gar die Redakteure von *books and bookmen* genötigt, auf die Kritik ihrer Leser zu reagieren, das Magazin hätte eine Rezension des Harwoodschen Buchs gar nicht erst in Auftrag geben sollen. Die Redakteure versicherten ihren Lesern, «... *b&b* habe Colin Wilson ...» das Pamphlet «... weder zur Besprechung übersandt», noch sei «je ein redaktionsinterner Artikel hierzu in *b&b* erschienen».[75] Wilson habe es eigenmächtig in seinen Text aufgenommen. Der vorletzte Brief, den die Redaktion zu der Debatte abdruckte, stammte von Harwood selbst. Darin wiederholte er seine unrichtigen Angaben über die Schätzungen der *Chambers Encyclopedia* über die jüdische Bevölkerung Europas vor dem Krieg. Auf Harwoods Brief folgte noch ein allerletzter, der als endgültiger redaktioneller Kommentar der Zeitschrift zu dem Thema aufzufassen ist. Der Schreiber fragte sich, ob die Leugner des Holocaust wohl folgendes erklären konnten: «Was geschah mit meinen deutschen Eltern, Großeltern, Cousins und Cousinen? Mir fällt es nämlich schwer, ihren Tod, der vom IKRK bestätigt wurde, entweder auf die Gutwilligkeit der Nazis oder russische Propaganda zurückzuführen.»[76]

Nach dieser Erkundigung herrschte nur noch Schweigen.

7. Vorstoß in die Normalität – Der Fall Arthur R. Butz

Im Jahre 1977 unternahm ein bis dahin unbekannter Elektroingenieur, Dozent für dieses Fach an der *Northwestern University* (Evanston, Illinois), dezidierte Anstrengungen, der Holocaust-Leugnung wissenschaftliche und historische Legitimität zu verleihen. Arthur R. Butz, Verfasser von *The Hoax of the Twentieth Century*, erregte mit seinem Engagement beträchtliches Aufsehen; einige führende amerikanische Zeitungen erhoben sein Buch zum Nachrichtenthema. Die Hitzigkeit der Debatte wurde durch Butz' Status als Mitglied des Lehrkörpers an einer renommierten Universität gesteigert. Die Öffentlichkeit hatte Schwierigkeiten, Holocaust-Leugnung und Wahrheitsfindung, letzteres gemeinhin das Ziel von Forschung und Lehre, auf einen Nenner zu bringen. Überdies kam ein zweiter, brisanter Faktor ins Spiel: Butz schlug einen anderen Kurs ein als seine Vorgänger, er entwickelte nicht nur einen subtileren, raffinierteren und letztlich tückischeren Ansatz für den Umgang mit der Materie, sondern änderte den Charakter der Holocaust-Leugnung insgesamt.

Über Butz ist nur wenig bekannt.[1] Er wurde Mitte der 40er Jahre in New York geboren, seine Vorfahren sind deutscher und italienischer Abstammung. Er studierte am *Massachusetts Institute of Technology (MIT)* und promovierte an der *University of Minnesota*. Was Butz von fast allen anderen Holocaust-Leugnern vor ihm unterscheidet, sind sein akademisches Gepräge sowie der Eindruck von Seriosität und Neutralität, den er zu vermitteln weiß. Seit 1974 lehrt er an der *Northwestern University*; mit den Gepflogenheiten der akademischen Welt ist er bestens vertraut. Aufbau und Gestaltung seines Buchs demonstrieren, daß er Struktur und Feinheiten des wissenschaftlichen Diskurses begreift und ihn für seine Zwecke zu nutzen versteht. Im Gegensatz zu zahlreichen Publikationen der Vergangenheit, insbesondere zu den schlecht aufgemachten Broschüren der Holocaust-Leugner, enthielt Butz' Werk die erforderliche Anzahl von Fußnoten sowie eine umfassende Bibliographie, beides Kennzeichen wissenschaftlicher Arbeiten. Er zitierte häufig prominente Historiker, die sich mit demselben Forschungsgebiet auseinandersetzten, und berief sich dankend auf eine Reihe namhafter Institute und Archive. Auf den ersten Blick besteht kaum Anlaß dafür, nach der wahren Bedeutung oder Absicht seines Buchs zu fragen, aber jeder Leser, der sich über den Charakter der Verleger im klaren ist, bei denen es erschien, durchschaut sie mühelos. In den USA wurde das Buch von *Noontide Press* veröffentlicht, in England durch die *Historical Review Press*, welche bereits Richard Harwoods *Did Six Million Really Die?* herausgebracht hatte.[2]

Butz' Werk unterschied sich jedoch nicht nur formal von seinen Vorläufern. Seine vorgespiegelte Bereitschaft, sich mit einer Anzahl von Dingen auseinanderzusetzen, welche die Holocaust-Leugner vor ihm geflissentlich übergangen hatten, verlieh seinem Buch einen anderen Ton – einen Ton, der gezielt darauf angelegt war, arglose Leser zu überrumpeln und Butz' Aura wissenschaftlicher Objektivität zu verstärken. Er kritisierte andere Holocaust-Leugner und bezeichnete *The Myth of the Six Million*, Richard Harwoods amerikanische Vorlage, als «voll faktischer Irrtümer».[3]

Er versuchte nicht, Deutschlands Verhalten während des Krieges zu entschuldigen, und war bereit einzuräumen, daß die Nazis tatsächlich eine Million Juden umgebracht haben mochten, was seine Fassade der Wissenschaftlichkeit überzeugender gestalten sollte. Überdies gestand er zu, daß die Einsatzgruppen möglicherweise auch Zivilisten ermordet hatten und daß speziell die Juden, die in Konzentrationslagern vieles erdulden mußten, von den Deutschen hart angefaßt wurden.

Anders als Barnes, App, Rassinier usw. rechtfertigte Butz die Verfolgung der Juden durch die Deutschen nicht mit der Behauptung, die Juden seien unloyal und auf Deutschlands Untergang aus gewesen – man habe ihnen also nicht trauen können. Er gab sich den Anstrich eines ernstzunehmenden Historikers, der den Antisemitismus der Nazis mißbilligte.[4] Eine nähere Überprüfung ergibt indessen, daß er exakt dieselben Einstellungen hegte und dieselben Methoden anwandte, die sich seit jeher wie rote Fäden durch sämtliche Schriften der Holocaust-Leugner ziehen. Die Verpackung hatte sich geändert, doch der Inhalt blieb derselbe: Die Geschichte der Judenvernichtung im Zweiten Weltkrieg war eine Propagandalüge, eine Ausrottung der europäischen Juden fand nie statt.[5] Butz wies alles zurück, was seiner vorgefaßten Meinung und den Thesen seines Buches widersprach, indem er es als «offensichtliche Täuschungen», «albern», «so absurd, daß es einem den Atem raubt», «vollkommenen Wahnsinn», «suspekt», «eindeutig falsch» und «Quatsch» bezeichnete.[6] Die Aufzeichnungen der «Überlebenden» – der Begriff steht bei ihm durchweg in Anführungszeichen – werden als «endlose delirische Ausrottungsphantasien» verworfen. Trotz seiner Bemühungen, sich einen sachlichen Anstrich zu verleihen, gestattete Butz sich einen polemischen Stil, der das Gegenteil bewirkte: Amerikanische Diplomaten verfielen in «hysterisches Gejaule über sechs Millionen»,[7] die «Gaskammer»-

Geschichten waren «Legenden im Sinne der Kriegspropaganda», «Schund», «Ammenmärchen».[8]

Butz' Sympathien bewegten sich in dieselbe Richtung wie die der Generationen von Holocaust-Leugnern vor ihm; er verkündete, die Deutschen und Österreicher seien die wahren Opfer des Krieges gewesen, und dies sei die größte Tragödie.[9] Seine Antipathien deckten sich ebenfalls mit denen seiner Vorkämpfer. Er beschrieb die Juden als eine der «mächtigsten Gruppierungen der Welt» und unterstellte ihnen einen gewaltigen Einfluß, aufgrund dessen sie Regierungen manipulierten, Kriegsverbrecherprozesse steuerten, Medien kontrollierten und die Außenpolitik anderer Staaten bestimmten, und das alles, um den größten Schwindel des 20. Jahrhunderts Wirklichkeit werden zu lassen.[10] Butz gemäß ersannen die Juden die Holocaust-Legende zur Förderung «zionistischer Vorhaben».[11] Über diesen Umweg schälte sich heraus, daß jedweder aktive Antisemitismus der Nazis seine Berechtigung hatte. Die Lehre vom Judendämon, der fast ausnahmlos jeder Holocaust-Leugner anhängt, affirmiert die nazistische Weltsicht. Den Nazis galt die arische als die «Herrenrasse», stark und unbesiegbar. Im Kontrast dazu betrachtete man die Juden als Nichtmenschen. Doch für die jüdischen Verschwörer waren die Arier ungeachtet ihrer Überlegenheit eine leichte Beute. Der Erfolg der Juden bei der Schaffung des Holocaust-Mythos bewies die Richtigkeit dieser nazistischen Hypothese: Sie bildeten eine Gefahr für die Welt.

Sowohl in seinem Buch als auch in den Artikeln, die er später im *Journal of Historical Review* veröffentlichte, akzeptierte Butz die Gültigkeit der regelmäßig gegen die Holocaust-Leugner vorgebrachten Einwände, unter anderem den Umstand, daß sie keine akademisch und wissenschaftlich renommierten Historiker zu den Ihren zählen konnten. Butz beklagte dies und führte es darauf zurück, daß geachtete Gelehrte sich wegen Drucks von außen davor scheuten, an etwas so «Unumstößlichem wie den Pyramiden» Zweifel anzumelden. Aufgrund eines «Versäumnisses» der historischen Fachleute blieb die Verantwortung an historisch Unausgebildeten wie ihm selbst hängen, den «idiotischen Unsinn Holocaust» zu entlarven.[12]

Um die Holocaust-Leugnung in konventionelle Bahnen zu lenken und ihr wissenschaftliche Respektabilität zu verschaffen, gab Butz außerdem zu, daß Neonazis, Extremisten und Rassisten Holocaust-leugnendes Material in ihren Büchern, Artikeln und Magazinen verbreiteten; Unterstützung erführen sie dabei von radikalen Nationalisten und ähnlichen Volksverhetzern, die eine Vorherrschaft der Weißen über alle Rassen verfochten. Den Vorwurf ideologischer Befangenheit versuchte Butz abzuwehren, indem er die Veröffentlichung von Literatur zur Leugnung des

Holocaust in wissenschaftlichen Publikationen für wünschenswert erklärte und im gleichen Atemzug darüber klagte, daß leider die Kanäle, auf denen die Ergebnisse wissenschaftlicher Forschung an die Öffentlichkeit gelangen, denen verschlossen blieben, welche die «Wahrheit» enthüllen wollten. Um der Aufklärung des Holocaust-Betrugs willen hatten die, welche sich mit der Angelegenheit befaßten, keine andere Möglichkeit, als sich einseitig tendenziösen Publikationen anzuvertrauen. Bei seiner Darstellung der Holocaust-Leugner als Märtyrer, die ihren Ruf aus Mangel an Alternativen durch die Zusammenarbeit mit solch anrüchigen Verlagen riskierten, ließ Butz die intensive, symbiotische Beziehung jener Zirkel untereinander außer acht – die inniger war, als jede Zwangsehe es hätte sein können.

Butz bemühte sich beharrlich darum, sein Gesicht als unparteiischer Gelehrter zu wahren; trotzdem sind seit Erscheinen seines Buchs etliche Verbindungen seinerseits zu extremistischen und neonazistischen Gruppierungen ans Licht gekommen. Der Ku-Klux-Klan sowie neonazistische Vereine sorgen für Werbung und Vertrieb seiner Werke. Unmittelbar nach der Veröffentlichung wurde das Buch in mehreren Folgen von dem deutschen Neonazi-Blatt «Deutsche Nationalzeitung» abgedruckt. 1985 trug er seine Überlegungen zur Holocaust-Leugnung beim «Erlösertag» der von Louis Farrakhan angeführten *Nation of Islam* vor.[13]

Trotz seiner vermeintlich unvoreingenommenen Wissenschaftlichkeit dominieren in Butz' Buch die traditionellen antisemitischen Ressentiments und Verschwörungstheorien wie auch die germanophile Haltung, die man aus den Pamphleten der Holocaust-Leugner kennt; sie werden von Neonazigruppen der skurrilsten Sorte in Umlauf gebracht. Besonders deutlich zeigt sich Butz, wenn er den Holocaust-Betrug analysiert und mit dem Finger auf die «Schuldigen» zeigt. Die Juden waren zwar die Anstifter, konnten das Täuschungsmanöver allerdings nur dank der Unterstützung anderer durchführen. Sie spannen ein ausgedehntes Netz von Verschwörungen, dessen Existenz trotz der Vielfalt der beteiligten Kreise ein wohlgehütetes Geheimnis blieb. Laut Butz kontrollierten die Zionisten jene divergierenden machtvollen Gruppierungen und nährten die Legende, bis sie sich zu einem historischen Mythos mit internationalen Dimensionen ausgewachsen hatte.[14] Wundersamerweise vollzog sich dieser komplexe, verwickelte Prozeß unter Einbindung mannigfaltiger Strömungen völlig im verborgenen, bis ein Dozent für Elektrotechnik höchstselbst historische Forschungen durchführte.

Butz' Liste der verantwortlichen Sünder umfaßt alles und jeden. Er beschuldigt sowohl die «zionistische Internationale» als auch die Kommunisten als auch das *War Refugee Board* der US-Regierung und das

Office of Strategic Services;[15] außerdem das New Yorker Forschungsinstitut YIVO, Mitglieder der US-Regierung, die Staatsanwälte und Richter der Kriegsverbrecherprozesse, polnisch-jüdische «Propagandisten» und sowjetische Regierungsvertreter – alle halfen bei der Durchsetzung des Betrugs, wobei ihnen die Medien und internationale Wohlfahrtsorganisationen wie das Rote Kreuz obendrein als Verstärkung zur Seite standen.[16]

Butz schwankte unterdessen: Mal gab er den Juden die Alleinschuld an dem «jüdischen Schwindel» – gleichzeitig ein «zionistischer Schwindel»[17] –, dann wieder beschrieb er ihn als das Resultat gemeinschaftlicher Anstrengungen, an denen sich Washington, London, Moskau, Jerusalem und die Juden weltweit beteiligten. Letztere nutzten ihren politischen Einfluß, um eine breite Auswahl Verbündeter auf ihre Seite zu ziehen, unter anderem «ganz Washington».[18] Man beachte, daß die Juden, die Washington zur Kooperation bei der Durchführung jenes großangelegten Täuschungsmanövers zwangen, dieselben Menschen waren, die weder vor dem noch im Krieg die amerikanische Regierung dazu überreden konnten, ihre Immigrationsbestimmungen zu entschärfen, den neunhundert Juden auf der *St. Louis* Tore und Türen zu öffnen, jüdische Kinder aufzunehmen, die aus Deutschland entkommen waren, Flüchtlinge auf Transportschiffen ins Land zu bringen, die leer aus Europa zurückkehrten, oder während des Kriegs mehr als 1000 Juden die Einwanderung in die USA zu gestatten.[19]* Butz wollte seinen Lesern weismachen, daß es denselben Juden, deren Rettungsversuche trostlos scheiterten, irgendwie gelang, Washington zur Kooperation bei der Konstruierung eines gigantischen Lügengebäudes zu bewegen.

Der Schlüssel zur erfolgreichen Umsetzung der betrügerischen Pläne lag – so Butz – in der Fälschung unzähliger Dokumente, ein Unternehmen, bei dessen Verwirklichung die alliierten Regierungen als Komplizen fungierten. Es herrschte kein Mangel an Personal, welches das Vorhaben realisieren konnte: In den unmittelbaren Nachwirren des Kriegs wurden Hunderte ausgebildeter Mitarbeiter nach Europa entsandt. Sie waren für die «Fabrikation» eines Textapparats verantwortlich, der sich «aus Meineiden, Fälschungen, Verfremdungen von Fakten und irreführender Präsentation gewisser Unterlagen zusammensetzte».[20] Unentdeckt setzten sie die fiktiven Meldungen von Einsatzgruppenleitern über Städte auf, wo die SS Massaker verübt hatte, wobei präzise die Zahl der jeweils getöteten Männer, Frauen und Kinder verzeichnet wurde. Die Fälscher fertigten

* Die *St. Louis* war ein deutsches Schiff, das im Mai 1939 vor Kuba wieder abdrehen mußte, weil die kubanische Regierung die Ausschiffungserlaubnisse der Flüchtlinge an Bord ungültig gestempelt hatte. Als das Schiff in Miami vor Anker gehen wollte, verweigerten die Regierungsbehörden dort ebenfalls die Genehmigung.

Schriftstücke an, bei denen es sich angeblich um offizielle Kommuniqués der obersten Chargen des Dritten Reichs handelte. Sie vermochten nicht nur soviel zu fälschen und neu zu schaffen, wie ihnen beliebte, es gelang ihnen sogar, die Unterlagen an den richtigen Stellen zu plazieren, auf daß diejenigen, welche in die Schiebungen nicht verwickelt waren, darauf stießen. Sie hatten die Angelegenheit so fest in der Hand, daß sie bestimmen konnten, ob dem Nürnberger Gerichtshof authentische, gefälschte oder überhaupt keine Akten vorgelegt wurden.[21] Sie manipulierten Tonaufnahmen von den Reden der Naziführer und schmuggelten sie unter das Material, welches die Truppen der Befreier beim Einmarsch sammelten.[22] Hunderte von Fälschern waren dergestalt in den westlichen wie östlichen Besatzungszonen am Werk, und zwar mit stillschweigender Einwilligung amerikanischer, britischer, französischer und sowjetischer Besatzungsbeamter; ohne daß ihre Machenschaften aufgedeckt und publik gemacht wurden, schafften sie es in unfaßbar kurzer Zeit, Tausende von Schriftstücken herzustellen, die allesamt als Belege dafür dienen sollten, daß die Nazis die Juden zu vernichten gedachten.

Die wichtigste Frage stellten Butz und Genossen indessen nie: Wenn die für den Schwindel verantwortlichen «Propagandisten» bei einer solch umfangreichen Aktenproduktion reüssierten, warum zauberten sie dann nicht das eine, einzige Dokument aus dem Zylinder, das – wie die Holocaust-Leugner behaupten – sie zum Glauben an eine Endlösung bekehren würde, nämlich einen Befehl Hitlers zur Auslöschung der Juden?

Butz bemühte sich, die Aussagen der Nazis bezüglich ihrer Eliminierungspläne zu vertuschen, unter anderem auch, daß Hitler sich wiederholt wörtlich im Sinne einer «Vernichtung des Judentums» äußerte. Butz räumte ein, daß die Worte zwar «das Töten aller Juden» bedeuten konnten, Hitler allerdings lediglich die «Zerstörung jüdischen Einflusses und jüdischer Macht» gemeint hatte. Weil Butz wußte, daß er mit dieser Interpretation alle Regeln rationaler Textauslegung sprengte, rang er sich widerwillig das Zugeständnis ab, Hitler «hätte seine Worte durchaus sorgfältiger wählen können».[23]

Doch nicht nur Hitlers Andeutungen, die Juden auszurotten, erwiesen sich als problematisch. Bei seiner berühmten Rede vor SS-Offizieren im Oktober 1943 in Posen sprach Himmler von der «Vernichtung» der Juden: «Ich rede von der Evakuation der Juden, von der Vernichtung der Juden. Dies ist eines der Dinge, die leicht dahingesagt sind. 'Die Juden werden vernichtet werden', tönt jedes Parteimitglied. 'Gewiß, denn es steht in unserem Programm: Eliminierung der Juden, Vernichtung der Juden – wir werden uns darum kümmern.' Und dann kommen sie einhergestapft, 80 Millionen ehrenwerte Deutsche, jeder einen anständigen

Juden im Schlepptau. Natürlich, alle anderen sind Schweine, aber dieser hier ist ein guter Jude. Keiner von denen, die so reden, hat mit angesehen, was geschehen ist, keiner hat es erduldet. Die meisten unter euch wissen, was es heißt, hundert Leichen nebeneinanderliegen zu sehen, oder fünfhundert oder tausend. Dies durchgehalten und – bis auf Einzelfälle menschlicher Schwäche – dennoch unsere Integrität bewahrt zu haben, hat uns hart gemacht. Es ist eine nicht geschriebene Seite unserer Geschichte, eine ruhmreiche Seite, die niemals geschrieben werden wird; wir wissen, welche Schwierigkeiten wir uns selbst bereitet hätten, wenn heute – inmitten des Bombenhagels, der Not und der Entbehrungen des Kriegs – die Juden als heimliche Saboteure, Agitatoren und Demagogen in unseren Städten ihr Unwesen trieben. Wären die Juden zum jetzigen Zeitpunkt noch ein Teil der deutschen Volksgemeinschaft, stünden wir vermutlich mittlerweile vor derselben Situation wie 1916/17.»*

Wegen der unmißverständlichen Anspielungen auf die Vernichtungsaktionen mußte Butz den Inhalt der Rede ad absurdum führen. Wer die Rede nicht als Fälschung diskriminieren wollte, den köderte er mit folgender Idee: bei den von Himmler erwähnten Leichen handele es sich um Deutsche, die während der alliierten Bombenangriffe umgekommen waren[24] – ein lachhafter Einfall, wie sich bereits nach einer flüchtigen Analyse von Himmlers Rede herausstellt.[25]

Selbst auf Hitlers Letzten Willen und Testament wollte Butz das Licht des Zweifels werfen. Der Führer – in vollem Bewußtsein, daß sein Reich um ihn herum zusammengebrochen war – entlarvt darin die Juden als «die Rasse, welche für den mörderischen Kampf die eigentliche Verantwortung innehat», und merkt an, er habe sein Versprechen gehalten, daß die wahren Schuldigen für ihre Verbrechen bezahlen sollten. Butz war sich darüber im klaren, daß man das Dokument schwerlich als Fälschung abtun konnte, da es Hitlers Unterschrift trug; also deutete er an, man habe möglicherweise «daran herumgepfuscht»,[26] ohne seine Unterstellung jedoch im mindesten zu belegen. Butz realisierte vermutlich, daß dieses Argument wenig Durchschlagskraft besaß, deswegen versicherte er seinen Lesern, das Testament dürfe nicht ernst genommen werden, selbst wenn es echt sein sollte, weil es lediglich ein typisches Beispiel für die Neigung aller Politiker sei, vor Beendigung ihrer öffentlichen Laufbahn «die Signifikanz ihrer Leistungen aufzubauschen».[27]

Butz übersah die dubiosen Implikationen, die sich ergaben, indem er die wirkliche Bedeutung von Hitlers Äußerungen zu verwischen suchte

* 1916 wendete sich das Blatt zuungunsten der Deutschen. Die Nationalsozialisten führten die Niederlage im Ersten Weltkrieg auf einen «Dolchstoß in den Rücken» zurück, den die Juden ausgeführt hatten.

und dessen Testament als Ausdruck politischer Überspitztheit charakterisierte. Sprachliche Übertreibung besitzt eine Reihe von Funktionen: Sie kann zur positiven Erhöhung der eigenen Taten und Errungenschaften bzw. zum Ausgleich von Fehlern beitragen oder als bewußtes Mittel eingesetzt werden, um die Anhänger des Testamentschreibers zu von ihm gewünschten, aktiven Schritten anzustacheln. Wozu sollten Hitlers «Übertreibungen» aus Butz' Sicht demnach dienen? Übertrieb er, um sein Scheitern zu beschönigen, weil er den «mörderischen» Kampf nicht bis zu einem Ende führte? Übertrieb er, um seine Verdienste herauszustreichen, zu denen in diesem Fall die Vernichtung der Juden zählte? Oder waren seine Übersteigerungen eine Art Triumphgeschrei, mit dem er eine Politik der Unterdrückung feiern wollte, die so furchtbar gewütet hatte, daß ihr – laut Butz' Schätzungen – eine Million Juden zum Opfer gefallen waren? Gleichgültig, welche der möglichen rhetorischen Anwendungen Butz im Sinn hatte – die Idee, daß Hitler «die Signifikanz» dieses speziellen Aspekts «seiner Leistungen aufbauschen» wollte, läßt darauf schließen, daß Butz selbst eine äußerst merkwürdige Auffassung von nationalsozialistischen «Triumphen» vertritt; überdies gemahnen seine Überlegungen an Apps Behauptung, der Umstand, daß einige Juden überlebt hätten, beweise zur Genüge, daß kein Jude ermordet worden sei.

Um seine Leser davon zu überzeugen, daß der Holocaust *die* Propagandalüge des 20. Jahrhunderts, wenn nicht gar der gesamten dokumentierten Menschheitsgeschichte ist, mußte Butz zeigen, daß die zahlreichen eidesstattlichen Erklärungen der wegen Kriegsverbrechen Angeklagten, die das Vorhandensein eines Plans zur Ausrottung der Juden untermauerten, nicht der Wahrheit entsprachen. Zunächst versuchte er, an der Glaubwürdigkeit von Augenzeugen als solchen zu rütteln, indem er Augenzeugenberichte als vergleichsweise unbedeutend definierte. Sein Motiv liegt auf der Hand.[28] Die existierenden, umfassenden Holocaust-Zeugnisse – gleichgültig, ob von Opfern, Tätern, Zuschauern oder anderweitigen, neutralen Parteien – bestätigen die Realität eines Vernichtungsprogramms. Dokumente kann man als Fälschungen ausgeben, man kann behaupten, es sei an ihnen «herumgepfuscht» worden, oder sie auf verquere Weise auslegen, damit sie sich einem bestimmten ideologischen Hintergrund anpassen. Komplizierter hingegen wäre es geworden, jeden, der zur Judenvernichtung konkrete Aussagen machte, einen Lügner, leichtgläubigen Dummkopf, Propagandisten oder Selbstankläger zu schimpfen.

Doch obwohl er Dokumente, die das Geschehene schwarz auf weiß festhielten, für bedeutender ansah, mußte Butz nach wie vor eine Begründung für Sätze wie «Ich war dabei» oder «Ich habe die Tötungen mit angesehen» oder «Ich hörte Hitler und Himmler von einer Vernichtung der Juden reden» ersinnen. Seine Erfindungsgabe bildet das «schöpferischste» Element seines Buchs. Er scherte aus den Reihen der Holocaust-Leugner vor ihm aus, indem er die Theorie verwarf, die Angeklagten von Nürnberg hätten ihre Schuld nur deswegen gestanden, weil man sie durch Folter dazu zwang. Er argumentierte statt dessen: Die Naziführer erkannten, daß die Welt vom Holocaust überzeugt war und sie deshalb keine Chance hatten, mit einer Bestreitung des Holocaust durchzukommen – man würde ihnen nicht glauben. Obwohl sie nichts Böses getan hatten, war die Welt fest entschlossen, sie schuldig zu sprechen. Da eine Beteuerung ihrer Unschuld die Lage nur verschlimmert hätte, hielten sie es gemeinsam mit ihren Anwälten für das günstigste, sich schuldig zu bekennen. Dieser Ansatz lieferte Butz die Antwort auf eine kritische Frage, mit der die Holocaust-Leugner häufig konfrontiert sind: Falls der Holocaust erlogen ist, warum hörte man dann von angeklagten Nazis höchstpersönlich, daß er sich tatsächlich ereignete? In Butz' Augen eine klare Sache: Besser, man beichtete das Verbrechen des Jahrhunderts und riskierte damit sein Leben, als daß man gegen einen überdimensionalen Betrug Protest einlegte. Bei dieser Interpretation übersah Butz allerdings einen wesentlichen, heiklen Punkt: Das Endergebnis war in beiden Fällen dasselbe, nämlich die Todesstrafe – wozu also sollte man sich zu einer grauenhaften Tat bekennen, die man nicht begangen hatte?

Butz stand nun vor der Aufgabe, diejenigen gleichsam zu entmündigen, die nicht nur die Vernichtungsaktionen bezeugten, sondern ihre Mittäterschaft gestanden. Warum würden Angeklagte zugeben, in ein entsetzliches Verbrechen verwickelt gewesen zu sein, wenn sie um ihre eigene Unschuld und auch darum wußten, daß es sich um erfundene Beschuldigungen handelte? Laut Butz gedachten sie, alles zum Überleben Notwendige zu unternehmen, während eine vorübergehende Welle der «Nachkriegshysterie» über Deutschland hinwegschwappte. Also verschoben sie die Chance, den Sachverhalt zu klären, auf eine ferne Zukunft, wenn die Wahrheit ans Licht kommen durfte.[29]

Die Angeklagten verhielten sich allerdings nicht alle gleich, deshalb mußte Butz unterschiedliche Methoden finden, um die Mehrschichtigkeit ihrer Geständnisse zu veranschaulichen. Diejenigen, welche einräumten, daß der Holocaust sich zugetragen hatte – obwohl sie wußten, daß es nicht stimmte –, aber beteuerten, daß sie nichts damit zu tun hatten, wollten auf diese Weise die Schuld auf andere abwälzen. Das «ermöglichte dem Gericht, Milde walten zu lassen, ohne politisch» das Gesicht zu verlieren.[30] In diese Kategorie fiel Oswald Pohl, hoher SS-Offizier und Herr über alle Konzentrationslager, der den Rücktransport der persönlichen Habe getöteter Juden nach Deutschland überwachte. Er war maßgeblich für die Verwaltung der Konzentrationslager und die wirtschaftlichen Aspekte der Endlösung verantwortlich und wurde dafür zum Tode verurteilt. 1947 sagte Pohl bei den Kriegsverbrecherprozessen aus, daß er Himmlers berühmte Rede 1943 vor SS-Offizieren in Posen mit eigenen Ohren gehört hatte.[31] Butz schob diese Äußerung auf Pohls individuelle Verteidigungsstrategie; Pohl habe «eigennützig» versucht, diejenigen zu bezichtigen, die sich nicht dagegen wehren konnten, indem er die Schuld der SS-Führung zu seinem Vorteil ausnutzte.[32]

Und noch eine Erklärung für die Geständnisse der Angeklagten hatte Butz parat: Sie irrten sich. So war das alles nicht gemeint, sie beabsichtigten mitnichten, sich wissentlich zur Judenvernichtung zu bekennen. Sie verstanden die Fragen nicht, welche die Sieger ihnen stellten. Die Antworten klangen zwar, als beichteten sie ihre todbringenden Pläne, doch das entsprach nicht der Wahrheit. Hermann Göring zum Beispiel war verwirrt, als er die Durchführung von Massenmorden bestätigte. Fragen nach Leichenbergen oder dem Übermaß an Todesopfern wurden von ihm falsch gedeutet. Er nahm an, daß man sich bei ihm nach den Vorgängen in deutschen Konzentrationslagern erkundigte, wo viele Leichen gefunden wurden. Hätte er die Frage begriffen, hätte er die Vermutungen der Alliierten richtiggestellt und ausgesagt, daß diese Menschen wegen der horrenden Zustände gegen Kriegsende gestorben waren, Zustände, die von *alliierten* Kampfmaßnahmen herrührten.[33] Männer wie Göring hielten im Dritten Reich alle Macht in Händen – wie diese Männer derart folgenschwere Fragen mißverstehen konnten, die ihr Schicksal besiegelten, bleibt Butz' Geheimnis, genauso wie das ungelöste Rätsel, warum sie keine Klarheit schafften, als sie merkten, wie ihre Aussagen interpretiert wurden.

Butz behauptete überdies, die Bekenntnisse der Angeklagten zu ihrer Mitschuld am Holocaust resultierten aus der Flut «vertrauter Propaganda», der sie seit Kriegsende ausgesetzt wurden; die ehemaligen Oberhäupter Nazideutschlands saßen einem Schwindel auf. Man kann sich über den Einfluß der für diese kapitale Täuschung Verantwortlichen wahrlich nur wundern. Sie hatten nicht nur die Hilfe der militärisch und politisch mächtigsten Nationen der Welt erwirkt, in Rekordzeit Tausende von Akten gefälscht, ohne enttarnt zu werden, und konkrete Indizien für die Existenz einer Ausrottungsprogramms erschaffen, sondern – und darin bestand ihre größte Leistung – es gelang ihnen sogar, die unschuldigen Personen, die sie des von ihnen erfundenen Holocaust bezichtigten, davon zu überzeugen, daß dieser tatsächlich stattgefunden hatte. Butz gemäß kannte die quasi überirdische Kraft der Juden keine Grenzen. Ihr eindrucksvollstes Meisterstück bestand darin, daß die Angeklagten bei der Belastung *ihrer selbst* kooperierten! Die jüdischen Ränkeschmiede brachten die Naziführer dazu, daß diese nicht nur den Wahrheitsgehalt des Mythos bekräftigten, sondern ihre Unterschriften persönlich unter gefälschte Dokumente setzten. «Jüdische Propagandisten» machten den Angeklagten plausibel klar, daß ein solches Verhalten Staatsanwaltschaft und Gericht gnädig stimmen würde.[34] Nur deswegen weisen einige Schriftstücke Unterschriften auf, die sich nicht als Fälschungen deklarieren lassen. Butz schweigt sich darüber aus, warum nie – auch nachdem die Prozesse längst abgeschlossen waren – jemals ein Angeklagter den Mund aufmachte und sich verteidigte, er habe damals gelogen, um nachsichtig behandelt zu werden. Im Gegenteil, viele ehemalige Nazis hielten an ihren Schilderungen des radikalen Eliminierungskonzepts fest und bestritten nicht, daß sie zu dessen Umsetzung beigetragen hatten.

Laut Butz heckten die Verschwörer nicht nur die Beweise aus, mittels deren der Holocaust-Schwindel faktisch etabliert werden konnte, sondern gewannen außerdem die Massenmedien zur Verbreitung der Legende. Die Medien der westlichen Demokratien glichen einer «Lügenmaschine, deren Ausdehnungen riesenhafter sind, als selbst die unabhängigsten Köpfe es nachvollziehen könnten»;[35] zum Teil lag das an ihrer Leichtgläubigkeit, teilweise trugen sie selbst die Schuld. Mit derartigen Beschuldigungen greift Butz auf Rassinier, App und Barnes zurück, in ihnen erklingt erneut das sattsam bekannte antisemitische Klagelied von der Kontrolle der Presse und Banken durch die Juden.

Butz deklassierte die Medien als «Lügenmaschine», weil sie die Holocaust-Fabelgeschichte in Umlauf brachten. Gleichzeitig jedoch schlachtete er das Phänomen aus, daß die Medien die systematische Judenvernichtung der Nazis bei ihrer Kriegsberichterstattung eben nicht hervorhoben, denn dies bewies seiner Meinung nach besser als alles andere, daß die Geschichte nicht stimmte[36] (andernfalls hätte sich die Presse gierig darauf gestürzt). Bei dieser «Erklärung» ignorierte Butz eine Reihe von Faktoren, die bei der Reaktion der Medien und der Welt auf die Schreckensmeldungen eine entscheidende Rolle spielten.[37]* Außerdem formulierten die alliierten Regierungen im Dezember 1942 offiziell ihre Mißbilligung der Geschehnisse in Deutschland, und mehrere Zeitungen berichteten fortlaufend darüber, unter anderem *New Republic*, *Nation*, *PM*, die Zeitungen des Hearst-Imperiums sowie die katholische Zeitschrift *Commonweal*; diesen Umständen trug Butz keinesfalls Rechnung. Seine

* Der wichtigste Grund lag in ihrer Beispiellosigkeit.

«Erklärung» barg überdies einen wesentlichen Widerspruch in sich: Wie konnte es dazu kommen, daß die Juden nach dem Krieg die Presse teuflisch manipulieren konnten, aber während des Kriegs nicht den geringsten Erfolg bei ihr hatten?

Butz liebte es, dem Echo in den amerikanischen Medien Berichte der Nazipresse gegenüberzustellen. Die Zeitungen des Dritten Reichs sahen entschieden davon ab, die «jüdische Beschwerde, sie würden ausgerottet», mit einer Silbe zu erwähnen; dies machte deutlich, daß sie auf einer höheren Reflexionsstufe ansiedelt waren als die alliierten Blätter. Butz lobte die deutsche Presse dafür, daß sie die tendenziösen Nachrichten aus den Todeslagern überging und ihre Aufmerksamkeit statt dessen «berechtigten» Problemen zuwandte, zum Beispiel dem «Ausmaß der Gewalt, welche die Juden über die alliierten Medien haben, und die Methoden, welche sie dabei anwenden».[38]

Es spricht Bände, daß Butz die Nazipresse als Apotheose hochrangigen Journalismus lobt, denn bekanntermaßen erfolgte jegliche Information der Öffentlichkeit im Dritten Reich ausschließlich unter den Argusaugen der Regierung. Ähnliche Bedenken müssen sich einstellen, wenn er die Frage nach dem jüdischen Einfluß auf die Medien als «berechtigt» etikettiert. Diese Beurteilungen sind zuverlässige Indikatoren für Butz' persönliche Weltanschauung.

Doch nicht nur deutsche Dokumente und Aussagen der Kriegsverbrecher bezeugen die Judenvernichtung. Wie bei der Analyse von Richard Harwoods Broschüre bereits zu erkennen war, brachte auch der IKRK-Report die «Ausrottungspläne» explizit zur Sprache. Bei seinem Umgang mit diesem Bericht spaltete Butz sich von Holocaust-Leugnern wie Harwood und seinem anonymen amerikanischen Vorbild ab. Butz bestritt nicht, daß das IKRK die Generalvernichtung der Juden thematisierte, lieferte allerdings mehrere Deutungsmöglichkeiten, wie die eigentliche Wahrheit zwischen den Zeilen herauszulesen sei. Butz beharrte auf dem Standpunkt, das IKRK habe sich politischem Druck von außen fügen müssen und in seiner Untersuchung deshalb «Vorbehalte gegen die Deutschen» zum Ausdruck gebracht.[39] Die Anspielungen auf Massenausrottungen sollten die Alliierten beschwichtigen, insbesondere die Russen.[40] Wer diese Interpretation nicht akzeptieren mochte, dem bot Butz eine zweite Hintergrundinformation an. Demnach war das IKRK demselben Schwindel zum Opfer gefallen wie die Angeklagten der Kriegsverbrecherprozesse. Die humanitären Vertreter hatten während des Kriegs in Europa konkrete Beobachtungen gemacht, die dem Holocaust widersprachen, doch nach dem Krieg wurde ihre Sicht der Vorkommnisse durch Pseudodokumente und gefälschte Zeugenaussagen getrübt.[41]

Letztlich warnte Butz seine Leser vor dem Report: Da er Rechenschaft darüber ablegen sollte, wie das IKRK den europäischen Juden Beistand geleistet hatte, steckte ohnehin pure «Berechnung» dahinter. Es sei, so lautete Butz' Argument, typisch für die Veröffentlichungen einer gemeinnützigen Organisation, daß in ihnen die Effektivität der gewährten Hilfe aufgebauscht wurde; das IKRK hatte vermutlich weit weniger ausgerichtet, als es vorgab. Butz versuchte, sein Publikum darob zu «trösten», und schrieb in diesem Zusammenhang einen Satz nieder, der wahrscheinlich zu den entlarvendsten des ganzen Buchs zählt: «Wir dürfen nicht allzu niedergeschmettert sein, falls je herauskommen sollte, daß die jüdisch-ungarischen Kinder oder die Juden, die nach Wien marschieren mußten, in Wirklichkeit ein wenig mehr litten, als die Untersuchung uns glauben machen will; beiden wurde angeblich vom IKRK geholfen.»[42] Es wirft ein erschreckendes Licht auf seine wahren Gefühle, daß Butz meint, seine Leser könnten «niedergeschmettert» sein, wenn sie erführen, daß jüdische Kinder mehr litten, als das IKRK vermeldete.

In Butz' Interpretation des Reports spiegeln sich die Schwächen seiner Methodologie wider. Er rüttelte an der Glaubwürdigkeit des Reports und beschuldigte die Verfasser, Marionetten der Politiker zu sein, die von den Holocaust-Betrügern gefoppt wurden. Aber sobald es seinen Absichten diente, verwandelte sich dieselbe Studie flugs in eine qualifizierte Quelle, mit der er seine These untermauerte, daß der Holocaust eine Erfindung war. An einer Stelle berichtet das IKRK, daß viele der Insassen des Lagers Theresienstadt «nach Auschwitz übergeführt» worden seien. In Anbetracht der unzähligen Indizien für die Judenvernichtung der Nazis läßt diese Information wenig Zweifel daran offen, was eine solche Überführung bedeutete. Butz hingegen behauptete steif und fest, das IKRK habe diesen Vorgang nicht für signifikant gehalten, da die Beobachtung ohne «irgendeinen finsteren Kommentar» für sich im Raum stehe. Bis auf Butz und seine Kollegen im Geiste der Holocaust-Leugnung empfindet jeder Mensch die Worte «nach Auschwitz übergeführt» zwangsläufig als finster und bedrohlich, daher erübrigte sich ihre Erläuterung durch das IKRK.

Dieser Versuch, einer fehlenden Stellungnahme Bedeutung beizumessen, erinnert an einen Vorfall, der sich während des Eichmann-Prozesses ereignete, in dessen Verlauf der protestantische Pfarrer Heinrich Grüber als Zeuge auftrat. Er hatte während des Kriegs wiederholt versucht, Eichmann zu einer milderen Behandlung der Juden zu bewegen. Er beantragte, daß ungesäuertes Brot für das Passahfest an ungarische Juden gesandt würde, und reiste in die Schweiz, um seine Mitchristen dort aufzufordern, sie sollten Immigrationsvisa und Einreisegenehmigungen für Juden erwirkten. Grüber unternahm sogar Anstrengungen, das südfranzösische

Konzentrationslager Gurs aufzusuchen, wo Juden unter entsetzlichen Bedingungen dahinvegetierten. Für sein Engagement wurde er schließlich selbst in einem Lager inhaftiert. Zu seiner Verteidigung wollte Eichmann nachweisen, daß die deutsche Öffentlichkeit mit seiner Handlungsweise einverstanden gewesen sei – schließlich habe ihm niemand «Vorhaltungen gemacht» wegen seiner Amtstätigkeit. «Dies behauptet selbst der Zeuge Propst Grüber nicht von sich.» Eichmann räumte ein, daß Grüber sich um «Erleichterung» des qualvollen Schicksals der Juden bemüht hatte, doch «ohne sich gegen meine Amtstätigkeit selbst zu wenden».[43]

Eichmann und Butz hatten ähnlich diffuse Gedankengänge, um etwas anders wirken zu lassen, als es tatsächlich gewesen war. Eichmann argumentierte, der Pfarrer habe die Vernichtungsaktionen gebilligt, da er ihnen nicht expressis verbis «Halt!» geboten habe. In analoger Weise gelangte Butz zu dem Schluß, «Überführung nach Auschwitz» impliziere nichts Bedrohliches, weil das IKRK die Liquidierungen in diesem Zusammenhang nicht direkt erwähne.

Butz' Handhabung des IKRK-Reports bildet ein Musterbeispiel für seinen Trick, die beiden Seiten einer Medaille gegeneinander auszuspielen, indem er einerseits unterstellt, die IKRK-Mitarbeiter seien an der Nase herumgeführt worden, im gleichen Atemzug aber ihre Beobachtungen als Beweis dafür anführt, daß in Auschwitz keine Verbrechen verübt worden seien. An Butz' Haltung den Medien gegenüber wird ebenfalls erkennbar, daß derartige Widersprüche zu den Prinzipien seiner Argumentationsstruktur gehören. Es liegt in der Natur der Dinge, daß Dokumente oder individuelle Aussagen gelegentlich gewisse Fehler enthalten, andere Einzelheiten dagegen korrekt wiedergeben. Vor Gericht beschreiben die vorgeladenen Zeugen die Details eines Falls häufig unterschiedlich, während sie über den Kern des Ereignisses in der Regel übereinstimmen. Richter, Staatsanwälte und Verteidiger können ein Lied davon singen, wie unpräzise das menschliche Gedächtnis funktioniert, sofern es um Entfernungen, Ausmaße und exakte Zahlen geht; an den Kern eines Geschehens vermag es sich allerdings meistens zuverlässig zu erinnern. Trotzdem besteht eine der Lieblingstaktiken der frühen Holocaust-Leugner darin, die Angaben eines Angeklagten sofort für ungültig zu erklären, selbst wenn sie nur in wenigen Punkten Irrtümer aufwiesen.

Butz hingegen wandte bei seiner Kritik an den Medien und dem IKRK eine neue Strategie an. Seiner Meinung nach waren ihnen nicht nur hier und da Schnitzer unterlaufen, sie mußten vielmehr überhaupt als Informanten verworfen werden, da sie nichts als «riesenhafte Lügenmaschinen» und politische Schachfiguren darstellten. Doch wenn es ihm in den

Kram paßte, zitierte er die Berichte beider Institutionen als verläßliche, kompetente Quellen für seine eigenen Ansichten. Butz operiert fortwährend mit diesem Paradoxon, er kann indessen nicht alles haben: Entweder entspricht etwas der Wahrheit oder nicht. Es entbehrt jeder Logik, die Worte «Überführung nach Auschwitz» bezögen sich nicht auf den Holocaust, aber parallel dazu beim Stichwort «Vernichtung» das IKRK sofort als politische Schachfigur oder Opfer eines Täuschungsmanövers abzustempeln.

Butz führte keine eigenen Beweise an, um seine Schlußfolgerungen zu erhärten. Jeder wissenschaftlich Arbeitende (auch auf dem Gebiet der Elektrotechnik) sucht zur Verifikation seiner Deduktionen nach entsprechenden Daten. Die Holocaust-Leugner ignorieren beharrlich jede Tatsache, die ihren Thesen widerspricht. Ein berühmter mittelalterlicher Kirchenvater, der heilige Anselm, sprach vom «Glauben, der die Vernunft sucht». Dies beschreibt die Vorgehensweise der Holocaust-Leugner. Ihr Glaube an die Nichtexistenz des Holocaust veranlaßt sie dazu, Vernunft, Fakten und Geschichte entsprechend ihren eigenen Zielen anzupassen und umzuformen.

Butz konnte die Konstruktion seiner Schwindeltheorie nicht ohne die Frage nach den «verschwundenen» Juden abschließen. Was geschah mit den Juden, die nach den Aussagen ihrer nächsten Familienangehörigen zufolge ums Leben kamen? Butz unterbreitete mehrere Lösungsvorschläge, ohne einen einzigen Anhaltspunkt zu nennen, der sie bekräftigt hätte. Er verstreute die Juden zunächst in alle vier Himmelsrichtungen – die meisten befänden sich in der Sowjetunion.[44] Außerdem waren mindestens 50 000 in die USA eingewandert. Die Phantomjuden – so Butz – ließen sich in New York nieder, wo man sie nicht aufzuspüren vermochte, weil dort bereits Millionen Juden wohnten. Wem würden «hunderttausend mehr oder weniger auffallen»?[45]

Was aber war mit den «Überlebenden», die angaben, daß sie ihre unmittelbaren Angehörigen verloren hatten? Butz läßt durchblicken, daß viele von ihnen höchstwahrscheinlich die Unwahrheit sagten; andere logen nicht absichtlich, unterlagen jedoch vielleicht dem Irrtum, ihre Verwandten seien ermordet worden, während diese in Wirklichkeit noch lebten.[46] Wo also befanden sie sich? Sie überlebten den Krieg, ihre «Vorkriegsbeziehungen nahmen sie [allerdings] nicht wieder auf».[47] Womöglich verbot die Sowjetunion ihnen den Kontakt mit ihren Familien, außerdem wußte Butz einen noch «einleuchtenderen Beweggrund»: Viele Überlebende stammten aus Ehen, die «einzig und allein durch soziale und wirtschaftliche Notwendigkeit zusammengehalten wurden».[48] Der Krieg zerstörte diese Zwänge. Nach dem Krieg fanden diese «einsamen Ehefrauen und

Ehemänner» andere Partner und knüpften Verbindungen, die ihnen «kostbarer» waren als ihre früheren.[49] Sie kehrten Gatten, Kindern und ihren übrigen Angehörigen den Rücken, begannen ein neues Leben und fügten sich so als lebende Glieder in den Betrug mit ein, um ihre persönlichen Entscheidungen zu legitimieren. (Wäre das Thema nicht so ernst, könnte man diese herzlose Hypothese, warum jene Menschen ihre Familien aufgaben, als satirische Randerscheinung vernachlässigen.)

Da Butz sich offensichtlich darüber im klaren war, daß hierdurch nicht einmal ein Bruchteil der Vermißtenzahl erklärt wurde, erörterte er ausführlich, wie dieses Element der betrügerischen Strategie funktionierte, mittels deren der Holocaust-Betrug in die Welt gesetzt wurde. Gatten, Kinder, Eltern, Geschwister, Schwiegereltern, Schwäger und Schwägerinnen meldeten jemanden als vermißt. Jeder Jude ging also stets mehrfach als Opfer in die Statistik ein. «Auf diesem Weg läßt sich über die vermißten Juden beinahe endlos Rechenschaft ablegen.»[50] Butz versicherte seinen Lesern, diese Erklärung sei unbedingt stichhaltig, denn auch er habe «mit zahlreichen Freunden und Bekannten aus der Vergangenheit den Kontakt verloren, doch ich vermute, daß die meisten noch leben».[51] Eine fahrlässige, ja infame Bemerkung, obwohl Butz sehr eigenwillige Maßstäbe in bezug auf das jüdische Leid hatte; er hielt es nämlich geradezu für selbstverständlich, daß die Juden aus ihren Häuser vertrieben, in Ghettos eingesperrt, in Arbeitslagern inhaftiert, von ihren Familien getrennt wurden und unter derart erschwerten Bedingungen existieren mußten, daß eine Million von ihnen starben. In Anbetracht der Realität schießt dieser Kommentar noch weit über jede Fahrlässigkeit hinaus.

Jeder Schreibende strebt nach einer Art von Unsterblichkeit und hofft, daß ihr oder sein Werk über die Grenzen der Zeit hinweg zu den Menschen sprechen wird. Butz hat dieses Ziel erreicht. Seine Erkenntnisse sind in zahlreichen Datenbanken gespeichert, in öffentlich zugänglichen Bibliotheken wie auch in den Einrichtungen von Fanatikern, zum Beispiel den Computersystemen des Ku-Klux-Klan und der Neonazis. Waffentragende Sicherheitstrupps zitieren Butz, wenn sie ihren Antisemitismus rechtfertigen wollen.[52] Faschisten, Rassisten und radikale Extremisten schreiben seine Ideen auf ihre Fahnen. Bei der künftigen Bewertung der abstrusen, schädlichen Theorien aus den Sphären der Holocaust-Leugnung wird man sich an Butz' Buch – zusammen mit ähnlich verleumderischem Schriftgut wie den *Protokollen der Weisen von Zion* – orientieren müssen.

8. Geschichtsumwandlungen: Das *Institute for Historical Review*

Im Spätsommer 1979 lud eine bis dato weitgehend unbekannte Einrichtung, das *Institute for Historical Review (IHR)*, auf dem in der Nähe des Flughafens von Los Angeles gelegenen Gelände einer technischen Privatschule zur ersten «Revisionismus-Konferenz» ein. Bis zum damaligen Zeitpunkt hatte das IHR, das im Vorjahr gegründet worden war, nur wenig Aufmerksamkeit erregt. Die meisten, die über seine Existenz Bescheid wußten, straften es als ein Sammelbecken für Holocaust-Leugner, Neonazis, Deutschlandfanatiker, rechtsgerichtete Extremisten, Antisemiten, Rassisten und Verschwörungstheoretiker mit Verachtung. Während jener Zusammenkunft verkündete der Direktor des Instituts, welchen die dort Versammelten unter dem Namen Lewis Brandon kannten, das IHR werde jedem eine Belohnung von 50 000 Dollar zahlen, der «beweisen kann, daß die Nazis während des Zweiten Weltkriegs Gaskammern zur Judenvernichtung einsetzten». Brandon, dessen richtiger Name (wie sich herausstellen sollte) William David McCalden lautete, gestand später ein, das Angebot sei nie wirklich ernst gemeint, sondern als Anreiz gedacht gewesen, um eine Werbekampagne des Instituts in eigener Sache in Gang zu setzen: «Der Wettbewerb war ein Kunstgriff, um unser Anliegen an die große Glocke zu hängen.» Den Lesern des IHR-Organs *Journal of Historical Review* gegenüber prahlte McCalden damit, der Plan sei von großem Erfolg gekrönt gewesen. Die in seiner Folge publizierten Zeitungsartikel hätte man «zentimeterweise» messen können. Doch ungeachtet von McCaldens Begeisterung kam diese Gauklernummer das IHR letztlich teuer zu stehen.[1]

Außer Lewis Brandon verwandte McCalden eine ganze Reihe weiterer Syonyme, unter anderem Sondra Ross, David Berg, Julius Finkelstein, David Stanford; er wurde 1951 im nordirischen Belfast geboren, wo er Grundschule und Gymnasium besuchte.[2] An der *University of London* absolvierte er das Lehrerexamen. In England war er für seine Beziehungen zur neofaschistischen, extremistischen Szene bekannt. Bevor McCalden in die USA übersiedelte, gehörte er der rechtsgerichteten *National Front* Englands an, bekleidete dort einen Funktionärsposten und gab antisemitisch-rassistische Schriften heraus. McCalden war erklärter Rassist, und aufgrund seiner unverhohlenen «rassistischen politischen Einstellung» verweigerte man ihm die Mitgliedschaft in der englischen Journalistengewerkschaft. In seinem Einspruch gegen die Entscheidung des Verbands bekannte McCalden freimütig, er befürworte einen Journalismus, welcher der «Rassendiskriminierung» förderlich sei; er bezeichnete sich selbst als überzeugten «Rassisten».[3] Zu einem Jünger der Holocaust-Leugnung wurde er – wie er berichtete – durch die Lektüre von Richard Harwoods *Did Six Million Really Die?*. 1978 verlegte er seinen Wohnsitz nach Kalifornien, wo er zunächst für das antisemitische Magazin *American Mercury* arbeitete. Als McCalden merkte, daß die Zeitschrift und alles, was mit ihr zusammenhing, zum Scheitern verurteilt war, mischte er – seinen Aussagen zufolge – tatkräftig beim Aufbau des IHR mit, um das Evangelium der Holocaust-Leugnung ausbreiten zu können.[4] Er leitete das IHR von 1978 bis 1981.*

Im ersten Jahr nach der Aussetzung der Belohnung ignorierten die Medien sowohl diese wie auch alle weiteren Aktivitäten des IHR. Um seine Arbeit publik zu machen – was ja bekanntlich das Ziel des «Wettbewerbs» war –, verfügte McCalden, daß eine Auswahl prominenter Überlebender Briefe erhalten sollten, in denen sie herausgefordert wurden, die Vergasung von Juden in Auschwitz stichhaltig zu belegen; wem es gelinge, dem winke eine Anerkennung von 50 000 Dollar.[5] Den Adressaten wurden ein Wettbewerbsformular sowie eine Aufzählung der Teilnahmebedingungen zugesandt,[6] die vorschrieben, daß potentielle Anwärter auf den mit 50 000 Dollar dotierten Preis der «Nachfolgekonferenz zum Revisionismus» auf eigene Kosten beiwohnen mußten, um dort ihre Befunde vorzulegen. Die Entscheidung der Expertenjury konnte durch nichts angefochten werden; das IHR nominierte die Mitglieder der Jury, die über die Gültigkeit der Beweismittel befinden und die vorgelegten Indizien bewerten würde. Der Fragebogen erheischte von den Wettbewerbsteilnehmern Auskunft über ihre ethnische Abstammung, ihre Inhaftierungszeiten in einem bzw. mehreren Konzentrationslagern sowie die exakten Daten und Lokalitäten der Tötungen durch Gas, deren Zeugen sie angeblich gewesen waren. Darüber hinaus sollten sie detailliert die technischen Abläufe der von ihnen beobachteten Vergasungen beschreiben und «forensische Evidenz» zur Untermauerung ihrer Thesen abliefern, beispielsweise persönliche Tagebücher oder Photographien.[7]

Eines dieser provozierenden Schreiben wurde Mel Mermelstein zugestellt, der im kalifornischen Long Beach lebte; Mermelstein hatte Auschwitz überlebt, seine Mutter und Schwestern waren dort vergast worden,

* Im Frühjahr 1981 verließ er das IHR wegen Differenzen mit Carto, dem mächtigsten Mann hinter der Organisation. Bis zu seinem Tod 1991 führte er einen nahezu unaufhörlichen, bitteren und hitzigen Kampf gegen Carto und das IHR.

Vater und Bruder kamen im Auschwitz-Nebenlager Jaworzno ums Leben. Beim IHR war man auf Mermelstein wegen seiner Leserbriefe an mehrere Zeitungen aufmerksam geworden, unter anderen an die *Jerusalem Post*, in denen er das Institut und seine Aktivitäten mit Schimpf und Schande überhäufte. In diesem Blatt ließ das IHR einen offenen Brief an Mermelstein erscheinen und bezichtigte ihn, «mit dem Vernichtungsschwindel hausieren zu gehen». Außerdem schickte McCalden ihm eine persönliche Aufforderung, am Wettbewerb teilzunehmen. Der IHR-Direktor bat sich eine zügige Antwort aus, gleichzeitig warnte er Mermelstein: sollte das IHR nichts von ihm hören, werde es seine «eigenen Schlüsse» ziehen und Mermelsteins Weigerung, an dem Wettstreit teilzunehmen, an die Medien weitergeben.[8] Was das bedeutete, lag auf der Hand: Das IHR würde eine Ablehnung als Unvermögen interpretieren, die Realität des Holocaust zu bestätigen.

Mermelstein nahm die Herausforderung an.* Noch im selben Monat übersandte er dem IHR einen notariell beglaubigten Bericht über seine Erfahrungen in Auschwitz sowie eine Liste mit Namen zusätzlicher Augenzeugen und wissenschaftlicher Gutachter, welche dem Tribunal, das über den jeweiligen Sachverhalt urteilen würde, nötigenfalls zur Verfügung stehen konnten. Mermelstein versah seinen Brief mit dem Hinweis, daß er gerichtliche Schritte einleiten würde, um seine Vereinbarung mit dem IHR durchzusetzen, sollte bis zum 20. Januar 1981 keine Reaktion bei ihm eingegangen sein. Am 26. Januar 1981 verlangte Mermelsteins Anwalt vom IHR eine «unverzügliche Bereinigung» der Angelegenheit. Das Ende dessen, was als Fall Mermelstein Aufsehen erregen sollte, stand jedoch noch lange nicht bevor.**

McCalden unterrichte Mermelstein davon, daß auch Simon Wiesenthal einen Antrag auf Anhörung gestellt habe und das IHR zunächst sein Gesuch bearbeiten wolle.[9] Wiesenthal zufolge bot man ihm 50 000 Dollar, falls er bewies, daß auch nur ein einziger Jude in einem Konzentrationslager vergast worden sei, und 25 000 Dollar, wenn er die Authentizität von Anne Franks Tagebüchern bekräftigte. Wiesenthal ließ sich auf den Vorschlag ein, womit dem IHR ein werbeträchtiger Geniestreich gelungen schien. In einem Rundschreiben an die Abonnenten des *Journal*

* Zuvor hatte Mermelstein sich mit mehreren jüdischen Einrichtungen, unter anderen der ADL und dem *Simon Wiesenthal Center*, beraten, die ihm nahelegten, er solle die Provokation seitens des IHR nicht beachten, da eine Beteiligung den Holocaust-Leugnern lediglich das Forum verschaffte, das sie um jeden Preis erstrebten. Dennoch entschied Mermelstein sich für ein weiteres Vorgehen.

** 1990 wurde Mermelsteins Geschichte mit Leonard Nimoy in der Hauptrolle für das Fernsehen verfilmt.

of Historical Review gab McCalden zu, bei dem «Preisausschreiben» handele es sich um eine Falle, und das Institut habe gehofft, daß irgendein «naiver Eiferer» hineintappen würde. Frohlockend tat er kund, mit Wiesenthal habe man eine «höchst geeignete, höchst prominente Maus» angelockt.[10] McCalden verschwieg seinen Lesern, daß die «Maus» sich bereits aus der Falle befreit hatte.

Wiesenthal regte an, ein Richter des kalifornischen Obersten Gerichts solle über seinen Fall wachen. Das IHR wies die Empfehlung zurück und beharrte auf seinem Anspruch, eine eigene Jury zusammenzustellen, die Wiesenthals Beweismaterial begutachten würde. Am 4. März 1981 teilte Wiesenthal «Brandon» mit, er ziehe sich aus der Angelegenheit zurück, da er die IHR-Sachverständigen für befangen halte. In einem persönlich unterzeichneten Dokument erläuterte Wiesenthal den Grund für seinen Widerruf: er werde sich keinesfalls einem Verfahren anschließen, bei welchem eine Partei gleichzeitig als Ankläger und Richter fungiere.[11] Wiesenthals Argwohn erwies sich als um so berechtigter, nachdem Tom Marcellus, McCaldens Nachfolger als IHR-Direktor, von Mermelsteins Anwalt auf Herz und Nieren ausgefragt worden war – mit niederschmetterndem Ergebnis. Der Anwalt erkundigte sich bei Marcellus, wer für das Gremium auserwählt werden solle, welches das IHR zur Überprüfung der vorgelegten Evidenz einberufen wollte. Als prädestinierte Experten schlug Marcellus Robert Faurisson, Arthur Butz und Ditleib Felderer vor. Alle drei gehörten dem Redaktionsbeirat des *Journal of Historical Review* an. Butz hatte mit *The Hoax of the Twentieth Century* seine Zeichen gesetzt. Als der Fall Mermelstein verhandelt wurde, war Faurisson von einem französischen Gericht bereits wegen Verleumdung – weil er die Realität des Holocaust bestritt – zu einer Gefängnisstrafe auf Bewährung, zu Geldbußen und Schadensersatzzahlungen verurteilt worden. Ditleib Felderer, ein schwedischer Staatsbürger österreichischer Herkunft und nach eigenen Angaben jüdischer Abstammung, publizierte eine beißend antisemitische Zeitschrift, *Jewish Information Bulletin*, deren antisemitische Haßtiraden, anders als beim *Journal of Historical Review*, nicht einmal unter einem Deckmäntelchen von Ernsthaftigkeit verborgen waren.*

* Unter den Rundschreiben, welche jene sogenannte *Jewish Information Society* distribuiert, findet sich die grob verzerrende, obszöne Karikatur einer älteren Jüdin und eines älteren Juden, beide mit langen Hakennasen. Die Brüste der Frau baumeln bis zu ihren Knien herab; ihr Kinn ist mit Stoppeln bedeckt, und sie raucht eine Zigarette. Der erigierte Penis des Mannes wird von einer Schiene aufrecht gehalten, sein Hodensack hängt ihm ebenfalls bis auf die Knie. Die Bildunterschrift lautet: «Ungeachtet seiner schwächlichen Konstitution gelang es Dr. Mengele, ihn zu verjüngen. Stolz führt er nun seine hübsche neue Vorrichtung seinem schönen, höchst erwartungsvoll und verführerisch dreinblickenden Liebchen vor.»

1983 saß er wegen der Verbreitung von volksverhetzendem Material für zehn Monate in Haft. Der Staatsanwalt des Prozesses berichtete, daß Felderer den Vorstehern jüdischer Gemeinden in Europa Umschläge mit menschlichen Gewebepartikeln und Haarsträhnen zugeschickt und sich in dem beigefügten Schreiben erkundigt hatte, ob sie anhand dieser Partikeln in Auschwitz vergaste ungarische Juden identifizieren könnten.[12]

Mermelstein ließ sich von derlei Erkenntnissen über die «Gutachter» nicht abschrecken und reichte am 19. Februar 1981 gegen das IHR, Carto und Brandon alias McCalden eine Klage ein. Noch vor der Hauptverhandlung, während der verschiedenen Vorbereitungsgespräche, verfügte Richter Thomas T. Johnson, die Tatsache, daß Juden in Auschwitz vergast wurden, sei offiziell ins Protokoll aufzunehmen; dies «steht nicht zur Debatte», sondern «ist ein schlichtes Faktum». Aus dem langwierigen Prozeß mit zahlreichen Aufschüben ging Mermelstein als Sieger hervor. Im Juli 1985 verurteilte der Oberste Gerichtshof von Los Angeles das IHR dazu, an Mermelstein 90 000 Dollar zu bezahlen; die Summe setzte sich aus der versprochenen Belohnung von 50 000 Dollar sowie 40 000 Dollar Schmerzensgeld zusammen. Die Angeklagten mußten überdies einwilligen, in aller Form bei Mermelstein für die psychische Belastung Abbitte zu leisten, die sie ihm und den anderen Überlebenden aus Auschwitz auferlegt hatten. Der vorformulierte Entschuldigungsbrief schloß eine wörtliche Wiederholung der richterlichen Verfügung über die Realität von Auschwitz ein.[13] (Dies war nicht das Ende des Falls Mermelstein. Während eines Radiointerviews am 7. August 1985 gab Mermelstein bekannt, die beschuldigten IHR-Mitglieder hätten die gerichtlich aufgesetzte Erklärung unterzeichnet. Am 6. August 1986, einen Tag vor Ablauf der Verjährungsfrist, erstatteten Willis Carto und das IHR wegen diffamierender Äußerungen in jenem Rundfunkgespräch Anzeige gegen Mermelstein. Anderthalb Jahre später zogen sie ihre Klage freiwillig zurück. Infolge der Vorfälle hat Mermelstein wegen böswilliger Verfolgung erneut gerichtliche Schritte gegen das IHR und Carto eingeleitet. Die Angelegenheit ist noch nicht abgeschlossen.[14]) Trotz der finanziellen Verluste und der lächerlichen Figur, welche das IHR im Zuge der Mermelstein-Affäre in den Augen der Allgemeinheit machte, wichen die, welche an der Spitze des Instituts standen, nicht von der Meinung ab, daß die Herausforderung an die Holocaust-Überlebenden in Anbetracht des Presseechos ein voller Erfolg war.

Der Fall Mermelstein ist nicht der einzige Weg, auf dem das IHR in seinen Anfängen coram publico einigen Wirbel veranstaltete. 1981 mietete es das *Lake Arrowhead*-Konferenzzentrum der *University of California* für seine Jahresversammlung. Als das Institut mit der Bitte um Benutzung der Räumlichkeiten an die Universitätsverwaltung herantrat, vermutete der für die Vermietung der Konferenzsäle zuständige Angestellte hinter dem IHR offenbar eine legitime wissenschaftliche Körperschaft. Trotz heftiger Proteste seitens Fakultätsangehöriger und Studenten machte die Administration mit Rückendeckung durch Gouverneur Jerry Brown geltend, sie könne den Kontrakt aufgrund der Rechtslage nicht brechen. Als man im Universitätsdekanat allerdings erfuhr, daß McCalden beim Abschluß des Mietvertrags mit seinem Pseudonym Brandon unterzeichnet hatte, erklärte man, daß angesichts einer «begangenen Täuschung» legitimer Anlaß bestehe, die Vereinbarung mit dem IHR zu annulieren. Ungefähr zu demselben Zeitpunkt, da die Universität sich darum bemühte, die Übereinkunft außer Kraft zu setzen, setzte McCalden die Anhänger des IHR davon in Kenntnis, daß der Gaskammerstreit nichts weiter als ein Public-Relations-Trick gewesen sei. Die Universität rechtfertigte ihre Absage, indem sie jenes Eingeständnis McCaldens zitierte, bei dem Wettbewerb handele es sich um einen «Kunstgriff der Öffentlichkeitsarbeit».[15]

Dieser Verlauf bedeutete in gewisser Hinsicht eine Abweichung vom ursprünglichen Kurs des IHR, mit dessen Gründung sich dieselben Intentionen verbanden wie mit Arthur Butz' *The Hoax of the Twentieth Century*: Die Holocaust-Leugnung sollte aus den entlegenen Sphären rassistischen und antisemitischen Extremismus in die Gefilde akademischer Seriosität verlagert werden. Das IHR war dahingehend konzipiert, den Holocaust-Leugnern wissenschaftliche Anerkennung zuteil werden zu lassen; schon allein deswegen war man so erpicht darauf, im universitären Bereich tagen zu dürfen. Obwohl das IHR und seine Befürworter stets verkünden, die Holocaust-Leugnung fühle sich einer unverfälschten Tradition geistig-philosophischen Strebens verpflichtet,[16] wird bei einer Untersuchung des Instituts, seiner Veröffentlichungen, Aktivitäten und der eng mit ihm verbundenen Personen mehr als deutlich, daß das IHR in ein Kontinuum rassistischer, antisemitischer Strömungen hineingehört. Wären seine Publikationen und Aktionen nicht mit einer Aura der Wissenschaftlichkeit umgeben, würde man sie kurzerhand als das abstempeln, was sie wirklich sind, nämlich fanatische Ausgeburten einer neonazistischen Ideologie. Die antiisraelische, rassistische, antisemitische Haltung des Instituts manifestiert sich in allem, was dort seinen Ausgang nimmt. Die Organisationsform einer Forschungseinrichtung, welche das IHR sich selbst verlieh, sowie sein äußerlicher Anstrich mögen neu gewirkt haben, seine Pläne zur Wiederbelebung des Nationalsozialismus, zur antisemitisch-rassistischen Indoktrinierung und Verunglimpfung der Demokratie waren es jedoch nicht.

Das IHR hat sein eigentliches Programm von Anbeginn durch Aktivitäten verschleiert, die für Forschung und Lehre charakteristisch sind. Es lanciert jährliche Versammlungen, die wie akademische Seminare aufgebaut werden, und gibt das *Journal of Historical Review* heraus, das den würdigen, hochgestochenen akademischen Sprachstil imitiert. Obwohl nahezu alle Aktivitäten des Instituts auf dem Gebiet der Holocaust-Leugnung angesiedelt sind, engagiert es sich vorgeblich für wesentlich weitgespanntere, erhabenere Ziele. Das IHR behauptet von sich selbst, es wolle mit seinen Nachforschungen die Geschichte des 20. Jahrhunderts den tatsächlichen Begebenheiten anpassen und die historischen Götzenbilder umstürzen, deren Aufstellung durch geschickt verhüllte Interessen gesteuert werde. In vorderster Reihe stünden hierbei die Mythen vergangener Kriege. Wie alle Holocaust-Leugner der Vergangenheit beteuerte das IHR, es beziehe seine Motivation nicht aus Vorbehalten gegenüber anderen, sondern einzig und allein aus einer «tiefempfundenen Hingabe an geschichtliche Objektivität».[17] Auf den Einwand, die Holocaust-Leugner trachteten nach einer Rehabilitierung des Nationalsozialismus, reagierte das IHR empört; man sei nicht daran interessiert, irgendeinem Regime den Wiederaufstieg zu ermöglichen, sondern nur, «der *Wahrheit* zu ihrem Recht zu verhelfen». Im Gegensatz zu den gesellschaftlich sanktionierten Historikern erklärte man sich nämlich bereit, den «zwielichtigen Unterdrückern» geschichtlicher Realität entgegenzutreten.[18] Nur wenn die historischen Lügen aufgedeckt würden, mit welchen die USA zugeschüttet worden waren, ließ sich verhindern, daß die Nation von einem katastrophalen Konflikt in den nächsten «befördert» wurde, vor allem im Mittleren Osten.[19] Dies ist und bleibt das nach außen hin vertretene Programm des IHR, doch die Wirklichkeit sieht anders aus.

Ungeachtet seiner vorgeblichen Ambitionen auf eine umfassende Revision der gesamten Menschheitsgeschichte konzentriert sich das IHR beinahe ausschließlich auf den Zweiten Weltkrieg und den Holocaust. Bei ihm handelt es sich – so das IHR – um «die am stärksten verzerrte Epoche» der Geschichte und um das Ereignis, welches am häufigsten wie ein «historischer Knüppel zur Einschüchterung der öffentlichen Meinung» eingesetzt werde. David McCalden besaß präzise Vorstellungen davon, welche Auffassungen der Allgemeinheit solchermaßen und quasi drohend aufgedrängt werden sollten, und äußerte sich auch dazu. In einem Rundbrief zur Anwerbung neuer Abonnenten für das *Journal of Historical Review* schrieb McCalden, der Bezug des Magazins sei nicht nur eine Maßnahme, die jeder amerikanischen Familie Hunderte von Dollar an Steuergeldern ersparen würde, sondern auch die Gefahr eines desaströsen Atomkriegs von den USA abwandte. McCalden erläuterte detailliert, wie derart hochtrabende Visionen dank einer schlichten Zeitschriftenbestellung realisiert werden konnten: «Jedes Jahr stiehlt eine fremde Regierung Millionen Dollar von Ihnen und anderen amerikanischen Steuerzahlern. Der Dieb ist niemand anderer als die korrupte, bankrotte israelische Regierung mitsamt ihren Horden bezahlter wie auch ehrenamtlicher Agenten in den USA, insbesondere in Washington. Und der Diebstahl wird in erster Linie durch die schlaue Ausschlachtung der größten Lüge aller Zeiten verübt – der 'Holocaust'-Lüge.»[20] (Die Involvierung Israels bildet einen ständigen Refrain im Klagelied des IHR.)

Für das IHR bedeutete die Entlarvung des «sogenannten» Holocaust weit mehr als ein Umschreiben der historischen Berichterstattung – sie hatte entscheidende politische Implikationen. Solange der Holocaust nicht als Betrug bloßgestellt wurde, lag die Zukunft der Vereinigten Staaten im dunkeln. Mit der Wahrheit über den Holocaust kämen auch die geheimen Kreise zum Vorschein, die einen Großteil der amerikanischen Rüstungs- und Außenpolitik bestimmten. Unter Einbeziehung typischer antisemitischer Vorurteile klagte das IHR eine «superreiche ... winzige Bevölkerungsschicht» an, daß sie der Gesellschaft ohne jegliche Skrupel «Schaden» zufüge und «falsche Vorstellungen» in Umlauf bringe. Jene Gruppe – eine kaum verschleierte Anspielung auf die Juden – kontrolliere die Medien und benutze sie, um sich jammernd den Holocaust um den Hals hängen zu können, der das Grundprinzip für «Amerikas hündische Ergebenheit gegenüber dem illegalen Staate Israel bildet».[21]

Tom Marcellus, McCaldens Nachfolger in der Leitung des IHR, erweiterte das Spektrum der Argumentation. Die Holocaust-Legende «legitimierte» nicht nur den von Israel praktizierten Völkermord, sondern beeinträchtigte außerdem die Rechte amerikanischer Bürger in ihrem eigenen Land. Die in der amerikanischen Verfassung verbürgte Redefreiheit wurde außer Kraft gesetzt, um die Belange derer zu schützen, die schrien, Israel müsse stets an erster Stelle stehen. Die Bedrohung beschränkte sich jedoch nicht nur auf die USA. Auch das «Fortbestehen Deutschlands und der westlichen Zivilisation» standen auf Messers Schneide.[22]

Marcellus winkte mahnend mit dem Zeigefinger: ein Hinnehmen des Holocaust-Mythos hätte den drastischen Verfall aller gültigen Normen für menschliches Verhalten und einen sinkenden Standard des «Selbstbewußtseins bei *Menschen weißer Hautfarbe*» zur Folge. Mit derlei Beschwörungen gab er die wahren Hintergedanken des Instituts preis. Mehr und mehr verbarg es seine rassistischen Affinitäten vor der Öffentlichkeit, trotzdem gehörten sie wesentlich zu dem extremistischen Hintergrund, dessen Erbe das IHR angetreten hat.[23]

Die ideologischen Grundfesten des Instituts weisen geradewegs auf seinen Begründer und Vorkämpfer Willis A. Carto zurück. Carto rief unter anderem die *Liberty Lobby* ins Leben und war ihr Schatzmeister. Bei der *Liberty Lobby* handelt es sich um eine ultrarechte Organisation mit direkten Verbindungen zu anderen antisemitischen Unternehmen, unter anderem *American Mercury*, *Washington Observer Newsletter* und *Noontide Press*. Sowohl das IHR als auch jene Publikationen haben sich kaum bemüht, ihre Beziehungen untereinander zu kaschieren. Es gab Zeiten, da bedienten sich das IHR, *Noontide Press* und *American Mercury* derselben Postfachadresse.[24] Dieses Antisemitenbündnis bringt nachgewiesenermaßen israelfeindliche Hetzschriften in Umlauf, die vorzugsweise und bis in sämtliche Einzelheiten eine «zionistische Weltverschwörung» ausmalen. Einige schmähen Israel als «Bastardstaat».[25]

Carto wurde 1926 in Indiana geboren. Nach dem Militärdienst besuchte er das College und zog dann nach San Francisco, wo er für eine Finanzierungsfirma als Schuldeneintreiber arbeitete. Für kurze Zeit schloß er sich der rechtsradikalen *John Birch Society* an, zerstritt sich allerdings mit ihrem Gründer, Robert Welch. Einem ehemaligen Mitarbeiter der *Liberty Lobby* gemäß gingen Cartos antisemitische Bestrebungen selbst Robert Welch zu weit, der Carto persönlich vor die Tür setzte.[26] 1958 sorgte er für die Entstehung einer «Interessengemeinschaft zur Rettung des Patriotismus», aus der schließlich die *Liberty Lobby* hervorging. Ein früheres Vorstandmitglied der *Liberty Lobby* teilte mit, daß die jährlichen Einnahmen in den 80er Jahren fast vier Millionen Dollar betrugen. Das Verbandsorgan *Spotlight* erreicht angeblich eine Auflage von mehr als 300 000. 1981 feierte es diesen Erfolg mit einem Galaempfang im *National Press Club*, Washington.

Die *Liberty Lobby* gilt als so radikal, daß sie sich «selbst den extremsten rechten Rändern des politischen Spektrums entfremdet hat».[27] Der Journalist Drew Pearson, Spezialist für hartnäckige Recherchen, nannte Carto einen «Hitlerfan» und beschrieb die *Liberty Lobby* als «von Nazis durchsetzt, die Hitlers Andenken ehrfürchtig bewahren». Unter anderen das *Wall Street Journal* hat in seinen Artikeln den Antisemitismus Cartos und der *Liberty Lobby* hervorgehoben.[28]

Die *Anti-Defamation League (ADL)* hält Carto für einen der wichtigsten, einflußreichsten hauptamtlichen Antisemiten in den USA. Laut ADL-Informationen herrscht die *Liberty Lobby* über ein weitverzweigtes Geflecht von Verlagen und Vereinen, die bereits mehr als zwei Jahrzehnte lang antisemitische, rassistische Propaganda in den USA verbreitet haben.[29] Das *Wall Street Journal* und die ADL stehen mit ihren Erkenntnissen nicht allein da. Als Carto und die *Liberty Lobby* das *Wall Street Journal* verklagten, weil es sie als Antisemiten denunziert habe, entschied das Oberste Gericht des District of Columbia zu ihren Ungunsten; in der Begründung hieß es, daß schwerlich ein Fall vorstellbar sei, in welchem der Tatbestand des Antisemitismus «zwingender vorliegt».[30]

Die schärfste Kritik an Carto und der *Liberty Lobby* ist jedoch aus den Reihen der Konservativen und rechtsgerichteten politischen Gruppierungen in den USA zu vernehmen gewesen. Scott Stanley, Geschäftsführer des *American Opinion* – der Hauszeitung der *John Birch Society* –, hält Willis Carto für in entscheidendem Maße dafür verantwortlich, daß der organisierte Antisemitismus in den Vereinigten Staaten nicht ausstirbt. 1981 nannte William F. Buckley die *Liberty Lobby* «eine antisemitische Brutstätte» mit dem «mysteriösen» Carto im Zentrum, der «regelmäßig die Basis jeder politischen Diskussion vergiftet».[31] Die konservative Wochenzeitschrift *Human Events* rügte die *Liberty Lobby* scharf, weil sie rassistische, antisemitische Emotionen schüre; Carto habe von jeher eine verdächtig große Vorliebe für Hitlers Deutschland bekundet. Buckleys *National Review* bezichtigte Carto, «ständig aus dem Augenwinkel auf die Juden zu schielen»; nicht nur Cartos Antisemitismus sei verderblich, warnte das Blatt, sondern auch seine Ideologie der absoluten Macht, die nicht dem amerikanischen Demokratieverständnis entspreche, sondern ihm deutlich entgegenstehe.[32] Der konservative Kolumnist R. Emmett Tyrell jr., Chefredakteur des *American Spectator*, verurteilte die *Liberty Lobby*, weil sie bevorzugt ein «buntes Trüppchen von Fanatikern und Einfaltspinseln» um sich schare, welche die Anwendung von Verschwörungstheorien auf jedes die Gesellschaft irritierende Problem zu einer Kunst erhoben.[33] Es verwundert nicht, daß Carto diese Vorwürfe entschieden bestritt. Eine Analyse dessen, was er geschrieben, gesagt und getan hat, widerlegt seine eigenen Darstellungen jedoch eindeutig.

Willis Cartos politische Haltung rankt sich um drei Prinzipien: Er verachtet und haßt die Juden, hält ein totalitäres Regime zur Protektion des «rassischen Erbes» in den USA für notwendig und glaubt an die Existenz einer Verschwörung, deren Urheber der westlichen Welt gräßlichen Schaden zufügen wollen. In den Artikeln, Magazinen und Büchern, welche durch Cartos Publikationsnetz verbreitet werden, herrschen permanent leicht durchschaubare Themen vor: die schändliche Behandlung Nazideutschlands durch die Alliierten, die jüdische Verantwortung für alles Böse im Abendland, die makabren Missetaten des israelischen «Bastardstaats» sowie die Konspiration zur Manipulierung der amerikanischen Außen- und Finanzpolitik, die von einem «kleinen, elitären Personenkreis», in dem jüdisch klingende Namen überwiegen, vorangetrieben wird. Juden besudeln Deutschlands guten Namen und unterstützen die Anstrengungen der Kommunisten, dem Westen ihr System aufzuoktroyieren. Im Grunde resultiert jedes ernsthafte Problem, mit dem die USA konfrontiert sind – gleichgültig, ob es um Bürgerrechte, Energie, Verteidigung oder rassische Integration geht –, aus den Machenschaften der Juden, wobei sie nichts als ihren eigenen Vorteil im Sinn haben.

Aber Carto nimmt nicht nur die Juden aufs Korn. Seiner Meinung nach bilden «Juden und Neger» die Wurzeln allen Übels in der Gesellschaft.[34] 1955 beklagte Carto in einem Brief an den rassistischen Schriftsteller Earnest Sevier Cox, zu wenige Amerikaner kümmerten sich gebührend um den «ständig wachsenden Niggereinfluß in den Vereinigten Staaten».[35] Cartos Weltsicht ist wesentlich durch sein Konzept von rassischer Reinheit geprägt. 1962 machte er sich für eine an der Rassenlehre orientierte Geschichtsschreibung stark und verkündete, die Gleichberechtigung aller Rassen sei leichter zu akzeptieren, wenn es «keine Neger gibt, die das Bild zerstören».[36] Cartos Ressentiments erinnern an die Angst deutscher Rechtsextremisten vor «Überfremdung». Weil er die USA vor der Gefahr schützen wollte, welche ihr seine Meinung nach von seiten der Afroamerikaner drohte, rief er das *Joint Council for Repatriation* ins Leben, mit dessen Hilfe alle Schwarzen nach Afrika zurückgebracht werden sollten. Kurz vor der Gründung der *Liberty Lobby* im Jahre 1957 prophezeite Carto Tom P. Brady, daß sich die *Liberty Lobby* für die Rückführungsvorhaben des *Joint Council* als von unschätzbarem Wert erweisen würde. Brady war Richter am Landgericht des Staates Mississippi und hatte das zur Bürgerrechtsbewegung antagonistisch eingestellte *White Citizens Council* aus der Taufe gehoben. Carto achtete eifrig darauf, daß die Verflechtung von *Liberty Lobby* und *Joint Council* ein Geheimnis blieb, was übrigens für seine Methoden beim Aufbau von Organisationen typisch war: «Sie verstehen gewiß, daß zwischen den beiden niemals eine offensichtliche Beziehung erkennbar werden darf, sonst machen sie sich gegenseitig zunichte.»[37] Das *Joint Council of Repatriation* strebte jedoch nicht nur eine Übersiedelung von Afroamerikanern in die Heimat ihrer Vorfahren an. Es zielte außerdem darauf ab, dem organisierten Judentum einen Stoß zu versetzen, der alles Gewesene übertreffen sollte.[38] Während des Zweiten Weltkriegs – so Carto – war der Westen wegen des jüdischen Einflusses auf die US-Politik für die Vorteile eines Bündnisses mit Hitler blind gewesen. Die verräterische «Propaganda und Lügen» der Juden hatten Hitlers Niederlage bewirkt, die in Cartos Augen mit der «Niederlage Europas und Amerikas» identisch war.

Das Unheil beschränkte sich allerdings nicht auf den Zweiten Weltkrieg: «Falls Satan sich vorgenommen haben sollte, fortwährenden Zwist und eine Macht zur Vernichtung aller Nationen heraufzubeschwören, hätte ihm nichts Besseres einfallen können, als die Juden zu erschaffen.»[39] In einer Notiz drückte Carto das noch lakonischer aus: Die Juden waren «Landesfeind Nummer eins».[40]

Die Maximen von Cartos politischer Philosophie und sein Zugang zur Holocaust-Leugnung lassen sich auf *Imperium – The Philosophy of History and Politics* von Francis Parker Yockey zurückverfolgen. Das Buch ist Adolf Hitler gewidmet und predigt, daß die Welt künftige Größe nur in Anlehnung an die deutsche «Revolution» des Jahres 1933 erlangen werde. Manche Forscher bezeichnen Yockey als den «amerikanischen Hitler». Er wurde 1917 in Chicago geboren; nach dem Besuch von fünf verschiedenen Colleges schloß er sein Studium an der *Notre Dame Law School* ab.[41] 1942 meldete er sich zum Militär, war jedoch kurze Zeit später bereits längere Zeit ohne Urlaub abwesend. 1943 wurde er schließlich aus medizinischen Gründen ausgemustert; die Diagnose lautete «*dementia praecox*, paranoider Typus». Den Akten gemäß litt er an ausgeprägtem Verfolgungswahn sowie unter auditiven Halluzinationen. In seine Wahnvorstellungen integrierte er häufig prominente Persönlichkeiten.[42]

1945, nach dem Krieg, nahm er eine Tätigkeit als juristischer Sachbearbeiter für amerikanische Militärgerichte bei den Nürnberger Prozessen an. Weniger als ein Jahr später kündigte er die Stellung, weil er sich über die seiner Ansicht nach ungerechte Behandlung der Naziführer durch das Gericht empörte. Er begab sich nun nach Irland, wo er *Imperium* verfaßte. 1952 erkannte ihm das amerikanische Außenministerium in absentia den Paß ab, und 1954 wurde er als amerikanischer Agent des Neonazis Rudolph Aschenauer enttarnt.[43] Nach der Niederschrift von *Imperium* bereiste er Nordamerika, Europa und Ägypten, um seine Thesen zu verkünden. 1960 wurde er verhaftet, nachdem man entdeckt hatte, daß er drei Pässe mit drei unterschiedlichen Namen bei sich trug. (Bei einem Flug war sein Koffer verlorengegangen. Als er wieder auftauchte, wurde er von Angestellten der Fluggesellschaft geöffnet, weil sie die Identität des Besitzers eruieren wollten. Dabei fanden sie die Pässe.) Während er in Untersuchungshaft auf seine Verhandlung wartete, schluckte Yockey eine Zyankalikapsel und beging Selbstmord. Der Mann, der ihn nur eine knappe Woche zuvor als letzter besucht hatte, hieß Willis Carto.

In *Imperium* forderte Yockey ein absolutistisches Regime, eine Weltherrschaft der westlichen, arischen Länder, die unter Hitlers nationalsozialistischem System vereint sein müßten. Yockey antizipierte eine Ära, in der die Macht nicht länger von Einzelpersonen gehalten und alle Industrie in gemeinschaftlichen Besitz und kollektive Kontrolle übergehen würde. Yockeys ideale Regierungsform läutete den Tod der Demokratie ein. Er rief nach einem Zeitalter totalitärer Politik, in dem Wahlen immer obsoleter werden würden, bis man sie schließlich abschaffte.[44]

In erster Linie rühren die Anklänge an den Nationalsozialismus in Yockeys Buch von dessen antisemitischem Ton her. «Der Jude ist geistig am Ende», schreibt Yockey. «Er vermag sich nicht weiterzuentwickeln. Er bringt weder auf ideellem noch auf wissenschaftlichem Gebiet Innovationen hervor. Er hat nichts anderes im Kopf als Rache an den Nationen der weißen Rasse in Europa und Amerika.»[45] Die vermeintliche Macht der Juden war Yockeys fixe Idee; sie würden den Westen unaufhaltsam zerstören, lautete seine alarmierende Botschaft. *Imperium* wimmelt von Räuberpistolen über Verschwörungen gegen die westliche Welt und die Vereinigten Staaten. Darin werden die Drahtzieher der Konspirationen beschuldigt, sie hielten der «Zivilisation einen Zerrspiegel» vor. Zu diesen Drahtziehern zählen die Befürworter kulturellen Austauschs und des Austauschs zwischen den Rassen, die Verfechter egalitärer Grundsätze, die Menschenrechtler und Verteidiger einer Basisdemokratie sowie die «Nachhut im Westen der vollendeten arabischen Gesellschaft, die Kirche–Staat–Nation–Volk–Rasse der Juden».[46]

1949 verfaßte Yockey die «*Proclamation of London*», in der er nicht nur die Wiederauferstehung des Nationalsozialismus, sondern auch die Vertreibung der Juden aus Europa verlangte. (Im Verlauf eines Prozesses, den die *Liberty Lobby* 1979 gegen die ADL anstrengte, gab Carto unter Eid zu, daß er mit der Doktrin von Yockeys Deklaration übereinstimme.[47])

Yockey trieb selbst diese extrem antisemitische Polemik noch einen Schritt weiter. Zwanzig Jahre vor der Entstehung des IHR formulierte er die wesentlichen Glaubenssätze der Holocaust-Leugnung. Den Mythos vom Holocaust führte er auf die Behauptung der Zivilisationsschänder zurück, daß sechs Millionen Juden in europäischen Lagern umgekommen seien. Nicht genug damit, wetterte Yockey, daß sie diese Unterstellung in die Welt setzten – sie hatten auch einen reibungslosen Propaganda-Apparat aufgebaut: «Es gab Millionen 'photographische Abzüge'. Tausende der Menschen, die in den Lager getötet worden waren, veröffentlichten ihre Erlebnisse. Hunderttausende scheffelten auf den Schwarzmärkten der Nachkriegszeit ein Vermögen. Nicht existente 'Gaskammern' wurden abgelichtet, und als Kitzel für die technisch Interessierten ersann man einen 'Gaswagen'.»[48]

Yockeys Buch wäre möglicherweise nicht weiter beachtet worden, wenn *Noontide Press* es nicht 1962 in einer neuen Auflage publiziert hätte, samt einer fünfunddreißig Seiten starken Einführung Cartos, in der er Yockeys

Weltherrschaftsplänen seine bedingungslose Zustimmung aussprach und den Standpunkt vertrat, daß «alles andere vorübergehend geopfert werden muß», wenn man politische Macht erlangen will.[49] *Noontide Press* hat dafür gesorgt, daß das Werk seit damals nie mehr vergriffen ist.

In den späten 60er Jahren beteiligte Carto sich an der Gründung einer Reihe politischer Gruppierungen, um seinem Ziel, Amerikas rechtes Lager zu regieren, ein Stück näherzukommen. Die *United Republicans for America*, welche die Kontrolle über die republikanische Partei gewinnen sollte, unterstützte G. Gordon Liddys New Yorker Wahlkampf durch eine Briefkampagne. (Kurze Zeit später sollte Liddy für seine Rolle bei den Watergate-Einbrüchen berühmt und berüchtigt werden.) Carto wirkte auch bei der Einrichtung des Komitees *Youth for Wallace* zur Unterstützung der Präsidentschaftskandidatur George Wallaces mit; hinterher entwickelte sich hieraus die *National Youth Alliance (NYA)*. Offiziell kämpfte die NYA gegen: Drogen, Black Power, die linksgerichteten *Students for a Democratic Society (SDS)* sowie die amerikanische Einmischung in ausländische Kriege. Doch ihr Programm enthielt noch einen weiteren Punkt. Früheren NYA-Funktionären gemäß – die von Carto sofort verstoßen wurden, wenn sie aufbegehrten – befürwortete der Verband Yockeys Ideologie. NYA-Mitglieder sollten eigens zu dem Zweck gedruckte Taschenbuchausgaben des *Imperiums* verkaufen. Aus einem NYA-Rundschreiben ging hervor, daß der politische Ansatz des Verbands auf Yockeys «monumentalem *Imperium*» beruhe.[50] Während einer NYA-Versammlung 1968, bei der allerorten Nazi-Utensilien sichtbar waren und jede Menge Nazilieder gesungen wurden, pries Carto Yockeys Ideen und artikulierte seine eigene Absicht, sich innerhalb eines Komplexes von Organisationen soviel politischen Einfluß wie möglich zu verschaffen. Er sah einen nationalen Rechtsruck voraus, deswegen strebte er die Führung von möglichst vielen konservativen Vereinigungen an. Ein ehemaliger hauptamtlicher Mitarbeiter der *Liberty Lobby* und Moderator ihrer Rundfunksendungen bezeugte vor Gericht, Carto habe oft angedeutet, das Land brauche eine «rechte Diktatur».[51] Weil die Köpfe der «legalen Rechten», wie beispielsweise William F. Buckley, ihn auf seinem Weg an die Spitze der radikalen Rechten behinderten, etikettierte Carto sie mit dem für sein Gespür schmachvollsten Begriff, nämlich als «ADL-Spione»[52], also Spione der *Anti-Defamation League*, einer jüdischen Organisation, die sich gegen jede Form von Rassismus wendet. Die mit Carto und seinem Geflecht von Verbunden assoziierten Publikationen intrigierten zugunsten dieser rechtsgerichteten Diktatur und forderten die tatkräftige Zerschlagung aller Gruppen, die sich im verborgenen dagegen zusammenrotteten.

Eine der Zeitschriften unter Cartos direkter Aufsicht war der *American Mercury*.* Den Abstieg in antisemitische Tiefen hatte die Zeitschrift zwar bereits unter ihren früheren Besitzern angetreten, doch als 1966 die Ära Carto begann, beschleunigte sich das Tempo des Niedergangs. Zu dem Zeitpunkt, da 1978 das IHR entstand, galt der *American Mercury*, der sich seit dreizehn Jahren unter der Ägide Cartos befand, als eines der führenden antisemitischen Blätter in den USA.[53] Es spornte die Holocaust-Leugner zu Höchstleistungen an. Die Redaktion des *American Mercury* sang das Loblied des IHR, weil es den heilsamen Gegenpol zum «Feldzug der *Anti-Defamation League*» bildete, um eine «öffentliche Diskussion über den 'Holocaust' zu entfachen».[54]

Der *American Mercury* war allerdings nicht das einzige Medium in Cartos Dunstkreis zur Verbreitung derartiger Ansichten. Im *Liberty Letter*, der Hauszeitschrift der *Liberty Lobby*, hallten dieselben Themen wider. Das Blatt würdigte *Imperium* als Hauptwerk der Philosophie und geiferte gegen die «aggressive Minderheit», welche die sogenannte freie Presse in ihrem eisenharten Griff umklammert hielt. Als die Schuldigen, welche «Amerika stets hintanstellten» und «fremdem Gedankengut gegenüber allzu aufgeschlossen» seien, identifizierte man «skrupellose Zionisten, die systematisch Druck ausübten». Der *Liberty Letter* brüstete sich damit, Tausende verdeckt operierender «zionistischer 'Hantierer', Lobbyisten und Linke» entlarvt zu haben, die auf den Korridoren des Kongresses herumschlichen und sich allmählich dem Weißen Haus näherten.[55]

1975 wurde der *Liberty Letter* mit seiner Auflage von mehr als 100 000 Stück mit dem *Spotlight* fusioniert, einem Sensationsblatt, in dem regelmäßig Bibelauslegungen und Artikel über die vermeintlichen Anstrengungen des *Council on Foreign Relations* und der *Trilateral Commission* zur Beherrschung der USA erschienen. Der *Spotlight* versorgte seine Leser mit Tips, wie man Steuern hinterziehen und gegen das Finanzamt vorgehen konnte. Er attackierte Martin Luther King jr. als Kommunisten und beweihräucherte Ku-Klux-Klan-Mitglieder. Er veröffentlichte einen Nachruf auf Gordon Kahl, den Anführer der rechtsextremistischen *Posse Comitatus*, der bei einer Schießerei mit der amerikanischen Bundespolizei drei Polizeioffiziere umbrachte und eine Reihe weiterer verwundete, bevor er selbst getötet wurde.

Publikationen dieser Art wittern allenthalben Verschwörungen. Kurz vor den Präsidentschaftswahlen 1976 unterstellte der *Spotlight*, ein typischer Vertreter der Regenbogenpresse, Jimmy Carter direkte Verbindun-

* 1979 übergab Carto die Leitung des *American Mercury* an Ned Touchstone, der dem Vorstand der *Liberty Lobby* angehört hatte und gleichzeitig als Redakteur beim hauseigenen Magazin des *White Citizens Council* tätig gewesen war.

gen zum internationalen Kokainhandel.[56] (Die US-Wahlkommission belegte die *Liberty Lobby* mit einer Geldstrafe, weil sie diese völlig haltlose Geschichte unmittelbar vor den Wahlen herausbrachte.) 1979 schilderte ein Leitartikel des Blatts die Umtriebe einer weltumspannenden Elite, die sich den globalen Umsturz aller Regierungen zum Ziel gesetzt hatte. Die Zeitung behauptete, einer ihrer Reporter habe in Österreich an einer internationalen Versammlung teilgenommen, bei welcher ein derartiges Vorhaben erörtert worden sei. An dieser Konferenz nahm kein Vertreter des *Spotlight* teil, und der Verfasser des Berichts gab schließlich zu, alles erfunden zu haben.[57]

Sein Hauptaugenmerk hat der *Spotlight* allerdings darauf gerichtet, die von ihm so bezeichnete «jüdisch-zionistische» internationale Bankiersverschwörung auffliegen zu lassen, die nichts anderes bezweckt, als redliche, pflichtbewußte, fleißige Amerikaner zu schädigen und zu quälen. Die Boulevardzeitung wittert zwar überall Konspirationen, die meisten werden allerdings mit Israel und den erfolgreichen Bemühungen seiner Freunde in Verbindung gebracht, den Kongreß zu kontrollieren und die amerikanische Politik zu steuern.[58] Während der Ölkrise 1979 informierte der *Spotlight* seine Leser darüber, daß «Ihr Benzin in Israel landet»,[59] und zwar als Resultat einer geheimen Abmachung zwischen Präsident Carter und Premierminister Begin. Wenn man dem Blatt glauben darf, operierten die Zionisten nicht isoliert; Bankierscliquen, Rotchinesen und US-Politiker, darunter Senator Jesse Helms und der verstorbene Kongreßabgeordnete Larry McDonald, waren Teil der proisraelischen Verschwörung gegen die USA.[60]

Weil man in einschlägigen Kreisen die Holocaust-Lüge für einen zentralen Aspekt jener Intrigen hält, hat sich die Holocaust-Leugnung zu einem Lieblingsthema des *Spotlight* entwickelt. Carto wird als die treibende Kraft hinter dem IHR anerkannt; gelegentlich widmet die Zeitung der Holocaust-Leugnung eine gesamte Ausgabe.[61] Häufig erscheinen Berichte über die Jahresversammlungen des IHR, weil bei ihnen die Geschichte dem «Abgrund der Erinnerung» entrissen wird.[62] Die fünfzehnseitige Beilage der Nummer vom 24. Dezember 1979 enthielt ausschließlich Artikel Holocaust-leugnenden Inhalts. Die altvertrauten Diffamierungen der Holocaust-Leugner kehrten im *Spotlight* in alter Frische wieder; man behauptete unter anderem, daß die Leichen in Auschwitz aufgrund von hygienischen Maßnahmen zur Eindämmung des Typhus verbrannt wurden; daß es sich bei den sogenannten Gaskammern um lebensrettende Entlausungsvorrichtungen und bei Anne Franks Tagebüchern um einen Propagandaschwindel handelte; daß man die Zahl von sechs Millionen einsetzte, um die Vereinten Nationen dazu zu bewegen, daß sie die Erschaffung des «illegalen Staates Israel» protegierten; daß professionelle zionistische «Überlebende» darauf hinarbeiteten, den USA fünf Millionen Dollar aus der Nase zu ziehen. Außerdem warb der *Spotlight* für das IHR-Preisausschreiben. Die Titelseite der «Holocaust-Beilage» trug folgende Überschriften:

> WURDEN SECHS MILLIONEN JUDEN AUSGELÖSCHT?
> BERÜHMTEN «GASKAMMER-OPFERN» GEHT ES GUT!
> BRAUCHEN SIE 50 000 DOLLAR? SPÜREN SIE EIN HOLOCAUST-OPFER AUF!
> DEUTSCHE «GESTÄNDNISSE» DURCH FOLTER ERZWUNGEN
> DIE GEWINNTRÄCHTIGE JAGD AUF «KRIEGSVERBRECHER»[63]

Ein Artikel aus dem Jahr 1981 war folgendermaßen überschrieben:

> MÖGLICHE ENTHÜLLUNGEN ÜBER EINEN ALLIIERTEN KRIEG BEI EINER VERSAMMLUNG DER «BEFREIER»!
> ES GEHT UM GREUELTATEN: «HOLOCAUST-GLÄUBIGE» HABEN DIE «BEFREIER» DER KONZENTRATIONSLAGER ZU EINER GEMEINSAMEN KONFERENZ EINGELADEN. ZU ERSCHEINEN HEISST ALLERDINGS ZUZUGEBEN, DASS MAN UNSCHULDIGE DEUTSCHE WACHTPOSTEN ERMORDET HAT.[64]

Die durchschnittliche Leserschaft des *Spotlight* läßt sich bis zu einem gewissen Grad anhand seiner Anzeigen einschätzen. Sie werben für Lyrik, dubiose Krebsheilmittel, Eheanbahnungsinstitute für patriotisch gesinnte Christen und Gerätschaften, mit denen man den Benzinverbrauch eines Wagen dramatisch drosseln kann (angeblich gibt es eine Verschwörung, derlei Vorrichtungen zum Schaden des amerikanischen Verbrauchers nicht auf den Markt zu lassen). Darüber hinaus finden sich regelmäßig Angebote für Nazi-Zubehör, Pistolendämpfer, kugelsichere Westen, Geheimbriefkästen und Gebrauchsanweisungen zur Anfertigung falscher Papiere.[65]

Auch *Noontide Press* hat zur Verbreitung der Botschaft beigetragen, der Yockey, Carto, die *Liberty Lobby* und das IHR anhängen. Yockeys *Imperium* taucht im 1992er Katalog der *Noontide Press* auf, in dessen Kommentar Yockey als brillanter junger Amerikaner charakterisiert wird, der «den Holocaust-Trick schon 1948 durchschaute». Lieferbar waren auch die Klassiker der Holocaust-Leugnung, von denen *Noontide Press* viele verlegt hat, unter anderem das *Journal of Historical Review*, Butz' *The Hoax of the Twentieth Century* und Harwoods *Six Million Lost and Found*. Der Katalog verzeichnete außerdem antisemitische Standardwerke, wie Henry Fords *The International Jew* und die *Protokolle der Weisen von Zion* sowie eine Auswahl von Büchern über «Rasse und Kultur», die sich vorwiegend – so der Text der Verlagsschau – mit dem Risiko befaßten, das rassische Integration darstellte. *The Testing of Negro Intelligence* von Travis Osborne und Frank C. J. McGurk wurde als gewissenhafte Studie beschrieben, die die von Schwarzen erzielten Ergebnisse bei Intelligenztests der Jahre 1966 bis 1980 auswertete; ihre Befunde mußten für «die egalitären Gleichmacher alles andere als beruhigend sein». Carleton Putnams *Race and Reason: A Yankee View* wurde als «Leitfaden für intelligente Leser» gepriesen, der «aus weißer Sicht zum Verständnis der Tücken einer schwarz-weißen Vermischung» beiträgt. Der Folgeband *Race and Reality* verdeutlichte, wie die «egalitären Gleichmacher» stümperhafte Forschung und falsche Wissenschaftlichkeit ausnutzten, um «biologische Fakten über Rassenunterschiede» zu verschleiern.[66] *Noontide Press* setzte nicht nur derlei rassistische Schriften auf das Verlagsprogramm, sondern versuchte auch, Abonnenten für das Sensationsblatt *White Student* zu gewinnen. Verlagsverlautbarungen zufolge wollte diese Zeitung Studenten beim «Zurückschlagen» helfen. Sie bilde ein Gegenmittel zu der Gehirnwäsche durch marxistische Dozenten und der Schwächung, welche die Studenten «durch die Härten des Überlebens an unseren integrierten Schulen» erfuhren.[67]

Die beschriebenen Publikationen unterscheiden sich in ihren antisemitischen, rassistischen und extremistischen Tendenzen nicht von den zahllosen Pamphleten ähnlicher Couleur, die weltweit vertrieben werden. Im Gegenteil, ihre Inhalte gleichen sich auf geradezu stumpfsinnige Weise. Grund zur Sorge bietet allerdings, daß in diesem Kanon von Schriftgut wechselseitige Verknüpfungen bestehen und die Urheber auf ständig wachsende Finanzmittel zurückgreifen können.[68] 1989 verbat sich der Leiter des IHR ausdrücklich, daß man ihm oder einem seiner Mitarbeiter unterstellte, sie könnten Auskunft über die Verdienste «patriotischer Bewegungen» oder rechtsgerichteter Gruppierungen erteilen: Das IHR «habe keine Ahnung» von den Zielen oder Methoden andererer Gruppen, denen es nicht zuvorderst um die «Revision der Geschichte» ging.[69] Mit dieser Verteidigung wollte das Institut seine Fassade als unabhängige Forschungseinrichtung aufrechterhalten, die sich der Aufdeckung historischer Fälschungen widmet. Doch trotz dieser Erklärung war die Verbindung zwischen dem *Institute for Historical Review*, *American Mercury* sowie *Noontide Press* bereits hergestellt und amtlich. 1980 beantragte Cartos Frau Elisabeth im Auftrag der *Legion for the Survival of Freedom* in Torrance, Kalifornien, eine Firmenlizenz für das IHR. Laut den vorgelegten Dokumenten sollte einer Einrichtung die Geschäftsfähigkeit zuerkannt werden, welche unter dem Namen *Noontide Press/Institute for*

Historical Review agieren würde. Die auf den Formularen angegebene Adresse für das IHR war mit der des *American Mercury* und der *Noontide Press* identisch. Einige Personen aus der Geschäftsführung des *American Mercury* waren auch bei *Noontide Press/Institute for Historical Review* beschäftigt. Ehemalige Angestellte, unter ihnen David McCalden, haben unter Eid ausgesagt, daß Carto bei allen Entscheidungen des IHR das «unwiderruflich letzte Wort» hatte.[70]

Mehrfach sind die engen Beziehungen zwischen dem IHR, *Noontide Press*, *Spotlight*, der *Liberty Lobby* und Willis Carto außerdem durch Gerichtsurteile bestätigt worden. 1988 wies der Appellationsgerichtshof der USA ein Gesuch des IHR, der *Noontide Press* und der *Legion for the Survival of Freedom* ab, sich als voneinander unabhängige Körperschaften präsentieren zu dürfen. In seiner Ablehnung von Cartos Klage gegen das *Wall Street Journal* – weil es ihn einen Antisemiten genannt habe – begründete Richter Robert Bork seine Entscheidung damit, daß Carto «die Verflechtung von *Liberty Lobby/Legion/Noontide/Institute for Historical Review* bewußt geschaffen hätte, um *Liberty Lobby* von seinen anrüchigen Verbündeten abtrennen zu können».[71] Das Prozessieren ist seit eh und je eine wichtige Taktik des Carto-Imperiums gewesen, um sich Kritiker vom Leib zu halten. Verleumdungsklagen waren keine Seltenheit, und das im gesamten US-Bundesgebiet. Der US-Appellationsgerichtshof vermerkte, Carto und sein Organisationsnetzwerk setzten Verleumdungsklagen beständig als «Waffen zur Belästigung anderer» ein.[72]

Die rasche Niederlage des IHR im Fall Mermelstein hielt das Institut nicht davon ab, seine Mission zur Verkündung von Holocaust-Leugnung, Antisemitismus und Rassismus fortzusetzen. Um seiner Selbstdarstellung als ein Forschungsinstitut mit breitgefächerten historischen Interessen Glaubwürdigkeit zu verleihen, wählte es unter anderem den Weg, im *Journal of Historical Review* Aufsätze zu Themen zu veröffentlichen, die weder den Zweiten Weltkrieg noch die Endlösung betrafen. In einem Rundbrief an Studenten mehrerer Universitäten erläuterte David McCalden, die Geschichtsschreibung sei bereits seit langem von denen beeinflußt, die «gewillt sind, das nachzuplappern ... was die Gesellschaft von ihnen verlangt»; das IHR gedenke dem ein Ende zu bereiten.[73] Die Frühjahrsausgabe 1982 des *Journal of Historical Review* enthielt einen Artikel Harry Elmer Barnes' mit dem Titel «*Revisionism and the Promotion of Peace*»; Barnes vertrat darin die Auffassung, der Revisionismus bemühe sich «redlich» und mit allen Kräften um «das Aufspüren historischer Wahrheit und die Widerlegung irriger Vorstellungen, welche den Frieden und guten Willen unter den Völkern blockieren». Barnes beschrieb die Revisionisten als Wissenschaftler, welche sich durch das Zusammentragen und Vervollständigen historischer Daten für notwendige Korrekturen der Geschichtsschreibung engagierten, und zwar in «einer gelasseneren politischen Atmosphäre und mit stärkerer Objektivität».[74]

Das *Journal* zählte eine Reihe von Ereignissen auf, deren historische Betrachtung – wie beim Holocaust – manipuliert worden war. Folgende Momente der Geschichte galt es dringend einer «revisionistischen» Überprüfung zu unterziehen: die amerikanische Revolution (so rigide war die britische Politik nicht), der Krieg von 1812 (Madison wurde nicht dazu gezwungen, sondern traf seine Entscheidung aufgrund seiner eigenen Beurteilung der Lage), die deutsche Invasion Belgiens im Ersten Weltkrieg (wenn die Deutschen es nicht zuerst getan hätten, wären die Briten einmarschiert) und Theodore Roosevelts Part während des spanisch-amerikanischen Kriegs (sein Befehl zum Angriff auf die spanische Flotte war Bestandteil seiner imperialistischen Expansionspolitik zugunsten der USA).[75] Die angesprochenen Kritikpunkte bargen, wie häufig bei revisionistischen Reflexionen, durchaus einen Funken Wahrheit. Die Holocaust-Leugner verlegten sich jedoch darauf, diese Funken nicht nur übertrieben ernst zu nehmen, sondern aus ihnen ein Strohfeuer von Verschwörungsängsten zu entfachen; aus politischen Motiven verzerrten sie voreingenommen und vorsätzlich die Wahrheit. Indem die Autoren der *Journal*-Beiträge zu jedem der Fälle alternative Interpretationen anboten, glaubte sie offenbar, die Leser so weit einlullen zu können, daß auch jene die Notwendigkeit einer Revision des Holocaust akzeptierten.

Diese Absicht verbarg sich jedenfalls hinter einem Aufsatz über Kriegsgefangenenlager während des amerikanischen Bürgerkriegs. Sein Verfasser, Mark Weber, stellte die These auf, daß falsche Meldungen über die Torturen, welche die Soldaten der Unionsstaaten in den Lagern der Konföderation zu erdulden hatten, den Norden provozierten, vergleichbare Schikanen gegen die Insassen seiner «Konzentrationslager» zu veranlassen. Weber führte in diesem Kontext wörtlich den Begriff «Sonderbehandlung» ein, jenen euphemistischen Ausdruck, welchen die Nazis zur Umschreibung dessen benutzten, was mit den Juden geschah, wenn sie in die Lager im Osten geschleppt worden waren. Dadurch wollte Weber in den Köpfen seiner Leser die Assoziation mit dem Holocaust herstellen. In dem Maße, in dem ehemalige Kriegsgefangene Bücher über ihre angeblichen Erfahrungen veröffentlichten, potenzierten sich die aufgebauschten Beschreibungen der Zustände im Süden. Henry Wirz, Kommandeur des berüchtigsten Konföderiertenlagers Andersonville, wurde von den Vereinigten Staaten hingerichtet, weil die Häftlinge in ihm den «grausamen, unmenschlichen Verursacher all ihrer Leiden sahen». Weber schlug vor, Andersonville solle wie «ein Schatten Dachaus» als Kriegsdenkmal instandgehalten werden, und verfocht (wahrheitsgetreu) den Standpunkt, daß zwar auf beiden Seiten zahllose Gefangene umgekommen, aber nicht absichtlich getötet worden seien. Vor allem im Süden habe überwiegend «schlechtes Management» zu Tod und Elend geführt. Prinzipiell bewegte Weber sich auf mehr oder minder sanktioniertem historiographischem Grund und Boden, lediglich seine Konklusionen offenbarten seine wahren Hintergedanken. Er zog einen direkten Vergleich zwischen dem amerikanischen Bürgerkrieg und dem Zweiten Weltkrieg: bei beiden Konflikten schilderten die Sieger die Gefangenenlager in «hysterisch überspitzter» Weise und brandmarkten den geschlagenen Feind als «das Böse schlechthin». In Webers Worten: «Alles Leiden und Sterben in den Lagern der Partei, die den Krieg verlor, wurde der intentionalen Politik eines von Natur aus sadistischen Regimes zugeschrieben. Die triumphierenden Mächte forderten 'bedingungslose Kapitulation' und verhafteten die besiegten Regierungsmitglieder wie 'Verbrecher'.»[76]

Es gab allerdings einen essentiellen Unterschied, betonte Weber: «Die Durchführung von 'Sonderbehandlungen' im amerikanischen Bürgerkrieg erreichte niemals den düster-unheilvollen Ruhm ihrer Parallele aus dem Zweiten Weltkrieg.» Nichtsdestoweniger bewertete man nach beiden Kriegen das politische System der Unterlegenen nicht nur als «andersartig, sondern [als] moralisch verderbt»; das ethische Bewußtsein der Verlierer wurde danach beurteilt, inwieweit sie «bereit waren, die Sünden der Vergangenheit zu bereuen und sich in die Gesellschaftsordnung ihrer Bezwinger einzufügen».[77] Der Gedanke erinnert an ein Dogma der Holocaust-Leugnung: Krieg ist böse, keine Seite darf sittliche Überlegenheit für sich beanspruchen, und die Sieger beschuldigen die Besiegten mit hübscher Regelmäßigkeit der schrecklichsten Missetaten. Die amoralische Äquivalenzierung, die Weber in bezug auf den Umgang mit dem bezwungenen Gegner vornahm, paßte zu den Anstrengungen der Holocaust-Leugner, den «Mythos vom Holocaust» als logische Folge langfristiger Bemühungen darzustellen, mittels deren die Geschichte zu politischen Zwecken verfremdet wird.

Aus Sicht der Holocaust-Leugner bildet der Holocaust nicht das einzige trügerische Vermächtnis des Zweiten Weltkriegs. Auch der japanischen Attacke auf Pearl Harbour gilt ihr besonderes Interesse. In einer Fortführung des Disputs, den die Revisionisten nach Ende des Zweiten Weltkriegs initiiert hatten, widmete sich eine gesamte Nummer des *Journal of Historical Review* diesem Thema.[78] Dabei wurde kein Hehl daraus gemacht, daß man Roosevelt nachweisen wollte, er habe um den bevorstehenden Überfall gewußt und ihn ungehindert geschehen lassen, damit Amerika nichts anderes übrigblieb, als in den Krieg einzugreifen.

Die Besessenheit, welche die Holocaust-Leugner bei der Beschäftigung mit Pearl Harbour an den Tag legten, entsprang zweierlei Beweggründen: Zum einen wollten sie Roosevelts Doppelgesichtigkeit und analog dazu die der US-Regierung enthüllen, zum anderen den Anspruch der Alliierten und «höfischen Geschichtsschreiber» abschmettern, der Zweite Weltkrieg sei kein Kampf um Macht, sondern eine moralische Auseinandersetzung gewesen. Die Revisionisten meinen, sie brauchten nur zu demonstrieren, es habe sich bei diesem Krieg im Kern um einen Waffenkonflikt wie jeden anderen gehandelt, dann könnten sie argumentieren, daß besondere Schuldzuweisungen oder spezielle Kriegsverbrecherprozesse jeglicher Gültigkeit entbehrten. Die USA mischten sich in die Kampfhandlungen ein, weil Japan sie angegriffen hatte. Daraufhin erklärte Japans Verbündeter Deutschland den USA den Krieg. Es ist nämlich erheblich subtiler und weniger schockierend, den Nachweis zu führen, daß die Alliierten lediglich vom uralten Streben nach «Herrschaft und Gewinn» getrieben wurden, als amoralische Äquivalenzen von Gulag versus Todeslager oder Auschwitz versus Bombardierung Dresdens herzustellen.[79]

Trotz aller Bemühungen, sich als seriöse Einrichtungen zu gerieren, sind das *Institute for Historical Review* sowie die ihm angeschlossenen Publikationsorgane und Verbände von ihrem Wesen her nichts als Elemente einer Strategie zur Förderung eines Programms, das den im Nationalsozialismus formulierten Zielen auf bemerkenswerte Weise ähnelt. So wie die Holocaust-Leugnung unbedingt als Risiko für alle legitime Geschichtsschreibung und nicht lediglich als Verunglimpfung eines historischen Kapitels aufzufassen ist, welches eine für die Juden spezifische Relevanz besitzt, so darf man auch das IHR nicht für ein Gebilde halten, das sich ausschließlich darauf konzentriert, die Historizität des Holocaust zu demontieren. Der Traditionszusammenhang, dem es sich verpflichtet fühlt, sowie die Aktivitäten derer, welche sich in seinem nebulösen Umkreis bewegen, deuten darauf hin, daß es eine weit größere Gefahr verkörpert.

9. Die Gaskammer-Kontroverse

1985 verklagte die kanadische Regierung Ernst Zündel, einen 46jährigen Deutschen mit kanadischer Daueraufenthaltserlaubnis, wegen Aufhetzung zum Antisemitismus durch die Veröffentlichung und Verbreitung von Texten, über deren lügenhaften Inhalt er sich im klaren war.* Zündel war der emsigste Vertreiber von Holocaust-leugnendem sowie neonazistischem Schriftgut in Kanada; sein Fall endete in zwei Prozessen, zahlreichen Revisionsverhandlungen und intensiver Berichterstattung seitens der Medien. Man beschuldigte Zündel, durch die Publizierung von Richard Harwoods *Did Six Million Really Die?* sowie *The West, War and Islam* zu sozialer und rassischer Diskriminierung aufgerufen zu haben; das letztgenannte Werk befaßte sich mit der Existenz einer von Zionisten, Bankiers, Kommunisten und Freimaurern getragenen Verschwörung mit dem Ziel einer Weltherrschaft.

Zwar stammte das durch Zündel verbreitete Material überwiegend von anderen Neonazis, Holocaust-Leugnern und rechtsradikalen Extremisten, doch steuerte er persönlich ebenfalls zwei Bücher zu der Mixtur bei. *The Hitler We Loved and Why*, bei *White Power Publications*, West Virginia, verlegt, porträtiert Hitler als heiligen Mann, als messianische Figur, dessen Lehre vom weißen Herrenmenschen Deutschland erlöst hatte. Es endet mit der Proklamation, daß Hitlers Geist «über den Ufern des Weißen Mannes Heimat in Europa schwebt. Wo auch immer wir sind, er ist bei uns. ADOLF HITLER, WIR LIEBEN DICH!»[1]

In *UFOs: Nazi Secret Weapons?* behauptet Zündel, bei sogenannten UFOs handele es sich um Hitlersche Geheimwaffen, die bis in die Gegenwart in unterirdischen antarktischen Stützpunkten bereitgehalten würden. Darüber hinaus verfaßte Zündel unzählige Flugblätter und Pamphlete, in denen der Nazismus gepriesen, der Faschismus befürwortet sowie der Holocaust bestritten wurden, und sorgte dafür, daß sie in Umlauf kamen.

Zündel gründete einen Verlag, *Samisdat Publications*, der das übliche Sortiment antisemitischer, rassistischer, Holocaust-leugnender Schriften vertrieb. Außerdem verkaufte er Tonaufnahmen von Hitlerreden, Kopien von Nazifilmen und Kassetten mit Musik des Dritten Reichs, unter ande-

* Damit schloß sie sich einer ursprünglich privaten Klage an. Sabrina Citron, eine Holocaust-Überlebende mit kanadischer Staatsangehörigkeit, leitete das Verfahren gegen Zündel ein. Die Mehrheit der jüdischen Verbände Kanadas befürwortete ihre Entscheidung nicht.

rem eine Auswahl von Hitlers «Lieblingsmelodien», Märschen und Sturmtruppengesängen. Kundenbestellungen wartete Zündel nicht erst ab. Kanadische Parlamentsmitglieder versorgte er mit einem stetigen Strom an Holocaust-leugnendem Material. Und er machte auch an Kanadas Grenzen nicht halt. Tausende von Amerikanern sowie US-Radio- und Fernsehsender kamen in den Genuß seiner Machwerke. (Seinen Angaben gemäß umfaßte seine amerikanische Versandliste mehr als 29 000 Adressen.)

Hauptziel war allerdings Westdeutschland. Im Dezember 1980 informierten Regierungsangehörige den Bundestag, daß während der beiden vorangegangenen Jahre zweihundert Schiffsladungen mit neonazistisch-extremistischen Büchern, Magazinen, Utensilien, Filmen, Schallplatten und Kassetten des Absenders *Samisdat Publications* aus Toronto per Schiff in die BRD gelangt waren. Während einer Razzia auf Neonazis im Jahre 1981 entdeckte die westdeutsche Polizei in Hunderten der durchsuchten Privatwohnungen sowohl Waffen, Munition und Sprengstoffe als auch zahlreiche Exemplare von Schriftgut aus dem Haus Zündel. Das deutsche Innenministerium bezeichnete Zündel als einen zentralen Drahtzieher bei der Versorgung der Bundesrepublik mit rechtsradikaler, neonazistischer Propaganda. Zündel hat seine Werke auch nach Australien, in den Nahen Osten und eine Reihe weiterer Staaten verschickt. (Er brüstet sich mit Abonnenten in mehr als fünfundvierzig Ländern.)

Zündel ist jedoch nicht nur ein produktiver Lieferant extremistischer, Holocaust-leugnender, neonazistischer Publikationen, sondern auch ein geschickter «Showmaster», der es wie kein anderer versteht, bei den Medien Aufmerksamkeit für sich zu erregen – Manuel Prutschi nannte ihn bei einer Gelegenheit den P.T. Barnum der Holocaust-Leugnung.[2] Seit Jahren feilt Zündel an seinen publikumswirksamen Mätzchen herum. Als die NBC-Serie «Holocaust» im April 1978 in Kanada ausgestrahlt wurde, kreierte er eine Organisation mit Namen *Concerned Parents of German Descent*, um gegen die Sendungen zu protestieren. Er deklarierte die westdeutsche Regierung zur «westdeutschen Besatzungsmacht». Im September 1981 gab er im *Toronto Star* eine von ihm und *Samisdat Publishers* unterzeichnete Anzeige auf, in der er «unseren jüdischen Freunden ein gesegnetes neues Jahr» wünschte.[3] Er hat in Briefen an Rabbiner und Synagogen in ganz Kanada Vorträge zu Themen angeboten, die für Deutsche und Juden gleichermaßen von Interesse seien. Als der *Canadian Jewish Congress* den Leiterposten eines einzurichtenden Holocaust-Dokumentationsarchivs ausschrieb, bewarb Zündel sich um die Stelle. (Sein Schreiben traf nach Ablauf der Bewerbungsfrist ein.) Er rief eine deutsch-jüdische Geschichtskommission ins Leben und kündigte an, diese werde Symposien zu Themen veranstalten, die insbesondere den Juden am Herzen lagen.

Das meiste Aufsehen während des Prozesses erregten seine Werbegags. Im Gerichtssaal erschien er tagtäglich mit einer kugelsicheren Weste und einem steifen Hut, auf dem «Redefreiheit» stand. (Seine Anhänger stolzierten mit ähnlichen Kopfbedeckungen einher.) Zum Termin der Urteilsverkündung fuhr er in einem Schrottauto vor dem Gerichtsgebäude vor, dem er mit geschwärztem Gesicht entstieg, weil er demonstrieren wollte, daß «Weißen in Kanada keine Gerechtigkeit widerfahren kann»; er wuchtete ein fast vier Meter langes Kreuz mit der Inschrift «Redefreiheit» auf seine Schultern und trug es die Stufen zum Eingangsportal empor.[4]

Zündel wurde 1939 in Deutschland geboren; «Hunger, Kälte, Krankheit» und das Leben unter verschiedenen Besatzungsmächten prägen seine Kindheitserinnerungen. 1958 kam er nach Kanada, um eine Lehre als Photoretuscheur zu absolvieren. Dort geriet er nun in entscheidendem Maß unter den Einfluß des damals mächtigsten Antisemiten und Neonazis in Kanada, Adrien Arcand, der ihn mit einer Gruppe erklärter Antisemiten zusammenbrachte, darunter Paul Rassinier. In Zündels Erinnerung: «Arcand hat aus mir einen Deutschen gemacht.» Zündel baute sich eine erfolgreiche berufliche Karriere als Photoretuscheur auf. Die meisten seiner Kunden, unter ihnen auch Kanadas führende Zeitschriften, ahnten nicht, daß er zu den rührigsten Distributoren neonazistischen Materials im Land zählte. Ein Kunde, der ihn zufällig in seiner Werkstatt aufsuchte, sah sich einem enormen Hakenkreuz an der Wand gegenüber, drapiert mit Bildern von Hitler und anderen Nazis.[5]

Während des Verfahrens hob die Staatsanwaltschaft mehrfach Zündels fanatische Verehrung für Hitler und seine Bindung an die Nazis hervor: er befürworte politischen Aufruhr in der Bundesrepublik Deutschland und glaube daran, daß sich die Position der weißen Rasse in der Welt nur wegen einer erfolgreichen, internationalen zionistischen Verschwörung verschlechtere. Für Zündel sei Israel ein «Terroristenstaat ... vor dem finanziellen und moralischen Ruin», und die Zionisten kontrollierten die Bonner «Mogule».[6]

1985 wurde Zündel schuldig gesprochen und zu einer 15monatigen Gefängnisstrafe verurteilt, danach jedoch vorübergehend auf Bewährung freigelassen, weil die Entscheidung in der Revisionsverhandlung aufgrund von Formfehlern rückgängig gemacht wurde.* 1988 begann ein

* Die Geschworenen befanden ihn für schuldig, falsche Informationen über den Holocaust verbreitet zu haben, die Anklage in Zusammenhang mit *The West, War, and Islam* wiesen sie allerdings ab.

zweiter – denkwürdiger – Prozeß, denkwürdig, weil er als Plattform diente, von der aus das schwerste Geschütz abgefeuert wurde, das die Holocaust-Leugner seit Erscheinen von Arthur Butz' Buch gegen die Wahrheit gerichtet hatten; am Abzugshebel stand ein Neuankömmling, den Zündels Beraterteam der Holocaust-Leugnung zugeführt hatte. Seinen Anwalt Douglas Christie, Kanadas gerichtlichen Hauptverteidiger für Holocaust-Leugner, Antisemiten, nationalsozialistische Kriegsverbrecher und Neonazis, entdeckte Zündel, als Christie Jim Keegstra vertrat, einen Lehrer aus Red Deer, Alberta. Der Holocaust-Leugner Keegstra erzählte seinen Schülern im Unterricht, daß hinter sämtlichen Revolutionen und finanziellen Zusammenbrüchen auf der Welt seit dem 18. Jahrhundert eine jüdische Vereinigung, die Illuminaten, stehe und das Judentum eine böse Religion sei. Er hielt es für seine Christenpflicht, gegen die durch und durch verderbte Konspiration zu kämpfen, welche die Juden (John D. Rockefeller wurde flugs zu einem solchen erklärt) mit Hilfe ihres Geldes steuerten.[7] Am schlimmsten waren die talmudischen Juden, obwohl auch «atheistische» Juden wie Leo Trotzki eine Gefahr verkörperten.[8] Beim Zionismus handelte es sich um einen jüdischen Trick, beim Holocaust um einen Schwindel.[9] (Am Fall Keegstra wirkt vor allem beunruhigend, daß Keegstra derlei Gedankengut vierzehn Jahre lang verbreiten konnte, bis jemand Protest erhob.)

Christies Strategie bei der ersten Verhandlung gegen Zündel löste erhebliche Kontroversen aus. Er versuchte, alle potentiellen Juroren, die Juden waren oder jüdische Verwandte und Freunde hatten, ausschließen zu lassen. Holocaust-Überlebende faßte er mit äußerster Härte an, einen nannte er Lügner und bestand bei einem anderen darauf, jener solle ihm die vollständigen Namen von mindestens zwanzig Familienmitgliedern liefern, die in Konzentrationslagern umgekommen waren;[10] *Ontario Lawyers Weekly* bezeichnete Christies Verhalten als «pure Gehässigkeit». Während seines Kreuzverhörs von Raul Hilberg fragte Christie diesen unvermittelt, ob er ein bestimmtes historisches Werk kennen würde, und bemerkte anschließend: «Ich dachte, Sie wüßten vielleicht Bescheid, denn Sie sind doch eine Art Historiker.»[11] Es gelang ihm, die Verteidigung so aufzubauen, daß es den Anschein hatte, als werde dem Holocaust, nicht Zündel, der Prozeß gemacht.[12] In Christies Augen bildete die «Macht» der Zionisten, anderer Leute Redefreiheit zu beschneiden, das Kernproblem des Prozesses. Er behauptete, der allgemein herrschende Konsens, die Nazis hätten während des Holocaust sechs Millionen Juden umgebracht, sei das Resultat einer Gehirnwäsche, und redete den Geschworenen ein, man hindere sie daran, Fragen über den Holocaust zu stellen.[13]

Zur Beratung Zündels und seiner Anwälte begab sich ferner Robert Faurisson nach Kanada, einer der weltweit wichtigsten Holocaust-Leugner und Verfechter der These, es sei technisch und physisch unmöglich gewesen, daß die Gaskammern von Auschwitz als Vernichtungsapparate funktioniert hätten. Faurisson argumentierte, die deutschen Vorrichtungen seien im Vergleich zu den amerikanischen Exekutionszellen zu klein und primitiv gewesen, als daß man darin habe Menschen töten können.[14] Bei der ersten Verhandlung wurde Faurisson von der Verteidigung als Experte in den Zeugenstand gerufen; das Gericht erkundigte sich bei ihm, wie er den Verbleib der sechs Millionen Holocaust-Opfer erkläre, die als vermißt galten. Faurisson räumte ein, er wisse nicht, was ihnen zugestoßen sei, forderte jedoch überlebende Juden dringend auf, ihm die Namen ihrer Angehörigen zu nennen, die sie verloren hätten, auf daß er sich darum bemühen konnte, sie aufzuspüren.[15]

Beim zweiten Prozeß gesellte sich David Irving zu Christie und Faurisson; er flog im Januar 1988 nach Toronto, um bei den Vorbereitungen zu Zündels zweiter Verteidigung Schützenhilfe zu leisten und zu seinen Gunsten auszusagen. Wissenschaftlerkollegen haben Irving als «Hitlerpartisan mit Scheuklappen» beschrieben und ihm vorgeworfen, nach Belieben zu seinem eigenen Vorteil Sachverhalte zu verfälschen und Dokumente zu manipulieren.[16] Er wurde für seine Theorie bekannt, Hitler habe von der Endlösung nichts gewußt, eine Idee, die in der Forschung durchwegs verworfen wird.[17] Der prominente britische Historiker Hugh Trevor-Roper schilderte Irving als einen Mann, der sich «an dubiose 'Beweisstückchen' klammert», um auf diesem Weg weit substantiellere Beweise verwerfen zu können, Beweise allerdings, die seinen Vermutungen entgegenstehen. Seine Arbeiten gelten als «eher theologisch oder mythologisch denn historisch»; man hat ihn beschuldigt, Dokumente zu verfremden und Daten verzerrt zu präsentieren, um zu historisch unhaltbaren Schlußfolgerungen gelangen zu können, vor allem, sobald es um eine Entschuldigung Hitlers geht.[18] Irving ist ein eifriger Bewunderer des Naziführers – über seinem Schreibtisch hängt ein Selbstporträt Hitlers. Er beschrieb einen Ausflug zu Hitlers Haus in den Bergen als spirituelle Erfahrung[19] und verkündete, Hitler habe mehrfach die Hand ausgestreckt, um den Juden zu helfen.[20] 1981 gründete Irving, der sich selbst als «gemäßigten Faschisten» charakterisiert, seine eigene rechtsgerichtete Partei, weil er fest an seine Bestimmung als einen künftigen Führer Großbritanniens glaubte.[21] Irving ist ultranational eingestellt und sieht Großbritannien auf einem stetigen Pfad in den Abgrund, wobei die Entscheidung, einen Krieg gegen Deutschland anzuzetteln, den Niedergang beschleunigte. Er setzte sich dafür ein, Rudolf Heß aufgrund von dessen

Bemühungen, dem Krieg zwischen Großbritannien und Deutschland Einhalt zu gebieten, den Friedensnobelpreis zu verleihen.[22] In gewisser Hinsicht scheint Irving sich als Hitlers persönlichen Erben zu empfinden. Bei einem Interview mit dem *Daily Telegraph* im Juni 1992 verriet er, sein einziger Fehler im Leben sei es gewesen zu heiraten: «Die Ehe ist eine Ablenkung.» Hitler hätte das begriffen. Irving berichtete, Hitlers Marineadjutant habe ihm erzählt, daß Hitler beschloß, er könne niemals heiraten, weil Deutschland «sein Stolz war». Irving erkundigte sich, wann der deutsche Führer seinen Adjutanten von dieser Entscheidung unterrichtet hatte. Als er das Datum erfuhr – der 24. März 1938 –, erwiderte Irving: «Herr Admiral, in dem Augenblick wurde ich geboren.»[23]

Seit langem schon verglich Irving die Aktionen Hitlers mit denen der alliierten Machthaber; diese Analogsetzung wurde dadurch vereinfacht, daß er behauptete, die Endlösung habe ohne Hitlers Wissen stattgefunden. Bevor er sich in Zündels Prozeß einmischte, war Irving bei IHR-Versammlungen aufgetreten, wo er einmal Hitler zu dem «größten Freund» erklärte, «den die Juden im Dritten Reich hatten»; die Judenvernichtung selbst hatte er indessen bis dahin noch nie bestritten.[24] Das änderte sich 1988, im Gefolge der Ereignisse von Toronto.

Sowohl Irving als auch Faurisson setzten sich dafür ein, daß man jemanden vorlud, der mit Exekutionen mittels Gas in einem amerikanischen Gefängnis Erfahrung besaß und zu Zündels Verteidigung aussagen konnte; sie waren nämlich der Meinung, auf diese Weise lasse sich am geschicktesten nachweisen, daß die Gaskammern erfunden und zu primitiv waren, um ihrem Zweck gemäß zu funktionieren. Sie wandten sich deshalb an Bill Armontrout, Wärter im staatlichen Zuchthaus von Missouri, der zustimmte, als Zeuge aufzutreten, und darüber hinaus empfahl, sie sollten sich auch mit Fred A. Leuchter in Verbindung setzen, einem in Boston wohnhaften «Ingenieur» und «Spezialisten» für die Konstruktion und Installation von Exekutionsvorrichtungen. Irving und Faurisson stiegen unverzüglich ins Flugzeug, um Leuchter aufzusuchen. Irving, der sich bereits seit geraumer Zeit an der Grenze zur Holocaust-Leugnung entlangbewegte, hoffte, Leuchters Aussage werde ihm das Material liefern, das er benötigte, um den Holocaust als Mythos zu entlarven.[25] Faurisson gemäß hatte der Mann aus Boston bei ihrer ersten Zusammenkunft die «üblichen Vorstellung von einem 'Holocaust'» noch fest im Kopf.[26] Nach zwei Tagen gemeinsamer Gespräche hingegen konnte Faurisson mitteilen, Leuchter sei überzeugt davon, es sei für die Deutschen chemisch und physikalisch ausgeschlossen gewesen, Vergasungen durchzuführen.[27] Leuchter willigte ein, als Experte für die Verteidigung im Zeugenstand zu erscheinen, und fuhr zu einem Treffen mit Zündel und

Christie nach Toronto, um die Unterlagen zu sichten, die sie für die Verhandlung zusammengetragen hatten.

Wenige Tage später reiste Leuchter in Begleitung seiner Frau, eines von Zündel engagierten Kameramanns, eines Konstruktionszeichners und eines Dolmetschers für eine Woche nach Polen. Die Gruppe besichtigte Auschwitz-Birkenau sowie Majdanek. In Anbetracht der Tatsache, daß Zündel Leuchter ungefähr 35 000 Dollar an Reisekosten erstattete,[28] fragt man sich unwillkürlich, wie wohl die Reaktion ausgefallen wäre, wenn Leuchter bei seiner Rückkehr die Realität der Gaskammer bestätigt hätte. Leuchters Präferenzen verrieten sich allerdings sogleich durch seine Bemerkung, Zündel und Faurisson seien offizielle Mitglieder der Gruppe, deren Geist «bei jeder Etappe» über ihnen schwebte, obwohl sie an der Exkursion nicht teilnahmen.[29]

Das Team brachte drei Tage in Auschwitz-Birkenau und einen in Majdanek damit zu, heimlich und verbotenermaßen in mehreren Gebäuden, unter anderen solchen, in denen aller Erkenntnis nach das systematische Morden stattfand, von Leuchter so bezeichnete «forensische Proben» – Ziegelsteine und Zement – einzusammeln. Nach seiner Rückkehr ließ Leuchter die Proben in Massachusetts chemisch untersuchen. (Dem Labor hatte er mitgeteilt, es handele sich um Beweismaterial für einen Prozeß, bei welchem ein Arbeiter auf Entschädigung geklagt hatte.) Seine Befunde faßte er in *The Leuchter Report: An Engineering Report on the Alleged Execution Gas Chambers at Auschwitz, Birkenau, and Majdanek, Poland* zusammen, der sowohl von Zündels *Samisdat Publications* als auch, in London, durch David Irvings Verlag *Focal Point Publications*, veröffentlicht wurde.* Leuchter gelangte zu dem Schluß, an keinem der besuchten Orte sei es je zu tödlichen Vergasungen gekommen. Er nahm für sich ein «Fachwissen» über die Konstruktionskriterien für die Inbetriebnahme von Gaskammern in Anspruch: Seine Resultate beruhten sowohl auf diesem «Fachwissen» wie auch auf persönlicher Anschauung in den ehemaligen Gaskammern sowie der Begutachtung von «Originalskizzen und -bauzeichnungen für einige der Vorrichtungen». Letztere, versicherte er, seien ihm von Vertretern des Auschwitz-Museums übergeben worden.[30]

Leuchter gemäß ließen Entwürfe und Bauweise der Anlagen es als unmöglich erscheinen, daß sie als Exekutionsstätten fungieren konnten.[31] Unter Berücksichtigung von Größe und zeitlicher Kapazität der ver-

* Die Londoner Ausgabe erschien unter dem Titel *Auschwitz: The End of the Line: The Leuchter Report – The First Forensic Examination of Auschwitz* und enthielt ein Vorwort Irvings.

meintlichen Todeskammern in Auschwitz und Majdanek hätte es überdies – so Leuchters nächstes Argument – achtundsechzig Jahre gedauert, um die «angebliche Zahl von sechs Millionen Menschen» hinzurichten.[32] (Eine für die Verwirrungstaktiken der Holocaust-Leugner typische Aussage: Niemand behauptet, in den Gaskammern von Auschwitz oder Majdanek seien sechs Millionen Menschen ermordet worden. Millionen starben durch die Einsatzgruppen oder in anderen Todeslagern.)

Die Holocaust-Leugner betrachten Leuchters Auftritt während der Verhandlung gegen Zündel als «historisches Ereignis». Faurisson ließ sich lang und breit darüber aus, inwiefern er das Ende des «Gaskammer-Mythos» markierte.[33] Alle wurden von Gefühlen überwältigt, als Leuchter den «Schleier über dem unermeßlichen Betrug» entzweiriß. Seine eigenen Empfindungen beschrieb Faurisson als Mischung aus «Erleichterung und Melancholie: Erleichterung, weil eine von mir seit Jahren verfochtene These endlich restlos bestätigt wurde, und Melancholie, weil es ursprünglich meine Idee gewesen war».[34] Die Gerichtsakten indessen offenbaren etwas ganz anderes. Falls irgendein Schleier zerrissen wurde, dann der, welcher Leuchters Kompetenz verhüllte. Im Zeugenstand wurde Leuchter als «Experte» bloßgestellt, dessen technische Ausbildung mehr als unzulänglich war; er hatte gar nicht fundiert zu derlei Ergebnissen gelangen können. Der Richter verspottete einzelne Schritte seines analytischen Vorgehens als «grobe Spekulationen»; Leuchters Ansichten besäßen keine nennenswertere Gültigkeit als die eines Normaltouristen und seien zu vernachlässigen.[35]

Vielleicht wurzelte Faurissons Erleichterung auch in seiner konkreten Ahnung, daß der Leuchter-Report trotz der Erkenntnisse über Leuchters dubiosen Werdegang und sein verworrenes historisch-wissenschaftliches Vorgehen eine Eigendynamik entwickeln würde, darin den *Protokollen der Weisen von Zion* ähnlich, deren Unechtheit mehrfach demonstriert worden ist. Als das ursprüngliche Werk Mitte des 19. Jahrhunderts in Frankreich erschien, tauchten nicht einmal Juden darin auf. Es wurde erst zu Beginn dieses Jahrhundert neu geschrieben, mit Juden als Hauptschuldigen. Diese mühelos dokumentierbare Information hat nicht verhindert, daß Menschen auf der ganzen Welt die *Protokolle* blindlings als authentischen Nachweis für die schändliche Absicht des «internationalen Judentums» betrachten, die Erde zu beherrschen. Entsprechend mag Faurisson realisiert haben, daß Leuchters «Forschungsbericht» zur Plausibilität der Holocaust-Leugnung beitragen würde, obwohl er nachgewiesenermaßen auf völlig abwegigen wissenschaftlichen Methoden basierte.

In Abwesenheit der Geschworenen machte sich das Gericht daran, über Leuchters Qualifikation als Fachmann im Zeugenstand zu urteilen. Als ein Anklagevertreter ihn nach seiner Ausbildung in puncto Mathematik, Chemie, Physik und Toxikologie befragte, gab Leuchter zu, lediglich über «Grundkenntnisse» der Chemie zu verfügen, «auf dem Niveau eines College-Studenten». In Physik hatte er ebenfalls gerade zwei Seminare absolviert, und zwar im Zuge eines geistes-, *nicht* eines naturwissenschaftlichen Studiums an der *Boston University*, das er mit dem *Bachelor of Arts* abschloß. Er gestand ein, weder Toxikologe noch Ingenieur zu sein, meinte allerdings ungeniert, das sei auch gar nicht nötig.[36] Die ungnädige Replik des Richters hierauf lautete:

> Das Gericht: Wie können Sie als Ingenieur arbeiten und auftreten, wenn Sie keinen Abschluß als Ingenieur haben?
>
> Der Zeuge: Euer Ehren, ich würde gerne hinterfragen, was ein Ingenieurabschluß ist. Ich habe einen *Bachelor of Arts* und die erforderliche Grundausbildung sowohl vom College als auch von der Praxis her, um als Ingenieur arbeiten zu können.
>
> Das Gericht: Wer befindet darüber? Sie?[37]

Richter Ronald Thomas machte während des gesamten Prozesses keinen Hehl aus seinem Mißfallen: sowohl an Leuchters mangelhafter Befähigung als auch an dessen despektierlicher Haltung, die Notwendigkeit einer qualifizierten Ausbildung zu abzustreiten. Am schärfsten rügte der Richter Leuchters wiederholte Beteuerungen, jeder College-Absolvent verfüge über genügend «Mathematik und Naturwissenschaft», um die Aufgaben eines Elektroingenieurs zu erfüllen und die Tests nachzuvollziehen, die er in Auschwitz durchgeführt hatte.[38] Der Richter verfügte, Leuchter dürfe nicht als Experte über Konstruktion und Betrieb der Gaskammern in den Zeugenstand treten. Die Meinung des Richters über Leuchters Eignung als technischer Sachverständiger fiel mehr als unmißverständlich aus:

> Das Gericht: Ich werde ihn nicht darüber reden lassen, was in einem Ziegel, in Eisen, in usw. ist – auf diesem Feld verfügt er über keinerlei fundierte Kenntnisse. *Er ist Ingenieur, weil er sich höchstpersönlich zu einem Ingenieur erklärt hat, und zwar auf einem äußerst begrenzten Gebiet.*[39]

Das Gericht wußte nicht, daß Leuchter, der seinen *Bachelor of Arts* unter Eid zu Protokoll gegeben hatte, hinsichtlich seines Studiums nicht aufrichtig war. Er ließ dem Gericht gegenüber durchblicken, ein Ingenieurdiplom habe er deshalb nicht erwerben können, weil die *Boston University* im Zeitraum seiner Immatrikulation kein solches Diplom anbot. Das stimmte allerdings nicht, es gab sogar drei entsprechende Studiengänge.[40]

Zu einem späteren Zeitpunkt der Verhandlung, nachdem die Jury in den Gerichtssaal zurückgekehrt war, überspielten Zündels Anwalt und Leuchter die Dürftigkeit seiner Ausbildung:

> FRAGE: Sie haben also einen *Bachelor of Arts* von der *Boston University*, und zwar auf einem Fachgebiet, das Sie berechtigt, als Ingenieur zu arbeiten. Ist das korrekt?
>
> ANTWORT: Ja.[41]

Bei dem Fachgebiet handelte es sich um Geschichtswissenschaft.

In Zusammenhang mit seiner methodischen Vorgehensweise war Leuchter ebenfalls nicht gerade offen. Mehrmals versicherte er, den «Großteil» seines Untersuchungsmaterials aus den Lagern, unter anderem Karten, Grundrisse und «Original-Blaupausen» der Krematorien, habe er aus den offiziellen Archiven in Auschwitz-Birkenau und Majdanek erhalten. Er sagte aus, daß diese Zeichnungen und Entwürfe bei der Genese seiner Schlußfolgerungen eine wesentlich bedeutendere Rolle gespielt hatten als die Gesteinsproben, die er in den Lagern sammelte.[42] Nach dem Prozeß betonte der Direktor des Auschwitz-Museums, Kazimierz Smolen, ausdrücklich, daß Leuchter seitens des Museums niemals Pläne oder Skizzen zur Verfügung gestellt worden waren.[43] Möglicherweise hatte er sich Touristenbroschüren beschafft, wie sie in den offiziellen Lagersouvernirläden verkauft werden. (Vermutlich handelt es sich um dasselbe Material, welches Tausende von Besuchern, unter anderem ich selbst, anläßlich einer Besichtigung der Gedenkstätten erworben haben.)

Abgesehen von der Frage, wer ihm die Dokumente überließ, erwähnte Leuchter, er «habe keine Veranlassung gesehen», den Verwaltungsbüros der Gedenkstätten mitzuteilen, daß er seine Erkundungen einzog, um Unterlagen für eine wissenschaftliche Analyse bzw. ein Gerichtsverfahren zusammenzutragen.[44] Die Antworten, die man vom Personal einer Gedenkstätte oder eines Museums erhält, können inhaltlich beträchtlich differieren, das weiß jeder Besucher von stark frequentierten Touristenattraktionen, wie Auschwitz-Birkenau es mittlerweile geworden sind (es bleibt dahingestellt, ob das gut oder schlecht ist). Wenn die Leute davon ausgehen, daß es sich bei ihrem Gegenüber um jemanden handelt, der sich von Berufs wegen mit dem Ort auskennt, tendieren sie in der Regel zu größerer Präzision. Im übrigen hielt Leuchter es auch nicht für nötig, sich seine Übertretung der polnischen Gesetze gegen die Verunstaltung nationaler Monumente und Denkmäler genehmigen zu lassen.[45]

Die Ungeduld des Richters stieg sichtlich, während Passagen aus dem Leuchter-Report zitiert wurden. Er bezeichnete Leuchters Methoden als «lächerlich» und «absurd».[46] Der Richter ordnete an, «den Bericht nicht zu den Akten zu nehmen», und verwarf viele der darin enthaltenen Ergebnisse als irrelevant, weil sie auf «Informationen aus zweiter Hand» beruhten. Er verweigerte Leuchter die Erlaubnis, über die Wirkung von Zyklon-B auf Menschen zu referieren, da er weder Toxikologe noch Chemiker sei und keine Erfahrung mit dem Gas besitze.[47] Immer wieder befaßte sich der Richter mit Leuchters Befähigung und Glaubwürdigkeit: «Seine in dieser Abhandlung formulierte Ansicht lautet dahingehend, daß in dieser Anlage keine Vergasungen bzw. irgendwelche Tötungen stattfanden. *In meinen Augen ist er nach allem, was mir vorgetragen wurde, mitnichten qualifiziert, ein solches Urteil zu fällen* ... Er befindet sich nicht in der Position, entscheiden zu können – wie er es in seinem Bericht so unbekümmert tut –, was in jenen Räumlichkeiten *nicht* vor sich gegangen ist.»[48]

Bezüglich der Krematorien und ihrer Betriebsabläufe blieb der Richter unerbittlich, obwohl der Verteidiger Einspruch erhob. Auch hierzu durfte Leuchter aus einem ganz simplen Grund nicht aussagen: «Er ist nicht kompetent.»[49]

Hätte der Richter geahnt, daß Leuchter das Ausmaß seiner Kenntnisse über den Umgang mit Cyanwasserstoffsäure (Blausäure) ebenfalls beschönigte, wäre er wahrscheinlich noch erzürnter gewesen. Leuchter erzählte dem Gericht, er habe sich in der Angelegenheit mit Du Pont, dem Hauptfabrikanten von Blausäure und Natriumzyanid in den USA, in Verbindung gesetzt; die Konsultationen mit der Firma «dauern an». Wieder einmal entfernte sich Leuchter von der Wahrheit. Es sei ihm zugestanden, daß er sich die von Du Pont publizierten Gebrauchshinweise über die vorschriftsmäßige Verwendung von Cyanwasserstoff oder andere der unzähligen chemischen Substanzen besorgt haben mag, welche das Unternehmen herstellt. In jedem Fall bestritt Du Pont Leuchters Behauptung, sie stünden mit ihm in ständiger Verbindung und hätten ihn beraten; des weiteren gab die Firmenleitung bekannt, man habe «niemals Auskünfte über Cyanide an Personen weitergeleitet, die sich als Holocaust-Leugner vorstellten, auch an Fred Leuchter nicht. Insbesondere hat Du Pont niemals Informationen über die Verwendung von Cyanidgasen in Auschwitz, Birkenau oder Majdanek gegeben.»[50]

Zweifel meldete das Gericht unterdessen nicht nur an Leuchters technischem Sachverstand an. Der Richter äußerte außerdem ernsthafte Bedenken betreffs Leuchters historischer Kenntnisse, die – wie sich während der Verhandlung herausstellte – überschaubar und häufig unzutreffend waren. Mit einer Vielzahl der Dokumente zur Installation und Konstruktion der Gaskammern und Krematorien war Leuchter in der Tat nicht vertraut. Von einem im Juni 1943 vorgelegten Report des Auschwitzer

Bauleiters, Mitglied der Waffen-SS, über die Fertigstellung der Krematorien hatte er beispielsweise nie zuvor gehört. Der Bericht erläutert, daß in den fünf Krematorien innerhalb von 24 Stunden insgesamt 4756 Leichen verbrannt werden konnten.[51] Leuchter hatte erklärt, die Krematorien besäßen für denselben Zeitraum eine Kapazität von 156 Personen.[52] Selbst wenn die Kalkulation der SS zu «optimistisch» gewesen sein sollte, wirkt der Unterschied zwischen ihrer und Leuchters Zahl geradezu schwindelerregend. Leuchter mußte obendrein zugeben, daß er nichts von der Existenz der Korrespondenz und Dokumente wußte, welche die leistungsfähigen Ventilatoren behandeln, die in den Gaskammern angebracht wurden, um die Gasrückstände zu zerstreuen.

Nachdem er diese und andere Eingeständnisse Leuchters vernommen hatte, artikulierte Richter Thomas seine Bestürzung darüber, daß Leuchter, obwohl er die Geschichte der Gaskammern nur «nebenbei» kannte, derartig schwerwiegende Urteile gefällt hatte. Es sei eine Unverschämtheit zu behaupten, daß er mehr als nur flüchtig Bescheid wisse, verkündete der Richter.[53]

Leuchter sagte vor Gericht aus, seine Auschwitz-Befunde stützten sich auf die Voraussetzung, daß die konkrete Anlage der Gegenwart sich nicht von ihrem Zustand im Krieg unterscheide.[54] Er schien nicht zu wissen oder zu berücksichtigen, daß Auschwitz nach dem Krieg partiell wiederaufgebaut worden war. Leuchter realisierte durchaus, daß er in Majdanek auf komplett rekonstruierte Gebäude und Gegenstände blickte; trotzdem zog er seine eigenwilligen Schlußfolgerungen. Nachdem der Richter dies erfahren hatte, disqualifizierte er Leuchters Untersuchungen über Majdanek als unzulässig: «Wir haben hier keine Pläne, sondern eine Nachbildung vor uns. Der Zeuge befindet sich nicht in der Lage, über diesen Punkt kompetenter zu referieren als ich selbst. Er war in Majdanek und hat etwas gesehen, über das sich lediglich spekulieren läßt. Man hat dort eine Touristenattraktion aufgebaut. Ich werde nicht gestatten, daß vor diesem Gericht Touristenattraktionen als Beweise abgehandelt werden.[55] Gemäß Leuchter basierten seine Erkenntnisse überwiegend auf den vorgefundenen Rückständen von Zyklon-B. Die Nazis setzten das Gas nicht nur zur Ermordung von Menschen ein, sondern auch, um Kleidung zu entlausen und Insekten und Nagetiere zu bekämpfen.[56] Die Proben, die Leuchter den Entlausungszellen entnahm, enthielten ein weit höheres Blausäureresiduum als die aus den Mordkammern. Die Ziegelsteine der Entlausungskammern wiesen insgesamt viel häufiger die durch Cyanwasserstoff hervorgerufene, charakteristische Blaufärbung auf als die Steine aus den tödlichen Gaskammern. Für Leuchter bedeuteten die niedrigere Quantität von Rückständen sowie Färbung einen schlüssigen Beweis dafür, daß die Häuser, die der Ermordung von Menschen dienen sollten, unmöglich zu diesem Zweck genutzt worden sein konnten.

Doch sowohl Faurisson als auch Leuchter ignorierten eine Reihe entscheidender Faktoren bzw. hatten vielleicht einfach keine Ahnung. Läuse – die in den Entlausungskammern vernichtet wurden – sind erheblich blausäureresistenter als Menschen, das heißt, sie müssen Cyanidgasen länger und in einer höheren Dosierung ausgesetzt werden, bevor sie sterben; daher die intensivere Blaufärbung. Vom *Crown Counsel* hierauf angesprochen, verweigerte Leuchter die Antwort, denn es handele sich um ein Gebiet, zu dessen Beurteilung er nicht qualifiziert sei.[57] Dennoch hatte er die Befunde aus den Entlausungszellen zur «Gegenprobe» für seine Ergebnisse verwendet.

Überdies wurde in die Mordkammern vierzig- bis siebzigfach konzentrierteres Gas als zur Tötung von Menschen erforderlich eingeleitet. Aufgrund der Potenz des Gases atmeten die Opfer nur ein begrenztes Volumen ein. Rasch saugte das kraftvolle Ventilatorensystem die Restluft aus den Räumlichkeiten ab. Infolgedessen kam das Gas an jedem Tag, da eine Gaskammer zum Einsatz gelangte, nur kurz mit deren Wänden in Berührung.

In den Entlausungskammern lag der Fall anders. Den Berichten ehemaliger Häftlinge wie auch den technischen Handbüchern gemäß war das Gas täglich zwölf bis achtzehn Stunden mit den Wänden in Kontakt. Es ist deswegen nur logisch, daß sich in den Entlausungsvorrichtungen höhere Cyanidrückstände bildeten; auch die das Vorhandensein von Cyanwasserstoff indizierende Blaufärbung ist auf den Wänden einer Entlausungskammer eher sichtbar als in einer Gaskammer zur Menschenvernichtung.

Beide, Leuchter und Faurisson, argumentierten, wegen der Explosionsgefahr «wäre es Wahnsinn» gewesen, eine funktionstüchtige Gaskammer in nächster Nähe eines Krematoriums anzusiedeln. Aufzeichnungen zeigen jedoch, daß die von der SS verwandten Gasmengen weit unter der Explosionsgefahrenquote lagen.[58] Die Anklagevertretung verwies im übrigen auf die Broschüre des Herstellers, derzufolge die Tötung von Ratten dreimal soviel von der Substanz erforderte wie die von Menschen und man zur Insektenvertilgung zwanzigmal mehr benötigte, als wenn man Ratten umbringen wollte.[59] Die Staatsanwaltschaft konterte das Argument also damit: Wenn es nicht einmal eine Gefahr dargestellt habe, hohe Gasmengen zur Insektenbekämpfung zu versprühen, sei es auch unter sicherheitstechnischen Aspekten gewiß unproblematisch gewesen, die relativ geringe Quantität von Gas in die Kammern einzuleiten, welche zur Vernichtung menschlichen Lebens ausreichte.[60]

Einen grundsätzlichen Widerspruch enthielt Faurissons und Leuchters nächste Hypothese, die krude Bauweise der Gaskammern belege ferner, daß sie nicht als tödliche Fallen gedient haben konnten, ohne nicht auch den SS-Leuten, welche das Morden beaufsichtigten, Schaden zuzufügen. Entlausungs- und Gaskammern glichen sich in ihrer Konstruktion jedoch haargenau, konsequenterweise bedeutete ein Leck in der einen wie auch in der anderen dasselbe Risiko, gleichgültig, ob sie Menschen oder Kleidung enthielten. Theoretisch ging von den Entlausungsräumlichkeiten sogar eine noch größere Bedrohung aus, weil ihr Zweck nach stärkeren Gaskonzentrationen über ausgedehntere Zeiträume verlangte.

In einer Gaskammer fanden sich keine Cyanidspuren.[61] Leuchter führte dies als Nachweis dafür an, daß sie nie als eine solche fungiert habe. Die betreffende Gaskammer wurde allerdings im Januar 1945 gesprengt. Im Sommer füllten sich die Ruinen bis zu dreißig Zentimetern, im Frühjahr bis zu einem Meter mit Wasser. Der Einfluß der Witterung senkte den Cyanidpegel.[62] Darüber hinaus läßt sich Archivdokumenten entnehmen, daß sich bei Analysen der Fenstergitter aus dem Krematorium, welche die polnischen Behörden nach dem Krieg in Auftrag gaben, Reste von Cyanwasserstoffverbindungen nachweisen ließen. Drei der Gitter befinden sich im Auschwitz-Museum. Wenn Leuchter sich bei den Museumsangestellten erkundigt hätte, mit denen er ja angeblich ausführlich geredet hatte, hätten sie ihm diese Testresultate vermutlich nicht vorenthalten.[63]

Dies war nicht der einzige Fall, bei welchem Leuchter über die Geschichte stolperte. In einem Krematorium fielen die Proben teils negativ, teils positiv aus. Sie hätten indessen entweder durchweg negativ oder durchweg positiv sein sollen. (Wahrscheinlich insgesamt sogar eher negativ, da die Gaskammer kaum in Betrieb war.) Hätte Leuchter die Experten des Auschwitz-Museums gefragt, dann hätten sie ihm vermutlich erzählt, daß jenes Krematorium, welches in der Folge des mißlungenen Häftlingsaufstands vom Oktober 1944 zerstört wurde, unter Verwendung von originalen wie auch von Backsteinen anderer Gebäude wiederaufgebaut worden war. Leuchter führte seine Untersuchung demnach an einigen Steinen durch, die nicht aus spezifisch diesem Krematorium stammten. Außerdem schien er nicht in Betracht zu ziehen, daß das Gebäude seit mehr als vierzig Jahren Klima und Witterung ausgesetzt gewesen war und Cyanidgasrückstände daher möglicherweise getilgt waren.[64] Leuchter kratzte seine Mörtelspuren übrigens auch von einem Fußboden ab, den die Museumsangestellten regelmäßig putzten.[65]

Ein Kameramann hatte das Prozedere bei der Entnahme der Proben auf Video gefilmt – ein offenkundig kalkulierter Versuch, die dramatische Spannung von Leuchters Ausflug zu steigern. Vor laufender Kamera betonte Leuchter, er müsse bei der Arbeit Schutzhandschuhe tragen. Da es sich bei den von ihm durchgeführten Analysen um chemische, nicht um bakteriologische Tests handelte, dienten die Handschuhe wohl kaum einem anderen Zweck als verstärkter Theatralik. Er und seine Begleiter hatten sich zudem Masken umgebunden – Staubmasken, die einer chemischen Kontamination ohnehin nicht vorgebeugt hätten (dazu benötigt man ein in sich geschlossenes Luftfiltersystem). Obendrein blieben Leuchter und seine Gehilfen nicht konsequent. Die Videoaufzeichnung jener Pröbchenfahrt offenbart, daß sie ihre Gesichter manchmal hinter Masken versteckten, manchmal nicht. Ihr wahlloses Verhalten läßt durchblicken, daß die Masken eher zur Effekthascherei als zu ihrem Schutz eingesetzt worden waren.[66]

Beim Abschluß von Leuchters Vernehmung vor dem Gericht zu Toronto am 20. und 21. April 1988* war seine nahezu nichtexistente Ausbildung als Ingenieur nachgewiesen sowie seine nur klägliche historische Fachkenntnis bloßgestellt worden. Letztere basierte auf zweihundert Seiten von Raul Hilbergs «Die Vernichtung der europäischen Juden», Artikeln von Holocaust-Leugnern, Gesprächen mit Faurisson, Irving, Zündel, Christie sowie Dokumenten, die ihm – laut Leuchters eigenen Angaben – in Auschwitz von den dortigen Museumsvertretern überreicht worden seien, was der Leiter der Gedenkstätte jedoch kategorisch bestritt. Richter Thomas entschied, Leuchter dürfe vor den Geschworenen Zeugnis darüber ablegen, was er auf seiner Reise gesehen habe, und es «im Rahmen seiner Kompetenzen» in den Kontext der Materie stellen, mit der er «üblicherweise befaßt ist».[67] Erst nach dem Prozeß trat allerdings zutage, womit Leuchter «üblicherweise befaßt ist», und dies hielt sich nicht nur in noch bescheideneren Grenzen, als das Gericht vermutet hatte, sondern wurde ebenfalls zum Thema erheblicher Kontroversen.

Am 20. Juli 1990 sandte Ed Carnes, stellvertretender Generalstaatsanwalt von Alabama, eine Notiz an alle Bundesstaaten, welche die Todesstrafe praktizierten, in der er Leuchters Hintergrund und Seriosität in Frage stellte. Carnes konstatierte, Leuchter hege nicht nur «unorthodoxe» Ansichten über Gaskammern, sondern habe zu allem Überfluß eine hinterhältige Methode entwickelt, um sich in staatliche Belange einzumischen, sofern es die Vollstreckung der Todesstrafe betraf. Wenn ein Staat seine Dienste ablehnte, schlug Leuchter sich in letzter Minute auf die Seite desjenigen, der in der Zelle auf sein Ende wartete, und behauptete – zugunsten des Todeskandidaten –, die Exekutionsvorrichtung des Staates

* Zündel wurde abermals schuldig gesprochen und zu neun Monaten Haft verurteilt. 1992 erklärte der kanadische Bundesgerichtshof das Gesetz, aufgrund dessen Zündel angeklagt gewesen war, für verfassungswidrig.

funktioniere höchstens mangelhaft.[68] In Carnes' Worten: Leuchter «schlägt aus beiden Seiten der Medaille Kapital».[69] Carnes schilderte Leuchters Aktionen in Virginia, Florida sowie Alabama – er habe innerhalb von weniger als dreißig Tagen in allen drei genannten Bundesstaaten verkündet, ihre elektrischen Stühle seien zu alt und hinsichtlich ihrer Technologie zu unzuverlässig, um noch in Gebrauch zu sein. Die Gerichtshöfe von Florida und Virginia wiesen Leuchter ab, da seine Aussagen zweifelhaft seien. Das Gericht in Florida entdeckte, daß Leuchter Sätze aus einem signifikanten Dokument «falsch zitiert» und eine für seine Schlußfolgerungen relevante Prämisse «inkorrekterweise auf Mutmaßungen gegründet» hatte.[70] In Virginia lieferte Leuchter dem Anwalt eines zum Tode Verurteilten eine eidesstattliche Erklärung darüber, daß der elektrische Stuhl im Ernstfall versagen würde. Das Gericht befand, Leuchters Erklärung sei nur beschränkt glaubwürdig, weil es sich bei Leuchters Unternehmen um die Firma handelte, «die bei einer Auftragsvergabe abgelehnt worden war, als es nämlich darum ging, die Elektroden des staatseigenen elektrischen Stuhls zu ersetzen».[71]

Nach der Veröffentlichung seines Reports traf Leuchters Ruf als Amerikas führenden Experten für Gaskammerhinrichtungen ein weiterer Schlag. Obwohl er das Gegenteil beteuerte, verfügte er anscheinend über keine reale Erfahrung mit der Konstruktion oder Installation von Gaskammern.

Seine Behauptung, diverse Staaten hätten ihn diesbezüglich konsultiert, wurde von Beamten eben der Staaten bestritten, für die er angeblich gearbeitet hatte. Laut Leuchters Zeugenaussage während des Zündel-Prozesses hatte sich die Strafvollzugsbehörde von North Carolina (einem Staat, in dem die Exekution per Gaskammer zugelassen ist) wegen des reibungslosen Betriebs ihrer Gaskammer an ihn gewandt. Im Leuchter-Report wiederholte er, North Carolina hierzu Ratschläge erteilt zu haben.[72] Gary Dixon, Wärter der Zentralhaftanstalt in Raleigh, North Carolina, wo sich die Gaskammer befindet, widersprach Leuchters Angaben. Laut Dixon vermochte sich sein Vorgänger «nur vage daran zu erinnern», einen Telefonanruf Leuchters empfangen zu haben, in dessen Verlauf jener dem Gefängnis einen tödlichen Injektionsapparat zu verkaufen suchte.

Dixon verwahrte sich gegen Leuchters Aussage, er habe die Angelegenheit der Gaskammer mit offiziellen Vertretern der Gefängnisverwaltung von North Carolina diskutiert: «Aus unseren Unterlagen geht nicht hervor, daß Herr Leuchter während der Einrichtung unserer Exekutionsräumlichkeiten in beratender oder sonst einer Funktion für uns tätig gewesen ist.»[73]

Zum Zeitpunkt der Veröffentlichung von Leuchters Abhandlung waren Gasexekutionen in sechs US-Bundesstaaten statthaft – Arizona, Kalifornien, Maryland, Mississippi, North Carolina und Missouri; vor kurzem allerdings wechselten diese Staaten zur Vollstreckung mittels tödlicher Injektion über. Aus den sechs Bundesstaaten liegen offizielle Informationen vor, welche über ihre jeweilige Kommunikation mit Leuchter eindeutige Auskunft erteilen. Den diversen Verlautbarungen zufolge hat Leuchter ihnen trotz gegenteiliger Versicherungen seinerseits niemals zur Seite gestanden. Ken Jones, ein Sprecher für Mississippi, berichtete, daß Leuchter zwar die Landesvollstreckungseinrichtung besucht und sich dazu geäußert habe; dieser Termin sei jedoch auf Leuchters Bitte hin zustandegekommen. Darüber hinaus habe der Staat Mississippi mitnichten «eine Vereinbarung finanzieller Natur» mit ihm getroffen. Shelly Z. Shapiro, Leiter eines pädagogischen Holocaust-Zentrums in Albany, New York, teilte nach einer durch ihn koordinierten Überprüfung von Leuchters Hintergrund mit, er sei weder von Arizona noch von Maryland engagiert worden. Maryland verpflichtete zur Kontrolle der Gaskammer vor jeder Exekution regelmäßig die Firma Eaton Ironworks. Das zuständige Amt in Maryland gab bekannt, daß Leuchter mit der staatlichen Zuchthausbehörde weder «zusammengearbeitet noch sie beraten» habe.[74] Ein Beamter der Landesverwaltung für Besserungsanstalten in Arizona tat ebenfalls kund, man habe Fred Leuchters «Dienste niemals in Anspruch» genommen.[75] Arizonas Gaskammer werde außerdem gar nicht mehr in einem betriebsbereiten Zustand gehalten, und bisher habe stets staatliches Dienstpersonal die Wartung übernommen.

Möglicherweise hat Leuchter seine technische Kompetenz – von Gaskammern einmal abgesehen – auf noch mehr Gebieten übertrieben. Während des Zündel-Prozesses behauptete er, mit Daniel B. Vasquez, dem Hauptaufsichtsbeamten von San Quentin, Kalifornien, eine Anlage zur Überwachung der Herztätigkeit erörtert zu haben, welche das automatisierte Stethoskop älterer Machart ablösen sollte, das damals in Gebrauch war. Vasquez verneinte dies entschieden: San Quentin habe Leuchter nie mit der «Installation eines Herzmonitorsystems oder anderer Apparaturen» beauftragt.[76]

Die Glaubwürdigkeit des Leuchter-Reports stand und fiel mit seinen Fachkenntnissen in puncto Gaskammerkonstruktion. Missouri war der einzige Staat, der Leuchter diesbezüglich tatsächlich konsultiert hatte. Das Projekt gelangte allerdings, wie es scheint, über das Stadium einer Entwurfszeichnung zur Renovierung der Gaskammer in der Landesstrafanstalt nicht hinaus; näher kam Leuchters Firma an den konkreten Bau einer Gaskammer wohl kaum jemals heran. Die Pläne wurden unrealisiert ad acta gelegt, weil sich der Staat schließlich entschloß, zu Exekutionszwecken künftig Todesspritzen zu verwenden.[77]

Aber nicht nur Leuchters Ausbildung, historischer Sachverstand, geschäftliche Integrität und berufliche Erfahrung bzw. die jeweiligen Lücken und Fragezeichen machten ihn zu einer umstrittenen Figur. Dr. Edward A. Brunner, Lehrstuhlinhaber für Anästhesie an der medizinischen Fakultät der *Northwestern University*, legte eine eidesstattliche Erklärung vor, daß die von Leuchter entwickelten tödlichen Injektionen unerträgliche Schmerzen verursachten, dem Betroffenen indessen der Stimme und damit der Möglichkeit beraubten, seine Not herauszuschreien.[78] Ausgehend von Brunners Ausführungen kritisieren Gegner der Todesstrafe das Leuchtersche Injektionsverfahren, weil es eine ungewöhnliche, grausame Bestrafungsweise darstelle. Andere, insbesondere Befürworter der Todesstrafe, verwerfen dieses Argument, denn Leiden und Schmerz gehörten im Gegenteil wesentlich zu dieser überaus schweren Form der Bestrafung dazu. Ironischerweise zählt Leuchter nicht zu den Letztgenannten. Er vertritt die Auffassung, keine Hinrichtungsmethode dürfe Qualen bereiten, und sagt von sich selbst, er könne nachts ruhig schlafen, weil seine Arbeit dabei helfe, daß weniger Menschen «gemartert» würden.[79]

1989 begründete Leuchter eine Ingenieurfirma und ließ sie in Massachusetts gewerblich registrieren. Die Definition ihrer Aufgabe lautete auf «Durchführung technischer Arbeiten» allgemeiner Art sowie entsprechender Beratung.[80]

Die Firma bot Hinrichtungsgeräte an: eine Vorrichtung zur elektrifizierten Exekution kostete 35 000 Dollar, eine Injektionsanlage 30 000 Dollar, ein Galgen 85 000 Dollar. (Der Galgen ist wegen der geringen Nachfrage unverhältnismäßig teuer.) Gaskammern waren mit 200 000 Dollar veranschlagt. Für Staaten ohne feststehende Vollstreckungsräumlichkeiten entwickelte Leuchter einen in sich betriebsbereiten «Exekutionswagen» zum Preis von 100 000 Dollar; in den Preis eingeschlossen waren eine Injektionsmaschine, eine stählerne Verwahrungszelle für den Todeskandidaten sowie Platz für Zeugen, medizinische Betreuer und Gefängnisangestellte.[81]

Im April 1990 reichten Shelly Z. Shapiro, Leiter des Vereins *Holocaust Survivors and Friends in Pursuit of Justice*, und Beate Klarsfeld gemeinsam einen Beschwerdebrief beim *Massachusetts Board of Registration of Engineers* in Boston ein; Thema des Schreibens war Leuchters ungerechtfertigter Anspruch auf den Ingenieurtitel und sein Mißbrauch des Titels, um «die Allgemeinheit zu täuschen», sofern es um Gaskammern ging.[82] Die Kammer veranlaßte eine Untersuchung und fand genügend Hinweise, um ihn der illegalen Ausübung des Ingenieurberufs anklagen zu können bzw. eines illegalen Anbietens seiner Dienste in dem Bereich.[83] Im

Juni 1991, zwei Wochen vor Beginn der Verhandlung wegen unerlaubten Betreibens eines Gewerbes, unterzeichnete Leuchter eine Einverständniserklärung gegenüber dem Staat Massachusetts, in der er zugab, «nie und nimmer» ein professioneller Ingenieur gewesen zu sein; er habe sich unter anderem in den Staaten Massachusetts, New Jersey sowie Alabama fälschlicherweise als solcher ausgegeben und sich eigenmächtig die Berechtigung zuerkannt, als Fachmann für «Exekutionstechnologie» aufzutreten und in diesem Zusammenhang Empfehlungen auszusprechen. Ferner gestand er ein, daß er Gutachten angefertigt habe, unter anderem über «die *'Alleged Execution Gas Chambers at Auschwitz, Birkenau, and Majdanek'*, die technische Ansichten meinerseits beinhalten», obwohl er weder Ingenieur war noch je eine Ingenieurgewerbeprüfung abgelegt hatte. Er versprach, «damit aufzuhören und davon Abstand zu nehmen», sich als Ingenieur zu gebärden und wissenschaftliche Analysen herauszugeben, wie zum Beispiel die über Auschwitz, in denen er technische Details kommentierte.[84]

Leuchters Reputation war bereits empfindlich angeschlagen, da erfolgte aus unerwarteter Richtung eine noch gravierendere Attacke. Ein Mann aus Frankreich, der von Faurissons Spekulationen über Gaskammern anfänglich begeistert gewesen war, wirbelte die Unterstellungen der Holocaust-Leugner gehörig durcheinander.

Der Franzose Jean-Claude Pressac, Jahrgang 1944 und gelernter Apotheker, fuhr erstmals 1966 nach Polen, wo er auch Konzentrationslager bzw. Gedenkstätten besichtigte. Als Konsequenz seiner Tour beschloß er, einen Roman zu verfassen, in dem er sich ausmalen wollte, wie das Leben aussähe, wenn die Deutschen gewonnen hätten. Die Recherchen für das Buch machten im Oktober 1979 einen zweiten Auschwitz-Besuch erforderlich. Er markiert den Aufbruch zu einer wissenschaftlich und persönlich erstaunlichen Reise, die für die Behauptung, tödliche Gaskammern seien ein Hokuspokus, düstere Folgen hatte. Die Reise beinhaltete jahrelange Forschungen, mehr als fünfzehn Exkursionen nach Auschwitz sowie bahnbrechende Entdeckungen in den Archiven der ehemaligen Sowjetunion.

Bei seinem Studienaufenthalt in Auschwitz 1979 überprüfte Pressac Photographien, Dokumente und Auftragspapiere, die sich auf Entwurf und Bau der Gaskammern bezogen. Weil er sich darüber wunderte, daß einige Pläne auf den ersten Blick Widersprüche aufzuweisen schienen, erkundigte er sich eingehend bei den Museumsvertretern und -archivaren nach der Machart der Gaskammern. Jene konnten seine Zweifel zum Teil zerstreuen, indem sie ihm eine Anzahl Zeichnungen und Schriftstücke zeigten, welche Lager und Vollstreckungsgebäude abbildeten bzw.

beschrieben.* Sie brachten triftige Argumente vor, die Pressac akzeptierte; dennoch irritierte ihn der Umstand, daß er auf keiner Skizze das spezifische Etikett «Gaskammer» finden konnte. Pressacs Verwirrung entbehrt in der Tat nicht einer gewissen Berechtigung, da – wie er im nachhinein erfahren sollte – eine Reihe von Gaskammern ursprünglich nicht als Todesfallen konzipiert waren, sondern diesem Zweck gemäß umgestaltet wurden.[85] Als er später die Unterlagen auswertete, welche den Umbau dokumentierten, stieß er auf eine Überfülle an Indizien für die Spezialfunktion der Gaskammern. Doch zunächst schlug er einen potentiell gefährlichen, aber aufschlußreichen Umweg ein und entwickelte sich um Haaresbreite zum Holocaust-Leugner.

Bei seiner Arbeit im Auschwitzer Archiv hörte Pressac von einem französischen Professor, der dem Archiv 1976 einen flüchtigen Besuch abgestattet hatte, aber wegen Krankheit bereits nach zwei Tagen wieder abreisen mußte. Kurze Zeit später veröffentlichte der bewußte Gelehrte eine Artikelserie, in der er die These aufstellte, daß eine Gaskammer, in der Cyanwasserstoff zur Tötung von Menschen eingesetzt wurde, ein Ding der Unmöglichkeit und die Judenvernichtung an Orten wie Auschwitz deswegen nichts als Legende war, Resultat historischer Fälschung, wenn nicht gar vorsätzlichen Betrugs.[86] Nach seiner Rückkehr suchte Pressac Robert Faurisson in Frankreich auf. Faurissons offenbar unendliche Beschlagenheit auf zahlreichen Gebieten und seine «respektheischenden, untadeligen Referenzen» beeindruckten Pressac so, daß er begann, sich regelmäßig mit Faurisson zu treffen.[87] Dieser Zustand währte etwa neun Monate; in dieser Zeit gewährte Faurisson Pressac Zugang zu seinen Akten, da ihm sehr daran gelegen war, den Apotheker in die Reihen der Holocaust-Leugner zu locken.[88] Im Anfang tendierte Pressac stark dazu, Faurissons Unterstellungen Glauben zu schenken. Nach einigen Monaten lebhaften Austauschs nahm die Häufigkeit der Zusammenkünfte ab. Als Pressac merkte, daß bei Faurisson «Dogmatik vor Wahrheit» rangierte, brach er im April 1981 den Kontakt gänzlich ab. Pressacs persönliche Lektüre der Dokumente überzeugte ihn davon, daß Faurissons Hypothesen mit schweren Mängeln behaftet waren.

Nachdem Pressac sich von Faurisson distanziert hatte, merkte er, daß seine Faszination nicht von Faurissons Gedanken, sondern dem scheinbaren Talent des Professors hergerührt hatte, alles immanent Unglaubhafte «zu nichts zu rationalisieren». Dies ist stets der letzte Trumpf der

* Unter anderem legten sie ihm Material bezüglich der Konstruktion und Herstellung eines hochentwickelten Ventilationssystems vor, das in den Gaskammern installiert worden war, und fragten ihn, welche Funktion eine solche Anlage in einem Leichenhaus oder Krematorium wohl hätte erfüllen sollen.

Holocaust-Leugner, den sie geschickt auszuspielen verstehen: Nur sie verfügen über die einzig vernünftige Erklärung, warum sich etwas zugetragen hat, das ungeachtet sorgfältigster Untersuchungen im Prinzip unerklärlich bleibt – es ist nämlich gar nicht geschehen. Als Pressac die Theorien der Holocaust-Leugner einer fundierten Analyse unterzog, die sich auf Quellenmaterial stützte, begriff er, daß sie nicht nur nach den Regeln wissenschaftlicher Vorgehensweise fehlerhaft waren. Sie ignorierten zudem eine erdrückende Beweislast, die akkurat untermauerte, was Faurisson und Genossen zu leugnen suchten.

Pressacs Bedenken über Faurissons methodologische Lauterkeit meldeten sich erstmalig an, als sie gemeinsam die wöchentlichen Listen der Häftlinge durchgingen, die im nahe Straßburg gelegenen Konzentrationslager Natzweiler-Struthof umgebracht worden waren. Ab August 1943 gelangte dort eine Gaskammer zum Einsatz, um einen Dozenten am Anatomie-Institut der Straßburger Universität, August Hirt, mit Skeletten für seine Sammlung zu versorgen. Otto Bickenbach, ein weiterer Professor, benutzte sie ebenfalls, weil er an den Gefangenen medizinische Experimente durchführen wollte. Ungefähr 130 Menschen, überwiegend Juden und Zigeuner, wurden darin ermordet. Während Pressac und Faurisson sich mit den Lagerakten beschäftigten, erblickte Pressac den «redlichen, peinlich genauen Gelehrten in neuem, beunruhigendem Licht».[89]

Die Lagerverwaltung erstattete wöchentlich Bericht über die Zahl der Insassen. Zwei Aufzeichnungen vom August 1943, dem Monat, in dem man mit der Benutzung der Gaskammer begann, geben signifikante Aufschlüsse. Aus der Aufstellung vom 14. August geht hervor, daß zu Wochenbeginn 90 Juden zugegen gewesen waren; 30 von ihnen starben und hatten das Lager «verlassen». Der Bericht für die Folgewoche zeigt, daß von den 60 Juden, die sich am Anfang jener Woche im Lager befanden, 57 starben. Die extrem hohen Todeszahlen zwei Wochen hintereinander, und zwar genau zu dem Zeitpunkt, da die Gaskammer den Betrieb aufgenommen hatte, weckten in Pressac Verdacht. Bald entdeckte er eine weitere Spur. Bei allen anderen Rapporten war auf der Rückseite die Todesursache vermerkt worden. In diesen beiden Fällen jedoch wurde die betreffende Stelle ausgespart. Alle anderen Opfer waren im Bürgermeisteramt von Natzweiler registriert. Für diese Toten hingegen fehlte jegliche Beurkundung.[90] Pressac sah in den beiden Listen «einen vernichtenden Beweis» dafür, daß diese Juden «en masse» ermordet worden waren. Faurisson hingegen konnte sogleich mit einer «Erklärung» aufwarten. Die für die Wochen vom 14. und vom 21. August verwendeten Formulare differierten geringfügig von den übrigen. (Sie waren – im Gegensatz zu den früheren lateinischen Lettern – in Frakturschrift gedruckt.) Faurisson setzte seinem zweifelnden Jünger auseinander, daß die unterschiedlichen Buchstabentypen bei den SS-Leuten zu Mißverständnissen führten. Anstatt die Juden auf der Zeile für «Entlassungen» einzutragen, schrieb die SS sie irrtümlich in die Zeile für «Todesfälle». Und aus irgendeinem Grund beging die SS denselben Fehler zweimal hintereinander. Diese zweckdienliche Deutung, bei der eine Reihe gegenteiliger Indizien außer acht gelassen wurde, tönte in Pressacs Ohren wie eine «Alarmglocke». Faurissons Interpretationen schienen ihm nicht länger so logisch und präzise wie zuvor, und mit den gegebenen Tatsachen hatten sie gewiß nicht viel gemein.

(Es wirkt wie ein Witz, daß Pressacs Argwohn dadurch erregt wurde, wie Faurisson mit den Natzweiler-Rapporten umsprang. Zum damaligen Zeitpunkt wußte Pressac offensichtlich nicht, daß die SS-Einheit, welche die Einrichtung der Gaskammer überwachte, ein Schriftstück zurückließ, das den Zweck der Anlage explizit dokumentierte. Sie sandte nämlich an das anatomische Institut der Straßburger Universität eine Rechnung für «die Installation einer Gaskammer».[91])

Als Faurisson sein Zusammentreffen mit Vertretern des Auschwitz-Museums schildert, läutet bei Pressac die nächste Alarmglocke: «Ich forderte einen der Museumsvertreter, Herrn Jan Machlek, auf, dorthin zu kommen (Krematorium I). Ich wies auf die Schornsteine. Ich fragte ihn: ‘Sind sie authentisch?’ Er antwortete: ‘Selbstverständlich!’ Ich strich mit meinem Finger über eine der Schornsteinöffnungen und zeigte ihm, daß kein Ruß an meinem Finger klebte. Mit sichtlicher Verlegenheit erzählte er mir, die Schornsteine seien ‘wiederaufgebaut’ worden.»[92]

Faurisson suchte den Eindruck zu erwecken, als habe er den Mann vom Museum bei einer Lüge ertappt und ihn gezwungen, die Wahrheit zu sagen.* Doch es war Faurisson selbst, nicht der Museumsangestellte, der Verwirrung stiftete. Um die Echtheit von Schornsteinen zu belegen, die ihrer Bestimmung seit mehr als fünfunddreißig Jahren nicht mehr gedient haben, müssen Rußspuren nachzuweisen sein – diese Idee Faurissons ist ungefähr ebenso luzide wie sein Einfall, die SS-Offiziere hätten einen Vordruck in Frakturschrift nicht entziffern können. Und in seiner triumphierenden Aussage, der «verlegene» Museumsvertreter sei nur aufgrund *seiner* Enthüllungen zu dem Eingeständnis gezwungen worden, daß es sich bei der Vorrichtung um eine «Rekonstruktion» handele, steckt ein ähnlich tückischer Wurm. Warum sollte jener Herr überhaupt peinlich berührt gewesen sein? Im Museum ausgestellte Bilder illustrieren, wie das Gebäude nach dem Krieg neu errichtet wurde.[93]

* Genauso verfuhr er mit Otto Frank, Anne Franks Vater (siehe Anhang).

Diese Art der Rhetorik ist für die Holocaust-Leugner charakteristisch, insbesondere für Faurisson selbst. 1987 trat er in der Gesprächssendung einer französischen Radiostation auf. Bei dem zweiten Gast handelte es sich um einen Holocaust-Überlebenden, der – wie der Moderator Faurisson vor der Sendung mitteilte – vom 11. April 1943 bis zum 11. April 1945 in Auschwitz inhaftiert war. Auf der Stelle belehrte Faurisson den Rundfunkjournalisten, dies sei ausgeschlossen, da die meisten Gefangenen im Januar 1945 aus Auschwitz evakuiert wurden. Als der Gastgeber der Sendung dem ehemaligen Gefangenen Faurissons Einwände übermittelte, mußte dieser – in Faurissons Worten – «recht beschämt zugeben, daß er im Laufe der letzten Kriegsmonate von Auschwitz nach Buchenwald übergeführt worden war».[94]

Faurisson klammerte sich wieder einmal an den Strohhalm, der sich in der Argumentationsstruktur der Holocaust-Leugner zu einem mächtigen Strebebalken ausgewachsen hat, indem er verkündete, wenn ein Teil nicht stimme, sei auch das Ganze falsch. Der Überlebende von Auschwitz «... hat Sie in diesem Punkt belogen», schrieb Faurisson an den Moderator. «Ich fürchte, er hat Sie und die Hörer noch bei zahlreichen weiteren Gelegenheiten angelogen.»[95]

Wie im Fall des Museumsangestellten aus Auschwitz fragt man sich, warum jener Mann Grund gehabt hätte, verlegen zu sein. Es ist allgemein bekannt, daß Auschwitz im Januar 1945 evakuiert wurde und die Rote Armee kurze Zeit später in das Lager eindrang. (Im April hatten sie Berlin erreicht.)

Warum hätte der ehemalige Lagerinsasse in einer Angelegenheit lügen sollen, über die jeder Bescheid wußte? Durch seine «Lüge» wurde die Grausamkeit seiner Erlebnisse nicht dramatisiert. Im Gegenteil, sein «Geständnis», daß er in den letzten Kriegmonaten auf einen Marsch ins Ungewisse geschickt wurde, verstärkte seine Leidensgeschichte. Zu diesem Zeitpunkt trieben die Nazis die Überlebenden der Todeslager nach Westen gen Deutschland, um zu verhindern, daß sie den Befreiern in die Hände fielen. Tausende kamen dabei um. Der Rundfunkjournalist hätte vielleicht zu dem Schluß gelangen können, daß der ehemalige Häftling aus Auschwitz die gesamte Dauer seiner Gefangenschaft dort zugebracht hatte, weil er sagte, er sei zwei Jahre im Lager gewesen. Doch Faurisson verwandelte ein eventuelles, bloßes Mißverständnis in eine vorsätzliche Lüge, Element seines Spinnennetzes aus vorsätzlichen Verdrehungen von Tatsachen.

Wenn man bedenkt, daß Leuchters ganze historische und technische Unzulänglichkeit während des Zündel-Prozesses sowie sein Zusammenprall mit der Justiz von Massachusetts schonungslos aufgedeckt und außerdem Pressacs Erkenntnisse schließlich in Buchform veröffentlicht wurden, sollte man meinen, der Leuchter-Report wäre irgendwann endgültig in Mißkredit geraten. Doch in einer erstaunlichen Demonstration von Ignoranz und Fahrlässigkeit haben einige einflußreiche, angesehene Medieninstitutionen Leuchters Ernsthaftigkeit unterstrichen und den Holocaust-Leugnern ermöglicht, sein pseudowissenschaftliches Werk bei ihrer Schlammschlacht gegen die Wahrheit ins Feld zu führen. Im Februar 1990 erschien in *Atlantic Monthly* ein Artikel, *Justice: A Matter of Engineering, Capital Punishment as a Technical Problem*, der Fred Leuchter als verschrobenen, aber legitimierten Oberscharfrichter der Nation porträtierte – so der Kommentar aus der Redaktion des Magazins.[96] Autorin Susan Lehman schilderte Leuchter als «geschulten, erfahrenen Ingenieur», der in der Technologie elektrischer Stühle besser bewandert war als irgendein anderer: In seinem Keller stand nämlich einer! Der Artikel drückte zwar Verachtung für die Leuchtersche Spezialität – das Töten von Menschen – aus, präsentierte ihn jedoch gleichzeitig als Experten, den es «bekümmerte», daß so viele der Exekutionsvorrichtungen des Landes Defekte aufwiesen. Leuchters Geräte seien dergestalt konzipiert, daß die Opfer nicht gequält würden, schrieb Frau Lehman.[97]

Die Story war offenkundig darauf angelegt, Leuchter als makabren Sensenmann darzustellen, der «seine Arbeit liebt» – die Holocaust-Leugner unterdessen fingen flugs damit an, sie als Bestätigung für Leuchters Kompetenz zu zitieren.[98] Der *IHR Newsletter* bezeichnete Leuchter als den Mann, «... dem der *Atlantic* bescheinigt hat, Amerikas führender Experte für Gaskammern und andere Vollstreckungsgeräte zu sein». In dem Augenblick, da der Artikel erschien, wurde der altehrwürdige *Atlantic* von Telefonanrufen überschwemmt.[99] Die Redakteure hatten angeblich nicht gewußt, daß Leuchters Ausbildung kaum als solche zu bezeichnen war, er sich betrügerischerweise als Ingenieur ausgab, der Holocaust-Leugnung anhing, als Sachverständiger im Zündel-Prozeß ausgesagt und eine von Holocaust-Leugnern finanzierte Forschungsreise nach Polen unternommen hatte. Sie rechtfertigten sich mit der Erklärung, seine Verwicklung in die Aktivitäten der Holocaust-Leugner stehe in «keinem unmittelbaren Zusammenhang» mit dem Thema des Artikels. Der Herausgeber des Magazins verteidigte sich, man könne weder von ihm noch von seinen Mitarbeitern erwarten, daß sie Leuchters «Hobby» kannten.

Um ihre Zerknirschung zum Ausdruck zu bringen, willigte die Zeitschrift ein, einen Brief über Leuchters Hintergrund abzudrucken; immerhin hätte ein simpler Suchlauf in einer Mediencomputerdatei genügt, um Leuchters Rolle in dem Verfahren gegen Zündel in Erfahrung zu bringen.

Die Verantwortungslosigkeit des *Atlantic* bestand in seiner Unwissenheit, doch der ABC-Fernsehshow *Prime Time Live* mit Diane Sawyer und Sam Donaldson, die im Mai 1990 einen Beitrag über Leuchter ausstrahlte, kann man nicht einmal das zugute halten. Unter dem Titel *Dr. Death* präsentierte das Porträt Leuchter als «... wichtigsten Fachmann des Landes, wenn es um das Konzipieren, Installieren und Funktionieren von Apparaten geht, mittels derer Menschen hingerichtet werden. Sein Geschäft ... ist der Tod.» Wochen vor Ausstrahlung dieses Sendebeitrags erhielten Beate Klarsfeld und Shelly Z. Shapiro Kenntnis davon. Sie machten die Leitung des Senders darauf aufmerksam, daß Leuchter im Zündel-Prozeß als Zeuge aufgetreten war und der vorsitzende Richter verfügt hatte, seine Untersuchung tauge nicht als Beweismittel, weil er weder Toxikologe, Chemiker noch Ingenieur sei.

Die beiden informierten die ABC-Chefredaktion, daß Leuchter mittlerweile regelmäßig an den Versammlungen des IHR und ähnlicher extremistischer Organisationen teilnahm und der Leuchter-Report von extremistischen Verbänden und weißen Rassenfanatikern vertrieben wurde; das britische Unterhaus habe letzteren überdies scharf verurteilt und als «faschistisches Schrifttum», als Akt der «Boshaftigkeit» klassifiziert.[100] Außerdem zeigten sie Vertretern des Senders Leuchters Videoaufzeichnung von seiner Reise nach Auschwitz-Birkenau.

Die Produzenten von *Prime Time* wurden gewarnt, daß eine Ausstrahlung des Beitrags sowohl der Holocaust-Leugnung als auch dem Ansehen eines gründlich in Verruf geratenen Manns zur Stärkung gereichen werde. Bob Currie, ABC-Redakteur und für den Beitrag über Leuchter verantwortlich, teilte Shapiro und Klarsfeld mit, Leuchters Leumund und Umtriebe seien ihm durchaus bekannt, gehörten jedoch mitnichten in den Kontext des geplanten Beitrags.[101] *Prime Time* ignorierte die Briefe mehrerer Wissenschaftler, welche die Redaktion dringend aufforderten, von ihrem Vorhaben abzusehen. (Ich sandte ein persönliches Schreiben an den Produzenten der Sendung, in welchem ich das Risiko eines solchen Schrittes erläuterte; nicht einmal der Eingang des Briefes wurde je bestätigt.)

Nachdem das Porträt gesendet worden war, rechtfertigte Currie die Tatsache, daß er keinerlei Hinweise auf Leuchters Aktivitäten als Holocaust-Leugner eingefügt hatte, mit dem Argument, sie seien schlicht und einfach «... für das Thema der Geschichte irrelevant».*

* In dem Beitrag führt Leuchter das Filmteam durch die Gaskammer von North Carolina. Bei den Zuschauern wird der Anschein erweckt, als habe er an dieser Vorrichtung Arbeiten durchgeführt, was nicht der Wirklichkeit entspricht. (*Prime Time Live*, ABC-Fernsehen, 10. Mai 1990.)

Die «Bereinigung» von Leuchters Vergangenheit, das heißt aller Hinweise auf sein Engagement in der Holocaust-Leugnung, schob Currie auf Entscheidungen «von ganz oben», unter anderem seitens Ira Rosen, Senior Producer, und Rick Kaplan, Executive Producer.[102]

Im Oktober 1990 mischte sich die *New York Times* in das Gebalge ein. Ein Bericht auf der Titelseite über Verfahren der Todesstrafe ließ keinen Zweifel daran offen, daß Leuchter im Hinrichtungsgeschäft inzwischen als umstrittener, wenn nicht gar anrüchiger Zeitgenosse galt. Der Verfasser des Artikels schrieb, er gelte den Gegnern der Todesstrafe als «Symbol für vieles, das an der Todesstrafe quer im Magen liegt», und streifte den Umstand, daß Leuchter in die Holocaust-Leugnung involviert war.[103]

In der darauffolgenden Woche brachte ein Leitartikel Leuchter erneut ins Gespräch; der Kommentator lehnte die Todesstrafe ab und merkte an, Leuchter sei aufgrund seiner unüblichen, kontroversen Methoden in der Szene zur Persona non grata herabgesunken.

Er verschwieg nicht, daß Leuchter «einem kanadischen Gericht einmal erzählt hat, daß er die Ermordung von Juden in Hitlers Gaskammern für ein Märchen hält», doch das falle in der «Welt der Henker» wohl kaum ins Gewicht – nach deren Maßstäben würden derlei Ansichten ihn kaum automatisch «disqualifizieren». «Leuchter ist schließlich nur derjenige, der Todesmaschinen erfindet; den entsprechenden Markt schaffen andere für ihn.» Der Leitartikel entwarf von Leuchter das Bild eines unschuldigen Rädchens in einem pervertierten Getriebe und kam zu dem Schluß, das Problem liege nicht beim «... Scharfrichter, [sondern] im System». Doch trotz gewisser Pflichtversäumnisse räumte dieser Kommentar, zusammen mit dem vorangegangenen Bericht, mit allem gründlich auf, was von Leuchters «technischer Kompetenz» übriggewesen sein mochte.[104]

Eine andere Institution innerhalb der Medien hingegen, die Londoner *Sunday Times*, hauchte dem Leuchter-Report und seinen Fürsprechern letztlich wieder Leben ein. Während des Zündel-Prozesses verkündete David Irving, Leuchters Arbeit habe ihn zur Holocaust-Leugnung und zu der Einsicht bekehrt, daß die Gaskammern eine Legende seien; von nun an werde er eine «Ein-Mann-*Intifada*» gegen die offizielle Version des Holocaust in die Wege leiten.[105]

In seinem Vorwort zum Leuchter-Report schrieb Irving, an Leuchters «Redlichkeit» und «gewissenhaftem Vorgehen» bestehe kein Zweifel. Mit keiner Silbe erwähnte er Leuchters mangelnde technische Fachkenntnisse oder die zahllosen Lücken, die man in seinen Befunden nachgewiesen hatte. Besonders aufschlußreich ist dieser Satz: «Niemand läßt sich gerne beschwindeln, vor allem nicht, wenn beträchtliche Geldsummen auf dem Spiel stehen.» Als Schwindler identifizierte Irving Israel und behauptete, Westdeutschland habe an Israel bereits freiwillige Reparationszahlungen in Höhe von mehr als neunzig Milliarden Mark geleistet, «im wesentlichen als Sühne für die 'Gaskammern von Auschwitz'». Die Schwierigkeit bestand laut Irving darin, daß es sich bei den Gaskammern um ein Märchen handele, das «nicht so leicht aussterben» werde.[106] Er machte sich infolgedessen auf, um diverse Länder mit den Ideen der Holocaust-Leugnung zu infiltrieren. In Deutschland wurde er deshalb zu einer Geldstrafe verurteilt; bei der von ihm beantragten Revisionsverhandlung forderte er das Gericht auf, «... für das deutsche Volk zu kämpfen und der Blutlüge vom Holocaust ein Ende zu setzen, die man sich seit fünfzig Jahren gegen dieses Land erzählt». Das Denkmal für die Toten in Auschwitz tat er verächtlich als «Touristenattraktion» ab.[107] Die Ursprünge des Mythos verfolgte er bis auf einen «genialen Plan» des britischen Beauftragten für psychologische Kriegsführung zurück, der 1942 beschloß, die Propagandageschichte zu verbreiten, daß die Deutschen «... 'Gaskammern' benutzten, um Millionen von Juden und anderen 'unerwünschten' Personen umzubringen».[108]

Das britische Unterhaus prangerte Leuchter und Irving als «Hitlers Erben» an: Letzterer sei ein «Werbemann für die Nazis und langjähriger Hitler-Apologet», Leuchters Bericht sei «faschistisches Schriftgut».[109] Man hätte annehmen sollen, daß diese Bloßstellung Irvings Reputation in England den Garaus machte, dies war jedoch nicht der Fall. Die Londoner *Times* verdammte Irving 1989, weil «Hitler für ihn ein bißchen der Held und fast ganz und gar ein Unschuldsengel ist; Irving hält Auschwitz für einen jüdischen Trick».

1992 indessen wurde der übel beleumundete Irving möglicherweise auf längere Sicht rehabilitiert, und zwar durch die *Sunday Times*.[110] Das Blatt heuerte Irving zur Übersetzung der Goebbels-Tagebücher an, die in einem russischen Archiv gefunden worden waren und – so vermutete man – Licht auf den Ablauf der Endlösung werfen würden. Die Zeitung zahlte Irving ein beträchtliches Honorar sowie einen prozentualen Anteil an den Einnahmen aus Abdruckrechten.*

* Das russische Archiv erteilte Irving die Genehmigung, zwei Mikrofiche-Platten zu kopieren; auf jeder von ihnen waren etwa 45 Tagebuchseiten abgelichtet. Prompt verstieß Irving gegen die Vereinbarung, entnahm viel mehr Platten, schaffte sie ins Ausland und ließ sie ohne Erlaubnis des Archivs kopieren. Aus Archivar- und Dokumentarkreisen haben sich besorgte Stimmen vernehmen lassen, daß er die Platten im Zuge seiner Eigenmächtigkeit möglicherweise schwer beschädigt habe, wodurch sie für künf-

Journalisten und Wissenschaftler reagierten gleichermaßen schockiert, daß die *Times* einen derart suspekten Kandidaten für das Projekt auserkor. Andrew Neil, Redakteur der *Sunday Times*, begegnete der Flut von Kritik, indem er Irvings Anschauungen «tadelnswert» nannte, die Beauftragung Irvings indessen damit entschuldigte, daß man sich lediglich seiner Fertigkeiten bei der «Transkription» bedienen werde. Peter Pulzer, ein Oxforder Politologe und Spezialist für das Dritte Reich, bezeichnete es als albern, daß Neil in Irving einen «bloßen Handwerker» zu sehen suche; wer jemanden engagiere, um «Dokumente [zu edieren], die außer ihm niemand zu Gesicht bekommt, läßt sich mit Haut und Haaren auf diesen Jemand ein».[111]

Wie auch immer die Sache ausgehen wird – die *Sunday Times* hat Irvings Ruf von dem Schandfleck befreit, mit dem das britische Unterhaus ihn versehen hatte. Um eines Raunens im Blätterwaldes willen war die britische Zeitung bereit, ihre Aufgabe als Hüterin der Wahrheit und journalistischer Ethik in den Wind zu schlagen. Indem sie Irvings Reputation hob, verhalf sie dem Leuchter-Report zu frischer Blüte.

Auch Leuchters Ansehen ist seit einem jüngst veröffentlichten Buch und Dokumentarfilm über das Geschäft mit der Todesstrafe in den USA wieder gestiegen. Stephen Trombleys *The Execution Protocol* vollzieht die einzelnen Etappen von der Verkündung des Todesurteils bis zur tatsächlichen Hinrichtung nach.[112] Sowohl in Trombleys Buch als auch in seinem Film steht unter anderem Fred Leuchter im Mittelpunkt. Trombley zeichnet ein sympathisches Porträt Leuchters, indem er ihn als leicht exzentrischen, unkonventionellen, kurzsichtigen Techniker und Unternehmer darstellt, der einen bestimmten Bedarf im Exekutionsgewerbe auf kreative Weise abdeckt. Trombley erwähnt Leuchters Aktivitäten in der Holocaust-Leugnung, präsentiert sie allerdings schlicht als *eines unter vielen* Beispielen für die ikonoklastische Veranlagung des Mannes. In seltsamem Kontrast zu seiner Beschreibung Leuchters schildert er unter anderem die ADL, Shapiro, Klarsfeld, die gegen Leuchters diffamierendes Verhalten vorzugehen suchten, als unfaire Querulanten, die einen hingebungsvollen Handwerker belästigten, der einige wunderliche Flausen im Kopf haben mochte, in Wahrheit jedoch nichts weiter wollte, als das Töten humaner zu machen.

tige Forschungen nur noch begrenzt brauchbar wären. Irving ist der Auffassung, die Juden begingen «... eine große Dummheit, indem sie sich nicht von der Gaskammer-Theorie verabschieden, solange noch Zeit ist». Wegen der Ausschlachtung des Holocaust-«Mythos» durch die Juden «... prophezeit [er eine] neuerliche Antisemitismuswelle». C.C. Aronsfeld, «*Holocaust 'Revisionists' Are Busy in Britain*», in: *Midstream*, Januar 1993, S. 29.

Trombleys Buch und Film haben zur Folge, daß Leuchter erneut eingeladen worden ist, bei diversen Talkshows als Experte für Gaskammern aufzutreten. Im deutschen, britischen und französischen Fernsehen sind Interviews mit ihm gelaufen. Die meisten Beiträge versäumen es, auf seine Nähe zu den Holocaust-Leugnern zu verweisen. In den Presserezensionen über David Irvings Bücher läßt sich ein ähnliches Phänomen beobachten: Seine neofaschistischen oder Holocaust-leugnenden Verbindungen werden in den seltensten Fällen thematisiert.[113]

Irving ist eines der gefährlichsten Sprachrohre für die Holocaust-Leugnung. Er kennt die historischen Sachverhalte genau, verdreht sie jedoch, bis sie sich seinen ideologischen Neigungen und politischen Hintergedanken anpassen. Irving ist der festen Überzeugung, Großbritanniens rasanter Niedergang sei durch die Entscheidung beschleunigt worden, Deutschland den Krieg zu erklären. Er besitzt einige Geschicklichkeit dafür, authentische Informationen im Sinne seiner eigenen Schlußfolgerungen zu verbiegen. In einer Kritik seines zuletzt erschienenen Buchs *Churchill's War* aus der *New York Review of Books* werden seine Praktiken, einen Sachverhalt nach doppelten Maßstäben zu beurteilen, korrekt analysiert.[114] Derlei ist nicht nur typisch für Irving, sondern für alle Holocaust-Leugner.

Die Auswirkungen von Leuchters Werk sind schwer einzuschätzen. Unter rationalen Gesichtspunkten sollte dem Leuchter-Report kein anderes Schicksal beschieden sein, als in den Mülleimer der Geschichte zu wandern. Immerhin ist Leuchter vor aller Öffentlichkeit als ein Mann bloßgestellt worden, dem die zur Durchführung seiner Untersuchung notwendige Qualifikation fehlt; die wissenschaftlichen und methodologischen Irrtümer seiner Arbeit wurden zur Genüge demonstriert. Doch der Holocaust und – zu einem kaum geringeren Grad – die Holocaust-Leugnung selbst stehen als Mahnmale dafür vor uns, daß das Irrationale sogar auf die Wohlmeinendsten eine fatale Anziehungskraft ausübt. Es überschattet selbst wahre Faktengebirge und verleitet die Menschen dazu, die unhaltbarsten, unerhörtesten Vorstellungen als Tatsachen zu akzeptieren. Diese Situation tritt noch rascher ein, wenn die Allgemeinheit keinen Zugang zu dem historischen und technischen Wissen besitzt, ohne das jene völlig phantastischen Unterstellungen nicht ad absurdum geführt werden können. Daß die Holocaust-Leugner in der Lage sind, ständig wieder auf Leuchters Erkenntnissen herumzureiten, obwohl denen bereits gründlich jeder Boden entzogen wurde, bildet ein weiteres Anzeichen dafür, daß die Wahrheit viel zerbrechlicher ist als die Dichtung und daß Ratio allein sie nicht zu schützen vermag.

10. Auseinandersetzungen auf dem Campus

This is not a public stagecoach that has to take everyone who buys a ticket. (Dies ist keine Postkutsche, die jeden befördern muß, der ein Billett erwirbt.)

Benjamin Franklin[1]

Zu Beginn der 90er Jahre erkor sich ein Grüppchen von Holocaust-Leugnern die Colleges der USA zum Betätigungsfeld für rege Aktivitäten. Sie bedienten sich erfinderischer Strategien und konnten die diffusen Gedankengänge, die in akademischen Kreisen nicht selten dominieren, teilweise zu ihrem Vorteil ausnutzen; auf diese Weise verschafften sie sich kostenlose Werbung im Wert von mehreren Millionen Dollar und leisteten ihrem Anliegen beträchtlichen Vorschub. Ihre Taktik war überaus simpel. Der Kalifornier Bradley Smith, der sich seit den frühen 80er Jahren in der Holocaust-Leugnung engagiert hatte, bemühte sich darum, in Universitätszeitungen der USA ganzseitige Anzeigen zu schalten. Mehrere der hohen Bildungsstätten in den USA haben diese Anzeigen tatsächlich veröffentlicht, sogar einige der bedeutenderen.

Die Anzeige trug die Überschrift: «Die Geschichte vom Holocaust: Was ist daran falsch? Ein Fall für allgemeine Diskussion.» Sie entfachte in vielen Colleges, an die Smith sich wandte, hitzige Debatten. Sein Vorgehen war ziemlich direkt: In der Regel erkundigte er sich zunächst telefonisch bei der Anzeigenabteilung einer Zeitung nach dem Preis für die Veröffentlichung einer ganzseitigen Anzeige, danach sandte er die druckfertigen Filme mitsamt einem als gedeckt bestätigten Scheck über den entsprechenden Betrag ein. Gelegentlich erkundigte er sich schon im voraus, ob das Blatt bereit sein werde, die Anzeige herauszubringen.* Selbst

* Zu den Zeitungen, welche sie als Anzeige bzw. *Op-ed*-Kolumne [Anm.d.Ü.: *Op-ed* steht für *opposite editorial* und meint die Seite im vordersten Teil der Zeitung, welche sich gegenüber dem angestammten Platz für Leitartikel und Kommentare der Redaktion befindet.] akzeptierten, gehörten: die Universitäten von Arizona, Georgia, Michigan, Montana, Washington, ferner *Cornell*, *Duke*, *Howard*, *University of Illinois at Urbana-Champaign*, *Louisiana State*, *Northwestern*, *Ohio State*, *Rutgers*, *Vanderbilt* und *Washington University*. Abgelehnt wurde die Anzeige unter anderen durch: die Universitäten von Minnesota, North Carolina, Pennsylvania, Tennessee, Texas (Austin), Virginia, Wisconsin (Madison), *Berkeley*, *Brown*, *University of California at Santa Barbara*, *University of Chicago*, *Dartmouth*, *Emory*, *Georgetown*, *Harvard*, *Purdue*, *Rice*, *University of Southern California*, *UCLA* sowie *Yale*.

wo er einen abschlägigen Bescheid erhielt, zog er bereits durch den Versuch die Aufmerksamkeit der Medien auf sich.[2] Einige Universitätszeitungen begannen, seinen Namen ohne nähere Erläuterungen zu seiner Person in ihren Schlagzeilen zu nennen, weil sie annahmen, die Leser wüßten, wer er sei. In Artikeln, Briefen und *Op-ed*-Kolumnen [Anm. d.Ü.: Redaktionelle Kommentare, siehe Fußnote auf der vorhergehenden Seite] wurde das Recht der Holocaust-Leugner verteidigt, ihre «Ansichten» publik zu machen. Nicht überall jedoch erzielte Smith den von ihm gewünschten Effekt. Auf manchem Campus ging der Schuß für ihn und die Holocaust-Leugnung nach hinten los. Plötzlich sprossen Holocaust-Seminare, die lange auf Sparflamme geschmort hatten, wie Pilze aus dem Boden. College-Dekanate gestanden ein, daß die Anzeige den letzten notwendigen Impuls vermittelt habe, um derartige Kurse vom Planungsstadium in die aktuellen Curricula der Folgesemester zu befördern.[3] Dozenten fast aller Disziplinen integrierten eine Diskussion des Holocaust in ihren Unterricht. Filme, Vorträge, Photoausstellungen und andere Veranstaltungen zum Thema Holocaust fanden in den Universitäten statt. Viele Studenten beteiligten sich an Demonstrationen, Teach-ins und Protestaktionen.

Diese Reaktion veranlaßte einige Beobachter zu der Anmerkung, die Kontroverse habe eine positive Wirkung gezeitigt, denn sie schärfe nicht nur das Bewußtsein der Studenten für den Holocaust, sondern auch für die fortdauernden Bestrebungen, Geschichte zu unterlaufen und Antisemitismus zu propagieren. Auf das unmittelbare Resultat von Smiths Anstrengungen mag diese Beurteilung mehr oder minder zutreffen, doch besitzt die Angelegenheit noch einen weiteren, ernüchternden und pessimistisch stimmenden Aspekt. Bei der Analyse des Verhaltens von Studentenschaft, Lehrkörper und College-Verwaltung offenbart sich eine allzu leichtgläubige Empfänglichkeit für die übelsten Auswüchse historischen Revisionismus und ein grundlegendes Scheitern an der Aufgabe, die Implikationen der Holocaust-Leugnung vollständig zu erfassen – das gilt sogar für diejenigen, die sie entschieden verurteilen.

Es war nicht das erste Mal, daß Smith College-Zeitungen mißbrauchte, um Holocaust-leugnende Thesen in Umlauf zu bringen. Über einen Zeitraum von mehreren Jahren hinweg hatte Smith im Verein mit anderen Holocaust-Leugnern kleine Anzeigen mit der Telefonnummer und Adresse des *Committee on Open Debate on the Holocaust (CODOH)* aufgegeben, einen von Smith 1987 gemeinsam mit Mark Weber begründeten Verein. Laut Informationen der ADL wurde CODOH anfänglich von dem inzwischen verstorbenen William Curry finanziert, einem Geschäftsmann aus Nebraska, dessen antisemitische Umtriebe kein

Geheimnis waren. 1986 wollte er erstmalig eine Anzeige Holocaust-leugnenden Inhalts in einer Universitätszeitung plazieren. Er überwies 1 000 Dollar an den *Daily Nebraskan* für eine ganzseitige Anzeige, die den Holocaust als Schwindel deklarierte.[4] Das Blatt wies sein Ansinnen ab. Kurz darauf starb Curry, und Smith setzte seine Arbeit fort.

Er behauptet von sich selbst, er stünde in keinerlei Kontakt zu irgendeiner anderen Gruppe von Holocaust-Leugnern, sondern gehöre ausschließlich CODOH an. Doch bereits seit Juni 1985 schreibt er Beiträge für die Hausmitteilungen des IHR und pflegt mit dem Institut also seit geraumer Weile Beziehungen. Zu dem Zeitpunkt jedenfalls, da er seine Anzeigenkampagne startete, existierte die Verbindung noch.[5] 1986 lancierte er das Radioprojekt des IHR und verfaßte regelmäßig Berichte über dessen Fortgang in den IHR-Mitteilungen, wobei er sich selbst kräftig Lob für seine Erfolge dabei zollte, der Holocaust-Leugnung im Rundfunk Gehör zu verschaffen. Unter der Schirmherrschaft des IHR plante er eine Vortragsreise durch Colleges und Universitäten, um über «Holocaust – Betrug und Fälschung» zu sprechen.[6] Smith zielte nicht darauf ab, den «Samen» für künftige Generationen «auszustreuen», sondern darauf, «revisionistische Wissenschaft auf geradem Weg in unsere Universitäten zu transportieren, und zwar JETZT!». In einem Rundbrief an seine Gefolgsleute verkündete er triumphierend, das IHR habe zugesagt, sowohl seine «Einstiegskosten» als auch seine «laufenden Spesen» anteilmäßig zu übernehmen.[7]

Vor seinem Engagement für das IHR-Radioprojekt gab Smith *Prima Facie* heraus; die Zeitschrift wollte ein «wachsames Auge auf Holocaust-Okkultismus, Zensur und die Mißachtung des Rechts, Fragen zu stellen, werfen». Smith attackierte zum Beispiel Mel Mermelstein, dem gelungen war, die Forderung des IHR nach «Belegen» für die Realität des Holocaust ad absurdum zu führen. Smiths Beschreibung Mermelsteins charakterisiert den Ton des Magazins – Smith nannte ihn einen «Tölpel», der das Institut verklagte, weil es sich weigerte zu glauben, daß eine «Haarsträhne und ein Glas voll Asche ... die Vernichtung» von Juden in Gaskammern «beweisen» sollten. Mermelsteins «Zunge ist so spitz geworden, daß er damit seine eigenen Zähne durchbohren könnte».[8]

Das Organ der rechtsextremistischen *National Front* hat Beiträge aus *Prima Facie* nachgedruckt. Einer spielt auf die telegraphische Meldung eines Vorfalls an, bei welchem ein Gestapo-Offizier lächelnd zuschaute, wie sein Schäferhund 1942 in Polen einen älteren Juden tötete. Smiths Sarkasmus bei dem Versuch, die Geschichte in Zweifel zu ziehen, hat von jeher seinen unverwechselbaren Stil geprägt: «Sagen wir, der Hund wog 80 Pfund – gut, meinetwegen wog er sogar 100 Pfund. Und nehmen wir an, der alte Jude war klein und schmal, wog vielleicht bloß 100 Pfund. Zum Teufel damit, laß ihn einen Achtzigpfünder gewesen sein! Wir wollen nicht kleinlich sein. Also, eines muß über diesen deutschen Hund und den ältlichen Juden einmal klargestellt werden: Wieviel konnte der eine vom anderen wohl tatsächlich fressen?»[9]

Smiths Komplize hieß Mark Weber, ebenfalls bei CODOH,[10] ein emsiger Sprecher für die Holocaust-Leugner und ehemaliges Mitglied der *National Alliance*, einer Organisation zum Wohle der weißen Rasse. *Spotlight* bezeichnete Weber als «leuchtenden Stern» unter den Verteidigungszeugen im Zündel-Prozeß.[11] Sowohl während jener Verhandlung als auch in seinen Schriften zur Holocaust-Leugnung hat Weber die Auffassung vertreten, daß es sich bei den umgekommenen Juden nicht um die «unglückseligen Opfer» eines Vernichtungsprogramms, sondern von «Krankheit und Unterernährung» handelte, «Ursachen des völligen Zusammenbruchs in Deutschland während der letzten Kriegsmonate». Weber rekurrierte auf ein Argument der Holocaust-Leugner, das ursprünglich von Austin App formuliert worden war, indem er behauptete, wenn es wirklich einen Eliminierungsplan gegeben hätte, dann hätten auch die Juden «längst tot sein müssen», die von den alliierten Streitkräften bei Kriegsende lebend vorgefunden wurden.[12]

Weber, 1951 geboren, besuchte eine Jesuitenschule in Portland, Oregon. In einem Interview mit dem *University of Nebraska Sower* vom November 1989 artikulierte er seine Besorgnis über die Zukunft der weißen «Rasse» in den USA und die Zukunft des ganzen Landes. Laut Weber trudelte die Nation in eine von zwei möglichen Richtungen. Sie würde sich entweder zu «einer Art mexikanisch-puertorikanischem Staat» entwickeln, weil «weiße Amerikaner» bei der Fortpflanzung versagten, oder wegen anhaltender rassischer Konflikte auseinanderbrechen. Die Möglichkeit einer integrativen amerikanischen Kultur, eines gemeinsamen Erbes, das in der Vielfalt von Rassen und Gruppierungen wurzelte, verwarf Weber. Er hielt es für weder wünschenswert noch realisierbar, daß «schwarze Amerikaner in die weiße Gesellschaft eingegliedert» wurden. Er schien sich nach dem Augenblick zu sehnen, da die USA zu «weißem Gebiet» erklärt würden und Nichtweiße zu «Bürgern zweiter Klasse». Dies werde dem Land «... Halt und einen Anker» geben. Er beklagte den Umstand, daß «... wir heute nicht einmal das haben».[13] Als die Zeitungskontroverse publik und Weber in der Öffentlichkeit allmählich stärker mit der Holocaust-Leugnung identifiziert wurde, breitete er zunehmend einen Mantel des Schweigens über seine rassistische Einstellung.

Eine der ersten Zeitungen, an die CODOH – das im Prinzip aus Smith und Weber bestand – herantrat, war der *Daily Collegian* der Universität von Pennsylvania. Nachdem das Blatt die kurze Anzeige, welche die CODOH-Telefonnummer enthielt, einige Wochen lang gedruckt hatte, reagierte es auf kritische Stimmen vom Campus der Universität und setzte sie ab. Prompt sandte Smith Briefe an lokale Zeitungen, in denen er den *Daily Collegian* bezichtigte, «kompromißlose Wissenschaftlichkeit zu behindern und sogar zu zensieren».[14] Vielleicht motivierte ihn der Sturm, welchen er mit der kleinen Anzeige verursachte, seine Anstrengungen auszudehnen.

Kurz nach seinem gescheiterten Versuch in Pennsylvania hatte er mit dem *Stanford Daily* das gleiche Problem; dort lief eine ähnliche Anzeige über sieben Wochen lang, bis der Herausgeber sie aufgrund studentischer Proteste aus dem Blatt nahm. Nun drängte Smith ihn, sich durch die Veröffentlichung der neuen Anzeige für «... das Recht, zu fragen und offen zu diskutieren», stark zu machen;[15] dabei ließ er durchblicken, daß die jüdische Studentenorganisation *Hillel* seiner Meinung nach die Berichterstattung des *Daily* über gewisse Themen steuere, unter anderem die US-Nahostpolitik. Mitgliedern von *Hillel* teilte er mit, es sei nur im Interesse der Juden, die Wahrheit über den Holocaust kennenzulernen.[16]

In seinen *Revisionist Letters* bemühte sich Smith, zwischen den Absichten von Antisemiten, welche die Holocaust-Leugnung zur Verunglimpfung der Juden ausnutzten, und seinem eigenen vermeintlichen Ziel – Aufdeckung der Wahrheit – zu differenzieren. Er versicherte, sein Bestreben als Herausgeber sei es, «die Entlarvung von Engstirnigkeit und Antisemitismus ... bei der Revision» der Holocaust-Geschichte voranzutreiben. In einem Artikel der Zeitschrift stand, die Beiträge von «Nazi-Apologeten» zur Holocaust-Leugnung erstickten andere Stimmen, insbesondere aus dem linksradikalen Lager.[17] Autor Laird Wilcox stellte die Frage, wie die «Revisionisten» jammern konnten, daß ihnen der Mund verboten werde, wenn «... wesentliche Elemente aus [ihren] eigenen Reihen selbst nichts davon [der Redefreiheit] halten, es sei denn, *sie* sind betroffen».[18]

Smith wiederholte diesen Gedanken in einer Kolumne der Zeitung seines Wohnorts: Die «Suche nach der Wahrheit» über den Holocaust sei nicht antisemitisch, aber er räume ein, daß sich in der Bewegung «Fanatiker» tummelten, die «erklärtermaßen antijüdisch vorbelastet sind und revisionistische Geschichtsschreibung zur Schmähung der Juden ausschlachten».[19] Smith war sich offenkundig über das Risiko im klaren, das eine Verknüpfung zwischen seinen Intentionen einerseits und extremistischen, rassistischen Strömungen andererseits bedeuten würde, vor allem in akademischen Kreisen.

Sein Bestreben, sich von unverhohlenen Antisemiten zu distanzieren, spiegelt die Tendenz der Holocaust-Leugner, sich von dem Sammelsurium neonazistischer, extremistischer Vereinigungen zu lösen, mit denen sie bislang zusammengeschweißt waren. Leonard Zeskind, Leiter der Forschungsabteilung im Zentrum für demokratische Erneuerung von Kansas City, Missouri, und anerkannter Fachmann für Extremismus in den USA, charakterisierte Smiths Ansatz als typisches Zeichen einer generellen Verschiebung bei den «Kämpfern für weiße Oberhoheit» und anderen Extremisten; sie bewegten sich von den Rändern des politischen Spektrums her auf die Mitte zu, indem sie jeden offenen Kontakt zu faschistoiden Gruppen mieden, die sich mit Hakenkreuzen schmückten oder in weiße Laken hüllten. Ein Beispiel für diese Strategie bildete David Dukes Umdichtung seiner Vergangenheit während der Kampagne zur Präsidentschaftskandidatur.[20] Viele Menschen, welche die Absichten des Ku-Klux-Klan, der *White Aryan Nation* und *Posse Comitatus* mühelos durchschauen, aber Probleme haben, Extremismus zu erkennen, wenn er sich in ein scheinbar rationales, vertrautes Gewand kleidet, werden durch ein solches Verhalten verunsichert.

Die Anzeige, die Smith im Frühjahr 1991 in Umlauf brachte, enthielt die sattsam bekannte Leier Holocaust-leugnender Unterstellungen. Die Gaskammern waren eine Erfindung, Augenzeugenberichte «lachhaft und unzuverlässig», die Nürnberger Kriegsverbrecherprozesse eine Spiegelfechterei; an Photographien war herumgepfuscht worden, und die Lagerinsassen bekamen reichlich zu essen, bis die Alliierten, die den «barbarischsten Krieg führten, den Europa seit der mongolischen Invasion» erdulden mußte, mit ihren Bomben Deutschlands Infrastruktur zerstörten, weswegen keine Nahrungsmittel mehr ausgeliefert werden konnten, so daß die Gefangenen verhungerten. Smith zufolge hatte die Idee, daß die Nazis die Juden ausrotten wollten, ihren Ursprung in der alliierten Intrige, «den Haß auf die Deutschen zu schüren». Bis in die Gegenwart bedienten einflußreiche Kreise sich derselben Propaganda, um «alte Feinde zum Sündenbock» abzustempeln, «auf Rache statt Versöhnung zu beharren» und «gar nicht so geheime politische Hintergedanken zu verwirklichen».[21]

Auch den bekannten Einwand, er wolle nichts weiter, als mittels einer ehrlichen Debatte über den Holocaust der Wahrheit zu ihrem Recht verhelfen, brachte Smith erneut ins Spiel. Eine mächtige, aber verdeckt operierende Clique habe diese Auseinandersetzung an den Universitäten bis dato unterdrückt, was zu einem umfassenden politischen Programm gehöre. «Wir wollen diese Leute fragen, wodurch ein solches Verhalten sozialen Wert erhält? Wer profitiert davon?»

In der Anzeige hieß es, die Holocaust-Leugnung zwinge die «orthodoxen Holocaust-Forscher» zu dem Eingeständnis, daß einige der falschen Aussagen über den Holocaust «zum Himmel schreien». Niemand anderer als die Holocaust-Leugner hatte sie dazu veranlaßt, die «sanktionierte» Holocaust Version zu revidieren. Sie mußten bekennen, daß in Auschwitz weit weniger Juden getötet worden waren als zunächst angegeben und daß die Nazis bei der Seifenfabrikation keine Leichen von Juden verarbeiteten. Es trifft zu, daß erst seit kurzem zugängliches Material Wissenschaftler im Laufe der letzten Jahre in die Lage versetzt hat, die Zahl der Juden genauer zu fixieren, die mutmaßlich in Auschwitz umgekommen sind.[22]* Ferner ist die Forschung bereits vor langer Zeit zu der Einsicht gelangt, die Nazis hätten trotz gegenteiliger Gerüchte während des Kriegs keine jüdischen Leichen zu Seife eingekocht. In bezug auf den Holocaust haben Historiker freiwillig jede Menge «Enthüllungen» vorgenommen, um eines der grauenhaftesten Ereignisse in der Menschheitsgeschichte in allen Details beleuchten zu können. Smith indessen deutete seinen Lesern gegenüber an, daß die Wissenschaftler, die auf dem Gebiet forschen – und die Holocaust-Leugnung allesamt heftigst ablehnen –, sich genötigt sehen, die Richtigkeit Holocaust-leugnender Thesen zu bestätigen: «Man erzählt uns, es sei 'anti-jüdisch', die allgemein gebilligte Sprachregelung über die deutschen Verbrechen zu kritisieren. Wir beobachten jedoch, daß die Juden selbst, wie zum Beispiel Mayer, Bauer, Hier, Hilberg, Lipstadt beginnen, an der festgeschriebenen Holocaust-Geschichte zu rütteln.»[23] Dieses Argument – nämlich daß die Holocaust-Leugner die Wahrheit ans Licht gezerrt haben und die Prominenz unter den Historikern sich nun abstrampelt, um nachzuziehen – ist und bleibt ein Angelpunkt ihrer Beweisführung. Sie verfolgen damit zwei Ziele, nämlich erstens: den Anschein zu erwecken, als reagierten jüdische Fachleute nur auf den Druck, der durch die vermeintlichen Entdeckungen der Holocaust-Leugner erzeugt wird, und zweitens: den Eindruck zu vermitteln, daß die «Erkundungen» der Leugner in ein Kontinuum seriöser Historiographie hineingehören. Wenn etablierte Wissenschaftler, vor allem solche jüdischer Abstammung, bislang unwiderlegte Fakten hinterfragen dürfen, warum soll Bradley Smith dann kein Recht dazu haben?

Die Polemik der Anzeige war zwar überwiegend ein alter Hut, Smith baute allerdings einen neue Raffinesse ein, die in den USA speziell in uni-

* Der Auschwitzer Gedenkstein verzeichnet vier Millionen Todesopfer im Lager. Beim heutigen Stand der Forschung wird ersichtlich, daß in den Gaskammern von Auschwitz Birkenau anderthalb bis zwei Millionen Menschen starben, davon 85 bis 90 Prozent Juden.

versitären Zirkeln auf Resonanz stoßen mußte. Der Anspruch «politischer Korrektheit» ist seit den 80er Jahren immer wieder Anlaß zu Unruhe auf dem Campus gewesen. Konservative politische Gruppierungen haben dem «liberalen Establishment» vorgeworfen, bestimmte Sujets als politisch unkorrekt zu etikettieren, weswegen sie sich nicht für eine Einbeziehung in die Lehrpläne eigneten. Smith bettete seine abgeschmackten Unterstellungen in diesen Rahmen ein, indem er behauptete, ein revisionistischer Holocaust-Ansatz dürfe im Universitätsbereich nicht erörtert werden, weil «Amerikas Gedankenpolizei» ihn verboten habe. «Die politisch korrekte Haltung zum Holocaust sieht schlicht und einfach so aus: Er hat stattgefunden. 'Darüber' diskutiert man nicht.» Im Gegensatz zu anderen Themen, welche die Studenten frei ergründen dürften, sei die Holocaust-Legende unantastbar. Die Konsequenz daraus war ein Zustand, der sich laut Smith antithetisch zu allem verhielt, was Forschung und Lehre verkörperten. «Ideologismen ersetzen ungehinderte Fragestellungen, Einschüchterung bedroht den uneingeschränkten Diskurs ... die Ideale der akademischen Weltsicht werden gegen intellektuelle Tabus eingetauscht.»[24] Zwar fielen die meisten Studenten, welche über eine Veröffentlichung der Anzeige zu befinden hatten, oberflächlich nicht auf das vom CODOH solcherart ausgebeutete Argument der politischen Korrektheit herein, doch unbewußt erwiesen sich viele als dafür empfänglich – eine Anfälligkeit, die sich in ihren Rechtfertigungserklärungen manifestiert, warum die Anzeige veröffentlicht wurde. Zu den Universitäten, welche die Anzeige als erste akzeptierten, zählten unter anderen *Northwestern*, *University of Michigan*, *Duke*, *Cornell*, *Ohio State* und *Washington University*.[25]*

An der *University of Michigan* nahm die Geschichte der Anzeige eine eigentümliche Wendung. Smith sandte eine druckfertige Kopie direkt an den *Michigan Daily*. Dem Geschäftsführer des Blattes zufolge «schlüpfte» die Anzeige «durch die Maschen, ohne gelesen zu werden». Als sie erschien, bemerkten die Angestellten der Zeitung entsetzt, was sie hatten geschehen lassen. Am nächsten Tag plazierten sie eine sechsspaltige Entschuldigung für die Veröffentlichung der Anzeige in ihre Zeitung, in der sie ihr eigenes Versehen bei dem Vorfall eingestanden. Sie nannten ihn eine «schmerzliche Lehre und Erfahrung für das Team».[26] Der Manager

* Die in diesem Kapitel behandelten Zeitungen fungieren als Privatunternehmen. Juristisch ist ihnen für redaktionelle Entscheidungen, welche Anzeigen sie veröffentlichen bzw. zurückweisen möchten, breiter Spielraum gelassen. Im Fall einer «staatlichen Verfügung», das heißt, wenn die Verwaltung einer staatlichen Universität den Inhalt einer Zeitung kontrolliert, darf ein Gericht die Verweigerung einer Anzeige aus inhaltlichen Gründen untersagen. *Discretion of Student Editors to Accept or Reject Holocaust Revisionist Advertisements* (Rechtsabteilung der ADL, Februar 1992).

sagte gegenüber der *Detroit Free Press*: «Wir machen genauso Fehler wie andere Organisationen auch.»[27]

Damit hätte das Drama seinen Abschluß finden können – als Beispiel für lückenhafte Aufmerksamkeit in einem Büro des *Michigan Daily* –, wenn die Sache nicht dadurch kompliziert worden wäre, daß nun der Redaktionsbeirat zur Tat schritt und aus einem groben Schnitzer eine Frage des Prinzips machen wollte, ohne zu beachten, daß die für das Erscheinen der Anzeige Verantwortlichen auf «menschliches Versagen» plädiert hatten. Die Redaktion verwandelte eine mißliche Alltäglichkeit in ein Ereignis von ganz anderem Kaliber: Gefährdung der Redefreiheit. An demselben Tag, da die Anzeigenabteilung ihre Entschuldigung publizierte, verkündete ein Kommentar auf der Titelseite des Blattes, die Redakteure empfänden die Anzeige zwar als «beleidigend und unzutreffend», könnten indessen nicht gutheißen, daß «unliebsame Ansichten aus unserer Zeitung verbannt werden, nur weil sie empören und wir nicht damit einverstanden sind».[28] Chefredakteur Andrew Gottesman teilte mit, er hätte die Anzeige auf jeden Fall drucken lassen, wenn ihm die Entscheidung überlassen gewesen wäre. Er argumentierte, sie abzulehnen sei dasselbe wie Zensur auszuüben, was die Redaktion nie gestatten würde.[29]

Eine Demonstration auf dem Campus am nächsten Tag wandte sich sowohl gegen die Holocaust-Leugnung als auch gegen das Konzept der Redaktion. Diese war über die vehementen Angriffe seitens der Studenten und Dozenten betroffen, fürchtete zudem, ihr Kommentar werde als Anerkennung des CODOH ausgelegt, und widmete dem Thema daher den Leitartikel der darauffolgenden Ausgabe. Die Holocaust-Leugnung wurde verdammt, denn sie sei «absurd», stütze sich «... auf geschichtliche Sagenbildung und antijüdischen Fanatismus», diene einer irrationalen, unsinnigen, ahistorischen Propaganda und sei als solche zu verwerfen. Die Redakteure schätzten die Anzeige exakt richtig ein, nämlich dergestalt, daß sie in ihr keinerlei geistige Verdienste würdigten. Ihre Veröffentlichung befürworteten sie allerdings nach wie vor. Ihre kraftvolle Kritik an der Holocaust-Leugnung im allgemeinen und Smiths Anzeige im besonderen begann unterhalb eines Schriftkastens mit einem Zitat von Bundesrichter Hugo Black zur Redefreiheit: «Ich bin der Auffassung – ohne Einschränkungen, ohne Ausnahmen, ohne jedes Wenn und Aber –, Redefreiheit bedeutet, daß man keinem Menschen wegen der Ansichten, die er hat oder äußert bzw. wegen der Worte, die er schreibt oder spricht, etwas tun darf.»[30]

Die ungewöhnliche Situation in Michigan (ein eher banales Versehen wuchs sich zum Hickhack um ein Grundrechtsprinzip aus) spitzte sich weiter zu, als Universitätspräsident James Duderstadt in den Disput eingriff. In einem Brief an den *Daily* ordnete er die Anzeige als Werk eines «komischen Kauzes, eines Sonderlings» ein und vertrat die Einstellung, den Holocaust zu leugnen hieße, «unser aller menschliches Potential für das Böse» zu negieren und «seine Wiederauferstehung zu provozieren». Aber auch er unterstützte die Entscheidung des Blattes, vielmehr die Nichtentscheidung, die Anzeige herauszubringen. Der Präsident machte geltend, daß der *Daily* sich einer langen Tradition journalistischer Toleranz verpflichtet fühle, die es zu schützen gelte, selbst da, wo «... wir mit gewissen Meinungen, Beschlüssen oder Handlungen nicht einverstanden sind». Angesichts von Duderstadts Erhöhung der Smithschen Vorurteile auf ein Niveau von Meinungen kann einem angst und bange werden.

Die Botschaft, welche Redakteure und Präsident zu übermitteln suchten, ist sonnenklar: So verrückt, unlogisch und fanatisch-heuchlerisch die Anzeige auch sein mochte – dem ersten Grundrechtsartikel der amerikanischen Verfassung und den darin verbürgten Rechten gebührte in jedem Fall Priorität. Er nötigte den *Daily* zur Veröffentlichung. Keiner der Beteiligten scheint berücksichtigt zu haben, was genau dieser Grundrechtsartikel besagt: «Der Kongreß darf kein Gesetz erlassen ... welches die Freiheit der Rede oder der Presse beschneidet.» Bei dem Argument, das Recht auf freie Meinungsäußerung garantiere der Anzeige Akzeptanz, wird das Faktum ignoriert, daß der bewußte Grundrechtsartikel die *Regierung* daran hindert, sich in das Recht eines einzelnen oder einer Gruppe einzumischen, noch die abwegigsten Ideen publik zu machen.[31] Auf diesen Sachverhalt hob die *New York Times* ab, als sie in einem Leitartikel entschieden betonte, es handele sich hier keinesfalls um eine grundrechtliche Frage: «Die Regierung darf Herrn Smith und seine Kollegen im Geist der 'Holocaust-Revision' nicht zensieren, gleichgültig, wie jämmerlich und geistlos ihre Unterstellungen sind.»[32]

Eine Ablehnung der Anzeige als Zensur zu bezeichnen bedeutete, den Umstand zu vernachlässigen, daß Studentenzeitungen – anders als die Regierung, deren Handlungsradius vom ersten Grundrechtsartikel eingegrenzt wird – keine absolutistische Verfügungsgewalt haben.[33] Wem die Regierung das Recht auf Veröffentlichung verweigert, dem steht in diesem Staat keine Alternative offen, etwas an die große Glocke zu hängen. Doch wenn eine Zeitung eine Anzeige, einen Artikel oder Brief ablehnt, kann man sich an andere Publikationsorgane wenden, es gibt genügend davon. Der bewußte Grundrechtsartikel garantiert niemandem einen Zugriff auf private Unternehmen. Er ist als Abschirmung für Einzelpersonen und Institutionen gedacht, welche sie davor schützen soll, daß die Regierung bei ihren Angelegenheiten interveniert. Dieser Artikel ist kein

Schwert, mit dessen Hilfe jeder, der exotische Thesen oder anrüchige Forderungen aufstellt, auf seine Grundrechte pochen mag, gehört zu werden.* Überdies schienen die Redakteure des *Michigan Daily* nicht zu bemerken, welche Formulierung der von ihnen zitierte Richter Black gebraucht hatte: «Man darf keinem Menschen antun ...» Niemand hatte angeregt, Smith etwas anzutun.

Der *Duke Chronicle* tat sich besonders eifrig dabei hervor, den Konflikt im Sinne einer Diskussion pro und kontra Redefreiheit auszufechten. Chefredakteurin Ann Heimberger verteidigte in einem redaktionellen Kommentar die Entscheidung des Blattes, indem sie zu bedenken gab, man habe zwar gewußt, daß man die Anzeige ablehnen könne, sich jedoch zu ihren Gunsten «entschlossen», um damit dem Bestreben der Zeitung Ausdruck zu verleihen, «stets die Rechte unserer Anzeigenkunden zu gewährleisten». Die Redaktion hielt es nicht für ihre Verantwortung, «Leser vor provokativem Gedankengut» zu bewahren, sondern «... es zu verbreiten».[34]

Keith Brodie wiederholte bei seiner Verteidigung der Redefreiheit die Überlegungen seines Kollegen aus Michigan; Keith Brodie ist der Präsident von *Duke*. Auch er verwahrte sich gegen den Inhalt der Anzeige, sprach sich allerdings noch uneingeschränkter für ihr Erscheinen aus als Duderstadt: Durch eine «Unterdrückung» der Anzeige nämlich würde die Universität ihrer Verpflichtung, das Recht auf freie Meinungsäußerung zu respektieren, zuwiderhandeln und mit ihrer «langen Tradition» brechen, «von der Verfassung verbriefte Rechte in Ehren zu halten».[35]

Als die Anzeige im *Cornell Daily Sun* erschien, rechtfertigte die Redaktion sich durch einen Kommentar, mit dem sie vor «Seite 20» warnte, welche «die meisten Leser schockieren» werde; die Zeitung habe unterdessen nicht die Aufgabe, «eine unfaire Zensur der Ansichten ihrer Anzeigenkunden vorzunehmen». Wie viele ihre Kollegen an zahlreichen anderen Universitäten, welche die Anzeige druckten, taten die Redakteure kund, sie hätten sich zu einer Veröffentlichung durchgerungen, weil das «... Grundrecht auf Redefreiheit auch auf Personen mit unpopulären, anstößigen Ideen anzuwenden ist».[36] Neeraj Khemlani, Chefredakteur der *Daily Sun*, teilte mit, es sei nicht seine Rolle, Leser «abzuschirmen».[37] *Cornell*-Präsident Frank H.T. Rhodes gesellte sich zu seinen Kollegen von den anderen Universitäten, indem er der Entscheidung des Blattes ebenfalls beipflichtete.[38]

* 1931, im Fall *Near vs. Minnesota*, schmetterte der US-Bundesgerichtshof einen Anlauf von bundesstaatlicher Seite ab, eine Zeitung zu knebeln und ihrer Möglichkeit zu berauben, «bösartiges, skandalöses, diffamierendes» Material zu veröffentlichen. Fred W. Friendly, *Minnesota Rag*, New York 1981.

Auch der *Montana Kaimin*, die Zeitung der Universität von Montana, verteidigte die Publikation der Anzeige unter Bezugnahme auf den ersten Grundrechtsartikel. Der betreffende Redakteur erklärte, es stünde ihm nicht zu, «für die Bewohner des Campus zu bestimmen, was sie sehen dürfen und was nicht».[39] Die Zeitung der Universität von Georgia, *Red and Black*, verlieh ihrer Hoffnung Ausdruck, daß eine Veröffentlichung der Anzeige die einzigartige amerikanische Ehre und Pflicht affirmieren werde, «jeder Meinung Gehör zu verschaffen, egal, wie unangenehm, beanstandenswert und unverkennbar falsch sie auch sei». Nachdem die Anzeige erschienen war, legitimierte der Herausgeber die Entscheidung als eine «rein geschäftliche», indem er zu bedenken gab, «wenn die Anzeigenabteilung schon dazu da ist, Anzeigen anzunehmen, soll sie diese gefälligst auch entgegennehmen». In Anbetracht des Widerspruchs zwischen beiden Aussagen läßt die erstere, jene «hochherzige Beteuerung» – wie Mark Silk, Journalist für die *Atlanta Constitution*, es ausdrückte[40] – einen faden Nachgeschmack zurück.

Bei *Student Life* (*Washington University*) entschied man sich nach einer intensiven Diskussion dafür, die Anzeige zu drucken. Als sie erschien, oblag es dem Kommentator der Zeitung, Sam Moyn, der Universitätsgemeinschaft gegenüber die Gedankengänge des Zeitungsteams nachzuzeichnen, die zu dem «umstrittenen Beschluß» führten. Moyn gemäß verstand die Redaktion die Angelegenheit als Frage nach dem Recht auf freie Meinungsäußerung: «Eine Beschneidung von Herrn Smiths Rechten gefährdet unsere eigenen.»[41] Der *St. Louis Post Dispatch* verteidigte das Vorgehen der Studenten. Er klassifizierte die Anzeige als «ärgerlich, provokativ und mit Irrtümern gespickt», lobte die Studentenzeitung ob ihres Mutes, sie zu drucken und verkündete, eine solche Handlungsweise wirke ermutigend im Sinne der Redefreiheit.[42] Die *University of Arizona* tauchte ihr Verhalten ebenfalls in dieses Licht. Redaktionsleiterin Beth Silver nannte es die Mission der Studentenzeitungen, «den ersten Grundrechtsartikel zu schützen, Dinge zu veröffentlichen, die unausweichlich Zusammenstöße verursachen, und sich dem Sperrfeuer zu stellen».[43] Eine Reihe von Zeitungen artikulierte diese Haltung – man muß tun, was zu tun ist, und zwar um jeden Preis. Dies klingt wie das ironische Echo einer Melodie, welche die Holocaust-Leugner häufig selber anstimmen: Wir sagen die Wahrheit, ohne Rücksicht auf die Konsequenzen.

Der Entscheidungsprozeß an der *Ohio State University* gestaltete sich äußerst komplex. Die Entscheidung über Anzeigen in der *Lantern* liegt bei einem Komitee, dem Fakultätsmitglieder, Studenten, Redakteure und der Geschäftsführer des Blatts angehören.[44] Die Richtlinien der Universität schreiben vor, daß dieser Ausschuß zustimmen muß, bevor Anzeigen erscheinen dürfen, in denen religiöse Denominationen auftauchen. Der CODOH-Antrag wurde mit fünf zu vier Stimmen abgelehnt.[45] Doch damit war der Fall nicht erledigt. Durch den Beschluß des Komitees waren ihr zwar die Hände gebunden, die Anzeige als solche zu veröffentlichen, doch nutzte die verantwortliche Redakteurin der *Lantern*, Samantha G. Haney, ihre Befugnisse, um sie als *Op-ed*-Kolumne doch herauszubringen, denn die Zeitung habe – so Haney – diesbezüglich eine «Pflicht» zu erfüllen.[46] Ihre Handlungsweise verschaffte Smith zusätzliche Legitimität, und er sparte überdies 1 134 Dollar – soviel hätte eine ganzseitige Anzeige gekostet.[47]

Ein ausführlicher Leitartikel erläuterte die Entscheidung der *Lantern* und verurteilte Bradley Smith mitsamt Konsorten als «pure Rassisten reinsten Wassers»; die Anzeige sei «kaum mehr als ein Werbespot für Haß». Trotzdem mußte die Zeitung sie veröffentlichen, da «wir nicht nur Themen bringen können, mit denen wir niemandem auf die Füße treten».[48] Den Vorschlag, sich an das *Ohio State History Department* zu wenden, um die Thesen der Anzeige Stück für Stück «auseinanderzunehmen», wiesen Haney und ihre Mitarbeiter zurück. Dadurch nämlich werde ihrer Ansicht nach der Eindruck geweckt, die Anzeige besitze eine gewisse «Relevanz» und «Substanz»; sie seien hingegen der festen Überzeugung, daß dies nicht zutreffe. Die «Wahrheit strahlt heller als jede Lüge» – unter anderem so begründete die Redaktion der *Lantern* die Veröffentlichung der Anzeige; in Anbetracht dieser edlen Zuversicht ist ihre Weigerung, professionelle Historiker um Aufklärung darüber zu ersuchen, inwiefern die Anzeige historische Fakten verzerrte, eine Art Eigentor.[49] Andererseits scheint sich darin die verständliche Scheu zu manifestieren, der Holocaust-Leugnung irgendwelche Anerkennung zu gewähren. Es gibt kein besseres Beispiel für die Fragilität der Wahrheit als der Beschluß jener Redaktionen, sie müßten eine Anzeige oder *Op-ed*-Kolumne publizieren, obwohl der Inhalt des publizierten Textes nach ihrer *eigenen* Einschätzung keinerlei Relevanz oder Substanz hatte.

Gordon Gee, Präsident von *Ohio State*, bezog allerdings eine zu James Duderstadt (Universität von Michigan) konträre Position, weil er die Entscheidung kritisierte, Smith in der Zeitung ein Forum einzuräumen; die Behauptungen der Holocaust-Leugner bezeichnete er als «verderbliche … listig getarnte» Propaganda, mit der Vorurteile geschürt und die Geschichte entstellt werden sollte.[50]

Während der Streit an der *Ohio State University* in vollem Gang war, wollte ein CBS-Reporter für eine Sendung über Extremismus und Volksverhetzung in den USA auf dem Campus einen Beitrag zur Holocaust-Leugnung drehen. Da das Fernsehteam im voraus auf die anhaltende

Kontroverse aufmerksam geworden war, standen die laufenden Kameras passenderweise schon bereit, als die Redakteurin einen Anruf Smiths entgegennahm, in dem er ihr zur Veröffentlichung der Anzeige und wegen ihres Einsatzes für Rede- und Pressefreiheit gratulierte. Als Haney aufgelegt hatte, erkundigte der sich in ihrer Nähe befindliche Reporter, wie sie sich jetzt fühle. Sie wandte sich um und bemerkte leicht betrübt, sie komme sich vor wie jemand, den man aufs Kreuz gelegt hatte.

Nicht alle Zeitungen ließen sich auf die verfassungsrechtliche Debatte ein, im Gegenteil, manche distanzierten sich ausdrücklich davon. Beim *Daily Beacon* der Universität von Tennessee hielt man es nicht für eine Mißachtung der Interessen von Holocaust-Leugnern, die Anzeige nicht zu drucken: Es sei keine «Zensur, nicht einmal eine Schädigung».[51] Der *Daily Collegian*, die Zeitung der *Pennsylvania State University*, die als eine der ersten eine Smithsche Anzeige erhalten hatte, bestritt, daß die Redefreiheit auf dem Spiel stand. Die Redaktion gelangte zu dem Schluß, sie habe lange genug mit ansehen müssen, wie Studentenvertreter und zahlreiche Einzelpersonen auf dem Campus mit Holocaust-leugnendem Material überschwemmt wurden, was wohl heiße, daß die Hintermänner der Anzeige gewiß über ausreichende finanzielle Mittel verfügten, um ihre Verschwörungstheorien über die unheimliche Macht der Juden auch ohne Mithilfe der Zeitung unter die Leute zu bringen.[52]

In einem eloquenten Leitartikel wies der *Harvard Crimson* Smiths Anspruch zurück, sich bei der Forderung nach einer Publikation seiner Anzeige auf jedermanns Recht zur freien Meinungsäußerung zu berufen. Wenn man CODOH ein Forum gewährte, damit es unter Vorspiegelung einer offenen Diskussion «infame Lügen verbreiten» konnte, komme das einer «Absage» an die redaktionelle Verantwortung des Blattes gleich.[53] Der *Maroon* (*University of Chicago*) räumte zwar ein, die Holocaust-Leugner «dürften ihre Ansichten äußern», man selbst jedoch unterliege «in keinem Fall irgendeiner Verpflichtung, ihre beleidigenden Haßtiraden abzudrucken».[54]

Mit dem Argument, wer die Anzeige nicht veröffentliche, könne sich ebensogut sofort zu seiner Zensurausübung bekennen, wird nicht nur der erste Grundrechtsartikel auf irrige Weise ausgelegt, es ist außerdem nicht völlig aufrichtig. Die Redaktionen, die sich dieser Auffassung anschlossen, vergaßen, daß sie samt und sonders inhaltliche Auflagen zu befolgen haben, welche ihnen untersagen, Anzeigen zu drucken, in denen rassistische, sexistische, religiöse Empfindungen verletzt bzw. Vorurteile verbreitet werden. (Einige der fraglichen Zeitungen lehnen sogar Zigarettenwerbung ab.) Wie wollten sie ihre «Prinzipienreiterei» in bezug auf absolute Redefreiheit mit Richtlinien in Einklang bringen, die sie an der

Veröffentlichung bestimmter Anzeigen und Artikel hindern? Warum war Bradley Smith verfassungsrechtlich abgesichert, während Anzeigen für den «Playboy», den Ku-Klux-Klan, Marlboro oder Pornofilme diesen Schutz nicht genossen? Einige Redaktionen erkannten diese Inkonsequenz und versuchten, die widersprüchlichen Standpunkte miteinander zu vereinbaren, indem sie eine Haltung einnahmen, durch die sie sich noch fester in die Schlingen der Holocaust-Leugner verwickelten. Sie erklärten, die Holocaust-Leugnung sei nicht antisemitisch und daher nicht verwerflich. Die Redaktion der *Cornell Daily Sun*: «Die Anzeige enthält keine direkten rassistischen Aussagen über Juden.»[55] Valerie Nicolette, federführende Redakteurin der *Sun*, äußerte gegenüber dem *Chronicle of Higher Education*, die Redakteure hätten die Anzeige auf der Grundlage ihrer Maßstäbe für «Obszönität und Rassismus» bewertet, und sie habe den Test bestanden.[56] Beim Treffen einer jüdischen Studentengruppe, die gegen die Anzeige protestiert hatte, mit dem Redaktionsbeirat des *Duke Chronicle* teilte man den Studenten mit, das Blatt sei darum bemüht, keine Anzeigen anzunehmen, die «rassistisch sind oder ethnische Verunglimpfungen beinhalten», aber jene Anzeige falle nicht in diese Kategorien.[57]

Für Andrew Gottesman gab es durchaus Anzeigen, die er im *Michigan Daily* niemals veröffentlichen würde; Gottesman war derjenige, der sich so vehement gegen eine «Zensur» von Smiths Machwerk ausgesprochen und in seinem Blatt unter dem Motto eines Zitats von Richter Hugo Black zum Recht auf freie Meinungsäußerung die Holocaust-Leugnung in Bausch und Bogen verdammt hatte. Dennoch habe Smiths Anzeige – so Gottesman – es «anders als andere» nicht verdient, «vom Ideenmarkt verbannt zu werden». Anzeigen hingegen, auf denen der Ku-Klux-Klan eine Hetzjagd ankündigte oder Frauen Bierflaschen vor ihren nackten Brüsten in die Kamera hielten, hätten in den Papierkorb zu wandern.[58] In Gottesmans Augen war es keine Zensur, die Zeitung von sexistischer und rassistischer Werbung freizuhalten, doch in Smiths Fall sei diese Gefahr gegeben. Als der *Student Life* der *Washington University* die Anzeige brachte, kündete ein Leitartikel davon, man tue dies, damit die «Gedankenfreiheit nicht aus den Zeitungen verschwindet».[59] Auf seiner Anzeigenpreisliste wiederum gibt das Blatt folgende Regelung bekannt: «*Student Life* behält sich vor, jede Anzeige zu edieren oder abzulehnen, die den Richtlinien oder dem Selbstverständnis der Zeitung nicht entspricht.»[60]

Das Argument, eine Zurückweisung der Anzeige sei Zensur, verdeutlichte auch, daß Redakteure und Universitätspräsidenten nicht sorgfältig bedachten, was zum Alltagsgeschäft jeder Zeitung gehört: auswählen und auslesen, welche Themen behandelt, welche Kolumnen veröffentlicht werden, welche Anzeigen den redaktionellen Kriterien entsprechen und welche nicht. Der *Daily Tar Heel* (Universität von North Carolina) ließ verlauten, sobald ein Redakteur oder eine Redakteurin «... den ersten riskanten Schritt unternimmt und sich aufgrund ihres Inhalts gegen eine Anzeige entscheidet, beginnt für sie oder ihn eine Rutschpartie einen glitschigen Abhang hinunter, geradewegs auf die Mißachtung der Redefreiheit zu».[61] Der *Tar Heel* erwähnte aber nicht, daß Zeitungen kontinuierlich selegieren. Tom Teepen, Redakteur für die Leitartikelseite der *Atlanta Constitution*, formulierte es so: «Eine Zeitung herausgeben heißt vor allem, ständig Entscheidungen zu treffen, und nicht, ihnen auszuweichen.»[62] Der *Duke Chronicle* hatte in der Vergangenheit zum Beispiel eine Beilage des «Playboys» sowie eine Anzeige abgelehnt, in der gegen eine bestimmte Studentenverbindung aufgehetzt wurde; trotzdem wunderte sich die Redaktion darüber, wie Zeitungen, welche angeblich die Rede- und Pressefreiheit hochhielten, «irgend jemandem diese Rechte vorenthalten» konnten.[63]

Einige Zeitungen rechtfertigten ihre Entscheidungen also damit, die Anzeige sei nicht antisemitisch; andere witterten Zensur und wehrten sich dagegen, doch wieder andere vertraten eine noch bestürzendere Ansicht. Sie erklärten nämlich, Smiths «Ideen» seien zwar anstößig und widerwärtig, es mangele ihnen allerdings nicht an einer gewissen geistigen Legitimität. Infolgedessen mußte die jeweilige Zeitung ihre Verantwortung akzeptieren, ihren Lesern jene Ideen zur eigenen Beurteilung zu unterbreiten. Die Redakteure, welche so argumentierten, fielen der Strategie der Holocaust-Leugner zum Opfer, die sich den Anschein verleihen, als betrieben sie konventionelle Geschichtsschreibung.[64] Daß sie einer Täuschung aufgesessen waren, offenbarte sich in den Begriffen, mit denen sie den Gehalt der Anzeige umschrieben. Der Chefredakteur der *Cornell Daily Sun* erkannte, daß die Anzeige «empörende *Ideen*» enthielt.[65] Das Blatt machte jedoch für sich geltend, es sei nicht seine Aufgabe, «auf unfaire Weise die *Standpunkte* unserer Anzeigenkunden zu zensieren», gleichgültig, «wie unliebsam oder anrüchig sie sind».[66] Der *University of Washington Daily* hieb in die gleiche Kerbe, als er seine Entscheidung verteidigte, Smith auf der *Op-ed*-Seite Platz einzuräumen, denn die Zeitung müsse eine «... Forum für unterschiedliche *Meinungen* und *Ideen* bieten».[67] Amüsanterweise hatte das Blatt sechs Wochen zuvor, als es die Anzeige ablehnte, erklärt, Smiths Unterstellungen seien «derart falsch», daß sie «einer ernsthaften Betrachtung nicht würdig sind».[68] Man beharrte darauf, bei der *Op-ed*-Kolumne, die schließlich erschien, liege der Fall anders, weil es sich um Smiths «Meinung» handele und die «himmelschreienden Irrtümer» der Anzeige ausgemerzt seien. In der Kolumne versicherte Smith den Lesern, er habe in zwölfjähriger Forschungsarbeit «keinen einzigen echten Beweis» dafür finden können, daß ein Plan zur «Vernichtung» der Juden existierte; die Gaskammer-«Geschichten» gründeten sich auf «unbewiesene Vermutungen», für die es «weder dokumentierte Quellen noch handfeste Belege» gab.[69]

Der *Michigan Daily* blies in dasselbe Horn. «Unpopuläre *Ansichten*» werde man nicht unterbinden, bloß weil manche Leser nicht mit ihnen einverstanden sein mochten.[70] Der *Daily* zeigte sich konsequent, indem er zwei Wochen nach dem Erscheinen von Smiths Anzeige die Entscheidung des Bildschirmtextprogramms *Prodigy* befürwortete, Teilnehmern das Einspeichern von Holocaust-leugnendem Material zu gestatten. Denn *Prodigy* habe den Status einer Zeitung, befand der *Daily*, und solle dementsprechend ein *«Forum für Ideen»* bieten.[71]

Der Chefredakteur des *Montana Kaimin* implizierte ebenfalls, Smiths Ansichten seien diskussionswürdig, indem er mahnte, daß den «*Meinungen* dieses Mannes, egal wie absurd sie sein mögen, draußen Gehör verschafft werden muß».[72] Dem Chefredakteur des *Student Life* (*Washington University*) gemäß stimmte die Redaktion für eine Veröffentlichung der Anzeige, weil «... uns nicht wohl dabei war, bewußt provokante *Ideen* zu zensieren».[73]

Die Erklärung der *Ohio State Lantern*, warum sie Smith die Chance gab, sich «öffentlich zu artikulieren», obwohl die Redaktion Smith und CODOH als «pure Rassisten reinsten Wassers» abgekanzelt hatte, bietet mehr Grund zur Sorge als die Entscheidung selbst. Die *Lantern* hielt bereits die Vorstellung für «... verabscheuungswürdig, daß die Qualität bzw. das Fehlen von Qualität bei einer Idee oder Meinung irgendwelchen Einfluß darauf besitzen könnte, ob man sie sich anhört oder nicht».[74] Es verschlägt einem schier der Atem, daß Studenten einer bedeutenden Universität es verabscheuungswürdig nennen, wenn eine Entscheidungsfindung auf der «Qualität» von Ideen beruht. Man möchte annehmen, ihre Ausbildung sei geradezu darauf angelegt, daß sie Ideen einer gewissen konstanten und gültigen Qualität erkennen und beleuchten. Eine derartige Denkweise sträubt sich von ihrem Prinzip her gegen alles, was in Stätten höherer Bildung vermittelt werden sollte.

Die Redakteure des *Student Life* von der *Washington University* reagierten ebenfalls erschreckend konfus. Sie verwarfen Smiths Anspruch, er strebe nach Wahrheit, und schilderten ihn statt dessen als einen Menschen, der seinen «Haß unter der Tarnkappe intellektueller Neutralität verbirgt». Sie durchschauten Smiths Pose des «Wahrheitssuchers, der von Intriganten mundtot gemacht wird».[75] Gerade angesichts ihrer – korrekten – Einschätzung Smiths, angesichts seiner geschickten Täuschungsmanöver sowie der Tatsache, daß es den Verschwörungstheoretikern durchaus gelingt, sich der Vorstellungskraft des amerikanischen Publikums zu bemächtigen, ruft das, was nun folgte, Beklommenheit hervor. Trotz böser Ahnungen rangen sich die Redakteure nämlich dazu durch, «im Zweifel für den Angeklagten, nämlich Herrn Smith, zu entscheiden, sofern uns daran liegt, unsere eigenen Rechte zu bewahren». Typisch für die verworrene Argumentationsweise, welche Studentenzeitungen im ganzen Land im Zusammenhang mit dieser Angelegenheit adaptierten, ist das Zugeständnis des *Student Life*, die Redaktion hätte Smiths Ansinnen auch abschmettern können, und zwar dadurch, daß sie ihm unterstellte, «seine eigentlichen Motive deckten sich nicht mit seinen Behauptungen. Wir können jedoch Herrn Smith nicht guten Gewissens mitteilen, daß wir ihn und seine wahren Absichten 'kennen'.» Denn: Deutete der Umstand, daß er einen historischen Sachverhalt bestritt, über dessen Realität es unter respektablen Wissenschaftlern gar keine Diskussion mehr gab, nicht doch auf einen Hund hin, der irgendwo begraben lag? Die Redaktion war zu diesem Schluß gelangt: «Wenn wir Herrn Smiths Anzeige ablehnen, können wir gleich jeden mit der Begründung zensieren, er hege, wie wir zu spüren vermeinten, finstere Hintergedanken.»[76] Was mußte noch geschehen, bevor diese Redaktion es für angemessen halten würde, ihre Entscheidung anhand der konkreten, objektiven Aussagen einer Anzeige zu fällen?

Die Redakteure wollten sich nicht nachsagen lassen, sie hätten sich vor finsteren Hintergedanken gefürchtet; in solchen Momenten sollte man sich jedoch in der Regel auf das verlassen, was man Deduktion nennt, auf einen Erkenntnisprozeß, der vielfältige Faktoren, unter anderem historische Daten, mit einbezieht. Indem sie «im Zweifel für den Angeklagten» plädierten, erlagen sie der Illusion, in eine rational geführte Debatte verwickelt zu sein. Sie sahen darüber hinweg, daß die Anzeige Dinge unterstellt, die in vollkommenem Widerspruch zu einem massiven Berg von Fakten stehen. Sie erhoben die vom *Harvard Crimson* so bezeichnete «hinterhältige Propaganda» zu einer Aktion von Bilderstürmern.

Die heikelste Interpretation dessen, was genau die Anzeige verkörpert, stammt vom *Duke Chronicle*. Ann Heimberger rechtfertigte die Veröffentlichung der Anzeige in ihrer Kolumne damit, daß «... Revisionisten ... mit frischen Deutungen der Geschichte aufwarten, einem Phänomen, das sich vor allem im akademischen Bereich fortwährend ereignet».[77] Bei einer privaten Zusammenkunft mit jüdischen Studentenvertretern auf dem Gelände der Universität wiederholte die Redakteurin ihre Überlegungen. Die Studenten erfuhren, daß die Anzeige weder rassistisch noch antisemitisch, sondern Bestandteil einer andauernden «wissenschaftlichen Auseinandersetzung» sei.[78]

Der Redaktionsbeirat von *Duke* betrachtete die Anzeige eher als «politische Meinungsäußerung und weniger als Attacke auf ethnische Bevölkerungsgruppen».[79] In Kommentaren, Artikeln und Interviews verwiesen diejenigen, welche beim *Duke Chronicle* das Sagen haben, mehrfach darauf, in der Holocaust-Leugnung wimmle es von «radikalen, unbequemen *Ansichten*» und «verstörenden *Ideen*»; die Anzeige sei kein «schändlicher Ausrutscher», sondern eine «*Meinungsäußerung*».[80] Auf diese Weise klammerten sie sich nicht nur an ihren Anspruch, den ersten Grundrechtsartikel zu schützen, sondern verliehen der Anzeige historische und intellektuelle Legitimität.

Die Publikation der Anzeige im *Chronicle* und die gleichzeitige Verteidigung dieses Vorgehens durch die Redaktion rief zwei Reaktionen hervor. Wie nicht anders zu erwarten, lobte Bradley Smith Heimbergers Beitrag als «grandioses» Beispiel für fundiertes Denken.[81] Aus *Dukes* geschichtswissenschaftlichem Institut dagegen erscholl kein solcher Jubel; die Belegschaft gab eine einstimmig verabschiedete Erklärung heraus, mit der sie klarstellen wollte, die Anzeige sei darauf angelegt, «Juden zu kränken, herabzuwürdigen und zu dämonisieren». Besonders scharf kritisierte man Heimbergers Auffassung, in der Anzeige werde lediglich Historie auf ungewohnte Art ausgelegt. Die «wissenschaftliche Präpotenz» der Anzeige sei offenbar effektiv genug, Heimberger so zu täuschen, daß sie die Verleumdungen der Anzeige in einen «Kontext normativer historischer Fragestellungen» einordnete. In der Verlautbarung hieß es weiter: «Es trifft sicherlich zu, daß Historiker sich permanent mit einer Revision der Geschichte auseinandersetzen; dieser Vorgang unterscheidet sich jedoch signifikant von dem, was in jener Anzeige abläuft. Die historiographische Revision zentraler Ereignisse kümmert sich nicht um deren Aktualität, sondern betrifft vielmehr die historische *Deutung* ihrer Ursachen und Konsequenzen im allgemeinen.»[82]

Wenn die Anzeige bereits jemanden in Heimbergers Position einwickeln konnte – nicht auszudenken, welche Wirkung sie auf Menschen haben mochte, die generell nicht so hautnah mit historisch-kritischer Reflexion in Berührung kommen!

Selbstverständlich gab es College-Zeitungen, denen es keine Mühe bereitete, den geistigen Gehalt der Anzeige einzuschätzen. Der *Harvard Crimson* verwarf die Vorstellung, es handele sich hierbei um eine «... kontroverse Position, die aufgrund bezweifelbarer Fakten eingenommen wurde». In seiner mehr als unmißverständlichen Beurteilung der Anzeige identifizierte der *Crimson* sie als «... hämische Propaganda, die auf einem unglaublichen Mist beruht, der bereits unzählige Male ad absurdum geführt worden ist». Sie war nicht nur «schwachsinnig und falsch», sondern diente ausschließlich dazu, «Haß auf die Juden zu schüren».[83] Die Redaktion des *Daily Pennsylvanian* an der Universität von Pennsylvania sinnierte darüber, daß es nicht im Interesse der Zeitung sein könne, «eine volksverhetzende Anzeige, gespickt mit faktischen Irrtümern, zu drucken».[84]

Der *MIT Tech* (*Massachusetts Institute of Technology*) beschloß schlicht, keine Anzeige zu akzeptieren, von der man wisse, daß «sie nicht der Wahrheit entspricht».[85]

Für den *Brown Daily Herald* war sie «ein Popanz maliziöser, antisemitischer Lügen», der als «historische Gelehrsamkeit» verkleidet einherstolziert kam.[86]

Der *Daily Nexus*, Publikationsorgan der *University of California at Santa Barbara*, wies die Anzeige aufgrund ihrer «eklatanten Wahrheitsverfälschungen und ihres skandalösen Inhalts» zurück; es sei den Redaktionsmitgliedern «kalt über den Rücken gelaufen»,[87] als sie die Anzeige mitsamt dem Scheck über mehr als tausend Dollar zur Begleichung der Druckkosten erhalten hätten.

Der *Dartmouth Review* – wahrhaftig kein konfliktscheues Blatt – lehnte die Anzeige ebenfalls ab: Dadurch verweigere man zwar «jemandem eine Plattform, von der aus er zu unseren Lesern sprechen könnte», man habe allerdings auch ein «Vertrauensverhältnis» zur Allgemeinheit, und die erwarte, daß die Zeitung sich unverbrüchlich an den «Maßstäben von Korrektheit und Anständigkeit» orientiere. Eine «haßerfüllte» Anzeige zu drucken, «bei deren Abfassung die Wahrheit außen vor blieb», hieße, dieses Vertrauensverhältnis ins Wanken zu bringen.[88]

Der *Chicago Maroon* sah keinen Grund, eine Anzeige zu veröffentlichen, «die nichts anderes im Schilde führt, als Menschen vor den Kopf zu stoßen und aufzuhetzen».[89] Die *Yale Daily News* informierte Smith kurz und bündig, sie halte die Anzeige für «eine Frechheit».[90]

Einige der Zeitungen, welche die Anzeige herausbrachten, verteidigten sich mit dem, was man das «Tageslicht»-Argument nennen könnte, einer Begleiterscheinung des Themas Redefreiheit; bei Tageslicht besehen, siegt die Wahrheit über die Lüge, immer und ausnahmslos, so lautet das Argument. Neeraj Khemlani von der *Cornell Sun* war der Überzeugung, er habe den Juden mit der Veröffentlichung der Anzeige einen Gefallen getan, weil sie jene daran erinnere, daß es «... dort draußen eine Menge Leute gibt, die hinter [ihnen] her sind», und das sollten sie wenigstens wissen.[91] Diese Auffassung gemahnt an die Einstellung, man müsse «... die Juden (oder Frauen, schwarze Amerikaner bzw. jede andere potentiell diskriminierte Minderheit) retten, selbst wenn man sie dabei zu ihrem Glück zwingt». Michael Gaviser, Geschäftsführer des *Daily Pennsylvanian*, wollte die Anzeige ins Blatt nehmen, weil er Smith für einen «gefährlichen Neonazi» hielt, auf den die Öffentlichkeit aufmerksam werden mußte. (Seine Anordnung wurde vom Redaktionsrat rückgängig gemacht.[92])

Einige der wichtigsten Zeitungen in den USA übernahmen die «Tageslicht»-Erklärung. Ein Kommentar der *Washington Post* verwarf das Argument, es gehe hier um die Rettung der Redefreiheit, schloß sich jedoch der Position an, bei Tag komme die Wahrheit stets ans Licht. Er gestand den College-Blättern zu, daß sie nicht verpflichtet seien, die Anzeige entgegenzunehmen, hielt es jedoch für «strategisch ungeschickt», sie automatisch «unter den Teppich zu kehren». Was diese Anzeige verdiene, sei «ein erfrischender Windstoß, der sie hinwegfegt». Die Möglichkeit, daß ein Artikel zur gründlichen Analyse der Anzeige denselben Zweck erfüllt hätte, kam der *Post* dem Anschein nach nicht in den Sinn.[93] In einem für die Holocaust-Leugnung klassischen Winkelzug zitierte Smith den *Post*-Kommentar als Beweis dafür, auch diese Zeitung betrachte es als «ethisch zulässig», die «Holocaust-Legende» anzuzweifeln.[94] Dasselbe unterstellte er einem Leitartikel der *New York Times*, dessen Autor jeder Zeitung die Entscheidung selbst überlassen wollte, ob sie Smiths «pseudowissenschaftliches» und «intellektuell dürftiges» Traktat publizierte oder nicht.[95]

Der *Daily Targum* (*Rutgers*) bezeichnete eine Veröffentlichung der Anzeige als Mittel, Smith zu schlagen. Die Redaktion wandte ein, «einen unsichtbaren Feind vermöge man nicht zu bekämpfen».[96] Durch eine Publikation der Anzeige würden Smiths Ansichten bloßgestellt und so seine Pläne durchkreuzt.[97] Der *Targum* begriff, daß der erste Grundrechtsartikel hier keine Anwendung finden konnte («CODOH hat sich selbst so gründlich in der Verfassung verheddert, daß es an Strangulation grenzt.»), und entlarvte Smiths Anspruch, seriöse historische Forschung zu betreiben, als «Scharlatanerie». Dennoch druckte man seine Anzeige in voller Länge auf der Seite ab, die üblicherweise redaktionellen Kommentaren vorbehalten war, und stellte ihr einen Leitartikel sowie drei *Op-ed*-Kolumnen gegenüber, die den Inhalt der Anzeige kritisch beleuchteten. Darüber hinaus war über dieser Doppelseite eine Anmerkung des Herausgebers zu lesen, durch welche die Leser erfuhren, daß die Anzeigenabteilung sie wegen ihres «verzerrenden Inhalts und antisemitischer Tendenzen» zunächst abgelehnt hatte. Die Redaktion vertrat jedoch die Auffassung, es sei trotzdem unumgänglich, die Anzeige vollständig wiederzugeben, da sie «eindrücklicher als alles andere schmerzlich deutlich macht, daß reale und aktuelle Gefahr besteht».[98] In einem Brief an die *New York Times* rekurrierte *Targum*-Redakteur Joshua Rolnick auf diese Überlegung, indem er schrieb, eine ungekürzte Veröffentlichung der Anzeige sei die wirkungsvollste Methode, «die Gesellschaft zur Auflehnung gegen ihre volksverhetzenden Aussagen zu mobilisieren».[99]

Dem Konzept des *Targum*, die Anzeige als redaktionelle Kolumne abzudrucken und durch Gegendarstellungen zu kontrastieren, spendete die *New York Times* kollegiales Lob: «Auf diesem Weg kanalisierten die Herausgeber ihren Ekel in einem pädagogischen Lehrstück.»[100] Es gibt trotzdem Gründe, ihre Entscheidung zu hinterfragen. Vor allem sparte Smith sich dadurch die etwa 500 Dollar, die es ihn sonst gekostet hätte, seine extremistischen Haßtiraden zu propagieren. Der *Targum* verkündete stolz, er habe «... keinerlei Entgelt [von ihm] angenommen» – als hätte das Geld sie in Komplizen verwandelt. Im Gegenteil – so Rolnick –, Smith selbst habe die «Anregung» ausgesprochen, die Anzeige als *Op-ed*-Kolumne herauszubringen.

Smith erkannte vermutlich, daß der volle Wortlaut seiner Anzeige ihm aller Voraussicht nach neue Anhänger zuführen würde, selbst wenn sie in mißbilligende Texte eingebettet war, die ihm auch neue Feinde schaffen mußten. In Anbetracht der schieren Papierfläche, die der *Daily Targum* der Angelegenheit widmete, hätte ein ausführlicher analytischer Essay, der die Anzeige unter Hinzuziehung präziser Zitate Punkt für Punkt demontierte, denselben Zweck erfüllt, ohne Smith die Chance einzuräumen, seine «Thesen» auszubreiten. Manche Leute mögen fragen, inwiefern es riskant sei, Smith reden zu lassen, zumal wenn seine Anzeige in einen Kontext von Beiträgen gestellt wird, die kurzen Prozeß mit ihr machen und sie eindeutig widerlegen. Aber der *Daily Targum* gab Smith nun einmal genau das, was er wollte, er erhob ihn nämlich zum Partner in einer Debatte. Ja, es mag kein Gleichgewicht geherrscht haben, die Gegendarstellungen nahmen gewiß breiteren Raum ein, die Stimmen aus der Redaktion verdammten den Inhalt der Anzeige – alles gut und schön, doch eines bleibt: Smith wurde ein Standpunkt zuerkannt.[101] Ohnehin scheint er genau zu wissen, daß auch schlechte Presse ihren Wert hat. Das mag erklären, warum er für eine Demonstration in *Rutgers*, die sich gegen die Holocaust-Leugnung und seine Anzeige richtete, «dankbar und erfreut» war.[102]

Im Frühjahr 1992 brachte Smith eine weitere Anzeige in Umlauf, die im wesentlichen aus dem Nachdruck eines Aufsatzes von Mark Weber im *Journal of Historical Review* bestand. Unter der Überschrift *Jewish Soap* («Jüdische Seife») beschuldigte der Verfasser Simon Wiesenthal und Stephen Wise, nach dem Krieg das Gerücht verbreitet zu haben, die Nazis hätten Juden zu Seife verarbeitet – eine Unterstellung, die nichts mit der Realität gemein hat. In Anlehnung an die erste Anzeige wurde behauptet, Holocaust-Forscher hätten mittlerweile «von der Seifengeschichte offiziell Abstand genommen», um zu «retten, was vom sinkenden Holocaust-Schiff zu retten ist, indem sie die augenfälligsten Lügen über Bord werfen».[103]

Smith erklärte, er unternehme diesen zweiten Anlauf, da er nun eine Arbeit anzubieten habe, die sich auf «fundierte Belege» stütze.[104] Diese Folgeanzeige wurde von einem Brief begleitet, laut welchem die ursprüngliche Anzeige von mehreren Zeitungen deswegen abgelehnt worden war, weil sie keine «Quellenangaben» enthielt. Im Gegensatz dazu bezog sich nun jede «signifikante Aussage» in der zweiten Anzeige auf dokumentiertes Material.[105] Der Seifen-Essay trug den Titel *Falsus in Uno, Falsus in Omnibus* [Einmal falsch, immer falsch] ... *The 'Human Soap' Holocaust Myth* und stand unter einem Motto aus dem Römischen Reich bzw. dessen Gesetzen: Wenn man einem Zeugen «... in einer Sache keinen Glauben schenken kann, darf man ihm niemals mehr glauben».[106]

Bei den meisten Universitäten, denen die zweite Anzeige zugesandt wurde, wanderte sie unverzüglich in den Papierkorb, auch bei denen, welche die erste akzeptiert hatten. Als sie bei der *Ohio State Lantern* einging, wies die Redaktion sie ohne Zögern mit der Anmerkung zurück, «das einzige, was Nachrichtenwert haben könnte, ist, daß Bradley Smith sich wieder einmal an Colleges heranpirscht». Einmal hatte man sich die Finger verbrannt – nun wußte man über die Smithschen Motive erheblich besser Bescheid. «Wir schreiben momentan die 'Woche zum Gedenken an den Holocaust' – kein Wunder, daß Smith sich wieder einmal aufplustern und Unruhe stiften will.»[107] Die ursprünglichen Überlegungen zu Verfassungsrecht und Zensur schienen nicht länger relevant.*

* Als einziger entschied sich der *Tufts Daily* dafür, diese Anzeige in Auszügen abzudrucken. Die Redaktion vertrat die Meinung, dies sei notwendig, damit die Leser die Argumente der Holocaust-Leugner «vollständig erfassen», dementsprechende, «auf Kenntnis des Sachverhalts basierende Schlüsse» ziehen und sich in einen «aktiven Dialog» über «komplexe Themen» einschalten könnten. Zu dieser Ansicht gelangte sie ungeachtet ihrer Überzeugung, daß Smiths Hypothesen kaum – wenn überhaupt – «gerechtfertigt» und von «volksverhetzenden Sentiments und Vorstellungen» durchzogen seien, durch welche «die Erinnerung an Millionen geschändet» werde, die im Zweiten Weltkrieg ermordet wurden. Die Anzeige abzulehnen hätte indessen bedeutet, die Campus-Bewohner «eigenmächtig» von dem Thema «abzuschneiden». Wie andere Colleges hing *Tufts* der Illusion nach, im Tageslicht kläre sich alles auf. Im Zuge ihrer Bestrebungen, hehre Prinzipien für sich durchzusetzen, verschaffte die Redaktion Smith nur die von ihm gewünschte öffentliche Plattform.

An der Universität von Texas knüpften die Vorgänge im Zusammenhang mit der zweiten Anzeige unmittelbar daran an, was mit der ersten geschehen war. Matthew Connally, Redakteur des *Daily Texan*, hatte die erste drucken wollen,[108] seine Entscheidung jedoch widerrufen, nachdem er sich über die «Kreise hinter der Anzeige» kundig gemacht hatte. «Ihnen ist nicht nur die Wahrheit vollkommen gleichgültig, sie handeln außerdem in böswilliger Absicht.»[109]

Das *Texas Student Publication Board (TSPB)*, das bezüglich der Finanzen und der Anzeigenpolitik des Blatts das letzte Wort hat, stellte sich hinter Connally und stimmte dafür, die Anzeige nicht zu veröffentlichen. TSPB-Mitglied Professor John Murphy, der eine Veröffentlichung zunächst befürwortet hatte, änderte seine Meinung, als er Connallys Argumente vernahm.

Doch das war nicht das Ende der Texaner Affäre. Im darauffolgenden April erhielt die Zeitung Smiths zweite Anzeige. Die Redaktion des *Daily Texan* sprach sich zwar entschieden dagegen aus, die Anzeige zu drucken, merkte allerdings rasch, daß die Entscheidung nicht in ihren Händen lag, denn das TSPB ordnete die Veröffentlichung an.

«Wir wollen es nicht, aber man hat uns gesagt, daß wir tun müssen, was man uns vorschreibt», teilte mir ein Redaktionsmitglied kummervoll mit.[110] Diesmal erwies Professor Murphy sich als vehementester Fürsprecher der Anzeige. Dem *Houston Chronicle* gemäß argumentierte Murphy – im Verein mit den anderen Fakultätsangehörigen im TSPB –, das Blatt müsse «divergierende, unpopuläre Ansichten» publik machen.[111] Vor die Situation gestellt, daß sie dazu gezwungen wurden, etwas zu veröffentlichen, das sie «verabscheuten», erwog die Redaktion, alle Seiten bis auf die mit Smiths Anzeige weiß zu belassen. (Man unterrichtete sie davon, dazu seien sie nicht befugt, weil es die Anzeigeneinnahmen schmälern würde.)

Die Anzeige sollte am Holocaust-Gedenktag (*Yom HaShoah*) 1992 erscheinen. Studenten, die sich gegen die Anzeige wehrten, fanden heraus, daß die internen Richtlinien des TSPB der Zeitung verbot, tendenziöse Anzeigen abzudrucken, sofern nicht sämtliche in der Anzeige angeführten Personen die Erlaubnis dazu erteilt hatten, daß man sie zitierte. Ich zähle zu denen, die in der Anzeige zitiert werden. Zufälligerweise war vorgesehen, daß ich am Vortag des geplanten Erscheinungsdatums an der Universität von Texas eine Vorlesung zur Holocaust-Leugnung halten sollte. Als ich meinen Unwillen darüber bekanntgab, in der Anzeige genannt zu werden, wurde eine Krisensitzung des TSPB einberufen, um über die Angelegenheit zu beraten. Ich teilte dem Ausschuß mit, ich werde nicht einwilligen, daß man mich zitiere, und distanziere mich unmißverständlich von der Anzeige, die zudem hausinterne Vorschriften mißachte.* Ungeachtet meiner Einwände und meiner Drohung, ich würde mich nach potentiellen juristischen Maßnahmen erkundigen, sollte die Anzeige erscheinen, beschloß das TSPB, sie zu veröffentlichen. Der Termin wurde um einige Tage verschoben, damit mein Name entfernt und ein Dementi vorbereitet werden konnte, das mit der Anzeige erscheinen sollte. Zwei Tage später empfahl der Rechtsberater der Universität, die Anzeige fallenzulassen, weil mehrere der in ihr zitierten Personen Protest eingelegt hatten; zu diesem Zeitpunkt hatten andere in ihr erwähnte Dozenten ebenfalls ihr Veto eingereicht.[112] Hierauf erklärte sich das TSPB mit einer Ablehnung der Anzeige einverstanden. Aber damit war der Fall nach wie vor nicht erledigt. Im Februar 1993 nötigte das TSPB die Redaktion der Zeitung zur Entgegennahme einer Anzeige, welche für das Aufklärungsvideo eines CODOH-Mitglieds – eines vorgeblichen Juden – über Gaskammern warb. Das Video scheint, wie sich den Anzeigen und Artikeln des jungen Mannes erschließen läßt, dieselbe Leier von Argumenten wiederzukäuen, welche die Holocaust-Leugner seit Jahren rezitieren. Obwohl die Redaktion und der Universitätspräsident sich gegen die Anzeige sträubten, weil sie «irreführend gestaltet» war, setzte das TSPB sie in die Zeitung. Die drei Fakultätsmitglieder, zwei hauptamtliche Angestellte und fünf der sechs Studenten im TSPB stimmten zugunsten der Anzeige.

Studenten waren nicht die einzigen Zielscheiben, welche sich die Holocaust-Leugner zum damaligen Zeitpunkt im Universitätsbereich auserkoren hatten. Schon mehr als zwei Jahre lang – und das nicht zum ersten Mal – versuchten die Holocaust-Leugner beharrlich, in die akademische Arena einzudringen, indem sie auf Mittel und Wege sannen, die Holocaust-Leugnung im Forschungsprogramm geschichtswissenschaftlicher Institutionen unterzubringen. Sie wollten die Kreise der Berufshistoriker zwingen, die Holocaust-Leugnung wie eine gleichberechtigte Denkrichtung zu behandeln. Im Frühjahr 1980 empfingen sämtliche Mitglieder des amerikanischen Historikerverbands (*Organization of American Historians – OAH*) per Post eine kostenlose erste Ausgabe des *Journal of Histo-*

* Bei der Zusammenkunft erhob sich ein Redakteur der Studentenzeitung, ein schwarzer Amerikaner, und sagte, er könne zwar nicht aus eigener Anschauung wissen, was man empfinde, wenn man so viele Angehörige der eigenen Religion in einem Holocaust verloren habe, aber er «kenne» die Qual der Sklaverei. Er würde gegen jeden kämpfen, der sie leugne. Infolgedessen fühle er sich verpflichtet, auch gegen diesen Versuch einer Leugnung anzugehen. Des weiteren wandte er sich mit der Bemerkung an Murphy, er verstünde Murphys Einwand, man behandele die Studenten wie Kinder, wenn man sie daran hindere, sich über den Inhalt der Anzeige ihr eigenes Urteil zu bilden. Nur frage er sich, ob es nicht genauso kindisch sei, einem gesamten Redaktionsbeirat zu befehlen, etwas zu veröffentlichen, dessen Veröffentlichung dieser einhellig ablehne.

rical Review. Sehr bald wurde klar, daß das IHR die 12 000 Namen umfassende Adressenliste des OAH erstanden hatte. Einige OAH-Mitglieder erhoben Einspruch gegen den Verkauf der Liste an jenen Neonazi-Verein. Andere wandten ein, es hieße, geistige Freiheit abzuschaffen, wenn man irgend jemandem das Recht verweigere, die Liste zu erwerben. Der OAH-Sekretär schlug vor, den Konflikt durch die Einberufung eines Gremiums aus «anerkannten, qualifizierten Historikern» zu lösen, die das *Journal* analysieren und, basierend auf den «Referenzen seiner Autoren sowie der darin absolvierten Beweisführung», bewerten sollten. Er werde die solchermaßen erstellte Beurteilung an den OAH-Vorstand weiterleiten, auf daß dieser über seine Entscheidung in der Angelegenheit befinden könne.

Lucy Dawidowicz, die der Reaktion des Verbands gegenüber äußerst kritisch eingestellt war, wunderte sich, was jene Historiker wohl beurteilen mochten: «Vielleicht, daß es diesen Neonazis an den ordnungsgemäßen akademischen Referenzen ermangelt oder sie versäumt haben, Originalquellen heranzuziehen?»[113] Carl Degler, ehemaliger OAH-Präsident, begrüßte die Anregung, der OAH solle eine Überprüfung des *Journal* fördern. Er gab zu bedenken, daß «... wir alles gefährden, für das Historiker sich engagieren», wenn nach den «Beweggründen» hinter historischer Forschung und geschichtswissenschaftlichen Abhandlungen gefragt werde. Er argumentierte nach demselben Schema wie die studentischen Redakteure – welche die Aussagen der Anzeige als Meinungen, Ansichten und Ideen definiert hatten –, indem er die Aufsätze im *Journal* als «miserable Geschichtsschreibung» bezeichnete. Angesichts der Inhalte des *Journal* und der Identität seiner Herausgeber nannte Dawidowicz diese Klassifizierung eine «Travestie».[114]

Eine weniger unsichere Haltung nahmen die Redakteure des *Journal of Modern History* ein, als die *Liberty Lobby* ihre Adressenliste kaufte und antisemitisches Material verschickte. Sie sandten einen Entschuldigungsbrief an ihre Abonnenten, in dem sie eingestanden, daß ein «antisemitischer Hetzverein» sich die Adressenliste angeeignet habe. Sie «verwarfen und verurteilten die Propaganda», mit der die Leser belästigt wurden, und baten um Nachsicht, daß die Leserschaft und die historiographische Disziplin gleichermaßen «... in dieser höchst unflätigen Weise mißbraucht wurden».[115]

Ein weiterer Vorstoß, professionelle Historiker dazu zu bewegen, die Holocaust-Leugnung als legitime Wissenschaft anzuerkennen, setzte 1990 ein, als Angehörige der geschichtswissenschaftlichen Institute verschiedener Universitäten zunehmend Briefe erhielten, in denen für eine Unterstützung des «Holocaust-Revisionismus» geworben wurde. Ebenfalls 1990 wurde die Jahresversammlung der *American Historical Association (AHA)* von Claqueuren gestört, welche lauthals die Anerkennung eines Buchs forderten, in dem General Dwight Eisenhower bezichtigt wurde, am Kriegsende in voller Absicht den Tod einer Million deutscher Kriegsgefangener verursacht zu haben.* Da sich der Untergang des Nationalsozialismus 1995 zum 50. Mal jährt, ließ die AHA einen Aufruf ergehen, bereits «jetzt Pläne zu initiieren, wie man Studien über die Bedeutung des Holocaust fördern kann».[116]

Die AHA-Verlautbarung bezog sich zwar auf den Holocaust, besagte jedoch nicht explizit, daß es sich beim Holocaust um ein historisches Faktum handele. Dem damaligen AHA-Präsidenten William Leuchtenburg nach wollte man sich nicht «auf das Urteil einlassen, was Geschichte ist und was nicht».** Darüber hinaus vertrat er die Ansicht, eine Gruppe von Historikern, die von der Realität des Holocaust künde, gleiche einem «... Verein von Astronomen, die behaupten, daß es einen Mond gibt».[117] Seiner Meinung nach werde die Presse derlei Erklärungen einfach ignorieren. Im Dezember 1991 verabschiedete die AHA ohne Gegenstimmen eine Resolution, in der sie «... die Bestrebungen zur Leugnung der Tatsache Holocaust» beklagte und feststellte: «Kein seriöser Historiker bezweifelt, daß der Holocaust stattgefunden hat.»[118] Leuchtenburg verweigerte Holocaust-Leugnern eine Teilnahme an der Konferenz, weil die AHA eine professionelle Organisation sei, sie aber keine professionellen Historiker. Ebensogut könne die AHA Quacksalbern erlauben, bei ihren Versammlungen Wundermittelchen feilzubieten.

Die Holocaust-Leugner nahmen auch den OAH ins Visier. Im November 1991 genehmigte der OAH-Vorstand den Verbandsmitteilungen, ein Angebot des *Journal of Historical Review* zu veröffentlichen, man könne bei der IHR-Zeitschrift «revisionistische» Beiträge einreichen. Dieser Schritt wurde unternommen, nachdem David Thelen, Herausgeber des OAH-Wissenschaftsmagazins *Journal of American History*, sich geweigert hatte, Aufsätze von Holocaust-Leugnern zu bibliographieren: eine

* Derlei Hypothesen sind in der Vergangenheit mehrfach einer ernsthaften historisch-methodologischen Kritik unterzogen worden. Die Holocaust-Leugner wollen mit solchen Unterstellungen lediglich ihre Behauptung untermauern, die Greueltaten der Alliierten seien in jedem Fall schlimmer gewesen, gleichgültig, was die Nazis verbrochen haben mochten.

** Der Text der Resolution lautet wörtlich: «Während der 50. Jahrestag der nationalsozialistischen Niederlage 1995 näherrückt, möchte die *American Historical Association* auf die Notwendigkeit aufmerksam machen, bereits jetzt Pläne zu initiieren, wie man Studien über die Bedeutung des Holocausts fördern kann. Zu diesem Zweck wird die Vereinigung die Namen von Experten über die Geschichte dieses Ereignisses zur Verfügung stellen.» *Chronicle of Higher Education*, 8. Januar 1992.

akademische Publikation trage nämlich Verantwortung dafür, «die Qualität von Forschung zu sondieren».[119] Thelens Empfinden nach war es allerdings problematischer, ihnen in den Mitteilungen des Verbands nun ebenfalls keinen Platz einzuräumen, denn diese enthielten neben wissenschaftlichen immerhin außerwissenschaftliche Informationen. OAH-Präsident Joyce Appleby protestierte gegen den Vorstandsbeschluß, die Ankündigung in den *OAH Newsletter* hineinzunehmen. «Hier geht es nicht darum, unterschiedliche Standpunkte zu respektieren, sondern vielmehr darum, eine Gruppierung zu isolieren, welche genau die Ideale mit Füßen tritt, die uns vereinen», schrieb Appleby. Ein professioneller Verband sei in die Pflicht genommen, «professionelle Urteile» zu fällen, aber – so Appleby – «diese Leute verhalten sich nicht professionell, und indem man ihnen gestattet, Anzeigen aufzugeben, erkennt man sie an».[120]

Mary Frances Berry, ehemalige OAH-Präsidentin und Geschichtsprofessorin an der Universität von Pennsylvania, konnte Appleby nicht beipflichten. Sie verglich den Disput innerhalb des OAH mit dem Ehrenkodex an Colleges, um «Hetzereien» einen Bogen zu machen, und damit sei sie nicht einverstanden. Ihr lag vor allem am Herzen, «jedermanns Bürgerrechte gewährleistet zu sehen». Sie argumentierte, der OAH müsse jede Werbung von außen akzeptieren, da er keine geregelten Statuten besitze, welche Anzeigen abzulehnen bzw. welche zu akzeptieren seien.[121] Die folgende Ausgabe des *OAH Newsletter* enthielt eine Serie von Briefen zu der Entscheidung, die Anzeige zu veröffentlichen, sowie zu Applebys Kritik. Eine Gruppe prominenter Historiker, unter anderem Thelen und Berry, stimmten der Berücksichtigung von Holocaust-leugnenden Verlautbarungen zu.[122] Das OAH habe einen Auftrag, nämlich freie Meinungsäußerung zu respektieren und sich dem Streben nach historischer Wahrheit zu widmen; dieser Auftrag im Verein mit dem Grundrecht auf Redefreiheit verlange nach einem Abdrucken der Anzeige, ungeachtet dessen, wie «widerwärtig» die Maximen des *Journal of Historical Review* auch sein mochten. Offensichtlich darum bemüht, einen «Ausgleich» für ihre Befürwortung der Anzeige zu schaffen, formulierten sie eine Reihe taktischer Empfehlungen, wie man zukünftigen Vorstößen des *Journal of Historical Review* und anderer Holocaust-Leugner begegnen könnte, Anzeigen in OAH-Publikationen unterzubringen. Ein Vorschlag lautete, der OAH solle das Magazin der Holocaust-Leugner «unter Druck setzen», auf daß es sich den internationalen Standards von Wissenschaftlichkeit anpasse, was unter anderem bedeuten würde, daß kompetente Vertreter der entsprechenden Fachgebiete die dem Journal unterbreiteten Aufsätze beurteilen müßten. Die Art und Weise, wie die Holocaust-Leugner mit Dokumenten und Daten umspringen, läßt allerdings stark vermuten, daß ihnen kein Deut an Wissenschaft oder Sachlichkeit liegt. Die meisten sind Antisemiten und Fanatiker. Sie in eine rationale Diskussion zu verwickeln, ist so, als wolle man sich mit einem Ku-Klux-Klan-Großmeister gelassen und vernünftig über die Stellung Schwarzer in der amerikanischen Gesellschaft unterhalten. In gewisser Hinsicht allerdings hatte Carl Degler recht: Ihre Beweggründe sind irrelevant. Einige unter ihnen meinen womöglich allen Ernstes, der Holocaust sei eine Erfindung, so wie Scharen von Antisemiten die *Protokolle* für echt halten. Das verleiht ihren Theorien indessen keine größere Gültigkeit, kein intellektuelles Niveau. Egal, wie fest man daran glaubt – zwei plus zwei ergeben niemals fünf. Ferner regten jene Historiker auch an, eine Gruppe zu gründen, die sich mit «Wahrheit und Werbung» befassen, die betrügerischen Unterstellungen in den Anzeigen der Holocaust-Leugner entlarven und sich dafür einsetzen sollten, daß parallel zu den Hypothesen der Holocaust-Leugner stets eine entsprechende Aufklärung stattfand. Ein solcher Gedanke implizierte jedoch, daß ernsthafte Historiker und «Revisionisten» gemeinsam eine Debatte führten.[123] Jene Einfälle, die eigentlich mithelfen sollten, eine Situation zu bereinigen, die in akademischen Zirkeln enorme Verwirrung stiftet, spielten den Holocaust-Leugnern direkt in die Hände. Angesichts einer solchen Reaktion bedeutender Geschichtsprofessoren überrascht es nicht, daß der *Daily Northwestern*, die Studentenzeitung der *Northwestern University*, sich zugunsten einer Einladung an Arthur Butz aussprach, seine «unorthodoxen Ansichten» über den Holocaust zu erörtern, und in dem Zusammenhang erklärte, «manchmal verdienen sogar unerhörte, abscheuliche Ideen ein Forum».[124] Die Studenten imitierten haargenau, was die Dozenten ihnen vorführten. Sie hoben etwas, das der *Harvard Crimson* zu Recht «unglaublichen Mist» genannt hatte, in den Rang einer diskussionswürdigen These. Nachdem die IHR-Werbung erschienen war, stellte der Vorstand Richtlinien zusammen, laut denen derartige Anzeigen und Ankündigungen künftig im *OAH Newsletter* nicht statthaft waren. Die Angelegenheit war Anlaß für erhebliche Dispute innerhalb der OAH-Führung; der Beschluß, Holocaust-leugnende Anzeigen in Zukunft nicht zu berücksichtigen, wurde mit nur einer Stimme Mehrheit verabschiedet.[125]

Die *Los Angeles Times* schlug sich auf Applebys Seite und steuerte einen interessanten Gesichtspunkt zu der Fragestellung bei. Sie verwies darauf, im ersten Grundrechtsartikel sei außer dem Recht auf Redefreiheit auch das Recht verbrieft, die, mit denen man verkehre, nach eigenem Gutdünken auszuwählen. Infolgedessen besaß der OAH das Recht, «falsche Historiker aus seinen Reihen» auszuschließen.[126] Dies war die im Verlauf der gesamten Kontroverse wahrscheinlich angemessenste und konstruktivste Anwendung des ersten Grundrechtsartikels.

Die Reaktion von Studenten und Fakultäten auf die Holocaust-Leugnung verdeutlicht drastisch, wie anfällig selbst aufgrund ihrer Bildung privilegierte Schichten der amerikanischen Bevölkerung für Argumentationsstrukturen sind, die ein zur Umschreibung von Geschichte fruchtbares Klima erzeugen. Hierbei war ein Versagen unterschiedlichster Spielarten zu beobachten. Sie alle bilden ernüchternde Indikatoren für das Talent der Holocaust-Leugner, Legitimität für sich zu gewinnen. Viele Akademiker scheiterten daran, daß sie den essentiellen Gehalt des ersten Grundrechtsartikels nicht richtig erfaßten. Die Redakteure diverser Studentenzeitungen erlitten Schiffbruch, weil ihnen die Inkonsequenz ihrer hochfahrenden Reflexionen zur Zensurproblematik entging – ihre Richtlinien erlaubten es ihnen sonst nämlich durchaus, ein breites Spektrum von Anzeigen und Artikeln abzulehnen. Presseregulierungen im Universitätsbereich sind sogar häufig strenger als die der kommerziellen Medien.

Man versäumte, den Hintergrund der Holocaust-Leugner selbst in Augenschein zu nehmen und zu ergründen, was sie repräsentierten. Bis heute verfolgt mich eine Bemerkung aus der Redaktion der *Ohio State Lantern*: «Bereits die Vorstellung ist verabscheuungswürdig, daß die Qualität bzw. das Fehlen von Qualität bei einer Idee oder Meinung irgendwelchen Einfluß darauf besitzen könnte, ob man sie sich anhört oder nicht.»[127] Bei einer solchen Haltung zuckt man unwillkürlich zusammen, und vermutlich haben sich viele Professoren überall im Lande dabei gekrümmt. Doch auch sie selbst waren bei dieser Affäre nicht gegen Hilflosigkeit gefeit.

Studenten, Fakultätsmitglieder und Universitätspräsidenten formulierten gleichermaßen eine ganz besonders beklemmende Auffassung, und zwar, daß die Anzeige eine Idee, Meinung, Ansicht vertrete, die in den umfassenden Kontext wissenschaftlicher Reflexion hineingehöre. Gleichgültig, wie stark sie sich vom Inhalt der Anzeige distanzierten – in dem Augenblick, da sie ihr eine «Perspektive» zuerkannten, handelten sie begünstigend im Sinne der Holocaust-Leugnung. Es ist betrüblich genug, daß Studenten nicht realisierten, inwiefern die Anzeige sich über den existierenden Kanon von Klarheiten und sämtliche wissenschaftlichen Normen hinwegsetzte. Doch auch jene an der Spitze begriffen mitunter nicht, daß die Anzeige sich nicht auf eine radikale Ethik stützte, sondern schlicht und einfach log. In einem Beitrag für die *Cornell Daily Sun* brachte Präsident Frank Rhodes den Begriff der Pressefreiheit aufs Tapet und schrieb: «Die Seele des Universitätsbetriebs ist das freizügige, offene

Gespräch über mannigfaltige Themen, selbst wenn manche Ideen anstößig oder empörend sind.» Rhodes postulierte für die Holocaust-Leugner einen Status, um dessentwillen sie für würdig befunden würden, wie alle anderen Teilnehmer am wissenschaftlichen Diskurs einen Sitz auf dem Podium einzunehmen.[129]

Die Attacke auf den Elfenbeinturm der akademischen Welt veranschaulichte, wie die Holocaust-Leugnung auch die Bevölkerungsgruppe zu infiltrieren vermag, die am ehesten immun sein sollte. Es war naiv zu hoffen, bei «Tageslicht» würden sich alle Lügen verflüchtigen, vor allem, weil sich die Lügen auf vertraute Stereotype stützen. Die Opfer von Rassismus, Sexismus, Antisemitismus und anderen vorurteilsbefangenen Ideologien kennen die begrenzten Fähigkeiten des Lichts, Irrtümer aufzuklären. Wo Menschen zwischen rationalen Argumenten und himmelschreienden Verfälschungen nicht mehr differenzieren, vermag das Licht schwerlich als Heilmittel zu wirken. Am meisten ernüchtert das Unvermögen jener Studentenvertreter und Meinungsbildner, den wahren Kern der Holocaust-Leugnung zu durchschauen. Es manifestierte sich speziell bei denen, welche die Auffassung vertraten, die Anzeige enthalte Ideen, über die man trotz ihrer Widerwärtigkeit zumindest reden müsse. Dieses Unvermögen deutet auf die guten Aussichten der Holocaust-Leugnung hin, sich in den Köpfen künftiger Generationen einzunisten, wenn sie sich entsprechend gebärdet und gründlich tarnt.

Dieses Kapitel endet, wo es begann. In Anbetracht der Tatsache, daß selbst die Zeitungen, die Smiths Anzeige druckten, seine Unterstellungen mit den abfälligsten Kommentaren – absurd, irrational, rassistisch, volksverhetzend – umrahmten, mag man zu dem Schluß gelangen, die Affäre sei letztlich positiv ausgegangen. Nur in den seltensten Fällen erschien die Anzeige ohne erläuternde Artikel, deren Verfasser die Holocaust-Leugnung unerbittlich geißelten. Die Studenten wurden auf die aktuelle und reale Gefahr aufmerksam gemacht, die leicht mitten unter ihnen ihr Unwesen treiben konnte. Die Zahl der angebotenen Holocaust-Seminare stieg. Man könnte behaupten, all dies beweise, daß der Schuß nach hinten losging und der Versuch des CODOH, die Holocaust-Leugnung zu legitimieren, scheiterte.

Ich schätze die Lage wesentlich pessimistischer ein. Wahrscheinlich ist dies der einzige Punkt, über den zwischen Bradley Smith und mir Einmütigkeit herrscht. Viele Studenten lasen die Anzeige und die Leitartikel, die sie verdammen. Bei einigen – unter anderem denjenigen, die beides nicht lasen, aber von den Vorgängen wußten – mag sich aufgrund der Kontroverse die Überzeugung herausgebildet haben, daß an dieser Auseinandersetzung zwei Parteien beteiligt sind: die «Revisionisten» und die «etablierten Historiker». Sie wissen womöglich, daß erstere äußerst umstritten sind. Sie ahnen vielleicht zumindest, daß beiden Seiten nicht dieselbe Gültigkeit zukommt. Eventuell ist ihnen gar bekannt, daß die Holocaust-Leugner zweifelhaften Umgang pflegen. Doch nichtsdestoweniger gehen sie davon aus, daß eine «andere Seite» *existiert*. Und das ist es, was einem die größte Angst einjagt.

11. Die Wacht am Rhein

Bereits die in diesem Buch untersuchten Einzelphänomene aus dem Bereich der Holocaust-Leugnung bieten genug Anlaß zur Sorge, doch darüber hinaus beeinflussen die Holocaust-Leugner auch die Begriffe von Wahrheit und Erinnerung insgesamt in einer noch schlechter greifbaren, dafür um so tückischeren Weise. Extremisten jeglicher Couleur sind stets in der Lage gewesen, eine Diskussion zu verschärfen, zu radikalisieren. Sie vermögen eine Atmosphäre fahrlässiger Toleranz gegenüber irrigen Vorstellungen zu erzeugen, Vorstellungen, welche in früheren Zeiten sogleich als historische Zerrbilder verworfen worden wären – in bezug auf den Holocaust ist es ihnen jedenfalls gelungen.

Der nicht lange zurückliegende «Historikerstreit» in Deutschland, der darüber entbrannte, daß konservativ gesinnte deutsche Historiker deutsche Geschichte umzuschreiben trachteten, bildet ein Beispiel für diesen Prozeß. Zwar bestritten sie den Holocaust nicht, dennoch trugen sie ihren Teil zur Schaffung einer Grauzone bei, in deren Grenzen sich ihre höchst fragwürdige Deutung vergangener Ereignisse mit der Pseudohistoriographie der Holocaust-Leugner zu einem unentwirrbaren Netz verstrickte; zum Teil verfolgen beide Kreise in der Tat dieselben Ziele. Beide wollen die Annalen der jüngsten deutschen Vergangenheit modifizieren, beide möchten die Deutschen von der Bürde einer großen Schuld befreien, die ihnen – ihrer Meinung nach zu Unrecht – auferlegt worden ist. In beiden Fällen vertritt man die Ansicht, daß den Alliierten größere Verantwortung für die Verbrechen des Krieges zukommt, als generell der Sprachregelung entspricht, und argumentiert, der Holocaust werde ungerechtfertigterweise als singuläre, beispiellose Grausamkeit dargestellt.

Schon Ende der 70er Jahre warf die Debatte, ausgelöst durch die Veröffentlichung von Hellmut Diwalds «Geschichte der Deutschen», ihre Schatten voraus. Der bekannte, allerdings im rechten Abseits agierende deutsche Historiker verfocht den Standpunkt, seit 1945 sei den Deutschen ihre ureigene deutsche Vergangenheit «entwertet, zerstört und weggenommen» worden. Er wollte diesbezüglich eine Kurskorrektur vornehmen, indem er zu demonstrieren suchte, inwiefern die Deutschen selbst Opfer waren. Breiten Raum widmete er deswegen der Vertreibung der deutschstämmigen Bevölkerung aus den osteuropäischen Ländern am Ende des Zweiten Weltkriegs, wohingegen er die Naziverbrechen gegen die Menschlichkeit, den Holocaust mit eingeschlossen, auf zwei knappen Seiten abhandelte.[1] Obwohl Diwalds Buch von deutschen Historikern aus allen politischen Lagern heftig kritisiert wurde – einer nannte es «konfus und dumm» –, steht es als Vorbote künftiger Entwicklungen da. (Kein Wunder zum Beispiel, daß die Holocaust-Leugner Diwalds Werk flugs als Bereicherung in ihr Repertoire aufnahmen. Richard Verrall, Herausgeber des rechtsextremistischen *Spearhead* und Autor von *Did Six Million Really Die?*, stellte Diwalds Forschungen in einem Brief an den *New Statesman* in eine Reihe mit den Erkenntnissen Butz' und Faurissons: sie alle «führen das von Rassinier begonnene Werk weiter».[2] Diwald hatte den Holocaust-Leugnern unbeabsichtigt die wissenschaftliche Respektabilität verschafft, nach der sie sich verzehren. Die, welche sich nach ihm an der Auseinandersetzung beteiligten, taten es ihm unwissentlich nach.)

Derlei intensive Anstrengungen zu einer politisch-historischen Neubewertung der Vergangenheit setzten sich Mitte der 80er Jahre massiv fort, als Bundeskanzler Kohl durch eine Einladung an Präsident Reagan, ihn im «Geist der Versöhnung» zu einer Kranzniederlegungszeremonie auf einen deutschen Militärfriedhof zu begleiten, das Debakel von Bitburg heraufbeschwor. In der Presseerklärung, bei welcher er seine Zusage bekanntgab, ließ Reagan einen Nebensatz fallen, der bestenfalls gedankenlos zu nennen wäre; er sagte nämlich, ein Konzentrationslager werde er nicht betreten, weil die Deutschen «... Schuldgefühle haben, die ihnen auferlegt worden sind, was ich allerdings für überflüssig halte». In vielerlei Hinsicht glich Reagan einer ahnungslosen Spielfigur in einem Konflikt, über dessen heikle Untertöne er sich vermutlich nicht völlig bewußt war.[3] Kohl sprach seine Einladung an Reagan genau in einer Phase der Aufregung aus, nachdem Deutschland von den Feierlichkeiten zum 40. Jahrestag der Alliierten-Landung in der Normandie ausgeschlossen worden war; die historische Reputation Deutschlands als des Aggressors sollte so verwischt werden. Konservative Politiker und Journalisten forderten die Deutschen damals eindringlich auf, sich – wie der bayerische Ministerpräsident Franz Joseph Strauß meinte – von ihren Knien zu erheben und wieder aufrecht gehen zu lernen.[4] (In bezeichnendem Kontrast zu diesem Bild steht der Anblick Willy Brandts, wie er im Warschauer Ghetto auf die Knie fällt.)

Bei diesen Bestrebungen gesellten sich eine Reihe von Historikern zu Kohl, Strauß und anderen rechtsgerichteten Politikern. 1986 erschien «Zweierlei Untergang. Die Zerschlagung des Deutschen Reiches und das Ende des europäischen Judentums» von Andreas Hillgruber, einem international anerkannten Fachmann für Deutschlands diplomatische, militärische und politische Geschichte. Das Buch enthält zwei Aufsätze, einen über die Nachkriegsvertreibung der Deutschen aus Osteuropa durch die Sowjets, den zweiten über den Genozid an den Juden.[5] Laut

Hillgruber «gehör[t]en» diese beiden verhängnisvollen Ereignisse «zusammen». Er vertrat die Auffassung, die Alliierten hätten schon lange vorgehabt, Deutschland so zu verstümmeln, daß es sich Europa nie wieder würde unterwerfen können; deshalb schwächten sie es, indem sie deutsches Territorium gewaltsam Polen zueigneten und die russische Armee als Besatzungsmacht einmarschieren ließen. Nach Hillgruber beruhten sowohl die Behandlung Deutschlands durch die Alliierten als auch der nazistische Völkermord auf denselben Prinzipien einer Politik der Bevölkerungsumschichtung und -dezimierung. Auf diese Art setzte er beide Vorgänge miteinander gleich[6] und reagierte auf Kollegen, welche die Entscheidung der Wehrmacht kritisch beurteilten, weiterhin gegen die Sowjets zu kämpfen, nachdem andere Offiziere in Berlin versucht hatten, den Krieg durch die Ermordung Hitlers zu beenden. Nach Hillgruber handelte das deutsche Militär ehrenvoll, obwohl das Grauen der Todeslager dadurch länger währte.[7] Es entschloß sich im wesentlichen zu einem Akt der Selbstverteidigung, mit dem die Russen daran gehindert werden sollten, Deutschland mitsamt seiner Bevölkerung zu verwüsten. Zwar nahmen andere Wissenschaftler bei dieser Debatte eine extremere Position ein als Hillgruber, aber das in seinem Buch beharrlich vorgebrachte Postulat, die letzten Kriegsstadien seien vom Blickwinkel der deutschen Soldaten her zu betrachten, sowie sein Nebeneinanderstellen jener zwei «Verrohungsprozesse» öffneten Tor und Tür für die sich anschließenden Tiraden und Konfusionen über Rechtfertigung und Schuldzuweisung.[8]

Kohls Berater in geschichtlichen Fragen, der konservative Historiker Michael Stürmer, war der Meinung, die «Schuldbesessenheit» der Deutschen habe ihren Nationalstolz erheblich beeinträchtigt.[9] Auf das Dritte Reich werde zuviel Gewicht gelegt, behauptete Stürmer, der Kohl in der Bitburg-Affäre zu Seite stand; er verlangte deshalb nach einer Revision der Geschichte, die den Deutschen helfen sollte, ein ausgeprägteres Nationalgefühl zu entwickeln.

Der prominenteste Streiter in dem Disput war der für seine Faschismusstudien berühmte Historiker Ernst Nolte.[10] Ähnlich Hillgruber vergleicht er unter anderem den Holocaust mit anderen entsetzlichen Geschehnissen des 20. Jahrhunderts, beispielsweise den 1915 einsetzenden Massakern an der armenischen Bevölkerung, Stalins Gulags, der US-Vietnampolitik, dem sowjetischen Einmarsch in Afghanistan und den Greueltaten des Pol-Pot-Regimes in Kambodscha. Der Holocaust stellte demnach lediglich eines von zahlreichen Übeln dar, und deshalb war es historisch und moralisch falsch, die Deutschen als einzige für etwas verantwortlich zu machen, das andere Nationen ebenfalls verbrochen hatten. Joachim

Fest, Herausgeber der renommierten «Frankfurter Allgemeinen Zeitung», veröffentlichte einen ausführlichen Artikel zu Noltes Verteidigung. Das daneben abgebildete Photo zeigte einen Schädelberg – Opfer der Roten Khmer unter Pol Pot.[11] Eine deutliche Botschaft, wie der Oxford-Gelehrte Peter Pulzer anmerkte: Deutschland mochte sich versündigt haben, aber es befand sich dabei «in guter Gesellschaft».[12] Fest hatte durch seine Regie des Dokumentarfilms «Hitler – eine Karriere» bereits seine eigene Form von Geschichtsneuschreibung betrieben. Der Film sollte die Faszination veranschaulichen, welche die meisten Deutschen für Hitler empfunden hatten, und benutzte dafür Ausschnitte aus nationalsozialistischem Propagandamaterial, das mit Stereotoneffekten unterlegt wurde, zum Beispiel explodierende Bomben oder Stiefeltritte und aneinanderschlagende Hacken. Der Kommentar des Films war aus Hitlers Perspektive abgefaßt. Verletzung der Menschenrechte, Unterdrückung und Kriegsverbrechen der Nazis wurden außer acht gelassen. (Da sie von ihnen nicht auf Zelluloid gebannt worden waren, gingen die Filmemacher damit um, als existierten sie nicht.) Der Film präsentiert die nationalsozialistisch produzierte Propaganda als authentische Chronik der Zeit und führt Hitler so vor, wie er gesehen werden wollte.[13]

Derlei Bemühungen um die Herstellung amoralischer Äquivalenzen vernachlässigen den dramatischen Unterschied zwischen dem Holocaust und anderen Pogromen. Die grausame Tragödie Armeniens spielte sich innerhalb eines Kontexts skrupelloser türkischer Vertreibungs- und Umsiedlungspolitik ab; bis heute weigern sich die Verursacher, ihre Taten angemessen zur Kenntnis zu nehmen. Es waren schreckliche Ereignisse, die ungeheures Leid hervorriefen, indessen gehörten sie nicht in ein totales Vernichtungsprogramm hinein, das ein gesamtes Volk betraf. Richard Evans' Ansicht nach geschahen die Massenmorde der Roten Khmer, vor denen die westliche Welt die Augen verschloß, um zu unterwerfen und zu eliminieren, wen Pol Pot für einen ehemaligen Kollaborateur mit den Amerikanern hielt, der sie während der vorangegangenen Feindseligkeiten unterstützt hatte.

Das erbarmungslose Vorgehen des Diktators war Aspekt eines brutalen Kriegs, der Kambodschas moralische, soziale und materielle Infrastruktur weitestgehend zerstört hatte. Die Roten Khmer verhielten sich ihren Landsleuten gegenüber barbarisch. Doch wie sie handelten, differiert beträchtlich von der Vernichtung der Juden durch die Nazis, «dem grundlosen Unterfangen einer reichen, hochentwickelten Industrienation auf dem Höhepunkt ihrer Macht».[14]

Außerdem schienen gewisse deutsche Historiker die entscheidenden Unterschiede zwischen dem Stalinismus und dem Nationalsozialismus verschleiern zu wollen.[15] Stalins Tyrannei war eine willkürliche, Hitlers dagegen richtete sich auf eine bestimmte Gruppe. In seiner Kritik an Nolte und anderen gab der deutsche Historiker Eberhard Jäckel zu bedenken, daß in der gesamten Menschheitsgeschichte niemals zuvor ein einzelner Bevölkerungsteil – mit allen Männern, Frauen, Kindern, Alten und Jungen, Gesunden und Kranken – isoliert worden war, um «mit allen nur möglichen staatlichen Machtmitteln» so rasch wie möglich umgebracht zu werden.[16] Im Grunde war das Schicksal eines jeden Juden besiegelt, der unter deutschen Einfluß geriet. Im Gegensatz dazu mußte kein Sowjetbürger mit Deportation und Tod als unausweichlichen Konsequenzen seiner eventuellen ethnischen Abstammung rechnen.[17] Die Menschen in der alten Sowjetunion wußten nicht, wer als nächster auf Stalins Liste stehen würde – die Ungewißheit versetzte sie in Angst und Schrecken. Während der Judenverfolgung durch die Nazis indessen «wurde *jeder einzelne Jude Opfer* und sollte umgebracht werden. Ziel war eine Ausrottung mit Stumpf und Stiel.»[18] Die Nazis übernahmen ein solches Vorgehen mitnichten von den Sowjets, es entstand sui generis. In der Tatsache, daß bestimmte Historiker diesen Umstand nicht akzeptieren und würdigen wollten, verkörpert sich wieder einmal ein Sieg der Ideologie über die Wahrheit, wie er in der vorliegenden Arbeit so häufig zutage getreten ist.

Hier sollen keine Leidensvergleiche oder -wettbewerbe durchgeführt werden. Man unterläge einem Irrtum, wenn man gegeneinander aufzuwiegen suchte, wer mehr erduldete. Für die Unterdrückten all jener traumatischen Vorfälle sind und bleiben die Beweggründe der Unterdrücker vollkommen irrelevant. Es geht auch nicht darum, akribisch Todesstatistiken zu erstellen oder zu ermitteln, wer höhere Verluste beklagte. Stalin ermordete mehr Menschen als die Nazis.[19] Aber das steht hier nicht zu Debatte.

Die von den erwähnten Historikern mit dem Holocaust gleichgesetzten Geschehnisse sind zu diesem nicht analog. Sie auf den gleichen Nenner zu bringen heißt historische Verzerrungen vornehmen. Es erübrigt sich, auf die Anregung einzugehen, das desaströse US-Verhalten in Vietnam oder die unrechtmäßige Besetzung Afghanistans durch die ehemalige UdSSR ebenfalls in die Kategorie «Völkermord» einzuordnen. Historisch ungültige Äquivalenzen sollen den Deutschen helfen, ihre Vergangenheit anzunehmen; man sagt ihnen also, daß ihr Land nicht anders gehandelt habe als unzählige andere Länder – ein Ansatz, der eine beunruhigende Parallele zu dem zieht, was dieses Buch behandelt.

Jene deutschen Historiker beschritten mehrere Wege zur Umgestaltung der Vergangenheit. Konträr zu den Holocaust-Leugnern, welche Hitler freisprechen wollen, tendieren einige unter ihnen dazu, die schlimmsten nationalsozialistischen Exzesse, unter anderem den Holocaust, allein auf ihn zu schieben. Auf diesem Weg wird aus Nazismus «Hitlertum», und das deutsche Volk ist von jeglicher Schuld entbunden. Darüber hinaus stellen sie den Holocaust als Reaktion der Deutschen auf äußere Bedrohung dar. Nolte gebärdet sich wie ein Echo David Irvings, indem er argumentiert, die «Internierung» der Juden durch die Nazis sei aufgrund von Chaim Weizmanns im September 1939 abgegebener Erklärung, die Juden der Welt würden sich gegen den Nationalsozialismus erheben, legitim gewesen. Dadurch – so Nolte – wuchs in Hitler die Gewißheit vom «Vernichtungswillen seiner Gegner». Klaus Hildebrand, ein eifriger Anhänger Noltes, pries dessen Aufsatz als «bahnbrechend».[20] Doch wie in Kapitel 6 erläutert, entbehrt Noltes Überlegung jeglicher Logik. Zunächst einmal verfügte Weizmann weder über eine Armee, eine Regierung oder Verbündete, um in einen solchen Krieg zu ziehen. Beim Weltjudentum handelte es sich nicht um ein einheitliches nationales Gebilde, das in der Lage gewesen wäre, eine Offensive gegen die Nazis anzustrengen. Überdies leitete Hitler die Terrorisierung der Juden nicht erst im September 1939 ein, nachdem Weizmann den bewußten Ausspruch getan hatte. Diese bildete vielmehr eine Erwiderung auf sechs Jahre unerbittlichster Verfolgung durch die Nazis. Nolte ging bei seinen amoralischen Äquivalenzierungen noch einen Schritt weiter, indem er behauptete, die nazistische «Internierung» der europäischen Juden sei ebenso gerechtfertigt gewesen wie die Inhaftierung von US-Bürgern japanischer Abstammung in amerikanischen Konzentrationslagern als Konsequenz des Angriffs auf Pearl Harbour. Selbstverständlich gingen mit der Gefangensetzung von Japanern in den USA schwerwiegende Fehler, rassische Diskriminierung und Verfassungsverletzungen einher, aber Nolte ignoriert bei seinem Vergleich schlicht und einfach den Umstand, daß die Juden 1939 weder deutsche Städte bombardierten noch die nationalsozialistischen Streitkräfte attackierten. Schon der Gebrauch des Wortes *Internierung* für das, was die Deutschen den Juden zufügten, übertüncht die historische Realität.

In seinem Werk «Der europäische Bürgerkrieg 1917–1945» kommt Ernst Nolte einer Legitimierung der Holocaust-Leugner gefährlich nahe. Ohne einen entsprechenden Beleg mitzuliefern, verkündet er, in Auschwitz seien mehr «Arier» als Juden ermordet worden. Gemäß Nolte wurde dies verschwiegen, da die wissenschaftlichen Untersuchungen zur nationalsozialistischen Endlösung «zum weit überwiegenden Teil von jüdischen Autoren» stamme. Er bezeichnete die Ideen der Holocaust-Leugner als «nicht offensichtlich unbegründet», ihre Motive seien «häufig ehrenwert». Die Tatsache, daß Nichtdeutsche und ehemalige Konzentrationslagerinsassen zum harten Kern der Holocaust-Leugner zählen, war in Noltes Augen Beweis genug für ihre ehrbaren Intentionen. Nolte referiert gar die unhaltbare Theorie der Auschwitz-Leugner, daß die Wannsee-Konferenz des Jahres 1942, auf der Heydrich und andere Naziobere die Durchführung der Endlösung ausarbeiteten, vielleicht niemals stattfand.[21] Dabei berücksichtigt er nicht, daß Teilnehmer der Zusammenkünfte diese später bestätigten und überdies verschiedene Notizen und Zeugenaussagen existieren. Noltes Hypothese impliziert folgendes: Falls die Wannsee-Konferenz erfunden wurde, sind womöglich auch andere Begebenheiten, die mit dem Holocaust in Zusammenhang stehen und welche man die Menschen glauben machte, pure Erfindungen. Unter Verwendung eines Arguments à la Butz läßt Nolte durchblicken, die Einsatzgruppen hätten an der Ostfront zahllose Juden nur aus Gründen «präventiver Sicherung» getötet, da sich unter den Partisanen viele Juden befanden. Er räumt ein, daß dabei vermutlich zu weit gegangen wurde, im wesentlichen jedoch steht diese Handlungsweise gerechtfertigt da.[22]

Hätte ein Holocaust-Leugner derlei Unterstellungen geäußert, wäre die ganze Angelegenheit mühelos durchschaubar. Doch sie stammten von Nolte und wirken deswegen speziell besorgniserregend und entlarvend. Nolte kann unmöglich über die ausführliche Holocaust-Forschung, welche von Wissenschaftlern jeder religiösen Überzeugung und Staatsangehörigkeit – unter anderem von seinen nichtjüdischen Landsleuten – durchgeführt worden ist, in Unkenntnis schweben, genausowenig wie über den expliziten Antisemitismus der Holocaust-Leugner; er unternimmt immerhin Anläufe, sie in Schutz zu nehmen. Einer Tendenz zur Holocaust-Leugnung kann man ihn nicht beschuldigen, dazu hat er sich in seinen Schriften zu gründlich mit der Endlösung befaßt. Seine letzten Veröffentlichungen haben ihn den Holocaust-Leugnern jedoch so schmackhaft gemacht, daß sich das IHR ernsthaft dafür engagiert, Nolte zu einer Teilnahme an seinen Versammlungen zu bewegen; er soll dort als Redner auftreten. Es ist nicht bekannt, ob er der Einladung folgen wird. (Selbst wenn er es täte und den Anwesenden gegenüber die Realität des Holocaust affirmierte, würden sie ihn ebenso willkommen heißen wie einst David Irving, obwohl er zum damaligen Zeitpunkt noch kein echter Holocaust-Leugner war, und heutzutage John Toland, Autor populärer halbwissenschaftlicher Bücher. Diese Männer verleihen ihnen ein seriöses Gepräge, welches die Holocaust-Leugner derzeit nirgendwo anders finden können.)

Jener Anlauf zur Rehabilitierung deutscher Geschichte stieß sowohl innerhalb Deutschlands als auch im Ausland auf heftige Ablehnung. Der

Historikerstreit schadete dem Ruf der Gelehrten, die an vorderster Stelle in ihn verwickelt waren, und selbst der deutsche Bundespräsident sprach sich letztlich gegen die Richtung aus, welche die Diskussion nahm. Weswegen sollte man sich überhaupt darum kümmern? Ungeachtet der massiven Kritik jedoch verschaffte die Debatte den deutschen Medien und der Öffentlichkeit des Landes eine allgemein gebilligte Plattform zur Erörterung der Beziehung, welche das gegenwärtige Deutschland zu seiner Vergangenheit pflegt, und zwar in einem bis dahin nie gehörten Ton. In Deutschlands bedeutendsten Zeitungen wurden Rufe nach einer «bereinigten Version» deutscher Geschichte laut.[23] Solche historischen Perspektiven empfinden vor allem die als verlockend, welche derzeit die fremdenfeindlichen Kreise Deutschlands frequentieren. Wenn das Land selbst einem «Verrohungsprozeß» zum Opfer fiel und sich der Holocaust nicht von anderen tragischen Ereignissen abhebt, schwindet Deutschlands moralische Verpflichtung, alle aufzunehmen, die innerhalb seiner Grenzen Zuflucht suchen.

Jene Historiker sind keine verkappten Holocaust-Leugner, doch ihre Arbeit läuft auf dasselbe hinaus: die Grenzen zwischen Fakten und Fiktion, zwischen Verfolgten und Verfolgern werden verwischt. Letztlich tragen die Relativisten ihr Scherflein zu dem von mir so benannten «Ja, aber»-Syndrom bei.[24] Ja, einen Holocaust hat es gegeben, aber nur, weil die Nazis sich gegen ihre Feinde wehren mußten. Ja, einen Holocaust hat es gegeben, aber die meisten Juden starben wegen Hunger und Krankheiten (wie in jedem Krieg) oder wurden als Partisanen und Spione getötet. Ja, einen Holocaust hat es gegeben, aber den haben sich die Juden aufgrund ihres eigenen Verhaltens selbst zuzuschreiben. Ja, einen Holocaust hat es gegeben, aber er unterschied sich nicht von einer Reihe anderer Katastrophen, bei denen Unschuldige massakriert wurden. Die hieraus logisch resultierende Frage lautet: Wenn es so ist, warum hört man «immer nur» vom Holocaust?

Für die Holocaust-Leugner und viele weitere, die «noch keine» Holocaust-Leugner sind, heißt die Antwort auf jene letzte Frage offensichtlich: weil die Juden zuviel Macht haben. «Ja, aber» charakterisiert eine Haltung, welche in dem Zwielicht zwischen unverblümter Holocaust-Leugnung und Relativismus angesiedelt ist. In gewisser Hinsicht stellt sie eine heimtückischere Gefahr dar als die direkte Holocaust-Leugnung, da sie einer Pseudogeschichtlichkeit Nahrung bietet, deren Hintergründe und Ursprünge kaum klar zu definieren sind. Sie bildet das Gegenstück zu David Duke ohne Laken.

Die Stimme des Relativismus, so verschlüsselt sie sich auch geben mag, klingt weitaus rechtschaffener als die der unverhohlenen Leugnung. Die fraglichen deutschen Historiker haben ein Modell kreiert, das sich für die Holocaust-Leugner als nützlich erweisen könnte. Künftig werden diese bei ihren Bestrebungen, aus dem Abseits außerhalb aller Parameter des rationalen Diskurses an die Ränder historischer Legitimität vorzustoßen, womöglich eine Form von Relativismus für sich übernehmen und zurechtschneidern. Statt den Holocaust offen zu leugnen, bedienen sie sich undurchsichtiger, pseudohistorisierender Argumentationsstrukturen, die bei wohlmeinenden, historisch unbedarften Personen Verwirrung über ihre wahren Motive stiften.*

Die Holocaust-Leugnung zielt um einer Rehabilitierung der Verbrecher und einer Dämonisierung der Opfer willen auf eine Neugestaltung der Geschichte ab. Ähnliches gilt für die Antriebskräfte hinter einer relativistischen Betrachtungsweise, die ebenfalls eine Reinwaschung der Täter anstrebt und in Kauf nimmt, falls sich im Gefolge der Rehabilitierung eine modifizierte Einschätzung der Leidtragenden ergibt.** In den nächsten Jahren, wenn der Relativismus sich verstärkt zum schützenden Außenanstrich der Holocaust-Leugner entwickeln wird, könnte es immer schwerer sein, zwischen beiden Gruppen zu unterscheiden.

* Länder wie die USA, in denen die historische Ignoranz der Bevölkerung geradezu legendär ist, sind für eine dergestaltige Umschreibung der Geschichte besoders anfällig. 1990 wußten laut einer Umfrage nur 45 Prozent aller Oberstufengymnasiasten im Bundesstaat Alabama, daß es sich beim Holocaust um den Versuch der Nazis zur Ausrottung der Juden handelte. Bezeichnenderweise glaubten viele von denen, welche inkorrekt antworteten, der Holocaust sei durch das Abwerfen der Bomben in Hiroshima und Nagasaki von der Vereinigten Staaten an Japan verübt worden (*Birmingham, Alabama, News*, 12. August 1990).

** Die gleiche apologetische Haltung kommt in den höchsten Zirkeln der französischen Politik und Justiz zum Vorschein. Kürzlich ließ Präsident François Mitterrand auf dem Grab des Vichy-Gouverneurmarschalls Philippe Pétain einen Kranz niederlegen; Pétain, Oberbefehlshaber der französischen Armee während des Ersten Weltkriegs, hatte mit den Nationalsozialisten zusammengearbeitet und war persönlich für die Deportation Tausender von Juden verantwortlich. 1945 verurteilte ein französisches Gericht ihn wegen Landesverrats. In einem Rundfunkgespräch bestand Mitterrand darauf, das Frankreich der Gegenwart dürfe für die Verbrechen der Vichy-Regierung nicht länger haftbar gemacht werden. Zwar trägt die jetzige französische Regierung an den Ereignissen der Vichy-Epoche keine «Schuld», einen der damaligen Täter jedoch mit einem Kranz zu ehren, bedeutet, der gesamten Öffentlichkeit des Landes eine revisionistische Botschaft zu übersenden. Hierdurch wird die geschichtliche Rolle Frankreichs beim Holocaust revidiert. Dies kann in eine historische Reinwaschung übergehen, was de facto zum Teil bereits geschieht. Die Weigerung einiger französischer Gerichtshöfe, den Kriegsverbrechern der Vichy-Regierung für ihre Taten den Prozeß zu machen, bildet eine weiteres Beispiel. Die Gerichte haben die Anklageschriften aus ihren Akten entfernt, der Oberste Gerichtshof hat eines der Verfahren allerdings vor kurzem wieder aufleben lassen. Bis dato hat gegen keinen französischen Staatsangehörigen ein Verfahren wegen Verbrechens gegen die Menschlichkeit stattgefunden (*Jewish Telegraphic Agency*, 23. November und 2. Dezember 1992).

Falls die Holocaust-Leugnung irgend etwas demonstriert, dann die Verletzlichkeit von Erinnerung, Wahrheit, Vernunft, Geschichte. Die Holocaust-Leugner haben ihren Feldzug sorgfältig ausgeklügelt und nützen diese Schwachstellen zu ihrem Vorteil aus.

Es gibt zwar kein präzises Instrumentarium zur Messung ihres Erfolgs, jedoch genügend Zeichen – wie ich sie auf den vorangegangenen Seiten analysiert habe – am Horizont, um einen Überblick zu vermitteln. Rechtsnationale Gruppierungen in Deutschland, Italien, Österreich, Frankreich, Norwegen, Ungarn, Brasilien, der Slowakei und zahlreichen weiteren Ländern, darunter auch die USA, haben die Holocaust-Leugnung zu einem Standardelement ihrer Ideologie gekürt.[25] Wo sie einstmals den nazistischen Judenmord verteidigten, da streiten sie ihn heute ab. Früher lautete ihr Argument, in Auschwitz habe sich etwas Gutes für die ganze Welt zugetragen. Nun bestehen sie darauf, daß gar nichts geschah.

Ihr Antisemitismus nimmt zuweilen derartig bösartige Formen an, daß sie zu der logischen Schlußfolgerung gelangen, Hitler habe die Juden zwar nicht ermordet, hätte es jedoch besser getan. Sie wollen die Institutionen des liberal-demokratischen Systems unterminieren – die Holocaust-Leugnung wird dabei zu einer potenten Waffe in ihrem Arsenal. Obwohl sie soziale Unruhe geschürt und in mehreren Fällen erheblichen konkreten Schaden angerichtet haben, ist die Bedrohung, welche von jenen Gruppen ausgeht, überschaubar, weil sie so leicht auszumachen sind. Kleidung, Auftreten, Verhalten lassen keine Zweifel an ihrer Identität. Schnell registriert man rasierte Schädel, Lederjacken, Tätowierungen, Terrorakte (Mord mit eingeschlossen), Hakenkreuze, «Sieg Heil!»-Rufe und Aufmärsche, bei denen es von Nazi-Utensilien wimmelt. Sie sind als Ku-Klux-Klan-Mitglieder in kompletter weißer Lakenmontur mit sämtlichen Insignien erkenntlich, grölen rassistische Parolen, tragen Feuerkreuze durch schwarze Viertel. Sie stiften zerstörerisches Chaos und erregen in den Gemütern ihrer potentiellen Opfer berechtigte Furcht. Doch ihr äußerliches Gebaren wirkt wie ein gelbes Blinklicht, das den ahnungslosen Passanten vor einer Gefahr warnt. Niemand kann sie fälschlicherweise für etwas anderes halten, als was sie wirklich sind: Neofaschisten, Rassisten, Antisemiten – Feinde der Ideale, welche die demokratische Gemeinschaft hochhält. Es besteht kaum eine Chance, daß sie aus den Reihen der Allgemeinheit eine breite Schar von Mitläufern anziehen.

Die Holocaust-Leugner pflegen ebenfalls ein klar umrissenes Erscheinungsbild, jedoch eines, das sie eher tarnt, als daß es sie bloßstellen würde. Erst wenn man sie ihres respektablen Mäntelchens entkleidet – eines der Hauptanliegen dieses Buchs –, wird manifest, daß sie sich im Innersten nicht von neofaschistischen Vereinigungen unterscheiden. Auch sie hassen Juden, rassische Minderheiten und die Demokratie, und sie verfolgen dasselbe Ziel, nämlich die Demontage von Wahrheit und Erinnerung. Die Holocaust-Leugner haben zu diesem Zweck allerdings eine sachliche Haltung adaptiert; zunehmend meiden sie rasch einzuordnendes, extremistisches Benehmen. Sie versuchen, den Eindruck zu vermitteln, daß sie sich für exakt die Werte engagieren, welche sie de facto vehement attackieren: Rationalität, historisch-kritische Beweisführung, Differenziertheit. Genau darum wächst sich die Holocaust-Leugnung zu einem solchen Risiko aus. Der uninformierte Durchschnittsbürger hat unausweichlich Schwierigkeiten, ihre tatsächlichen Hintergedanken zu durchschauen. (Dies mag einer der Gründe sein, warum der kanadische Gymnasiallehrer James Keegstra ungehindert, mehr als ein Jahrzehnt lang, Holocaust-leugnendes und antisemitisches Gedankengut der bösartigsten Sorte ausbreiten konnte. Aus seinem Mund klang es wie aufgeklärte Geschichtsreflexion.)

Mit Sicherheit werden die Holocaust-Leugner an dieser «vernünftigen Verkleidung» mittelfristig mit vereinten Kräften weiterstricken. Um auch in Zukunft ihr wahres Gesicht vor dem Pubikum zu verschleiern, polieren sie ihr objektives Image und unterbinden jeden öffentlichen Kontakt mit rechtsradikalen Gruppierungen, welche die Überlegenheit der weißen Rasse propagieren. Führungspositionen werden mit Personen ohne erkennbar rassistische, extremistische Vergangenheit besetzt. Männer wie Willis Carto, die von der Notwendigkeit geredet haben, einer «Negroisierung» Amerikas vorzubeugen, rücken mehr und mehr in den Hintergrund, während sich ihre offiziellen Aufgaben reduzieren. Die Wahl wird auf junge Männer und möglicherweise sogar Frauen (derzeit sind Frauen in der Holocaust-Leugnung noch nicht in den Vordergrund getreten) mit einer pseudohistorischen Ausbildung fallen, auf daß sie als symbolische Vorreiter der Bewegung fungieren. Sie werden ihre Zungen im Zaum halten und von der expliziten Artikulation antisemitischer Ressentiments absehen, damit diejenigen, welche nicht begreifen, daß Holocaust-Leugnung nichts weiter ist als blanker Antisemitismus, zu Mißverständnissen verleitet werden.

Der beängstigende Erfolg dieser Methodik offenbarte sich zum Beispiel, wie erörtert, an verschiedenen Universitäten, wo Studenten, Dozenten und Verwaltungsbeamte Bradley Smiths Anzeige als nicht antisemitisch deklarierten. Man stelle sich nur vor, welche Triumphe Smith in Kreisen feiern könnte, die in kritischem Denken nicht unbedingt geübt sind, wenn er schon im akademischen Bereich derart leichtes Spiel hatte! Seine

Taktik hat sich vor allem in Australien und Neuseeland bewährt, wo die jeweilige *League of Rights* Personen in ihren Bann schlagen konnte, die sich von Antisemitismen in der Regel distanzieren. Jene Organisationen spiegeln zwar vor, das Recht auf Meinungsfreiheit zu schützen, sind allerdings im wesentlichen nichts anderes als Bündnisse zur Holocaust-Leugnung. Ihre erfolgreiche Strategie ist der Anlaß, daß manche Holocaust-Leugner vom IHR einen variierten Arbeitsansatz fordern. Sie vertreten die Meinung, das Institut solle weniger Gewicht auf den Holocaust legen und ihn statt dessen wie eine unter vielen «Betrügereien» behandeln, mit denen man sich befassen müsse. Derlei Forderungen entspringen mitnichten einem authentischen Bedürfnis nach Interessenausweitung; es wäre auch verfehlt zu vermuten, daß sie plötzlich weniger auf die Juden fixiert seien. Diese Vorschläge wurzeln vielmehr im Streben nach intellektueller Legitimität. Solange es den Anschein hat, als gingen die Holocaust-Leugner mit Haut und Haaren in einem einzigen Thema auf, werden sie sich weder Respekt noch Akzeptanz erwerben. Was sie als Wunsch nach Horizonterweiterung ausgeben, ist daher lediglich ein Mittel, Zugang zu stärkerer Popularität zu gewinnen.

Das Verhalten rassistischer, neonazistischer, ultrarechter Verbände wird ebenfalls eine kalkulierte Anpassung erfahren. Da sie problemlos an ihrer äußeren Aufmachung zu erkennen sind, werden sie die Methoden der Holocaust-Leugner übernehmen, die sichtbaren Merkmale abstreifen, welche sie als Extremisten brandmarken, und alles scheuen, was sie als Neonazis klassifiziert. Sie werden sich und ihre Thesen unter einer Robe der Rationalität verstecken und Argumente vorbringen, welche in den Ohren der amerikanischen Bevölkerung plausibel klingen.* Die konkreten Ausschreitungen, deren Urheber sie sind, mögen sich verringern, doch die Zahl der Menschen, die sie mit ihren Unterstellungen einwickeln, wird wachsen. Allmählich bildet sich dann eine Form der Holocaust-Leugnung heraus, die zwischen dem Relativismus des deutschen Historikerstreits und den unverhohlenen Lügen schwankt, denen im vorliegenden Buch so häufig zu begegnen war – eine Transformation, welche die Rekrutierung neuer Jünger vereinfachen wird. Die neue, unechte Seriosität steigert ihre Attraktivität für Menschen aus der unteren Mittelschicht, nämlich die Jüngeren, ökonomisch Unabgesicherten, die unter

* Dieses Vorgehen wurde 1992 bei einem Versuch des Ku-Klux-Klan-Ortsverbands von Cincinnati deutlich, während der Weihnachtszeit auf städtischem Gelände ein Kreuz zu errichten. Die Klan-Mitglieder behaupteten, das gehöre zu einer Kampagne, um die Bürger Cincinnatis an den religiösen Gehalt des Feiertags zu erinnern. Auf diesem Wege konnte der Klan sich als Organisation gerieren, die über bloßen Rassismus hinausdenkt.

dem Eindruck leben, inmitten einer wohlhabenden Gesellschaft am Rand des Scheiterns einherzustolpern, weil sie nicht in den Genuß der Annehmlichkeiten dieser Gesellschaft gelangen. Dies gilt sowohl für die USA als auch für Deutschland, Frankreich und Österreich.*

Wie also lassen sich die Fluten der Gewalt am geschicktesten eindämmen? Die akademische Welt ist in die Pflicht genommen, hat indessen schon bei mehreren Gelegenheiten jämmerlich versagt. Lehrende, Historiker, Soziologen, Politologen halten einen Schlüssel zur Verteidigung der Wahrheit in der Hand. *Sie* sollten weder für Ablenkungsmanöver noch für schwammige Argumente anfällig sein – *sie* müssen der Allgemeinheit alles mitteilen, von dem sie wissen, daß es der Realität entspricht.

Bei diesen Bemühungen mag sich die Einrichtung von Holocaust-Museen als wichtig und sinnvoll erweisen. Diese Institutionen – wie alle anderen, die über den Holocaust informieren –, müssen bei der Auswahl der Fakten, die sie weitergeben, behutsam und gewissenhaft vorgehen, damit sie den Holocaust-Leugnern keinen Spielraum verschaffen. Des weiteren sollten sie vorsichtig sein mit der «Heraufbeschwörung» des Holocaust zur Rechtfertigung eigener Prinzipien und Aktionen.

Dies gilt insbesondere für die jüdische Gemeinde. Die Lieferanten von Massenunterhaltung, allen voran die Gastgeber der Talkshows in Rundfunk und Fernsehen, haben sich darüber im klaren zu sein, daß sie zu gefährlichen Marionetten werden, wenn sie Holocaust-Leugnern ein Forum bieten.** Sie tragen grundlegend zur öffentlichen Meinungsbildung bei und müssen daher erkennen, daß sich dieser Konflikt nicht um Unwissenheit dreht, sondern um Haß.

Einige glauben, der Gerichtssaal sei der rechte Ort, um die Holocaust-Leugner zu bekämpfen. Österreich, Deutschland, Frankreich und Kanada haben ihre Anstrengungen auf diesem Gebiet intensiviert. Die jeweils angewandte Legislatur beschreitet dabei unterschiedliche Wege. Manche Gesetze kriminalisieren die Anstachelung zum Haß, die Diskriminierung anderer oder die Anwendung von Gewalt aus rassischen, ethnischen, religiösen Motiven. Andere Gesetze richten sich gegen die Veröffentlichung

* Dies wird sich insbesondere für diejenigen als zutreffend erweisen, die gewissermaßen unter «Alterphobie» leiden – ein Begriff, den mein Kollege David Blumenthal geprägt hat und mit welchem er die Furcht vor dem anderen meint. Bei den anderen kann es sich um Homosexuelle, Frauen, Ausländer, Juden, Farbige oder alle zusammen handeln.

** Ich bin mir bewußt, daß diese Aufforderung zum Handeln von allen meinen Empfehlungen die geringsten Chancen auf Realisierung besitzt – immerhin schrieb ich dieses Buch im Schatten der «Industrie», welche derartige Sendungen kreiert.

von Ansichten, welche sich darauf berufen, daß ein Teil der Bevölkerung wegen seiner Hautfarbe überlegen sei; gleichzeitig wird diffamierende Geringschätzung für gewisse Gruppen ob deren angeblicher rassischer Minderwertigkeit zum Ausdruck gebracht.[26]

Das Problem juristischen Vorgehens besteht darin, daß Verfahren oft nur unter Mühen in Gang gehalten oder bis zu einem Abschluß vorangetrieben werden. Im August 1992 widerrief das kanadische Verfassungsgericht das gegen Zündel ergangene Urteil, indem es zu der Überzeugung gelangte, ein Gesetz, welches die Verbreitung irriger Informationen verbot, weil sie einem bestimmten Bevölkerungskreis schaden konnten, sei allzu vage und beschneide womöglich auch berechtigte Meinungsäußerungen.[27]* Weit höhere Hürden türmen sich auf, wenn das Gericht – wie im Fall Mermelstein – nicht nur eine juristische, sondern – wie im Fall Zündel – eine historische Entscheidung fällen soll; im Fall Zündel nahm der Richter die Realität des Holocaust zu den Akten. Hierdurch verwandelt sich die Arena des Gesetzes in eine Bühne der Geschichte, wobei diese Funktion für den Gerichtssaal niemals vorgesehen war. Wenn aus historischen Debatten Prozesse werden, läßt sich das Resultat nicht vorherberechnen.

Das Hauptmanko legislatorischer Sanktionen besteht darin, daß sie die Holocaust-Leugner zu Märtyrern auf dem Altar der freien Meinungsäußerung erheben. Solches geschah bis zu einem gewissen Grad mit Faurisson, der im März 1991 verurteilt wurde, weil er den Holocaust zu einer «Lüge der Geschichte» deklariert hatte. Dasselbe Gericht, welches ihn schuldig sprach, annullierte das Gesetz, auf dessen Basis er angeklagt und bestraft worden war.[28] Die Kontroverse um das Recht auf freie Meinungsäußerung vermag den Antisemitismus der Holocaust-Leugner zu kaschieren und Volksverhetzer in Opfer umzumünzen.[29] Ein kürzlich vom *National Public Radio* ausgestrahlter Bericht über die versuchte Kontrollierung neofaschistischer Umtriebe in Europa nahm Faurissons Verurteilung gegenüber genau diese Haltung ein. Anstatt den Fokus darauf zu richten, was er gesagt und getan hat, kaprizierte man sich auf den Verlust seiner Redefreiheit.[30] Als der Herausgeber der österreichischen Zeitschrift «Halt!» in der Folge seiner Holocaust-leugnenden Auslassungen wegen «neonazistischer Betätigungen» verurteilt wurde, brachte *Spotlight* die Nachricht unter der Überschrift «Ende der Redefreiheit!».[31] In jüngster Vergangenheit haben die Holocaust-Leugner das Argument, jeder besäße ein Recht auf freie Meinungsäußerung, in besorgniserregen-

* Zündel mag erneut angeklagt werden, und zwar für den Tatbestand antisemitischer Volksverhetzung.

der Weise umgekrempelt und ausgeschlachtet, um ihre Gegner zu drangsalieren. 1984 mietete der frühere Leiter des IHR, David McCalden, anläßlich der jährlichen Ausstellung der *California Library Association* einen Stand an. Thema seiner Präsentation war der «Holocaust-Schwindel». Dagegen erhoben das *Simon Wiesenthal Center* und das *American Jewish Committee (AJC)* bei offiziellen Vertretern sowohl der Stadt als auch des Bibliotheksverbands Protest. Das *Simon Wiesenthal Center* reservierte sich einen Platz in McCaldens Nähe, um dort eigenes Material vorzuführen, und das AJC kündigte Demonstrationen vor dem Hotel an, in welchem die Veranstaltung stattfand. Als die *California Library Association* McCaldens Vertrag kündigte, verklagte dieser das *Simon Wiesenthal Center* und das AJC mit der Begründung, sie hätten eine Verschwörung gegen ihn angezettelt, um ihn seines verfassungsmäßig verbrieften Rechts auf freie Meinungsäußerung zu berauben. Das Gericht wies seine Beschwerde zurück, 1992 allerdings revidierte der *U.S. Circuit Court of Appeals* diese Entscheidung. Es war der erste Fall, in dem dieser spezifische Verfassungsleitartikel angewandt wurde, um die Stimmen jener zum Schweigen zu bringen, die gegen Nazi-Fanatismus aufbegehren.[32]

Eine wachsende Anzahl von Ländern setzt mittlerweile eine weitere juristische Maßnahme ein. Sie verweigern ihnen bekannten Holocaust-Leugnern die Einreise. David Irving zum Beispiel darf sich nicht länger in Deutschland, Österreich, Italien und Kanada aufhalten. Auch Australien erwägt anscheinend, ihn endgültig aus seinen Grenzen zu verbannen.[33]

Einige meinen, die beste Methode bestände darin, die Holocaust-Leugner links liegen zu lassen, da der Sturm auf sie genau das erzeuge, wonach sie sich verzehren, nämlich Publicity. Mit dieser Überlegung bin ich beim Schreiben mehrfach konfrontiert worden. Man hat mich gefragt, ob ich ihnen nicht genau das gäbe, was sie wollten, und ob ich nicht ihre Glaubwürdigkeit untermauerte, indem ich mich darauf einlasse, auf sie zu reagieren. Man enthalte ihnen vor, was sie sehnlich herbeiwünschen und brauchen – sagen diese Kritiker –, und sie werden eingehen wie Primeln. Es trifft in der Tat zu, daß die Holocaust-Leugner ein Publikum zum Überleben benötigen, deswegen verlegen sie sich auf medienwirksame Strategien wie Anzeigen in Universitätszeitungen, Diskussionsaufforderungen an vermeintliche Unterdrücker der Redefreiheit, pseudowissenschaftliche Forschungsberichte und «Wahrheitsführungen» durch ehemalige Todeslager. Früher war ich eine erklärte Befürworterin des Ignorierens. Als ich mit diesem Buch begann, verfolgte mich vielmehr die Angst, ich würde ihre Glaubwürdigkeit unabsichtlich festigen, wenn ich auf ihre Phantastereien einginge. Weil ich mich jedoch – allzu lange schon

– in ihre Machenschaften versenkt habe, bin ich davon überzeugt, daß bloße Nichtachtung keine Alternative mehr darstellt. Die Zeit, da man hoffen konnte, sie würden von selbst wie Staub im Wind verfliegen, ist vorbei. Zu viele meiner Studenten sind bereits zu mir gekommen und haben sich erkundigt: «Woher wissen wir, daß es wirklich Gaskammern gab? Sind Anne Franks Tagebücher eine Erfindung? Existieren tatsächlich Dokumente, aus denen ersichtlich wird, daß die Nazis die Vernichtung der Juden planten?» Einige dieser Studenten wissen, daß Fragen dieser Art von den Holocaust-Leugnern in die Welt gesetzt werden. Andere sind sich dessen nicht bewußt; sie haben derlei Einwände irgendwo gehört und fühlen sich verunsichert.

Die Holocaust-Leugner nicht zu ignorieren bedeutet nicht, sie in ein Gespräch oder einen Disput zu verwickeln. Im Gegenteil, genau das heißt es *nicht*. Aus zwei Gründen, einem methodischen und einem taktischen, kann man nicht mit ihnen diskutieren. Wiederholt wurde deutlich, daß die Holocaust-Leugner um jeden Preis die «andere» Seite einnehmen möchten. Das Debattieren mit ihnen verwandelt sie in ein Gegenüber. Des weiteren treten sie das Handwerkszeug mit Füßen, dessen Berücksichtigung die Voraussetzung für jede aufrichtige Auseinandersetzung bildet: Wahrheit und Vernunft. Mit ihnen zu reden wäre so, als wollte man einen Wackelpudding an die Wand nageln.

Obwohl wir uns nicht direkt auf sie einlassen können, müssen wir nicht tatenlos zusehen. Wem neben der jüdischen Geschichte oder der Geschichte des Holocaust die Wahrheit als solche am Herzen liegt, der hat die Aufgabe zu übernehmen, welche einst die Kanarienvögel im Schacht erfüllten: vor dem Ausströmen tödlicher Gase zu warnen. Es gilt, aufmerksam Wache zu halten, vor einem immer behender werdenden Feind. Doch anders als die Kanarienvögel dürfen wir nicht ruhig und unbeweglich unser Dahinscheiden abwarten, auf daß andere von der Gefahr erfahren mögen. Die Wahrheit muß mit starken Waffen geschützt werden, allerdings weder polemisch noch emotionsgeladen. Das breite Publikum und die akademische Welt sind über die Bedrohung ihrer historischen und weltanschaulichen Fundamente umfassend zu informieren. Wir müssen auf jene Leute weisen und zeigen, wofür sie stehen.

Diese Pflicht ist keine angenehme. Wer sie auf sich nimmt, den wird häufig das Gefühl beschleichen, er werde gezwungen, etwas zu *beweisen*, um dessen Faktizität er weiß; so ist es mir beim Schreiben ergangen. Alle, die in wissenschaftlicher Arbeit ihre Berufung und Hauptbeschäftigung erkennen, träumen davon, neue Richtungen aufzuzeigen, neue Perspektiven zu eröffnen und irgendeinen bis dahin ungeahnten Aspekt der Wahrheit anzubieten. Entdeckung ist gefragt, nicht Bewahrung und Rechtfertigung. Wir haben nicht studiert und geforscht, um Wachfrauen und -männern gleich am Rhein zu stehen. Doch uns bleibt nichts anderes übrig. Es muß getan werden, um Lüge und Haß zu entlarven. Nur mit ständiger Wachsamkeit können die kostbarsten Güter unseres Gewerbes und unserer Gesellschaft – Wahrheit und Vernunft – überdauern. Die schwachen Stimmen von Millionen rufen aus der stillen Erde nach uns, erinnernd und fordernd, damit wir niemals davon ablassen.

Anhang: Verkehrte Welten – Zyklon-B, die Gaskammern und die Tagebücher der Anne Frank

Es gibt sicherlich Stimmen, die sagen, daß ich diesen antisemitischen Verleumdungen reinsten Wassers, die als wissenschaftliche Thesen verkleidet einherparadieren, bereits viel zu viel Platz eingeräumt habe und Leute wie Butz, Faurisson, Leuchter und Co. viel zu ernst nehme. Bei meiner langjährigen Arbeit zu dem Thema habe ich allerdings beobachten können, wie durch ihre pseudowissenschaftliche Revision der Geschichte die Wahrheit verzerrt und vernebelt wird. Die meisten Menschen glauben den Holocaust-Leugnern kein Wort, sind jedoch hilflos, wie sie ihnen begegnen sollen. Manche fürchten, die Befunde der Holocaust-Leugner entbehrten nicht einer gewissen Berechtigung, und reagieren, indem sie nach alternativen Erklärungen suchen.

Deshalb widme ich diesen Teil den drei Behauptungen, welche die Holocaust-Leugner am häufigsten aufstellen. Ich werde eine Auswahl dokumentarischer und technischer Anhaltspunkte aufzählen, die noch den letzten Anschein von Glaubwürdigkeit zerstreuen werden, den man ihnen zugestehen mag. Ich mache das nicht ohne Vorbehalte, denn es soll keinesfalls so aussehen, als habe man die Unterstellungen jener Leute ernsthaft in Erwägung zu ziehen. Doch schon die flüchtige Durchsicht relevanter Passagen aus den zitierten Schriftstücken wird meiner Erwartung nach das trügerische Bild zerstören, welches die Holocaust-Leugnung zu bieten sucht. Außerdem hoffe ich, ein letztes Mal veranschaulichen zu können, was zu demonstrieren ich mit diesem Buch bezweckt habe, nämlich daß die Holocaust-Leugner akkurat im Geiste von Goebbels' Theorie der «großen Lüge» handeln.

Zyklon-B: Ein feuerspeiender Drachen

Die Holocaust-Leugner, allen voran Faurisson, argumentieren, Zyklon-B (Blausäure) hätte sich ganz und gar nicht zur Tötung von Menschen geeignet. Als Beweis führen sie ein Gutachten an, das im Zusammenhang mit den Kriegsverbrecherprozessen angefertigt wurde und worin über die

Anweisungen des Herstellers für eine sichere Anwendung von Zyklon-B als Desinfektionsmittel referiert wird.[1] Eine Vorschrift lautet, daß ein Raum, in den Cyanwasserstoff zur Schädlingsbekämpfung eingeleitet worden ist, vor Wiedereintritt vierundzwanzig Stunden lang gelüftet werden muß. Die Holocaust-Leugner zetern nun, dadurch seien sämtliche «Zeugenaussagen» über den Einsatz von Zyklon-B zum Zweck eines Massenmords widerlegt, denn wenn man die Kammer für vierundzwanzig Stunden nicht gefahrlos betreten konnte, hätten die Leichen auch nicht kurz nach den Exekutionen hinausgeschafft werden können – entsprechende Berichte galt es also zu hinterfragen. Wie immer übergingen die Holocaust-Leugner nonchalant signifikante, wohlbekannte Fakten, welche die Falschheit ihrer Behauptungen belegen.

Die zitierten Gebrauchsanweisungen beziehen sich auf die Anwendung in einzelnen Zimmern oder Privatwohnungen – nicht auf hermetisch isolierte Räumlichkeiten wie die in den Todeslagern – voller Möbel, Hausrat, Teppiche, Bettzeug u.ä. Sie instruieren darüber, wie Fenster abzudichten, Schlüssellöcher zu überkleben und Schornsteine abzudecken seien. Nach der Zerstäubung des Gases sammelt es sich in allen möglichen Ecken und Winkeln. Deswegen müssen Matratzen, Kissen, Polstermöbel und ähnliche Gegenstände mindestens eine Stunde lang an der Luft ausgeschüttelt oder -geklopft werden. In den Todeskammern sah die Lage ganz anders aus. Bis auf einige unechte Duschköpfe und viele Leichen waren sie leer. Böden und Decken bestanden aus nacktem Beton. Sie enthielten ein leistungsstarkes Ventilationssystem, das eigens für die Entlüftung der Gaskammern entwickelt worden war und unter den gegebenen Umständen – leere Räume, nackte Wände – äußerst effektiv arbeiten konnte. Jedes Krematorium verfügte über eine derartige Anlage, aber in normalen Wohnungen oder Büros hätte man sie nie installieren müssen.[2] Zudem trugen die Häftlinge der Sonderkommandos, welche die Leichen abtransportierten, laut den Aussagen ehemaliger Gefangener und SS-Angehöriger Gasmasken.[3]

Das Argument von der extremen Toxizität von Zyklon-B dient dazu, die Illusion zu wecken, das Gas hätte die SS-Leute selbst in zu große Gefahr gebracht und sei deshalb nicht zu gebrauchen gewesen. Allerdings streiten Faurisson und Leuchter nicht ab, daß in den Entlausungskammern Kleidung damit desinfiziert wurde. (Es bleibt offen, auf welchem Weg sie zu dem Schluß gelangten, daß es in den Entlausungsvorrichtungen ohne Risiko verwendbar, aber für die Todeskammern zu giftig war.)

In Räumen, die laut den Angaben der Auschwitz-Museumsangestellten als Todeskammern fungierten, von den Holocaust-Leugnern jedoch zu Leichenkammern deklariert wurden, fand Leuchter ebenfalls Spuren von

Zyanidgas. Um diesen Widerspruch aufzulösen, erklärten Faurisson und Leuchter, die Leichenkammern seien mit Zyklon-B desinfiziert worden, daher rührten die Rückstände.[4] Eine unsinnige Vermutung: Zur Desinfektion benutzt man Bakterizide, keine Insektizide, speziell keine so potenten wie Zyklon-B.

Ferner ist die Argumentation der Holocaust-Leugner in sich unlogisch. Sie sagen, Zyklon-B habe nur unter strengsten Sicherheitsvorkehrungen gefahrlos zum Einsatz kommen können, und außerdem konnte man einen Raum, in dem es versprüht worden war, erst nach einer Frist von 20 Stunden wieder betreten. Andererseits wollen sie uns weismachen, daß die SS für eine so alltägliche Aufgabe wie die Säuberung von Leichenkammern jene höchst toxische Substanz benutzte, die ihren eigenen Einschätzungen zufolge sorgfältigste Vorsichtsmaßnahmen erforderte, anstatt etwas so Reguläres und Wirkungsvolles wie Bleichmittel zu verwenden.[5]

Pressac merkte an, daß Faurisson Blausäure als «feuerspeienden Drachen» darstellt, dem man sich nur unter Lebensgefahr nähern dürfe und der sich mit seinen Klauen sogar dann noch fest in die Erde kralle, wenn er tot sei. Das apokalyptische Gemälde besitzt wenig Ähnlichkeit mit der Realität. Wenn Cyanwasserstoff so beschaffen wäre, wie Faurisson uns glauben machen will, wäre die Belegschaft der deutschen Firma Degesch, die ihn produzierte, «... schon viel früher arbeitslos gewesen».[6]

Die Gaskammern: «Einen einzigen Beweis, bitte!»

Die Holocaust-Leugner, Faurisson an der Spitze, verlangen des öfteren «einen Beweis ... einen einzigen Beweis» für die Existenz von Gaskammern, in denen Menschen ermordet wurden.[7] Sie verwerfen *jegliches* menschliche Zeugnis als unzuverlässig, gleichgültig, ob es von der SS, ehemaligen Lagerinsassen oder Angehörigen der Sonderkommandos stammt. An diesem Standpunkt halten sie fest, obwohl die Aussagen aller Befragten hinsichtlich der Abläufe bei den Vergasungen auch in Details generell miteinander übereinstimmen.[8] Pressacs monumentale Studie über die Gaskammern bildet im wesentlichen die Antwort auf jene Forderung nach Beweisdokumenten. Pressac reagierte möglicherweise, sobald es um Faurissons Ruf nach Dokumenten ging, deshalb so sensibel, weil er den Versuchungen der Holocaust-Leugnung ursprünglich selbst beinahe erlegen war; erst persönliche Archivnachforschungen demonstrierten ihm, daß Faurisson die unanzweifelbaren Beweise in puncto Gaskammern bewußt außer acht ließ. Bei einem Aufenthalt in Auschwitz, kurz nachdem er Faurisson kennengelernt hatte, wurde Pressac eine Reihe von

Akten vorgelegt, die weit mehr als den «einen einzigen Beweis» liefern, auf dem die Holocaust-Leugner bestehen. Bei späteren Reisen entdeckte er zusätzliches, unter anderem bis dahin unveröffentlichtes Material. Seit dem Erscheinen seines Buches 1989 hat er in ehemals sowjetischen Archiven weitere Dokumente aufgestöbert, welche den völligen Aberwitz der Unterstellung enthüllen, es gebe keine Unterlagen oder Beweisdokumente zu den Gaskammern.

Auf den folgenden Seiten findet sich eine knappe Zusammenfassung der Pressacschen Erkenntnisse. Sie sollten endgültig die Zweifel aller zerstreuen, die angesichts der Spekulationen der Holocaust-Leugner über nichtexistente Gaskammern ein gewisses Unbehagen verspüren. Diejenigen, welche sich von dieser Wahrheitsschändung nicht im mindesten haben beeindrucken lassen, werden in den zitierten Dokumenten überwältigende Anhaltspunkte dafür finden, bis zu welchem Grad die Holocaust-Leugner die historische Realität verzerren und hinsichtlich der Sachverhalte lügen. Unter anderem liegen Auftragserteilungen, Materialanfragen, Eintragsformulare für geleistete Arbeitszeit, technische Instruktionen, Rechnungen und Fertigstellungsberichte vor, die samt und sonders unmißverständlich zeigen, daß die Gaskammern zu keinem anderen Zweck gedacht waren, als Menschen darin umzubringen. Die mit der Entwicklung und Installierung der Gaskammern beauftragte Firma hieß Topf und Söhne. Das Material setzt sich zu einem überwiegenden Teil aus Arbeitsberichten zusammen, die sie ihren Lieferanten und Zivilangestellten der SS unterbreiteten. In der Regel suchten sie den Anschein zu erwecken, als bauten sie Leichenhäuser, dabei unterliefen ihnen jedoch genügend Schnitzer, so daß Konstruktion und Einbau der Todesfallen ausführlich dokumentiert sind.

- Eine Bestandsaufnahme der Apparaturen u.ä., die in Krematorium III installiert waren, registrierte den notwendigen Einbau einer Gastür und vierzehn Duschen. Diese Gegenstände passen überhaupt nicht zusammen. Eine gasdichte Tür war nur in einer Gaskammer zu gebrauchen. Wozu hätte man in einem Duschraum eine gasdichte Tür benötigt?[9]
- Mit diesem simplen Beweis, daß es sich nicht um einen Duschraum handelte, gab Pressac sich trotzdem noch nicht zufrieden, sondern errechnete die Fläche, die ein einzelner Duschkopf abdeckt. Als Richtschnur benutzte er die echten Duschvorrichtungen im Ankunftsgebäude. Nach seinen Berechnungen hätte Krematorium II bei einer Größe von 210 Quadratmetern mindestens 115 Duschköpfe aufweisen müssen, keine vierzehn.[10]

- Auf den Inventurzeichnungen sind die Wasserleitungen nicht an die Duschen angeschlossen, was der Fall gewesen wäre, hätte es sich um authentische Duschen gehandelt.
- In einigen Gaskammern sind die Holzbalken, an denen die Duschköpfe befestigt waren, bis heute in den Überresten der Gebäude sichtbar.[11] Ein funktionierender Duschkopf wäre nie auf einem Holzbalken montiert worden.
- SS-Sturmbannführer Bischoff, Leiter der baupolizeilichen Aufsichtsbehörde im Lager, erstattete einem Berliner SS-Offizier am 29. Januar 1943 brieflich Meldung über den Fortgang der Arbeit an Krematorium II. In dem Schreiben bezog er sich auf einen Vergasungskeller.[12] Butz und Faurisson mühten sich damit ab, den Begriff «Vergasung» umzudeuten.[13] In Butz' Verständnis bedeutete er «Gaserzeugung». Faurisson behauptete, damit sei «Gasmischung» gemeint, und «Vergasungskeller» bezeichne den Raum im Keller, «in dem der 'gasförmige' Brennstoff für den Krematoriumsofen vorbereitet wurde»[14] – ein äußerst problematischer Erklärungsversuch. Erstens gibt es eine beträchtliche Menge von Unterlagen, die auf Vergasungen verweisen, zweitens – und das ist noch wichtiger – wurde in den Krematorien Koks verfeuert und nicht mit Gasgemischen geheizt.[15]
- Pressac fand ein Stundenabrechnungsblatt, auf dem ein Zivilarbeiter einen bestimmten Raum im Westflügel von Krematorium IV mit «Gaskammer» bezeichnet hatte. Da Faurisson dringend einen Beweis brauchte, daß dies etwas anderes hieß, als dort geschrieben stand, deutete er an, daß es sich um eine «Desinfektionsgaskammer» handelte. Ungeklärt bleibt, wie er überhaupt zu diesem Schluß gelangte, zumal er den Zweck der «Vergasungskeller» mit «Gasgenerierung» definiert hatte.[16]
- Am 13. Februar 1943 orderte die Zentralbauleitung von Auschwitz zwölf gasdichte Türen für die Krematorien IV und V.[17]* Den Akten im Auschwitz-Museum gemäß war die Produktion der Türen am 25. Februar beendet. Dem Arbeitsbericht der zivilen Zulieferfirma läßt sich entnehmen, daß am 28. Februar gasdichte Fenster angebracht und eingepaßt wurden.[18] Ein Report derselben Firma über die Arbeit an Krematorium IV vom 2. März 1943 enthält den Eintrag «Fußboden betonieren in Gaskammer» [sic!]. Alle Informationen – also Auftragserteilung und Stundenabrechnungsblätter – zusammen

* Weil diese «Türen» 30 mal 40 Zentimeter maßen, vermutet Pressac, daß es sich wohl eher um Fensterläden als um Türen handelt.

betrachtet ergeben, daß am 2. März 1943 die Zivilarbeiter einer deutschen Firma einen Raum in Krematorium IV offiziell zur «Gaskammer» erklärten.[19] Dieses muß ihnen vollkommen einleuchtend erschienen sein, weil sie zwei Tage zuvor in demselben Raum «gasdichte Fenster» eingesetzt hatten.[20]

- Am 26. Februar 1943 ersuchte die Bauleitung eine der am Bau der Gaskammern beteiligten Firmen telegraphisch um die sofortige Zusendung von «zehn Gasprüfern». Mittels dieser sollte die Leistungsfähigkeit des Ventilationssystems in der Gaskammer überprüft werden.[21]
- Es gibt ein Buch mit Arbeitsberichten der Schmiedewerkstätten über Montage und Wartung des Birkenau-Krematoriums II; das Buch enthält einen Auftrag vom 5. März 1943, der die Anfertigung «eines Griffs für eine Gastür vorsieht».[22]
- In einem Brief vom 6. März 1943 erwähnt ein Zivilarbeiter, der beim Bau von Krematorium II beschäftigt war, das Entlüftungssystem von «Auskleidekeller II» sei umgeändert worden. Ein normales Leichenschauhaus würde derartige Geräte nicht benötigen. Vom März 1943 existieren noch mindestens vier weitere Hinweise auf «Auskleidekeller».[23] Es spricht für sich, daß die Zivilisten, die den Holocaust-Leugnern zufolge für den Bau «unterirdischer Leichenkammern» nach Birkenau gebracht worden waren, wiederholt von der Entlüftung der «Auskleidekeller» und nicht von Leichenkammern sprachen.[24]
- Im selben Brief erkundigte sich jener Arbeiter nach Möglichkeiten, wie die Räume, die als Gaskammern genutzt werden, vorgeheizt werden konnten. Eine Leichenkammer darf indessen nicht beheizt, sondern muß kühl gehalten werden. Wenn jedoch der Raum als Gaskammer fungieren sollte, ergäbe dies einen Sinn, denn je wärmer es ist, um so schneller verdampfen die Zyklon-B-Kapseln.[25]
- Ein vom 31. März 1943 datierter und von SS-Sturmbannführer Bischoff unterzeichneter Brief bezog sich unter anderem auf einen am 6. März erteilten Auftrag bezüglich einer «gas[dichten] Tür» für Krematorium II. Sie sollte mit einer Gummiabdichtung sowie einem Guckloch ausgestattet werden. Wofür benötigte man in einer Leichen- oder Desinfektionskammer ein Guckloch? Sicherlich nicht, um Leichen oder Läuse zu beobachten. Auch die Lieferbestellungen für Krematorium III enthalten Angaben über gasdichte Türen, Eisengitter und Dichtungen für hermetisch schließende Türen. Noch klammerten sich die Holocaust-Leugner an ihre «Leichenkammer»-Theorie und behaupteten, gasdichte Türen in den Leichenkammern seien zur Eindämmung von Gerüchen und ansteckenden Bazillen erforder-

lich gewesen. Außerdem waren solche Türen notwendig, da die Leichenkammern mit Zyklon-B desinfiziert worden seien. Diese Behauptung widerspricht den simpelsten wissenschaftlichen Erkenntnissen, denn Zyklon-B ist ein Insektizid und kein Desinfektionsmittel (s.o.). Außerdem bleiben die Holocaust-Leugner trotz dieser Argumente weiterhin eine Erklärung dafür schuldig, warum in einer Leichenkammer vierzehn Duschköpfe – die nicht an Wasserleitungen angeschlossen waren – installiert wurden.[26]

- Nachdem die Zivilfirma die Umbauarbeiten an Krematorium II beendet hatte, wurde in den Räumen eine Kontrolle durchgeführt, deren Dokumentation unter anderem besagt, daß sie mit «Gastüren» und «gasdichten Türen» ausgestattet waren.
- Ein Brief vom 31. März 1943 über Krematorium III verweist darauf, daß es eine Gastür hatte. Die Holocaust-Leuger verkündeten natürlich flugs, das könne vieles heißen. Aber die Inventarliste, welche den Übergabepapieren für das Krematorium beigefügt war, macht mit dieser Vermutung kurzen Prozeß. Auf der Liste ist eine «gasdichte Tür» verzeichnet. Über die Bedeutung von «Gastür» könnte man sich möglicherweise streiten, aber es dürfte schwer sein, «gasdichte Tür» umzuinterpretieren.[27]

Die Holocaust-Leugner vertraten überdies die Auffassung, Birkenau sei als Quarantäne- und Lazarettlager konzipiert gewesen, nicht als Todeslager. Dabei berufen sie sich auf architektonische Zeichnungen vom April 1943, die Skizzen einer Krankenbaracke, eines Gefangenenhospitals und einer Quarantänestation mit einschließen. Warum – fragen die Holocaust-Leugner – hätten die Nazis nur wenige hundert Meter von den Gaskammern eine Stätte der Gesundung errichten sollen, während sie in unmittelbarer Nähe Liquidierungen im großen Stil betrieben? In den Augen der Holocaust-Leuger beweisen die Pläne, daß Birkenau nicht als Ort der Vernichtung und des Mordens erbaut wurde.[28]* Das ist für den zeitpunkt der ersten Pläne zwar richtig. Aber es gibt unterdessen einen zweiten offiziellen Gesamtplan von Birkenau, der etwa ein Jahr später entstand. Aus ihm wird ersichtlich, daß Birkenau alles andere als eine freundliche Krankenhausanlage war. Die im April 1943 vollendete erste Serie von Zeichnungen zeigt ein Lager für 16 600 Gefangene. Die ein Jahr

* Wenn man sich bewußt macht, wer die Zeichnungen angefertigt und wer sie gegengezeichnet hat, laufen einem Schauer den Rücken hinunter, so unfaßbar und gleichzeitig normal war der Vorgang. Am 23. März 1943 stellte Gefangener Nr. 63003 (Name unbekannt) die Skizzen fertig. Wir wissen, daß sie von einem Zivilisten namens Techmann überprüft und am darauffolgenden Tag von einem SS-Offizier Werner Jothan für gut befunden wurden.

später gemachten Skizzen illustrieren ein Lager, das 60 000 Häftlinge beherbergte und halb so viele Baracken als geplant aufwies. In den tatsächlich erbauten Baracken hausten viermal mehr Menschen als ursprünglich vorgesehen. Diese Umstände widerlegen die Hypothese, es habe sich um ein Lager gehandelt, in dem Menschen gesund werden sollten.[29]

All jene Indizien für Gaskammern und Lagerpläne bilden das Beweismaterial, nach dem die Holocaust-Leugner angeblich suchen. Darüber hinaus existiert eine breite Palette weiterer Dokumente über Deportationen, Massaker, Zyklon-B-Lieferungen und andere Aspekte der Endlösung. Ich erwähne sie nicht als Beleg für die nazistische Judenvernichtung, sondern als Musterbeispiel dafür, wie unverfroren die Holocaust-Leugner ihre Täuschungen und Fälschungen an den Mann zu bringen suchen.

Die Tagebücher der Anne Frank

Anne Franks Tagebücher haben sich zur beliebtesten Zielscheibe der Holocaust-Leugnung entwickelt. Seit mehr als dreißig Jahren versuchen sie nachzuweisen, daß sie erst nach dem Krieg entstanden. Es mag seltsam erscheinen, daß die Holocaust-Leugner ihre Energie ausgerechnet auf die Enthüllung abstellen, ein bestimmtes junges Mädchen habe ein bestimmtes, ihm zugeschriebenes Buch nicht verfaßt, in dem es lang und breit über sein Leben, die Beziehung zu seinen Eltern, aufkeimende Sexualität und Filmstars sinniert. Aber sie wählen dieses Angriffsziel mit voller Absicht.

Seit der ersten Auflage kurz nach dem Krieg sind in mehr als vierzig Ländern mehr als zwanzig Millionen Exemplare der Tagebücher verkauft worden. Ihre erste Bekanntschaft mit dem Holocaust machen viele Leser durch dieses Buch. In unzähligen Grund- und Oberschulklassen wird es als Pflichtlektüre im Unterricht besprochen. Die Popularität der Tagebücher und ihre Wirkung insbesondere auf junge Menschen sind der Grund, warum es den Holocaust-Leugnern ebenso ein Anliegen ist, sie ad absurdum zu führen, wie die Gaskammern anzustreiten. Sie hoffen, mit der Diskreditierung des beeindruckenden Buchs in den Köpfen junger Leute Zweifel über den Holocaust selbst zu wecken.

Worauf bauen die Holocaust-Leugner und Neonazis ihre Attacke auf? Ein kurzer Überblick über die Rezeptionsgeschichte der Tagebücher und einige der Ereignisse, die mit ihrer dramatischen und filmischen Adaption zusammenhängen, verdeutlicht, wie die Holocaust-Leugner die Wahrheit zugunsten ihrer ideologischen Programmatik verbiegen.

Anne Frank begann ihr Tagebuch am 12. Juni 1942. In den folgenden sechsundzwanzig Monaten füllte sie eine Reihe von Alben, losen Blättern sowie Schreib- und Rechenheften. Außerdem schrieb sie Erzählungen mit dem Titel «Geschichten und Ereignisse aus dem Hinterhaus».* Anne nahm ihr Tagebuch sehr ernst und erwähnte mehrfach ihre Ambitionen, Schriftstellerin zu werden. Ungefähr fünf Monate, bevor die Familie verhaftet wurde, hörte sie in einer – natürlich verbotenen – Radioübertragung aus London, wie der holländische Erziehungsminister dazu aufrief, gewöhnliche Schriftstücke aufzubewahren – Tagebücher, Briefe von holländischen Zwangsarbeitern in Deutschland, Predigtsammlungen eines Pfarrers oder Priesters – weil sie künftigen Generationen zu einem besseren Verständnis dessen verhelfen würden, was die Nation während jener furchtbaren Jahre durchlitten habe. Am nächsten Tag notierte Anne: «Natürlich stürmten sie alle direkt auf mein Tagebuch los.»[30] Es war ihr wichtig, daß sie ihre Erinnerungen nach dem Krieg in Buchform herausgeben konnte, deshalb übertrug sie die ersten Tagebuchbände per Hand auf lose Blätter und änderte dabei die Namen einiger Hauptpersonen, unter anderem ihren eigenen (aus Anne Frank wurde Anne Robin[31]).

Als Otto Frank aus Auschwitz befreit worden und nach dem Krieg heimgekehrt war, erfuhr er vom Tod seiner Töchter. Er fertigte eine maschinenschriftliche Kopie der Tagebücher für Verwandte und Freunde an, wobei er gewisse grammatikalische Korrekturen vornahm, Passagen aus den unterschiedlichen Fassungen integrierte und Einzelheiten herausstrich, die lebende Personen kränken mochten oder intime Familienangelegenheiten betrafen, zum Beispiel Annes nicht unproblematisches Verhältnis zu ihrer Mutter. Er gab das getippte Manuskript mit der Bitte um Lektorierung an einen Freund weiter.[32] (Übrigens scheinen noch weitere Personen an der Überarbeitung mitgewirkt zu haben.) Die Frau des Freundes erstellte eine maschinenschriftliche Ausfertigung der edierten Version, mit der Frank an eine Reihe von Verlegern herantrat, jedoch wiederholt auf Ablehnung stieß.** Der Verlag, welcher es schließlich akzeptierte, empfahl, die Anspielungen auf Sex, Menstruation und zwei Mädchen, die einander an den Brüsten berühren, zu tilgen, da es ihnen an der um des holländischen Publikums willen gebotenen «Schicklichkeit» fehle. Bei Erscheinen der Tagebücher in England, Deutschland, Frankreich und den Vereinigten Staaten nahm man zusätzliche Änderungen vor. Die Holocaust-Leugner heben auf die verschiedenen Versionen und maschinenschriftlichen Manuskriptfassungen ab, um ihre Theorie zu untermau-

* Anne gab dem Versteck ihrer Familie den Namen «geheimes Hinterhaus».

** Sogar nachdem die Tagebücher in Europa erschienen und vielerorts gerühmt worden waren, blieben die amerikanischen Verlage vorsichtig. Zehnmal wurden sie zurückgewiesen, erst 1951 von Doubleday veröffentlicht und waren sofort ein Riesenerfolg.

ern, daß es keine Originaltagebücher gab und alles erfunden ist. Ferner unterstreichen sie die Tatsache, daß zwei unterschiedliche Schriftarten in den Tagebüchern auftauchen, nämlich Druckbuchstaben und Schreibschrift. Sie behaupten, das benutzte Papier und die verwendete Tinte seien vor 1950 nicht hergestellt worden und deshalb einem Mädchen gar nicht zugänglich gewesen, das sich 1942 in Amsterdam auf einem Dachboden versteckt hielt.

Am intensivsten jedoch haben die Holocaust-Leugner die Affäre Meyer Levin für ihre Spiegelfechtereien ausgeschlachtet. Als Doubleday die Tagebücher herausbrachte, schrieb Levin – der sie zum ersten Mal gelesen hatte, als er noch in Frankreich wohnte – eine Lobeshymne darüber. Er ließ der Rezension, welche in der *New York Times Book Review* abgedruckt wurde, weitere Artikel folgen, in denen er dringend empfahl, ein Theaterstück und einen Film daraus zu machen.[33] 1952 beauftragte Otto Frank Levin, als sein literarischer Agent in den USA die Möglichkeiten zur Realisierung eines Theaterstücks auszuloten. Levin verfaßte eine Dialogfassung, die von mehreren Impresarios verworfen wurde. Aus Enttäuschung über Levins Scheitern und aus der Überzeugung heraus, dessen Theaterfassung werde niemals irgendwo angenommen werden, verlieh Frank die Produktionsrechte an Kermit Bloomgarden, der sich auf den Vorschlag der amerikanischen Autorin Lillian Hellman hin an zwei erfahrene Drehbuchautoren von Metro-Goldwyn-Mayer (MGM) wandte. Ihr Stück wurde ein Erfolg und gewann 1955 den Pulitzer-Preis.

Wütend ging Levin vor Gericht und machte in seiner Klage geltend, die Verfasser hätten sein Material und seine Ideen gestohlen. Im Januar 1958 verfügte eine Jury, Levin solle 50 000 Dollar Schadensersatz erhalten. Aber der Oberste Gerichtshof des Staates New York widerrief den Spruch der Geschworenen, indem er entschied, Levin und die MGM-Autoren hätten sich auf dieselbe Quelle gestützt – Annes Tagebücher – und deshalb sei nichts anderes zu erwarten, als daß zwischen beiden Versionen Ähnlichkeit bestehe.[34]

Da nach aller Wahrscheinlichkeit mit einer Revisionsklage gerechnet werden mußte, weigerte sich das Gericht, das Auszahlungsverbot der Tantiemen aufzuheben, welches Levin erwirkt hatte. Nach einem zweijährigen Patt einigten Frank und Levin sich außergerichtlich. Frank erklärte sich zu einer Zahlung von 15 000 Dollar bereit, Levin gab seine Ansprüche auf Tantiemen und Rechte an der dramatisierten Fassung auf. Er war allerdings nach wie vor wie besessen von der Idee, das Tagebuch zu einem Stück umzuarbeiten.* Obwohl er kein Recht dazu hatte, unter-

* 1973 schrieb er über den gesamten Vorfall ein Buch mit dem Titel *The Obsession*.

nahm er 1966 in Israel einen Anlauf, eine Produktion auf die Bühne zu bringen, aber Franks Anwälte setzten durch, daß sie verboten wurde.[35]

Vor diesem Hintergrund konstruieren die Holocaust-Leugner ihre Strategie gegen das Tagebuch. Der erste dokumentierte Angriff ereignete sich 1957 in Schweden. Ein dänischer Literaturkritiker tat kund, seiner Meinung nach sei das Tagebuch de facto von Levin kreiert worden, was unter anderem dadurch «bewiesen» werde, daß Namen wie Peter und Anne nicht jüdisch seien.[36] Seine Unterstellungen wurden in Norwegen, Österreich und Westdeutschland von anderen nachgeäfft. 1958 deklarierte ein deutscher Gymnasiallehrer, einstmals SS-Mitglied und Hitlerjugend-Anführer, Anne Franks Tagebücher zu einer Fälschung, die den «Nutzniessern [sic!] der deutschen Niederlage … einige Millionen eingebracht» habe.[37] Der Führer einer rechtsgerichteten deutschen Partei schloß sich diesen Mutmaßungen an. Otto Frank und die Verleger der Tagebücher reichten eine Klage wegen Verleumdung, übler Nachrede, Entehrung einer Toten sowie antisemitischer Äußerungen ein. Die Angelegenheit wurde ohne gerichtliches Zutun dadurch bereinigt, daß die verklagten Personen die unbestreitbare Echtheit der Tagesbücher bestätigten und sich für ihre unbegründeten Behauptungen entschuldigten.[38]

1967 veröffentlichte der *American Mercury* einen Artikel Teressa Hendrys mit der Überschrift *Was Anne Frank's Diary a Hoax?*, in dem sie durchblicken ließ, die Tagebücher seien eventuell Meyer Levins Werk, und falls das zutreffe, habe man es hier mit einem kapitalen Betrug zu tun.[39] Die Leser dieses Buchs können sich mittlerweile gewiß vorstellen, mit welchen Tricks andere Holocaust-Leugner Hendrys Unterstellungen als etablierte Fakten präsentierten. Man kennt ihr typisches Verhaltensmuster, einander bei einem munteren inzestuösen Ringelreihen durch unhaltbare Hypothesen zu inspirieren. In *Did Six Million Really Die? The Truth at Last* käute Harwood Hendrys Überlegungen wieder und erklärte die Tagebücher zu einem eindeutigen Schwindel.[40] Arthur Butz erwähnte in einem Abschnitt seines Buchs ebenfalls kurz, er habe es «gesichtet» und erkannt, daß es nicht authentisch sei.[41]

1975 ging David Irving auf die Tagebücher los, indem er sich des bereits sattsam bekannten Arguments bediente, ein amerikanisches Gericht habe «nachgewiesen», daß sie von einem New Yorker Stückeschreiber «in Zusammenarbeit mit dem Vater des Mädchens» verfaßt worden seien. 1978 gab Ditleib Felderer, der unter anderem obszöne Karikaturen von Holocaust-Überlebenden verbreitete, ein Buch mit der einzigen Absicht heraus, die Tagebücher als Schwindel zu entlarven. Er rekurrierte auf die Levin-Theorie, ging jedoch noch einen Schritt weiter und nannte Anne sexsüchtig sowie das Buch «den ersten Kinderporno».[42] (Seiner Kapitelüberschriften beleuchten diesen Ansatz, zum Beispiel «Sexuelle Phantasiegeschichten» oder «Annes Charakter – gar kein liebes Mädchen». Felderers Verleumdungen sind darauf angelegt, Assoziationen zu einigen der üblichen antisemitischen Stereotype hervorzurufen: Die Juden haben nichts anderes im Sinn als Sex und produzieren Pornographie, welche schon die Kinder verderben soll.)

Heinz Roth, ein westdeutscher Vertreiber neonazistischen Schriftguts, begann 1975 damit, Pamphlete in Umlauf zu bringen, in denen die Tagebücher als Fälschung bezeichnet wurden, in Wirklichkeit stammten sie von einem New Yorker Dramatiker. Zum «Beweis» für seine Behauptungen zitierte er Irvings und Harwoods Befunde. Otto Franks Aufforderung, derlei zu unterlassen, leistete Roth keine Folge; er rechtfertigte sich – wie die Holocaust-Leugner es liebend gern zu tun pflegen – damit, daß er an nichts anderem interessiert sei als an der «reinen historischen Wahrheit». Hierauf leitete Frank in Westdeutschland ein Gerichtsverfahren gegen ihn ein. Zu seiner Verteidigung verwies Roth auf Harwoods und Butz' Thesen, warum es sich bei den Tagebüchern um eine Fälschung handeln müsse.

Außerdem zauberten seine Anwälte ein «Gutachten des Sachverständigen» Robert Faurisson hervor, der unter anderem ins Feld führte, die Tagebücher seien schon deswegen Fiktion, weil die Bewohner des Hinterhauses nachgewiesenermaßen zu laut waren. In bestimmten Eintragungen schreibt Anne von stampfenden Staubsaugern, «schallendem» Gelächter und «Höllenlärm».[43] Faurissons Frage lautete: Wie konnten Menschen, die sich versteckten und wußten, daß jeder Laut sie verraten würde, sich so verhalten, ohne entdeckt zu werden?[44] Aber Faurisson zitiert bewußt unvollständig und verdreht Annes Worte, um seine Unterstellungen zu erhärten. Ihr Eintrag über das Benutzen des Staubsaugers beginnt mit dem Satz: «Nun sind van Maaren, der Mann mit der düsteren Vergangenheit, und de Kok [die Lagerarbeiter, Anm. d. Ü.] wenigstens nach Hause.»[45] Die Situation, bei der die Hinterhausbewohner schallend lachten, war an einem Sonntag eingetreten, im Lager befand sich in dem Moment kein Mensch.[46] Als ein Bohnensack mit einem Krach umfiel und aufplatzte, der die Toten hätte zum Leben erwecken können, schrieb Anne: «Glücklicherweise war kein Fremder im Büro» – was Faurisson geflissentlich übergeht.[47]

Bei der Schilderung seiner Begegnung mit Otto Frank bediente Faurisson sich derselben Methode, die er in bezug auf seine Unterredung mit dem Vertreter des Auschwitz-Museums anwendete. Er versuchte, die Sache so zu drehen, als habe er Otto Frank bei einer unglaublichen Lüge ertappt: «Dieses Verhör ist für den Vater Anne Franks niederschmetternd ausgefallen.»[48] Franks Beschreibung des Gesprächs klingt verständlicherweise vollkommen anders, und er teilte mit, Faurisson habe im nachhinein Dinge unterstellt, die er – Otto Frank – angeblich gesagt, in Wirklichkeit jedoch niemals geäußert hätte. Faurisson nahm des weiteren für sich in Anspruch, einen Zeugen gefunden zu haben, von dem er glaubte, daß er «gut informiert und vertrauenswürdig» war, der seinen Namen der Öffentlichkeit allerdings keinesfalls preisgeben wollte. Faurisson tröstete seine Leser indessen damit, Name und Adresse dieses geheimen Zeugen seien in einem «versiegelten Umschlag» deponiert. Zum Beweis fügte er seiner «Untersuchung» ein Photo besagten Umschlags bei.[49] 1980 entschied das Gericht, von Faurissons Hirngespinsten unbeeindruckt, Roth habe nicht überzeugend dargelegt, daß das Tagebuch eine Fälschung sei.

1977 standen in Westdeutschland erneut zwei Männer wegen der Verteilung von Broschüren vor Gericht, in denen die Tagebücher als Erfindung diffamiert wurden. Das Bundeskriminalamt erhielt den Auftrag, die Tagebücher zu analysieren und herauszufinden, ob Papier und Schreibgerät, welche beim Schreiben benutzt wurden, in den Jahren 1941 bis 1944 erhältlich waren. Der nur vier Seiten umfassende BKA-Report befaßt sich an keiner Stelle mit der Frage nach der Echtheit der Tagebücher. Er informiert darüber, daß alle verwandten Materialien aus den Jahren vor 1950/51 stammten und Anne sie infolgedessen benutzt haben konnte. Außerdem wird eher beiläufig vermerkt, daß auf einigen der losen Blätter, die den Tagebüchern beilagen, *Korrekturschriften* mit einem Kugelschreiber vorgenommen worden waren. Die für diese Art Kugelschreiber benötigte Tinte sei erst 1951 auf den Markt gekommen.[50] (Zum Inhalt der Korrekturen äußerte sich das BKA nicht, es veröffentlichte auch keinerlei Angaben darüber, auf welchem Weg man zu derlei Erkenntnissen gelangte. Als die Herausgeber der historisch-kritischen Ausgabe sich wegen der betreffenden Daten an das BKA wandten, teilte man ihnen mit, es gebe keine Unterlagen.[51])

In Anbetracht der Geschichte der Tagebücher verwundert es nicht, daß derlei Emendationen eingefügt wurden. Dies hinderte den «Spiegel» allerdings nicht an der Veröffentlichung einer Sensations-Story über die Tagebücher, welche durch die folgenden, fettgedruckten Zeilen eingeleitet wurde: «Jemand hat das Tagebuch der Anne Frank zu einem späteren Zeitpunkt überarbeitet. Die Zweifel an der Echtheit des Dokuments mehren sich.» Der Verfasser des Artikels fragte nicht, ob die Korrekturen inhaltlicher oder grammatikalischer Natur gewesen bzw. ob sie in den gedruckten Text übertragen worden oder wann sie vorgenommen worden seien. Er bezeichnete sie auch nicht als solche, im Gegensatz zum

BKA, das explizit von Berichtigungen gesprochen hatte. Der «Spiegel»-Autor deutete statt dessen an, daß möglicherweise ein Hochstapler am Werk gewesen sei, und gab zu bedenken, an den Tagebüchern sei unzählige Male «herumgepfuscht» worden.

Ungeachtet dieser sensationsheischenden Bemerkungen verwarf der «Spiegel»-Redakteur aber den von David Irving und anderen Holocaust-Leugnern vorgebrachten Einwand, Otto Frank habe Zitate aus einem Filmtext in das Tagebuch eingefügt, denn das sei eine «oftmals zitierte Legende». Er betonte außerdem, diejenigen, welche die Echtheit der Tagebücher hinterfragten, seien dieselben Typen, die dem «Gaskammer-Schwindel» ein Ende bereiten wollten.[52]

Nach Otto Franks Tod 1980 wurden die Tagebücher dem Niederländischen Staatlichen Institut für Kriegsdokumentation überreicht. Zum damaligen Zeitpunkt waren die Holocaust-Leugner gegen die Tagebücher schon so häufig und vehement Sturm gelaufen – im Prinzip allerdings immer wieder mit denselben Argumenten –, daß man in jener staatlichen Einrichtung beschloß, die Tagebücher, das beschriebene Papier, den Leim des Einbands sowie die Tinte sorgfältigen wissenschaftlichen Überprüfungen zu unterziehen, um ihre Authentizität ein für allemal festzustellen. Des weiteren wurden Briefmarken, Post- und Zensurstempel auf Post- und Grußkarten sowie Briefen einbezogen, die von Anne und ihrer Familie im bewußten Zeitraum versandt worden waren (neben den Tagebüchern untersuchte das Institut zweiundzwanzig weitere Dokumente mit Schriftproben Annes und ihrer Angehörigen.) Forensische Experten analysierten Annes Handschrift, wobei sie sich besonders auf die beiden unterschiedlichen Schrifttypen konzentrierten, und verfertigten einen 250 Seiten starken, durch und durch technischen Bericht über ihre Erkenntnisse.

Demnach waren Papier, Leim, Fasern des Einbands sowie Tinte allesamt in den 40er Jahren gang und gäbe. Die Tinte enthielt Eisen, was bei Tinten vor 1950 üblich war. (Von 1950 an benutzte man Tinte ohne Eisen oder mit einem wesentlich niedrigeren Eisengehalt.) Der Befund der Sachverständigen räumt mit jedem Zweifel auf: Die Tagebücher wurden von einer einzigen Person im fraglichen Zeitraum verfaßt. Korrekturen waren selten, und wenn, dann erstreckten sie sich auf einzelne Buchstaben und höchstens bis zu drei Wörtern. Ein Vergleich mit der ursprünglichen Version erbrachte, daß sie die Aussage des Textes keinesfalls verändern.[53] Das Institut gelangte ferner zu dem Schluß, die diversen Handschriften hingen mit der normalen Entwicklung eines Kindes zusammen, und verlieh seiner Überzeugung Ausdruck, daß jeder Satz der Tagebücher von derselben Hand geschrieben worden war wie die Karten und Briefe, die Anne in den vorangegangenen Jahren an Klassenkameradinnen geschickt hatte.

Das Endergebnis der Studie bestand in einer 712 Seiten umfassenden kritischen Edition der Tagebücher, welche deren Originalfassung, die von Anne überarbeitete Kopie, das publizierte Manuskript sowie den Expertenbericht umfaßte. Man kann zwar der Ansicht sein, das Niederländische Institut für Kriegsdokumentation habe einen Vorschlaghammer benutzt, um eine Fliege zu erschlagen, aber die Angelegenheit verdeutlicht ein weiteres Mal, daß die Unterstellungen der Holocaust-Leugner mit Wahrheit und Realität nichts, aber auch gar nichts gemein haben.

Anmerkungen

Der Verlag bemühte sich um die Auffindung aller deutschen Quellen; wo dies nicht möglich war, wird auf die amerikanischen Originalvermerke verwiesen.

1. Holocaust-Leugnung ...

1. Dumas Malone, *The Sage of Monticello: Jefferson and His Time*, Band 6, Boston 1981, S. 417f.
2. Marvin Perry, *Denying the Holocaust: History as Myth and Delusion*, in: *Encore American and Worldwide News*, September 1981, S. 28–33.
3. Ein Beispiel hierfür bietet die Art und Weise, in welcher die Holocaust-Leugner mit Anne Franks Tagebuch umspringen. David Barnouw und Gerrold van der Stroom (Hrsg.), *The Diary of Anne Frank*. Kritische Ausgabe, New York 1989, S. 91–101.
4. Der Zwischenfall ereignete sich am 9. Februar 1990 an der Purdue University, Indianapolis. In der Folge stellte sich übrigens heraus, daß der Dozent wegen Diebstahls von Kriegsausstellungsstücken aus einem Museum der Stadt in Haft gewesen war, in: *Indianapolis News*, 16. Februar 1990.
5. *Indianapolis Star*, 22. und 23. Februar 1990.
6. *The Sagamore*, 26. Februar 1990.
7. «Wie ein stinknormaler Mensch», so beschrieb Whoopi Goldberg den Neonazi Tom Metzger, den sie im September 1992 in ihrer Fernsehshow auftreten ließ. Metzger, ein fanatischer Rassist und Antisemit, befürwortet eine nötigenfalls mit Gewalt durchgesetzte Segregation der Schwarzen. Goldberg gab zu bedenken, er sei besonders gefährlich, weil er so zivil wirke. Howard Rosenberg, Fernsehkritiker der *Los Angeles Times*, stellte die Frage, warum Goldberg ihn dann unbedingt in ihre Sendung einladen mußte, nachdem sie solches erkannt habe. Sie war offensichtlich demselben Syndrom zum Opfer gefallen, dem auch diejenigen unterliegen, die Holocaust-Leugnern Auftrittsmöglichkeiten einräumen, in: *Los Angeles Times*, 21. September 1992.
8. *New Orleans Times-Picayune*, 26. August 1990.
9. Aus einem von David Duke unterzeichneten Begleitbrief zum *Crusader* im Februar 1980, zitiert nach David Duke, *In His Own Words*, New York, o.J.
10. Laut einem Interview der Zeitschrift *Hustler*, Abdruck in: *National Association for the Advancement of White People News*, August 1982.
11. Jason Berry, *Duke's Disguise*, in: *The New York Times*, 16. Oktober 1991. Siehe auch die «Briefe an den Herausgeber» in: *New York Times*, 19. Oktober 1991.
12. Jason Berry, *The Hazards of Duke*, in: *Washington Post*, 14. Mai 1989. Er versuchte außerdem, sich den Anschein zu geben, als habe er seine Ansichten in anderen Bereichen modifiziert. Beispielsweise redete er nicht länger von der Zwangssterilisierung aller Mütter, die Sozialfürsorge empfingen; mittlerweile ging es ihm um «Erleichterungen bei der Empfängnisverhütung» in: *Los Angeles Times*, 10. Juni 1990. Siehe auch Lawrence N. Powell, *Read my Liposuction: The Makeover of David Duke*, in: *New Republic*, 15. Oktober 1990.
13. Jacob Weisberg, *The Heresies of Pat Buchanan*, in: *New Republic*, 22. Oktober 1990, S. 26f.
14. Ebd., S. 26.
15. Bericht der Anti-Defamation League zu Pat Buchanan, in: *Los Angeles Jewish Journal*, 28. September 1991.
16. *New York Times*, 14. Februar 1992

17. David Warshofsky (Pseudonym) in einem Gespräch mit der Autorin, Dezember 1992. «Warshofsky» nimmt regelmäßig an den Konferenzen des Instituts teil und steht in ständigem Kontakt mit diversen Holocaust-Leugnern, sowohl in den USA wie auch in Europa.
18. Robert D. Kaplan, *Croatianism: The Latest Balkan Ugliness*, in: *New Republic*, 25. November 1991, S. 16.
19. *Kroatien* in: Israel Gutman (Hrsg.), *Enzyklopädie des Holocaust*, Berlin 1990, S. 824.
20. Einige der Schüsselfiguren der slowakischen Separatistenbewegung haben aktiv Holocaust-Leugnung betrieben. in: *Jewish Telegraphic Agency*, 17. März 1992.
21. *Jewish Telegraphic Agency*, 6. November 1992; *The Times*, 6. März 1988.
22. *Daily Telegraph*, 10. Juli 1992.
23. *Sunday Telegraph*, 12. Januar 1992.
24. *Daily Telegraph*, 10. Juli 1992.
25. *Independent on Sunday*, 10. Mai 1992.
26. Frederick Brown, *French Amnesia*, in: *Harper's*, Dezember 1981, S. 70.
27. Nadine Fresco, *The Denial of the Dead: On the Faurisson Affair*, in: *Dissent*, Herbst 1991, S. 467.
28. Bradley F. Smith, Agnes F. Peterson (Hrsg.), *Heinrich Himmler – Geheimreden 1933–1945*, Wien 1974, S. 170
29. Vidal-Naquet, *Assassins of Memory*, S. 115.
30. Ebd.
31. *Guardian*, 3. Juli 1986; *Le Monde*, 4. Juli 1886.
32. *New Statesman*, 10. April 1981, S. 4.
33. *Annales d'Histoire Revisionniste*, Band 1, Frühling 1987; Judith Miller, *One by One by One: Facing the Holocaust*, New York 1990, S. 134.
34. Miller, *One by One by One*, S. 137; *Jewish Telegraphic Agency*, 23. Oktober 1987.
35. *Time*, 28. Mai 1990; *U.S. News & World Report*, 28. Mai 1990, S. 42; *Los Angeles Times*, 29. Mai 1990, S. H1, S. H7. Bei den darauffolgenden Parlamentswahlen erlitt Le Pens Partei eine Niederlage, doch das hing mit einer Änderung des Wahlsystems und nicht mit einer Einbuße an Unterstützung seitens der Wähler zusammen. in: Miller, *One by One by One*, S. 138.
36. *Jewish Telegraphic Agency*, 23. Oktober 1987; Alain Finkielkraut, *Remembering in Vain: The Klaus Barbie Trial and Crimes Against Humanity*, New York 1989, S. 35–44.
37. *L'Express*, 28. Oktober bis 4. November 1978; Gill Seidel, *The Holocaust Denial*, Leeds (GB), 1986.
38. *New Statesman*, 7. September 1979, S. 332.
39. *The Times*, 11. Mai 1990; *Jewish Week*, 15. September 1989.
40. *Jahresbericht des Dokumentationszentrums*, Wien 1988.
41. *Austrian News* der Abteilung für Presse- und Öffentlichkeitsarbeit an der Österreichischen Botschaft in Washington, Oktober 1989.
42. *Spotlight*, 1. Juni 1992.
43. 1991 führte das Gallup-Institut in Österreich eine Umfrage zur Einstellung gegenüber den Juden durch, welche das *American Jewish Committee* in Auftrag gegeben hatte. 53 Prozent der Befragten hielten die Zeit für gekommen, «den Holocaust zu den Akten zu legen», 39 Prozent waren der Meinung, die «Juden hätten im Verlauf der Geschichte viel Schaden angerichtet». Beinahe ebenso viele glaubten, die Juden besäßen «zu großen Einfluß» auf Weltangelegenheiten; fast zwanzig Prozent wollten die Juden des Landes verwiesen sehen. Statistische Angaben wie diese charakterisieren ein Land, das für eine antisemitische Bewegung wie die Holocaust-Leugnung «reif» ist. in: Fritz Karmasin, *Austrian Attitudes Towards Jews, Israel and the Holocaust*, New York 1992. Siehe auch *Profil* Nr. 44/1991 und 45/1991.

44. *Jewish Telegraphic Agency*, 18. August 1992, S. 4; 11. November 1992.
45. *Jewish Telegraphic Agency*, 2. und 4. November 1992.
46. *Arab News*, 8. Mai 1988.
47. *New York Times*, 10. Dezember 1989.
48. *New Statesman*, 7. September 1979; Searchlight, November 1988, S. 15.
49. *Jewish Telegraphic Agency*, 22. Dezember 1992. Außerhalb der Liga konnten australische Bürger ungeschoren Vorwürfe im Sinn der Holocaust-Leugnung äußern. Dr. Anice Morsey, eine bekannte Persönlichkeit aus den Kreisen in Australien lebender Araber, beschuldigt die Zionisten, sich die Geschichte vom Holocaust ausgedacht zu haben. Sie unterstellte, bei den getöteten Juden habe es sich um Spione oder Mitglieder der Fünften Kolonne gehandelt. Morsey bekräftigte, Israel sei der finanzielle Nutznießer dieser Erfindung und Deutschland deren Opfer. Morseys Ansichten scheinen ihrer Karriere nicht geschadet zu haben. Kurz nach dieser Äußerung ernannte die Regierung in Victoria sie zur Beauftragten für ethnische Angelegenheiten. in: *An Nahar*, 8. November 1992, Referenz bei: Jeremy Jones, *Holocaust Revisionism in Australia*, in: *Without Prejudice*, Publikation des *Australian Institute of Jewish Affairs*, 4. Dezember 1991, S. 53. Kenneth Sterns demnächst erscheinendes Buch *Holocaust Denial* enthält einen ausführlichen Überblick über die jüngsten Betätigungen der Holocaust-Leugner weltweit. in: New York: *American Jewish Committee* 1993, Kapitel 2.
50. *New York Times*, 12. März 1987; Jennifer Golub, *Japanese Attitudes Toward Jews*, New York: *American Jewish Committee*, 1992, S. 6.
51. *The Weekend Australian*, 19./20. August 1989; *New York Times*, 25. Dezember 1988; *Time*, 7. Oktober 1991.
52. Yehuda Bauer, *Revisionism – The Repudiation of the Holocaust and Its Historical Significance*, in: Yisrael Gutman und Gideon Grief (Hrsg.), *The Historiography of the Holocaust Period*, Jerusalem 1988, S. 702.
53. *Los Angeles Times*, 18. Dezember 1990.
54. *Near East Report*, 16. April 1990, S. 72.
55. Aus einem Gespräch mit Robert Faurisson in Vichy im Juni 1989.
56. *Jewish Telegraphic Agency*, 26. November 1992.
57. *Esquire*, Februar 1983.
58. *The Progressive*, April 1986, S. 4.
59. Peter Hayes, *A Historian Confronts Denial*, in: G. Jan Colijn und Marcia S. Littell (Hrsg.), *The Netherlands and Nazi Genocide*, Lewiston 1992, S. 522.
60. Safet M. Sarich gegenüber Erziehern in Winnetka im Mai 1991.
61. *New York Times*, 1. Januar 1981.
62. Gitta Sereny, *The Judgment of History*, in: *New Statesman*, 17. Juli 1981, S. 16; Noam Chomsky, *The Commissars of Literature*. in: *New Statesman*, 14. August 1981, S. 13.
63. Noam Chomsky, *Chomsky: Freedom of Expression? Absolutely*. in: *Village Voice*, 1.–7. Juli 1981, S. 12. Siehe auch Noam Chomsky, *The Faurisson Affair: His Right to Say It*. in: *Nation*, 28. Februar 1991, S. 231. Gitta Sereny, *Let History Judge*, in: *New Statesman*, 11. September 1981, S. 12.
64. Alfred Kazin, *Americans Right, Left and Indifferent: Responses to the Holocaust*. in: *Dimensions*, Band 4, Nr. 1, 1988, S. 12.
65. Er zeigte sich insbesondere betrübt angesichts der Entscheidung der Lyoner Universität, Faurisson dort keine Vorlesung halten zu lassen, da die Universität nicht für seine Sicherheit garantieren könnte.
66. Laut einer Äußerung von Präsident H. Keith H. Brodie von der *Duke University* am 6. November 1991.
67. Fish argumentierte dahingehend, seine Aufgabe bestünde nicht im «Ausgraben» von Texten, sondern seine Aufgabe sei «... das Herstellen von Texten sowie anderen beizubringen, wie man Texte herstellte». Er empfand dies als befreienden

Ansatz, da es ihn der «Verpflichtung enthob, recht zu haben ... und nichts weiter voraussetzte, als daß ich interessant bin». in: Peter Novick, *That Noble Dream: The Objectivity Question and the American Historical Profession*, Cambridge 1988, S. 544.

68. Nelson Goodman, *Ways of Worldmaking*, Indianapolis 1978, Referenz bei Novick, That Noble Dream, S. 539.
69. Richard Rorty, *Pragmatism, Relativism and Irrationalism,* in: *Consequeces of Pragmatism*, Minneapolis 1982, S. 166. Siehe auch Novick, *That Noble Dream*, S. 540.
70. Hilary Putnam, *Truth and History*, Cambridge 1981, S. 54.
71. *Time*, 26. August 1991, S. 19.
72. *Newsweek*, 18. September 1991, S. 47.
73. Charles Maier, *The Unmasterable Past: History, Holocaust and German National Identity*, Cambridge 1988, S. 64.
74. Novick, *That Noble Dream*, S. 448ff.
75. Leserbrief Mark Lanes an das *Los Angeles Daily Journal,* 13. November 1991.
76. Laut Gesprächen mit Robert Faurisson in Vichy im Juni 1989.
77. Harry Elmer Barnes, *Revisionism: A Key to Peace*. in: *Rampart Journal*, Frühjahr 1966, S. 3.
78. Austin J. App, *History's Most Terrifying Peace*, S. 106, Referenz bei *Prevent World War III*, o.J., S. 7.
79. Harry Elmer Barnes, *Revisionism and Brainwashing: A Survey of the War-Guilt Question in Germany after Two World Wars*, o.O. 1962, S. 33 (im folgenden Referenz auf *Brainwashing*).
80. Die kanadische Zeitungsberichterstattung über den Prozeß bediente sich in regelmäßigen Abständen Schlagzeilen wie «Nazi Camp had Pool, Ballroom». in: *Toronto Sun*, 13. Februar 1989; *Prisoners at Auschwitz dined, danced to band, Zundel Witness testifies*. in: *Toronto Star*, 13. Februar 1985.
81. Laut Gesprächen mit Robert Faurisson in Vichy im Juni 1989.
82. Maier, *The Unmasterable Past*, S. 64.
83. Colin Holmes, *Historical Revisionism in Britain, The Politics of History*. in: *Trends in Historical Revisionism: History as a Political Device*, London 1985, S. 8.
84. Dumas Malone, *The Sage of Monticello*, S. 417f.
85. Novick, *That Noble Dream*, S. 2.
86. *Newsletter* des *Institute for Historical Review* im April 1987, S. 1.
87. *New York Review of Books*, 22. März 1979, S. 47. Siehe auch Pierre Vidal-Naquet, *Assassins of Memory*, S. 3-7.
88. *Democracy*, Band 1-2, April 1981, S. 73ff.
89. Justus D. Doenecke, *Harry Elmer Barnes: Prophet of a Usable Past*, in: *History Teacher*, Februar 1975, S. 273.
90. Geoffrey Hartman, *Blindness and Insight*. in: *New Republic*, 7. März 1988, S. 26-31.
91. Donald Cameron Watt, *The Political Misuse of History*. in: *Trends in Historical Revisionism: History as a Political Device*, London 1985, S. 11.

2. Die Vorläufer ...

1. Sidney B. Fay, *New Light on the Origins of the World War*, in: *American Historical Review*, Band 25, 1920, S. 616-639; Band 26, 1920, S. 37-53 und Band 26, 1921, S. 225-254.
2. Sidney B. Fay, *The Origins of the World War*, Band 2, New York 1966, S. 552-554.
3. Novick, *That Noble Dream*, S. 210ff.
4. Ebd., S. 212.
5. Charles Beard, *Heroes and Villains of the World War*, in: *Current History*, Band 24, 1926, S. 733.
6. Fay, *Origins of the World War*, Band 1, S. 8.

7. Harry Elmer Barnes, *The Genesis of the World War: An Introduction to the Problem of War Guilt*, New York 1929, S. 641.
8. Zur Analyse der Beweismittel, die der Kriegschuldskommission bei der Pariser Friedenskonferenz vorgelegt wurden, sowie der auf ihnen begründeten Schlußfolgerungen siehe A. von Wegerer, *Die Widerlegung der Versailler Kriegsschuldthese*, in: *Die Kriegsschuldfrage*, Band 6, Januar 1928, S. 1-77; außerdem seinen Artikel und die Reaktionen hierauf in: *Current History*, August 1928, S. 810-828, Hinweis bei Fay, *Origins of the World War*, Band 2, S. 549.
9. Barnes, *Genesis*, S. 641f.
10. Ebd., S. 647.
11. Für eine Untersuchung britischer Propaganda siehe C. Hartley Grattan, *Why We Fought*, 1928, und Walter Millis, *Road to War*, 1935, Referenz bei John E. Wiltz, *From Isolationism to War, 1931-1941*, New York 1968, S. 8.
12. Wiltz, *From Isolationism to War*, S. 7.
13. Charles A. Beard, *President Roosevelt and the Coming of the War*, New Haven 1948, S. 5.
14. Barnes, *Genesis*, S. 648.
15. Fay, *Origins of the World War*, S. 558.
16. Wiltz, *From Isolationism to War*, S. 17.
17. Wayne S. Cole, *Roosevelt and the Isolationists, 1932-1954*, Lincoln, Nebraska 1983, S. 6.
18. Für Hintergrundinformationen über die Isolationisten/Revisionisten und eine wohlwollende Darstellung ihrer Überlegungen siehe Justus D. Doenecke, *Not to the Swift: The Old Isolationists in the Cold War Era*, London 1982; außerdem Wayne S. Cole, *Charles A. Lindbergh and the Battle Against American Intervention in World War II*, New York 1974, S. 379-381.
19. Tom Connally, *My Name Is Tom Connally*, New York 1954, S. 211-214, Referenz bei Cole, *Roosevelt and the Isolationists*, S. 161.
20. Cordell Hull; *Memoirs of Cordell Hull*, Band 1, New York 1948, S. 404.
21. Cole, *Roosevelt and the Isolationists*, S. 161; Dexter Perkins, *The New Age of Franklin Roosevelt*, Referenz bei Wiltz, *From Isolationism to War*, S. 50.
22. Wiltz, *From Isolationism to War*, S. 7.
23. Johnson zu Hiram W. Johnson jr. am 11. und 19. Februar 1939, Johnson zu Frank P. Doherty am 11. Februar 1939; *Johnson Papers*, Referenz bei Cole, *Roosevelt and the Isolationists*, S. 308 und 607.
24. Edward S. Shapiro, «*Antisemitism Mississippi Style*», in: David Gerber (Hrsg.), *Antisemitism in American History*, Urbana, Chicago 1986, S. 129-147. Rankin lehnte auch die Aufhebung des *Chinese Exclusion Act* ab, weil die «Japse» Amerika nach dem Krieg überschwemmen würden (siehe Doenecke, *Not to the Swift*, S. 21).
25. *Congressional Record* der 1. Sitzung des 77. Kongresses, 1941, 87:6565; Cole, *Roosevelt and the Isolationists*, S. 475f.
26. Cole, *Roosevelt and the Isolationists*, S. 465. Zum amerikanischen Antisemitismus bei *America First* siehe James C. Schneider, *Should America Go to War? The Debate over Foreign Policy in Chicago, 1939-1941*, Chapel Hill, North Carolina 1989, S. 210.
27. Charles Beard, *We're Blundering Into War*, in: *American Mercury*, April 1939, S. 388-390.
28. *The International Jew: The World's Foremost Problem*, Hawthorne, Kalifornien o.J. Zur Analyse antisemitischer Verschwörungstheorien in den USA siehe Seymour Martin Lipset und Earl Raab, *The Politics of Unreason: Right-Wing Extremism in America, 1790-1977*, 2. Auflage, Chicago 1978, Kapitel 4-6. Zu den Auswirkungen der positiven Rezeption der «Protokolle...» siehe Norman Cohn, *Warrant for Genocide*, New York 1966, S. 156–164. Für eine verbindliche Über-

sicht zur Rolle von Verschwörungstheorien in Amerika siehe George Johnson, *Architects of Fear: Conspiracy Theories and Paranoia in American Politics*, Boston 1983. Zur Person Henry Fords siehe ebd., S. 111–114. Für Informationen über die zeitgenössische Rezeption der «Protokolle...» siehe *Patterns of Prejudices*, November/Dezember 1977.

29. Lipset und Raab, *Politics of Unreason*, S. 135.
30. Johnson, *Architects of Fear*, S. 78–80.
31. Henri Zukier, *The Conspiratorial Imperative: Medieval Jewry in Western Europe»*, in: Carl F. Graumann und Serge Moscovici (Hrsg.), *Changing Conceptions of Conspiracy*, New York 1987, S. 93–101.
32. Leitartikel der *Chicago Tribune*, 9. November 1945. John T. Flynn, *The Roosevelt Myth*, New York 1948. Ähnliche Argumente finden sich u.a. in den Büchern William Henry Chamberlins, *America's Second Crusade*, Chicago 1950, und Frederic R. Sanborns, *Design for War*, New York 1951.
33. Beard, *President Roosevelt*, S. 577.
34. *Time*, 16. Juni 1947, S. 29, Referenz bei Doenecke, *Not to the Swift*, S. 101.
35. Charles C. Tansill, *Back Door to War: The Roosevelt Foreign Policy, 1933–1941*, Chicago 1952, S. 9.
36. Tansill, *Back Door to War*, S. 510.
37. Zu Tansills Ansichten über Hitler siehe Charles C. Tansill am 10. November 1950 gegenüber Harry Elmer Barnes, *Barnes Papers*, Universität von Wyoming. Für Hintergrundinformationen zu Tansills konservativer, segregationistischer Haltung siehe Doenecke, *Not to the Swift*, S. 101f und 112.
38. Tansill, *Back Door to War*, S. 554f.
39. Austin App, *A Straight Look at the Third Reich: Hitler and National Socialism, How Right? How Wrong?*, Tacoma Park, Maryland 1974, S. 40.
40. William Henry Chamberlin, *Shifting American Alignments*, in: *Human Events*, 22. Mai 1946.
41. Freda Utley, *The High Cost of Vengeance*, Chicago 1949, S. 14.
42. George Morgenstern, *Pearl Harbour: The Story of the Secret War*, New York 1947, S. 4, S. 7, S. 283, Referenz bei Doenecke, *Not to the Swift*, S. 97.
43. William Neumann am 30. Januar 1946 gegenüber H.E. Barnes, *Barnes Papers*, Referenz bei Doenecke, *Not to the Swift*, S. 141.
44. Frederick Libby, *Peace Action*, Band 9, Juli 1945, S. 3f.
45. Leonard Dinnerstein, *America and the Survivors of the Holocaust*, New York 1982, S. 162–183.
46. Doenecke, *Not to the Swift*, S. 133.
47. Ebd., S. 145.
48. In einer abgeschwächteren und wesentlich sachlicheren Verteidigung des deutschen Volkes beschrieb Philip La Follette, ehemaliger Gouverneur von Wisconsin, die Deutschen als die ersten Opfer nazistischer Brutalität.
49. *Congressional Record*, 29. März 1946, S. 2801, und 18. April 1946, S. 3962.
50. Besorgnis wegen der Lebensbedingungen der Deutschen bedeutete nicht immer automatisch mangelnde Betroffenheit gegenüber den Leiden der Juden. Vor dem Senat erwies Langer sich als eifriger Fürsprecher des führenden jüdischen Aktivisten Peter Bergson, der ein umfangreiches amerikanisches Rettungsprogramm für die Juden Europas forderte. 1943 hatte Langer auf einer Senatssitzung die Bermuda-Konferenz öffentlich als Täuschungsmanöver auf Betreiben der Regierungen Großbritanniens und der USA kritisiert, durch welche der falsche Eindruck geschaffen werden sollte, man erwäge ernsthaft Rettungspläne. Er warnte davor, daß «zwei Millionen Juden in Europa bereits umgebracht worden sind und weitere fünf Millionen dasselbe Schicksal erwartet, wenn ihnen nicht auf der Stelle geholfen wird. An jedem Tag, in jeder Stunde, jeder Minute, die vergehen, fallen Tausende der Vernichtung zum Opfer.» Langers Position sowohl im als auch nach

dem Krieg lassen sich in hohem Maß von seiner ablehnenden Haltung der demokratischen Außenpolitik gegenüber herleiten (David Wyman, *The Abandonment of the Jews: America and the Holocaust, 1941–1945*, New York 1984, S. 143.

51. Doenecke, *Not to the Swift*, S. 215.
52. Utley, *High Cost of Vengeance*, S. 14 (Hervorhebungen von der Autorin).
53. Ebd., S. 14f.
54. Zu diesen Verbrechen zählt sie «die Vernichtungsangriffe aus der Luft; die Massenenteignungen und Massenvertreibungen von zwölf Millionen Deutschen ihrer Volkszugehörigkeit wegen; das Aushungern der Deutschen in den ersten Jahren der Besetzung; den Einsatz von Kriegsgefangenen zur Zwangsarbeit; die russischen Konzentrationslager und die Plünderungen seitens der Amerikaner wie auch der Russen» (Utley, *High Cost of Vengeance*, S. 183).
55. *Slaveholders Always Defend Slavery*, in: *Chicago Tribune*, 10. Dezember 1946.
56. Karl Brandt, *Germany Is Our Problem*, Flugblatt, Hinsdale, Illinois 1946.
57. *Chicago Tribune*, 26. Juli 1945; Charles A. Beard am 8. November 1946 gegenüber Oswald Garrison Villard, *Villard Papers*, Referenz bei Doenecke, *Not to the Swift*, S. 140f und S. 149, Anm. 43.
58. *The Nazi Trials*, Leitartikel der *Chicago Tribune*, 24. Juli 1945.
59. *Congressional Record* der 2. Sitzung des 82. Kongresses, 11. März 1952, S. 2106 und S. 2110, Referenz bei Shapiro, *Antisemitism Mississippi Style*, S. 136.
60. Frank C. Waldrop, *McCormick of Chicago*, Englewood, New Jersey 1966, S. 263. Für zusätzliche Informationen über die von der *Chicago Tribune* unterstützte Außenpolitik in der Zeit zwischen den beiden Weltkriegen siehe Jerome Edwards, *The Foreign Policy of Colonel McCormick's Tribune, 1921–1941*, Reno 1971.
61. *New York Daily News*, 6. Oktober 1945.
62. *Nation*, 19. Mai 1945, S. 579.
63. *Progressive*, 14. Mai 1945, Referenz bei Robert Abzug, *Inside the Vicious Heart*, New York 1985, S. 136f.
64. Allgemeine Zweifel an den Nachrichten über Massenmorde und andere Greueltaten der Deutschen hielten sich noch bis zur Befreiung der Lager am Leben. Im April 1945 hatte die BBC sich dazu entschlossen, den Bericht ihres Reporters über die Befreiung Buchenwalds nicht auszustrahlen, da befürchtet wurde, das Publikum würde ihm keinen Glauben schenken. Man wartete einige Tage, bis zum Erhalt von Edward R. Murrows Bericht. Weil Murrow in der britischen Öffentlichkeit ungeheures Ansehen genoß, war man bei der BBC der Überzeugung, daß seine Beschreibung der von den Deutschen verübten Greueltaten mit größerer Wahrscheinlichkeit als zutreffend akzeptiert würden. Sogar Murrow selbst machte sich Sorgen, daß man seine Darstellung als übertrieben zurückweisen könnte; in seiner berühmt gewordenen Sendung bat er seine Hörer: «Ich beschwöre Sie zu glauben, was ich gesagt habe.»
65. William Hesseltine, *Atrocities Then and Now*, in: *Progressive*, 9. Mai 1945, S. 4.
66. App, *A Straight Look*, S. 5.
67. Mark Weber, *Civil War Concentration Camps*, in: *Journal of Historical Review*, Sommer 1981, S. 144 und S. 150–152.
68. C.C. Aronsfeld, *The Text of the Holocaust*, Marblehead, Massachusetts 1985, S. 52.
69. Ebd., S. 55. Grabert verlegte auch David Leslie Hoggans *Der erzwungene Krieg* (Tübingen 1964), ein Werk, von dem viele Impulse für die Entwicklung der Holocaust-Leugnung in den USA und Deutschland ausgingen.
70. Welt der Arbeit, 26. Mai 1961.
71. Deutsche Hochschullehrer-Zeitung, Nr. 4, Tübingen 1963, zitiert nach Aronsfeld, *Text of the Holocaust*, S. 56.
72. Nadine Fresco, *The Denial of the Dead: On the Faurisson Affair*, in: *Dissent*, Herbst 1981, S. 473f.

3. Anfänge der Holocaust-Leugnung

1. Maurice Bardèche, *Nuremberg ou la Terre Promise*, Paris 1948, Referenz bei: Gill Seidel, *The Holocaust Denial: Antisemitism, Racism and the New Right*, Leeds, England 1986, S. 95.
2. Ian Barnes, *Revisionism and the Right – A Contemporary Affairs Briefing of the Centre for Contemporary Studies*, Wiederabdruck in: *Jewish Echo*, Glasgow am 8. Januar 1982, S. 6.
3. Pierre Hofstetter, Einführung zu Paul Rassinier, *Debunking the Genocide Myth: A Study of the Nazi Concentration Camps and the Alleged Extermination of European Jewry*, Torrance, Kalifornien 1978, S. X (im folgenden Referenz auf *Debunking*).
4. Ebd., S. X.
5. Ebd., S. 164.
6. Ebd., S. 35.
7. Ebd.
8. Ebd., S. 37.
9. Ebd., S. 36.
10. Ebd., S. 185.
11. Ebd., S. 53 und S. 55.
12. Ebd., S. 216.
13. Ebd.
14. Ebd., S. 218f.
15. Ebd., S. 219.
16. Ebd., S. 214.
17. Paul Rassinier, *The Real Eichmann Trial, or The Incorrigible Victors*, Silver Spring, Massachusetts o.J., S. 47.
18. *Debunking*, S. 214.
19. Ebd.
20. Israelisches Außenministerium, *Documents Relating to the Agreement Between the Government of Israel and the Government of the Federal Republic of Germany*, Jerusalem 1953, S. 9–91. Am 14. März 1951 erklärte Außenminister Moshe Sharett in einer Rede vor der Knesset, daß «die Reparationsforderungen entsprechend den Kosten kalkuliert wurden, welche die israelische Bevölkerung wie auch jüdische Organisationen weltweit auf sich genommen haben, um die Rehabilitation und Integration einer halben Million Holocaust-Überlebender zu finanzieren, die sich in Israel niedergelassen haben oder niederlassen werden». Nana Sagi, *German Reparations: A History of the Negotiations*, Jerusalem 1980, S. 55.
21. *Debunking*, S. 219.
22. Raul Hilberg, *The Destruction of the European Jews*, New York 1967, S. 311; *Debunking*, S. 219.
23. Hannah Arendt, *Eichmann in Jerusalem*, München 1964/1986, S. 108f.
24. *Debunking*, S. 220.
25. Hilberg, *The Destruction of the European Jews*, S. 670.
26. *Debunking*, S. 219.
27. Archivsammlungen der früheren UdSSR, die Historikern bisher verschlossen waren, sind seit neuestem für Forschungszwecke zugänglich. Es besteht die Wahrscheinlichkeit, daß die dort dokumentierten Informationen Änderungen in der Schätzung der Todesopfer mit sich bringen werden.
28. Hilberg, *Die Vernichtung der europäischen Juden*, S. 411.
29. Ebd., S. 266.
30. *Debunking*, S. 224.
31. Ebd., S. 288.
32. Artikel *Raphael Lemkin* in: *Enzyklopädie des Holocaust*, Berlin 1990, S. 860.

33. *Debunking*, S. 289.
34. Ebd., S. 309.
35. Ebd., S. 306.
36. Der *American Mercury* wurde von seinem langjährigen Herausgeber H.L. Mencken begründet. Unter Mencken galt er als führende amerikanische Literaturzeitschrift; Werke Sinclair Lewis', Eugene O'Neills, Carl Sandburgs und Robert Frosts erschienen darin. 1935 verkaufte Mencken den *Mercury*. In der Folge entwickelte er sich mehr und mehr zu einer extrem konservativen Publikation. 1955 berichtete *Time Magazine*, die meisten wichtigen Redakteure des *American Mercury* hätten mittlerweile aus der Überzeugung heraus gekündigt, daß «man verstärkt versuchte, antisemitisches Schriftgut» in das Magazin aufzunehmen.
37. *Debunking*, S. 309

4: Die ersten Regungen ...

1. Arnold Forster, *The Ultimate Cruelty*, in: *ADL Bulletin*, Juni 1959, S. 1ff.
2. Ebd., S. 2.
3. Ebd.
4. Benjamin H. Freedman, *Six Million Jew Hoax*, in: *Common Sense*, 1. Mai 1959.
5. Forster, *The Ultimate Cruelty*, S. 2.
6. Arthur Butz, *The International 'Holocaust' Controversy*, in: *Journal of Historical Review*, Frühjahr 1980, S. 6.
7. *Our Sunday Visitor*, 14. Juni 1959; Forster, *The Ultimate Cruelty*, S. 7.
8. Forster, *The Ultimate Cruelty*, S. 7.
9. Peter Baldwin, *The 'Historikerstreit' in Context*, in: Peter Baldwin (Hrsg.), *Reworking the Past: Hitler, the Holocaust and the Historians' Debate*, Boston 1990, S. 24.
10. Paul L. Berman, *Gas Chamber Games: Crackpot History and the Right to Lie*, in: *Village Voice*, 10.–16. Juni 1981, S. 40; Harry Elmer Barnes, *The Court Historians Versus Revisionism*, o.O., o.J., S. 3.
11. Novick, *That Noble Dream*, S. 208.
12. Charles A. Beard an Harry Elmer Barnes am 28. Juni 1924, in *Barnes Papers*, Kasten Nr. 79, Referenz bei Novick, *That Noble Dream*, S. 212.
13. Seine Deutschlandreise zur Untersuchung des Versailler Vertrages beeinflußte seine späteren historischen Ansichten erheblich; *Brainwashing*, S. 24.
14. *Brainwashing*, S. 13 und 18.
15. Harry Elmer Barnes, *Revisionism and the Promotion of Peace*, in: *Journal of Historical Review*, Frühjahr 1982, S. 61. Der Artikel erschien ursprünglich im Sommer 1958 in *Liberation* und wurde später als Einzelnachdruck herausgegeben.
16. H.E. Barnes an C.C. Tansill am 7. November 1950, Referenz bei Doenecke, *Not to the Swift*, S. 105.
17. Barnes, *Revisionism and the Promotion of Peace*, S. 65.
18. Ebd., S. 67f.
19. H.E. Barnes an W.L. Neumann am 8. Februar 1952, Referenz bei Doenecke, *Not to the Swift*, S. 104.
20. Barnes, *Revisionism and the Promotion of Peace*, S. 68.
21. Harry Elmer Barnes, *The Struggle Against the Historical Blackout*, o.O. 1952, S. 11.
22. Barnes, *Revisionism and the Promotion of Peace*, S. 72.
23. *Brainwashing*, S. 3.
24. Harry Elmer Barnes an Oswald Garrison Villard am 28. Oktober 1948, *Harvard University*.
25. Harry Elmer Barnes an Oswald Garrison Villard am 5. März 1919, *Harvard University*.

26. *Brainwashing*, S. 5.
27. Ebd.
28. Lucy Dawidowicz, *Lies about the Holocaust*, in: *Commentary*, Dezember 1980, S. 32.
29. David Leslie Hoggan, *Der erzwungene Krieg*, Tübingen 1964.
30. Hoggan, *The Forced War*, S. 156.
31. Hilberg, *Die Vernichtung der europäischen Juden*, S. 143f.
32. Hoggan, *The Forced War*, S. 101.
33. US-Außenministerium, *Foreign Relations of the United States, 1938*, Band 2, Washington D.C. 1938, S.391f.
34. Hoggan, *The Forced War*, S. 101.
35. US-Außenministerium, *Foreign Relations of the United States, 1938*, Band 2, S. 361.
36. Helmut Krausnick, damaliger Direktor des Münchener Instituts für Zeitgeschichte, vermerkte, daß Hoggan sich bei den Vorarbeiten zu seinem Buch tatsächlich auf das Gebiet vorsätzlicher Fälschung begab. Siehe Krausnicks Vorwort zu Hermann Gramls Hoggan-Kritik *David L. Hoggan und die Dokumente*, in: *Geschichte in Wissenschaft und Unterricht*, August 1963.
37. Siehe Gerhard L. Weinbergs Rezension in *American Historical Review*, Band 68, Nr. 1, Oktober 1962, S. 104f.
38. *Brainwashing*, S. 42.
39. Ebd. Barnes übersetzte einige von Rassiniers Arbeiten ins Englische. Siehe Lewis Brandons Einführung zu *The Barnes Trilogy: Three Revisionist Booklets by Harry Elmer Barnes, Historian, Criminologist, Sociologist, Economist*, Torrance, Kalifornien 1979. Brandon war das Synonym David McCaldens, dem ersten Leiter des *Institute for Historical Review*.
40. Harry Elmer Barnes, *Zionist Fraud*, in: *American Mercury*, Herbst 1968, nachgedruckt im Anhang zu *The Myth of the Six Million*, Los Angeles 1969, S. 117.
41. *Brainwashing*, S. 32.
42. Ebd., S. 33.
43. Ebd.
44. Ebd., S. 37 (Hervorhebung von der Autorin).
45. Harry Elmer Barnes, *Revisionism: A Key to Peace*, in: *Rampart Journal*, Frühjahr 1966, Referenz bei Dawidowicz, *Lies About the Holocaust*, S. 33 (Hervorhebung von der Autorin).
46. Harry Elmer Barnes, *The Public Stake in Revisionism*, in: *Rampart Journal*, Sommer 1967, S. 19–41; Wiederveröffentlichung im *Journal of Historical Review*, Herbst 1980, S. 217 (Hervorhebung von der Autorin). Im folgenden Referenz auf *The Public Stake*.
47. *The Public Stake*, S. 218 (Hervorhebung von der Autorin).
48. Im besonderen bezog er sich auf *Look*, 21. März 1967; *Saturday Evening Post*, 22. Oktober 1965 und 25. Februar 1967. *The Public Stake*, S. 205–230.
49. *The Public Stake*, S. 219 (Hervorhebung von der Autorin).
50. Ebd., S. 225 (Hervorhebung von der Autorin).
51. Ebd., S. 223 (Hervorhebung von der Autorin). Offenbar hielt Barnes Brzezinka und Birkenau für zwei unterschiedliche Lager. Birkenau ist die deutsche Übersetzung von Brzezinka und Jonowska gleichbedeutend mit Janówska.
52. Ebd., S. 222.
53. Gitta Sereny, *The Men Who Whitewash Hitler*, in: *New Statesman*, November 1979, S. 670.
54. Selbst die ehemalige DDR erkannte die Realität des Holocaust an, obwohl sie bis 1990 jegliche Verantwortung dafür von sich wies. Dort gab man den Faschisten die Schuld, welche die Kommunisten verfolgt hatten.
55. *The Public Stake*, S. 228; *Brainwashing*, S. 2.
56. *Brainwashing*, S. 34.
57. Ebd., S. 2 und 25.

58. Ebd., S. 39.
59. Ebd., S. 42.
60. Ebd., S. 43.
61. Harry Elmer Barnes an Oswald Garrison Villard am 11. November 1945; Oswald Garrison Villard an Harry Elmer Barnes am 14. November 1945, beides im Archiv der *Harvard University*. Barnes und Villard lernten sich 1926 kennen, als Villard als Gastdozent bei Barnes' Seminaren am *Smith College* auftrat. Sie waren in bezug auf beide Weltkriege gleichermaßen revisionistischer Ansicht, wobei Barnes über den Zweiten Weltkrieg eine wesentlich radikalere Meinung vertrat.
62. Novick, *That Noble Dream*, S. 218.
63. *The Public Stake*, S. 219.
64. Ebd.
65. Aus einer Notiz Barry Youngermans an Jerry Bakst am 27. Juni 1967, Archiv der *Anti-Defamation League*, New York.
66. Berman, S. 38–40.
67. Justus Doenecke, *Harry Elmer Barnes: Prophet of a 'Usable' Past*, in: *History Teacher*, Band 8, Februar 1975.

5. Austin J. App ...

1. Arnold Forster, *The Ultimate Cruelty*, in: *ADL Bulletin*, Juni 1959, S. 7f.
2. *New Yorker Staats-Zeitung und Herold*, 7. September 1948; Leonard Dinnerstein, *America and the Survivors of the Holocaust*, New York 1982, S. 222.
3. Thomas R. O'Donnell an Deborah E. Lipstadt am 18. April 1991; ders. bei einem Telephongespräch mit der Autorin im Oktober 1992.
4. Austin J. App, Vorwort der *Morgenthau Era Letters* (Wiederabdruck), Tacoma Park, Maryland 1975.
5. App, *A Straight Look*, S. 40.
6. App, *Morgenthau Era Letters*, S. 13f.
7. Ebd., S. 21.
8. Ebd., S. 33.
9. S.F. Berton, *Das Attentat auf Reinhard Heydrich vom 27. Mai 1942: Ein Bericht des Kriminalrats Heinz Pannwitz*, in: *Vierteljahreshefte für Zeitgeschichte*, Juli 1985, S. 668–706. Siehe auch J. Bradley, *Lidice: Sacrificial Village*, New York 1972; T. Wittlin, *Time Stopped at 6:30*, Indianapolis, 1965, und *Lidice*, in: *Enzyklopädie des Holocaust*, Berlin 1990.
10. App, *Morgenthau Era Letters*, S. 49.
11. Ebd., S. 51.
12. Ebd., S. 59.
13. Ebd., S. 66.
14. Ende 1946 hielten sich nach offiziellen amerikanischen Berechnungen insgesamt 207 788 überlebende Juden in den westlichen Besatzungszonen Deutschlands, Österreichs und Italiens auf. Das *Joint Distribution Commitee*, welches den Überlebenden Hilfe gewährte, schätzte die Gesamtzahl auf etwa 231 500. Bei vielen unter ihnen handelte es sich um Flüchtlinge, welche die Kriegsjahre in Zentralasien zugebracht hatten. Dinnerstein, *America and the Survivors*, S. 278. Siehe auch Malcolm Proudfoot, *European Refugees: 1939–1952*, Evanston, Illinois 1956, S. 339 und S. 341.
15. App, *Morgenthau Era Letters*, S. 66f. Richter Simon H. Rifkind war von 1945–1946 in Deutschland amerikanischer Militärberater in jüdischen Angelegenheiten.
16. *Repatriation of Displaced Persons, March 1946 (U.S. Zone)*, in: *Monthly Report of Military Governor, U.S. Zone, April 20, 1946*, Referenz bei Dinnerstein, *America and the Survivors*, S. 275.
17. Austin App, *The Six Million Swindle: Blackmailing the German People for Hard Marks with Fabricated Corpses*, Tacoma Park, Maryland 1973, S. 8.

18. App, *Morgenthau Era Letters*, S. 79.
19. Peter Kleist, Auch Du warst dabei!, Heidelberg 1952, Referenz bei Aronsfeld, *The Text of the Holocaust*, S. 53.
20. App, *The Six Million Dollar Swindle*, S. 7f.
21. App, *Morgenthau Era Letters*, S. 101 (Hervorhebung von der Autorin). Er wiederholte dieses Argument in *The Six Million Dollar Swindle*, S. 7f.
22. App, *The Six Million Dollar Swindle*, S. 8.
23. Richard L. Rubenstein, *The Cunning of History: The Holocaust and the American Future*, New York 1975, S. 22.
24. Max Weber, *Wirtschaft und Gesellschaft*, Tübingen 1956, (Zit. nach der Studienausgabe, Köln, Berlin 1964, S.160–166).
25. App, *Morgenthau Era Letters*, S. 95.
26. App, *The Six Million Swindle*, S. 4.
27. App, *The Elusive 'Six Million'*, in: *American Mercury*, Sommer 1966, Nachdruck in: *The Myth of the Six Million*, Torrance, Kalifornien, S. 112.
28. App, *The Six Million Swindle*, S. 2.
29. *Reparations and Restitution*, in: *Encyclopedia of the Holocaust*, S. 1255–1259.
30. App, *The Six Million Swindle*, S. 29.
31. App, *A Straight Look*, S. 18 (Hervorhebung von der Autorin).
32. Ebd., S. 5, S. 19 und S. 39.
33. Robert Wistrich, *Antisemitism: The Longest Hatred*, New York 1991, S. 53.
34. App, *A Straight Look*, S. 19f.
35. Henry Morgenthau, *Germany Is Our Problem*, New York 1945.
36. App, *A Straight Look*, S. 28f.
37. Ebd., S. 30.
38. Ebd., S. 48.
39. Ebd.
40. App, *The Six Million Swindle*, S. 18f.
41. Ebd., S. 23f.
42. Yisrael Gutman formulierte eine ähnliche Erwiderung auf Arthur Butz' Behauptung, Yad Vashems Unfähigkeit zur Beschaffung von sechs Millionen Namen beweise, daß es sich um eine erfundene Zahl handele. Yisrael Gutman, *Denying the Holocaust*, Jerusalem 1985, S. 20.
43. *Jerusalem Post*, 17. August 1986; *IHR Newsletter*, Oktober/November 1987, S. 4.
44. Hilberg, *The Destruction of the European Jews*, S. 631.
45. App, *The Six Million Swindle*, S. 9
46. Ebd., S. 16.

6. Holocaust-Leugnung – Rechtsextremismus ...

1. *Sunday Times*, 23. Februar 1975; wurde auch unter der Überschrift *Six Million Lost and Found* veröffentlicht.
2. *New Statesman*, 2. November 1979, S. 670.
3. *Sunday Times*, 23. Februar 1975.
4. *Books and bookmen*, Mai 1975, S. 5. Für Hintergründe zu Ideologie und Programm der *National Front* siehe Richard C. Thurlow, *The Witches' Brew*, in: *Pattern of Prejudice*, Band 5–6, 1978, S. 1–9.
5. Seidel, *The Holocaust Denial*, S. 113.
6. *New Statesman*, 2. November 1979, S. 670.
7. Holmes, *Historical Revisionism in Britain*, S. 6.
8. *Daily Express*, 17. Juni 1974.
9. C.H. Simonds, *The Strange Story of Willis Carto*, in: *National Review*, 10. September 1971, S. 981.

10. Nach mehrjähriger Prozeßdauer zog er seine Klage zurück; Dawidowicz, *Lies About the Holocaust*, S. 33.
11. *The Myth of the Six Million*, S. 1–3.
12. Holmes, *Historical Revisionism in Britain*, S. 6.
13. Richard Harwood, *Did Six Million Really Die? The Truth at Last*, London o.J., S. 28.
14. Ebd., S. 2.
15. Ebd., S. 2f.
16. Martin Webster, *Why Zionism Opposes British Nationalism*, in: *Spearhead*, Februar 1977, S. 12.
17. Ebd., S. 3.
18. Ebd.
19. *The Myth of the Six Million*, S. 2f (Hervorhebung von der Autorin).
20. Zu den Hintergründen des Madagaskar-Plans siehe Leni Yahil, *The Holocaust: The Fate of European Jewry*, New York 1990, S. 253–255; Philip Friedman, *The Lublin Reservation and the Madagascar Plan: Two Aspects of Nazi Jewish Policy during the Second World War*, in: *IVO Annual of Jewish Social Studies*, 1953, S. 151–177; Christopher R. Browning, *The Final Solution and the German Foreign Office: A Study of Referat D3 of Abteilung Deutschland, 1940–1943*, New York 1978.
21. Aronsfeld, *The Text of the Holocaust*, S. 1.
22. Joseph Goebbels, Der Nazi-Sozi, München 1929, S. 8, Referenz bei Aronsfeld, *The Text of the Holocaust*, S. 12.
23. Eberhard Jäckel und Axel Kuhn (Hrsg.), *Hitler. Sämtliche Aufzeichnungen 1905–1924*, Stuttgart 1980, S. 368.
24. Nürnberger Dokument PS 3358, in: *Der Prozeß gegen die Hauptkriegsverbrecher vor dem Internationalen Militärgerichtshof*, Nürnberg 1947 (fotomechanischer Nachdruck München, Zürich 1984) Band 5, S. 26. (Im folgenden Referenz auf *Int. Militärgerichtshof*).
25. In einer Rede in Karlsruhe, laut Bericht der Straßburger Neuesten Nachrichten am 2. Mai 1942; zit. nach *Int. Militärgerichtshof*, Bd. 1, S. 36.
26. Robert Wistrich, *Letters*, in: *Books and bookmen*, April 1975, S. 7.
27. *Das Reich*, 9. Mai 1943.
28. Hilberg, *Die Vernichtung der europäischen Juden*, S. 1077.
29. Harwood, *Did Six Million Really Die?*, S. 4.
30. Maier, *The Unmasterable Past*, S. 67f.
31. Ilya Levkov, Einführung zu *Bitburg and Beyond: Encounters in American, German and Jewish History*, New York 1987, S. 27.
32. Ernst Nolte, *Zwischen Geschichtslegende und Revisionismus?* in: *Historikerstreit*, München, Zürich 1987, S. 24.
33. Maier, *The Unmasterable Past*, S. 179, Anm. 34.
34. Harwood, *Did Six Million Really Die?*, S. 5.
35. Artikel *Jewish History*, in: *Chambers Encyclopedia*, S. 99 (Hervorhebung von der Autorin).
36. Harwood, *Did Six Million Really Die?*, S. 5.
37. Artikel *Jewish History*, in: *Chambers Encyclopedia*, S. 99.
38. Harwood, *Did Six Million Really Die?*, S. 14.
39. Basler Nachrichten, 7. Oktober 1952; Aronsfeld, *The Text of the Holocaust*, S. 14.
40. Harwood, *Did Six Million Really Die?*, S. 20.
41. Ebd.
42. Margarete Buber-Neumann, *Als Gefangene bei Stalin und Hitler*, Zürich 1949, S. 193f., 215f., 269.
43. Colin Cross, *Adolf Hitler*, London 1973, S. 307, Referenz bei Harwood, *Did Six Million Really Die?*, S. 20.

44. Ebd., S. 365.
45. Ebd., S. 366.
46. Ebd., S. 369.
47. Harwood, *Did Six Million Really Die?*, S. 24. Eine Analyse seiner Anwendung des IKRK-Berichtes findet sich bei Arthur Suzman und Denis Diamond, *Six Million Did Die: The Truth Shall Prevail*, Johannesburg 1977, S. 10–13.
48. Harwood, *Did Six Million Really Die?*, S. 25.
49. *The Report of the International Committee of the Red Cross (ICRC) on its Activities during the Second World War*, Genf 1948, Band 1, S. 641 (Hervorhebung von der Autorin). Der Bericht strotzt vor Zitaten, die verdeutlichen, daß Harwood seine Ergebnisse vollkommen falsch ausgelegt hat. Zusätzliche Beispiele finden sich bei Suzman und Diamond, *Six Million Did Die*, S. 12.
50. *Report of the ICRC*, Band 1, S. 641 (Hervorhebung von der Autorin).
51. Ebd. (Hervorhebung von der Autorin).
52. Ebd., Band 2, S. 514 (Hervorhebung von der Autorin).
53. Harwood, *Did Six Million Really Die?*, S. 25.
54. *Report of the ICRC*, Band 1, S. 594. Bei seinem Hinweis auf die Passage gibt Harwood die Zitatstelle irrtümlich in Band 3 an.
55. Harwood, *Did Six Million Really Die?*, S. 25.
56. *Report of the ICRC*, Band 3, S. 77.
57. *Report of the ICRC*, Band 3, Kapitel 3, Referenz bei *Harwood's Distortion of Holocaust Facts*, in: *Patterns of Prejudice*, Mai/Juni 1975, S. 26 (Hervorhebung von der Autorin).
58. Harwood, *Did Six Million Really Die?*, S. 28.
59. Die Tat, 19. Januar 1955.
60. *ICRC Bulletin*, Nr. 25, 1. Februar 1978, Referenz bei *Patterns of Prejudice*, März/April 1978, S. 11.
61. Françoise Perret vom Internationalen Komitee des IKRK, Frankreich, an Jacob Gewirtz, *Board of Deputies of British Jews*, am 22. August 1975.
62. *Her Majesty the Queen vs. Ernst Zundel, District Court of Ontario*, 1988 (im folgenden Referenz auf Zündel), Band 9, S. 1970ff.
63. Harwood, *Did Six Million Really Die?*, S. 12.
64. Ebd., S. 10.
65. Ebd., S. 9.
66. *Die Tagebücher der Anne Frank.* Historisch-kritische Ausgabe, Frankfurt/Main 1988.
67. Fest, *Hitler,* Frankfurt–Berlin–Wien, 1973
68. Colin Wilson, *The Führer in Perspective: 2*, in: *Books and bookmen*, November 1974, S. 31.
69. Ebd.
70. Ebd.
71. Ebd., Januar 1975, S. 5.
72. Ebd., S. 6.
73. Ebd., Februar 1975, S. 6.
74. Ebd.
75. Ebd., April 1975, S. 10.
76. Ebd., Juni 1975, S. 6.

7. Vorstoß in die Normalität ...

1. Im Oktober 1992 lehnte Butz ein Gespräch mit mir kategorisch ab.
2. Mehr Informationen über die *Liberty Lobby* in Kapitel 8.
3. Arthur R. Butz, *The Hoax of the Twentieth Century*, Torrance, Kalifornien 1976 (im folgenden Referenz auf *Hoax*), S. 12.

4. Arthur Butz, *The International Holocaust Controversy*, in: *Journal of Historical Review*, Band 1:1, Frühjahr 1980, S. 5–22; *Holocaust 'Revisionism': A Denial of History*, in: *ADL Facts*, Band 26:2, Juni 1980; *Revisionism and the Right*, Wiederabdruck in: *Jewish Echo of Glasgow*, 8. Januar 1982, S. 6; Aronsfeld, *Hoax of the Century*, in: *Patterns of Prejudice*, November/Dezember 1976, S. 13ff.
5. *Hoax*, S. 68 und S. 239.
6. Ebd., S. 107, S. 131, S. 171, S. 195, S. 223.
7. Ebd., S. 249.
8. Ebd., S. 240, S. 287.
9. Ebd., S. 240.
10. Ebd., S. 33, S. 89.
11. Ebd., S. 87.
12. Ebd., S. 247f.
13. Während derselben Konferenz sprach Libyens Präsident Muhammar al Gaddafi via Satellitenverbindung zu den Versammelten. Er kündete nicht nur eine Fünf-Millionen-Dollar-Spende an, sondern drängte auf eine «Vernichtung des weißen Amerika» und die Bildung einer schwarzen Armee auf amerikanischem Boden, welche die Gründung eines eigenständigen schwarzen Staates herbeiführen würde. David Moberg, *The Naysayer*, in: *North Shore*, September 1985, S. 38ff. *Youngstown Jewish Times*, 29. März 1985.
14. *Hoax*, S. 239 und S. 287.
15. Ebd., S. 93f und S. 100.
16. Ebd., S. 29f, S. 45, S. 199, S. 287.
17. Ebd., S. 87.
18. Ebd.
19. Die Juden wurden nach Fort Ontario, Oswego (Staat New York) gebracht.
20. Ebd., S. 173.
21. Ebd., S. 215.
22. Ebd., S. 128, S. 150, S. 158, S. 195 und S. 200.
23. Ebd., S. 73.
24. Ebd., S. 195.
25. Der Abschnitt unmittelbar vor diesem Teil der Rede lautet: «Ich will hier vor Ihnen, in aller Offenheit, auch ein ganz schweres Kapitel erwähnen. Unter uns soll es einmal ganz offen ausgesprochen sein, und trotzdem werden wir in der Öffentlichkeit nie darüber reden. Genau so wenig, wie wir am 30. Juni 1934 gezögert haben, die befohlene Pflicht zu tun und Kameraden, die sich verfehlt hatten, an die Wand zu stellen und zu erschießen, genau so wenig haben wir darüber jemals gesprochen und werden je darüber sprechen. Es war eine, Gottseidank in uns wohnende Selbstverständlichkeit des Taktes, daß wir uns untereinander nie darüber unterhalten haben, nie darüber sprachen. Es hat jeden geschaudert und doch war sich jeder klar darüber, daß er es das nächste Mal wieder tun würde, wenn es befohlen wird und wenn es notwendig ist.» Hilberg, *Die Vernichtung der europäischen Juden*, S. 1085.
26. *Hoax*, S. 193.
27. Ebd.
28. Ebd., S. 19.
29. Ebd., S. 179.
30. Ebd., S. 181.
31. Ebd., S. 195.
32. Ebd.
33. Ebd., S. 177.
34. Ebd., S. 158.
35. Ebd., S. 249.
36. Ebd., S. 87.

37. Siehe Deborah Lipstadt, *Beyond Belief: The American Press and the Coming of the Holocaust, 1933–1945*, New York 1986.
38. *Hoax*, S. 89.
39. Ebd., S. 145.
40. Ebd., S. 142.
41. Ebd.
42. Ebd., S. 145.
43. Hannah Arendt, *Eichmann in Jerusalem*, München 1964/1986, S. 169.
44. *Hoax*, S. 217.
45. Ebd., S. 237.
46. Ebd., S. 242.
47. Ebd.
48. Ebd.
49. Ebd., S. 242f.
50. Ebd., S. 243.
51. Ebd.
52. Moberg, *The Naysayer*, S. 43.

8. Geschichtsumwandlungen

1. Lewis Brandon, Brief an die Abonnenten als Beilage zum *Journal of Historical Review*, 16. April 1981.
2. *Deposition of William David McCalden, aka Lewis Brandon, Mel Mermelstein v. Institute for Historical Review, et al.*, Oberstes Landgericht des Staates Kalifornien, Fall Nr. C 356542 (im folgenden Referenz auf *McCalden Deposition*), Band 1, 16. Januar 1984, S. 8 und S. 37.
3. *Los Angeles Times*, 3. Mai 1981, Teil I, S. 3.
4. David McCalden, *A Few Facts About the Institute for Historical Review [which they'd rather you didn't know].* (Manhattan Beach, Kalifornien, o.J.)
5. *McCalden Deposition*, Band II, 8. Februar 1984, S. 272ff.
6. Mitteilung des IHR an alle Interessenten, die sich um einen mit 50 000 Dollar dotierten Preis bewerben möchten: *Institute for Historical Review*, Torrance, Kalifornien, o.J.
7. Fragebogen und Anmeldeformular in dem Wettbewerb, bei dem es um 50 000 Dollar geht: *Institute for Historical Review*, Torrance, Kalifornien, o.J.
8. Lewis Brandon an Mel Mermelstein am 20. November 1981, zitiert nach: *Declaration of William Cox regarding the Urgency of Proceedings in Mel Mermelstein v. Institute for Historical Review, et al.*, Oberstes Landgericht des Staates Kalifornien, Fall Nr. C 356542 (im folgenden Referenz auf *Declaration of William Cox*), 10. August 1981, S. 16.
9. *Declaration of William Cox*, S. 18.
10. Brandon, Brief an die Abonnenten: *Los Angeles Times*, 3. Mai 1981.
11. Persönlich unterzeichnete Erklärung Simon Wiesenthals, 4. Mai 1981.
12. *Jewish Telegraphic Agency Weekly News Digest*, 13. Mai 1983.
13. *Statement of Record and Letter of Apology to Mel Mermelstein*, unterzeichnet von G.G. Baumen, Anwalt der *Legion for Survival of Freedom*, des *Institute for Historical Review*, *Noontide Press* sowie Elisabeth Cartos, und von Mark F. von Esch, Anwalt der *Liberty Lobby* sowie Willis Cartos, 24. Juli 1985.
14. *Appellant's Opening Brief, Mel Mermelstein v. Legion for the Survival of Freedom, etc. et al.*, 4. Mai 1992 (im folgenden Referenz auf *Appellant's Opening Brief, Mel Mermelstein v. Legion*), S. 6ff.
15. *Declaration of William Cox*, S. 20.
16. Paul L. Berman, *Gas Chamber Games: Crackpot History and the Right to Lie*, in: *Village Voice*, 10.–16. Juni 1981, S. 1 und S. 37–43.

17. *IHR Newsletter*, Oktober 1988, S. 7.
18. *IHR Newsletter*, April 1989, Seite 1 (Hervorhebung von der Autorin).
19. Offener Studentenbrief von Lewis Brandon auf IHR-Briefpapier, keine Datumsangabe.
20. IHR-Direktor Lewis Brandon an «Freunde des IHR», keine Datumsangabe (vermutlich Winter 1980). Die Macht der «Zionisten» war Brandons fixe Idee. Er behauptete gar folgendes: Wenn eine Lebensmittelpackung mit dem Wort *kosher* gekennzeichnet war, hatte der Hersteller die Zionisten dafür bezahlt, seine Produkte zu «segnen». *IHR Newsletter*, 15. Februar 1981, S. 3.
21. *Declaration of William Cox*, S. 3; *IHR Newsletter*, Februar 1989, S. 7.
22. *IHR Newsletter*, Februar 1989, S. 7.
23. IHR-Direktor Tom Marcellus an Freunde des Revisionismus, Juli 1982, o.O. (Hervorhebung von der Autorin).
24. *Holocaust 'Revisionism': A Denial of History*, in: *ADL Facts*, Band 26:2, Juni 1980, S. 4.
25. Weitere Informationen über den *Spotlight* und die Kooperation einiger Kongreßmitglieder mit dem Blatt finden sich bei Mark Hosenball, *Spotlight on the Hill*, in: *New Republic*, 9. September 1981, S. 13f.
26. Joseph Trento und Joseph Spear, *How Nazi Nut Power Has Invaded Capitol Hill*, in: *True*, November 1969, S. 39.
27. Hosenball, *Spotlight on the Hill*, S. 13.
28. Jason Berry, *Carto's Day in Court*, in: *Cleveland Plain Dealer*, 14. September 1991, S. 1-D und S. 4-D.
29. *Liberty Lobby and the Carto Network of Hate*, in: *ADL Facts*, Band 27:2, Winter 1982, S. 7.
30. *Liberty Lobby, Inc., v. Dow Jones & Co., Inc., F. Supp. 1149, 1152 n. 5* (D.D.C. 1986), *aff'd., 838 F.2d 1287* (D.C.Cir 1988) *cert. denied, 488 U.S. 825* (1988), zitiert nach *Appellant's Opening Brief, Mel Mermelstein v. Legion*, S. 5.
31. William F. Buckley am 30. April 1981, zitiert nach *Liberty Lobby and the Carto Network of Hate*, S. 18.
32. C.H. Simonds, *The Strange Story of Willis Carto*, in: *National Review*, 10. September 1971, S. 984f.
33. *Liberty Lobby and the Carto Network of Hate*, S. 19.
34. Trento und Spear, *How Nazi Nut Power*, S. 36.
35. Simonds, *The Strange Story*, S. 979.
36. *The Monitor*, November 1986, S. 6.
37. Simonds, *The Strange Story*, S. 979.
38. Ebd.
39. Drew Pearson am 17. April 1969, zitiert nach Charles Bermant, *The Private World of Willis Carto*, in: *The Investigator*, Oktober 1981, S. 25. Diese Notiz Cartos wurde von einem Angestellten der *Liberty Lobby* gefunden, der sie an den Reporter Drew Pearson übergab. Cartos Mitarbeiter sagen aus, daß es sich bei diesem Erinnerungsbericht um eine Fälschung handelte und daß ein von Pearson gedungener Einbrecher an den Kästen, in denen jenes Schriftstück sowie weiteres Material gefunden wurde, herumhantiert hatte. Die Frage allerdings, warum Carto eine Fälschung – falls es eine Fälschung war — bei seinen persönlichen Akten aufbewahrte, beantworteten sie nicht.
40. Simonds, *The Strange Story*, S. 979.
41. John C. Obert, *Yockey: Profile of an American Hitler*, in: *The Investigator*, Oktober 1981, S. 24.
42. Ebd.
43. Ebd., S. 26.
44. Ebd., S. 22.
45. Ebd., S. 20.

46. Ebd., S. 20 und S. 22; Simonds, *The Strange Story*, S. 980.
47. *Liberty Lobby and the Carto Network of Hate*, S. 8.
48. Obert, *Yockey: Profile*, S. 22.
49. Simonds, *The Strange Story*, S. 981.
50. Obert, *Yockey: Profile*, S. 73.
51. Berry, *Carto's Day in Court*, S. 4-D.
52. Simonds, *The Strange Story*, S. 986; Berry, *Carto's Day in Court*, S. 4-D.
53. *Holocaust 'Revisionism'*, S. 4.
54. *American Mercury*, Sommer 1979.
55. *Liberty Letter*, Mai 1969, Juli 1970, September 1970; Simonds, *The Strange Story*, S. 988.
56. *Spotlight*, 6. September 1976.
57. Ebd., 21. Mai 1979; Bermant, *The Private World*, S. 41.
58. Ebd., 19. Januar, 26. Januar und 9. August 1976.
59. Ebd., 28. Mai 1979.
60. Ebd., 5. Februar 1979; Hosenball, *Spotlight on the Hill*, S. 13.
61. Ebd., 24. September 1979, zitiert nach *ADL Facts*, Band 26:2, Juni 1980. Siehe auch *The Spotlight: Liberty Lobby's Voice of Hate*, in: *ADL Facts*, Band 26:1, Juni 1980, sowie *Liberty Lobby and the Carto Network of Hate*.
62. Ebd., 11. März 1985; Hosenball, *Spotligt on the Hill*, S. 13.
63. Ebd., 24. Dezember 1979.
64. Ebd., 23. März 1981.
65. Kevin Flynn und Gary Gerhardt, *The Silent Brotherhood*, New York 1989, S. 85.
66. *Noontide Press 1992 Catalog of Books, Audiotapes, Videotapes*, Costa Mesa, Kalifornien 1992.
67. *Plaintiff's Exhibit 22 (A-B), Mel Mermelstein vs. Institute for Historical Review, et al., Defendants*, 8. Februar 1984, Oberstes Landgericht des Staates Kalifornien, Fall Nr. C. 356542.
68. Kürzlich erbte die *Liberty Lobby* von Thomas Alva Edisons Enkelin 75 Millionen Dollar.
69. *IHR Newsletter*, Januar 1989, S. 6.
70. *McCalden Deposition*, Band 2, 8. Februar 1984, S. 210.
71. *Liberty Lobby, Inc. vs. Dow Jones & Co., Inc., 838 F 2d 1287, 1296* (D.C. Cir 1988), zitiert nach *Appellant's Opening Brief, Mel Mermelstein vs. Legion*, S. 5.
72. Ebd.
73. Offener Brief Lewis Brandons an Studenten amerikanischer Universitäten.
74. Barnes, *Revisionism and the Promotion of Peace*, S. 52.
75. Ebd., S. 53–56.
76. Mark Weber, *Civil War Concentration Camps*, in: *Journal of Historical Review*, Band 2, Nr. 2, Sommer 1981, S. 152.
77. Ebd., S. 144 und S. 152.
78. *Journal of Historical Review*, Band 4, Nr. 4, Winter 1983/1984.
79. Einer der unausgesprochenen Hintergedanken beim deutschen Historikerstreit. Ernst Nolte schrieb, alle großen Mächte hätten ihre eigene Hitlerepoche gehabt. Josef Joffe, *The Battle of the Historians*, in: *Encounter*, Juni 1987, S. 73. Zum Relativismus Noltes und anderer deutscher Historiker sowie dem Bezug zur Holocaust-Leugnung siehe Kapitel 11.

9. Die Gaskammer-Kontroverse

1. Christof Friedrich und Eric Thomson, *The Hitler We Loved and Why*, Reedy, West Virginia 1977, S. 72, S. 78 und S. 116.
2. Manuel Prutschi, *The Zundel Affair*, in: Alan Davies, *Antisemitism in Canada*, Ontario 1992, S. 264.

3. Flugblatt Zündels an Kameraden, Referenz bei Prutschi, *The Zundel Affair*, S. 258.
4. Alan Davies, *A Tale of Two Trials: Antisemitism in Canada*, in: *Holocaust and Genocide Studies*, Band 4, 1989, S. 77; *Toronto Globe*, 26. März 1985; Prutschi, *The Zundel Affair*, S. 267.
5. Mark Bonokoski, *Neo Nazi Leads Protest*, in: *Toronto Sun*, 19. April 1987, Referenz bei Prutschi, *The Zundel Affair*, S. 273.
6. Leonidas E. Hill, *The Trial of Ernst Zundel: Revisionism and the Law in Canada*, in: *Simon Wiesenthal Annual, 1989*, S. 179, S. 192 und S. 200.
7. *Calgary Herald*, 10. April 1985, S. 1; *Toronto Globe and Mail*, 12. April 1985, S. 3.
8. Alan T. Davies, *The Queen Versus James Keegstra: Reflections on Christian Antisemitism in Canada*, in: *American Journal of Theology and Philosophy*, Band 9, Nr. 1 und 2, Januar bis Mai 1988, S. 112.
9. *Red Deer Advocate*, 4. Juni 1984; *Toronto Globe and Mail*, 8. April, 11. und 12. April 1985.
10. Claude Adams, *Through the Fingers*, in: *Canadian Lawyer*, April 1985, S. 18.
11. Kirk Makin, *Douglas Christie, Counsel for the Defense*, in: *Ontario Lawyers Weekly*, 29. März 1985, S. 12f.
12. Stanley R. Barrett, *Is God a Racist? The Right Wing in Canada*, Toronto 1988, S. 161. Gabriel Weimann und Conrad Winn haben die Presseberichterstattung zu dem Prozeß untersucht: *Hate on Trial: The Zundel Affair, the Media, and Public Opinion in Canada*, New York 1986.
13. *Calgary Herald*, 24. März 1985, S. E8.
14. Robert Faurisson, *The Problem of the Gas Chambers*, in: *Journal of Historical Review*, Sommer 1980, vom *Institute for Historical Review* in Broschürenform nachgedruckt.
15. Adams, *Through the Fingers*, S. 18.
16. Martin Broszat, Schriftenreihe der *Vierteljahrshefte für Zeitgeschichte*, Oktober 1977, Referenz in *Patterns of Prejudice*, Nr. 3–4, 1978, S. 8.
17. *Sunday Times*, 10. Juli 1977.
18. Ebd., 12. Juni und 10. Juli 1977.
19. Robert Harris, *Selling Hitler*, New York 1986, S. 189.
20. *Canadian Jewish News*, 16. März 1968.
21. Ebd.; *London Jewish Chronicle*, 27. Mai 1983.
22. *Spotlight*, Juni 1989.
23. *Daily Telegraph*, 10. Juli 1992.
24. Ausschnittsdienst der *Calgary Jewish Community* zu David Irving, Alberta, Kanada.
25. *Toronto Star*, 20. April 1988; Stephen Trombley, *The Execution Protocol: Inside America's Capital Punishment Industry*, New York 1992, S. 85.
26. Robert Faurisson, Vorwort zu *The Leuchter Report: The End of a Myth: An Engineering Report on the Alleged Execution Gas Chambers at Auschwitz, Birkenau, and Majdanek, Polad*, USA 1988, S. 1 (im folgenden Referenz auf *Leuchter-Report*).
27. Robert Faurisson, *The Zundel Trials [1985 and 1988]*, in: *Journal of Historical Review*, Winter 1988/89, S. 429.
28. *Her Majesty the Queen vs. Ernst Zündel, District Court of Ontario 1988* (im folgenden Referenz auf *Zündel*), S. 9037.
29. Fred Leuchter, *Inside the Auschwitz 'Gas Chambers'*, ein vom *Institute for Historical Review* publizierter Aufsatz (Nachdruck aus dem *Journal of Historical Review*, Sommer 1989), S. 3.
30. *Zündel*, S. 8984 und S. 9223. Shelly Z. Shapiro, Gesprächsnotizen einer Unterredung zwischen Fred Leuchter und Shelly Z. Shapiro, 2. Februar 1990.
31. *Leuchter Report*, S. 4.
32. Fred Leuchter, *Inside the Auschwitz 'Gas Chambers'*, S. 6.
33. *Leuchter-Report*, S. 1.

34. Faurisson, *The Zundel Trials*, S. 429.
35. *Zündel*, S. 9075.
36. Ebd., S. 8962, S. 8969, S. 8972 und S. 8978.
37. Ebd., S. 8973.
38. Vergleiche die Aussage von Raul Hilberg im ersten Zündel-Prozeß, *Her Majesty the Queen vs. Ernst Zundel, District Court of Ontario, 1985*, S. 1112; *Zündel*, 1988, S. 9010f und S. 9013.
39. *Zündel*, S. 9048 (Hervorhebung von der Autorin).
40. Shelly Z. Shapiro, *An Investigation*, in: Shelly Z. Shapiro (Hrsg.), *Truth Prevails: Demolishing Holocaust Denial: The End of The Leuchter Report*, New York 1990, S. 14; Arthur Goodman, *Leuchter: Exposed and Discredited by the Court*, in: Shapiro, *Truth Prevails*, S. 78.
41. *Zündel*, S. 9056.
42. Ebd., S. 8984, S. 9017, S. 9061, S. 9097, S. 9125, S. 9154, S. 9210 und S. 9223.
43. Shapiro, *Truth Prevails*, S. 56.
44. *Zündel*, S. 8894f.
45. Ebd., S. 8983.
46. Ebd., S. 9052f.
47. Ebd., S. 9034 und S. 9038.
48. Ebd., S. 9049f.
49. Ebd., S. 8976 und S. 9052.
50. Ebd., S 8951; Erklärung der Firma E.I. Du Pont de Nemours & Company, 2. Oktober 1990, Referenz bei Shapiro, *Truth Prevails*, S. 28.
51. *Zündel*, S. 9009.
52. *Leuchter-Report*, S. 10.
53. *Zündel*, S. 9028 und S. 9034.
54. FRAGE: Gründet sich dies alles auf die Prämisse, daß die konkrete Anlage, wie sie derzeit in Polen existiert, mit der übereinstimmt, die dort 1942, 1943, 1944 und 1945 vorzufinden war? Ist das korrekt?
    ANTWORT: Das ist korrekt.
    Zündel, S. 9018.
55. *Zündel*, S. 9107. Im Verlauf des Kreuzverhörs nahm Leuchter einige der Schlußfolgerungen zurück, zu denen er in seinem Bericht gelangt war. In Anlehnung an Faurisson hatte er zunächst behauptet, die Gaskammern konnten nicht als Exekutionsvorrichtungen fungieren, weil diejenigen, die das Zyklon-B durch die Dachluken einleiten und überprüfen mußten, ob die im Inneren Gefangenen tot waren, selbst an den Dämpfen der Zyanidgase gestorben wären. Es war für den Anklagevertreter ein leichtes, Leuchter beim Verhör soweit zu bringen, daß er die Absurdität dieser These eingestand:
    FRAGE: Sie haben uns doch erzählt, daß die Leute auf dem Dach geradezu Selbstmord begangen hätten, wenn sie das Gas hinuntergeworfen hätten; aber es dauerte einige Minuten, bis das Gas sie erreichte, das sagten Sie doch, nicht wahr?
    ANTWORT: Gewiß.
    FRAGE: Wenn sie also die Luke schlossen und vom Dach stiegen, mußten sie sich dann Sorgen machen?
    ANTWORT: Falls sie vom Dach herunterkommen. Sie haben allerdings in einem bestimmten Augenblick eine Inspektion vorzunehmen, um herauszufinden, ob die Leute tot sind.
    FRAGE: Dafür schicken Sie das Sonderkommando hinein, mein Herr, weil Ihnen egal ist, was mit diesen Menschen passiert.
    ANTWORT: Richtig, ja.
    FRAGE: Falls daher jemand mit einer Gasmaske auf dem Dach sitzt, hat er alle Zeit der Welt, vom Dach herabzusteigen, nachdem die Luke verschlossen worden ist. Stimmen Sie mir zu?

ANTWORT: Möglicherweise.
Zündel, S. 9254.

56. Jean-Claude Pressac, *Die Krematorien von Auschwitz – Die Technik des Massenmordes*, München, Zürich 1994, S. 19. (im folgenden Referenz auf *Krematorien*).
57. *Zündel*, S. 8991ff.
58. Jean-Claude Pressac, *The Deficiencies and Inconsistensies of 'The Leuchter Report'*, in: Shapiro, *Truth Prevails*, S. 45.
59. *Zündel*, S. 9245ff.
60. Ebd., S. 9251f.
61. Es gab insgesamt fünf Krematorien in Auschwitz-Birkenau.
62. *Deficiencies*, S. 40.
63. Ebd., S. 41.
64. Ebd., S. 49.
65. Ebd., S. 46.
66. Jean-Claude Pressac, *Additional Notes: Leuchter's Videotape: A Witness to Fraud*, in: Shapiro: *Truth Prevails*, S. 62.
67. *Zündel*, S. 9044 und S. 9063.
68. Ein Memorandum des stellvertretenden Generalstaatsanwalts von Alabama, Ed Carnes, an alle Bundesstaaten mit gesetzlich erlaubter Todesstrafe, 20. Juli 1990 (im folgenden Referenz auf Carnes); Shapiro, *Truth Prevails*, S. 17 und S. 21; *Newsweek*, 22. Oktober 1990, S. 64; *Swampscott Journal*, 1. November 1990.
69. *Associated Press*, 24. Oktober 1990.
70. Carnes, S. 2.
71. Shapiro, *Truth Prevails*, S. 22.
72. *Leuchter-Report*, S. 7; *Zündel*, S. 9058.
73. Gary T. Dixon an Shelly Z. Shapiro, 24. September 1990, abgedruckt in: Shapiro, *Truth Prevails*, S. 19.
74. Ebd., S. 20.
75. Ebd.
76. Ebd., S. 10.
77. Ebd., S. 18–20. Bill Armontrout, Wärter im staatlichen Zuchthaus von Missouri, schlug vor, mit Leuchter Kontakt aufzunehmen, nachdem Robert Faurisson bei ihm wegen eines Exekutionsfachmanns angefragt hatte. Bill Armontrout an Barbara Kulaszka, 13. Januar 1988, in: *Leuchter Report*, App. 7.
78. *New York Times*, 13. Oktober 1990, S. 1 und S. 7; Trombley, *The Execution Protocol*, S. 157.
79. Susan Lehman, *Justice: A Matter of Engineering: Capital Punishment as a Technical Problem*, in: *Atlantic Monthly*, Februar 1990, S. 28.
80. Shapiro, *Truth Prevails*, S. 14f.
81. Lehman, *Justice: A Matter of Engineering*, S. 28.
82. Shelly Z. Shapiro an Daniel Kelley, 16. April 1990; Fred A. Leuchter an Ernst Zündel, 14. Mai 1988, in: *Leuchter-Report*, App. 6. Siehe auch *Leuchter-Report*, S. 15.
83. *Washington Post*, 18. Juni 1991.
84. Einverständniserklärung, *Commonwealth of Massachusetts vs. Fred A. Leuchter, Jr.*, 11. Juni 1991; *Jewish Telegraphic Agency*, 13. Juni 1991. Weil Leuchter die Vereinbarung Massachusetts gegenüber unterzeichnete, bezogen sich ihre Maßgaben nur auf diesen Staat.
85. Jean-Claude Pressac, *Auschwitz: Technique and Operation of the Gas Chambers*, New York 1989, (im folgenden Referenz auf *Technique*) S. 545.
86. *Le Matin*, 16. November 1978; *Le Monde*, 29. Dezember 1978 und 16. Januar 1979; *Technique*, S. 546.
87. *Technique*, S. 546.

88. Ebd., S. 548.
89. Ebd.
90. Ebd.
91. Artikel Natzweiler-Struthof in: *Enzyklopädie des Holocaust*, S. 1039.
92. Serge Thion, *Vérité historique*, zitiert nach *Technique*, S. 548.
93. Ebd.
94. Robert Faurisson, *Talking About Holocaust Revisionism on French Radio*, in: *Revisionist Letters*, Band 1, Nr. 1, Frühjahr 1989, S. 11.
95. Ebd.
96. Telefonat mit der Redaktion des *Atlantic Monthly* im Februar 1990.
97. Lehman, *Justice: A Matter of Engineering*, S. 26ff.
98. Bradley R. Smith, *Commentary*, in: *Visalia Times-Delta*, 13. September 1990.
99. Telefonat mit der Redaktion des *Atlantic Monthly* im Februar 1990.
100. Telefonate mit Shelly Z. Shapiro im Februar und April 1990.
101. Charles R. Allen jr., *The Role of the Media in the Leuchter Matter: Hyping a Holocaust Denier*, in: Shapiro, *Truth Prevails*, S. 112f.
102. *Village Voice*, 22. und 30. Mai 1990; Allen, *The Role of the Media*, in: Shapiro, *Truth Prevails*, S. 118f.
103. *New York Times*, 13. Oktober 1990, S. 1 und S. 7.
104. Allen, *The Role of the Media*, in: Shapiro, *Truth Prevails*, S. 121; *New York Times*, 18. Oktober 1990, Wiederabdruck in *International Herald Tribune*, 19. Oktober 1990.
105. *Searchlight*, August 1989.
106. David Irving, Vorwort zu *Auschwitz: The End of the Line: The Leuchter Report*, London 1989, S. 6.
107. *Times*, London, 11. Mai 1992.
108. Irving, Vorwort zu *Auschwitz: The End of the Line*, S. 6.
109. *Early Day Motion no. 99*, *David Irving and Holocaust Denial*, Veröffentlichung des britischen Unterhauses, 20. Juni 1989, Sitzungsperiode 1988/89.
110. *Times*, London, 14. Mai 1990.
111. *Independent*, 11. Juli 1992.
112. Trombley, *The Execution Protocol*, S. 23–43.
113. Ebd., S. 87–94; *New York Times Book Review*, 22. November 1992, S. 33.
114. *New York Review of Books*, 15. Juni 1989.

10. Auseinandersetzungen auf dem Campus

1. Referenz bei Nat Hentoff, *An Ad that Offends: Who's on First?*, in: *Progressive*, 12. Mai 1992, S. 12.
2. Smith war Thema in einer Reihe von landesweit ausgestrahlten Fernsehsendungen und führenden Zeitungen, u.a. in der *New York Times*, 23. Dezember 1991.
3. *Louisiana State Daily Reveille*, 7. April 1992.
4. *Holocaust Revisionism: Reinventing the Big Lie*, ADL-Untersuchungsbericht, S. 9.
5. ADL-Verlautbarung, 26. Februar 1987.
6. *IHR Newsletter*, Januar, März und September 1987; Januar und November 1988; Februar 1989.
7. Undatiertes Rundschreiben Bradley Smiths an seine Freunde, 5 Seiten (1988?).
8. *Prima Facie*, Februar 1985, S. 1.
9. *Spearhead*, März 1985, S. 20.
10. *Christian News*, 25. April 1987.
11. *Spotlight*, 11. April 1988.

12. *Christian News*, 14. September 1987.
13. *University of Nebraska Sower*, 17. November 1989, S. 10.
14. *Centre Daily Times, State College*, Pennsylvania, 1. April 1989.
15. Bradley Smith an Kathy Lachenauer, Chefredakteurin des *Stanford Daily*, 16. Juni 1989.
16. Bradley Smith an Rabbi Ari Cartun, 19. Juni 1989.
17. Laird Wilcox, *The Spectre Haunting Holocaust Revisionism*, in: *Revisionist Letters*, Frühjahr 1989, S. 10.
18. Ebd.
19. *Visalia Times-Delta*, 13. September 1990; *Daily Illini*, 16. Juni 1992.
20. *New York Times*, 23. Dezember 1991.
21. Bradley R. Smith, *The Holocaust Story: How Much is False? The Case for Open Debate*, in: *Daily Northwestern*, 4. April 1991.
22. *New York Times*, 12. November 1989.
23. Arno Mayer, (*Princeton University*), Yehuda Bauer (*Hebrew University*), Marvin Hier (*Simon Wiesenthal Center*), Raul Hilberg (Universität von Vermont) und die Autorin (*Emory University*).
24. Smith, *The Holocaust Story*.
25. Die erste Zeitung, in welcher die vollständige Anzeige erschien, war der *Daily Northwestern*, 4. April 1991.
26. *Michigan Daily*, 24. Oktober 1991.
27. *Detroit Free Press*, 25. Oktober 1991.
28. *Michigan Daily*, 25. Oktober 1991.
29. *Detroit Free Press*, 25. Oktober 1991.
30. *Michigan Daily*, 28. Oktober 1992.
31. In den vergangenen Jahren hat eine Serie von Kontroversen um den ersten Grundrechtsartikel in der amerikanischen Öffentlichkeit Aufmerksamkeit erregt. Die höchsten Wellen schlug die Auseinandersetzung wegen der Subventionen, welche die *National Endowment for the Arts* einer Ausstellung von Photographien Robert Mapplethorpes gewährte; zu ihr existieren die meisten Publikationen. Edward de Grazia, *Girls Lean Back Everywhere: The Laws of Obscenity and the Assault on Genius*, New York 1992; Natalie Robins, *Alien Ink: The FBI's War on Freedom of Expression*, New York 1992; Rodney A. Smolla, *Free Speech in an Open Society*, New York 1992.
32. *New York Times*, 15. Januar 1992.
33. Kathleen M. Sullivan, *The First Amendment Wars*, in: *New Republic*, 28. September 1991, S. 39.
34. *Duke Chronicle*, 5. November 1991.
35. Ebd., 7. November 1991.
36. *Cornell Daily Sun*, 18. November 1991; AP-Meldung, 19. November 1991.
37. *Rutgers Daily Targum*, 26. November 1991, S. 6.
38. *Chronicle of Higher Education*, 27. November 1991.
39. Havre, Montana, *Daily News*, 29. April 1992. Der Programmberater für den universitätsinternen Studentenverband zählte zu denjenigen, welche die Veröffentlichung der Anzeige im *Kaimin* unterstützten. Ferner trug er entscheidend bei der Organisation eines Besuchs von David Duke in *Missoula* bei. Sein Argument lautete, daß Anzeigen wie die von Smith und Begegnungen wie die mit Duke die Leute dazu herausforderten, nicht emotional, sondern rational zu reagieren. *Montana Kaimin*, 5. Mai 1992.
40. *Atlanta Constitution*, 23. März 1992.
41. *Student Life*, 18. Februar 1992.
42. *St. Louis Post Dispatch*, 23. Februar 1992.
43. *University of Washington Daily*, 27. April 1992.
44. *Columbus Dispatch*, 22. Januar 1992.

45. *Ohio Jewish Chronicle*, 30. Januar 1992, S. 1.
46. Ebd., 30. Januar 1992.
47. *Columbus Dispatch*, 22. Januar 1992.
48. *Ohio State Lantern*, 24. Januar 1992, S. 8.
49. Ebd.
50. Ebd. Der Studentensprecher von *Tuft* distanzierte sich ebenfalls nachdrücklich von der Idee, daß es Smith auf Grundlage des ersten Grundrechtsartikels zu unterstützen galt: Jeder Mensch hat ein Recht auf seine eigenen Ideen, aber nicht darauf, daß sie von anderen Personen oder Gruppen publik gemacht werden. *Tufts Daily*, 8. April 1992.
51. *University of Tennessee Daily Beacon*, 27. April 1992.
52. *Penn State Daily Collegian*, 31. März 1989.
53. *Harvard Crimson*, 10. Dezember 1991, S. 2.
54. *University of Chicago Maroon*, 28. Februar 1992.
55. *Cornell Daily Sun*, 20. November 1991.
56. *Chronicle of Higher Education*, 27. November 1991.
57. Mark Livingston an Sam Kramer, 6. November 1991.
58. *Michigan Daily*, 28. Oktober 1991.
59. *Student Life*, 21. Februar 1992.
60. Ebd., 25. Februar 1992.
61. *Daily Tar Heel*, Referenz in *Atlanta Constitution*, 28. November 1991, S. H1.
62. Ebd.
63. *Duke Chronicle*, 5. November 1991, S. 9 sowie 7. November 1991, S. 1 und S. 3.
64. Proklamation des geschichtswissenschaftlichen Instituts der *Duke University*, 8. November 1991; Wiederabdruck im *Duke Chronicle*, 13. November 1991.
65. *Rutgers Daily Targum*, 6. November 1991, S. 1 und S. 6 (Hervorhebung von der Autorin).
66. *Cornell Daily Sun*, 18. November 1991 (Hervorhebung von der Autorin).
67. *University of Washington Daily*, 27. April 1992 (Hervorhebung von der Autorin).
68. Ebd., 4. März 1992.
69. Ebd., 27. April 1992.
70. Ebd., 18. Oktober und 28. Oktober 1991.
71. *Michigan Daily*, 11. November 1991.
72. Havre, Montana, *Daily News*, 29. April 1992.
73. *St. Louis Post Dispatch*, 22. Februar 1992.
74. *Ohio State Lantern*, 24. Januar 1992.
75. *Student Life*, 18. Februar 1992.
76. Ebd.
77. *Duke Chronicle*, 5. November 1991, S. 9.
78. Livingston an Cramer, 6. November 1991.
79. *Duke Chronicle*, 7. November 1991, S. 3.
80. Ebd., 5. November 1991, S. 9 sowie 7. November 1991, S. 1 und S. 3 (Hervorhebung von der Autorin).
81. Ebd., 21. November 1991, S. 3.
82. Ebd., 13. November 1991, S. 7 (Hervorhebung von der Autorin).
83. *Harvard Crimson*, 10. Dezember 1990, S. 2.
84. Ebd.
85. *Boston Jewish Advocate*, 6. März 1992.
86. *Brown Daily Herald*, 11. Dezember 1991.
87. *University of California at Santa Barbara Daily Nexus*, 29. April 1992.
88. *Dartmouth Review*, 6. November 1991, S. 9.
89. *University of Chicago Maroon*, 28. Februar 1992.
90. *Chronicle of Higher Education*, 27. November 1991.
91. *Jewish Voice*, Dezember 1991.

92. *Chronicle of Higher Education*, 27. November 1991.
93. *Washington Post*, 21. Dezember 1991.
94. Smith, *Falsus in Uno, Falsus in Omnibus ... The 'Human Soap' Holocaust Myth*, Nachtrag zu: Smith, undatierter Brief an College-Zeitungen.
95. *New York Times*, 15. Januar 1992.
96. *Rutgers Daily Targum*, 3. Dezember 1991, S. 10.
97. *Michigan Daily*, 3. Dezember 1991, S. 3.
98. *Rutgers Daily Targum*, 3. Dezember 1991, S. 10.
99. *New York Times*, 30. Dezember 1991.
100. Ebd., 15. Januar 1992.
101. *Rutgers Daily Targum*, 3. Dezember 1991, S. 10f.
102. Ebd., 6. Dezember 1991, S. 5.
103. *Tufts Daily*, 21. April 1992.
104. Ebd.
105. Smith, undatierter Brief an College-Zeitungen mit einem zweiten Anzeigentext.
106. Smith, *Falsus in Uno, Falsus in Omnibus*.
107. *Ohio State Lantern*, 29. April 1992.
108. *Michigan Daily*, 26. November 1991.
109. *Houston Chronicle*, 11. Dezember 1991.
110. Treffen mit Mitgliedern der *Daily Texan*-Redaktion, 28. April 1992.
111. *Houston Chronicle*, 24. April 1992, S. 25A und 31A; *Daily Texan*, 24. April 1992, S. 5.
112. Bay City, Texas, *Daily Tribune*, 30. April 1992.
113. *Journal of Historical Review*, in: *OAH Newsletter*, Juli 1980, S. 14f; Dawidowicz, *Lies About the Holocaust*, S. 37.
114. Carl N. Degler, *Bad History*, Kommentar, Juni 1981, S. 17.
115. Ebd.
116. *Chronicle of Higher Education*, 11. Dezember 1991.
117. *Duke Chronicle*, 27. April 1992.
118. *Chronicle of Higher Education*, 8. Januar 1992.
119. Ebd., 11. Dezember 1991.
120. *OAH Newsletter*, November 1991; *Chronicle of Higher Education*, 11. Dezember 1991, S. 9f.
121. *Chronicle of Higher Education*, 11. Dezember 1991, S. 10.
122. Des weiteren unterschrieben u.a. Dan Carter, Cullom Davis, Sara Evans, Linda Gordon, Lawrence Levine sowie Mary Ryan. *OAH Newsletter*, Februar 1992, S. 5.
123. Ebd.
124. *Daily Northwestern*, 5. März 1991, S. 6.
125. *OAH Newsletter*, Februar 1992, S. 4. Gespräch mit Joyce Appleby im Dezember 1992.
126. *Los Angeles Times*, 23. Dezember 1991.
127. *Ohio State Lantern*, 24. Januar 1992, S. 8.
128. Carlos C. Huerta, *Revisionism, Free Speech and the Campus*, in: *Midstream*, April 1992, S. 10.

11. Die Wacht am Rhein

1. Hellmut Diwald, Geschichte der Deutschen, Frankfurt 1978, S. 15f.
2. *New Statesman*, 21. September 1979.
3. Geoffrey Hartman (Hrsg.), *Bitburg in Moral and Political Perspective*, Bloomington, Indiana 1986; Ilya Levkov (Hrsg.), *Bitburg and Beyond: Encouters in American, German and Jewish History*, New York 1987; Deborah E. Lipstadt, *The Bitburg Controversy*, in: David Singer (Hrsg.), *American Jewish Year Book, 1987*, New York 1987, S. 21–38.

4. Die Welt, 19. Januar 1987; Frankfurter Rundschau, 14. Januar 1987.
5. Andreas Hillgruber, *Zweierlei Untergang: Die Zerschlagung des deutschen Reiches und das Ende des europäischen Judentums*, Berlin 1986. Eine Bewertung von Hillgrubers Forschungsansatz findet sich bei Holger Herwig, *Andreas Hillgruber, Historian of 'Grossmachtpolitik', 1871–1945*, in: *Central European History*, Band 15, 1982, S. 186–198.
6. Evans, *In Hitler's Shadow*, S. 49–54.
7. Maier, *The Unmasterable Past*, S. 20.
8. Hillgrubers Beiträge zu diesem Scharmützel werden an folgender Stelle beleuchtet: Maier, *The Unmasterable Past*, S. 21–25; Martin Broszat, in: *Die Zeit*, 3. Oktober 1986; Gordon Craig, *The War of the German Historians*, in: *New York Review of Books*, 15. Januar 1987. Einer der vehementesten Kritiker Hillgrubers war Jürgen Habermas. Er machte als erster auf den Konflikt aufmerksam und nannte Hillgrubers Analysen «skandalös». Siehe *Die Zeit*, 11. Juli 1986; *Frankfurter Allgemeine Zeitung (FAZ)*, 8. Juli 1986. Eine Zusammenfassung und Interpretation von Habermas' Reaktion enthält Maier, *The Unmasterable Past*, S. 39–42.
9. Michael Stürmer, *Dissonanzen des Fortschritts*, S. 267, S. 269f, Referenz bei Evans, *In Hitler's Shadow*, S. 21. Siehe außerdem ebd., S. 103 und S. 173, Anm. 14.
10. Ernst Nolte, *Three Faces of Fascism: Action Française, Italian Fascism, National Socialism*, New York 1965.
11. Joachim Fest, in: *FAZ*, 29. August 1986.
12. Peter Pulzer, *The Nazi Legacy*, in: *The Listener*, 25. Juni 1987.
13. Anton Kaes, *From Hitler to Heimat: The Return of History as Film*, Cambridge 1989, S. 5f.
14. Evans, *In Hitler's Shadow*, S. 87.
15. Ernst Nolte, *Vergangenheit, die nicht vergehen will*, in: *FAZ*, 6. Juni 1986; Ernst Nolte, *Der europäische Bürgerkrieg* 1917–1945, Berlin 1987, S. 502–504.
16. Eberhard Jäckel, *Die elende Praxis der Untersteller*, in: *Die Zeit*, 12. September 1986; Zit. nach *Historikerstreit*, München, Zürich 1987, S. 118.
17. Maier, *The Unmasterable Past*, S. 76.
18. Michael Marrus, *The Holocaust in History*, Hanover, New Hampshire 1987, S. 24. Eine umfassendere Beschäftigung mit diesem Themenkreis findet sich bei Maier, *The Unmasterable Past*, S. 66–99, außerdem bei Evans, *In Hitler's Shadow*, S. 66–91.
19. Maier, *The Unmasterable Past*, S. 74f.
20. Ernst Nolte, *Zwischen Geschichtslegende und Revisionismus*, in: *Historikerstreit*, a.a.O., S. 24.
21. Nolte, *Der europäische Bürgerkrieg 1917–1945*, Frankfurt/Main, Berlin 1987, S. 592f., Anm. 26 und Anm. 29.
22. Nolte, *Der europäische Bürgerkrieg 1917–1945*, a.a.O., S. 500, S. 509–513.
23. Evans, *In Hitler's Shadow*, S. 123.
24. Das «Ja, aber»-Syndrom manifestierte sich z.B. auch während des Kriegs und behinderte zahlreiche Amerikaner, darunter vor allem Zeitungsverleger, Redakteure und Reporter, die wahre Bedeutung der bei ihnen eingehenden Meldungen zu erfassen. Siehe hierzu Lipstadt, *Beyond Belief*, S. 270.
25. *Jewish Telegraphic Agency*, 17. März 1992.
26. Laut Stephen J. Roths Angaben enthalten nur zwei nationale Gesetzeswerke, das französische und das rumänische, spezifizierte Antisemitismus-Paragraphen. Stephen J. Roth, *Denial of the Holocaust as an Issue of Law* (erscheint demnächst in *Israel Yearbook of Human Rights*).
27. *U.S. Newswire*, 27. August 1992; *Jewish Telegraphic Agency*, 28. August 1992.
28. Es beinhaltete zudem eine kritische Reflexion auf die Nürnberger Kriegsverbrecherprozesse, welche die im Gerichtssaal Anwesenden in Erstaunen versetzte (*Jewish Telegraphic Agency*, 19. April 1991).

29. *Wall Street Journal*, 9. April 1985.
30. *Morning Edition*, Sendung des *National Public Radio*, Dezember 1992.
31. *Spotlight*, 1. Juni 1992.
32. Ronald K.L. Collins, *Tort Case as Gag Device*, in: *National Law Journal*, 15. Juni 1992, S. 15.
33. *Toronto Sun*, 15. Oktober 1992; *Jewish Telegraphic Agency*, 16. November 1992.

Anhang

1. Dokument Nr. NI-9912, Referenz bei *Technique*, S. 18.
2. *Technique*, S. 19.
3. *Krematorien*, S. 95.
4. Robert Faurisson, *Reply to Pierre Vidal-Naquet*, zitiert nach *Technique*, S. 505.
5. *Deficiencies*, S. 38; *Technique*, S. 429.
6. *Technique*, S. 18.
7. *Le Monde*, 16. Januar 1979, S. 13.
8. *Technique*, S. 165.
9. *Krematorien*, S. 19.
10. *Technique*, S. 429.
11. Ebd.
12. Staatliches Museum Auschwitz (*Panstwowe Muzeum Oswiecim [PMO]*), Akte BW 30/40, S. 100; *Krematorien*, S. 88.
13. *Technique*, S. 503.
14. Ebd., S. 548.
15. Faurisson, *Statement for the Defense*, Referenz in *Technique*, S. 505.
16. Faurisson, *Reply to Pierre Vidal-Naquet*, S. 78.
17. *Technique*, S. 554.
18. PMO Akte BW 30/28, S. 73, Referenz in *Technique*, S. 553, *Krematorien*, S. 97.
19. PMO Akte BW 30/28, S. 68, Referenz in *Krematorien*, S. 97.
20. *Krematorien*, S. 97. Als er dieses Dokument entdeckte, ging Pressac auf Konfrontationskurs mit Faurisson und teilte ihm mit, wegen der zahllosen Hinweise auf Gas in den Museumsarchiven halte er Faurissons These nicht länger für zutreffend.
21. *Krematorien*, S. 92.
22. *Technique*, S. 432.
23. PMO Akte BW 30/25, S. 7, Referenz in *Krematorien*, S. 92.
24. *Technique*, S. 434 und S. 438.
25. PMO Akte BW 30/25, S. 7, Referenz in *Krematorien*, S. 93.
26. PMO Akte BW 30/34, S. 49f, Referenz in *Technique*, S. 434 und S. 438f.
27. *Technique*, S. 434, S. 436 und S. 438f.
28. Bauleitungsskizze 252, PMO Neg. Nr. 20943/181, Abbildung in *Technique*, S. 512.
29. Bauleitungsskizze 3764, PMO Akte BW 2/38, Abbildung in *Technique*, S. 514.
30. 29. März 1944, *Die Tagebücher der Anne Frank. Historisch-kritische Ausgabe*, Frankfurt/Main 1988, S. 658 (im folgenden Referenz auf Tagebücher der Anne Frank. Historisch-kritische Ausgabe).
31. Gerrold van der Stroom, *Die Tagebücher, 'Het Achterhuis' und die Übersetzungen*, in: Tagebücher der Anne Frank. Historisch-kritische Ausgabe, S. 67–70.
32. Ebd., S. 71f.
33. *New York Times Book Review*, 15. Juni 1952; *Congress Weekly*, 13. November 1950; *National Jewish Post*, 30. Juni 1952; David Barnouw, *Das Theaterstück*, in: Tagebücher der Anne Frank. Historisch-kritische Ausgabe, S. 91.
34. *New York Law Journal*, 27. Februar 1959, Referenz bei Barnouw, *Das Theaterstück*, S. 93f.
35. *New York Times*, 27. November 1966; Meyer Levin, *The Obsession*, New York 1973, S. 262.

36. David Barnouw, *Angriffe auf die Echtheit des Tagebuchs*, in: Tagebücher der Anne Frank. Historisch-kritische Ausgabe, S. 99.
37. Ebd.
38. Ebd., S. 100–105
39. Teressa Hendry, *Was Anne Frank's Diary a Hoax?*, in: *American Mercury*, Sommer 1967; Wiederabdruck in *The Myth of the Six Million*, S. 109–111.
40. Harwood, *Did Six Million Really Die?*, S. 19.
41. *Hoax*, S. 37.
42. Ditlieb Felderer, *Anne Frank's Diary – A Hoax?*, Taby, Schweden 1978. Als das IHR einen Nachdruck des Buchs herausgab, wurde das Fragezeichen aus dem Titel eliminiert.
43. 9. November 1942, 5. August 1943, 6. Dezember 1943, *Tagebücher der Anne Frank. Historisch-kritische Ausgabe*, S. 354, S. 441, S. 490.
44. Robert Faurisson, *Le Journal d'Anne Frank est-il authentique?*, in: Serge Thion, *Verité historique ou verité politique?*, Paris 1980; Barnouw, *Angriffe auf die Echtheit des Tagebuchs*, S. 110f.
45. 5. August 1943, *Tagebücher der Anne Frank. Historisch-kritische Ausgabe*, S. 441.
46. 6. Dezember 1943, ebd., S. 489f.
47. 9. November 1942, ebd., S. 354.
48. Robert Faurisson, *Het Dagboek van Anne Frank – een vervalsing?*, Antwerpen 1985, S. 18, Referenz bei Barnouw, *Angriffe auf die Echtheit des Tagebuchs*, S. 112.
49. Barnouw, *Angriffe auf die Echtheit des Tagebuchs*, S. 112.
50. Verlautbarung des Bundeskriminalamts, 28. Mai 1980; Hamburger Landgericht, Akte Romer/Geiß, Referenz bei Barnouw, *Angriffe auf die Echtheit des Tagebuchs*, S. 114.
51. Barnouw, *Angriffe auf die Echtheit des Tagebuchs*, S. 115.
52. Der Spiegel, 6. Oktober 1980, Referenz bei Barnouw, *Angriffe auf die Echtheit des Tagebuchs*, S. 115.
53. H.J.J. Hardy, *Zusammenfassung der Ergebnisse der vergleichenden Untersuchung der Handschriften und der urkundentechnischen Untersuchung der Textdokumente, die als Tagebuch der Anne Frank bekannt sind*, in: Tagebücher der Anne Frank. Historisch-kritische Ausgabe, S. 198.

Register

SVEVA CASATI
MODIGNANI

BEI ANBRUCH DES TAGES

ROMAN

Aus dem Italienischen
von Christiane Burkhardt

Diana Verlag

Die Originalausgabe erschien 2012 unter
dem Titel *Léonie* bei Sperling & Kupfer Editori S. p. A., Mailand

MIX
Papier aus verantwortungsvollen Quellen
FSC® C014496

Verlagsgruppe Random House FSC® N001967
Das für dieses Buch verwendete
FSC®-zertifizierte Papier *EOS*
liefert Salzer Papier, St. Pölten, Austria.

Redaktion | Anja Rüdiger
Umschlaggestaltung | t.mutzenbach design, München
unter Verwendung der Originalcovergestaltung
von Francesco Marangon
Umschlagmotiv | © Lesley Aggar / Trevillion Images
Autorenfoto | © Maki Galimberti
Satz | Leingärtner, Nabburg
Druck und Bindung | GGP Media GmbH, Pößneck

Printed in Germany 2013
978-3-453-29149-2

www.diana-verlag.de

*Für die reizende Großmutter Velia,
die meine Enkel Luna und Lapo
jahrelang liebevoll betreut hat.*

Villanova heute

1

Léonie verlangsamte ihre Schritte und blieb vor der in aufsteigenden Nebel gehüllten Villa stehen, die am Ende der Allee stumm und eindrucksvoll vor ihr aufragte. Sie keuchte, und die kühle Morgenluft verwandelte ihren Atem in kleine weiße Wolken. Sie beugte sich vor und verharrte so, um wieder zu Atem zu kommen.

Seit vielen Jahren, ja, seit sie ihr fünftes Kind zur Welt gebracht hatte, stand sie jeden Morgen um sieben auf, schlüpfte in ihren Jogginganzug und lief eine halbe Stunde durch den Park – und das bei jedem Wetter, zu jeder Jahreszeit.

Nachdem sich ihre Atmung wieder beruhigt hatte, richtete sie sich auf und tupfte sich das Gesicht mit dem Tuch ab, das sie dazu um den Hals trug. Dann lief sie beschwingt auf das majestätische Gebäude zu, das Ende des neunzehnten Jahrhunderts errichtet worden war.

Die Villa, die in der Mitte eines Gartens lag und von einem zwei Hektar großen Park umgeben war, sah aus wie ein riesiger, sehr eleganter Landsitz. Die ersten Sonnenstrahlen drangen durch den Nebel, und im Näherkommen sah Léonie die blassgelben Arkaden der Fassade, die von lilafarbenen Erika gesäumten Beete, die bereits knospenden Kameliensträucher und die rötlichen Beeren der Stechpalme.

Das Anwesen wirkte heiter und friedlich, aber Léonie wusste, dass es Ängste, Sorgen und Geheimnisse barg.

So wie auch sie die ihren sorgsam bewahrte, dachte sie beim Betreten des Hauses.

Sie ging hinunter ins Souterrain, wo sich in einem riesigen Raum bei gedämpfter Beleuchtung das Schwimmbad befand. Sie zog sich bis auf den Slip aus und sprang ins Wasser. Sie schwamm drei Bahnen, und als sie hinauskletterte, wartete bereits die Physiotherapeutin auf sie, die ihr wie immer stumm und dienstfertig den Bademantel reichte.

Léonie folgte ihr in die mit Birkenholz vertäfelte Kabine, streckte sich auf der vorgewärmten Liege aus und überließ sich ihren erfahrenen Händen, die mit einem geschickten Druck der Finger Verspannungen lösten. Die Frau verabreichte ihr eine belebende Massage und rieb ihren Körper mit essenziellen Ölen ein.

Trotz ihrer achtundvierzig Jahre und der fünf Schwangerschaften hatte Léonie nach wie vor eine fast perfekte Figur. Die Physiotherapeutin behauptete, die »Signora« sähe auch ohne die täglichen Behandlungen perfekt aus, aber die »Signora« ließ sie reden und bestand auf ihrem Ritual.

Nach der Massage schlüpfte Léonie in einen weichen Chenille-Morgenrock und ging zum Lift, um nach oben in ihre Wohnung zu fahren. Als die Tür aufglitt, stand ihr Schwiegervater in einem schwarzen Bademantel vor ihr.

»*Bonjour, papà*«, begrüßte sie ihn.

»Guten Tag, kleine Hexe«, erwiderte Cavalier Renzo Cantoni, während er auf das Schwimmbad zuging. Léonie lächelte. Dieser Wortwechsel wiederholte sich Tag für Tag.

Der Lift war vor Jahren eingebaut worden, um ihre Schwiegermutter Celina mobiler zu machen. Sie hatte an extremer Fettleibigkeit gelitten und war schon seit geraumer Zeit tot.

Jetzt wurde er von allen benutzt.

Léonie zog sich in ihrer Wohnung an und betrat um Punkt halb neun den Wintergarten, wo das Frühstück bereits angerichtet war.

Ihr Mann Guido Cantoni stand vor der Lackholz-Anrichte, auf der ein reichhaltiges Büfett zur Auswahl stand. Er nahm sich gerade ein Stück ofenwarmen Apfelkuchen, der köstlich nach Butter und Zimt duftete.

In diesem Haus wurde schon seit jeher hervorragend, aber auch mit zu viel Fett gekocht, sodass der Patriarch bereits zwei Herzinfarkte und seine Gemahlin einen tödlichen Schlaganfall erlitten hatte.

Nur Léonie verzichtete auf die gehaltvolle Kost und ernährte sich leichter und gesünder.

Als ihr Mann sie bemerkte, fragte er: »Soll ich dir auch ein Stück abschneiden?«

»Nein danke«, erwiderte Léonie.

Sie ging zu ihm und küsste ihn flüchtig auf die blasse Wange, füllte ein Schälchen mit selbst gemachtem Joghurt und gab noch einen Löffel frischen Obstsalat hinzu. Dann nahm sie gegenüber dem Fünfzigjährigen mit dem melancholischen Blick, mit dem sie verheiratet war, Platz.

Es war der zweiundzwanzigste Dezember, und durch die Scheiben des Wintergartens konnte man hinter dem Garten und dem Park mit den Steineichen den Himmel erkennen, an dem sich dicke weiße Wolken ballten.

Ein alter Diener in roter Livree kam herein und brachte Kannen mit Kaffee und Milch, die er auf den Tisch stellte.

»Guten Tag, Signora. Guten Tag, Signore«, flüsterte er.

Guido erwiderte den Gruß, Léonie lächelte ihm zu. Sie mochte den alten Nesto, der schon seit vielen Jahren im Dienst der Familie stand. Als sie die große Villa zum ersten Mal betreten hatte, hatte er sie fast väterlich willkommen geheißen, so als habe er sie ermutigen wollen, sich von all dem Prunk nicht einschüchtern zu lassen.

Nachdem sich der Diener wieder zurückgezogen hatte, sagte Guido zu seiner Frau: »Du bist sehr elegant heute.«

Sie trug einen alten schwarzen Rollkragenpulli und eine graue Flanellhose.

»Danke, mein Schatz«, sagte sie.

»Und du strahlst mehr als sonst«, fuhr er leicht missbilligend fort.

Léonie sah ihn verwirrt an.

Im sanft beleuchteten, angenehm warmen Wintergarten klangen Guido Cantonis Worte fast wie ein Vorwurf.

Ein verbittertes Lächeln huschte über das Gesicht ihres Mannes, als er nachsetzte: »Die meisten Frauen blühen im Frühling auf. Aber du wirst kurz vor Weihnachten schöner. Das war schon immer so.«

Was wollte ihr sonst so wortkarger Mann, der sich nur, wenn er schrieb, wortgewandt und geistreich ausdrückte, wohl damit sagen?

»Alles in Ordnung?«, fragte sie. Vielleicht hatte Guido etwas herausgefunden? Aber das war vollkommen ausgeschlossen! Möglicherweise probierte er auch nur einen Dialog für ein neues Drehbuch mit ihr aus, wie es durchaus schon vorgekommen war.

Guido hatte bereits vor ihrer Heirat aufgehört, für das Familienunternehmen zu arbeiten. Er war lieber Schriftsteller als Wasserhahnfabrikant. Auch wenn die Familie ihren Reichtum den Cantoni-Armaturen verdankte, lebte Guido von seinen Einnahmen als Drehbuchautor.

»Ja, bei mir schon. Und bei dir?«, erwiderte er fast schon aggressiv.

In diesem Moment betrat Cavalier Renzo Cantoni den Raum und mit ihm der Duft der essenziellen Öle, mit denen ihn die Physiotherapeutin massiert hatte. Er trug einen eleganten dunkelblauen Morgenmantel und dazu passende Samtpantoffeln.

Guido ging ihm entgegen und zog den gepolsterten Stuhl zurück, auf dem sein Vater mit mürrischem Gesicht Platz nahm: Morgens war er stets schlechter Laune.

Er griff nach der silbernen Glocke neben seinem Teller und läutete Nesto herbei.

»Es geht mir ausgezeichnet, mein Schatz«, nahm Léonie den Faden wieder auf, nicht ohne hinzuzufügen: »Wie du bereits sagtest: Kurz vor Weihnachten blühe ich auf, als wäre schon Frühling.«

»Eben, eben!«, flüsterte er und stand auf, um zur Anrichte zu gehen und sich noch ein Stück von dem Kuchen zu nehmen.

2

Léonie errötete, so als hätte sie Hitzewallungen, sagte aber nichts darauf.

Nesto trat näher, einen Silberlöffel mit Eigelb und Zitronensaft in der einen und ein Tellerchen in der anderen Hand, um damit etwaige Tropfen aufzufangen.

Cavalier Cantoni schlürfte sichtlich zufrieden sein Eigelb und wandte sich dann mit einem triumphierenden Lächeln an seine Schwiegertochter: »Das ist mein Lebenselixier – nur falls hier jemand hofft, die Leitung der Armaturenfabrik übernehmen zu können.«

Léonie lächelte, ohne auf die Provokation einzugehen.

Seit vier Jahren war sie inzwischen Vizepräsidentin des Familienunternehmens. Der Cavaliere hatte damals seinen zweiten Infarkt gehabt, und die Ärzte meinten, dass er nicht mehr in der Lage sei, die Firma zu leiten. Monate vergingen, bis er sich wieder erholt hatte, und in seiner Abwesenheit hatte Léonie die Fabrik mit sicherer Hand und großer Professionalität geleitet. Renzo Cantoni hatte ihre Leistung anerkannt, indem er sie zur Vizepräsidentin ernannte, allerdings nicht ohne hinzuzufügen: »Vergiss nicht, dass ich der Chef bin, solange ich noch denken kann.«

Er hatte das bewusst warnend gesagt, war aber in Wahrheit erleichtert gewesen.

Endlich hatte er einen würdigen Nachfolger gefunden. Unter

Léonie würde die Firma auch weiterhin florieren. Der harte, gebieterische Mann mochte und schätzte seine Schwiegertochter, was er allerdings nicht zeigte, um nicht sentimental zu wirken.

»Möchtest du mich heute Morgen in die Fabrik begleiten, *papà?*«, fragte Léonie.

»Wieso denn das? Es reicht ja wohl, wenn ich zur Weihnachtsansprache gehe. Außerdem wirst du ohnehin bald aufbrechen, stimmt's?«, entgegnete er mit einem hämischen Lächeln.

Alle Familien- und Fabrikangehörigen wussten, dass Léonie am zweiundzwanzigsten Dezember, am Tag der Wintersonnenwende, den Wagen nahm und fortfuhr. Nachmittags war sie dann wieder zu Hause. Niemand wusste, wo sie den Tag verbrachte. Alle, ja, sogar ihr Mann, hatten diese Extravaganz stets geduldet, ohne je nachzufragen oder sie zu kommentieren.

Aber an diesem Morgen hatte Guido es ihr zum ersten Mal schwergemacht.

Nesto servierte dem Hausherrn ungerührt schweigend das Frühstück und stellte sich hinter ihn, bereit, ihm beim geringsten Hinweis zur Hand zu gehen.

»Giuditta kommt heute Nachmittag. Wer holt sie vom Flughafen ab?«, fragte Guido seine Frau.

Giuditta war die jüngste Tochter. Sie ging auf ein sehr exklusives Schweizer Internat und würde die Feiertage wie die anderen über die ganze Welt verstreuten Kinder bei den Eltern verbringen.

»Ich bestimmt nicht, und das weißt du genau!«, erwiderte Léonie.

»Ich habe heute einen wichtigen Termin mit einem Regisseur … aber wenn du partout nicht kannst …«

Léonie legte die Serviette auf den Tisch, sah ihrem Mann in die Augen und fragte betont gelassen: »Was willst du mir damit sagen, Guido?«

Er wirkte wie eine Schildkröte, die sich in ihren Panzer zurückzog. Dann lächelte er, legte eine Hand auf die seiner Frau und sagte: »Gar nichts, mein Schatz. Alles bestens.«

»Aber wollte sie nicht zusammen mit den anderen am vierundzwanzigsten kommen?«, fragte sie.

»Seit wann tun Kinder das, was wir von ihnen erwarten?«, brummte der Alte und warf seinem Sohn einen vielsagenden Blick zu.

Nach dreißig Jahren hatte er seinem einzigen Sohn immer noch nicht verziehen, dass er aus dem Familienunternehmen ausgeschieden war.

Dann fügte er hinzu: »An Heiligabend heißt es wieder: *The same procedure as every year.* Ich habe vor, den Abend im Club zu verbringen. In kleinem, aber exklusivem Kreis.«

Er meinte den berühmten Mailänder Club, dessen Vorsitzender er war.

»Das wissen wir bereits, *papà*. Das sagst du jedes Mal, und dann feierst du doch mit der Familie und freust dich, wenn deine Enkel dich tyrannisieren«, erwiderte Guido.

Léonie stand auf, trat neben ihren Schwiegervater und küsste ihn auf die Wange. »Noch einen schönen Tag, *papà!* Pass gut auf dich auf«, sagte sie mit einem strahlenden Lächeln.

»Du auch, meine kleine Hexe!«, murmelte der Alte beinahe zärtlich.

Als er nach dem zweiten Infarkt in die Firma zurückgekehrt war, hatte Léonie ein Fest für ihn organisiert: Die Arbeiter hatten ihm einen Blumenstrauß überreicht und auf seine Rückkehr angestoßen. Er hatte eine im Vorfeld mit der Schwiegertochter besprochene Rede gehalten. In wenigen Worten hatte er verkündet, dass Léonie Cantoni während seiner Erkrankung eine alles andere als leichte Aufgabe gemeistert hatte: Sie hatte die Firma allein geleitet, und das in einer Phase, in der bereits die ersten Anzeichen der Rezession zu spüren waren. Anschließend hatte er sie zur Vizepräsidentin von Cantoni-Armaturen ernannt. Da Léonie sich die Anerkennung und den Respekt aller erarbeitet hatte, war die Ankündigung des Cavaliere mit ausdauerndem Applaus aufgenommen worden. In Wahrheit hatte die Machtübergabe längst stattgefunden, denn Léonie hatte die Zügel bereits nach dem ersten Infarkt des Schwiegervaters in die Hand genommen und erfolgreiche Neuerungen eingeführt. Nach dem Applaus hatte der Cavaliere erneut das Wort ergriffen und mit einem Blick auf die Schwiegertochter gefragt: »War es das, was du wolltest?«

Kein bisschen eingeschüchtert, hatte Léonie erwidert: »Das Schöne an unserer Beziehung ist, dass wir genau das Gleiche wollen, *papà*. Nur, dass du der Präsident bist und ich bloß Vizepräsidentin.«

Erneut wurde applaudiert, und die »Signora« hatte einen Blumenstrauß erhalten.

Jetzt flüsterte ihr der Alte ins Ohr: »Werde ich es noch schaffen, dir vor meinem Tod zu entlocken, wohin du jeden zweiundzwanzigsten Dezember aufbrichst?«

»Da üb dich lieber mal in Geduld! Es wird nämlich noch viele Jahre dauern, bis dieser Moment gekommen ist«, flüsterte sie amüsiert.

»Habt ihr jetzt genug getuschelt?«, unterbrach Guido sie.

»Jetzt werd nicht eifersüchtig, das ist doch sonst gar nicht deine Art«, erwiderte seine Frau lächelnd. Sie ging auf ihn zu und drückte ihm einen lauten Kuss auf die Wange. »Wir sehen uns heute Abend. Und lass dir von Giuditta erzählen, warum sie zwei Tage zu früh auftaucht.«

Im Flur kam ihr ein Dienstmädchen entgegen, das ihr eine gefütterte Steppjacke, Handschuhe und ihre Aktentasche überreichte.

Léonie bedankte sich und ging. Ihr Wagen stand bereits vor der Villa bereit. Sie setzte sich ans Steuer, schnallte sich an und fuhr los.

Auf einer langen Allee durchquerte sie den Park bis zum eindrucksvollen schmiedeeisernen Tor, das sich automatisch öffnete.

Nichts und niemand, ja, nicht einmal ihre Kinder konnten sie um diesen Tag bringen, der seit ihrer Heirat ausschließlich ihr allein gehörte.

3

Léonie verließ Villanova, einen Ort zwischen Mailand und Lecco, in dem sich der Turm der Kirche San Francesco über die Dächer erhob. Sie nahm die Landstraße, fuhr nach einigen Kilometern durch den Kreisverkehr und bog schließlich in eine asphaltierte Straße ein, an deren Ende ein Industriekomplex aufragte, an dem in großen Neonbuchstaben CANTONI-ARMATUREN zu lesen war.

An die Fabrik schloss sich ein weiterer, kleinerer Bau an, der aus dem neunzehnten Jahrhundert stammte. Das war der frühere Firmensitz, auf dessen efeubewachsener Fassade der Originalschriftzug *»ROBINETTI«* nach wie vor zu sehen war. Damals hießen Armaturen noch *»robinetti«*, abgeleitet vom altfranzösischen Wort *robin*, »Widder«, weil sie einst die Form eines Widderkopfes gehabt hatten. Crippa war der Nachname des Gründers der Firma gewesen, die anschließend an die Familie Cantoni übergegangen war. Das alte Gebäude war komplett restauriert worden und beherbergte jetzt die Büros und das Armaturen-Museum.

Letzteres war einer Idee Léonies zu verdanken. Es existierte seit den ersten Jahren ihrer Ehe, als sie im Keller zwischen Schrott und Produktionsüberschüssen einige antike, seltsam geformte Armaturen gefunden hatte, regelrechte Skulpturen. Manche waren beinah obszön, andere Tierköpfen nachempfunden, darunter auch dem eines Widders. Die eine oder andere vorhandene vergoldete Bronze- oder Silberarmatur ging sogar bis aufs sechzehnte Jahrhundert zurück.

Wahrscheinlich stammten sie aus den prunkvollen Anwesen der adligen Familien in der Umgebung und waren im Lauf der Jahrhunderte durch modernere, praktischere Armaturen ersetzt worden. Seit über zwanzig Jahren wurde das Museum, das Léonie um andere seltene Stücke aus der ganzen Welt ergänzt hatte, von Schulklassen, Sammlern und Neugierigen besucht und stand der Firma gut zu Gesicht.

In den Büros erwartete Léonie vorweihnachtliche Stimmung. Am Fuß der Treppe stand eine riesige Tanne, die mit leuchtenden Sternen geschmückt war. Kugeln und Lametta zierten die Türen. Léonie ging in den ersten Stock, erwiderte die Grüße der Angestellten und betrat ihr Büro. Die betagte Signorina Mombelli, die Sekretärin, erwartete sie mit der neuesten Post. Sie wusste, dass die »Signora« es eilig hatte, es war schließlich der zweiundzwanzigste Dezember, und da würde sie bald aufbrechen und erst am nächsten Tag zurückkehren. So war es jedes Jahr, auch als sie noch wesentlich jünger und sichtbar schwanger gewesen war oder eines ihrer Kinder gestillt werden musste. Léonie setzte sich an den Schreibtisch, begann, die Post durchzusehen, und stieß einen spontanen Freudenschrei aus.

»Eine neue Bestellung aus Dubai! Aber das ist ja fantastisch!«

»Achthundert Stück von dem Widdermodell in Gold«, präzisierte Signorina Mombelli stolz.

»Wir können froh sein, dass wir genügend Gold im Tresor haben. Beim jetzigen Kurs machen wir einen Riesengewinn«, stellte Léonie fest, nicht ohne hinzuzufügen: »Das ist ein wirklich tolles Weihnachtsgeschenk für die Firma.«

Sie strahlte, und die Sekretärin wusste, dass das nicht nur an der unverhofften Bestellung des arabischen Hotels lag: Die »Signora« war am Tag der Wintersonnenwende einfach immer glücklich.

Und als Léonie ihr Büro verließ, flüsterte die Mombelli ihr zu: »Einen schönen Tag noch!«

»Den habe ich bestimmt«, versicherte sie ihr und wandte sich zur Treppe.

Sie stieg erneut in den Wagen, fuhr ein Stück über die Landstraße und nahm dann die Autobahn nach Lecco und zum Comer See.

Der Verkehr wurde dichter, und sie kam langsamer voran, trotzdem wurde Léonie nicht nervös. Sie wollte jede Sekunde auf dem Weg nach Varenna genießen.

Das Städtchen empfing sie weihnachtlich geschmückt, nach Einbruch der Dunkelheit würden die Plätze und die engen, steilen Gässchen hell erstrahlen. Als sie zum See hinunterfuhr, sah sie das Vorgebirge von Bellagio. Der Himmel war bewölkt, und ein dichter nasskalter Nebel verhüllte das gegenüberliegende Ufer, hinter dem das dunkle Gebirgsmassiv aufragte.

Im Schritttempo fuhr sie über den Kirchplatz – am Kirchturm funkelte ein silberner Komet –, bog in eine steil abfallende Straße ein und parkte auf einem winzigen Platz. Sie nahm ihre Tasche, stieg aus dem Wagen und lief eine Steintreppe hinunter, die auf eine Gasse vor einem alten Gebäude führte, das angeblich einst Theodolinde, die Königin der Langobarden, beherbergt hatte.

Seit Langem war es ein Hotel mit wenigen, aber wunderschönen Zimmern, die auf den See hinausgingen.

Plötzlich wich Léonies Euphorie einer vagen Nervosität. Dieses Jahr wird er nicht hier sein, dachte sie. Es geschieht so viel in so kurzer Zeit, und dann erst in einem Jahr!

Sie blieb stehen und sah an der Fassade mit der Aufschrift HÔTEL DU LAC empor. Der kalte Wind schnitt ihr ins Gesicht, und durch die gläserne Eingangstür sah sie die hell erleuchtete Lobby. Vier Schritte, und sie wäre dort, aber vor lauter Angst, zu früh zu sein, wagte sie es nicht, sich zu rühren. Stattdessen beschloss sie, noch eine kleine Runde zu drehen.

Die Gasse lag still und verlassen da. Sie ging nach rechts zur

Aussichtsterrasse des Hotels mit dem Brunnen in der Mitte, den Eisentischchen, den steinernen Säulen, die ein kahles Tonnengewölbe trugen, und trat ans Geländer direkt über dem Wasser. Die Breva, der eiskalte Wind des Comer Sees, blies ihr ins Gesicht und in den Ausschnitt ihrer Steppjacke.

Sie schlug den Kragen hoch.

Sie sah ein Boot, das auf Bellagio zufuhr. Ein Taxi-Boot mit der Aufschrift GEORGE-TOUR. Es nahm Kurs auf die Villa Oleandra. Trotz der Kälte gab es auch an diesem Tag Leute, die aus weiter Ferne einen Blick auf George Clooneys Villa erhaschen wollten, nur um sagen zu können: »Ich habe das Haus des Schauspielers gesehen.«

Auf die Aussichtsterrasse ging auch die Hotelbar hinaus, in der ein Kellner Tassen und Gläser in ein Abtropfgestell räumte. Léonie stand fröstelnd draußen und überlegte, ob er wohl eine Nachricht an der Rezeption hinterlegt hatte. Aber wenn sie nicht hineinging, würde sie das nie erfahren.

Entschlossen drückte sie die Klinke einer der Terrassentüren hinunter und betrat die Bar.

Wärme schlug ihr entgegen, und der junge Barmann sagte: »Sie wünschen?«

»Ich will nur zur Rezeption.« Léonie ging in die Lobby.

Hinter dem Tresen entdeckte sie die Besitzerin, die sie erkannte.

»Schön, Sie wiederzusehen, Signora«, begrüßte sie sie.

»Danke, gleichfalls«, sagte Léonie lächelnd.

»Hatten Sie eine gute Reise? Mein Mann hat erzählt, dass ziemlich viel los ist auf den Straßen«, bemerkte die Frau.

»Der übliche Weihnachtsverkehr«, erwiderte Léonie.

»Haben Sie den tückischen Wind gespürt? Gestern Abend der Tivano, heute die Breva … Noch schneit es nicht«, meinte die Besitzerin und gab ihr den Schlüssel für die Suite. »Soll ich Sie vom Portier begleiten lassen?«

»Danke, ich kenne den Weg«, erwiderte Léonie lächelnd.

Sie nahm die Stufen in den ersten Stock und blieb vor der ihr vertrauten Suite stehen. Sie steckte den Schlüssel ins Schloss, öffnete die Tür und betrat den winzigen Flur.

Sie nahm einen Hauch Vetiverduft wahr, und ihr Herz machte einen Purzelbaum. Sie ging in den Salon, als er ihr auch schon entgegenkam. Er sah sie zärtlich an. »*Bonjour,* Léonie.«

»*Bonjour,* Roger«, flüsterte sie.

Und schon lagen sie sich in den Armen.

4

Was ist, weinst du?«, fragte Roger und nahm Léonies Gesicht in beide Hände.

»Nur ein paar Tränen … Weißt du eigentlich, wie verrückt wir sind? Wir sehen uns nur einen Tag im Jahr, und die restlichen dreihundertvierundsechzig wissen wir nicht das Geringste vom anderen.«

»Wenn du wüsstest, wie oft ich gern heimlich deine Handtasche nach einem Ausweis oder einem Kalender mit deiner Adresse und Telefonnummer durchsucht hätte. Damit ich dich erreichen, dich fragen kann, wie es dir geht, damit ich dir sagen kann, wie sehr du mir fehlst«, gestand er ihr.

»Mir geht es genauso. Findest du nicht, dass wir verrückt sind?«

»Wir sind zwei verantwortungsbewusste Menschen, die einmal im Jahr einen wunderschönen Traum leben«, erwiderte er und streichelte ihre Hüfte.

Sie bekam Gänsehaut, als sie seine warme Hand auf ihrer nackten Haut spürte, und küsste ihn auf den Mund. Sie liebten sich zärtlich.

Dann schliefen sie unter den weichen Decken des großen Betts ein, in das sie sich schon seit vielen Jahren flüchteten.

Als Léonie wach wurde, war es fast dunkel im Zimmer.

Roger schlief neben ihr und hatte die Decke bis unters Kinn gezogen. Sie stand auf, schlüpfte in den hoteleigenen Frotteebademantel und trat an die Terrassentür.

Der See war kaum zu sehen, und an der Küste Bellagios flammten die ersten Lichter auf. Sie ging zum Salon hinüber und schloss lautlos die Zimmertür. Sie machte eine Lampe an und nahm ihre Uhr aus der Handtasche, die sie auf dem Sofa hatte liegen lassen. Es war kurz vor drei. Vom großzügig gefüllten Obstteller nahm sie eine Handvoll bernsteinfarbener Trauben. Sie machte es sich in einem Sessel gemütlich und probierte von den süßen Früchten. Sie war richtig ausgehungert.

»Ertappt!«, scherzte Roger, als er die Tür öffnete. Er hatte sich eine Decke um die Hüften gewickelt und setzte sich ihr gegenüber aufs Sofa. »Wie spät ist es?«

»Fast drei, und wir haben noch nicht zu Mittag gegessen.«

»Dafür haben wir uns anderen Genüssen hingegeben«, sagte er lächelnd, nicht ohne hinzuzufügen: »Ich habe den üblichen Tisch im Hafenrestaurant bestellt.«

»Dann lass uns gehen, sie werden bestimmt auch jetzt noch einen Tisch für uns haben«, schlug sie vor.

Als sie sich kennengelernt hatten, war sie zwanzig und er zweiunddreißig. Sie war frisch verheiratet, er ein angesehener Gynäkologe in der Uniklinik von Marseille. Inzwischen hatte er Karriere gemacht und war dort Oberarzt für Gynäkologie und Geburtshilfe.

Schon damals hatten ihr seine imposante Gestalt und sein ernstes Gesicht Respekt eingeflößt. Aber wenn er lächelte, hellten sich seine Züge auf.

Er hatte sich in all den Jahren kaum verändert. Sein kastanienbraunes Haar war mittlerweile grau an den Schläfen, die Falten an beiden Seiten des Mundes waren tiefer geworden, aber nach wie vor hatte er eine schlanke, sportliche Figur.

»Wer geht zuerst ins Bad?«, fragte Roger, der sich bereits erhob.

»Ich!«, rief Léonie und stürmte vor ihm ins Bad wie eine Hundertmeterläuferin.

Schließlich duschten sie gemeinsam, lachten und spielten mit dem Wasser wie kleine Kinder.

Wie in allen Orten am See bekam man auch in Varenna rund um die Uhr etwas zu essen. Als sie das Restaurant betraten, waren sie nicht die einzigen späten Mittagsgäste. Auch andere waren gerade erst bei den Antipasti.

Eine Kellnerin schlug Léonie und Roger das Tagesmenü mit Seefisch vor, doch beide bestellten Spaghetti mit Tomatensoße und Basilikum sowie einen Kalbsbraten mit Ofenkartoffeln.

»Und, wo waren wir stehen geblieben?«, fragte Roger und streichelte Léonies Hand. Damit meinte er die Ereignisse des vergangenen Jahres.

»Wie du weißt, sind alle Kinder aus dem Haus, auch Giuditta, die Jüngste. Sie kommt heute aus Genf zurück, vermutlich holt mein Mann sie vom Flughafen ab. Giuseppe, der Älteste, hat Fiona, die arrogante Amerikanerin, geheiratet, aber das habe ich dir bereits erzählt. Sie haben eine Tochter, Margaret, die jetzt drei Monate alt ist. Sie kommen in zwei Tagen aus New York, genau wie Gioacchino und sein Lebensgefährte Peter, allerdings aus London. Gioia besucht uns aus Paris. Sie bringt ihren neuen Freund mit, der im Elysée-Palast arbeitet, und Giacinta trifft aus Rom ein. Wie immer werden wir die Feiertage gemeinsam verbringen. Und du?«

»Ich bin zum dritten Mal Opa geworden. Alain, der Älteste, hat im Januar noch ein Kind bekommen. Sophie ist hypernervös, angeblich sind die anstrengenden Enkel der Grund. Hätte ich an Weihnachten Dienst, würde sie liebend gern die vernachlässigte Ehefrau spielen und schon früher nach St. Moritz fahren – einen Ort, den ich hasse.«

»Das tut mir leid« sagte Léonie.

»Keine Sorge, wir werden Weihnachten so wie immer mit unseren Kindern und Enkeln feiern. Und währenddessen werde ich an diese wunderschönen Stunden zurückdenken.«

Er sah sie mit lachenden Augen an. Léonie spürte einen Kloß im Hals, Tränen stiegen ihr in die Augen. Er strich ihr über die Wange.

»Würdest du mir bitte verraten, was heute los ist? Es ist schon das zweite Mal, dass ich dich weinen sehe.«

»Ich weiß nicht … Ich weiß es wirklich nicht. Ich bin glücklich, aber trotzdem kommen mir ständig die Tränen.«

»Aber es geht dir doch gut, oder?«

»Es ist mir noch nie besser gegangen. Aber mein Arzt sagt, dass ich allmählich in die Wechseljahre komme. Deshalb bin ich wohl so empfindlich.«

»Wenn du willst, kann ich dir eine Hormontherapie verschreiben, aber vorher müsstest du ein paar Untersuchungen vornehmen lassen. Sprich doch mit deinem Frauenarzt darüber!«, riet Roger.

Als sie das Restaurant verließen, mussten sie sich gegen den kalten Wind stemmen, bis sie den kleinen Platz erreichten, an dem Léonie geparkt hatte.

»Danke, dass du auch dieses Jahr gekommen bist. Du bist mein schönstes Weihnachtsgeschenk, liebste Léonie«, sagte Roger.

»Und du meines«, erwiderte sie, nicht ohne hinzuzufügen: »Wie lange werden wir uns noch auf die Art gegenseitig beschenken können?«

»Am besten, wir denken gar nicht darüber nach, sondern freuen uns an dem, was wir haben und in der Vergangenheit hatten. Weißt du noch, als du vor achtundzwanzig Jahren eine Autopanne hattest und ich dich gezwungen habe, den Reifen zu wechseln?«

»An diesem Morgen war ich auf dem Weg nach Morbegno, um meiner Schwiegermutter *bitto,* ihren Lieblingskäse, zu kaufen. Wenn man so will, war sie es, die mich in deine Arme gestoßen hat«, erinnerte sich Léonie amüsiert.

»Gelobt sei deine Schwiegermutter!«, rief Roger.

Sie verabschiedeten sich mit einer langen Umarmung. Dann stieg Léonie in ihr Auto und fuhr davon. Auf der Fahrt nach Villanova erinnerte sie sich an ihre erste folgenschwere Begegnung.

Varenna

1

An jenem Tag hatte sich Celina Catoni an ihre frischgebackene Schwiegertochter Léonie gewandt und gesagt: »Als ich noch Auto gefahren bin, war ich manchmal nur des Käses wegen in Morbegno. Ihr Franzosen bildet euch so viel auf eure Käsesorten ein, dabei sind sie längst nicht so gut wie die italienischen. Was würde ich jetzt für eine Scheibe *bitto* geben!«

»Du weißt doch ganz genau, dass dir der Arzt Käse verboten hat«, sagte die Schwiegertochter.

»Die Ärzte sollten lieber das Alter und den damit verbundenen körperlichen wie moralischen Niedergang verbieten«, hatte die Schwiegermutter traurig bemerkt.

Léonie hatte Fotos von der noch jungen Celina gesehen: Sie war einmal sehr schlank und wunderschön gewesen. Jetzt konnte sie sich vor lauter Fettleibigkeit kaum noch rühren. In die Villa war ein Lift eingebaut worden, damit sie leichter von einem Stockwerk ins andere gelangte.

Léonie hatte sie spontan umarmt und gesagt: »*Maman,* eines Tages fahre ich nach Morbegno und kaufe dir *bitto*, vorausgesetzt, du erzählst es niemandem weiter!«

»Du musst ihn bei den Fratelli Ciapponi kaufen. Wenn du in ihrem Laden stehst, wirst du dich um hundert Jahre zurückversetzt fühlen. Schon von draußen kann man den Duft wahrnehmen, nach Bergsalami, Vanillekeksen ... Ich weiß, dass all diese Leckereien an meinem jetzigen Gesundheitszustand schuld sind. Es stimmt schon, was meine Mutter immer gesagt hat: Die Schönheit der Jugend bekommt man geschenkt, aber dafür, wie man im Alter aussieht, ist man selbst verantwortlich. Ich habe gesündigt, und jetzt muss ich die Konsequenzen tragen.«

Mit dem gesunden Menschenverstand einer jungen Frau sagte sich Léonie, dass der eine oder andere Verstoß gegen die Anweisungen des Arztes Celina schon nicht umbringen, aber dafür glücklich machen würde.

Manchmal kochte sie ihr heimlich eine winzige Portion Schnecken, *escargots à la provençale,* oder Pilze mit Sahnesoße. Celina war ihr dankbar für diese Köstlichkeiten. Sie blieben ihr Geheimnis, und im Gegenzug überschüttete sie ihre Schwiegertochter mit einer zärtlichen Mutterliebe, wie Léonie sie nie hatte erfahren dürfen.

Kurz vor ihrem ersten Weihnachtsfest als verheiratete Frau beschloss Léonie, nach Morbegno zu fahren und dort Delikatessen einzukaufen, vor allem aber den von ihrer Schwiegermutter so geliebten *bitto.*

Die Cantonis hatten ihr einen Lancia geschenkt, und an einem regnerischen Vormittag machte sie sich auf den Weg: Es war der zweiundzwanzigste Dezember.

Auf der Landstraße schaltete sie das Radio ein und suchte nach einem Musiksender. Erst leisteten ihr die Beatles Gesellschaft, dann der Soundtrack eines Films von Jean Luc Godard, den sie erst vor Kurzem mit Guido gesehen hatte. Ihre Gedanken eilten zu ihrem liebevollen, aber auch schwer zu durchschauenden Ehemann.

Sie waren nun ein halbes Jahr verheiratet, und seit drei Monaten erwartete sie ihr erstes Kind. Einmal mehr fragte sie sich, warum Guido sich für sie entschieden hatte. Als er ihr den Heiratsantrag gemacht hatte, hatte er nicht gesagt: »Ich liebe dich« oder »Du bist großartig!«, sondern nur: »Willst du meine Frau werden?«

Sie hatte sofort Ja gesagt.

Für ein Mädchen aus der Provence, das ganz auf sich allein gestellt war, weder Geld noch eine Perspektive hatte außer der, nach Salon-en-Provence zurückzukehren und dort bei der Post zu arbeiten, war Guidos Antrag ein absoluter Glücksfall gewesen.

Sie konnte zwar nicht behaupten, rundum glücklich zu sein, aber unglücklich war sie auch nicht. Die Cantonis mochten sie sehr, und das war ihr wichtig, da sie noch nie eine richtige Familie gehabt hatte. Und auch nicht die finanzielle Sicherheit, die diese Familie garantierte.

Als sie ihrem Mann von der Schwangerschaft erzählt und er sie umarmt hatte, hatte sie gewagt, ihn zu fragen: »Warum hast du mich eigentlich geheiratet?« Guido hatte sie nur überrascht angesehen und dann scherzhaft erwidert: »Weil du so hübsch bist.«

In dem Moment hatte sie gehofft, dass Guido fragen würde, »Und du, warum hast du mich geheiratet?«

Doch das tat er nicht. Vielleicht, weil er ihre Antwort bereits kannte. Sie hatte ihn geheiratet, weil sie nichts besaß, während er reich, schön und elegant war und aus einer angesehenen Familie stammte.

Und mehr erwartete Léonie auch gar nicht. Dankbar nahm sie an, was ihr geschenkt wurde, und machte sich ansonsten nützlich. Sie hatte nie versucht, etwas über die Vergangenheit ihres undurchschaubaren, oft melancholischen Ehemanns zu erfahren. Doch kurz nach der Hochzeit hatte sie eine Anspielung aufgeschnappt, die diese betraf.

Eines Abends hatte Celina ihrem Mann zugeflüstert: »Hoffen wir, dass Guido diese scheußliche Geschichte endlich hinter sich lassen kann!«

Woraufhin der Cavaliere erwidert hatte: »Das war alles nur deine Schuld. Weil du ihn nach Strich und Faden verwöhnt und verteidigt hast.«

»Ich liebe ihn eben, während du schon immer viel zu streng mit ihm gewesen bist.«

»Jetzt, da ich weiß, dass er sich weigert, die Firma zu übernehmen, denke ich, dass ich noch nicht streng genug war! Was soll nur aus dem Unternehmen werden, wenn ich einmal nicht mehr bin?«

Diese Familie hatte Geheimnisse, die Léonie nicht kannte und die sie auch gar nicht kennen wollte.

Auf der Rückfahrt nach Villanova hatte sich der störende Regen, der sie schon auf der Hinfahrt begleitet hatte, in einen richtigen Wolkenbruch verwandelt. Léonie war gezwungen, langsamer zu fahren, und fand sich in einem langen Stau wieder. Sie hätte gern angehalten, um zu Hause anzurufen und zu sagen, dass sie sich wegen des Verkehrs verspäte. Aber sie hatte keinen Schirm dabei und wollte nicht nass werden. Sie war fast schon auf der Höhe von Bellano, als ihr Wagen plötzlich ausbrach, und sie merkte, dass sie eine Reifenpanne hatte.

Sie entdeckte eine Haltebucht und blieb dort stehen.

Sie legte die Stirn aufs Lenkrad und sagte laut: »*Mon dieu,* was jetzt?«

2

Der Regen prasselte wie verrückt auf das Auto, und sie blieb darin sitzen. Sie wusste, dass sie aussteigen musste, um nach dem Reifen zu sehen, doch noch zögerte sie.

»Wenn ich wenigstens einen Schirm dabeihätte!«, sagte sie sich verzweifelt.

Schließlich gab sie sich einen Ruck. Sie knotete das Tuch auf, das sie um den Hals trug, band es sich um den Kopf und stieg aus. Bei strömendem Regen stellte sie fest, dass der Vorderreifen platt war und sie damit auf keinen Fall weiterfahren konnte. Sie hatte noch nie einen Reifen gewechselt, also blieb ihr nichts anderes übrig, als jemanden zu bitten, sie mitzunehmen. Sie stellte sich an den Straßenrand, hob einen Arm und winkte, um den näher kommenden Sportwagen anzuhalten. Der Fahrer wurde langsamer und bog in die Haltebucht ein. Er kurbelte das Fenster herunter und fragte: »Was ist denn los?« Er hatte ein ernstes, schönes Gesicht und sprach mit einem starken französischen Akzent.

»Ich habe eine Reifenpanne«, erklärte Léonie auf Französisch. Obwohl sie völlig durchnässt war, blieb der Mann in seinem Wagen sitzen und fragte: »Haben Sie keinen Ersatzreifen?«

»Keine Ahnung, und selbst wenn, könnte ich ihn nicht montieren. Ich habe so etwas noch nie gemacht«, erwiderte Léonie gereizt, weil der Mann so gleichgültig war.

Da stieg er aus. Er hatte eine eindrucksvolle Statur, trug einen Skianorak und bequeme pelzgefütterte Stiefel. Er setzte die Kapuze seines Anoraks auf und sagte fest entschlossen: »Gut, dann lernen Sie jetzt, wie das geht.«

»Hören Sie, vergessen Sie's! Nehmen Sie mich nur bis zum nächsten Ort mit«, bat sie ihn.

Wortlos fasste er sie am Arm und führte sie zu ihrem Lancia.

»Öffnen Sie den Kofferraum!«, befahl er. »Ich sage Ihnen jetzt, was Sie tun müssen, und Sie wechseln den Reifen. Sie sollten es lernen, wenn Sie Auto fahren.«

Léonie war zu verblüfft, um dem etwas entgegenzusetzen, und öffnete den Kofferraum.

»Da, sehen Sie. Hier ist weit und breit kein Ersatzreifen«, sagte sie zu dem Fremden.

»Heben Sie die Matte hoch. Ja, genau so! Dort ist der Ersatzreifen. Und wenn Sie genau hinschauen, sind da auch Schraubenschlüssel und ein Wagenheber, um das Auto aufzubocken.«

»Das Auto aufbocken?«, wiederholte Léonie fassungslos.

»Nur so kann man einen Reifen wechseln«, erklärte er gelassen, was sie erst recht zur Weißglut trieb.

Schicksalsergeben, aber extrem gereizt sagte Léonie leise: »Und was muss ich sonst noch machen?«

»Mit dem Schraubenschlüssel lockern Sie die Schrauben. Anschließend nehmen Sie den Ersatzreifen aus dem Kofferraum.«

Sie standen nach wie vor im Regen, nur trug er wasserfeste Kleidung, während Léonies Mantel schon völlig durchweicht war.

»Sie sind wirklich der unfreundlichste Mensch, dem ich je begegnet bin«, beschwerte sie sich, befolgte aber seine Anweisungen.

»Tatsächlich? Meine Freunde sehen das anders, sie finden mich sogar äußerst sympathisch. Aber lassen Sie uns keine Zeit verlieren. Jetzt schieben Sie den Wagenheber unter das Auto und kurbeln.«

»Es hebt sich tatsächlich! Wer hätte das gedacht!«, jubelte Léonie verblüfft.

»Lösen Sie die Schrauben und ziehen Sie den Reifen ab«, fuhr er ungerührt fort. »Das Schwierigste ist geschafft. Jetzt müssen Sie nur noch den Ersatzreifen montieren, die Muttern wieder festziehen und den Wagen herunterlassen.«

Wortlos befolgte sie sämtliche Anordnungen und beschränkte sich ansonsten darauf, diesen Landsmann zu hassen, der keinen Finger krumm machte, um ihr zu helfen.

Seit sie in Italien lebte, hatte sie oft wenig schmeichelhafte Bemerkungen über die Franzosen und ihre arrogante Art gehört. Jetzt wusste sie, dass die Italiener recht hatten.

»Sie waren fantastisch!«, rief er zufrieden, nachdem er kontrolliert hatte, ob alles in Ordnung war.

»Das kann doch nicht sein ... Ich habe es tatsächlich geschafft!«, staunte Léonie.

Der Regen, der ihren Mantel und ihre Schuhe durchnässt hatte, war ihr egal, genauso wie die Kälte, die sie zittern ließ.

»Sehen Sie? Das war doch gar nicht so schwer!«, bemerkte er und verzog die Lippen zu einem breiten Lächeln.

Auch Léonie lächelte, als sie sagte: »Herzlichen Dank! Meinen Sie, ich kann jetzt gefahrlos weiterfahren? Nicht dass der Reifen, den ich montiert habe, gleich abfällt.«

»Sie haben ausgezeichnete Arbeit geleistet ... Besser kann man das gar nicht machen. Wohin müssen Sie denn?«

»Ich muss noch eine Stunde fahren, bei dem Verkehr vielleicht sogar noch länger.«

»In diesem Zustand geht das nicht. Sie sind ja völlig durchnässt. Mein Hotel ist gleich in der Nähe. Steigen Sie ein und folgen Sie mir. Sie müssen erst wieder trocken werden und etwas Heißes trinken.«

»Das macht nichts, wirklich nicht ...«, begann sie, weil sie nach Hause wollte.

»Keine Widerrede! Ich bin Arzt und weiß, was ich sage.«

Léonie gab nach. Sie setzte sich ans Steuer und folgte dem Wagen des Mannes. Nach wenigen Metern sah sie ein Schild, das auf die Abfahrt Varenna hinwies.

Durch den halb verlassenen Ort fuhren sie zum See. Dort parkte sie ihren Lancia neben dem Sportwagen des Fremden. Dann liefen sie bei nach wie vor strömendem Regen eine Treppe hinunter und betraten die Lobby eines kleinen Hotels namens *Hôtel du Lac*.

Während Léonie das klatschnasse Tuch abnahm, kam eine junge, üppige Blondine auf sie zu und begrüßte sie mit den Worten: »Sie sind ja schnell wieder zurückgekommen, Dottore.« Sie gab ihm den Zimmerschlüssel.

»Der Schnee ist furchtbar. Ich habe einige Pisten ausprobiert und dann aufgegeben«, erklärte er und wechselte schnell das Thema. Mit einem Blick auf Léonie fuhr er fort: »Die Dame braucht ein Zimmer und ein Zimmermädchen, das ihre Sachen trocknet.«

In diesem Moment merkte er, dass er sich Léonie noch gar nicht vorgestellt hatte.

»Entschuldigen Sie bitte. Ich bin Roger Bastiani.«

Ein gebürtiger Korse mit Marseiller Akzent, dachte sie und sagte: »Léonie Tardivaux.«

Die Blondine sah im Belegungsplan nach und verkündete: »Tut mir leid, aber ich habe kein einziges freies Zimmer mehr.«

»Aber wir wollen doch nicht, dass sich die Signora erkältet, oder?«, sagte der Arzt mit der Autorität, die Léonie bereits kannte.

In diesem Moment kitzelte sie etwas in der Nase, und sie musste mehrmals niesen.

»Gehen Sie sofort auf mein Zimmer!«, befahl er.

Dann wandte er sich an die Frau an der Rezeption. »Bitte schicken Sie ein Zimmermädchen mit heißem Tee hinauf. Ich werde hier unten an der Bar auf die Dame warten.« Er gab Léonie den Schlüssel.

»Ich will Ihnen keine Umstände …«, flüsterte sie, aber er hörte es gar nicht mehr, weil er bereits durch den Flur zur Bar lief.

»Was für ein Kerl!«, bemerkte die üppige Blondine. »Ich kenne ihn schon seit drei Jahren und weiß, wovon ich rede.«

3

Léonie betrat die Suite, in der es leicht nach Vetiver roch. Sie schlüpfte aus ihren Schuhen und versank genüsslich im weichen, warmen Teppich. Das Zimmermädchen, das ihr nachgeeilt war, nahm ihr die Schuhe ab und half ihr, den durchnässten Mantel auszuziehen.

»Und was ist mit der Strickjacke?«, fragte die Frau.

»Die ist zum Glück trocken geblieben«, erwiderte Léonie und knöpfte sie auf, um sicherzugehen. »Alles in Ordnung, danke«, schickte sie lächelnd hinterher.

»Ich lasse Ihnen sofort Tee heraufbringen, so wie Dottor Bastiani es wünscht. Das Bad ist hier«, sagte das Zimmermädchen und öffnete die linke Tür. Dann ging sie und ließ sie allein.

Léonie betrat den Salon, der mit einem Sofa, zwei Sesseln, einem Tischchen und einem Fernseher eingerichtet war. An den Wänden hingen Drucke mit Seeansichten, und die Balkontür führte auf eine Terrasse über dem See.

Sie sah sich um. Die Tür zum Schlafzimmer stand halb offen. Ein gemachtes Bett mit einer blauen Tagesdecke fiel ihr ins Auge. Instinktiv schloss sie die Tür, so als wolle sie die Privatsphäre ihres Retters nicht stören.

Auf dem Tischchen lag ein Stapel Unterlagen, auf denen stand: DRITTER INTERNATIONALER KONGRESS FÜR GYNÄKOLOGIE UND GEBURTSHILFE. Ihr Gastgeber war also Gynäkologe.

»Was für ein seltsamer Mann!«, flüsterte sie.

Sie setzte sich in den Sessel neben dem Couchtisch, auf dem ein Telefon stand. Sie nahm den Hörer ab, wählte die Null vor, um hinauszutelefonieren, und rief zu Hause an. Nesto ging beim zweiten Klingeln dran.

»Bitte richten Sie aus, dass ich nicht zum Mittagessen komme. Ich habe eine Reifenpanne und …« Erneut musste sie mehrmals niesen.

»Haben Sie sich erkältet, Signora?«, fragte der Hausdiener.

»Ich fürchte, ja. Wie dem auch sei, jetzt ist wieder alles in Ordnung, und ich werde bald weiterfahren.«

Es klopfte. Es war der Barkellner, der ein Tablett mit Tee, Keksen und Petits Fours brachte.

Léonie bedankte sich und schloss sich im Bad ein, um sich auszuziehen.

Die heiße Dusche tat ihr gut. Danach zog sie einen Frotteebademantel an und föhnte sich schnell das Haar. Dabei musterte sie die Toilettenartikel auf der Waschbeckenkonsole: Rasierapparat, Zahnpasta und Zahnbürste, Zahnseide, eine Tube Sonnencreme, eine Haarbürste und ein Flakon mit dem Vetiver-Aftershave.

Sie zog sich wieder an, kehrte in den Salon zurück und trat an die Balkontür: Es hatte aufgehört zu regnen, aber der Himmel war grau und bedeckt.

Sie trank den heißen Tee und ließ die Süßigkeiten liegen.

Es klopfte erneut. Es war das Zimmermädchen, das die getrockneten und auf Hochglanz polierten Schuhe brachte.

»Der Mantel braucht noch eine Weile«, sagte sie.

Léonie ging ins Erdgeschoss, durchquerte die verlassene Lobby und betrat die Bar.

Am Tresen standen mehrere Gäste, ein Paar saß an einem Tischchen, und Roger Bastiani stand mit dem Rücken zu ihr vor der Panoramascheibe, die auf die Terrasse hinausging.

Er hatte seinen Anorak ausgezogen. Der weiße Wollpulli mit Zopfmuster ließ breite, kräftige Schultern erkennen. Sein braunes Haar kräuselte sich in seinem Nacken.

Er hatte die Hände in die Taschen seiner Skihose gesteckt. Léonie trat näher.

»Hier bin ich wieder!«, sagte sie.

Er drehte sich um und lächelte.

»Ich weiß gar nicht, wie ich Ihnen danken soll. Jetzt fühle ich mich wieder versöhnt mit der Welt«, fuhr Léonie fort.

»Setzen Sie sich!«, sagte er und zog einen kleinen Sessel vor. »Ich habe darum gebeten, dass uns zwei Toasts und zwei Tassen mit heißem Tee gebracht werden. Die Essenszeit ist schon vorbei, und Sie müssen unbedingt etwas zu sich nehmen, bevor Sie weiterfahren.«

Er nahm gegenüber von ihr Platz, während der Kellner eine blütenweiße gestärkte Tischdecke auflegte.

»Darf ich auch ablehnen?«, fragte sie. Sie hatte keine Eile, nicht jetzt, da sie die Familie benachrichtigt hatte, aber die Selbstverständlichkeit, mit der der Fremde den Gastgeber mimte, war ihr etwas unheimlich.

»Kommt nicht infrage. Ich weiß nicht, was Sie heute noch vorhaben, aber wenn Sie eine Viertelstunde länger bleiben, um sich zu stärken, wird das Ihr Leben schon nicht auf den Kopf stellen.«

»Sie haben eine seltsame Art, mir Ihre Großzügigkeit aufzudrängen.«

»Ich bin kein Freund von Formalitäten oder unsinnigen Höflichkeitsfloskeln. Und jetzt essen Sie!«, fuhr er fort, als der Kellner warmen Toast und dampfenden Tee servierte.

»Auf dem Tischchen in Ihrer Suite habe ich Unterlagen zu einem Geburtshilfe-Kongress gesehen. Sind Sie Gynäkologe?«

»Ich habe mich für dieses Fachgebiet entschieden, obwohl mein Vater, ein genialer Arzt, kurz nach meiner Geburt zu meiner Mutter gesagt hat: ›Wenn dieses Kind schlau ist, wird es entweder Internist wie ich oder Chirurg wie du. Hauptsache, es hat geschickte Hände. Und wenn nicht … wird es eben Gynäkologe!‹ Das haben sie mir belustigt erzählt, als ich verkündet habe, dass ich mich auf Geburtshilfe spezialisieren will«, erzählte Roger amüsiert.

Léonie lachte herzlich und sagte dann: »Glauben Sie bloß nicht, dass ich Ihnen das abnehme! Sie haben mir nur einen guten Witz erzählt. Trotzdem, ich sollte jetzt lieber nach Hause fahren. Herzlichen Dank für Ihre unglaubliche Liebenswürdigkeit.«

»Ich habe nichts anderes getan, als Ihre Gesundheit aufs Spiel zu setzen. Aber ich wollte nicht, dass Sie sich von so einem kleinen Problem unterkriegen lassen.«

»Sie hatten recht, und Ihre Hartnäckigkeit hat mir sehr geholfen, Dottore«, erwiderte Léonie. »Es tut mir nur leid, dass ich Sie so lange aufgehalten habe.«

»Ich habe heute frei. Ich sollte in Bellagio sein, zusammen mit den anderen Kongressteilnehmern, aber ich bleibe lieber hier in Varenna im Hotel, denn auf der anderen Seeseite ist mir zu viel los. Der Kongress ist in zwei Tagen vorbei, und meinen Vortrag halte ich erst morgen.«

Sie wurden von der Hotelbesitzerin unterbrochen, die Léonies Mantel in der Hand hielt.

»Sehen Sie, Signora, wie schön er geworden ist! Das ist ein fantastischer Stoff, der das Wasser gut vertragen hat.«

»Bitte sagen Sie mir, was ich Ihnen dafür schuldig bin«, bat Léonie.

Die Blondine schwieg, legte den Mantel nur vorsichtig über die Sessellehne und ging.

»Jetzt sollte ich aber wirklich fahren, sonst ist es gleich dunkel«, sagte Léonie zu Roger.

»Stimmt, heute ist Wintersonnenwende, der kürzeste Tag des Jahres. Ab morgen werden die Tage wieder länger, wenn auch nur unmerklich«, überlegte der Dottore laut. »Ich hole nur schnell meine Jacke und begleite Sie.«

Sie verließen das Hotel und stiegen die Stufen zu dem kleinen Platz hinab, auf dem die Autos parkten.

»Ich bin verheiratet und erwarte ein Kind. Ich bin im dritten Monat schwanger«, hörte sie sich plötzlich sagen.

»Ist es das erste Kind?«, fragte er.

Sie nickte.

»Wie geht es Ihnen? Keine Probleme wie Morgenübelkeit …«

»Es ist mir noch nie so gut gegangen, aber ich bin empfindlicher als sonst«, gestand sie.

Sie hatten den Platz erreicht.

»Passen Sie auf sich auf, und möge es Ihnen auch weiterhin gut gehen!«, sagte der Dottore und hielt ihr die Wagentür auf. Sie war schon dabei einzusteigen, als sie sich mit einem melancholischen Lächeln zu ihm umdrehte.

»Danke für alles, Dottor Roger Bastiani«, sagte sie leise.

Da nahm er Léonies Gesicht ohne Vorwarnung in beide Hände und drückte ihr einen sanften Kuss auf die Lippen.

»Frohe Weihnachten, Signora Léonie Tardivaux«, flüsterte er.

Sie setzte sich ans Steuer und ließ den Motor an. Er schloss die Wagentür, beugte sich dann vor und klopfte ans Fenster. Sie kurbelte es herunter, woraufhin er sagte: »Im nächsten Jahr werde ich zur Wintersonnenwende wieder hier sein … und auf dich warten.«

Villanova

1

Guido war im Garten und diskutierte mit den Arbeitern, die gerade dabei waren, die Arkaden mit Lichterketten zu schmücken. Als er Léonies Wagen entdeckte, ging er ihr entgegen.

»Was ist denn das für eine Geschichte mit der Reifenpanne?«, fragte er und bot an, ihr das Gepäck abzunehmen.

»Es ist auf der Rückfahrt passiert. Es hat geregnet und war eiskalt. Hilf mir, die Pakete hineinzutragen«, sagte sie und drückte ihm eine in Papier eingeschlagene Schachtel voller Delikatessen in die Hand.

»Hast du den Automobilclub angerufen?«, erkundigte er sich und ging vor ihr zur Haustür.

»So etwas Ähnliches«, erwiderte sie, wobei sie nur noch das Paket mit dem Käse in der Hand hielt. »Ich bin rechts rangefahren und wollte mich von jemandem mitnehmen lassen. Schließlich hielt ein Wagen, und der Fahrer hat mir geholfen, den Reifen zu wechseln«, erklärte sie und nahm die Treppe hinunter zur Küche.

Léonie liebte den großen Raum mit den schmalen Souterrainfenstern, die auf den Garten hinausgingen. Ihr gefielen die funkelnden Kupfertöpfe in den Regalen, die Arbeitsflächen, auf denen mit einer fast schon fanatischen Ordnungsliebe Messer in jeder Form und Größe, Wiegemesser, Schöpflöffel, Schneebesen, Mixer, Zangen und Vorlegegabeln aufgereiht waren, die große Abzugshaube über der riesigen, perfekt ausgestatteten Küchenzeile, bestehend aus Gas- und Elektroherd, Mikrowelle, Gefrierschrank, Trockenschrank … Es war Celina gewesen, die die Küche sowie die angrenzenden Räume vor über zehn Jahren hatte renovieren und mit Kühlungen für Fleisch, Käse und Wein versehen lassen. In der Küche arbeiteten ein Koch, ein Patissier und zwei Gehilfen, als ginge es darum, eine zwanzigköpfige Familie satt zu bekommen, dabei waren sie nur zu sechst: der Patriarch Amilcare Cantoni, seine Frau Bianca Crippa, der Sohn Renzo und seine Frau Celina Olgiati Tremonti und zu guter Letzt Guido und Léonie Tardivaux.

Guido stellte die Lebensmittelschachtel auf einen Tisch, und Léonie legte das Päckchen mit dem Käse in den Kühlschrank. Sie hatte ein schlechtes Gewissen – nicht so sehr, weil ihr Retter sie geküsst hatte, sondern wegen der Begierde, die die flüchtige Berührung seiner Lippen in ihr geweckt hatte. Das gehörte sich nicht für eine verheiratete Frau, die noch dazu ein Kind erwartete.

Während sie an den Kuss zurückdachte, kam sie zu dem Schluss, dass es sich lediglich um harmlose Träumereien handelte. Trotzdem fragte sie sich, warum sie sich nicht im selben Maß zu ihrem Mann hingezogen fühlte. Sie mochte Guido, aber er war immer so beherrscht, so distanziert, als lebte er in einer ganz eigenen Welt, zu der sie keinen Zutritt hatte.

Sie wandte sich an ihren Mann, der ihr gegenüberstand, und bat ihn, ihr in die Augen zu sehen. »Warum habe ich immer das Gefühl, dass du ganz weit weg bist, so als wärst du in Gedanken ganz woanders?«

Guido lächelte sie an und legte ihr die Hände auf die Schultern. »Es stimmt, dass ich in Gedanken oft woanders bin, aber ich liebe dich, das weißt du doch. Und ich liebe unser gemeinsames Kind.«

Auf dem lächelnden Gesicht ihres Mannes lag ein melancholischer Schatten. Es war nicht das erste Mal, dass er sie so ansah. Sie senkte den Blick und fragte nicht weiter.

Aus Angst, verletzt zu werden, wollte sie das Gespräch nicht vertiefen. Besser, sie gab sich mit Guidos Antwort zufrieden, zumindest vorläufig.

Jemand rief aus dem Garten nach ihm.

»Die Arbeiter brauchen dich«, sagte Léonie, froh über die Unterbrechung.

Während er zu den Männern ging, blieb sie stehen, um die an den Arkaden befestigten Lichterketten zu betrachten.

Plötzlich hörte sie hinter sich ein dumpfes Geräusch. Sie wirbelte herum und nahm ein schwaches Wimmern wahr, das aus den Myrtensträuchern kam. Sie trat näher und sah eine dunkel gekleidete Gestalt zwischen den Ästen am Boden liegen.

»Hilfe!«, jammerte Bianca Cantoni mit zittriger Stimme.

Léonie beugte sich über sie, nahm ihren Arm und half ihr aufzustehen.

»Wer bist du? Was willst du?«, fragte die alte Dame empört.

»Ich bin's, Léonie, *grand-maman*«, erwiderte die junge Frau, während sie sich fragte, wie es die Matriarchin wohl angestellt hatte, der Aufsicht der Dienstboten und ihres Mannes zu entkommen.

»Hast du dich verletzt?«, fragte sie, während sie Bianca stützte. Dabei reichte ihr Arm um deren gesamte Taille.

»Jetzt erkenne ich dich, lass mich los, ich brauche deine Hilfe nicht, du Erbschleicherin!«, zischte die Alte, während sie versuchte, sich ihr zu entwinden.

»Ich will nicht, dass du noch einmal stürzt. So lass dir doch helfen!«, beharrte Léonie.

»Du und all die anderen, ihr seid nichts als ein Haufen Parasiten und Blutsauger. Ich verachte euch. Lass mich!« Sie riss sich los und stürzte erneut.

»Guido!«, schrie Léonie. »Komm bitte her, schnell!«

Als ihr Mann herangetreten war, flüsterte sie ihm zu: »Sie hat mich beleidigt und möchte nicht, dass ich ihr helfe. Kümmere du dich um deine Großmutter. Ich gehe ins Haus zurück, denn mir ist kalt.« Rasch zog sie sich zurück.

Die Alte war unausstehlich. Léonie verstand nicht, wieso die Familie sie stumm ertrug, aber es war eine der seltsamen Eigenheiten der Cantonis.

Sie betrat das Wohnzimmer mit seinen Teppichen, Sofas und Sesseln. An den Wänden hingen alte Schlachtengemälde.

»Komm her, mein Kind«, sagte die Schwiegermutter, die sich vor dem knisternden Kamin in einem Sessel niedergelassen hatte.

»Hier bin ich, *maman* Celina!«, erwiderte Léonie und ging auf sie zu. Sie gab ihr einen Kuss auf die runde Wange, die nach Veilchenwasser roch.

»Alles in Ordnung?«, fragte die Frau.

»Es geht so. Ich hatte gerade eine Auseinandersetzung mit Nonna Bianca. Sie war allein im Garten und ist gestürzt. Ich bin ihr zu Hilfe geeilt, aber sie hat mich beschimpft. Es tut mir leid, dir das sagen zu müssen, *maman*, aber ich halte sie für eine bösartige Frau.«

Celina seufzte schicksalsergeben.

»Sie ist nur unglücklich. Das war sie schon immer, zumindest haben mein Schwiegervater und mein Mann mir das so erzählt. Sie selbst redet ja nicht. Ich weiß nicht, mit welchen Dämonen sie zu kämpfen hat, aber sie legt sich mit jedem an. Darum lebt sie so zurückgezogen und nimmt nur das Abendessen gemeinsam mit der Familie ein.«

»Das sind traurige Abendessen! Ich wage es kaum zu atmen, wenn wir am Tisch sitzen.«

»Wir bemühen uns alle, nicht ihren Zorn zu erregen, denn sie kann sehr verletzend werden. Nur ihr Mann weiß sie zu nehmen. Aber wechseln wir das Thema!«, bat Celina. Sie hatte ein Notenblatt in der Hand und sagte: »Schau nur, ich habe gerade ein Schlaflied von Mozart einstudiert. Ich glaube, ich werde wieder mehr am Klavier üben, denn wenn dein Kind zur Welt kommt, will ich ihm gute Musik vorspielen. Na, was sagst du dazu?«

Léonie strich sich unbewusst über den Bauch und fand ihr Lächeln wieder.

»Was für eine schöne Idee. Danke, *maman* Celina.«

»Danke, dass du mir einen Enkel schenkst! Ich würde mich freuen, wenn darauf noch viele weitere folgen. Diese riesige Villa braucht Kinderlärm und Kinderlachen. Nach meinem Guido konnte ich keine Kinder mehr bekommen, was ich sehr bedaure.«

Stille kehrte ein. Celina war ganz in Erinnerungen versunken, und Léonie dachte wieder daran, wie sanft Rogers Lippen sie berührt hatten, und wie er gesagt hatte: »Im nächsten Jahr werde ich zur Wintersonnenwende wieder hier sein … und auf dich warten.«

»Warst du in Morbegno?«, fragte die Schwiegermutter und riss sie aus ihren Gedanken.

»Ja, und ich habe dir *bitto* mitgebracht«, erwiderte Léonie.

»Du bist ein Schatz. Du hast doch niemandem etwas verraten?«

»Du kannst dich auf mich verlassen!«

»Worauf wartest du dann noch? Lass mich davon kosten!«

»Wir treffen eine Abmachung: Ich bringe dir ein Stück *bitto*, und du erzählst mir von Nonna Bianca.«

»Das ist keine Abmachung, das ist Erpressung! Aber angesichts der Tatsache, dass sich schon Leute für einen Teller Linsen verkauft haben, nehme ich lieber den *bitto*. Der ist viel würziger!«, scherzte Celina. Und begann zu erzählen.

Bianca

1

Die Hoffnung des Commendator Luigi Crippa, seine florierende Firma, die er so mühsam aufgebaut hatte, eines Tages in die Hände seines Erstgeborenen legen zu können, war zerstört worden, als sein Sohn während des Ersten Weltkriegs im Karst fiel. Damals hatte ihn ein unglaublicher Schmerz erfasst, von dem er sich nie mehr erholen würde. Manchmal beobachtete er Bianca, seine Zweitgeborene, die er als alter Mann gezeugt hatte, und bedauerte, dass sie ein Mädchen war und als solches ungeeignet, die Leitung von Crippa-Armaturen zu übernehmen.

Die Kleine spürte die Ablehnung des Vaters und ging auch der Mutter aus dem Weg, die in ihr nur eine Laune des Schicksals sah. Schließlich war sie schwanger geworden, als sie längst glaubte, keine Kinder mehr bekommen zu können.

In der Obhut der Bediensteten wuchs Bianca zu einer launischen Schönheit heran. Nachdem man sie aufs Ursulinen-Internat nach Mailand geschickt hatte, war sie mit sechzehn noch schöner von dort zurückgekehrt.

Wenn Signora Crippa mit den Nerven am Ende war, rief sie den Pfarrer und sagte: »Ich flehe Sie an, Signor *prévôt*, reden Sie mit ihr und segnen Sie sie, denn sie hat den Teufel im Leib.«

Der Mann, ein Pfarrer vom Land, saß im Salon vor dem Mädchen und fragte: »Sag, Bianca, was quält dich?«

»Nichts, Don Giuseppe.«

»Warum treibst du dann deine armen Eltern dermaßen zur Weißglut?«

»Sie hassen mich. In ihrem Herzen ist nur Platz für meinen Bruder, dem im Krieg gefallenen Thronerben. In diesem Kaff hier, in dieser Villa, die ihrer Meinung nach ein Schloss ist, fühle ich mich mutterseelenallein. Ich will weg von hier, doch stattdessen halten sie mich regelrecht gefangen.«

Biancas Worte enthielten durchaus ein Körnchen Wahrheit, und das wusste sogar der Pfarrer, obwohl er so tat, als sähe er es nicht. Einerseits aus christlichem Mitleid heraus, andererseits wegen der Spenden, die Commendator Crippa seiner Pfarrei zukommen ließ.

»Du musst Geduld haben, meine Tochter. Wenn dir dieses Haus die Luft zum Atmen nimmt, denk einfach daran, dass der liebe Gott dir eines Tages einen netten jungen Mann schicken wird. Er wird dich heiraten, und dann kannst du mit ihm fortgehen«, tröstete er sie.

»Ganz wie Sie meinen, Don Giuseppe. Also segnen Sie mich bitte, stecken Sie den Umschlag ein, den Ihnen meine Mutter gleich überreichen wird, und lassen Sie mich in Frieden.«

Das ebenso intelligente wie unglückliche Mädchen tat dem Pfarrer leid. Seufzend segnete er es und ging.

»Der nette junge Mann«, den Don Giuseppe ihr gewünscht hatte, tauchte eines Tages in Gestalt des Sohnes eines Bauunternehmers auf, der einen Vertrag mit Commendator Crippa geschlossen hatte.

Unweit von Lodi gehörte ein altes Kloster zum Kirchenbesitz, das restauriert und in ein Priesterseminar umgewandelt werden sollte.

Luigi Crippa hatte den Auftrag für die Klempnerarbeiten erhalten und beschlossen, den Ingenieur und Bauunternehmer Castelli, der die Arbeiten leiten würde, zusammen mit seinem Sohn Generoso zu sich nach Hause einzuladen.

Der junge Mann kam mit zwei großen Blumensträußen, einem für die Hausherrin und einem für die Tochter. Er fuhr in einem silberblauen Fiat Super vor, war von seinem Londoner Schneider nach der neuesten Mode eingekleidet worden, hatte das Haar mit Pomade zurückgekämmt und den Schnurrbart mit einer Vanille-Tabak-Essenz parfümiert.

Die knapp achtzehnjährige, wunderschöne Bianca Crippa empfing die Gäste mit einer Liebenswürdigkeit, die ihre Eltern sprachlos machte.

Bei Bianca und Generoso war es Liebe auf den ersten Blick.

Als die Crippas und die Castellis nach dem Mittagessen ihren Kaffee im Salon einnahmen, zeigte Generoso Bianca seinen Wagen, der auf dem Vorplatz der Villa stand.

»Stellen Sie sich vor, Signorina, dieses Auto fährt hundertzwanzig Stundenkilometer. Wenn man heute losfährt, ist man nach einem Tag und einer Nacht in Paris«, erklärte der vergnügungssüchtige Achtundzwanzigjährige.

»Ah, Paris! Schiaparelli, Chanel, Marthe Régnier … Wie gern ich einmal die Champs-Elysées, den Eiffelturm, den Bois du Boulogne und das Moulin Rouge sehen würde! Ich würde auch gern die Mistinguett und Josephine Baker hören, Colette und Marcel Proust treffen, Champagner in einem Bistro am Montmartre trinken … Ach, mein lieber Signor Castelli!«, rief sie mit dem schwärmerischen Blick einer Filmdiva und schloss ihre großen dunklen Augen.

»Wieso denn ›Signor Castelli‹? Wir sind jung und modern, duzen wir uns doch! Ich werde dir Paris zu Füßen legen. Wann wollen wir losfahren?«, verkündete er ebenso begeistert.

»Niemals, *mon cher ami*. Ich werde dieses Haus nur mit einem Ehering am Finger verlassen. Das hat Commendator Crippa so beschlossen. Nun, das hat man davon, wenn man als Frau in eine Welt hineingeboren wird, in der das Recht des Stärkeren, sprich der Männer, regiert. Sie dürfen alles und wir nichts.«

»Wir leben schließlich nicht mehr im neunzehnten Jahrhundert, und das werden die Alten auch noch begreifen, ob es ihnen nun gefällt oder nicht. Ich bin ein Mann, und ich bin auf Seiten der Frauen, die die gleichen Privilegien haben sollten wie wir«, sagte er im Brustton der Überzeugung.

»Du hast leicht reden! Du arbeitest, verdienst dein eigenes Geld. Ich bin von meinem Vater abhängig, auch wenn ich mir nur ein neues Paar Strümpfe kaufen möchte. Und meine Mutter wirft mir vor, dass ich zu viel Musik höre, zu viele Bücher lese. Was bleibt mir da anderes übrig, als zu träumen?«, sagte Bianca traurig und fuhr zärtlich über den glänzenden Lack des Wagens. Dann sagte sie plötzlich: »Bring mir das Autofahren bei!«

»Nichts lieber als das!«, erwiderte Generoso und öffnete die Tür, damit Bianca auf dem Fahrersitz Platz nehmen konnte.

In diesem Moment betrat Signora Crippa den Vorplatz und rief nach ihrer Tochter.

»Siehst du, wie sie mich schikaniert? Kaum sieht sie, dass ich mich mit einem Mann unterhalte, schaltet sie sich ein. Ende der ersten Fahrstunde«, murmelte Bianca und wandte sich zum Haus.

Sie lief an der Mutter vorbei, ohne sie eines Blickes zu würdigen, ging in den ersten Stock hinauf und schloss sich in ihrem Zimmer ein. Sie schlug die Bettdecke zurück, zerrte die Matratze auf den Balkon, schnitt sie mit einer Schere auf und ließ die Wollfüllung wie Schnee in den Garten rieseln, ohne auf die Rufe von Eltern und Dienstboten zu hören.

»Was wolltest du uns damit beweisen?«, fragte ihr Vater, als sie sich endlich dazu entschloss, die Tür zu öffnen.

»Dass ich nicht mehr in diesem Haus schlafen will«, erwiderte Bianca.

»Ich habe nicht vor, dich hier mit Gewalt festzuhalten. Die Welt ist groß, und sie gehört dir«, entgegnete ihr Vater und forderte sie auf zu gehen.

Er hatte die Provokationen seiner Tochter satt, mit der er einfach nicht klarkam.

Die Mutter, die hinter ihrem Mann stand, sah Bianca bestürzt an.

»Du hast ja einen tollen Eindruck auf unsere Gäste gemacht! Erst hast du mit Generoso geschäkert, und dann bist du einfach ohne ein Wort des Abschieds verschwunden«, sagte sie vorwurfsvoll.

»Ich bin eben nicht die Tochter, die du dir gewünscht hast. Vielleicht bin ich deine Strafe, weil du schon viel zu alt warst, um noch ein Kind zu bekommen«, erwiderte Bianca gehässig.

Schockiert über diese Frechheit, gab die Frau ihr eine schallende Ohrfeige.

»Du bist verrückt!«, schrie sie.

»Ich hasse dich!«, rief Bianca und rannte Hals über Kopf die Treppe hinunter, während die lauschenden Dienstboten eilig davonstoben. Sie ging in den Garten, stieg aufs Rad, durchquerte den Park und fuhr durchs Tor.

Es war ein schöner Mainachmittag, die Sonne ging gerade unter und färbte den Himmel rosa. Die Wiesen waren mit Blumen in allen nur erdenklichen Farben gesprenkelt, Reihen stolzer Maulbeerbäume säumten die Straße.

Plötzlich brachte ein spitzer Stein das Fahrrad aus dem Gleichgewicht, und Bianca stürzte zu Boden.

Erst sah sie den Himmel über sich und dann gar nichts mehr. Als sie die Augen wieder öffnete, beugte sich ein junger Mann über sie, der immer wieder sagte: »Hören Sie mich? Hallo, hören Sie mich?«

»Wer sind Sie?«, fragte Bianca verwirrt.

»Ich heiße Amilcare Cantoni. Ich habe Sie im hohen Bogen vom Rad fallen sehen und bin herbeigeeilt, um Ihnen zu helfen. Können Sie aufstehen?«

»Ich weiß nicht … Ich bin mir nicht sicher … Bitte gehen Sie, bitte!«, sagte sie und begann zu weinen. Sie fuhr sich über die Wange und sah, dass ihre Hand blutverschmiert war. Sie spürte einen stechenden Schmerz im Knöchel und im linken Arm.

»Signorina Bianca, ich gehe, wenn Sie das wollen. Aber erzählen Sie bitte nicht Ihrem Vater, ich hätte Ihnen nicht helfen wollen«, erwiderte er nüchtern.

Er nahm sein Fahrrad, das er an einen Baum gelehnt hatte, stieg auf und hätte den Schrei des Mädchens, der ertönte, als sie ihn davonfahren sah, am liebsten überhört.

2

Amilcare Cantoni war der Sohn eines Bauern. Er hatte gerade die Hauptschule beendet, als sein Vater ihn zum Commendator Crippa, dem Besitzer der gleichnamigen Armaturen-Fabrik, brachte.

Die Gegend war seit jeher von den Olgiati Tremonti beherrscht worden, einem alten Adelsgeschlecht, das neben dem Palazzo am Kirchplatz auch Ländereien und Bauernhöfe besaß. Aber während dieses immer mehr an Vermögen und Ansehen verlor, wurde Commendator Crippa immer mächtiger und wurde überall geachtet.

»Signor Commendatore«, setzte Amilcares Vater an, der einen abgewetzten Hut in den Händen hielt. »Das ist mein jüngster Sohn. Er will nicht Bauer werden, sondern würde gern in der Fabrik arbeiten, um weiter zur Sonntagsschule gehen zu können. Bitte nehmen Sie ihn in Ihre Firma auf.«

Der Bauer war nervös und wagte es nicht, sich umzusehen. Sein Sohn dagegen nahm alles genau wahr: den großen dunklen Schreibtisch mit der Lederauflage, die Regale voller Aktenordner, das riesige Telefon, die schwarzen Sessel, den eleganten Anzug, den Commendator Crippa trug, und seine hellen Hände mit Fingernägeln, die so sauber waren wie die seines Lehrers. Auch der gestärkte Kragen seines Hemdes faszinierte ihn.

»Ich brauche tatsächlich einen Jungen, der die Eisenspäne aufkehrt«, erwiderte Crippa und fügte hinzu: »Lass ihn ruhig hier.

Ich werde gleich feststellen, ob er brauchbar ist. Wenn es nicht klappt, schicke ich ihn dir wieder heim.«

Dann fragte er den Jungen: »Wie heißt du?«

»Amilcare Cantoni«, erwiderte der mit fester Stimme.

»Weißt du, wer Amilcare war?«

»Der Vater von Hannibal, der die Alpen mit Elefanten überquert hat, um Rom zu erobern«, erklärte er altklug.

»Ein bisschen mehr Respekt vor deinem Arbeitgeber!«, schaltete sich sein Vater ein und gab ihm einen Klaps. Dann wandte er sich an Commendator Crippa und sagte: »Da sehen Sie, Signore, wie die Kinder von heute sind: ohne jeden Anstand.«

»Das ist schon in Ordnung, Cantoni. Lass mir deinen Jungen hier«, sagte der Commendatore und entließ den Bauern.

Gegen Abend betrat er die Werkstatt und fragte den Vorarbeiter: »Wie hat sich der junge Cantoni so angestellt?«

»Er ist immer noch hier und poliert Drehbänke und Bohrmaschinen. Man muss ihm nichts zwei Mal sagen.«

»Der erste Eindruck zählt. Zeig ihm alles!«, befahl der Padrone, der eine spontane Zuneigung für diesen eifrigen Jungen empfand.

Als Amilcare zum Militärdienst eingezogen wurde, hatte er, da er zur Abendschule gegangen war, nicht nur ein Mechanikerdiplom in der Tasche, sondern auch eine Ausbildung zum Vorarbeiter absolviert. Nach zwei Jahren hatte er die Armee im Dienstgrad eines Korporals wieder verlassen und war nach Villanova zurückgekehrt. Dort trat er gleich seine Stelle in der Fabrik des Commendator Crippa an, der ihn in die Technikabteilung versetzt hatte.

An jenem Sonntag im Mai war der junge Mann mit dem Rad nach Mailand gefahren, um sich mit einem ehemaligen Waffenbruder zu treffen, der an der Technischen Hochschule Ingenieurswissenschaften studierte. Er wollte ihn fragen, ob es möglich sei, sich auch ohne Abitur an der Universität einzuschreiben.

Der Freund hatte ihn zum Mittagessen zu seinen Eltern eingeladen, die beide Lehrer waren. Dabei hatte Amilcare festgestellt, wie viel ihn doch von der Welt der gebildeten Menschen trennte. Sein Wissensdurst würde wohl nicht ausreichen, um seine mangelnde Schulbildung auszugleichen.

»Es gibt keine Abkürzung, mein Freund: Wenn du Ingenieurswissenschaften studieren willst, musst du das Abitur an einem humanistischen oder naturwissenschaftlichen Gymnasium vorweisen«, hatten ihm die Eltern seines Freundes erklärt.

»Und was muss ich tun, um das Abitur zu machen?«, hatte er gefragt.

Die Eltern wussten, dass Amilcare in einer Fabrik arbeitete und wenig Zeit zum Lernen hatte.

»Da du nicht aufs Gymnasium gehen kannst, musst du die Prüfungen als Privatschüler ablegen. Diese Prüfungen haben es allerdings in sich, du musst für viele Fächer lernen, darunter auch Latein, Philosophie, Literatur und Naturwissenschaften. Es gibt keine Abendgymnasien, und du bräuchtest Lehrer, die dich darauf vorbereiten.«

»Ich lerne schnell«, hatte er in dem Versuch, sich Mut zu machen, erwidert.

»Du wirst unzählige Stunden büffeln müssen. Und Bücher sind teuer. Und selbst wenn du das Abitur bestehst und fürs Studium zugelassen wirst, musst du Seminare besuchen. Wie willst du das schaffen, wenn du in der Fabrik arbeitest?«

»Da fällt mir schon was ein!«, hatte er, beunruhigt angesichts der vielen Hindernisse, erwidert.

Er hatte sich auf den Heimweg gemacht und aus Wut und Enttäuschung heftig in die Pedale getreten. Als er gerade Villanova erreichte, sah er, wie ein Mädchen unglücklich vom Rad fiel. Er hatte angehalten, um ihr zu Hilfe zu eilen, und hatte sie sofort erkannt, denn der Commendator Crippa hatte seine Tochter ein paar Mal mit ins Büro genommen.

Über Bianca Crippa wusste Amilcare nur, was man sich in der Fabrik und im Dorf über ihre schwierige Art erzählte. Nun kehrte er unwillig zu ihr zurück, schließlich hatte sie ihn erst davongejagt, um sich am Ende doch noch von ihm helfen zu lassen.

»Können Sie aufstehen?«, fragte er.

Biancas Knöchel war geschwollen und ihr Gesicht blutverschmiert. Er half ihr auf und sah sich nach Hilfe um.

Leider war niemand zu entdecken. Die Sonne war bereits untergegangen, und um diese Zeit waren die Frauen in der Kirche und die Männer im Wirtshaus.

»Ich bezweifle, dass Sie wieder aufs Rad steigen können. Wenn Sie wollen, kann ich ins Dorf fahren und jemanden bitten, Sie abzuholen.«

»Sie wollen mich hier allein zurücklassen!«, erwiderte sie vorwurfsvoll und zwang sich, die Schmerzen in Fuß und Schulter zu ignorieren.

»Haben Sie einen besseren Vorschlag?«

»Ich will nicht wieder nach Hause. Ich wollte eigentlich gerade weglaufen«, gestand sie.

»Wohin denn?«

»Keine Ahnung. Aber nach Hause kehre ich auf keinen Fall zurück.«

»Signorina, jetzt hören Sie mir mal gut zu: Sie haben sich verletzt, und es gibt nur einen Ort, wo Sie jetzt hinkönnen: nach Hause. Ich bringe Sie also jetzt in den Ort zurück«, entschied er.

Er hob sie hoch und setzte sie auf den Sattel seines Fahrrads. Es gelang ihm, gleichzeitig das Rad zu schieben und sie festzuhalten.

Er bewunderte Biancas Selbstbeherrschung, die nicht jammerte, und bat sie: »Bitte versuchen Sie, nicht wieder in Ohnmacht zu fallen, denn dann muss ich Sie tragen, und das dauert noch länger.«

Sie hatten die Villa fast erreicht, als sie leise fragte: »Wollen Sie mich tatsächlich zu meinen Eltern zurückbringen?«

Amilcare reagierte nicht. Er wollte nicht in Dinge verwickelt werden, die nur seinen Arbeitgeber etwas angingen.

Schweigend erreichten sie die Haustür.

Amilcare nahm das Mädchen erneut auf den Arm und übergab es dem Commandatore.

3

Die Crippas brachten Bianca nach Mailand ins Krankenhaus, wo sie ärztlich versorgt, eingegipst und stationär aufgenommen wurde.

Am nächsten Vormittag wurde Amilcare zu Commendator Crippa ins Büro beordert, der zu ihm sagte: »Übrigens, was meine Tochter angeht: Du hast sie nicht gesehen, bist ihr nicht zu Hilfe geeilt und weißt nicht das Geringste.«

»Ganz genau. Ich weiß nicht das Geringste«, pflichtete ihm der junge Mann bei.

»Danke«, murmelte der Padrone.

»Wofür?«, fragte Amilcare ungerührt und kehrte an seinen Arbeitsplatz zurück.

Vom Krankenbett aus schrieb Bianca eine Ode im Stil Foscolos an Generoso Castelli, wobei sie ihn »meinen großmütigen Ugo« nannte und mit »die vom Pferd gestürzte Luigia Pallavicini« unterschrieb.

Der junge Mann eilte zu ihr und füllte ihr Zimmer mit Blumen. Sie erzählte ihm von der Flucht aus der Villa, die nach nur wenigen Metern in einer Katastrophe geendet hatte.

Er machte ihr unzählige Versprechungen und brachte sie zum Träumen. Kurz vor ihrer Entlassung schrieb sie ihm weitere Verse, die sie mit »deine geheilte Freundin Antonietta Fagnani Arnese« unterzeichnete.

Als ihre Eltern ins Krankenhaus kamen, um sie nach Hause zu

holen, mussten sie feststellen, dass die Rechnung bereits beglichen und Bianca verschwunden war.

Dass es sich bei dem jungen Mann, mit dem sie in einem silberblauen Fiat Super davongefahren war, um Generoso Castelli gehandelt hatte, war nicht schwer herauszufinden. Daraufhin gab es Probleme zwischen den Crippas und den Castellis, denn beide Familien warfen sich gegenseitig vor, ihre Kinder schlecht erzogen zu haben.

Schließlich einigten sie sich darauf, möglichst keinerlei Aufsehen zu erregen. Am besten, man schwieg und wartete.

Einen Tag später erhielt der Ingenieur Castelli ein Telegramm von seinem Sohn, der ihn »im Namen der Liebe« um Verzeihung bat. Das Telegramm kam aus San Remo.

»Er wird sie heiraten müssen«, entschied Signora Crippa, und ihr Mann dachte im Stillen, dass das vielleicht gar nicht mal das Schlechteste wäre.

Generosos Vater erklärte sich einverstanden.

»Wenn Generoso die Schande nicht mit einer Hochzeit wiedergutmacht, werde ich ihn verstoßen, das schwöre ich!«, versprach er.

Zwei Tage später kehrte Bianca nach Villanova zurück. Der junge Castelli setzte sie dort ab und sagte: »Commendatore, ich gebe Ihnen Ihre Tochter zurück. Und jetzt sagen Sie mir bitte nicht, dass ich sie heiraten muss, denn ich habe sie nicht mal mit dem kleinen Finger angerührt. Ich habe nur zwei Tage gebraucht, um zu begreifen, dass die Signorina Bianca unglaublich schwierig ist. Als ich versucht habe, sie zu streicheln, hat sie mich hier gebissen.« Wütend zeigte er ihm seine verbundene Hand.

Signora Crippa begann zu schluchzen, und wenn es nicht so unmännlich gewesen wäre, wäre auch ihr Mann in Tränen ausgebrochen.

»Wir müssen erst mal herausfinden, ob das überhaupt stimmt«, sagte Signora Crippa unter Tränen.

»Es ist die Wahrheit, finde dich damit ab«, flüsterte ihr Mann.

»Ich bin wie der ungläubige Thomas: Bevor ich es nicht mit eigenen Augen gesehen habe, glaube ich gar nichts«, sagte die Frau hartnäckig und begleitete Bianca zu ihrem Frauenarzt nach Mailand.

Das Mädchen ließ die Untersuchung über sich ergehen, ohne mit der Wimper zu zucken.

»Sie ist noch Jungfrau«, verkündete der Frauenarzt.

Bianca zog sich hinter dem Paravent an, und als sie wieder dahinter hervorkam, warf sie ihrer Mutter einen bösen Blick zu.

»Und, bist du jetzt zufrieden, da du mich so erniedrigt hast? Du siehst überall nur Schlechtes, bei jedem, sogar bei mir. Ich verachte dich, mir wird schlecht, wenn ich dich bloß ansehe!«, schrie sie die Mutter an.

»Bringen Sie die Signora ins Nebenzimmer!«, sagte der Frauenarzt zu seiner Arzthelferin.

Als er mit Bianca allein war, fragte er: »Warum hasst du deine Mutter so?«

»Dottore, fragen Sie lieber, warum sie *mich* hasst«, erwiderte das Mädchen.

Der Mann kannte den Grund, denn wenn die Signora Crippa zur jährlichen Kontrolluntersuchung zu ihm gekommen war, hatte sie manchmal ihre Tochter mitgebracht.

Nachdem er die Mutter untersucht hatte, hatte er Bianca manchmal ins Zimmer kommen lassen und ein paar Minuten mit ihr geplaudert, wobei er ihr mit väterlicher Zuneigung gut zugeredet hatte.

Der kalte, undurchdringliche Blick dieses Mädchens beunruhigte ihn.

Einmal hatte er sogar zu Signora Crippa gesagt: »Bianca braucht Liebe.«

»Sie ist meine Tochter. Glauben Sie etwa, ich liebe sie nicht?«, hatte die Frau entrüstet gefragt.

Er hatte sich darauf beschränkt zu sagen: »Dann zeigen Sie es ihr!«

Jetzt fragte er das Mädchen: »Wenn du deine Mutter nicht hasst, warum bist du dann so aggressiv zu ihr?«

»Sie behauptet, ich hätte den Teufel im Leib. Soll ich diese Unterstellung etwa kommentarlos hinnehmen? Finden Sie auch, dass ich den Teufel im Leib habe, Dottore?«

»Ich glaube nur, dass du ein gutes, aber todunglückliches Mädchen bist. Stimmt's?«, fragte der Arzt.

»Nur Gott kann die Knoten in meiner Seele lösen. Aber vielleicht ist das sogar für ihn zu schwierig«, erwiderte Bianca traurig.

»Warum hast du den jungen Mann gebissen, mit dem du davongelaufen bist? Finden ein junger Mann und eine junge Frau Gefallen aneinander, wollen sie zärtlich zueinander sein. Was hat dich davon abgehalten?«

»Ich würde Ihnen gerne sagen, dass meine Moral mich davon abgehalten hat. Die Furcht, eine Sünde zu begehen. Aber dem war nicht so: Er wollte mit mir ins Bett und hat nicht mal gefragt, ob ich das auch will. Da bin ich so wütend geworden, dass ich die Beherrschung verloren und ihn gebissen habe. Nachdem ich mich wieder beruhigt hatte, habe ich gemerkt, dass ich etwas überreagiert habe. Aber es hat mir nicht im Geringsten leidgetan. Und jetzt sagen Sie mir bitte nicht, dass ich mich bei meiner Mutter entschuldigen soll.«

»Das sage ich dir nicht … Stattdessen gestehe ich dir, dass ich mir Sorgen um dich mache und dir ein Gespräch mit einem Kollegen, einem Psychiater, vorschlage.«

»Glauben Sie etwa auch, dass ich verrückt bin?«, fragte Bianca aggressiv.

»Ich glaube nur, dass du sehr unglücklich bist.«

»Schicken Sie doch meine Eltern zum Psychiater! Sie sind viel unglücklicher als ich, und zwar seit ihr heiß geliebter Sohn gestorben ist.«

»Mädchen, du bist einfach zu kompliziert für einen alten Mann wie mich!«, erwiderte der Arzt resigniert. Er brachte sie zur Tür, und sie verabschiedeten sich.

Als sie wieder in Villanova waren, erhielt Bianca die Erlaubnis, zu ihrer Freundin Anna Colombo nach Nervi zu fahren, wo sie den restlichen Sommer verbrachte. Ihre Eltern besuchten sie, und in dieser Zeit schien sie mit ihnen und dem Rest der Welt Frieden geschlossen zu haben. Im September wollte sie in das kurz vor Paris gelegene Neuilly ziehen, um einen Malkurs zu belegen. Sie sollte dort in einer Art Pension für Töchter aus gutem Hause wohnen. Ihre Eltern waren noch nie so entgegenkommend gewesen, aber das wunderte sie nicht weiter. Sie schrieb es der Erleichterung zu, sich nicht mehr um sie kümmern zu müssen, denn sie hatten eine Riesenangst davor, sie könnte eine weitere Verrücktheit begehen.

4

Nach zwei Jahren kehrte Bianca kurz vor Weihnachten aus Paris zurück. Sie trug einen eleganten Hosenanzug und einen Borsalino, der farblich zum braunen Ensemble passte. Sie rauchte lange lilafarbene Zigaretten mit goldenem Filter, fuhr Auto, verbrachte viele Tage in Mailand und manchmal auch die Nächte. Sie traf sich mit Journalisten und Dichtern, bewunderte Tommaso Marinetti und Alberto Savinio und ignorierte ansonsten die Sorgen der Crippas, die nicht wagten, ihr zu widersprechen, und sie und ihre Freunde duldeten, wenn sie sie in die Villa einlud. Es gab aber auch Tage, an denen sie sich wieder weiblicher kleidete und sich zu ihrer Mutter gesellte, die im Salon oder im Garten mit ihren Freundinnen Tee trank und über Belanglosigkeiten plauderte.

Bei diesen Gelegenheiten lächelte Bianca und gab sich gefügig, während unter ihren Händen Ornamente gediehen, die sie mit der Häkelnadel schuf. Manchmal setzte sie sich im Garten an die Staffelei und malte ein Landschaftsbild oder einen Sonnenuntergang, wobei sie seltsame Farben benutzte, die eine Realität wiedergaben, die nur sie sah.

Die Crippas mochten diese unruhigen Bilder nicht, behielten aber ihre Meinung für sich und sagten stattdessen: »Wunderbar!«

Bianca sah sie herausfordernd an und murmelte: »Nie sagt ihr mir die Wahrheit! Ihr seid scheinheilig.« Und dann sagte sie: »Ihr wollt, dass ich so bin wie die Töchter eurer Freunde: dumm und unterwürfig. Aber das könnt ihr vergessen, denn so bin ich nun mal nicht.«

Die Crippas lächelten verlegen und schwiegen. Nur einmal erwiderte die Signora: »Ich verstehe dich. Schließlich kann ich ebenfalls nicht aus meiner Haut heraus.«

Sie schaffte es nicht, offen mit ihrer Tochter zu reden, und verschwieg ihr sogar, dass sie seit Längerem Herzprobleme hatte, die immer schlimmer wurden. Es gab Tage, an denen sie das Bett nicht verlassen konnte, und Bianca ging nicht zu ihr, um nach ihr zu sehen. Als sie eines Tages allein mit ihrem Vater zu Abend aß, gab sie sich einen Ruck und fragte: »Wie geht es deiner Frau?«

»Meine Frau ist deine Mutter, und es geht ihr sehr schlecht«, erwiderte Crippa.

»Das tut mir leid«, flüsterte sie.

»Warum gehst du nicht zu ihr?«

»Ihr Zimmer ist das reinste Mausoleum für euren heiß geliebten verlorenen Sohn. Dort stehen alle seine Fotos, um sie zu trösten. Ich bin da überflüssig.«

Signora Crippa starb. Nach der Beerdigung zog sich Bianca ein lilarotes Kleid an, setzte sich ans Steuer ihres Wagens und fuhr nach Mailand, wo sie mehrere Tage blieb. Ihr Vater wusste weder, was sie dort tat, noch, wen sie während ihrer Abwesenheit besuchte, und wagte es auch nicht, sie danach zu fragen. Er wollte es lieber gar nicht wissen und die Schmerzen und Enttäuschungen vergessen, indem er sich ganz auf das Wohlergehen seiner Firma konzentrierte.

Es war die Zeit des Faschismus, und Commendator Crippa war es gelungen, ein paar leicht bestechliche Personen zu finden, die ihm gegen großzügige Bezahlung wichtige Aufträge zuschoben. Er zahlte und verachtete sie. Sie kassierten und übersahen, dass der Firmenbesitzer kein Parteibuch besaß und es bei den seltenen

Gelegenheiten, zu denen er überhaupt Besuch empfing, vermied, die örtlichen Autoritäten einzuladen.

Bianca mied jeden gesellschaftlichen Anlass. Wenn sie zu Hause war, zog sie sich auf ihr Zimmer zurück.

Seit dem Tod ihrer Mutter begleitete sie den Vater regelmäßig zur Arbeit. Sie ging zu seinem Büro hinauf, setzte sich, mit Papier und Bleistift bewaffnet, in eine Ecke und zeichnete stundenlang, wobei sie scheinbar nicht mitbekam, was um sie herum vorging. Doch ihr war nicht entgangen, dass zu den eifrigsten Mitarbeitern, mit denen sich Commendator Crippa besprach, auch jener Amilcare Cantoni gehörte, der ihr nach ihrem unglücklichen Sturz mit dem Fahrrad zu Hilfe geeilt war.

Ebenso wenig entging ihr, welchen Respekt ihr Vater ihm entgegenbrachte und wie aufmerksam er seinen Vorschlägen lauschte. Der junge Mann hatte ein gutes Benehmen, war schlicht gekleidet, vermied es, Dialekt zu sprechen, und formulierte Sätze wie ein Studierter. Bianca wusste, dass er das Abitur auf dem naturwissenschaftlichen Gymnasium mit Bravour bestanden hatte, nachdem ihm der Dorfpfarrer bei den Vorbereitungen geholfen hatte. Das war längst nicht mehr Don Giuseppe, der sich inzwischen in ein Kloster zurückgezogen hatte, sondern ein junger gebildeter Priester bürgerlicher Herkunft. Inzwischen studierte Cantoni gerade im zweiten Jahr Hydraulik. Dass er sich regelmäßig von der Arbeit entfernen durfte, um Vorlesungen zu hören, verdankte er der Großzügigkeit des Commendatore.

Sobald er das Büro des Vaters betrat, hörte Bianca auf zu zeichnen und hörte ihm zu.

Im Gegensatz zu anderen Angestellten war Amilcare nicht unterwürfig, weder dem Padrone noch ihr gegenüber. Er wünschte ihr lächelnd Guten Tag und ignorierte sie anschließend.

Einmal hörte sie, wie er sagte: »Haben Sie jemals daran gedacht, Zeitungsanzeigen zu schalten, Commendatore?«

»Das macht man für Hustensaft, Hautcremes und Schuhwichse, aber doch nicht für Armaturen … Was sollen meine Kunden mit so einer Reklame?«, wandte Crippa ein.

»Bei der neuen Kollektion für Privathäuser und Hotels könnte man nicht nur ein funktionales, sondern auch ein elegantes Modell vorstellen. Man könnte damit beginnen, unsere Ausstellung auf der Mailänder Mustermesse anzukündigen«, erklärte Cantoni unbeeindruckt.

»Soll ich einen Kaffee machen?«, mischte Bianca sich plötzlich lächelnd ein.

In einem kleinen Nebenzimmer standen ein Eisschrank mit kalten Getränken und eine Kochplatte für den Kaffee. Ohne die Antwort abzuwarten, ließ die junge Frau ihre Zeichnungen auf einem Tischchen liegen und eilte nach nebenan.

Dabei fiel eine der Zeichnungen zu Boden, und Amilcare hob sie auf, sah sie an und reichte sie dann dem Padrone: »Sehen Sie selbst, Commendatore. Signorina Bianca ist mir zuvorgekommen.«

Erstaunt betrachtete der Mann die Skizze. Bianca hatte eine attraktive weibliche Gestalt vor einer Küchenspüle gezeichnet. Eine Hand lag auf einer blütenkelchförmigen Armatur, aus der Wasser floss, darunter stand in geschwungenen Buchstaben: CRIPPA. DIE ELEGANTE, PERFEKTE ARMATUR.

Bianca betrat mit dem Kaffeetablett den Raum, als der Commendatore gerade fragte: »Haben Sie sich mit meiner Tochter abgesprochen?«

»Ich hatte nie das Vergnügen, auch nur ein einziges Wort mit der Signorina zu wechseln.«

Der Mann musterte seine Tochter, die das Tablett auf dem Schreibtisch abstellte und ihm anschließend das Blatt aus der Hand nahm.

»Ich habe das vor einigen Tagen gezeichnet, als die neuen Armaturen geliefert wurden. Aber die Zeichnung ist furchtbar!«, sagte sie, zerriss sie und warf die Fetzen in den Papierkorb.

»Aber warum denn?«, fragte Amilcare verblüfft.

»Das kann ich besser!«, erwiderte sie, nicht ohne hinzuzufügen: »Wie viel Zucker?«

Als sie an diesem Abend allein waren, sagte Bianca zu ihrem Vater: »Dieser Cantoni gefällt mir. Ich habe ihm ein Billett zukommen lassen und ihn für Sonntag zum Mittagessen eingeladen. Das freut dich doch hoffentlich?«

Der Vater behielt seine Gedanken für sich, aber die Vorstellung gefiel ihm. Es war das erste Mal, dass seine Tochter etwas tat, gegen das er nichts einzuwenden hatte.

5

Der Commendator Crippa hatte keine Einwände, nicht einmal als Biancas Manöver, sich den jungen Cantoni zu angeln, immer offensichtlicher wurden. »Besser ein intelligenter, ehrgeiziger Bauernsohn als diese verwöhnten, verkommenen Kerle aus guter Familie, mit denen sie sich seit Jahren umgibt.«

Seit dem Tod ihrer Mutter war Bianca regelrecht aufgeblüht. Sie hatte aufgehört, seltsame Leute in die Villa einzuladen, und floh immer seltener in die Stadt.

Als der Commendatore nun sah, wie Cantoni und sie nach dem sonntäglichen Mittagessen, das zu einer festen Gewohnheit geworden war, Seite an Seite durch den Park spazierten, fragte er sich flüsternd: »Was die wohl so reden?«

Es war Sommer, und der Mann lag im Liegestuhl und ruhte sich im Schatten eines Feigenbaums aus. Er sah zwei junge Leute, die auf ihre Räder stiegen und davonfuhren. Es herrschte eine undurchdringliche Stille.

Er beobachtete, wie sie durch den Park fuhren, und es war ihm egal, dass die Leute im Ort sagten: »Der Crippa hat es nicht geschafft, seine Tochter gut zu verheiraten. Jetzt versucht er, sie einem ehemaligen Arbeiter anzudrehen, der Ingenieurswissenschaften studiert.«

Er sah sich als Kind über die Straßen laufen, zusammen mit seinem Vater, der als Handwerker immer unterwegs gewesen war und von Haus zu Haus zog, um Dachrinnen zu reparieren und

Armaturen einzubauen. Gern wäre er stehen geblieben und hätte mit anderen Kindern gespielt, aber der Vater befahl jedes Mal: »Erst die Pflicht, dann das Vergnügen.« Genau wie Amilcare Cantoni war auch er von bescheidener Herkunft und hatte viele Opfer bringen müssen, um zu dem zu werden, was er war.

Jetzt genoss Luigi Crippa die Ruhe, und zum ersten Mal seit Jahren war er beinahe glücklich. Er schloss die Augen und dachte an die so erfolgreichen Anzeigen, die seit einem Jahr in den Zeitungen erschienen und seine Armaturen im ganzen Land bekannt gemacht hatten. Dank Bianca und Amilcare war seine Firma zu einer edlen Marke geworden. Sie brauchten die neuen Ideen der Jugend, um Fortschritte zu machen. Er sah das anders als die Diktatur, die das Land regierte, jeden modernen Gedanken unterdrückte und nichts als Hass und Angst säte.

Irgendwann schlief er ein und hörte nicht, wie die jungen Leute erhitzt zurückkehrten, die Räder abstellten und ins Haus eilten, um dort etwas Kaltes zu trinken.

Die große Villa hielt ihren Sonntagsschlaf. Die älteren Dienstboten ruhten sich in ihren kühlen Zimmern aus. Die Hunde schliefen eingerollt auf den schwarz-weißen Fliesen im Flur. Die jüngeren Dienstboten waren im Dorf und genossen den freien Tag. Bestimmt schlief auch der Pfarrer in Erwartung der großen Prozession, die am Abend stattfinden sollte.

Bianca stellte zwei mit Wasser gefüllte Gläser auf den Tisch und gab Tamarindensirup hinzu, der das Getränk golden einfärbte. Amilcare griff zu seinem Glas und trank das süßsaure Getränk durstig aus. Bianca sah, wie winzige Schweißtropfen an seinem Hals hinunterliefen.

Sie musterte die markanten Züge seines Gesichts und die kräftige Hand, die das Glas hielt. Sie fühlte sich zu ihm hingezogen, sehnte sich nach seinen Zärtlichkeiten.

»Komm mit«, sagte sie, als er das leere Glas abstellte.

»Nein. Ich muss nach Hause und lernen. Bis zur Prüfung im September habe ich noch viel zu tun.«

»Ich möchte dir ein wenig Jazz vorspielen. Ich habe fantastische Schallplatten aus Amerika«, schlug sie vor, nahm seine Hand und zog ihn die Treppe hinauf.

»Ich verstehe nichts von Musik. Ich kenne nur Verdis Gefangenenchor ›*Va pensiero*‹ und die Faschistenhymne«, protestierte Amilcare.

Sie duzten sich erst seit Kurzem, aber Amilcare hatte die Angewohnheit beibehalten, sie vor dem Padrone mit »Signorina Bianca« anzusprechen. Auch wenn ihm die Crippas den Weg ebneten, sorgte er stets dafür, die Grenzen, die seine Herkunft ihm geboten, nicht zu überschreiten.

Doch nun hatte Bianca ihn trotz seiner Proteste in den ersten Stock der Villa gezogen.

»Hast du Angst?«, fragte sie.

»Ja«, erwiderte er nur.

Bei dieser unberechenbaren, »etwas gestörten libertinösen« Frau, wie es im Dorf hieß, wollte er sich keinen Fehltritt erlauben. Es war wichtig für ihn, dass ihr Vater ihn weiterhin förderte. Wäre sie nicht die Tochter seines Chefs gewesen, hätte er nicht lange gezögert, denn sie war jung und selbstbewusst. Aber von Bianca Crippa wollte er sich nicht verführen lassen.

Die einzigen sexuellen Erfahrungen hatte er während seines Militärdiensts in Bordellen gehabt, mit Frauen, die seine körperlichen Bedürfnisse befriedigten. Die jungen Bauerntöchter des Dorfes flirteten mit ihm, aber er hatte weder Zeit noch Lust, sie weiter zu beachten.

An der Universität gab es allerdings ein nettes Mädchen, das wie er Ingenieurswissenschaften studierte. Sie hieß Margherita und war eine zierliche, ehrgeizige Blondine, die als einzige Frau in dieser Männerdomäne von seinen Mitstudenten misstrauisch beäugt wurde. Sie war die Tochter eines berühmten Architekten, und manchmal frühstückten sie gemeinsam und sprachen über die bevorstehenden Prüfungen. Margherita gefiel ihm, aber stur und unsicher, wie er war, vermied er es, den ersten Schritt zu machen. Und dann war sie eines Tages nicht mehr da. Es wurde erzählt, sie sei mit der Familie nach Amerika ausgewandert. »Aber warum denn?«, hatte er gefragt. »Das sind Juden«, hatte ein Freund gesagt.

»Na ja, auch ich habe ein bisschen Angst«, flüsterte Bianca in diesem Moment.

Amilcare berührte ihre zarte, rosige Haut, sah die goldenen Sprenkel in ihren braunen Augen, die glänzenden Wimpern, die weichen Lippen und die strahlend weißen Zähne, die zwischen den halb geöffneten Lippen hervorblitzten. Er begehrte sie. Sie standen vor der angelehnten Tür eines Zimmers. Bianca legte sanft die Hände auf Amilcares Wangen und küsste ihn.

»Ich habe mich in dich verliebt«, murmelte sie und schob ihn in ihr Zimmer, während sie sein Hemd aufknöpfte. Dann bedeckte sie seinen nackten Oberkörper mit kleinen Küssen. »Bitte sag jetzt nichts!«, bat sie und zog ihn auf das im Halbschatten stehende Bett.

Amilcare, der jetzt nicht mehr widerstehen konnte, sank in Biancas Arme, doch als sie ihm sagte, dass sie noch Jungfrau sei, hielt er bestürzt inne.

6

Dachtest du etwa, ich bin eine Schlampe, die mit jedem ins Bett geht?«, schrie Bianca. Eilig sammelten sie die auf dem Boden verstreute Kleidung ein.

»Ich habe gar nichts gedacht! Du hast die Initiative ergriffen«, warf ihr Amilcare vor. Nicht auszudenken, was alles hätte passieren können, wenn er seiner Lust gefolgt wäre anstatt der Vernunft. Hastig schlüpfte er in Hose und Hemd.

»Ich weiß genau, was im Dorf über mich geredet wird«, rief Bianca aufgebracht. »Bianca Crippa fährt dauernd in die Stadt, keiner weiß, was sie dort tut. Sie raucht, fährt Auto, sieht den Männern in die Augen. Was für eine scheinheilige Bande! Ich dachte, du wärst anders, dabei bist du genau wie sie! Ich habe die Initiative ergriffen, weil ich mich in dich verliebt hatte. Aber du bist ein Idiot, und ich hasse dich!«, schrie sie, während sie sich anzog und dann zu der silbernen Bürste griff, die auf der Kommode lag. Amilcare stand mit dem Rücken zur Wand, direkt neben der Tür. Angesichts ihrer nicht ganz unberechtigten Vorwürfe war er wie gelähmt.

»Verzeih mir«, stammelte er, nahezu unfähig, sich zu rühren.

»Du hast mich beleidigt, mich erniedrigt. Glaubst du wirklich, ich könnte dir so einfach verzeihen?«, zischte sie und trat vor ihn hin, wobei sie nach wie vor die schwere Bürste umklammerte.

»Verzeih mir«, wiederholte Amilcare und sagte dann: »Ich habe nur an mich gedacht, an meine Arbeit, mein Studium, daran, all das verlieren zu können. Du gefällst mir, seitdem ich dich nach dem Sturz vom Rad aufgehoben habe. Aber ich bin nur ein Arbeiter, ein Bauernsohn. Ich bin es gewohnt, die Distanz zu wahren. Ich hätte es niemals gewagt, mir vorzustellen, dass du dich in mich verlieben könntest. Und niemand, der uns jetzt sehen würde, würde das glauben. Man würde mir vorwerfen, ich hätte versucht, dich zu vergewaltigen. Ist dir eigentlich klar, in welche Situation du mich gebracht hast?«, sagte er streng.

Er legte die Hand auf die Türklinke, drückte sie herunter und sah aus dem Augenwinkel, wie Bianca mit der silbernen Bürste ausholte. Blitzschnell packte er sie am Handgelenk, brachte sein Gesicht ganz nah an das ihre heran, sah sie wütend an und sagte drohend: »Wage es nie mehr, die Hand gegen mich zu erheben!«

Dann riss er die Tür auf und lief die Treppe hinunter. Der Commendatore lag nicht mehr im Liegestuhl unter dem Feigenbaum. Amilcare wollte gerade aufs Rad steigen, als Luigi Crippa nach ihm rief.

Der junge Mann drehte sich um. Bestimmt hatte der Commendatore alles mit angehört und würde ihn jetzt entlassen. Sein Chef stand vor dem Eingang der Villa und sagte: »Vergiss bitte nicht, dass wir morgen um halb acht eine Besprechung mit der Technikabteilung haben.«

»Ich dachte schon, ich würde entlassen«, erwiderte er kleinlaut.

»Warum denn das?«, fragte der Commendatore.

»Weil ich mit Signorina Bianca gestritten habe«, flüsterte der junge Mann mit gesenktem Blick.

»Ihr habt gestritten?«, fragte Biancas Vater scheinbar unschuldig.

»Wir haben uns unwiderruflich zerstritten«, erklärte Amilcare.

Der Commendatore wandte sich zum Haus und sagte: »Davon weiß ich nichts, außerdem geht mich das nicht das Geringste an. Bis morgen.«

An diesem Nachmittag konnte sich Amilcare nicht aufs Lernen konzentrieren. Er war wütend.

Welches Spiel spielten Vater und Tochter hinter seinem Rücken? Am liebsten hätte er gekündigt. Bis die Sonne unterging, lief er über die Felder.

Am nächsten Tag ließ sich Bianca nicht in der Firma blicken, und erst Tage später erfuhr er, dass sie nach Ligurien gefahren war, wo sie den Sommer verbringen würde. In der darauffolgenden Woche schrieb sie ihm aus Nervi:

> *Es ist allgemein bekannt, Amilcare, dass ich manchmal seltsam bin. Es gibt Momente, in denen ich den Verstand verliere und mich von blinder Wut mitreißen lasse, in der festen Überzeugung, dass sich die ganze Welt gegen mich verschworen hat.*
>
> *Dann leide ich furchtbar und werde verletzend. Leider oft auch den Menschen gegenüber, die ich am meisten liebe. Es tut mir leid, dass ich dich angegriffen und in Schwierigkeiten gebracht habe. Ich liebe dich und wünsche mir, du würdest mich heiraten.*

Amilcare las sich den Brief mehrmals durch und dachte lange nach. Er mochte Bianca, wusste aber, dass sie schwierig und unberechenbar war.

Er beschloss, mit dem Heiratsantrag umzugehen wie mit einem geschäftlichen Angebot. Einige Tage später klopfte er bei seinem Chef an.

Er zeigte ihm den Brief seiner Tochter, den der Commendatore aufmerksam las.

»Bianca möchte deine Frau werden«, stellte er dann fest.

»Und Sie hätten sicher lieber einen Schwiegersohn aus Ihren Kreisen«, sagte Amilcare leise.

»Sie will dich und keinen anderen, und mir soll es recht sein.«

»Also werde ich die Signorina Bianca heiraten und mein Möglichstes tun, sie immer zu lieben, aber es wird sicher nicht immer leicht sein«, erwiderte der junge Mann.

»Du wirst es nicht bereuen: Schon bald wird Crippa-Armaturen dir gehören.«

Damit hatte Amilcare Cantoni nicht gerechnet. Aber er betrachtete diese Aussicht nicht als Ziel, sondern als Ausgangspunkt.

Crippa und sein Angestellter standen sich auf Augenhöhe gegenüber, so als wollten sie sich miteinander messen. Und genau das gefiel dem älteren Mann, der nicht mit so einem beherrschten Verhalten gerechnet hatte. Dabei hatte er keinen Zweifel daran, dass die Firma bei Amilcare gut aufgehoben sein würde.

Amilcare zögerte jedoch noch. Crippa dachte an den Jungen in kurzen Hosen, in dessen dunklen Augen er damals schon den Ehrgeiz gesehen hatte, das Schicksal selbst in die Hand zu nehmen. Gespannt wartete er darauf, dass Amilcare ihm seine Bedingungen nannte.

»Ich habe nicht vor zu heiraten, bevor ich mein Studium abgeschlossen habe. Das ist eine Frage der Würde, Commendatore, und eine andere Mitgift habe ich schließlich nicht zu bieten.«

»Ist das eine Bitte oder eine Feststellung?«, fragte der Padrone und setzte sich. Amilcare tat es ihm gleich.

»Sie wären nicht zufällig mit einer Wartezeit von drei Jahren einverstanden?«, fragte der junge Mann.

Jetzt war es an Crippa nachzudenken. Er kam zu dem Schluss, dass ihm Amilcares Einstellung durchaus gefiel. Aber sie war auch mit Gefahren verbunden.

»In drei Jahren kann viel passieren …«, sagte er besorgt.

»Signorina Bianca könnte es sich anders überlegen und sich einen anderen Ehemann suchen«, erwiderte Amilcare, der die junge Frau durchaus nicht nur aus Geldgründen heiraten wollte.

Der Commendatore dachte an Generoso Castelli, in den er

gewisse Hoffnungen gesetzt hatte, als Bianca mit ihm nach Paris geflohen war. Später war ihm dann jedoch klar geworden, dass der junge Castelli für eine Tochter aus gutem Hause nicht zu empfehlen war. Derzeit hatte er eine Varieté-Künstlerin als Geliebte.

»Oder aber Biancas Extravaganzen führen dazu, dass du deine Meinung änderst«, erklärte Luigi Crippa.

»Das wird nicht passieren. Als wir gestritten haben, habe ich ihr deutlich gezeigt, wo die Grenzen sind. Außerdem möchte ich Bianca heiraten, weil ich sie so mag, wie sie ist, und nicht nur wegen ihrer Mitgift. Und bis es so weit ist, hoffe ich sehr, dass sich die Sache nicht allzu sehr herumspricht. Denn ich hasse Klatsch und Tratsch, und davon wird es später noch mehr als genug geben.«

»Ich werde Bianca über unser Gespräch informieren«, beendete der Commendatore die Unterredung.

»Und ich werde ihr schreiben und die Zeit ihres Ligurienaufenthalts zum Lernen nutzen.« Er erhob sich von seinem Stuhl.

Da stand auch der Padrone auf und gab ihm die Hand. Dieser Junge, den er hatte aufwachsen, mit anpacken und sich fürs Studium anstrengen sehen, war der Einzige, dem er diese verrückte Tochter anvertrauen würde, die ihm trotz allem sehr viel bedeutete.

Noch am selben Abend schrieb Amilcare einen langen Brief an Bianca, der wie folgt begann: *Ich liebe dich auch und freue mich darauf, dich sofort nach meinem Examen zu heiraten.*

Bianca war zufrieden und bemühte sich, auf die Wünsche ihres Verlobten einzugehen. Drei Jahre später machte Amilcare sein Examen, und in der Woche darauf wurde Hochzeit gefeiert.

7

Die Hochzeit fand in der Kirche San Francesco im kleinen Kreis statt. Der Trauzeuge des Bräutigams war ein Studienfreund, und der Trauzeuge der nach wie vor unberechenbaren Braut war Generoso Castelli, der es nach der Zeremonie nicht versäumte, Amilcare zuzuflüstern: »Du weißt schon, dass du es von nun an nicht leicht haben wirst?«

»Jetzt, da du es mir gesagt hast, werde ich versuchen, daran zu denken«, entgegnete der junge Mann ironisch.

Sie standen im Garten der Villa, wo den wenigen Gästen Erfrischungen gereicht wurden: den Eltern des Bräutigams, einigen Kommilitonen von der technischen Hochschule, den engsten Freunden Biancas und ihres Vaters sowie ein paar Vertretern der Firma.

Das Brautpaar hatte sich keine Hochzeitsgeschenke gewünscht, sondern eine Spende für die Kirche.

Nachdem die Gäste gegangen waren, rief der Commendatore das Brautpaar zu sich ins Büro, um die Firma Crippa-Armaturen im Beisein zweier Anwälte an Amilcare Cantoni zu überschreiben. Nach der damaligen Gesetzgebung hatte Bianca keinerlei Ansprüche, was dem Commendatore nur recht war, da er seinem Schwiegersohn absolut vertraute, seiner Tochter weniger. Überraschenderweise bestand Amilcare jedoch darauf, dass die Firma an ihn *und* Bianca überschrieben wurde.

»Aber nur unter der Bedingung, dass ausschließlich du als neuer Firmenbesitzer auftrittst«, verlangte der Schwiegervater.

Als das Brautpaar endlich allein war, fragte Bianca ihren Mann: »Bist du glücklich?«

»Ja, sehr. Und du?«

»Jetzt weiß ich endlich, was Glück ist.«

Amilcare sah sie zärtlich an.

»Du bist müde, ruh dich aus.«

»Und du?«, fragte sie.

»Ich muss mich erst noch an die Vorstellung gewöhnen, in solchem Luxus zu leben. Und das ist gar nicht so leicht …«

»Wie meinst du das?«, fragte Bianca.

»Wir sind keine anderen Menschen, nur weil wir jetzt verheiratet sind.«

»Das sehe ich genauso.«

»Seit ich mein Examen habe, nennen mich eure Dienstboten Ingegnere, so wie sie deinen Vater Commendatore nennen …«

»Und was stört dich daran?«, fragte seine Frau.

»Das ist mir unangenehm.«

»Wir haben doch gemeinsam beschlossen, mit meinem Vater in der Villa zu wohnen.«

»Ich weiß, trotzdem …« Amilcare lächelte, strich ihr sanft über die Wange und sagte: »Gib mir bitte etwas Zeit, mich an all das zu gewöhnen. Weißt du, was? Wir steigen in den Wagen und fahren nach Mailand. In der Via Manzoni gibt es ein wunderschönes Hotel.«

»Du meinst das *De Milan?*«

»Ja. Dort werden wir unsere erste gemeinsame Nacht verbringen.«

»Dann hätten wir doch auch eine Hochzeitsreise machen können«, wandte sie ein.

»Dafür habe ich noch nicht genug Geld, aber ein Zimmer im Grandhotel kann ich mir leisten. Ich möchte meiner Königin eine fantastische Nacht schenken.«

»Danke, mein Schatz«, flüsterte sie und umarmte ihn.

Sie war schön, froh und glücklich. Und so würde Amilcare sie in den darauffolgenden Jahren in Erinnerung behalten. Er hatte begriffen, dass Bianca einfach nur geliebt werden wollte, und er liebte sie sehr und würde sie immer beschützen.

Villanova

1

So kam es, dass die Cantonis in der Firma auf die Crippas gefolgt sind. Es gibt Momente, in denen Bianca in ihrer geistigen Umnachtung glaubt, sie wäre um das Unternehmen betrogen worden. Aber das stimmt natürlich nicht. Mein Schwiegervater hat seine Frau geliebt und tut es bis heute. Daher verteidigt er sie, auch wenn er schon alt und müde ist«, sagte Celina zu Léonie.

Léonies Schwiegermutter hatte genüsslich von ihrem Lieblingskäse gekostet und dazu ein Glas Sekt getrunken. In dem großen, vom Herdfeuer erhellten Raum hatte Biancas Geschichte Léonie so richtig gefesselt. Sie hatte es sich zu Füßen ihrer Schwiegermutter auf einem Kissen gemütlich gemacht und wartete, dass sie weitererzählte.

»Meiner Meinung nach hat es nicht einmal Amilcare geschafft, den Charakter seiner Frau vollständig zu ergründen. In ihrer Aufrichtigkeit kann sie ziemlich verletzend sein. Als ich das Haus zum ersten Mal als Verlobte meines Mannes betreten habe, hat sie mich beiseitegenommen und gefragt: ›Hast du meinen Sohn bereits glücklich gemacht? Du weißt genau, was ich meine.‹ Ich bin erst rot und dann bleich geworden, doch sie hat nur den Kopf geschüttelt und gemurmelt: ›Wir Frauen sollen jeder Versuchung widerstehen. Und trotzdem heißt es, wir seien das schwache Geschlecht. Dabei sind die Männer viel schwächer!‹«

»Und während ihrer Ehe? Was ist dann passiert?«

»Das möchte ich dir noch nicht erzählen. Wieso legen wir nicht eine kleine Pause ein, und du redest zur Abwechslung mal von dir?«, schlug Celina vor.

»Einverstanden. Ich frage mich, ob es möglich wäre, dass ich in der Fabrik ein wenig mitarbeite. Als ich eben gehört habe, dass Bianca ihren Vater ins Büro begleitet hat, hat mich das ermutigt. Was hältst du davon?«

Celina hatte bereits gemerkt, dass ihre Schwiegertochter sich nach einer sinnvollen Beschäftigung sehnte.

»Ich werde mit meinem Mann darüber sprechen. Und du sprichst mit deinem darüber.«

In diesem Moment betrat Nesto diskret den Raum und verkündete: »Entschuldigen Sie bitte, aber Signora Bianca geht es nicht gut. Dottor Guido hat den Arzt gerufen, er müsste jeden Moment hier sein.«

»Hilf mir beim Aufstehen. Ich gehe zu ihr«, sagte Celina zu ihrer Schwiegertochter.

»Ich komme mit«, schlug Léonie vor. »Natürlich nur, wenn ich darf.« Sie hatte inzwischen ein ganz schlechtes Gewissen, dass sie Bianca nicht doch erneut ihre Hilfe angeboten hatte.

Gemeinsam eilten die Frauen durch den Mittelbau der Villa und dann durch den Flur des Westflügels, wo sie zwei Dienstboten begegneten, die aus Biancas Zimmer kamen.

»Wie geht es meiner Schwiegermutter?«, fragte Celina.

Die beiden schüttelten nur den Kopf. In dem Moment trat Guido aus dem Zimmer seiner Großmutter und sagte: »Der Arzt ist da … Er untersucht sie gerade.«

»Und dein Großvater?«, fragte Celina.

»Er ist auch dabei«, erwiderte Guido und ging vor Mutter und Ehefrau in das Wohnzimmer neben dem Schlafzimmer.

Léonie setzte sich neben ihren Mann, und gemeinsam mit Celina warteten sie schweigend. Léonie musste an die Geschichte denken, die ihre Schwiegermutter erzählt hatte, und an die Fotos von Bianca Crippa, die sie allein oder mit ihrem Mann zeigten und die sie in einem Familienalbum der Cantonis gesehen hatte.

Darauf war eine schöne, elegante Frau zu sehen, deren Gesicht von üppigem dunklen Haar umrahmt wurde.

Ihr undurchdringlicher Blick hatte Léonie bestürzt, während Amilcare auf allen Aufnahmen lachte. Der Ingenieur und die Erbin waren ein beeindruckendes Paar. Aber es gab kein einziges Foto von Bianca mit den beiden Kindern: mit Renzo, dem Älteren, Celinas Mann. Oder mit Gioacchino, der Erzbischof in der Provinz Lecco war. Stattdessen waren die beiden Kinder oft mit dem Vater zu sehen, auf Schnappschüssen, die in den Bergen oder am Meer aufgenommen worden waren. Ganz so, als hätte Amilcare die Kinder allein aufgezogen. Léonie bedauerte, dass Celinas Erzählungen mit der Hochzeit von Bianca und Amilcare geendet hatten.

Welche Geheimnisse mochte das Leben der *grand-maman* wohl noch bergen?

In Gedanken versunken, spürte sie, wie Guido ihre Hand liebkoste.

»Ich fürchte, die Nonna liegt im Sterben«, flüsterte er.

»Das tut mir sehr leid«, erwiderte Léonie, weil sie wusste, wie sehr Guido an ihr hing. Dann sagte sie: »Deine Mutter hat mir viel über sie erzählt. Unter anderem, wie dein Großvater und sie sich kennengelernt haben.«

Der Arzt kam ins Wohnzimmer, gefolgt von einem Zimmermädchen, das sagte: »Gleich bringe ich Ihnen den Kaffee.«

»Und?«, fragte Guido.

»Sie stirbt gelassener, als sie gelebt hat.«

»Darf ich zu ihr?«, fragte er.

Der Mann nickte.

»Ich begleite dich!«, schlug Léonie vor.

Die Tür zu Biancas Zimmer stand offen, und die beiden sahen, dass der alte Amilcare an ihrem Bett saß und sich leise mit seiner Frau unterhielt, während er liebevoll über ihr weißes Haar strich.

Léonie und Guido wechselten einen einverständlichen Blick. Sie würden diesen letzten Moment der Nähe einer langen, turbulenten Liebesbeziehung nicht stören.

Im Wohnzimmer hörten sie Celina leise weinen.

»Hast du *papà* Bescheid gesagt?«, fragte sie Guido, der mit Léonie zurückkam.

»Soll ich?«, fragte er beinahe zögernd.

»Es ist seine Mutter, und er muss verständigt werden!«, sagte Celina vorwurfsvoll.

Léonie verstand nicht und warf dem Arzt der Familie einen fragenden Blick zu. Der bedeutete mit einer Geste, das Gespräch lieber zu ignorieren. Dann sagte er: »Ich gehe wieder zu ihr«, und verließ das Zimmer.

»Ich werde auch Onkel Gioacchino Bescheid sagen«, beschloss Guido.

2

Bianca Cantoni, geborene Crippa, starb noch in derselben Nacht, die Beerdigung fand an Heiligabend statt. Sie wurde auf dem Friedhof von Villanova in der Familiengruft bestattet. Wie so oft bot die Beerdigung Gelegenheit, Freunde und Verwandte wiederzusehen, und beim Abendessen mit vielen Gästen stellten der Koch, der Patissier und das Küchenpersonal ihr Können unter Beweis.

Der Patriarch, der Ingenieur Amilcare Cantoni, saß am Kopfende des Tisches und sagte nur: »Wenn es ein Jenseits gibt, liegt meine Bianca jetzt in den Armen des Herrn. Sie war meine einzige große Liebe. Meine Freude und mein Schmerz, da ich es nicht geschafft habe, sie von den Dämonen zu befreien, die sie so oft verfolgt haben. Möge sie in Frieden ruhen! Ich selbst werde versuchen, die Tage oder Jahre, die mir noch bleiben, so gut wie möglich zu leben. Wir Cantonis wollen niemals vergessen, dass das ihr Haus ist und dass wir ihr alles verdanken, was wir haben.«

Zu den Gästen gehörte auch Generoso Castelli, der in diesem Moment gern gestanden hätte, dass er nie geheiratet hatte, weil er immer nur Bianca geliebt hatte.

Amilcare hatte das immer gewusst. Nicht umsonst war der Freund stets bereit gewesen, Bianca zu einem Konzert, einer Ausstellung oder einer Theaterpremiere zu begleiten, wenn er selbst verhindert war. Und er hatte Generosos Freude gesehen, wenn sie ihm ein »Danke« zuflüsterte oder ein Lächeln schenkte.

An diesem Tag hatte Amilcare ihn zu seiner Rechten Platz nehmen lassen und befahl: »Reiß dich zusammen!«

Mit geröteten Augen entgegnete Generoso: »Wir stehen beide bereits mit einem Fuß im Grab. Und trotzdem hörst du nicht auf, mich herumzukommandieren. Auch ich werde nie aufhören, dich zu hassen.«

»Das ist ja das Schöne an einer Freundschaft«, erwiderte Amilcare lächelnd.

Léonie, die am anderen Ende des Tisches saß, fragte Guido, der neben ihr Platz genommen hatte: »Warum streitet dein Großvater mit Generoso?«

»Wenn meine Mutter dir von Großmutter erzählt hat, hat sie doch sicherlich auch ihn erwähnt.«

»Er war der mit dem silberblauen Fiat Super?«, flüsterte sie.

»Ganz genau«, bestätigte ihr Ehemann.

»Und Großvater hatte nichts dagegen, dass er und seine Frau sich immer wieder getroffen haben?«

»Ich glaube, das kam ihm sogar gelegen«, erwiderte Guido.

»Aber war er nicht ein Schürzenjäger?«, fragte Léonie nach wie vor im Flüsterton.

»Ja. Die Frauen waren seine Leidenschaft, aber Bianca war seine große Liebe«, erklärte Guido.

Nach dem Essen verließen die fast ausnahmslos nicht mehr jungen Gäste die Villa. Auch Onkel Gioacchino verabschiedete sich, der in sein Bistum zurückkehren musste, um die Mitternachtsmette zu lesen. Weihnachten und die darauffolgenden Feiertage vergingen wie im Flug. Léonie und ihr Mann verbrachten ein paar Tage mit Freunden im Schnee in Tirol. Léonie unternahm lange Spaziergänge, während Guido die verschneiten Pisten hinuntersauste. Ansonsten sonnte sie sich auf dem Hotelbalkon und unterhielt sich mit anderen Frauen, die wie sie auf ihre sportlichen Männer warteten.

An den Abenden spielten sie Karten mit ihren Freunden, bis sie müde wurden und auf ihr Zimmer gingen. Als sie eines Abends im großen Ehebett unter der weichen Daunendecke lagen, fragte sie: »Warum habe ich nie Fotos von deiner Großmutter mit ihren Kindern gesehen?«

»Willst du das wirklich wissen?«, erwiderte er gähnend.

»Ich möchte die Familie kennen, zu der unser Kind gehören wird.«

»Reicht dir nicht, was deine Freundinnen in Villanova erzählen?«, neckte er sie.

»Sie erzählen mir nichts, und ich stelle keine Fragen. Was Fremde über Familienangelegenheiten sagen, entspricht meist nicht der Wahrheit.«

»Was ich über meine Großmutter erfahren habe, habe ich von den Dienstboten aufgeschnappt. Ich glaube, nicht einmal mein Vater weiß, was genau vorgefallen ist, da er damals erst zwei Jahre alt war. Großvater weiß natürlich alles, spricht aber nicht darüber.«

»Wieso, was ist denn geschehen?«, fragte Léonie.

»Großmutter soll nach der Geburt ihres zweiten Sohnes Gioacchino verrückt geworden sein und versucht haben, ihn umzubringen.«

Nach dieser erschütternden Mitteilung schwiegen sie eine Weile.

Dann erzählte Guido weiter: »Vermutlich hat sie an einer postnatalen Depression gelitten. Sie hatte Probleme beim Stillen. Sie hat geschrien vor Schmerz, während Blut und Milch aus ihrem Busen strömten. Kurz darauf hat sie das Neugeborene zurück in seine Wiege gelegt und ihm ein Kissen aufs Gesicht gedrückt. Eine Hausangestellte wurde durch den Schrei meiner Großmutter alarmiert und ist noch rechtzeitig ins Zimmer gekommen, um den Kleinen zu retten.«

»Meine Güte!«, flüsterte Léonie. »Und was ist dann passiert?«

»Sie kam in eine berühmte psychiatrische Klinik in Genf. Dort ist sie viele Jahre geblieben. Großvater hat sie jeden Monat besucht, und anscheinend hat sie ihn nie nach den Kindern gefragt. Sie hat sie verdrängt. Als Großvater sie schließlich nach Hause geholt hat, gingen die Kinder schon aufs Internat. Sie sind nur an Feiertagen nach Villanova gekommen und wurden nicht in die Nähe ihrer Mutter gelassen. Bianca hat sich furchtbar aufgeregt, wenn sie ihr zu nahe kamen, als hätte sie Angst vor ihnen. *Papà* und Onkel Gioacchino sind ohne Mutter aufgewachsen, mit allen nur erdenklichen Folgen. Irgendwann schien Großmutter ihr seelisches Gleichgewicht wiedergefunden zu haben, doch dann hat Großvater entdeckt, dass sie die Villa heimlich zum Verkauf angeboten hatte.«

»Wieso denn das?«, fragte Léonie.

»Sie wollte nicht mehr in Villanova wohnen, meinte, der Ort bringe ihr Unglück. Mein Vater, der damals noch Ingenieurswissenschaften studierte, ist in eine Auseinandersetzung seiner Eltern hineingeplatzt und versuchte, die Wogen zu glätten. ›Was mischst du dich da ein?‹, griff seine Mutter ihn an. Daraufhin er: ›Das ist auch mein Haus und das meines Vaters!‹ Und sie: ›Ich hätte lieber ein Kaninchen zur Welt bringen sollen anstatt so ein missratenes Kind wie dich.‹ Die Villa wurde nicht verkauft, aber die beiden haben lange nicht mehr miteinander geredet. Und das ist im Grunde das Ende der Geschichte.«

»Eine ziemlich grausame Geschichte«, flüsterte Léonie.

»Ja, furchtbar. Ich selbst hatte jahrelang Angst, die Geisteskrankheit meiner Großmutter geerbt zu haben, da sowohl mein Vater als auch mein Onkel Gioacchino davon verschont geblieben sind«, sagte Guido. »Aber jetzt lass uns schlafen!«

3

An ihrem ersten Arbeitstag hatte Léonie die Armaturenfabrik schüchtern betreten. Renzo Cantoni war mürrisch wie immer und ließ sich nicht anmerken, wie sehr er ihre Anwesenheit zu schätzen wusste. Stattdessen sagte er zu seinen Angestellten: »Meine Schwiegertochter sieht sich hier mal um. Gebt ihr etwas zu tun.«

Sie steckten sie ins Warenlager, wo sie alles über die verschiedenen Armaturen lernte. Bald wusste sie auch über die Aufträge und den Vertrieb Bescheid. Sie hatte für jeden ein Lächeln übrig, entschuldigte sich, wenn sie einen Fehler machte, und freute sich, wenn man sie lobte. Sie arbeitete sich in die komplizierten Abläufe der Abteilung ein und lernte Lieferanten- und Kundendaten auswendig.

Nach einigen Monaten bat sie darum, in die Fabrik versetzt zu werden. Dort begeisterte sie sich für jede einzelne Phase der Produktion.

Drehbänke, Bohrmaschinen, Fräsmaschinen und Galvanik wurden ihre neue Leidenschaft.

»Ich würde gern lernen, wie man eine Drehbank bedient«, sagte sie zu Cavalier Cantoni.

»Kommt gar nicht infrage! Du bist im achten Monat schwanger und solltest dich ausruhen«, befahl ihr Schwiegervater und flüsterte Celina ins Ohr: »Léonie ist wirklich großartig. Sie tut all das, was eigentlich Guido tun sollte, der die Fabrik lieber meidet, nach allem, was geschehen ist, so als machte sie ihm Angst.«

Léonie hatte mitgehört. Was war wohl geschehen? Warum wurde in dieser Familie nur aus allem ein Geheimnis gemacht? In den letzten Wochen vor der Niederkunft langweilte Léonie sich zu Hause. Als Guido nach Rom fuhr, um sich mit dem Produzenten und den Regisseuren einer Fernsehserie zu treffen, für die er das Drehbuch geschrieben hatte, begleitete sie ihn. Aber es strengte sie zu sehr an. Sie verabschiedete sich von Guido und kehrte nach Villanova zurück, fest entschlossen, geduldig auf die Geburt zu warten.

Um sich die Zeit zu vertreiben, bat sie die Schwiegermutter, ihr das Notenlesen beizubringen.

Léonies Erstgeborener kam in einer Mailänder Klinik zur Welt. Es war ein gesundes, kräftiges Kind, das der Großonkel, Monsignor Gioacchino, auf den Namen des Schutzheiligen seiner Gemeinde taufte: Giuseppe.

Als Léonie mit dem Kleinen in die Villa zurückkehrte, gab es ein großes Fest – ein geeigneter Anlass, sie Freunden und Verwandten vorzustellen, die sie noch nicht kennengelernt hatten.

Einigen davon vertraute Cavalier Cantoni an: »Diese französische Schwiegertochter ist der Sohn, den ich mir immer gewünscht habe.« Mit diesen Worten betonte der Fabrikant die Zuneigung, die er für Léonie empfand, und seinen Respekt vor ihrem Einsatz für das Familienunternehmen.

Von dem Essen und den Gesprächen ermüdet, verließ Léonie nach einer Weile die Feier und trat in das Zimmer ihres Kindes, das in den Armen einer älteren Kinderfrau allmählich unruhig wurde. Es wollte gestillt werden. Léonie schickte die Kinderfrau fort, setzte sich auf einen Sessel und legte den Säugling an die Brust.

Das Stillen bereitete ihr ein fast körperliches Vergnügen, so als würde sie ihrem Sohn mit der Milch das Beste von sich mitgeben.

An diesem Tag dachte sie nach vielen Monaten wieder an Roger

Bastiani und den Reifenwechsel zurück. Sie wusste rein gar nichts über diesen Mann: weder wo er wohnte, wo er arbeitete, ob er verheiratet war, ob er Kinder hatte, noch, ob er ein glückliches Leben führte. Sie hielt ihn für einen reifen, gut aussehenden Einzelgänger, einen typischen Mann aus dem französischen Süden. Er wirkte auf den ersten Blick rau und streng, dabei war er zärtlich und zuvorkommend.

Er hatte sich mit ihr zur nächsten Wintersonnenwende in Varenna verabredet. Aber in einem Jahr konnte viel passieren.

Sie selbst wusste nicht genau, ob sie ihn wiedersehen wollte. Sie hatte jetzt einen Sohn, um den sie sich kümmern musste. In diesem Moment betrat Guido das Zimmer, ging auf seine Frau zu und küsste sie auf die Stirn. Er blieb und sah ihr dabei zu, wie sie ihr gemeinsames Kind stillte. Er blickte auf ihre straffe, alabasterfarbene Brust, die aus der weißen Spitzenbluse hervorschaute, während ihr dunkler Pagenkopf die perfekte Krümmung ihres Nackens betonte.

»Wie schön du bist!«, flüsterte er.

Léonie sah ihren Mann an und lächelte.

Die winzige Hand des Kindes, die die Mutterbrust umklammerte, lockerte den Griff und erschlaffte.

»Jetzt ist er eingeschlafen«, sagte sie.

Guido lächelte und sah sie dabei gleichzeitig melancholisch an. Wieder einmal fragte sich Léonie, welches Geheimnis er vor ihr verbarg. Sie wusste, dass er nicht rettungslos in sie verliebt war, aber seine liebevolle Art, seine Großzügigkeit und aufrichtige Zuneigung hatten sie dazu gebracht, ihn zu heiraten. Von außen betrachtet, waren sie ein beneidenswertes Paar, und vielleicht waren sie das ja tatsächlich, auch wenn sie keine echte Leidenschaft verband.

Léonie wünschte sich, dass ihre Ehe ewig halten würde, ohne dass es zu schmerzhaften Ereignissen oder Enttäuschungen kam.

Sie wünschte sich, dass die heitere Gelassenheit andauerte, die ihr jetziges Leben kennzeichnete. Sie erhob sich vom Sessel, nahm das schlafende Kind hoch und legte es an ihre Schulter. Nachdem der Kleine ein deutlich hörbares Bäuerchen gemacht hatte, lachten sie, anschließend legte Léonie Giuseppe zurück in seine Wiege.

Guido trat zu ihr und überreichte ihr ein kleines samtbezogenes Kästchen. »Das ist für dich, weil du mir einen Sohn geschenkt hast«, sagte er.

Léonie öffnete das Kästchen, und ihr Atem stockte: Es enthielt einen Goldring in Form einer Blüte, in deren Mitte ein dicker gelber Diamant prangte.

Sie sah Guido an und sagte: »Den Sohn habe ich uns beiden geschenkt, nicht nur dir.«

»Natürlich«, erwiderte er. »Aber du hast ihn geboren!«

»Verstehe«, flüsterte sie. Trotzdem schloss sie das Kästchen und gab es ihm mit den Worten zurück: »Ich möchte keine Belohnung dafür haben, dass ich ein Kind zur Welt gebracht habe. Unser Sohn ist die Belohnung.«

»Ich wollte dich nicht beleidigen«, erwiderte Guido, ohne den Ring zurückzunehmen.

»Du hast mich nicht beleidigt, mein Schatz. Ich wollte dir nur meine Position klarmachen.«

»Das hast du auch. Aber jetzt nimm bitte diesen Ring von mir an, den ich dir nur schenke, um dir eine Freude zu machen.«

Der liebevolle Blick ihres Mannes ließ sie weich werden, und gerührt sagte sie: »Deine Großzügigkeit und die deiner Verwandten machen mich jedes Mal verlegen. Ich habe großes Glück gehabt, in diese Familie aufgenommen zu werden. Ich habe von euch allen deutlich mehr bekommen, als ich es je zu hoffen gewagt hätte. Daher denke ich, es ist eher an mir, dir und deinen Eltern Geschenke zu machen und mich erkenntlich zu zeigen.«

Sie legte das Kästchen auf einen kleinen Tisch, strich ihrem Mann zärtlich über die Wange und sagte leise: »Ich bin mir sicher, du verstehst das.«

»Du überraschst mich immer wieder aufs Neue«, flüsterte er und umarmte sie heftig.

4

Im Dezember war Giuseppe ein halbes Jahr alt und wurde abgestillt. Léonie stillte jetzt nur noch zweimal täglich, einmal frühmorgens und einmal abends.

Tagsüber bekam er in der Obhut der Hausangestellten püriertes Fleisch, Obst und Gemüse, während sie allmählich die Arbeit wieder aufnahm.

Der Tag der Wintersonnenwende rückte näher, und Léonie wurde unruhig. Schon der kleinste Anlass ließ sie aufschrecken. Die Erinnerung an Roger Bastiani und sein Versprechen, am zweiundzwanzigsten Dezember auf sie zu warten, ließen ihr keine Ruhe. An einem sonnigen Nachmittag kehrte Guido aus Rom zurück und suchte nach ihr.

»Die Signora ist mit dem Kind im Park«, sagte Nesto.

Léonie saß, in einen dicken Pelz gehüllt, auf der Bank und schaukelte den Kinderwagen, in dem der Kleine schlief.

Guido trat näher und bemerkte den leeren Blick seiner Frau.

»Ich bin's, dein Mann!«, scherzte er und beugte sich vor, um sie auf die Stirn zu küssen.

»Ciao. Ich habe noch nicht mit dir gerechnet«, erwiderte Léonie.

Guido betrachtete seinen Sohn im Wagen und lächelte. Ein Sonnenstrahl tauchte die Pausbacken des Kindes in rosafarbenes Licht.

»Gestern Abend bin ich mit dem Drehbuch fertig geworden, und heute Morgen habe ich es den Programmverantwortlichen übergeben. Ich bin sofort losgefahren und habe jetzt bis zum Beginn des nächsten Jahres frei«, verkündete er, wobei er sich neben sie setzte.

»Ah … das ist ja toll. Der Kleine schläft, siehst du?«, erwiderte sie einsilbig.

»Ist es hier draußen nicht zu kalt?«, fragte er.

Aus der Ferne hörten sie das metallische Scharren eines Rechens, mit dem der Gärtner die Alleen vom Laub befreite. Eine Amselfamilie, die zwischen den Zweigen einer Libanonzeder nistete, pickte auf dem kahlen, gefrorenen Boden herum.

Es war drei Uhr am Nachmittag, bald würde die Sonne nicht mehr scheinen.

»Du hast recht. Wir sollten lieber ins Haus gehen«, pflichtete sie ihm bei und stand auf.

Langsam gingen sie auf die Villa zu. Guido schob den Kinderwagen, während sie sich bei ihrem Mann eingehakt hatte. Vor den Arkaden waren die Hausangestellten damit beschäftigt, den weihnachtlichen Lichterschmuck zu befestigen.

»Ich habe so das Gefühl, dass dir die Armaturen fehlen«, bemerkte Guido, während sie die Mäntel auszogen und eine Angestellte den Kleinen übernahm.

»Ja, das stimmt. Nach den Feiertagen werde ich in die Fabrik zurückkehren.«

Dieser Entschluss verscheuchte die Lähmung, die sie morgens befallen und ihre Gedanken in dichten Nebel gehüllt hatte. Plötzlich sah sie klar vor sich, wie Roger sagte: »Im nächsten Jahr werde ich zur Wintersonnenwende wieder hier sein – und auf dich warten.«

Der nächste Tag war der zweiundzwanzigste Dezember. Noch wusste sie nicht, ob sie nach Varenna aufbrechen würde. Den kleinen Giuseppe konnte sie nach dem morgendlichen Stillen inzwischen beruhigt den Dienstboten überlassen. Innerhalb weniger

Sekunden stellte sie sich bis ins Detail vor, wie sie das kleine Hotel am See betreten würde. Wie sie in der Lobby stehen und fragen würde: »Ist Dottor Bastiani hier?«

Daraufhin würde die Besitzerin antworten: »Er fährt gerade Ski in Bormio.« Oder: »Ich habe ihn dieses Jahr noch gar nicht gesehen.«

Aber es gab auch noch eine andere Möglichkeit, nämlich die, dass Roger da war und sagte: »Kennen wir uns nicht von irgendwoher?«

»Natürlich kennen wir uns. Sind wir nicht verabredet?«

Sie bekam eine Gänsehaut. Was, wenn er dann sagte: »Ach ja, stimmt, jetzt erinnere ich mich wieder. Sie sind die ungeschickte Frau, die keinen Reifen wechseln konnte. Haben wir uns tatsächlich verabredet? Wissen Sie … man redet viel, wenn der Tag lang ist … Ehrlich gesagt bin ich erstaunt, dass Sie hier sind.«

Während sie mit ihrem Mann zum Salon hinüberging, in dem Nesto den Tee servieren würde, flüsterte sie kaum hörbar: »Lieber würde ich im Erdboden versinken!«

»Was hast du gerade gesagt?«, fragte Guido verwirrt.

Sie errötete, wandte das Gesicht ab, damit er ihre Verlegenheit nicht bemerkte, und log: »Ach nichts, nur so ein Gedanke.«

Im Wohnzimmer befanden sich Celina, aber auch Großvater Amilcare, der seit dem Tod seiner Frau mehr Zeit mit der Familie verbrachte.

Der Patriarch hatte Gefallen daran gefunden, Pläne zu schmieden, wie man die Villa restaurieren könnte, oder alte Unterlagen und Fotos zu ordnen. Außerdem war er entzückt, wenn er an der Wiege seines winzigen Urenkels stand. Wer wusste schon, welche Abenteuer den Kleinen noch erwarteten!

Amilcare Cantoni lächelte, als er sah, dass sein Enkel mit seiner französischen Frau hereinkam.

»Wo ist der Kleine?«, fragte er.

»Er schläft«, erwiderte Léonie und setzte sich neben ihn, während Guido seinem Großvater einen Kuss auf die Stirn drückte.

»Du bist früher zurückgekommen als gedacht«, sagte Celina zu ihrem Sohn.

Nesto kam mit dem Teewagen herein. Darauf standen die Kanne mit dem Tee, Tassen sowie ein Tablett mit hausgemachtem Gebäck, das jede Menge Butter und Zucker enthielt und von Celina begierig gemustert wurde.

Guido erzählte von einer Schauspielerin, die die Heldin seines Spielfilms sein würde. Er sagte, sie sei zwar schön, aber leider völlig untalentiert. Trotzdem wolle der Produzent sie unbedingt haben.

Léonie gab sich erneut ihren Tagträumen mit Roger hin. In dem Moment war sie sich sicher, dass er in Varenna auf sie warten würde und sie nur noch wenige Stunden voneinander getrennt waren. Trotzdem fragte sie sich, ob sie tatsächlich zu einem Fremden fahren sollte, nur weil er sich ein Jahr zuvor mit ihr verabredet hatte. Was wollte sie von ihm? War sie etwa nicht glücklich mit ihrem Mann? Vielleicht nicht vollkommen, aber dafür hatte sie alles, was sich eine Frau nur wünschen konnte. Ein Haus, von dem andere nur träumten, eine liebevolle Familie, wie sie sie noch nie gehabt hatte. Ihr Mann gab ihr nach wie vor Rätsel auf, aber war das ein Grund, alles aufs Spiel zu setzen? Nein und nochmals nein! Warum sollte sie sich zu so einem derart gewagten Treffen hinreißen lassen? Es stimmte, Roger hatte ihr neues Selbstbewusstsein gegeben, und dafür sollte sie sich wenigstens bedanken. Ja, sie musste sich unbedingt bei ihm bedanken. Sie würde nach Varenna fahren, und wenn er da war, würde sie sich bei ihm bedanken. Sie würde ihm Fotos von ihrem Sohn zeigen. Das hieß nicht, dass sie Guido betrog, denn dafür gab es nicht den geringsten Grund. Eigentlich gab es überhaupt keinen Grund, nach Varenna zu fahren. Ganz genau, sie würde zu Hause bleiben.

Am nächsten Morgen stillte sie das Kind und sagte anschließend zu Guido: »Ich fahre nach Morbegno.«

»Soll ich dich begleiten?«

»Danke, aber das ist nicht nötig«, erwiderte sie und hoffte, dass Guido nicht darauf bestand mitzukommen.

»Dann wünsche ich dir viel Vergnügen!«, meinte er.

»Warte nicht mit dem Mittagessen auf mich. Ich werde unterwegs eine Kleinigkeit essen.«

Sie stieg in den Wagen und nahm die Straße zum See.

5

Die Besitzerin des *Hôtel du Lac* erklärte gerade einem englischen Touristenpaar, dass das Hotel kein Restaurant hatte.

»Normalerweise essen unsere Gäste in den Lokalen in der näheren Umgebung. Hier am See gibt es einige Restaurants mit hervorragender Küche.«

In diesem Moment ging die Tür zu der kleinen Lobby auf, und eine junge Frau kam herein. Sie trug eine sportlich geschnittene Jacke und eine enge Jeans, die in weichen Stiefeln mit niedrigem Absatz steckte. Da die Hotelbesitzerin mit vielen Menschen zu tun hatte, sah sie sofort, dass die schöne junge Frau etwas Besonderes war. Sie lächelte ihr zu und sagte: »Ich bin gleich bei Ihnen.«

Die beiden Engländer bedankten sich für die Information und verließen das Hotel, während Léonie an die Rezeption trat.

»Guten Tag«, sagte die Besitzerin. »Kann ich Ihnen helfen?« Sie musterte sie neugierig, weil sie ihr vage bekannt vorkam.

»Guten Tag«, erwiderte Léonie. »Ist zufällig Dottor Bastiani …« Sofort wurde sie von der Hotelbesitzerin unterbrochen.

»Jetzt weiß ich es wieder! Sie sind die Dame mit dem durchnässten Mantel! Dottor Bastiani ist in der Bar und hat mich gebeten, ihm Bescheid zu sagen, wenn jemand nach ihm fragt. Bitte warten Sie hier, ich hole ihn sofort!«

Aber Léonie hielt sie mit einer Geste zurück. »Danke, bemühen Sie sich nicht. Ich gehe zu ihm.«

Sie betrat die Bar und sah, dass Roger an einem Tischchen saß und Zeitung las.

»Guten Tag«, brachte sie zögernd hervor.

Der Mann sah hoch und sprang sofort auf. Strahlend sah er sie an.

»Léonie«, flüsterte er. »Ich hätte nicht gedacht, dass du kommst, habe es aber inständig gehofft. Wie geht es dir?« Ohne die Antwort abzuwarten, fügte er hinzu: »Lass uns rausgehen!«

Roger zog den Mantel über, den er in der Lobby gelassen hatte, und gemeinsam verließen sie das Hotel.

»Ich hoffe, du kannst ein bisschen bleiben, ich habe nämlich einen Tisch im Restaurant auf der Piazzetta bestellt.«

»Ich kann mit dir zu Mittag essen, muss aber anschließend sofort wieder fahren.«

Roger nahm ihre Hand und hakte sie unter, während er sagte: »Du ahnst ja nicht, wie oft ich in diesem Jahr an unsere Begegnung gedacht habe.«

»Ich auch«, gestand sie.

»Wie geht es dir?«, wiederholte er. »Ist mit deiner Schwangerschaft alles gut gegangen? Und bist du jetzt Mutter eines Sohnes oder einer Tochter?«

»Eines Sohnes. Er heißt Giuseppe, ist gesund, wunderschön und mittlerweile ein halbes Jahr alt.«

Auf dem engen, gepflasterten, etwas abgefahrenen Sträßchen waren nur wenige Spaziergänger zu sehen. Ein Fährboot, das gerade von der Mole ablegte, kräuselte die Wellen, die sich am Ufer brachen. Der See funkelte in der Sonne des schönen Dezembertages.

»Ich bin so froh, dass du hier bist!«, meinte Roger. »Ich hatte schon befürchtet, dich nie mehr wiederzusehen.«

»Ich habe lange gezögert, bis ich mich dazu entschlossen habe«, gestand Léonie.

Sie hatten die Piazzetta erreicht, und Roger zeigte auf eine Bar.

»Möchtest du hier einen Aperitif trinken, oder sollen wir gleich ins Restaurant gehen?«

»Gleich ins Restaurant. Es ist unglaublich kalt hier draußen.«

Der Kellner führte sie zu einem etwas abseits stehenden Tisch vor einem großen Kamin, der dem Raum eine gemütliche Atmosphäre verlieh. Die Lasagne, die sie bestellten, schmeckte köstlich.

Lachend erinnerten sie sich an die Reifenpanne und daran, wie stolz Léonie gewesen war, als sie mit Rogers Hilfe das Ersatzrad montiert hatte.

Sie nippten an ihrem Kaffee, als Roger sie zärtlich ansah und sagte: »Du bist ebenso reizend wie faszinierend, Léonie. Du hast mein Herz erobert.«

»Ich bin verheiratet, Roger, und ich empfinde eine große Zuneigung für meinen Mann und unser Kind.« Léonie errötete.

»Auch ich bin verheiratet. Ich liebe meine Frau und unsere beiden fantastischen Kinder. Aber das mit uns ist etwas ganz Besonderes, glaubst du nicht?«

»Vielleicht«, erwiderte sie zögernd.

Roger nahm Léonies Hand und drückte sie: »Reservieren wir ein kleines Plätzchen in unserem Leben nur für uns beide. Alles andere soll die Zeit entscheiden«, schlug er vor.

»Wie soll das gehen, ohne dass wir den Menschen, die uns wichtig sind und die wir respektieren, wehtun?«

»Wir sehen uns nur einmal im Jahr, am zweiundzwanzigsten Dezember, hier in Varenna. Und zwar nur so lange, wie wir es wirklich wollen. Das bleibt unser Geheimnis«, erklärte Roger lächelnd.

Léonie zögerte, nickte dann unmerklich und sagte: »Gehen wir, ich muss wieder zurück.«

Sie verließen das Restaurant und gingen Hand in Hand.

Léonie erzählte von Guido, von der Familie Cantoni, von Villanova. Und Roger von seiner Ehe, den Kindern, dem Krankenhaus, der Universität.

Es war, als würden sie sich schon eine Ewigkeit kennen.

Sie erreichten den Platz, auf dem Léonie ihr Auto geparkt hatte.

»Ich habe Fotos von meinem Kleinen mitgebracht, damit ich sie dir zeigen kann«, sagte sie.

»Lass uns alles Weitere für nächstes Jahr aufsparen«, schlug Roger vor und öffnete die Wagentür für sie.

Dann umarmte er sie und zog sie an sich, während er flüsterte: »Frohe Weihnachten, kleine Léonie, pass auf dich auf!«

»Frohe Weihnachten, Roger«, erwiderte sie und löste sich aus seiner Umarmung, nicht ohne lächelnd hinzuzufügen: »Wir sehen uns in einem Jahr, am zweiundzwanzigsten Dezember.«

»Ich werde hier sein und auf dich warten«, versprach er.

»Und wenn irgendetwas dazwischenkommt …«, begann Léonie.

»Nichts kann uns trennen«, versicherte ihr Roger, der sie lächelnd betrachtete, als sie den Motor anließ und vom Platz fuhr, um die Heimfahrt anzutreten.

6

Am Weihnachtstag war die Villa erfüllt von den fröhlichen Stimmen der Freunde und Verwandten, die Renzo Cantoni und Großvater Amilcare eingeladen hatten. Auch Generoso Castelli war da sowie Freunde von Guido und Léonie.

Léonie erfuhr, dass Generoso sein Testament dahingehend geändert hatte, dass er Guido einen beträchtlichen Teil seines Vermögens vermachte.

»Warum? Was soll das?«, fragte sie.

»Er hat sich immer als Teil der Familie gefühlt. Ich würde gern ein Drehbuch schreiben, das sich an Generosos Lebensgeschichte orientiert. Mich fasziniert diese Dreiecksgeschichte. Generoso hat Nonna Bianca geliebt, aber zwischen ihm und Großmutter stand immer Amilcare Cantoni. Manchmal frage ich mich, was sie für die beiden wirklich empfunden hat. Und ich frage mich, wie Großvater damit leben konnte, wie er sich fühlte, wenn er Generoso Castelli als ›den Galan meiner Frau‹ vorstellte. Nonna Bianca wurde von zwei intelligenten, anständigen Männern geliebt. Ist das nicht einzigartig?«, fragte ihr Mann.

Es war Abend, und sie saßen allein im roten Salon. Guido nippte an einem Cognac und wärmte das dünne Kristallglas mit der Hand. Léonie hatte eine Tasse mit heißem Pfefferminztee vor sich und wartete darauf, dass das Getränk sich abkühlte.

»Vielleicht ist das gar nicht so einzigartig«, flüsterte sie betroffen und dachte an Roger. »Wieso bist du dir so sicher, dass

Nonna Bianca ihren Mann nie wirklich mit Castelli betrogen hat?«

»Sie hat ihren Mann geliebt, außerdem war es perfekt, wie es war. Genau daraus möchte ich einen Spielfilmstoff entwickeln: Bianca, vom Wahnsinn überschattet, intellektuell von Generoso angezogen, aber verliebt in Großvater, den sie zärtlich ›meinen Cantoni‹ genannt hat. In meiner ziemlich einsamen Kindheit gab es Sommernachmittage, an denen sich alle auf ihre Zimmer zurückgezogen hatten, um sich auszuruhen. Sobald Stille in die Villa einkehrte, wurde ich zum Entdecker eines Reiches, das mir unendlich groß vorkam. Denn dieses Haus ist riesig und voller Schätze und Geheimnisse. Damals war Großvater noch das Familienoberhaupt und der Fabrikbesitzer. Trotzdem hatte er sich bereits mit Großmutter in den Westflügel zurückgezogen, in den Teil, in dem ich mich am seltensten aufhielt. Meine Mutter dachte, ich wäre im Bett und schliefe, stattdessen bin ich heimlich durch die Räume geschlichen, die ich kaum kannte. Mich haben die endlosen Flure fasziniert, die riesigen Gemälde an den Wänden, das Knacken des Parketts, die Schubladen in den großen Schränken, voll mit Unterlagen, alten Fotos, Elfenbeinkästchen, lederbezogenen Schachteln, die eine verwelkte Blume, ein paar Würfel oder einen Rosenkranz enthielten. Ich hatte eine Katze, die mir überallhin gefolgt ist. In meiner Fantasie war sie mein getreuer Knappe, stets bereit, mich vor jeder Gefahr zu warnen, die in Gestalt eines Hausbewohners drohte, der mich beim Herumschnüffeln ertappte. Wenn ich am Zimmer der Großeltern vorbeischlich, lauschte ich an der Tür.

Ich hörte, wie sie miteinander redeten und lachten. Die beiden waren sehr glücklich. Manchmal hörte ich ein seltsames Stöhnen. Dann bekam ich Angst und lief davon. Erst viel später habe ich begriffen, dass sie sich liebten. Und das, obwohl Großmutter in meinen Augen schon uralt war! Dabei war sie erst fünfzig und führte offensichtlich mit Großvater ein erfülltes Liebesleben. Findest du diese Geschichte nicht auch wunderbar?«

»Wenn du damit meinst, dass eine Frau den Geliebten, den sie nicht haben kann, über den Ehemann liebt, scheint mir das gut zu Biancas Wahnsinn zu passen«, meinte sie leicht verlegen, da sie nicht umhinkam, ihr Verhalten mit dem von Bianca Crippa zu vergleichen. Auf einmal kam ihr der Verdacht, Guido könne etwas von ihrem Treffen mit Roger wissen und versuche nun auf Umwegen, sie zum Reden zu bringen.

»Es ist eine schöne Geschichte, glaub mir!«, beharrte ihr Mann.

Léonie sah ihm ins Gesicht. In seinem offenen Blick lag nicht der Schatten eines Verdachts, und das beruhigte sie.

»Vielleicht hast du recht. Die Geschichte ist schön, aber auch kompliziert, findest du nicht?«

»Genau deshalb rede ich mit dir darüber. Du bist mein Resonanzboden, der mir dabei hilft, den Plot auszutüfteln.«

»Bisher hast du mir noch nie von deinen Projekten erzählt«, bemerkte Léonie.

»Es gibt immer ein erstes Mal«, verkündete Guido und genoss den letzten Schluck Cognac. Dann stellte er sein Glas neben die inzwischen leere Teetasse seiner Frau und sagte: »Es ist bereits nach Mitternacht. Wollen wir zu Bett gehen?«

An diesem Abend liebten sie sich, und kurz vor dem Einschlafen dachte Léonie an Roger und sagte: »Wäre deine Großmutter Bianca nicht so seltsam gewesen, hätte sie sich Castelli hingegeben. Und wahrscheinlich wäre es dann mit ihrer Liebe vorbei gewesen.«

»Und wenn sie stattdessen gemerkt hätte, dass sie ihn ihrem Mann vorzieht?«, fragte Guido.

»Man muss im Leben auch mal ein Risiko eingehen. Sonst wird man verrückt«, behauptete sie und beschloss noch im selben Moment, auch das nächste Treffen mit Roger wahrzunehmen.

Dann schlief sie ein.

Nach den Weihnachtsferien nahm sie die Arbeit in der Firma wieder auf und konzentrierte sich aufs Englischlernen. Sie schrieb sich beim British Council in Mailand zum Sprachkurs ein und teilte ihre Zeit zwischen dem kleinen Giuseppe, der Arbeit und dem Unterricht auf.

Der Schwiegervater gewöhnte es sich an, sie auf Geschäftsreisen mitzunehmen. Und wenn sie ablehnte, bei ihrem Kind bleiben wollte, fehlte sie ihm, denn Léonie war für ihn zu einer wichtigen Vertrauten geworden.

Léonie merkte, wie sehr Amilcare sie schätzte. Wenn es irgendwie ging, leistete sie ihm Gesellschaft, und da er wie alle alten Menschen ein fantastisches Langzeitgedächtnis hatte, erfuhr sie noch eine außergewöhnliche Familiengeschichte: die von Celina, einer geborenen Olgiati Tremonti.

Celina

1

Zur Mittagszeit waren sämtliche Tische des *Ristorante Savini* in der Mailänder Galleria Vittorio Emanuele besetzt. Die Gäste waren Unternehmer, reiche Geschäftsleute, Journalisten, Börsenmakler, Bankdirektoren, wohlhabende Ausländer, der ein oder andere Intellektuelle, einige Vertreter des alteingesessenen Mailänder Adels, Politiker und ihre Kofferträger.

Aber keine einzige Frau war darunter. Das *Savini* wirkte eher wie ein dem damals vorherrschenden Machotum geweihter Tempel als ein Restaurant.

Als Conte Alberto Olgiati Tremonti das berühmte Lokal betrat, begrüßte ihn der Inhaber nur wegen seines Namens so ehrerbietig. Denn obwohl der Conte zu den höchsten Adelskreisen zählte, wusste jeder, dass er am Rande des Ruins stand. Im Laufe eines Jahrhunderts war das riesige Vermögen der Olgiati Tremonti langsam dahingeschwunden, und die Besitztümer, die der Graf noch besaß, waren bis auf den Palazzo am Corso Venezia ausnahmslos mit Hypotheken belastet. Dort lebte der Adelige mit seiner Frau Marinella, einer geborenen Principessa Torrani di Gallese, seinem Sohn Jacopo, der Safaris in Afrika organisierte, und mit seiner Tochter Celina, die mit dem jungen Marchese Filippo Aldovrandi verlobt war.

»Ihr Gast ist bereits eingetroffen, Signor Conte, er erwartet Sie an der Bar«, sagte der Inhaber des Restaurants und führte ihn weiter in das Lokal hinein. Amilcare Cantoni stand am Tresen, nippte an einem Aperitif und knabberte Nüsschen.

»Mein lieber Ingenieur!«, begrüßte ihn der Conte und gab ihm die Hand.

»Conte!«, erwiderte Amilcare und schüttelte sie.

»Folgen Sie mir, Cantoni!«, fuhr der Adelige fort.

Nachdem ihnen der Lokalbesitzer den Weg gewiesen hatte, setzten sie sich an einen Fenstertisch mit Blick auf die Passage.

Ein Kellner nahm die Bestellung auf, und der Sommelier öffnete eine Flasche Rotwein aus dem Oltrepò.

»Und, mein Lieber, wie geht es Ihnen?«, fragte Conte Olgiati, als sie allein waren.

»Ich kann nicht klagen. Die Fabrik floriert, mein Sohn Renzo ist begabter als ich, und Gioacchino ist Priester – der schönste Beruf der Welt!«, verkündete Amilcare.

»Das sehe ich genauso. In meiner Familie gab es einige Bischöfe und Kardinäle. Weil sie sich nicht mit unseren Sorgen herumschlagen müssen, sind sie alle sehr alt geworden. Sollte ich einmal wiedergeboren werden, lasse ich mich auch zum Priester weihen«, scherzte der Graf. Es war kein Geheimnis, dass seine Leidenschaft fürs weibliche Geschlecht entscheidend dazu beigetragen hatte, sein geerbtes Vermögen dahinschmelzen zu lassen. Nach einer kurzen Pause fuhr er fort: »Aber um vom Sakralen aufs Weltliche zu kommen: Ich wollte Sie sehen, um mit Ihnen über den Palazzo von Villanova zu sprechen.«

»Ich höre«, sagte Amilcare.

»Er verfällt immer mehr, und ich möchte ihn loswerden. Sie haben sicher schon gehört, dass er mit einer Hypothek belastet ist, aber ich möchte ihn nicht den Banken überlassen. Deshalb frage ich Sie ganz direkt, ob Sie nicht die Hypothek übernehmen wollen. Bei Ihnen wüsste ich ihn in guten Händen, Sie haben sicher Respekt vor seiner Geschichte und den schönen Dingen, die sich noch darin befinden.«

Amilcare musste daran denken, wie er sich als Kind mit Gleichaltrigen in den Park der Villa geschlichen hatte, um im Herbst Kakis und im Sommer anderes Obst zu stehlen. Manchmal waren sie auch zum Gewächshaus gegangen und hatten durch die verschnörkelten schmiedeeisernen Fenster einen Blick auf die Zitronenbäumchen in ihren Tontöpfen geworfen. Oder aber sie waren auf die Fensterbänke der Villa im Erdgeschoss geklettert und hatten durch die verstaubten Scheiben die Damasttapeten, Rokokosofas, Intarsienmöbel und Deckenfresken bestaunt.

»Der Palazzo ist nach wie vor wunderschön«, sagte Amilcare.

»Der letzte von vielen Landsitzen meiner Familie. Also, was sagen Sie?«

»Ich muss darüber nachdenken. Dank meines Schwiegervaters habe ich ein Haus. Außerdem würde ich Ihren Palazzo nie kaufen, um selbst darin zu wohnen. Meine Mitbürger würden mich auslachen, und das zu Recht: Die Cantonis sind Bauern, die Industrielle geworden sind. Der Palazzo Olgiati gehört zu den Adelskreisen, zu denen wir nicht zählen. Hören Sie, ich will es nicht unnötig kompliziert machen, ich überlege nur laut. Geben Sie mir einfach ein paar Tage Bedenkzeit.«

»Natürlich! Es ist nur so, dass meine Tochter Celina nächsten Monat heiraten wird. Ich brauche also Geld, über das ich gleich verfügen kann. Zum Glück heiratet sie in eine Familie ein, die einige Ländereien besitzt, und mein zukünftiger Schwiegersohn hat einen wichtigen Posten bei einer amerikanischen Bank. Direkt nach der Hochzeit wird meine Celina nach New York ziehen.«

»Da kann man der Contessina ja nur gratulieren«, sagte Amilcare.

Noch am selben Nachmittag sprach er mit seinem Sohn Renzo über den Palazzo Olgiati, der sich direkt am Kirchplatz befand.

Amilcare hatte das Büro seines Schwiegervaters übernommen, das, in dem er Bianca schätzen und lieben gelernt hatte. Wenn er das Zimmer betrat und auf dem Sessel Platz nahm, der vorher Commendator Crippa gehört hatte, stellte er sich manchmal vor, wie sie mit ihrem Skizzenblock dort saß, um neue Armaturen zu entwerfen oder Porträts von Mitarbeitern zu zeichnen. Es war nicht immer leicht mit ihr, dennoch war sie sein großes Glück. Sie hatte ihm zwei wunderbare Kinder geschenkt, auch wenn sie vielleicht etwas frech und verwöhnt waren. Gioacchino, der immer am schwierigsten zu bändigen gewesen war, hatte sich dazu entschieden, Priester zu werden, und wurde inzwischen von seiner Gemeinde sehr geschätzt. Der nachdenkliche, willensstarke Renzo war ihm, seinem Vater, wohl am ähnlichsten. Er war stets ein vorbildlicher Schüler gewesen, hatte Ingenieurswissenschaften studiert und ging ihm jetzt ebenso bescheiden wie intelligent in der Firma zur Hand.

Als er ihm von dem Treffen mit dem Conte berichtete, saß ihm Renzo direkt gegenüber.

»Celina wird also tatsächlich heiraten?«, fragte er seinen Vater.

»Einen Banker, soweit ich das verstanden habe.«

»Wir begegnen uns oft, vor allem im Sommer in Saint-Tropez. Ein paar Mal habe ich sie auch in Gstaad getroffen, wo sie zum Skifahren hinfährt. Unter den jungen Frauen aus ihren Kreisen, die ein ziemlich lockeres Liebesleben führen, wirkt sie immer sehr zurückhaltend.« Renzo kannte Celina im Grunde von Kindesbeinen an, nicht zuletzt weil der Conte Olgiati und seine Frau, die Prinzessin, oft bei ihnen zum Essen gewesen waren und ihre beiden Kinder mitgebracht hatten.

Die Einladungen von Amilcare Cantoni dienten stets geschäftlichen Zwecken. Sobald der Kaffee serviert wurde, zogen sich die Herren in die Bibliothek zurück, wo der Graf dem Industriellen Gemälde oder Einrichtungsgegenstände zum Kauf anbot. Mehrere kostbare Bilder, die jetzt die Zimmer der Villa Cantoni schmückten, stammten ursprünglich aus den Palazzi der Olgiatis. Einmal hatte Amilcare den Grafen gefragt: »Tut es Ihnen nicht leid, dass Sie sich von so vielen schönen Bildern trennen müssen?«

Doch dieser hatte geantwortet: »Mein lieber Cantoni, wissen Sie, was uns beide unterscheidet? Dass Sie sich meine Bilder leisten können. Aber sosehr ich Sie auch schätze, Sie sind kein Kunstkenner. Ich dagegen verstehe eine Menge von diesen Dingen, deshalb investiere ich lieber in Werke, die jetzt noch günstig zu erwerben sind, aber in fünfzig Jahren sehr viel wert sein werden. Sie kaufen Sachwerte und ich Ideen. Jeder, der genügend Geld hat, kann sich einen Renoir, einen Cézanne, einen Chagall oder einen van Gogh an die Wand hängen. Aber ein guter Sammler ist der, der begreift, dass sich die Kunst weiterentwickelt und dass ein Capogrossi, ein Fontana oder ein Miró eines Tages sehr viel wert sein werden. Ich möchte Sie nicht beleidigen, sondern Ihnen nur erklären, dass …«

»Ich habe schon verstanden, Signor Conte. Aber es ist nun mal so, dass mir Porträts und Landschaftsbilder, ihre Farben, Lichter und Schatten gefallen, weil sie etwas bei mir auslösen. Auch die Rahmen gefallen mir, wenn sie gut gemacht sind. Und glauben Sie mir: Ich kann den Pinselstrich eines Meisters durchaus von dem eines Farbklecksers unterscheiden. Nur mit moderner Kunst kann ich oft nichts anfangen. Deshalb überlasse ich die lieber den Avantgarde-Experten und konzentriere mich stattdessen auf die Schönheit. Denn für mich muss Kunst vor allem schön sein«, hatte Cantoni erwidert.

Renzo und Celina waren bei diesem Gespräch zugegen gewesen. Sie hatten sich lächelnd angesehen, und Celina hatte geflüstert: »Zwei zu eins für deinen Vater.«

Damals war Renzo ein Teenager und Celina ein achtjähriges, sehr aufgewecktes, lebhaftes Mädchen gewesen.

Während Renzo nun mit seinem Vater sprach, erinnerte er sich an diese lange zurückliegende Episode, an die verschwörerischen

Blicke, die er mit Celina ausgetauscht hatte, und an die Zuneigung, die er stets für dieses unbefangene, zurückhaltende Mädchen empfunden hatte.

Sie lebten in verschiedenen Welten, und wenn sie sich zufällig begegneten, sah sie Renzo stets bewundernd, aber auch etwas schüchtern an. In dem Moment rissen die Worte seines Vaters Renzo aus seinen Gedanken: »Der Graf hat mir vorgeschlagen, den Palazzo im Ort zu kaufen. Was hältst du davon?«

»Man muss einiges investieren, um ihn zu restaurieren«, sagte Renzo.

»Ich habe da so eine Idee. Weißt du noch, als mein Vater krank wurde und wir ihn nach Palazzolo in die Reha bringen mussten? Etwas in der Art könnten wir aus dem Palazzo machen, so etwas wie ein Altersheim. Ist die Villa erst einmal restauriert, wird sie wieder in alter Pracht erstrahlen. Der Garten ist groß, und die alten Herrschaften sind gern von Grün umgeben. Wir könnten eine gemütliche Altersresidenz daraus machen, für die Eltern und Großeltern unserer Leute, unserer Angestellten und Arbeiter. Mit Geld vom Gesundheitsministerium könnten die Cantonis so etwas zur Unterbringung und Pflege dieser Menschen beitragen, deren Vorfahren schon vor Jahrhunderten von den Vorfahren des Conte ausgebeutet worden sind.«

»Am besten, wir rechnen das mal durch. Dann sehen wir gleich, wie viel uns ein solches Projekt kosten würde«, schlug Renzo vor.

»Ruf den Grafen an und sag ihm, dass wir kaufen«, befahl Amilcare.

Renzo gehorchte, und Celina ging ans Telefon. Als er ihre Stimme hörte, gab das seinem Herzen einen Stich.

2

Mein Vater ist für ein paar Tage verreist, aber ich weiß, wie wichtig ihm der Verkauf des Palazzos in Villanova ist. Ich habe die Schlüssel, und wenn es dir passt, könnte ich ihn dir noch einmal zeigen«, schlug Celina vor.

»Sag mir einfach, wann, dann komme ich zur Piazza und warte auf dich«, erwiderte Renzo.

Am selben Nachmittag noch öffnete die Contessina das schwere Holztor, und die beiden jungen Leute betraten das eindrucksvolle, aber seit Langem schon unbewohnte Gebäude.

Während sie von einem Saal in den anderen gingen, Treppen hinauf- und wieder hinabstiegen, durch riesige Flure liefen und das Nachmittagslicht durch die Fenster fiel, war Renzo vom Maiglöckchenduft der jungen Frau eingehüllt. Ihre Stimmen hallten in den Räumen wider, in denen nur noch ein paar durchgesessene Rokokosofas, einige Tischchen und die schönen alten Fliesen zurückgeblieben waren und wo die Spinnen ihre Netze sponnen. An vielen Stellen waren die Wände mit Schimmel bedeckt, der die Fresken zerstörte.

»Komm, ich zeige dir das Napoleon-Zimmer und das Bad, in dem der Kaiser etwas sehr Intimes verloren haben soll«, schlug Celina fröhlich vor.

»Wenn ich an all die Zimmer denke, in denen Napoleon angeblich geschlafen hat, könnte man meinen, dass der Italienfeldzug im Bett und nicht auf dem Feld geführt wurde«, bemerkte Renzo, der bereits zig ähnliche Räume in anderen Adelspalästen der Gegend besichtigt hatte.

»Aber bei den Olgiatis war er wirklich«, erwiderte Celina amüsiert und öffnete eine Tür, die in einen kleinen Raum führte, in dem nur eine Zinkwanne und ein niedriges Holzgestell standen.

»Darin befand sich früher eine ovale Wanne aus massivem Silber, die zusammen mit dem übrigen Silber verkauft worden ist. Wer weiß, wofür der neue Besitzer sie benutzt. Wetten, du rätst nicht, wofür sie eigentlich vorgesehen war?«, fragte sie provozierend.

»Als Bidet?«, schlug Renzo vor.

»Genau, Napoleons Bidet!«, bestätigte Celina und sagte dann: »Irgendwann war einer Contessa Olgiati dieses Bidet derart zuwider, dass die Wanne nur noch als Blumengefäß benutzt wurde. Vor zweihundert Jahren haben Adel und Bauern noch nicht viel von Körperhygiene gehalten.«

Sie beendeten den Rundgang durch den Palazzo in der Küche, die auf den Garten hinausging. Von einer Kommode nahm Celina zwei wunderschöne Kristallgläser, drehte einen Wasserhahn auf und füllte sie mit Wasser.

»Ich habe Durst. Möchtest du auch etwas trinken?«, fragte sie und reichte Renzo eines der Gläser.

Der junge Mann betrachtete die Armatur, die an eine Skulptur erinnerte. Sie bestand aus einem Kupferrohr, dessen Ende wie ein Widderkopf geformt war, aus dessen Maul das Wasser schoss. Das Kupfer war durch die Feuchtigkeit angelaufen, aber wunderschön.

»Kann man dieses Wasser trinken?«, fragte Renzo.

»Mein Vater sagt, es sei das beste Wasser im Dorf, besser noch als Mineralwasser«, versicherte ihm Celina. Sie setzten sich an einen Tisch und nippten an dem Wasser, als wäre es ein besonders edles Getränk.

»Dein Vater möchte also tatsächlich diesen heruntergekommenen Palazzo kaufen?«, fragte die junge Frau.

»Ich denke schon.«

»Wirst du hier leben, wenn du einmal verheiratet bist?«

»Kannst du dir vorstellen, dass ein Cantoni in einen Palazzo Olgiati Tremonti einzieht?«

»Wieso denn nicht?«

»Kommt gar nicht infrage! Außerdem habe ich noch lange nicht vor zu heiraten«, verkündete er.

Celina musterte ihn so durchdringend, dass er sich unwohl fühlte.

»In gewissen Kreisen wird über deine Flirts geredet.«

»Das ist nur Gerede«, wiegelte er ab und dachte an sein gerade zurückliegendes Abenteuer mit einer Schauspielerin zurück, die eher attraktiv war als talentiert.

»Ich heirate in weniger als einem Monat«, verkündete Celina.

»Warum?«, fragte Renzo.

»Wie warum?«, fragte Celina.

»Warum erzählst du mir das?«

»Weil … keine Ahnung. Gibt es einen Grund, es dir nicht zu erzählen?«

»Ich wusste es bereits. Du bist fünfundzwanzig, da ist es normal, dass du heiratest, vor allem, da du offenbar den perfekten Mann dazu gefunden hast: genau wie du aus altem Adel stammend, mit einer großartigen beruflichen Karriere. Herzlichen Glückwunsch!«, sagte Renzo monoton und erhob sich abrupt, um zu gehen.

»Habe ich dir irgendwas getan? Wir sind seit zwei Stunden zusammen, unterhalten uns bestens, und dann bist du auf einmal so gereizt und willst gehen«, wunderte sich Celina laut und folgte ihm aus der Küche.

»Entschuldige, Celina. Mir ist eingefallen, dass ich noch einen Termin habe, mir war gar nicht klar, dass es schon so spät ist«, erwiderte er, als sie bereits auf der Piazza standen. »Ich muss wirklich los«, verabschiedete er sich hastig und ließ sie sprachlos stehen.

Er stieg in sein Auto und sauste mit quietschenden Reifen davon. Erst, als er das Dorf hinter sich gelassen und die Armaturenfabrik fast erreicht hatte, merkte er, dass er sich unmöglich benommen hatte. Warum nur? Er musste sich eingestehen, dass er heftige Eifersucht empfunden hatte. Genau wie in dem Moment, als sein Vater ihm von Celinas Hochzeit erzählt hatte.

Er parkte den Wagen im Innenhof der Fabrik und flüsterte erschüttert: »Ich bin in Celina verliebt und merke es erst jetzt.«

Statt ins Büro zu gehen, wo sein Vater bereits auf ihn wartete, ließ er erneut den Motor an und sauste nach Mailand. Er betrat einen Blumenladen in der Innenstadt, entschied sich für einen großen Strauß duftenden weißen Flieders und legte eine Karte dazu. Darauf schrieb er:

Liebe Celina, bitte entschuldige meinen überstürzten Aufbruch. Es war nett von dir, mir den Palazzo von Villanova zu zeigen. Ich freue mich für dich, dass du heiratest, und wünsche dir, dass du glücklich wirst.

Auf den Umschlag schrieb er den Namen der jungen Frau und ihre Mailänder Adresse. Er bat die Verkäuferin, die Blumen möglichst schnell zuzustellen. Danach war er wieder ruhiger und kehrte nach Villanova zurück.

Als er kurz darauf seinen Vater traf, war er wieder völlig gefasst. »Ich habe den Palazzo Olgiati besichtigt. Er verfällt immer mehr, und das ist schade, denn er ist fantastisch«, teilte er ihm mit.

»Meinst du, man könnte eine schöne Seniorenresidenz daraus machen, ohne ihn zu entstellen?«, fragte Amilcare.

»Bestimmt! Es ist wirklich bewundernswert, dass du Villanova ein Altersheim schenken willst, das deinen Namen trägt«, sagte Renzo.

»Da irrst du dich! Die Cantonis spielen sich nicht in den Vordergrund. Er wird weiterhin den Namen tragen, der ihm gebührt, nämlich den der Olgiati Tremonti«, verkündete sein Vater.

Einige Tage später, als sie gerade beim Frühstück saßen und Zeitung lasen, entdeckten sie eine Meldung, die sie betroffen machte: »Große Trauer in der Finanzwelt: Bei einem schlimmen Autounfall kam Filippo Aldrovandi, der junge, vielversprechende Manager einer bedeutenden amerikanischen Bank, ums Leben. Der Finanzier stand kurz davor, die Contessina Celina Olgiati Tremonti zu heiraten.«

Amilcare Cantoni sagte daraufhin: »Conte Alberto braucht das Geld für die Hochzeit seiner Tochter nun nicht mehr. Er wird beschließen, den Palazzo doch nicht zu verkaufen.«

Renzo nahm sich vor, ein paar Tage verstreichen zu lassen und Celina anschließend zu besuchen.

3

Als Amilcare gegenüber seiner Frau den plötzlichen Tod von Celinas Verlobtem erwähnte, fragte er sie: »Was tut man in so einem Fall? Soll ich anrufen oder eine Kondolenzkarte schicken?«

»Wir haben den jungen Mann nicht gekannt, und er hatte die Tochter des Grafen noch nicht geheiratet. Deshalb tun wir erst einmal gar nichts. In Kürze werde ich den Olgiatis ein paar Zeilen schreiben und sie wissen lassen, dass es uns leidtut«, erwiderte Bianca.

»Mir tut es nicht leid«, rutschte es Renzo heraus.

»Warum?«, fragte sein Vater.

Renzo beugte sich über seinen Teller und stammelte etwas Unverständliches.

»Weil er sich in Celina verguckt hat«, sagte seine Mutter sofort.

»Wirklich?«, fragte der Vater erstaunt.

Trotz seiner dreißig Jahre errötete Renzo wie ein kleiner Junge, den man bei einem Streich ertappt hat. Aber er fing sich gleich wieder, warf seiner Mutter einen vorwurfsvollen Blick zu und meinte: »Wie kommst du denn auf die Idee?«

»Ich sage nur, was ich denke. Aber wie dem auch sei, du wirst bei ihr nie eine Chance haben, weil du kein Adeliger bist«, verkündete Bianca.

»Ihr habt wirklich Nerven, so über den Tod eines jungen Mannes und den Schmerz seiner Verlobten zu sprechen!«, empörte sich Amilcare.

»Ich halte das hier nicht länger aus. Weder dein Gutmenschentum noch deinen Zynismus!«, murmelte Renzo und wies erst auf seinen Vater und dann auf seine Mutter. Dann warf er die Serviette auf den Tisch und ging, wobei er sein Essen einfach stehen ließ.

Er stieg in seinen Porsche und fuhr nach Mailand. In seinem dortigen Stammlokal würde er sich sicher ein wenig ablenken können.

Aber auch dort waren der Tod des jungen Aldrovandi und die »verwitwete« Braut Celina Olgiati Tremonti Thema.

Wer den jungen Finanzier kannte, erzählte nicht nur Gutes von ihm. Auch Celina und ihre Familie wurden nicht verschont.

»Die junge Olgiati Tremonte ist auch nicht ohne. Ich habe einmal gesehen, wie sie ihrem Vater und ihrem Bruder eine unglaubliche Szene gemacht hat, nur weil sie es gewagt haben, sie zu kritisieren«, erzählte eine junge Frau.

»Jetzt werden die Olgiatis ihre Hoffnung auf eine gute Partie für ihre Tochter begraben müssen«, bemerkte ein anderer.

Und da Renzo so auffällig schweigsam war, fragte ihn eine Freundin: »Und du sagst gar nichts dazu?«

»Das geht mich nichts an. Außerdem hasse ich Klatsch«, verkündete er in der Hoffnung, das Thema auf diese Weise beenden zu können.

Renzo ließ ein paar Tage verstreichen und rief dann bei den Olgiatis an. Celina ging ans Telefon.

»Ich habe mich noch gar nicht für den schönen Flieder bedankt«, sagte sie und befreite ihn so aus der Verlegenheit, das Gespräch beginnen zu müssen.

»Wie geht es dir?«, fragte er.

»Hast du Lust, mich zu besuchen?«, lud sie ihn ein.

»Ich bin im *Corso Venezia*. Wenn du willst …«

Sie wartete gar nicht erst ab, bis er den Satz beendet hatte.

»Dann komm! Wir erwarten dich!«

Ein untadeliger Butler begrüßte Renzo, der ihn ins Arbeitszimmer geleitete, wo ihn der Hausherr wie immer herzlich begrüßte. Der Conte saß hinter einem Schreibtisch im Regency-Stil und bat Renzo, ihm gegenüber Platz zu nehmen.

»Ich habe gerade mit Ihrer Tochter telefoniert und ihr mein Beileid ausgesprochen …«, setzte der junge Mann an.

»Ja, ich weiß, eine Tragödie. Aber solange wir allein sind, sollten wir über etwas anderes reden. Ich weiß, dass Celina dir den Palazzo gezeigt hat. Was sagt dein Vater?«

»Dass er ihn haben will, wenn Sie ihn nach wie vor verkaufen wollen.«

»Hör zu, Renzo, sag deinem Vater, dass er ihn schätzen lassen und die Verkaufsmodalitäten einleiten soll. Wir haben einen gemeinsamen Notar, so gesehen dürfte es da keine Probleme geben. Er hat bereits die nötigen Unterlagen vorliegen. Je eher die Besitzüberschreibung erfolgt, desto besser«, sagte der Conte gehetzt, erhob sich und fügte hinzu: »Nun entschuldige mich bitte, mein Bridge-Club erwartet mich bereits. Celina wird gleich hier sein. Mach es dir so lange bequem, denn was bei Frauen ›gleich‹ heißt, kann auch eine Ewigkeit dauern.«

Doch Celina trat bereits ins Zimmer, als ihr Vater gerade aufbrach. Renzo dachte an die Petrarca-Verse, die er auf dem Gymnasium auswendig gelernt hatte: *Pallido no, ma più che neve bianca, che senza venti, in un bel colle fiocchi – Nicht bleich, nein, weißer als der Schnee, der in der Stille auf einen schönen Hügel herabflockt.*

Celina war grau im Gesicht, und in ihren wunderschönen blauen Augen standen große Sorgen. Trotzdem lächelte sie.

Sie trug ein dünnes karamellfarbenes Wollkleid mit einem schmalen Ledergürtel, dazu flache Ballerinas und hielt ein zusammengeknülltes Taschentuch in der Hand.

»Ich habe eine Allergie und muss manchmal niesen«, entschuldigte sie sich und gab ihm die Hand.

»Du solltest ans Meer fahren«, sagte er und schlug spontan vor: »Wenn du willst, begleite ich dich am Wochenende nach Santa Margherita. Wir haben dort ein Haus, das fast immer leer steht.«

»Ist das eine Einladung?«, fragte sie.

Renzo nickte.

»Nein danke«, erwiderte sie, nicht ohne hinzuzufügen: »Das wäre unpassend. Filippo ist erst vor wenigen Tagen gestorben.«

Sie standen sich gegenüber und wussten beide nicht recht, was sie sagen oder tun sollten.

»Wenn ich dir irgendwie helfen kann …«, stammelte Renzo schließlich.

»Hast du schon einmal unseren Garten gesehen?«, fragte Celina.

»Ich glaube nicht«, erwiderte er.

Sie ging vor ihm her ins Erdgeschoss, durch die marmor- und stuckverzierte Eingangshalle zu dem großen verschnörkelten Tor hinüber, das in den Garten führte. Sie öffnete es, und gemeinsam traten sie hinaus.

»Die alten Mailänder Palazzi hüten eifersüchtig die Schönheit ihrer Gärten und entziehen sie fremden Blicken«, erklärte Celina, während sie Renzo zu einem jasminumrankten Gartenpavillon führte. Darin standen ein Tisch und zwei schmiedeeiserne Bänke, auf denen sie gegenüber voneinander Platz nahmen. Blumenduft hüllte sie ein.

»Ich habe dich hierher eingeladen, weil es im Haus zu viele neugierige Lauscher gibt. Ich möchte wissen, warum du, als ich dir den Palazzo von Villanova gezeigt habe, plötzlich so verstimmt aufgebrochen bist«, meinte sie.

»Darf ich rauchen?«, fragte Renzo und suchte in seinem Jackett nach den Zigaretten.

»Tu, was du willst, Hauptsache, du beantwortest meine Frage«, beharrte Celina.

Er betrachtete die schöne junge Frau mit den schlichten, grazilen Bewegungen und gestand ihr spontan: »Ich bin in dich verliebt.«

»Und das ist alles?«, fragte sie mit einer entwaffnenden Unschuld.

»Wieso? Reicht das denn nicht?«, erwiderte er.

Sie lächelte nur und sagte: »Jetzt erzähle ich dir eine Geschichte. Du warst ungefähr zwölf, dreizehn Jahre alt. Ich glaube, du hast gepackt, um mit deinem Vater und deinem Bruder in Urlaub zu fahren. Es war Anfang Juli, und ihr wart gerade erst aus dem Internat gekommen. Ich war mit meinem Bruder und meinen Eltern zum Mittagessen bei euch, und anschließend sind wir vier Kinder in den Garten gegangen. Ich bin neben dir hergelaufen und habe dich angeschaut. Du hattest so einen braunen Flaum auf der Oberlippe, den Beginn eines Schnurrbarts, was mich irgendwie fasziniert hat. Ich hätte gern darübergestrichen. ›Was willst du?‹, hast du mich plötzlich gefragt, als du dich beobachtet fühltest. Ich bin rot geworden und habe ›nichts‹ geflüstert, wobei mir die Tränen in die Augen stiegen. Da hast du eine gelbe Margerite gepflückt und sie mir mit den Worten überreicht: ›Schau nur, wie schön! Sie hat eine dunkle Mitte in der Farbe deiner Sandalen, und die Blütenblätter sind so golden wie dein Haar.‹ Diese Margerite bewahre ich noch heute zwischen den Seiten meines Gebetsbuches auf, das ich zur Erstkommunion bekommen habe.«

»Daran kann ich mich gar nicht mehr erinnern«, sagte Renzo und sah sie zärtlich an.

Celina fuhr fort: »Die Geschichte ist noch nicht zu Ende. Am Tag darauf, einem Sonntag, bin ich mit meiner Familie in die Kirche gegangen. Wir saßen in der ersten Bank, die für die Olgiatis reserviert ist, direkt vor dem Altar. Du hast hinter mir gesessen. Ich habe mich die ganze Messe über immer wieder nach dir umgesehen. Deine Mutter war nicht dabei, dein Bruder betete konzentriert, dein Vater kniete mit geschlossenen Augen, und du hast unruhig auf das Ende der Messe gewartet. Du hast mich nicht eines Blickes gewürdigt. Doch als wir die Kirche verließen, hast du mir ein Lächeln geschenkt. Mit deinem dunklen, zerzausten Haar bist du mir vorgekommen wie ein Erzengel. Ich habe mir vorgestellt, dass unter deinem Jackett deine Flügel verborgen wären. Ich habe das Gebetbuch mit deiner Margerite darin umklammert und gehofft, dass du dein Jackett ausziehen würdest, um mir deine Flügel zu zeigen und dann mit mir davonzufliegen. Ich frage mich, warum ich mir von all den Jungen, die ich kannte, ausgerechnet dich ausgesucht habe, der du so ganz anders warst als wir«, endete Celina.

»Vielleicht weil du Mitleid mit mir hattest. Ich war kein glückliches Kind. Ich bin ohne Mutter aufgewachsen. Du dagegen warst immer so heiter und gelassen, so blond und zierlich und elegant. In meiner Fantasie brauchte ich dich nur zu berühren, und du wärst in tausend Stücke zerbrochen. Irgendwann bist du dann nicht mehr mit nach Villanova gekommen. Und ich habe mich nach dem Internat an der Universität eingeschrieben, mein Examen gemacht und in der Fabrik meines Vaters angefangen. In Mailand war ich oft mit meinen Kommilitonen unterwegs und konnte beobachten, dass der sogenannte Jetset fast nur aus Idioten besteht, die idiotisches Zeug reden und sich idiotisch verhalten. Bis auf wenige Ausnahmen betrinken sich die meisten hauptsächlich, ziehen von einem Lokal, von einer Stadt, von einem Kontinent zum anderen, wobei sie ihr beängstigendes Mittelmaß und ihre mit nichts zu füllende innere Leere stets mit sich herumschleppen. Mehr als einmal war ich auf einer ›exklusiven Party‹, wo der Champagner in Strömen floss, die Moral aber dermaßen zu kurz kam, dass mir ganz schlecht wurde.

Manchmal sind wir uns über den Weg gelaufen, und du warst so anders als die anderen! Wir haben uns kurz unterhalten, und dann bin ich wieder gegangen.

Als ich erfahren habe, dass du heiraten wirst, hat mir das das Herz gebrochen. Und als ich in der Zeitung gelesen habe, dass dein Verlobter ums Leben gekommen ist, tat mir das ehrlich gesagt kein bisschen leid.«

»Das ist ja eine richtig aufrichtige Beichte«, bemerkte Celina mit einem Lächeln.

Renzo stand abrupt auf und sah sie zärtlich an: »Ich hoffe, ich habe dich nicht zu sehr erschreckt. Es ist wohl besser, wenn ich jetzt gehe.«

»Du hast gesagt, dass du mich liebst. Was erwartest du jetzt von mir?«, fragte sie und blieb auf der Bank sitzen.

Er nahm ihre Hand und küsste sie.

»Nichts, gar nichts. Es tut mir leid, dass du leidest.«

»Ich empfinde tiefen Schmerz über Filippos Tod. Aber noch mehr leide ich aus einem ganz anderen Grund«, gestand die junge Frau, deren Augen sich mit Tränen füllten.

Renzo nahm wieder gegenüber von ihr Platz und musterte sie neugierig, wartete geduldig, bis sie weitersprach.

»Filippo gehörte zu den ›richtigen Leuten‹, wie du sie so schön genannt hast. Aber ich kann dir versichern, dass er ein anständiger Mensch war, der es selbst zu etwas bringen wollte. Die Politik und die Finanzen waren seine Welt. Seine Lieblingsbücher waren Wirtschaftsratgeber – Musik und Literatur haben ihn gelangweilt. Er war sehr reich, und das hat meinem Vater gefallen, der jetzt nach Filippos Tod feststellen muss, dass sein Traum, mich versorgt zu wissen, geplatzt ist. Doch obwohl wir noch nicht verheiratet waren, hat Filippo mir ein bedeutendes Erbe hinterlassen.«

»Tatsächlich?«, fragte Renzo staunend.

»Er hat mir ein Kind hinterlassen. Ich bin im zweiten Monat schwanger.«

4

Renzo verschlug es die Sprache.

Gleich darauf erhob sich Celina.

»Wir sollten uns jetzt verabschieden«, sagte sie.

»Nein, nein, warte noch einen Moment!«, stammelte er.

»Ich hoffe, du behältst für dich, was ich dir soeben anvertraut habe«, bat sie eindringlich.

»Ich werde kein Wort davon verraten, das weißt du doch!«

Er trat auf sie zu und strich ihr über das Gesicht. Sie begann zu weinen. Mitfühlend reicht er ihr ein Taschentuch. In ihren Kreisen war ein uneheliches Kind ein Skandal. Was würde sie nun tun?

Celina trocknete ihre Tränen und schaffte es, sich ein Lächeln abzuringen. Sie hörten Schritte auf dem Kiesweg, und die junge Frau fing sich wieder und trat an die Tür des Gartenpavillons. Ein Hausmädchen näherte sich.

»Die Contessa schickt mich. Sie möchte wissen, ob Sie einen Tee möchten«, sagte die Frau.

»Nein danke. Der Herr geht gerade«, erwiderte Celina.

»Ehrlich gesagt würde ich gern einen Tee trinken. Ich habe keine Eile«, widersprach Renzo.

»Dann werde ich sofort welchen bringen«, erwiderte das Hausmädchen und ging.

»Du willst nicht gleich davonlaufen? Jetzt, da du mein Geheimnis kennst?«, fragte Celina, als sie erneut allein waren.

Er legte ihr einen Arm um die Schultern und flüsterte: »Du

darfst diese Last nicht allein tragen. Hast du noch nicht daran gedacht, mit den Eltern deines Verlobten zu sprechen?«

»Ich habe lange darüber nachgedacht und mich dagegen entschieden. Filippo hat seinen Eltern nichts davon gesagt, und das werde ich jetzt auch nicht tun.«

»Hast du ihn geliebt?«, fragte er mühsam.

»Ja und nein. Ich weiß nicht … Es war eine Verbindung, die sich unsere Familien mehr gewünscht haben als wir. Ich denke, er war in mich verliebt. Ich war froh, ihn heiraten zu können, weil er ein guter Mensch war. Wir haben erst miteinander geschlafen, als das Hochzeitsdatum bereits feststand. Für mich war es das erste Mal … und jetzt sieh nur, in welche Schwierigkeiten mich das Schicksal gebracht hat!«

Ein Hausdiener kam, um den Tee und duftenden Apfelkuchen zu servieren.

Renzo betrachtete Celinas wunderschönes Gesicht, ihren traurigen Blick und litt mit ihr.

»Du musst das Problem bald lösen. Es wird schwieriger, je länger du wartest«, überlegte Renzo laut.

Er wollte schon gehen und küsste ihr die Hand, als er gerade noch hervorbrachte: »Ruf mich an, wenn ich dir helfen soll. Du bist in meinem Herzen. Und ich bin immer für dich da.«

Als er am selben Tag seinen Vater traf, sagte Renzo: »Ich habe mit dem Grafen gesprochen. Wir sollen uns wegen des Villenkaufs an den Notar wenden. Ihm liegen bereits sämtliche Unterlagen vor. Wollen wir?«

Amilcare musterte seinen Sohn misstrauisch.

»Du hast den Grafen getroffen? Davon wusste ich ja gar nichts!«

»Ich habe unsere Kunden aus Mantua ins *Girarrosto* zum Mittagessen eingeladen. Beim Gehen habe ich ihn dann vor seinem Haus getroffen«, log er. Dabei wusste er selbst nicht, warum er nicht die Wahrheit sagte.

Amilcare, der seinen Sohn sehr gut kannte, merkte, dass er nicht aufrichtig war, beschloss aber zu schweigen.

Als Vater und Sohn noch am selben Abend nach dem Essen in den gelben Salon gingen, um Zeitung zu lesen und über die Firma zu reden, sagte Renzo auf einmal: »Ich gehe schlafen.«

»Du lässt mich allein?«, fragte Amilcare, der spürte, dass sein Sohn ungewöhnlich nervös war.

»*Papà,* jetzt mach mir bitte kein schlechtes Gewissen, wenn ich einmal früher ins Bett gehe! Du weißt, dass Mama gleich kommen wird, gemeinsam mit Generoso Castelli. Ich bin heute nicht in der Stimmung für Gesellschaft.«

Bianca war mit Generoso Castelli ausgegangen, der angeboten hatte, sie zu einer Vernissage im Palazzo Reale zu begleiten. Und tatsächlich traten die beiden, kurz nachdem Renzo den Raum verlassen hatte, ein und unterhielten sich überflüssigerweise über Bücher, die sie als Kinder gelesen hatten. Bianca behauptete, *Cuore* von Edmondo de Amicis sei alles andere als pädagogisch wertvoll, da es eine weltfremde Opferbereitschaft und Gutmenschentum predige. Collodis *Pinocchio* dagegen, das Märchen von der Marionette, die zum Kind wird, sei eine einzige Hymne auf die Liebe.

»Es ist die Liebe, die die hölzerne Marionette in ein Kind aus Fleisch und Blut verwandelt«, sagte Bianca gerade. »Nicht wahr, Amilcare?« Sie legte ihr blaues Seidencape ab und reichte es einem Bediensteten.

»Du hast wie immer recht, meine Liebe. Auch wenn ich nicht die geringste Ahnung habe, worüber ihr eigentlich redet«, erwiderte ihr Mann.

»Über unsere Kinderbücher. Was ist besser, *Cuore* oder *Pinocchio?*«, fragte Generoso.

»Genau, welches findest du besser?«, erkundigte sich seine Frau.

»Ich mochte Vambas *Das Tagebuch des Gian Burrasca* am liebsten, denn es beschreibt, wie scheinheilig die Welt der Erwachsenen ist. Nicht zuletzt, weil ich die anderen beiden nie gelesen habe«, gestand Amilcare, der an diesem Abend genau wie sein Sohn keine Lust hatte, sich mit Bianca und Generoso zu unterhalten. Er erhob sich und sagte: »Setzt ihr nur eure gelehrten Gespräche fort! Ich bin müde und gehe schlafen.«

In Wahrheit machte er sich Sorgen um seinen Sohn, der etwas vor ihm verheimlichte.

Er ging in den ersten Stock und an Renzos Zimmer vorbei und hörte seinen Sohn laut reden. Er blieb stehen und lauschte, verstand aber nur jedes fünfte Wort und wartete, bis es wieder still wurde, bevor er leise an die Tür klopfte.

Renzo machte sofort auf und lächelte.

»*Papà*, bitte krieg jetzt keinen Herzinfarkt, aber ich habe beschlossen, Celina zu heiraten«, verkündete er.

»Celina … wen?«, fragte Amilcare, der sich zwang, Ruhe zu bewahren.

»Olgiati Tremonti«, erwiderte Renzo.

Der Vater sah das Telefon auf dem Kissen und schloss daraus, dass Renzo kurz zuvor mit der jungen Frau gesprochen hatte.

»Aber ihr Verlobter ist doch gerade erst gestorben!«

»Ihre Dokumente liegen also bereits vor, und meine sind schon beantragt. Wir heiraten umgehend, und ich hoffe sehr, dass du nichts dagegen hast, weil meine Entscheidung unwiderruflich feststeht.«

5

Amilcare und Bianca hatten durch einen Salon getrennte Schlafzimmer, in den sie bei Schlaflosigkeit flüchteten.

Nachdem sich Bianca von Generoso Castelli verabschiedet hatte, ging sie ins Bad und betrat dann den Salon. Sie hatte bereits ihren Pyjama angezogen und wunderte sich, ihren Mann, der zerstreut in einer Fachzeitschrift blätterte, noch immer in Jackett und Krawatte vorzufinden.

»Wieso bist du nicht längst im Bett?«, fragte sie und setzte sich neben ihn aufs Sofa.

»Renzo heiratet«, sagte Amilcare nur.

Nach kurzem Schweigen fragte sie: »Um wen zu ärgern?«

»Hör endlich auf mit deinem überflüssigen Zynismus!«

»Ich kann einfach nicht anders. Kennen wir sie?«

»Ja, es ist die Tochter des Conte.«

»Oh, là, là, dann haben wir eine Adelige in der Familie!«

Wieder herrschte langes Schweigen, dann fragte Bianca: »Trauert sie nicht gerade um ihren Verlobten?«

»Das dachte ich auch.«

»Welche Erklärung hast du dafür?«

»Gar keine.«

»Werden die Olgiatis so eine … proletarische Verwandtschaft überhaupt akzeptieren?«

»Mir drängt sich da eine ganz andere Frage auf: Celina sollte in Kürze einen Banker heiraten. Der stirbt, und gleich nach der

Beerdigung verlobt sie sich mit unserem Sohn. Was steckt dahinter?«

»Plötzlich entflammte Liebe?«, fragte Bianca zögernd.

»Ihre Hochzeit platzt und damit auch die Aussicht auf eine sichere Zukunft. Man sollte meinen, dass sie großen Kummer hat, stattdessen verlobt sich Celina gleich wieder. Ist sie verrückt?«

»Und wenn schon! Eine Verrückte mehr oder weniger in unserer Familie – was macht das schon aus?«

»Mach keine Witze!«

»Warum sprichst du nicht einfach mit Renzo darüber?«, schlug Bianca vor.

»Der hüllt sich in Schweigen.«

»Und wenn wir ihm einfach vertrauen?«, fragte seine Frau, lockerte den Knoten seiner Krawatte und öffnete den obersten Knopf seines Hemdes, wobei sie ihn zärtlich anlächelte.

Amilcare liebte diesen Blick, der ihn alle Sorgen vergessen ließ. Er umarmte seine Frau und zog sie zärtlich an sich.

»Gehen wir zu dir oder zu mir?«, fragte Bianca flüsternd.

»Wohin du willst«, erwiderte er und entledigte sich der letzten Kleidungsstücke.

Sie waren seit mehr als dreißig Jahren verheiratet und hatten lange, mühsame Trennungsphasen erdulden müssen. Aber wenn Bianca ihn zärtlich verführte, merkte Amilcare, dass er seine Frau nach wie vor liebte und begehrte.

Unterdessen fand Renzo, der unruhig in seinem Bett lag, keinen Schlaf. Schließlich kam es nicht jeden Tag vor, dass man von der Frau, die man lange aus der Ferne bewundert hatte, gebeten wurde, sie zu heiraten. Aber genau das war passiert. Nachdem Renzo auf sein Zimmer gegangen war, hatte ihm der Butler einen Anruf Celinas gemeldet.

»Ich habe nachgedacht, und für mich gibt es nur einen Ausweg, der es mir erlaubt, die Familienehre und mein Kind zu retten. Willst du mich heiraten?«

Renzo hatte, ohne zu zögern, Ja gesagt. Es war ihm egal, dass sie ein Kind von einem anderen erwartete. Sie würden weitere Kinder bekommen. Er konnte es kaum erwarten, sie zu seiner Frau zu machen. Er liebte sie, weil sie schön war, weil sie ihn mit ihrer stillen, fröhlichen Art, mit ihrer Zurückhaltung betört hatte. Dass sie sich dem Mann, den sie hatte heiraten wollen, bereits vor der Ehe hingegeben hatte, machte noch lange keine leichtfertige Frau aus ihr. Celina würde eine wunderbare Ehefrau sein. Und er würde ihr ein guter Mann sein, ein guter Vater für ihr Kind. Er wusste, dass sie eine harmonische Ehe führen würden – ganz anders als seine Eltern.

Er dachte daran, wie sehr es ihn jedes Mal geschmerzt hatte, wenn seine Mutter unter ihren Depressionen litt, an ihre plötzliche Abwesenheit, wenn sie in die Klinik eingewiesen wurde, und an den Kummer seines Vaters. Mit Celina würde alles gut werden, denn er liebte sie, und sie hatte ihm ihre kindliche Verliebtheit in ihn gestanden. Letztendlich war die geplante Hochzeit mit Filippo auch nur von ihren Eltern arrangiert worden. All das ging ihm durch den Kopf, als Celina noch hinzufügte: »Du bist der einzige Mann, den ich wirklich heiraten will.«

Plötzlich hatte Renzo das Bedürfnis, sich bei seinem Vater zu entschuldigen, den er so unhöflich abgewiesen hatte. Doch als er die Geräusche aus dessen Zimmer hörte, verzichtete er lieber darauf. Er verzog das Gesicht. Wie schaffte es diese schwierige Mutter nur, einen solch ruhigen, verlässlichen Mann wie seinen Vater unauflöslich an sich zu binden? Wie oft hatte er als Kind gehofft, dass er sich von dieser wild gewordenen Furie trennte!

Mehr als einmal hatten Gioacchino und er sich gefragt: »Warum lässt er seine Ehe nicht annullieren?«

Doch im Grunde wussten sie beide, dass ihr Vater ihre Mutter aufrichtig liebte. Und sie ihn auf ihre Art wohl auch.

Die Leidenschaft zwischen den beiden war nie erloschen, nicht einmal jetzt, nach all den Jahren.

Renzo kehrte auf sein Zimmer zurück und dachte an all die Male, die sein Vater nach einem Telefonat mit der Mutter vorzeitig von der Arbeit gekommen war, um sie nach einer Reise willkommen zu heißen.

Anschließend war er dann glücklich wie ein Kind in die Firma zurückgekehrt.

Diese verrückte Verbindung war absolut perfekt. Und das sollte seine Ehe mit Celina auch werden.

Er war so aufgeregt, dass er beinah die ganze Nacht über nicht schlafen konnte. Am nächsten Morgen wollte er wie immer gemeinsam mit dem Vater auf der Veranda mit den großen Fenstern, die zum Park hin geöffnet waren, frühstücken.

Amilcare, der sich bereits dort niedergelassen hatte, begrüßte seinen Sohn und sah, wie angespannt er war.

»Schlecht geschlafen?«, fragte er.

»Es geht so, danke. Du hattest sicher eine angenehmere Nacht«, stichelte er.

Sein Vater blieb unbeeindruckt.

»Ich kann nicht klagen«, sagte er nur und fragte dann: »Willst du mir noch etwas zu Celina Olgiati sagen?«

»Ich komme heute Vormittag nicht in die Firma. Ich will mit ihrem Vater sprechen.«

»Aber hat sich das alles wirklich so … plötzlich ergeben?«, fragte Amilcare.

Renzo stand kurz davor, ihm die Wahrheit zu sagen, aber er wollte das Versprechen nicht brechen, das er Celina gegeben hatte, und ihr Geheimnis bewahren.

»Nicht so plötzlich, wie du denkst. Und ich bin mir sicher, dass Celina eine wunderbare Schwiegertochter sein wird. Ich hoffe nur, dass uns der Conte keinen Stein in den Weg legt.«

»Auch das würde dich sicher nicht von deinem Weg abbringen. Viel Glück, mein Sohn!«, beendete Amilcare, der die Wahrheit ahnte, es aber lieber nicht ganz so genau wissen wollte, das Gespräch.

6

Guido hielt sich erschrocken die Ohren zu. Die lauten Stimmen, die aus dem Zimmer seiner Eltern kamen, hatten ihn geweckt.

Es war ein Nachmittag im Juli, die Sonne fiel durch die angelehnten Fensterläden, und die Wellen brachen sich an dem Felsvorsprung, auf dem sich die Villa der Cantonis unweit von Santa Margherita erhob.

Guido war vier Jahre alt. Wie jeden Sommer verbrachte er viele Wochen mit seiner Mutter am Meer. Sein Vater kam nur an den Wochenenden, manchmal mit Opa Amilcare und seltener mit Onkel Jacopo, Celinas Bruder, und dessen zwei milchkaffeebraunen Kindern. Ihre Mutter war eine Afrikanerin, mit der Jacopo irgendwo in Kenia in einer Kolonialvilla lebte. Die beiden Kinder hießen Désirée und Joseph, sie sprachen Französisch, konnten aber auch ein bisschen Italienisch. Sie waren fantastische Schwimmer und hatten ihm gezeigt, wie man vom Trampolin kopfüber in den Pool sprang.

Guido mochte seinen Cousin und seine Cousine sehr. Er hatte einige französische Worte gelernt, die er noch wiederholte, wenn die beiden längst wieder nach Afrika zurückgekehrt waren. Onkel Jacopo, der abenteuerliche Geschichten von Elefanten, Löwen, Gazellen und Schlangen erzählte, war sein großer Held.

Guido wäre glücklich gewesen, wenn seine Eltern sich gut vertragen hätten, doch leider stritten sie häufig. So wie jetzt. Irgendwann war der Streit vorbei, er hörte lautes Türenknallen und die sich entfernenden Schritte seines Vaters. Da schlüpfte er aus dem Bett und ging zur Tür, die sein Zimmer mit dem seiner Eltern verband, und lauschte. Stille.

Vorsichtig drückte er die Klinke herunter. Er öffnete die Tür und wurde von dem grellen Nachmittagslicht geblendet, das durch die geöffnete Balkontür hereinschien.

Er sah seine Mutter im Sessel sitzen. Sie hatte die Augen geschlossen und die Knie angezogen. Sie hielt sie umschlungen, und ihr langes blondes Haar fiel offen auf ihre Schultern. Als er ihr sanft über den Arm strich, zuckte Celina zusammen. Sie lächelte ihren Sohn verweint an und fuhr ihm zärtlich durch die braune Mähne.

»Warum schreit der Papa so?«, fragte Guido.

Celina nahm ihn auf den Schoß, umarmte ihn sanft und sagte: »Es ist nichts, mein Kleiner. Schau, ich weine schon gar nicht mehr.«

»Warum schreit der Papa so?« Guido ließ nicht locker.

»Ich werde versuchen, es dir zu erklären. Hättest du gern ein Brüderchen oder ein Schwesterchen?«

»Weiß nicht.«

»Papa würde dir gern ein Brüderchen schenken, aber es kommt nicht.«

»Warum nicht?«

»Keine Ahnung, aber Papa hätte gern viele so schöne, brave Kinder wie dich.«

»Wenn er schreit und du weinst – kommen sie dann?«

»Wohl eher nicht!«, sagte Celina lächelnd.

»Ich hätte gern Désirée und Joseph hier. Die können ja so tun, als ob sie meine Geschwister wären«, schlug das Kind eifrig vor.

In diesem Moment betrat Renzo das Zimmer und umarmte ihn und die Mutter gleichzeitig. »Ich bin ein Idiot«, sagte er. »Ich liebe euch so sehr und lasse euch leiden. Los, macht euch fertig, wir gehen runter zum Schwimmbad und spielen im Wasser!«

Der Grund für den häufigen Streit war immer der gleiche: Trotz aller Bemühungen wurde Celina nicht schwanger.

Als Renzo begonnen hatte, sich deswegen Sorgen zu machen, hatte Celina sich einer Reihe von Untersuchungen unterzogen. Mit dem Ergebnis, dass sie eine gesunde, fruchtbare Frau war, die jede Menge Kinder bekommen konnte.

»Möglicherweise liegt das Problem bei Ihrem Mann«, hatte der Gynäkologe gesagt, nicht ohne hinzuzufügen: »Er sollte sich von einem Spezialisten untersuchen lassen.«

Als sie kurz darauf mit Bianca sprach, mit der sie sich glänzend verstand, erzählte Celina ihr von dem Vorschlag des Arztes. Anschließend sagte sie den Satz, den sie besser für sich behalten hätte: »Woher soll ich nur den Mut nehmen, Renzo zu sagen, dass es wahrscheinlich an ihm liegt, dass wir keine Kinder bekommen können?« Gleich darauf war sie erschreckt verstummt. Der kleine Guido war sieben Monate nach der Hochzeit zur Welt gekommen, aber da er sehr zart gewesen war, hatten seine Eltern ihn als Frühgeburt ausgegeben.

»Wer ist der Vater des Kindes?«, fragte Bianca nun streng. Dann fügte sie hinzu: »Weiß Renzo, dass Guido nicht sein Sohn ist?«

Celina errötete und sagte: »Er hat beschlossen, mich zu heiraten, nachdem ich ihm gestanden habe, dass ich ein Kind von Filippo Aldrovandi erwarte. Er ist der Einzige, dem ich mich anvertraut habe.«

»Das erklärt alles: die überstürzte Heirat … Guidos Vater ist also der Verlobte, der viel zu früh ums Leben gekommen ist«, murmelte Bianca. Dann ging sie zu Celina und küsste sie auf die Stirn. »Manchmal ist die Natur umsichtig. Meine Krankheit hat meine Kinder übergangen, doch sie könnte an meine Enkel weitervererbt werden. Gioacchino hat das Keuschheitsgelübde abgelegt, und vielleicht ist es nur gut, wenn Renzo wirklich unfruchtbar ist! Er liebt Guido sehr. Gebt euch mit einem gesunden Sohn zufrieden. Ihr liebt euch, und ihr werdet auch dieses Problem lösen.«

Gerührt hatte Celina sie umarmt.

»Mach dir keine Sorgen, ich habe euer Geheimnis schon wieder vergessen«, hatte ihr Bianca noch zugeflüstert und sie fest an sich gedrückt.

Varenna

1

Léonie erreichte Varenna, als dunkle, bedrohliche Wolken den Himmel bedeckten. Sie war früh aufgebrochen, um so lange wie möglich mit Roger zusammen sein zu können – vorausgesetzt, er war überhaupt gekommen. Guido war zu Dreharbeiten in Sizilien und wollte erst kurz vor Heiligabend zurückkehren.

Als die Besitzerin des *Hôtel du Lac* sie in die Lobby treten sah, erkannte sie Léonie sofort und sagte: »Dottor Bastiani ist gestern eingetroffen. Wahrscheinlich schläft er noch, da er noch nicht gefrühstückt hat.«

»Ich würde gern zu ihm hinaufgehen«, sagte Léonie.

»Ich gebe Ihnen den Zweitschlüssel, dann müssen Sie ihn nicht wecken«, schlug die Frau vor.

Mit klopfendem Herzen ging Léonie die Treppe hoch, zögerte kurz vor der Tür zur Suite und öffnete sie dann entschieden mit dem Schlüssel. Kaum hatte sie den Salon betreten, nahm sie das Rauschen der Dusche und den Duft von Rogers Aftershave wahr. Sie erstarrte, weil ihr klar wurde, dass sie gerade in die Privatsphäre eines Fremden eingedrungen war.

Was tat sie hier eigentlich? Sie wollte schon wieder gehen, als Roger, in einen Frotteebademantel gehüllt, den Raum betrat. Er lächelte sie erfreut an, kam zu ihr und umarmte sie.

»Auch dieses Jahr bist du zu mir gekommen!«, flüsterte er.

Léonie löste sich vorsichtig aus seiner Umarmung und sagte verlegen: »Ich hätte nicht unangekündigt hier hereinkommen dürfen. Keine Ahnung, was da in mich gefahren ist. Ich habe dich regelrecht überfallen. Bitte entschuldige, ich gehe und warte unten auf dich.«

Roger reagierte nicht darauf. Stattdessen öffnete er den Reißverschluss von Léonies Daunenjacke. »Zieh das aus, sonst kommst du noch um vor Hitze!«

Er half ihr aus der dicken Jacke, unter der sie ein blaues Samtjackett trug, eine glänzende salbeigrüne Seidenbluse und einen Rock in der gleichen Farbe, die ihren goldbraunen Teint betonte.

»*Mon petit amour*«, flüsterte er und zog sie an sich. Dann beugte er sich zu Léonie herab, und ihre Lippen berührten sich sanft.

»Als du so plötzlich vor mir standst, dachte ich schon, du wärest meiner Einbildung entsprungen. Ich sehne mich schon seit Tagen nach dir«, gestand er.

»Ich habe mich auch nach dir gesehnt.«

Es klopfte.

»Das wird das Frühstück sein«, sagte Roger. »Ich habe es vorhin bestellt.«

Léonie hörte, wie er mit dem Zimmermädchen sprach, dann kehrte er mit einem Tablett zurück, von dem ein verlockender Duft nach Kaffee und warmen Brioches ausging. Er stellte das Tablett auf dem Tischchen ab und bat Léonie, Platz zu nehmen. Er selbst setzte sich ihr gegenüber, wobei er strahlte wie ein kleines Kind.

»Was hattest du mit dem Zimmermädchen zu besprechen?«, fragte Léonie neugierig.

»Ich habe mich bei ihr bedankt, weil sie aufgrund deines Eintreffens gleich daran gedacht hat, ein Frühstück für zwei zu bringen. In diesem Hotel ist man wirklich sehr aufmerksam«, lobte er.

»Tatsächlich!«, sagte Léonie lächelnd. Sie betrachtete sein anziehendes, glückliches Gesicht und bemerkte, dass er an den Schläfen ein wenig grauer geworden war. Die beiden Falten zwischen seinen Brauen waren etwas tiefer geworden.

Sie frühstückten und redeten, ließen die letzten zwölf Monate Revue passieren. Dann nahm Roger sanft Léonies Hand.

»Ich würde dich niemals bedrängen, aber es wäre gelogen, wenn ich dir sagen würde, dass ich dich nicht mit jeder Faser meines Körpers begehre.« Er sah ihr direkt in die Augen.

»Du weißt, dass wir uns in wenigen Stunden wieder voneinander verabschieden müssen …«, sagte Léonie verwirrt.

»Aber nicht ohne große Freude im Herzen«, entgegnete er und verstärkte den Druck seiner Hand.

Als sie bald darauf im großen Ehebett lagen und er sie in seinen Armen hielt, sagte sie: »Ich möchte nicht, dass unser Leben von dieser Liebesaffäre aus dem Gleichgewicht gebracht wird.«

»Ich auch nicht!«, versicherte ihr Roger und fügte hinzu: »Wir sind ein Mann und eine Frau, die sich gefunden und eine Traumwelt erschaffen haben, in der wir jedes Jahr nur für einen Tag leben. Wir gönnen uns nur wenige glückliche Stunden und kehren dann wieder in die Realität zurück – wohl wissend, dass unsere Liebesgeschichte nach zwölf Monaten erneut auf uns wartet.«

2

Als sie das Hotel verließen, um zum Mittagessen zu gehen, schneite es. Auf den kopfsteingepflasterten Gassen bildete sich eine dünne, rutschige Schneeschicht. Roger hatte Léonie fest untergehakt und führte sie zum Restaurant.

»Wäre es nicht fantastisch, wenn wir uns einmal …«, begann er.

»… im Hochsommer treffen könnten?«, beendete sie seinen Satz.

Sie sahen sich tief in die Augen und schüttelten beide den Kopf.

»Unsere Liebesgeschichte ist das hier, mehr dürfen wir nicht verlangen«, sagte Léonie.

»Da bin ich ganz deiner Meinung.«

»Wobei … Eine Wiederholung …«, flüsterte Léonie.

»Willst du das wirklich?«, fragte Roger.

Sie schien kurz nachzudenken, schüttelte dann aber den Kopf.

»Nein, es ist perfekt, wie es ist.«

Die wenigen Passanten drehten sich nach dem eleganten Touristenpaar um, das eng umschlungen im Schnee spazieren ging.

Als sie im Restaurant auf ihre Suppe warteten, sagte Roger: »Fast hätte ich nicht kommen können, weil meine Frau einen furchtbaren Autounfall hatte *et s'en est tirée de justesse*. Sie konnte nur durch eine zehnstündige Operation gerettet werden. Ich habe mit dem Schlimmsten gerechnet und mir große Sorgen um sie gemacht. Gleichzeitig drängte sich mir immer wieder die Frage auf, ob wir uns wohl trotzdem sehen könnten. Zum Glück ist sie seit drei Tagen nicht mehr auf der Intensivstation, sodass ich fahren konnte – froh, sie außer Gefahr zu wissen, und glücklich in der Hoffnung, dich zu treffen.«

»Das tut mir sehr leid für deine Frau«, sagte Léonie.

»Vielleicht sollten wir für den Notfall unsere Telefonnummern austauschen«, schlug er vor.

»Hätte ich deine Nummer, könnte ich der Versuchung bestimmt nicht widerstehen, dich anzurufen«, gestand sie.

»Mir ginge es ganz genauso.«

»Damit würden wir alles ruinieren und unsere einzigartige Liebesgeschichte kaputt machen«, sagte Léonie.

»Du hast recht, das wäre ein Fehler«, pflichtete ihr Roger bei und führte ihre Hand sanft an seine Lippen. »Du machst mich glücklich, kleine Léonie«, flüsterte er.

Als sie das Restaurant verließen, hatte es aufgehört zu schneien, dafür war es noch kälter geworden.

»Musst du nach Morbegno?«, fragte Roger.

»Ja, eigentlich schon, aber es ist schon spät, und ich fahre lieber gleich nach Villanova zurück. In ein paar Stunden wird es in unserem Haus nur so wimmeln von Müttern und Kindern, die zur Weihnachtsfeier meines Sohnes kommen.« Sie zogen sich an die Hotelbar zurück, um noch einen Kaffee zu trinken. Dort saßen sie am Fenster mit Blick auf den See.

»Schau, hier, die neuesten Fotos von meinem Kleinen!«, sagte Léonie stolz und zog ein paar bunte Schnappschüsse aus ihrer Handtasche. »Findest du nicht, dass er mir ähnlich sieht?«

»Gut möglich, aber in dem Alter sind die Gesichtszüge noch nicht so ausgeprägt. Er sieht auf jeden Fall gesund aus und hat einen aufgeweckten Blick«, sagte Roger.

»Er ist furchtbar wild, rennt durch das ganze Haus, redet wie ein Wasserfall und ist kaum zu verstehen. Weißt du, ich spreche Französisch mit ihm, die anderen Italienisch, und das bringt ihn etwas durcheinander«, erzählte sie. Dann sah sie auf ihre Armbanduhr und verkündete: »Ich muss los.«

»Ich habe noch eine Kleinigkeit für dich.« Roger zog ein winziges Päckchen aus der Hosentasche.

»Ein Weihnachtsgeschenk?«, fragte sie.

»Ich war im Frühling in New York und habe es bei Tiffany im Schaufenster gesehen. Ich habe gleich an dich gedacht, weil du immer so ein Bettelarmband trägst.«

Es war ein goldener Anhänger in Form eines Apfels, besetzt mit winzigen Rubinen und zwei kleinen Blättern aus Smaragden.

Sie war gerührt. »Danke, er ist wunderschön«, sagte sie, während er den Anhänger an ihrem Armband befestigte. »Warum ausgerechnet ein Apfel?«, fragte Léonie.

»Die verbotene Frucht, von der wir beide kosten«, scherzte Roger.

»Sie ist süß und macht Appetit auf mehr«, fügte sie hinzu.

Auf dem kleinen Platz umarmte Roger sie ein letztes Mal, bevor sie in ihren Wagen stieg.

»Ich wünsche dir ein wunderschönes Jahr«, flüsterte er.

»*Au revoir,* Roger. Pass auf dich auf«, erwiderte sie.

Als sie nach Hause kam, fühlte sie sich nicht gut. Beim Aussteigen zitterte sie vor Kälte. Sie sah mehrere Mütter mit Kleinkindern die Villa betreten.

Guido erschien an der Tür, um die Gäste zu empfangen.

»Wo warst du?«, rief er und sah sie anschließend besorgt an. »Es geht dir nicht gut?«

»Ich muss mich sofort hinlegen«, stammelte sie und ging zum Lift.

Rasch zog sie sich aus und schlüpfte ins Bett. Sie hatte hohes Fieber, und bevor sie in einen unruhigen Schlaf fiel, war sie dankbar, dass diese Krankheit, welche es auch sein mochte, sie davor bewahrt hatte, ihren Mann anlügen zu müssen.

Der Arzt, den Guido sofort gerufen hatte, stellte ihr ein paar Fragen und sagte dann: »Es sind die Windpocken. Anscheinend hatten Sie die als Kind nicht, und Ihr Sohn, der sie gerade überstanden hat, hat Sie angesteckt.«

3

Léonie verbrachte Weihnachten und die darauffolgenden Tage im Bett. Während das Fieber nachließ, juckten die Bläschen, die ihr Gesicht und ihren Körper bedeckten, immer mehr. Guido machte es sich zur Gewohnheit, mehrere Stunden an ihrem Bett zu verbringen und ihr interessante Zeitungsartikel vorzulesen. Oft dämmerte sie weg, während seine Stimme und die Erinnerungen an Roger sie in den Schlaf wiegten.

Es kam vor, dass Giuseppe abends zwischen ihr und Guido im Ehebett schlief. Das waren sehr zärtliche Momente, in denen Léonie ganz in ihrer Rolle als Mutter und Ehefrau aufging. Aber jeden Abend vor dem Einschlafen galt ihr letzter Gedanke Roger.

Der Januar neigte sich dem Ende zu, die Tage wurden länger, und Léonie und Guido saßen wie so oft im Salon neben dem Schlafzimmer. Sie erzählte ihm von ihren Projekten in der Firma und versuchte zu verstehen, warum ihr Mann sich aus dem Familienunternehmen zurückgezogen hatte.

Denn dass er sich fürs Schreiben entschieden hatte, wozu er sich berufen fühlte, erklärte nicht seine Aversion gegen die Armaturen.

»Immer wenn ich dir von meiner Arbeit erzähle, habe ich das Gefühl, dass du meine Begeisterung als störend empfindest«, brach es eines Tages aus ihr hervor.

»Das stimmt nicht. Es freut mich, dass du dich so für die Firma begeistern kannst. Aber du kannst nicht erwarten, dass ich mich für etwas erwärme, das mir einfach nicht liegt«, erwiderte er sanft.

Zärtlich strich sie ihm über die Wange und meinte: »Manchmal habe ich das Gefühl, dass du traurig bist.«

Er lächelte sie an. »Auch darin täuschst du dich: Ich habe alles, was man braucht, um glücklich zu sein. Sei ganz beruhigt, Léonie, es ist alles in bester Ordnung.«

Sie musterte ihn zweifelnd und fragte sich, ob Guido ihr die Wahrheit sagte oder sie und sich selbst belog. Der Unterschied zwischen ihrem Mann, den sie sehr schätzte, und Roger war der, dass sie in Roger lesen konnte wie in einem offenen Buch, während Guido undurchschaubar war. Seine blauen Augen wirkten hell und klar, aber sie wusste nie, was wirklich in ihm vorging.

Guido ignorierte den ratlosen Blick seiner Frau und überreichte ihr stattdessen ein Samtkästchen mit den gar nicht ironisch gemeinten Worten: »Das ist für dich, zur Feier deiner Genesung. Du darfst es also nicht ablehnen.«

Léonie öffnete das kostbare Kästchen, das einen Anhänger enthielt, einen mit Rubinen besetzten Apfel – den gleichen wie der, den ihr Roger geschenkt hatte, nur etwas größer.

»Ich habe dein Bettelarmband auf dem Nachttisch gesehen, und da ist mir der winzige Apfel von Tiffany aufgefallen. Er ist wunderschön. Da ist mir der Gedanke gekommen, dir eine größere Version davon zu schenken, damit du ihn um den Hals tragen kannst«, erklärte er.

Der Anhänger hing an einer goldenen Kette, die von Smaragd- und Rubinperlen unterbrochen wurde.

»Danke, mein Schatz. Das ist ein wertvolles Geschenk, und es gefällt mir sehr«, sagte Léonie, während ihr Mann es ihr umlegte.

Dabei wartete sie auf die Frage, woher sie den Armbandanhänger habe. Doch Guido fragte nicht – entweder aus Diskretion oder weil er es lieber nicht wissen wollte?

Sollte sein Geschenk ein Hinweis sein? Oder hatte er ihr tatsächlich nur eine Freude machen wollen? In diesem Moment war sie der typischen Verstocktheit der Familie Cantoni dankbar, weil sie so nicht gezwungen war zu lügen. Sie küsste Guido flüchtig und flüsterte: »Deine großzügige Geste rührt mich sehr.«

Da fasste Guido sie an der Taille und sagte: »Ich möchte dich nur darauf aufmerksam machen, dass wir uns wegen der Windpocken schon lange nicht mehr geliebt haben.«

»Muss ich davon ausgehen, dass dein Geschenk mit Hintergedanken verbunden ist?«, scherzte sie.

»Denk, was du willst, Hauptsache, du kommst mit!«, erwiderte er und zog sie in Richtung Schlafzimmer.

Im Februar ging Léonie wieder regelmäßig zur Arbeit in die Firma.

Sie hatte damit begonnen, die antiken Armaturen, die sie im Keller gefunden hatte, zu sammeln, zu säubern und zu katalogisieren. Sie suchte die Altwarenhändler in den umliegenden Dörfern auf, um dort nach weiteren alten Armaturen zu suchen. Das hatte sich inzwischen herumgesprochen, und wenn die Händler auf alte Wasserhähne stießen, gaben sie ihr sofort Bescheid – wohl wissend, dass Léonie gutes Geld dafür zahlte. Die Idee eines Armaturenmuseums nahm immer konkretere Formen an. Ihr Schwiegervater war von dem Gedanken sofort begeistert gewesen, beinah noch mehr als sie selbst. Zu Weihnachten hatte er ihr einige kostbare Folianten mit Zeichnungen von Armaturen aus dem sechzehnten und siebzehnten Jahrhundert geschenkt.

Im darauffolgenden Sommer war sie erneut schwanger. Das zweite, im Mai gezeugte Kind sollte im Januar zur Welt kommen. Am zweiundzwanzigsten Dezember – sie war gerade im achten Monat schwanger – brach sie nach Varenna auf.

Sie fuhr langsam und vorsichtig und versuchte sich vorzustellen, wie Roger auf ihren dicken Bauch reagieren würde. Vorausgesetzt, er war überhaupt in Varenna und wartete dort auf sie.

Sie merkte, wie aufregend die Ungewissheit ihrer Treffen war. Das gehörte einfach dazu, hielt ihre Beziehung lebendig.

Als die Hotelbesitzerin sah, wie sie die Lobby betrat, fiel ihr Blick sofort auf Léonies riesigen Bauch, und sie fragte ebenso höflich wie professionell: »Wann ist es denn so weit, wenn ich fragen darf?«

»In einem Monat. Mir wäre es allerdings lieber, es käme sofort, weil ich mich kaum noch bewegen kann«, erwiderte Léonie lächelnd.

»Ich gratuliere, Signora! Hier ist der Zimmerschlüssel. Der Dottore hat gebeten, dass ich das Frühstück bringen lassen soll, sobald Sie eingetroffen sind.«

Léonie ging die Treppe hinauf, und als sie die Tür zu der kleinen Suite öffnete, sah sie, dass Roger im Sessel saß und in einer Zeitschrift blätterte.

Er schaute auf, musterte sie strahlend und brach in lautes Gelächter aus.

»*Oh, mon dieu!* Du wirst doch hoffentlich nicht hier entbinden wollen!«, rief er und ging ihr entgegen, um sie zu umarmen.

4

Junge oder Mädchen?«, fragte Roger.

»Mein Mann und der Rest der Familie wissen Bescheid, aber ich möchte mich lieber überraschen lassen. Wie dem auch sei, ihm oder ihr geht es ausgezeichnet. Du ahnst ja gar nicht, wie gut es mir geht, wenn ich schwanger bin!«, sagte sie und nahm an dem Tischchen Platz, auf dem das Frühstückstablett stand.

»Deine Schönheit raubt mir jedes Mal wieder den Atem«, flüsterte er bewundernd und setzte sich zu ihr. Seine Augen strahlten.

»Wenn du das sagst, muss ich dir wohl glauben. Trotzdem fühle ich mich wie ein Walfisch. Nur im Wasser kann ich mich einigermaßen bewegen.«

»Schwimmen ist hervorragend für Schwangere. Schaffst du es jeden Tag?«

»Wir haben ein Schwimmbad im Souterrain. Dort planscht auch mein kleiner Giuseppe herum. Wenn du ihn nur sehen könntest! Er konnte eher schwimmen als laufen.«

Sie frühstückten, und anschließend sagte Roger: »Leg dich aufs Bett. Ich möchte dich untersuchen, nachschauen, ob alles in Ordnung ist.«

Es war ein schöner Tag, und durch die Balkonvorhänge schien die Sonne.

Léonie zog sich aus und schlüpfte unter die Laken, die sie bis zum Kinn hochzog. Roger legte sein Jackett ab und setzte sich zu ihr ans Bett.

»Ich möchte wissen, ob es dir wirklich so gut geht, wie du sagst«, meinte er und strich ihr übers Haar. Dann glitten seine Hände über ihr Gesicht, um Lider, Kiefer und Hals zu untersuchen. Er zog das Laken weg, um diskret ihre Brüste, die Achseln und den Bauch abzutasten. Das Kind bewegte sich heftig.

»Du kitzelst mein Kind. Es tritt wie verrückt!«, sagte Léonie lachend.

Roger lächelte, blieb aber konzentriert.

Er beugte sich vor, legte ein Ohr auf ihren Bauch und sagte: »Ich habe kein Stethoskop dabei, aber wenn du still bist, kann ich den Herzschlag deines Kindes hören.«

Es war angenehm und beruhigend, Rogers warmes Gesicht auf dem Bauch zu spüren.

»Dieses kleine Herz galoppiert wie ein Leistungssportler«, bemerkte der Arzt.

Dann zog er die Decke weg und ließ die Hände zärtlich über Léonies Schenkel und Waden gleiten. An den Knöcheln hielt er inne und drückte leicht mit den Fingerkuppen dagegen.

»Trinkst du genügend?«, fragte er und deckte sie wieder zu.

»Ausreichend«, erwiderte sie.

»Und ist deine Verdauung in Ordnung?«

»Na ja, sie oder er drückt mir ganz schön auf den Magen, so gesehen tue ich mich etwas schwer. So war es beim ersten Kind auch schon. Wieso, willst du mich beunruhigen?«

»Es geht dir ausgezeichnet, besser gesagt, es geht *euch* ausgezeichnet. Wann ist der Geburtstermin?«

»In einem Monat und ein paar Tagen. Ich wünschte, es wäre schon so weit, die letzten Wochen sind wirklich mühsam.«

Roger erhob sich und fragte: »Darf ich mich zu dir legen?«

»Und das fragst du mich ernsthaft?«

Wenige Minuten später lag er neben ihr und hielt sie in den Armen.

Sie erzählten sich gegenseitig, was im Laufe des Jahres alles geschehen war. Roger sagte, dass sich seine Frau nach dem Unfall noch nicht wieder völlig erholt habe, deshalb kümmerten sich die Großmütter um die Kinder. Er hoffe jedoch, sie noch vor dem Sommer wieder zu Hause zu haben, wenn ihre Mutter im Februar die letzte orthopädische Operation überstanden habe, bei der ihr Knöchel wieder richtig ausgerichtet werde. Er berichtete auch, dass er einen Lehrstuhl für Gynäkologie erhalten habe, und schloss mit den Worten: »Und anscheinend ist noch etwas passiert: Offenbar bin ich sanfter geworden. Das behaupten zumindest meine Kollegen und Freunde, ja, sogar meine Verwandten. Noch vor ein paar Tagen hat mich mein Vater gefragt: ›Wer ist sie?‹ Ich habe mich vor Schreck an meinem Kaffee verschluckt. Er hat unbeeindruckt weitergeredet: ›Du hast dich verändert, Roger. Und zwar zum Besseren.‹ Ich konnte ihn einfach nicht anlügen, das konnte ich noch nie. Also habe ich gesagt: ›Ich denke an etwas, das mich mit Freude erfüllt.‹ Und weißt du, was er darauf geantwortet hat? ›Dann sieh zu, dass du es festhältst, denn es tut dir wirklich gut.‹«

Léonie zog ihn an sich und flüsterte: »Du gibst mir das Gefühl, wichtig zu sein.«

»Ich muss gestehen, dass ich eifersüchtig auf deinen Mann bin«, sagte Roger.

»Und ich auf deine Frau. Aber es ist eine Eifersucht ohne böse Gedanken.«

»Bald müssen wir uns schon wieder verabschieden. Ich schlage vor, unsere jeweiligen Partner bis dahin aus unserer Fantasiewelt zu verbannen«, sagte er lachend und zog Léonie noch enger an sich.

Sie blieben so liegen und kuschelten, bis sie aufstehen mussten. Sie verabschiedeten sich an der üblichen Stelle, anschließend stieg jeder von ihnen in seinen Wagen und fuhr davon.

5

Gioacchino kam Ende Januar zur Welt. Léonie war noch am Vormittag mit ihrem Schwiegervater im Büro gewesen.

Beim Mittagessen hatte sie ein leichtes Stechen im Bauch gespürt, das sofort wieder vorbei war. Deshalb sagte sie, als Guido aus Rom anrief, um sich nach Neuigkeiten zu erkundigen, beruhigend: »Wie du weißt, dauert es noch eine Woche. Kümmere dich ruhig um deine Arbeit.«

Seit Monaten war ihr Mann mit einem Projekt beschäftigt, das ihm sehr am Herzen lag. Die Geschichte, um die es ging, spielte im neunzehnten Jahrhundert zwischen Mailand und dem Comer See.

Die Verhandlungen mit dem Sender gestalteten sich zäh, weil die dortige Führungsriege zwischendurch ausgetauscht worden war, sodass alles von vorn begann. Guido kannte Gott und die Welt, aber es war wirklich schwierig, in dieser von Parteienproporz bestimmten Welt zu einer Vereinbarung zu kommen.

Guido hatte sich schon mehr als einmal bei seiner Familie darüber beschwert und in einem besonders ärgerlichen Fall sogar gesagt: »Das ist nicht nur mühsam, sondern auch demütigend. Ich hätte große Lust, alles hinzuschmeißen.«

»Ja, genau, und dann kehrst du wieder in unsere Firma zurück!«, hatte sein Vater in der Hoffnung entgegnet, Guido würde wieder für das Familienunternehmen arbeiten.

Dabei wusste Renzo genau, dass sein Sohn nie mehr zu Cantoni-

Armaturen zurückkehren würde, nicht nach jener scheußlichen Geschichte, die sie alle verdrängt hatten.

Bevor Guido nun das Telefongespräch mit seiner Frau beendete, erkundigte er sich noch einmal: »Bist du sicher, dass ich noch rechtzeitig zur Geburt unseres Kindes da sein werde, wenn ich erst am Donnerstag komme?«

»Absolut sicher.«

Am Nachmittag hatte Léonie Nonno Amilcare besucht, der seinen Flügel der Villa seit einigen Wochen nicht mehr verließ, weil er es allein nicht mehr schaffte, vom Schlafzimmer ins Wohnzimmer zu gelangen. Sie fand ihn im Sessel sitzend vor. Er döste vor sich hin, während ihm gegenüber ein Hausmädchen saß, strickte und im Fernsehen ein Quiz verfolgte.

»Ich gehe und koche Tee«, sagte die Frau, als sie Léonie hereinkommen sah.

Léonie machte den Fernseher aus, setzte sich neben den alten Herrn, strich ihm zärtlich über die Hand und flüsterte: »Ich bin gekommen, um dir Gesellschaft zu leisten.«

Nonno Amilcare schlug die Augen auf, sah sie lächelnd an und sagte: »Du bist ein liebes Mädchen. Wie spät ist es?«

Seit einer Weile fragte er jeden nach der Uhrzeit, so als könnte er irgendetwas verpassen.

»Fünf.«

»Ich habe geträumt«, sagte der alte Herr.

»Etwas Schönes?«

»Ich war jung und kräftig. Ich saß mit Bianca im Garten auf der Wiese, und wir hatten viel Spaß bei einem Würfelspiel. Generoso Castelli, dieser unermüdliche Galan, war ebenfalls dabei.« Nach einer kurzen Pause fuhr er fort: »In meinem Alter darf ich endlich einmal die Wahrheit sagen: Er ist mir immer ziemlich auf die Nerven gegangen, aber irgendwie habe ich ihn auch gemocht, weil er im Grunde ein anständiger, unglücklicher Mann war.«

»Und jetzt ist er tot«, bemerkte Léonie.

»Soll er in Frieden ruhen! Es ist nicht schön, wenn zwei Männer dieselbe Frau lieben, selbst wenn man weiß, dass man der Einzige ist, der zurückgeliebt wird.«

Léonie spürte ein weiteres leichtes Stechen im Unterleib und dachte an das Kind, das bald zur Welt kommen würde, an ihren Mann und Roger. Im Gegensatz zu Bianca, die sich ihre Zärtlichkeiten für den rechtmäßigen Ehemann aufgespart hatte und Generoso nur freundschaftlich verbunden gewesen war, empfand sie eine aufrichtige tiefe Zuneigung für Guido, fühlte sich aber auch von Roger körperlich angezogen, obwohl sie ihm nur einen winzigen Teil ihres Lebens widmete.

Sie schreckte aus ihren Gedanken auf und lächelte Amilcare Cantoni an.

»Das ist alles lange vorbei, Nonno«, sagte sie beruhigend.

»Stimmt. Und ich hatte ein wunderschönes Leben. Meine Kinder sind ihren Neigungen gefolgt und mussten es nie bereuen. Mein Enkel hat dich geheiratet, und du scheinst genau die Richtige zu sein, um den Bestand der Familie und des Familienunternehmens zu sichern. Wir alle haben unser Kreuz zu tragen, auch wenn es uns nach außen hin nicht anzumerken ist. Aber wenn man alt wird, muss man sich dem stellen, was hinter der perfekten Fassade lauert. Vielleicht wird meinen Urenkeln die Fassade eines Tages egal sein, werden sie sich darauf konzentrieren, was wirklich wichtig ist.«

Das Hausmädchen kam mit zwei Tassen Tee.

»Ich habe auch für Sie eine Tasse gebracht, Signora«, sagte die junge Frau und reichte Léonie eine Tasse.

»Stellen Sie sie bitte auf den Tisch«, bat Léonie, die eine leichte Übelkeit verspürte, während sich ihre Nieren schmerzhaft verkrampften.

Mühsam erhob sie sich aus ihrem Sessel und flüsterte: »Ich glaube, ich muss mich sofort hinlegen.«

Kaum stand sie, spürte sie, wie eine warme Flüssigkeit an ihren Schenkeln hinabrann.

»Meine Fruchtblase ist geplatzt!«, rief sie besorgt.

»Oh Gott, Signora, ich bringe Sie sofort in Ihr Zimmer!«, sagte das Hausmädchen alarmiert.

»Von wegen! Rufen Sie einen Krankenwagen, sie muss sofort in die Klinik«, schaltete sich der alte Amilcare ein, der unerwartet behände aufgesprungen war.

Danach überschlugen sich die Ereignisse. Léonie hatte inzwischen schmerzhafte Wehen, die immer rascher aufeinander folgten. Der Gynäkologe war nicht zu erreichen, und so wurde überflüssigerweise tatsächlich der Krankenwagen gerufen.

Der Hausarzt kam gerade noch rechtzeitig, um Léonie bei der Entbindung ihres zweiten Sohnes zur Seite zu stehen. Guido war am Telefon und sprach mit seinem Vater, der mit Celina und dem Großvater vor Léonies Zimmer wartete. Als er nach der Geburt Léonie endlich am Telefon hatte, sagte er: »Danke, mein Schatz, du bist fantastisch! Ich fahre sofort los und komme noch heute Nacht nach Hause.« Dann fügte er hinzu: »Was hältst du davon, wenn wir ihn Gioacchino nennen?«

»Nach deinem Onkel?«, fragte sie.

»Um die Tradition mit dem Buchstaben G fortzusetzen.«

»*D' accord*«, sagte sie.

Später schaute Großvater Amilcare noch einmal nach ihr.

»*Papà,* Léonie muss sich jetzt ausruhen«, sagte Renzo Cantoni, der am Bett der Schwiegertochter saß.

»Die junge Frau braucht mich jetzt!«, beschied der Patriarch und verscheuchte ihn unwirsch.

Das Neugeborene war soeben zwei Hausangestellten übergeben worden und lag im Zimmer nebenan. Giuseppe schlief selig in seinem Zimmer und wusste noch nichts von seiner neuen Rolle als großer Bruder. Léonie, die sich in die Kissen zurücksinken ließ, dachte an ihren Mann, der ihr jetzt gerade entgegeneilte, und an Roger, dem sie am liebsten sofort ihr niedliches Kind gezeigt hätte. Der alte Amilcare saß auf einem Stuhl am Fußende des Bettes und musterte sie eindringlich.

Da flüsterte sie: »*Nonno,* darf ich dich mal etwas fragen?«

»Aber natürlich«, erwiderte Amilcare.

»Hat Guido vielleicht schon ein Kind mit einer anderen Frau gehabt, bevor er mich geheiratet hat?«

Diese Frage quälte sie, seit sie den Schrank im Arbeitszimmer ihres Mannes aufgeräumt und darin ein zusammengerolltes Schreiben vorgefunden hatte, das außerdem ein winziges Armband aus Glasperlen enthielt. Auf dem leicht vergilbten Blatt Papier war zu lesen: NOCH ZU ERLEDIGEN, BEVOR DAS KIND KOMMT. Die einzelnen, dann aufgeführten Punkte waren durchnummeriert.

Sie hatte sich die Liste ganz durchgelesen, das Blatt wieder zusammengerollt und samt dem Armband zurück in die Schublade gelegt.

»Nein«, erwiderte der alte Amilcare, nicht ohne hinzuzufügen: »Denn dann wärst du sicher nicht seine Frau geworden.«

»Ich weiß nichts von Guidos Vergangenheit«, sagte sie leise.

»Es ist eine schlechte Angewohnheit in dieser Familie, den eigenen Schmerz zu verbergen.«

»Hat er sehr gelitten?«, fragte sie den Großvater.

»Wir alle haben gelitten. Ich finde, du solltest endlich Bescheid wissen, und da mein Enkel nie darüber reden wird, werde ich es tun.«

Amaranta

1

Guido ähnelte seiner Mutter sehr, aber es gab auch immer Leute, die in seiner Mimik eine Ähnlichkeit mit dem Vater feststellten. Niemand hätte je daran gezweifelt, dass Renzo Guidos Vater war. Als Guido größer wurde und in seiner Art immer mehr den Männern der Familie Cantoni entsprach, hieß es: »Wie der Vater, so der Sohn.« Und Renzo war stolz darauf, da er ihn wie einen leiblichen Sohn liebte.

Guido brachte seinem Vater einen fast ehrfürchtigen Respekt entgegen. Als kleiner Junge schrieb er ihm liebevolle Briefe. Doch seine Zärtlichkeiten hob er sich für die Mutter auf, die ihn nach Strich und Faden verwöhnte.

Zu Nonna Bianca hatte Guido ein schwieriges Verhältnis, da sie in ihrem Verhalten unberechenbar war und es daher oft zum Streit kam. Dann flüchtete sich Guido zum Großvater, der viel mit ihm unternahm, ihn bei der Gartenpflege helfen ließ, mit ihm im Fluss angelte und Seifenkisten baute. Außerdem erzählte er ihm alte Geschichten aus dem Ort. Der Großvater kannte sämtliche Familien und wusste so manche Anekdote über sie zu berichten. Hin und wieder kam auch Onkel Gioacchino zu Besuch, der ihm Heiligenbildchen schenkte. Viel öfter kam Generoso Castelli ins Haus, den Guido Onkel nannte und der ihm tolle Geschenke mitbrachte: ein Fahrrad, ein Jugendlexikon, ein Teleskop, um die Sterne zu betrachten. Anschließend zog sich Generoso mit der Großmutter in den Salon zurück, und manchmal überraschte

Guido sie bei lebhaften Diskussionen oder Streitgesprächen, die er nicht verstand.

Hin und wieder nahm ihn der Großvater auch mit ins Dorf, in die Seniorenresidenz Villa Olgiati, wo er mit den alten Herrschaften plauderte, die dort untergebracht waren.

Das Altersheim war neben dem Familienunternehmen zu Amilcares liebstem Zeitvertreib geworden. Er kümmerte sich aktiv darum und schaltete sich, wenn nötig, mit all seiner Autorität ein, zum Beispiel um durchzusetzen, dass ein bestimmter Arzt angestellt wurde. Er hörte dem Personal und den Patienten zu, diskutierte mit den Köchen, die das Essen zubereiteten, und ließ auch Guido davon kosten.

»Probier mal diese *scaloppina* und sag mir, ob sie schmeckt«, forderte er ihn auf oder: »Koste mal von diesem Nachtisch und von dem hier. Welcher schmeckt dir besser?«

Guido fühlte sich in solchen Momenten wichtig, auch wenn er wusste, dass sein Großvater das letzte Wort haben würde. Doch der nahm die Vorlieben seines Enkels durchaus ernst. Später rief Amilcare dann den Geschäftsführer zu sich ins Büro und diskutierte lange über die Kosten, über diverse unbefriedigende Leistungen und die Vorteile bestimmter Behandlungsmethoden.

Einmal nahm der Großvater Guido mit nach Rom.

Amilcare hatte einen Termin beim Gesundheitsministerium vereinbart. Als er dem Staatssekretär, der ihm aufmerksam zuhörte, sein Anliegen vorstellte, war Guido dabei.

Als sie gingen, sagte der Großvater: »Das ist ein Idiot. Der versteht rein gar nichts. Ich muss direkt mit dem Minister reden, wenn ich etwas erreichen will. Denn weißt du, Guido, die Villa Olgiati muss sich selbst finanzieren. Nur dann sind die alten Leute dort wirklich gut aufgehoben, und niemand kann sie fortschicken.«

Guido verstand nicht wirklich, worum es ging, doch alles klang sehr wichtig.

Seine Beziehung zu den Eltern seiner Mutter, den Grafen Olgiati Tremonti, war weniger eng. Der Conte war ein Genussmensch, der Geld nur als nötiges Übel betrachtete. Renzo sagte: »Mein Schwiegervater hat noch nie mit Geld umgehen können.« Der Principessa schien das egal zu sein, sie hielt sich eh von allen Alltagsgeschäften fern. Manchmal kündigte sie an, Mailand zu verlassen und zu ihrem Sohn nach Afrika ziehen zu wollen. Doch dazu fehlte ihr letztendlich der Mut.

Guido war das einzige Kind in einer Welt der Erwachsenen.

Celina wollte nicht, dass er in einen Kindergarten ging, aber später bestand Renzo darauf, dass der Kleine die öffentliche Schule besuchte. Von da an füllte sich die Villa regelmäßig mit Kindern, da Celina keine Gelegenheit ausließ, sie mit Süßigkeiten zu verwöhnen. Viele lernten im Pool der Villa schwimmen. Dann betrachtete Celina sie liebevoll und sagte seufzend: »Wie gern hätte ich meinem Sohn noch jede Menge Geschwister geschenkt!« Zu Guido sagte sie jedoch nur: »Wenn du eines Tages groß bist und heiratest, musst du viele Kinder bekommen, denn Kinder sind ein Geschenk.«

Von seinen Klassenkameraden aus der Grundschule mochte Guido Amaranta Casile am liebsten. Sie war die Tochter kalabresischer Einwanderer, die der Hunger nach Norden getrieben hatte. Alle nannten das Mädchen nur Mara, aber er liebte diesen süßen, sperrigen Namen, der gut zu ihr passte, da Amaranta einen dunklen Teint und katzengrüne Augen hatte. Sie war extrem dünn und trug abgewetzte Kleider, aber sie war so stark wie die Jungen, mit denen sie sich wegen jeder Kleinigkeit raufte. Und sie weinte nie, weder wenn sie nach Rangeleien blaue Flecken davontrug, noch wenn die Lehrerin sie wegen eines Fehlers rügte. Sie sprach wenig, aber ihr lebhafter Blick zeigte, wie stolz sie war, und das faszinierte Guido genauso wie ihre heisere Stimme.

Einmal steckte er ihr einen Zettel in den Schulranzen, auf dem stand: »Amaranta, du bist wie die Sonne. Neulich habe ich dich aus Versehen berührt und mich beinahe verbrannt. Manchmal kann ich dich kaum ansehen, weil mich dein Licht blendet. Ich liebe dich.«

Am Tag darauf hatte sie ihm »Du bist doof« zugeflüstert, und er hatte sich seiner dummen, spontan hingekritzelten Worte geschämt. Dann hatte Amaranta ihm erklärt: »Ich habe dauernd Fieber, deshalb ist meine Haut so heiß. Aber wir sind arm, wir haben kein Geld für einen Spezialisten, und der Arzt, den die Krankenkasse zahlt, kann mich nicht heilen. Aber es ist nicht so schlimm. Nur lass bitte die blendende Sonne aus dem Spiel! Du hast keine Ahnung, wie es uns Armen geht! Meine Mutter hat noch fünf weitere Kinder, um die sie sich kümmern muss, außerdem arbeitet sie auf dem Feld. Mein Vater ist Maurer und verdient nur wenige Lire.«

Irgendwann hatte sich Guido seinem Großvater anvertraut und gefragt: »Können wir ihnen nicht helfen?«

»Reich sein heißt nicht allmächtig sein. Würden wir allen etwas geben, könnten wir am Ende niemandem mehr helfen. Außerdem haben auch arme Menschen ihre Würde. Du würdest der Familie Casile gern Geld schenken, aber es wäre nur ein Tropfen auf den heißen Stein. Danach ginge alles wieder von vorne los.«

»Es gibt also keine Hoffnung für sie?«

»Hoffnung worauf? Auf soziale Gerechtigkeit? Das überlassen wir lieber den Politikern, die im Wahlkampf große Worte machen. Gerechtigkeit hat es in der Welt noch nie gegeben und wird es auch niemals geben.«

Nach der Grundschule wurde Guido, entsprechend der Familientradition, aufs Internat geschickt, und er vergaß Amaranta, bis er nach seinem Universitätsabschluss in die Firma eintrat, um seinen Vater zu unterstützen.

2

Damals florierte das Familienunternehmen. Die Cantonis hatten das alte Gebäude, den ursprünglichen Sitz der Armaturenfirma, restauriert und nutzten es nun ausnahmslos als Büro. Daneben hatten sie eine moderne Fabrik mit einer Kantine für die Arbeiter errichtet. Dort gab es auch eine Ambulanz, in der eine Krankenschwester und ein Arzt Dienst taten. Die Anzahl der Beschäftigten war so stark gewachsen, dass fast alle Einwohner von Villanova für die Cantonis arbeiteten.

Die Landwirtschaft, die jahrhundertelang die einzige Einnahmequelle gewesen war, war jetzt der Fabrikarbeit gewichen, und der Grund und Boden, der früher dem Ackerbau gedient hatte, war jetzt Baugrund. Die Peripherie um den alten Ortskern war beinahe eine einzige Baustelle. Dort schossen Mehrfamilienhäuser wie Pilze aus dem Boden, um die Arbeiter und ihre Familien zu beherbergen, die überwiegend aus Süditalien kamen. Die Cantonis besaßen zig Häuser, deren Wohnungen zu günstigen Preisen an die Fabrikarbeiter vermietet wurden. Es war die Zeit der Demonstrationen und Sprechchöre, der häufigen Streiks. Die meisten Arbeiter waren Gewerkschaftsmitglieder – nicht jedoch die bei Cantoni-Armaturen. Als die Gewerkschaftsvertreter einmal in die Fabrik kamen und eine Ansprache vor dem Personal hielten, bekamen sie nur zu hören: »Ehrlich gesagt werden wir anständig bezahlt, und unsere Verträge handeln wir selbst mit den Chefs aus.«

Dank des täglichen Umgangs mit Amilcare, ihrem Chef, der genau wie sie erst Bauer und dann Arbeiter gewesen war und ihre Sprache sprach, genossen sie einige Privilegien. Die Arbeiter erzählten ihm von ihren Bedürfnissen, und Amilcare hörte ihnen zu. Kam es zu Meinungsverschiedenheiten, fand man meistens eine gemeinsame Lösung, die alle zufriedenstellte.

Amilcare hatte Guido von klein auf eingeschärft: »Die Fabrik ist unsere Familie. Geben wir unseren Angestellten ein Dach über dem Kopf und nahrhaftes Essen, bleiben sie gesund und arbeiten gut. Bezahlen wir unsere Arbeiter anständig und respektieren sie, sodass sie sich als Teil der Firma fühlen, arbeiten sie besser. Merk dir das, denn eines Tages wird Cantoni-Armaturen dir gehören!«

Guidos Zukunft war vorgezeichnet. Aber seine wahre Leidenschaft war die Literatur, und er hätte eine Arbeit bei der Universität jeder Tätigkeit im Familienunternehmen vorgezogen. Nur wagte er nicht, dies einzugestehen. Schließlich gehörte die Fabrik zu seinem Leben, da er schon als Kind an den Diskussionen und Überlegungen zwischen Vater und Großvater teilgenommen hatte.

Nach dem Examen hatte er sich für ein Aufbaustudium an einer amerikanischen Universität eingeschrieben und ein Jahr in den Vereinigten Staaten verbracht. In dieser Zeit hatte er auch die eine oder andere Affäre. Er hatte sich in eine Journalistin von NBC verliebt und war zu ihr nach New York gezogen. Doch die Beziehung scheiterte, und Guido beschloss, zurück nach Italien zu gehen. Nach seiner Rückkehr hatte er dann in der Firma angefangen.

Als der Firmenarzt ihm mitteilte, dass einige Arbeiterinnen psychische Probleme hätten, Ängste, die von der Doppelbelastung durch Arbeit und Familie herrührten, sprach Guido mit seinem Vater darüber und schlug ihm vor, einen Sozialarbeiter einzustellen. Sein Vorschlag wurde sofort angenommen und in die Tat umgesetzt.

Besonders engagiert war Guido bei der Einführung einer Firmenzeitung, für die die Angestellten schreiben konnten, um darin ihre Ansichten über die Arbeit, die Firma und die Konkurrenz kundzutun. Die war ihm so wichtig, dass Cavalier Cantoni eines Abends zu seiner Frau sagte: »Guido führt jede Menge Neuerungen ein, um die Firma zu entstauben. Aber eines Tages wird er sie wohl oder übel leiten müssen – hoffentlich mit genauso viel Engagement, wie er jetzt für diese Zeitung aufbringt.«

Es war Juli, und Guido hatte mehrere Wochen mit einem befreundeten Journalisten an der Nullnummer gearbeitet.

Bevor er sie in Druck gab, hatte er den Tag damit verbracht, die Texte noch einmal sorgfältig durchzulesen, wobei ihn der Journalist unterstützte, der am Nachmittag in die Fabrik gekommen war. Am späten Abend, als Arbeiter und Angestellte längst gegangen waren und zwei Wachleute Dienst taten, verabschiedeten sich Guido und der Journalist, und jeder stieg in seinen Wagen auf dem Vorplatz. Guido ließ den Motor an, legte den Rückwärtsgang ein und fuhr los, als jemand einen lauten Schrei ausstieß. Er bremste sofort, stieg aus und entdeckte eine Frau, die mit dem Fahrrad gestürzt war. Einer der Wachmänner kam hinzu und ergriff sofort Partei für den Chef: »Diese Verrückte hatte ein Wahnsinnstempo drauf, Sie hätten sie gar nicht sehen können, Dottore!«

Doch Guido hörte ihm gar nicht zu und beugte sich besorgt über die Frau.

Er erkannte sie sofort wieder: Es war Amaranta Casile.

»Wo tut es weh?«, fragte er betroffen, während er ihr aufhalf.

»An der Hüfte«, sagte sie, als sie aufgestanden war. Er stützte sie, und ihr langes Haar fiel ihr auf die zierlichen Schultern.

»Das ist ja noch mal gut gegangen«, sagte der Wachmann und trat neben sie.

»Bei mir vielleicht schon, aber mein Fahrrad …«, protestierte sie.

Der Wachmann hob das Rad auf, bog den Lenker gerade und brummte: »Diese Dame verlässt die Firma immer als Letzte und saust dann los, ohne richtig zu gucken.«

»Entschuldige, Amaranta«, flüsterte Guido.

»Wofür denn, Dottore? Sie trifft keine Schuld«, erwiderte sie und sah ihn eindringlich an, während sie ihr Rad wieder an sich nahm.

»Siezt du mich?«

»Ich erlaube mir meinen Chefs gegenüber keine Vertraulichkeiten«, erwiderte sie kess.

»Aber wir kennen uns doch seit unserer Kindheit …«, sagte er verlegen.

Die junge Frau antwortete nicht. Sie setzte sich auf den Sattel, trat in die Pedale und sauste davon.

»Alles in Ordnung, Dottore«, beruhigte ihn der Wachmann.

»Wo arbeitet die junge Frau bei uns?«, fragte Guido.

»Im Lager«, informierte ihn der Wachmann.

Als Guido ins Auto stieg, merkte er, dass seine Hände zitterten.

3

Am nächsten Morgen ging Guido ins Büro und bat um die Personalakten der Lagerarbeiter. Darunter befand sich auch die der vierundzwanzigjährigen Amaranta Casile. Schulabschluss: Hauptschule. Berufserfahrung: ein Job als Barfrau. Persönliche Anmerkungen des Firmenarztes: häufiges Fieber, wahrscheinlich psychisch bedingt, ein schwieriger Charakter, aber eine fleißige Mitarbeiterin.

Wenige Worte über einen Menschen, der offensichtlich gewissenhaft seiner Arbeit nachging. Als Guido Amaranta erkannt hatte, hatte er sich gleich an seine Gefühle erinnert, die er zu Schulzeiten für sie empfunden hatte. Er musste an seine kindliche Verliebtheit denken und merkte, dass ihn diese junge Frau nach wie vor anzog wie ein Magnet.

Der dunkle Teint, das weizenblonde Haar, die großen grünen lebhaften Augen, ihre Blicke, die ihn zu durchbohren schienen, machten sie unwiderstehlich. Und ihre heisere Stimme klang nach wie vor äußerst verführerisch.

Die jungen Frauen, mit denen Guido sonst zu tun hatte, gehörten einer ganz anderen Welt an als Amaranta. Doch keine von ihnen hatte je ein vergleichbares Interesse in ihm geweckt.

Er trug ihre Akte höchstpersönlich ins Personalbüro zurück und fragte eine Angestellte, ob Signorina Casile zur Arbeit erschienen sei.

Die Frau sah schnell in der Anwesenheitsliste nach und sagte:

»Sie hat eingestempelt, und zwar wie jeden Tag zehn Minuten vor Arbeitsbeginn. Sie kommt immer sehr früh und geht erst nach Betriebsschluss.«

»Danke«, erwiderte Guido und verließ das Büro.

An diesem Vormittag konnte er sich nicht auf die Arbeit konzentrieren. Er ärgerte sich, dass ihn die Begegnung mit Amaranta dermaßen aus der Bahn geworfen hatte. Das war doch lächerlich, völlig irrational! Er rief einen Freund aus Villanova an, der wie er mit Amaranta zur Schule gegangen war und anschließend Sport in Mailand studiert hatte. Jetzt war er Tennislehrer und spielte manchmal mit ihm im Club.

»Hast du eine Stunde Zeit für mich?«, fragte er.

Er verließ das Büro und ging zum Tennisspielen. Anschließend aß er mit dem Freund im Clubrestaurant.

Während sie einen Salat zu sich nahmen, fragte Guido: »Hast du noch Kontakt zu Leuten aus der Grundschule?«

»Ich treffe mich noch mit Giovanna Zappa, die beim Kaufhaus Rinascente arbeitet, und mit Fausto Baroni. Erinnerst du dich an ihn? Er war damals der Klassentrottel. Heute ist er Musikprofessor und spielt die zweite Geige im Scala-Orchester. Er tourt gerade durch Südamerika und besorgt mir immer Konzertkarten. Wenn du willst, kann ich ein gutes Wort für dich einlegen. Dann sehe ich noch Francesca, die Ratti-Tochter …«

»Die treffe ich auch manchmal auf der einen oder anderen Party.«

»Sie hat Chemie studiert und forscht jetzt an der Uni. Eine wunderschöne junge Frau! Sie ist mit einem Mailänder Anwalt verlobt. Und dann ist da …«

»Erinnerst du dich noch an Amaranta Casile?«, fragte Guido beiläufig.

»An Mara? Ja, natürlich. Wir haben sie immer die Eidechse genannt, weil sie so eine komische Hautfarbe hatte, so mager war und sofort weglief, wenn man ihr zu nahe kam. Nein, die habe ich nie mehr gesehen. Sie hat in einem aufgelassenen Bauernhof gewohnt, zusammen mit jeder Menge Geschwister. Ihre Familie war furchtbar arm …«

Guido kehrte ins Büro zurück und beschloss, sich abends bei seinem Vater nach Amaranta zu erkundigen. Der kannte alle seine Angestellten und wusste bestimmt auch etwas über Amaranta Casile. Doch auf einmal schämte er sich für das übertriebene Interesse an der jungen Frau und sprach lieber nicht mit seinem Vater. Stattdessen rief er Bona Visconti an, um sie nach Mailand ins Kino einzuladen.

Bona zählte zu Guidos Freundeskreis in Mailand und war ihm nicht gleichgültig.

Sie war Innenarchitektin in einem Architekturbüro und hatte ihm bei mehr als einer Gelegenheit gezeigt, dass sie seine Gesellschaft schätzte. An diesem Abend fanden sie sich nach dem Kino auf dem Corso Vittorio Emanuele wieder.

»Und was machen wir jetzt?«, fragte Guido.

»Morgen habe ich einen Termin in einem Palazzo am Corso Magenta. Ich gehe nach Hause«, erwiderte Bona.

»Ich begleite dich«, schlug Guido vor.

Bona war unbefangen und fröhlich, und gemeinsam alberten sie herum, bis sie vor ihrer Haustür standen.

»Ich habe einen amerikanischen Freund, der uns bald besuchen kommt. Wir fahren nach Irland und verbringen dort ein paar Tage auf den Aran-Inseln. Wir wollen ein Boot mieten und Hummer fangen«, erzählte Guido.

»Ich werde mit meiner Familie in Cap Ferrat sein. Wieso kommst du uns nicht besuchen? Das Haus ist riesig, und für deinen Freund ist auch Platz.«

»Danke, ich sage dir noch Bescheid«, erwiderte er und wartete darauf, dass Bona die Tür aufschloss.

»Gute Nacht«, flüsterte sie und hob das Gesicht in Erwartung eines Kusses.

Und Guido küsste sie. Auf die Wange.

Schlecht gelaunt kehrte er nach Villanova zurück.

Es war Mitternacht, und seine Eltern saßen mit den Großeltern und Generoso Castelli im Garten.

»Habt ihr beschlossen, euch von den Mücken auffressen zu lassen?«, fragte Guido scherzhaft.

»Es gibt frischen Orzata-Sirup«, sagte Celina und zeigte auf den Teewagen, wo in einem silbernen Eimer die Eiswürfel schmolzen.

Guido setzte sich zu ihnen und fragte: »Was ist denn hier los, dass ihr um diese Stunde noch wach seid?«

»Generoso ist um zehn aufgetaucht, um uns zu erzählen, dass er einem deutschen Bierbrauer ein Boot abgekauft hat. Angeblich ein Schnäppchen, da es über einen Kapitän, drei Matrosen und zwei Hausangestellte verfügt. Alles Deutsche. Kannst du dir vorstellen, dass ein Bayer ein Boot lenkt? Er besteht darauf, eine Kreuzfahrt zu den griechischen Inseln mit ihm zu unternehmen«, erklärte Renzo seinem Sohn.

»Ganz genau«, schaltete sich Generoso ein. »Das könnte lustig werden, meint ihr nicht?«

Guido sah im flackernden Licht der Citronellakerzen, dass sein Großvater nicht sehr begeistert von dem Vorschlag war. Die Großmutter war schon ganz aus dem Häuschen angesichts des neuen Projekts, während der Vater die Firma bestimmt ungern so lange in fremde Hände geben würde. Die Mutter war gutmütig und offen wie immer, und der Freund der Familie suchte wie jedes Mal nach Bestätigung. Dieses fröhliche nächtliche Quintett war wie das stille Wasser eines Tümpels, auf dessen Grund sich so manches Geheimnis verbarg.

»Eine Kreuzfahrt zu den griechischen Inseln – das klingt doch fantastisch!«, bemerkte Guido.

»Oh ja, wenn ein paar junge Leute mit dabei wären, bestimmt!«, sagte Celina.

Offensichtlich hofften sie auf seine Gesellschaft, denn der Höflichkeit halber wagte es niemand, Generosos Einladung auszuschlagen.

»Aber die jungen Leute umgeben sich nicht gern mit Greisen«, wandte der Großvater ein.

Guido dachte an Amaranta und stellte sich vor, wie sie sich an Deck sonnte. Wie er sich über sie beugte und sich in ihren Katzenaugen spiegelte.

4

Guido, der seinen Vater nur ungern enttäuschte, ließ sich zu dem Familienurlaub überreden und nahm seinen amerikanischen Gast sowie ein paar Freunde aus Mailand mit. Auch Bona Visconti war darunter. Sie hatte die Einladung angenommen, weil sie hoffte, Guido wolle sie seiner Familie vorstellen.

Damit hatte sie nicht mal unrecht, denn Bona gefiel ihm. Ihre unaufdringliche Schönheit, ihre Eleganz und ihre ausgeglichene Art erinnerten ihn an seine Mutter, nur dass Bona ein wenig kämpferischer war. Nach ihrem Architekturabschluss arbeitete sie nun fleißig an ihrer Karriere, um ihre ehemals wohlhabende, aus lauter Müßiggängern bestehende Familie zu unterstützen.

Allerdings dachte Guido nicht daran zu heiraten. Zu Celina, die sich nach Enkeln sehnte, sagte er: »Das hat noch Zeit.«

Trotz der Enge auf dem Boot war es ein rundum gelungener Urlaub. Abends gingen die jungen Leute an Land und amüsierten sich in den Lokalen, während die Cantonis an Bord speisten und früh schlafen gingen.

Als das Boot vor Ithaka vor Anker ging, wo Nonna Bianca vor Jahren bereits gewesen war, gingen sie alle gemeinsam an Land. Bianca wollte den Kindern zeigen, wo der Legende nach Odysseus' Festung gestanden hatte. Doch dann bereitete eine kleine Schlange, die zwischen dem Geröll auftauchte und die Damen erschreckte, dem Ausflug ein jähes Ende.

Eine Woche später erreichten sie die Sporaden. Vor Mandraki

auf Skiathos nahmen Guido und Bona ein spätes Bad. Danach luden sie Musiker aus dem Ort ein und tanzten an Deck Sirtaki. Wegen des Tanzes gerieten Nonna Bianca und Amilcare vor den Musikern in Streit, die darüber lachten und ihre laute Auseinandersetzung mit passenden Geigenklängen übertönten.

Auf einmal nahm Bianca einen schweren Kristallaschenbecher, um ihn nach Amilcare zu werfen. Der packte mit einer Hand ihr zartes Handgelenk und mit der anderen ihre Taille, um sie dann unter Deck zu ziehen.

Der Vorfall hatte nur wenige Minuten gedauert. Die Musiker spielten weiter, Renzo, Celina und Generoso setzten ihre Unterhaltung fort, und der Kellner servierte den Gästen eisgekühlten Champagner.

»Was war das denn?«, flüsterte Bona Guido ins Ohr.

»Nichts, gar nichts«, erwiderte er gelassen.

»Wie – nichts? Sie hätte beinahe deinen Großvater erschlagen!«

»Großmutter hat psychische Probleme, schon immer. Gut möglich, dass sie vergessen hat, ihre Tabletten zu nehmen«, erklärte er.

»Aber das ist ja furchtbar«, murmelte die junge Frau.

»Wir haben gelernt, damit zu leben«, erwiderte Guido.

Am nächsten Morgen unterhielt sich die in eine blaue Seidentunika und eine Givenchy-Parfümwolke gehüllte Großmutter, als wäre nichts gewesen, während Amilcare und Generoso über etwas lachten, das sie soeben erzählt hatte. Bona saß bei ihnen am Tisch, und während Guido an seinem Kaffee nippte und Aprikosenkuchen aß, musterte sie verblüfft Biancas strahlendes Gesicht. Das Boot nahm Kurs auf Athen, wo die jungen Leute von Bord gehen und nach Italien zurückkehren würden.

Guido fiel auf, wie still Bona war, und fragte: »Alles in Ordnung?«

»Ich habe sehr schlecht geschlafen und bin müde«, erwiderte die junge Frau.

Sie hatte die ganze Nacht versucht, sich einzureden, dass die psychische Krankheit ihre Gefühle für Guido nicht beeinflusste. Aber es war ihr nicht gelungen. Sie wusste, dass ein solches Leiden erblich sein konnte, sich auf die Kinder oder die Enkelkinder übertrug. Sollte sie sich trotzdem an Guido binden?

Als sie nach Mailand zurückgekehrt waren, wiederholte Bona ihre Einladung nach Cap Ferrat nicht. Und Guido, der den Grund dafür ahnte, verzichtete darauf, nachzufragen.

Der Urlaub in Griechenland war für ihn eine Art Probezeit gewesen. Guido hatte sich mit Bona wohlgefühlt, trotzdem hatte es keinen Tag gegeben, an dem er nicht an Amaranta gedacht hatte. In gewisser Weise war er besessen von ihr.

Er kehrte in die Familienvilla zurück, in der zu der Zeit nur das alte Hausmeisterehepaar mit seinem kleinen Enkel weilte.

Der Kleine sah den »Dottore« neugierig an und folgte ihm auf Schritt und Tritt, so als wäre Guido ein faszinierender Außerirdischer. Der freute sich über die Gesellschaft, und als er in die Fabrik fuhr, ließ er den Jungen zu sich in den Wagen steigen und nahm ihn mit. Noch herrschten Betriebsferien, aber der Wachmann war da, und Guido plauderte mit ihm, während er den Kleinen an der Hand hielt.

Er nahm ihn mit in sein Büro, wo er die Faxe las, die in seiner Abwesenheit eingetroffen waren, und öffnete die Briefe, wobei er dem Jungen erlaubte, mit Kabelschellen und Stempeln zu spielen. Guido machte sich ein paar Notizen über Dinge, die er mit seinem Vater beim nächsten Telefonat nach Griechenland besprechen wollte. Es ging um einige unausgeführte Bestellungen. Dann verließ er mit dem Jungen das Bürogebäude und bat den Wachmann, das Lager für ihn aufzuschließen.

Er wollte sehen, wo Amaranta arbeitete. Dabei ließ der kleine Junge seine Hand nicht los.

Links von dem riesigen Labyrinth aus meterhohen Regalen

gab es eine große Glasscheibe, die den Lagerraum von den Büros trennte.

Der Wachmann öffnete ihm auch die Tür zum Bürobereich, woraufhin sie in einen großen Raum mit fünf Schreibtischen traten. Guido sah sofort, welcher Amaranta gehörte. Er war mit einigen Porzellantieren und einer winzigen Vase mit Plastikblumen geschmückt.

Guido trat näher und ließ das Kind auf dem Bürostuhl Platz nehmen.

»Erzähl mir, was du siehst!«, sagte Guido.

»Zwei Enten, einen Pinguin, ein Glas mit Stiften, die Madonna mit einer bunten Kette …« Guido unterbrach ihn und fragte: »Wer, glaubst du wohl, sitzt hier an diesem Schreibtisch?«

»Ich!«, erwiderte das Kind schlagfertig.

Guido lachte amüsiert. Die »Kette«, die die kleine Madonnenstatue schmückte, war ein Armband aus Glasperlen, das Guido Amaranta geschenkt hatte, als sie noch zur Schule gingen. Er hatte es sofort wiedererkannt.

Er ließ das Kind vom Bürostuhl klettern. Mit einer kaum wahrnehmbaren Geste streifte er das Armband ab und steckte es ein.

Am nächsten Morgen brach er mit seinem amerikanischen Freund nach Irland auf.

5

Nach den Ferien kehrte Guido wieder an seinen Arbeitsplatz in der Firma zurück. Jeden Tag hoffte er, Amaranta zu sehen.

Eines Abends beobachtete er vom Fenster seines Büros aus, wie sie mit dem Rad davonfuhr. Da ging er, noch bevor der Wachmann abschloss, ins Lager und streifte der Madonnenstatue ein Armband aus goldenen Herzen über, das er vor dem Rückflug in Dublin gekauft hatte.

Er wusste genau, dass er sich benahm wie ein verliebter Teenager, doch Amaranta Casile ging ihm einfach nicht mehr aus dem Kopf.

Diese verschlossene junge Frau erinnerte ihn irgendwie an Nonna Bianca. Und obwohl Guido die ausgeglichene Art seiner Mutter geerbt hatte, war er von seiner unvorhersehbaren Großmutter fasziniert, die auf sämtliche Konventionen zu pfeifen schien. Bianca hörte nur auf ihren Instinkt, und es ging ihr nicht darum, anderen zu gefallen.

Vielleicht hatte sich Großvater Amilcare einst genauso von Bianca Crippa angezogen gefühlt wie er jetzt von der schlanken Amaranta Casile: eben weil sie so ganz anders war.

Nachdem Guido das goldene Armband zurückgelassen hatte, ließ er ein paar Tage verstreichen und beschloss dann, Amaranta anzusprechen. Eines Abends verließ er sein Büro und stieg in seinen Wagen. Doch anstatt zur Villa zu fahren, nahm er die Straße in den Ort.

Er parkte den Wagen an der Böschung, die von einem rauschenden Bach gesäumt wurde, und wartete. Als er sah, wie Amaranta sich mit dem Rad näherte, stellte er sich mitten auf die Straße. Die junge Frau hielt an. Sie setzte einen Fuß auf den Asphalt und betrachtete ihn wortlos.

Guido brachte kein Wort heraus. Er hatte einen trockenen Mund und fragte sich, was er da eigentlich tat. Dann schüttelte er den Kopf und wandte sich um, um zu seinem Auto zu gehen. Er umfasste gerade den Türgriff, als sie fragte: »Warum hast du mein Armband gestohlen?«

»Ich habe es durch ein wertvolleres ersetzt«, erwiderte er.

»Wertvoller als was? Vielleicht hat mir das andere ja besser gefallen.«

»Als ich es dir geschenkt habe, warst du nicht besonders erfreut. Doch dann habe ich es auf deinem Schreibtisch wiedergefunden. Und jetzt sehe ich, dass du das neue Armband am Handgelenk trägst.«

»Es ist aus Gold. Sonst wird es noch gestohlen.«

»Kannst du nicht einfach sagen, dass es dir gefällt?«

»Nein«, erwiderte sie, um dann hinzuzufügen: »Trotzdem danke. Auch wenn ich nicht weiß, warum du es mir geschenkt hast.«

»Das weißt du ganz genau. Immerhin duzt du mich wieder, hast mich, anders als befürchtet, nicht umgefahren und mich aufgehalten, als ich gehen wollte, weil ich nicht wusste, was ich sagen sollte.« Guido steckte eine Hand in die Hosentasche, zog das Armband mit den bunten Perlen hervor und sagte: »Seit wir zusammen auf der Grundschule waren, sind vierzehn Jahre vergangen. Du hast es die ganze Zeit über aufbewahrt.«

»Du warst das erste Kind, das mir ein Geschenk gemacht hat. Ich hatte keine Ahnung, wie ich darauf reagieren sollte. Genau wie jetzt«, sagte sie, trat kräftig in die Pedale und fuhr davon.

Sie trug ein schlichtes Baumwollkleid und schwarze Stoffschuhe mit Bändern.

Guido stieg in seinen Wagen und fuhr nach Hause. Vor der Villa standen einige dunkelblaue Autos. Die Fahrer folgten einer Hausangestellten, die sie zum Speisesaal der Dienstboten führte.

»Das hatte ich ganz vergessen!«, flüsterte Guido und schlüpfte durch die Veranda ins Haus, um auf sein Zimmer zu gehen und sich umzuziehen.

Für diesen Abend hatte sein Vater »die Metzger« eingeladen. So nannte er die Familie Panigada, die Besitzer der größten Lebensmittelkette, die gerade an die Börse gegangen war, da sie seit Kurzem die Mehrheit an einer wichtigen Hotelkette besaß. Die nötigen Renovierungsarbeiten waren der Firma von Generoso Castelli übertragen worden, und für die Klempnerarbeiten hatten sie einen Vertrag mit den Cantonis abgeschlossen.

Guido war bei den Verhandlungen dabei gewesen, die vor einigen Tagen zufriedenstellend zu Ende gegangen waren. Die Einladung in die Villa sollte dieses bemerkenswerte Geschäft mehr oder weniger besiegeln. Der Koch und der Patissier waren schon seit Tagen in der Küche beschäftigt gewesen, sogar Nonna Bianca war mit einbezogen worden, die einfach unübertrefflich war, wenn es galt, das Menü zu planen.

Die Panigadas hatten Zwillinge, zwei zweiundzwanzigjährige, sehr hübsche Töchter. Eine der beiden war Meisterin im Offshore-Powerboat-Racing, die andere hatte einen Master in Betriebswirtschaft. Die Sportliche war mit einem aufstrebenden Fernsehmanager verlobt, ihre Schwester mit der Arbeit verheiratet.

Renzo Cantoni und seine Frau Celina hatten die jungen Frauen ebenfalls eingeladen und Guido gebeten, am Essen teilzunehmen. Der jedoch hatte andere Dinge im Kopf und hätte die schon vor langer Zeit getroffene Verabredung beinahe vergessen.

Während des Essens gab er sich jedoch als liebenswürdiger

Gastgeber, besonders Signora Panigada gegenüber. Diese lobte bei jedem Gang die Speisen des »Küchenchefs« im Hause Cantoni und sprach unbekümmert über die einzelnen Fleischgerichte, wobei sie sich in detaillierten Schilderungen des Entbeinens erging und damit ihre Töchter und alle anderen Anwesenden ziemlich in Verlegenheit brachte.

Das ging so weit, dass die Meisterin im Offshore-Powerboat-Racing irgendwann sagte: »Hör auf, Mama. Deine furchtbaren Schilderungen gehen allen auf die Nerven.«

Die Mutter entgegnete barsch: »Hör du auf! Ich schäme mich nicht zu sagen, dass der Schmuck, den ich trage, mit Geld aus dem Verkauf von Rinderhälften bezahlt wurde. Während du die Frechheit besitzt, dich Vegetarierin zu schimpfen! Wenn alle Vegetarier würden, könntest du deine Motorrennboote vergessen!«

Nonna Bianca lachte verstohlen, wobei sie den Mund hinter einer Serviette verbarg und ihrem Enkel zuflüsterte: »Die Metzgersfrau ist mir tausendmal lieber als ihre Tochter, findest du nicht auch?«

Guido lächelte ihr verschwörerisch zu. Er musterte die beiden milliardenschweren Zwillinge und dachte an Amaranta, an ihre Stoffschuhe und ihr hartes, ärmliches Leben.

Als die Nonna verkündete, sie wolle sich zurückziehen, da sie müde sei, begleitete er sie, um sich von den Panigadas loszueisen. Kaum hatte er Biancas Wohnbereich betreten, beschwerte sich diese über Renzo und Celina: Sie seien von der hirnrissigen Idee besessen, ihn reich zu verheiraten.

»Das ist mir egal, Nonna. Reg dich darüber nicht auf«, beschwor der Enkel sie.

»Siehst du denn nicht, was aus der armen Metzgerin geworden ist? Eine Dienstbotin, für die sich die eigenen Töchter schämen. Und deine Mutter, die Contessa, die eine hervorragende Ausbildung genossen hat, fürchtet sich immer noch vor der Armut. Sie würde es sicher gerne sehen, wenn du eine der milliardenschweren Zwillinge heiratest!«

»Aber Mama hat sich in *papà* verliebt!«, beharrte der Enkel.

»Das mag sein … Aber ich bin mir nicht sicher, ob sie wirklich glücklich ist. So glücklich wie ich mit deinem Großvater, obwohl er nur ein Bauernsohn war«, verkündete sie.

»Da bin ich ganz deiner Meinung. Vielleicht habe ich mich deswegen in eine junge Frau verliebt, die aus einer armen Familie stammt«, gestand er in diesem Moment.

»Hört, hört! Und wer soll das sein? Raus mit der Sprache! Du weißt, dass mir Liebesgeschichten gefallen.«

Guido erzählte ihr das, was es über Amaranta zu sagen gab.

»Pass auf, dass du dein Leben nicht ruinierst! Denn so wie du es beschreibst, handelt es sich bei dir nur um eine verrückte Leidenschaft, die genauso schnell wieder vergeht, wie sie gekommen ist. Die mittellose junge Frau aus dem Lager … Weißt du, wenn sich die Leidenschaft zwischen zwei jungen Menschen nur aufs Körperliche beschränkt, ist sie schnell verflogen.«

»Bisher habe ich sie noch nicht einmal zum Essen eingeladen«, sagte Guido.

»Und das ist auch besser so. Lade sie lieber nicht ein. Aber es ist witzlos, dass ich dir Ratschläge erteile, denn du wirst sowieso nicht auf mich hören.«

6

Guido hörte tatsächlich nicht auf seine Großmutter. Jeden Abend, wenn die Angestellten nach Hause gingen, stand er am Fenster seines Büros, um Amaranta nachzuschauen.

Er fürchtete den Klatsch, den es geben würde, wenn er sie in der Firma ansprach. Er hoffte, wenn auch mit wenig Überzeugung, dass seine Leidenschaft für sie irgendwann nachlassen würde. Zur Ablenkung ging er oft mit seinen Mailänder Freunden aus und flirtete mit anderen Frauen.

Nicht einmal auf Geschäftsreisen gelang es ihm, sie aus seinen Gedanken zu verbannen, und wenn er zurück war, beobachtete er sie wieder durchs Bürofenster. Inzwischen war es Herbst, und sie trug eine Wolljacke und hatte das blonde Haar unter einer schwarzen Mütze verborgen. Wenn es regnete, schützte sie sich mit einem gelben Regencape vor der Nässe. Wie sehr ihn diese einsame junge Frau doch rührte, von der er kaum etwas wusste und über die niemand sprach, weil nur wenige sie kannten!

Der Winter kam, und Guido wollte ein Wochenende in Sestriere verbringen. Am Morgen vor der Abfahrt ging er wie üblich zum Frühstücken auf die Veranda, wo sein Vater bereits am Tisch saß.

»Was machst du denn schon so früh hier?«, fragte Guido und nahm ihm gegenüber Platz.

Es war gerade sieben Uhr, und Guido wollte noch kurz ins Büro, da er auf ein dringendes Fax wartete.

»Don Tranquillo hat mich geweckt. Tu mir einen Gefallen, Guido: Schon seit einem Monat geht er mir auf die Nerven, und ich vergesse immer, bei ihm vorbeizuschauen. Er will die Toilettenarmaturen im Gemeindehaus austauschen«, erklärte er.

»Ja, und? Wo ist das Problem? Die Ausgaben der Pfarrei waren doch immer unsere Sache.«

»Aber er besteht darauf, dass ich mir den katastrophalen Zustand der jetzigen Armaturen ansehe, damit ich nicht auf die Idee komme, er wolle mich ausnutzen. Könntest du das bitte für mich erledigen?«

»Wann?«

»Am besten sofort. Sieh mal nach, was es zu tun gibt, und am Montag schickst du ihm dann einen Klempner vorbei.«

Guido wollte seinem Vater diesen Gefallen nicht abschlagen und versprach, Don Tranquillo aufzusuchen, auch wenn sich dadurch seine Fahrt in die Berge verzögerte.

Wenig später betrat er das Gemeindehaus. Ernestina, die alte Haushälterin, schnitt in der Küche Brot.

»Don Tranquillo liest gerade die Messe«, erklärte sie dem jungen Cantoni.

Guido hatte es eilig.

»Ich müsste mir mal kurz die Bäder des Gemeindehauses ansehen. Ich komme schon allein klar«, erwiderte er.

Er kannte sich aus, schließlich war er als Kind oft dort gewesen.

»Nein, er will unbedingt mit Ihnen reden«, beharrte die Frau.

Guido ging in die Kirche und blickte zum Altar. Don Tranquillo las das für diesen Tag vorgesehene Evangelium, und zwar für eine einzige Gottesdienstbesucherin. Sie saß mit gesenktem Kopf und gefalteten Händen in der ersten Bank, in der der Familie Cantoni. Es war Amaranta. Guido erstarrte, sein Herz schlug wie wild. Auf Zehenspitzen ging er zu ihr und setzte sich neben sie.

»Ciao«, flüsterte er.

Der Priester beendete seine Lesung, und da er ihn gesehen hatte, machte er eine grüßende Geste.

»Ciao«, sagte sie und musterte ihn aus den Augenwinkeln.

Sie war in eine Lammfelljacke gehüllt und trug wegen des Schnees auf den Straßen Gummistiefel.

»Was machst du denn um diese Uhrzeit in der Kirche?«, fragte Guido.

»Ich bete«, erwiderte sie.

Sie stand auf, um die Kommunion entgegenzunehmen. Dann kehrte sie an ihren Platz zurück und vertiefte sich in ein Gebet. Don Tranquillo beendete die Messe und segnete die beiden jungen Leute.

Anschließend kam er zu Guido und sagte: »Folgen Sie mir bitte ins Gemeindehaus.«

Guido reagierte mit einem Nicken und trat hinter Amaranta auf den Vorplatz der Kirche.

»Ausgerechnet am Samstag, wenn du ausschlafen könntest, stehst du bei Tagesanbruch auf, um zur Messe zu gehen?«, fragte er.

Sie setzte ihre Wollmütze auf und erwiderte: »Ich gehe jeden Morgen hin, auch wenn ich wie heute die Einzige bin.«

»Warum?«, beharrte er.

»Beten hilft mir«, erwiderte sie, zog sich die Wollhandschuhe an und eilte mit forschen Schritten über den Kirchplatz.

Ihr Atem bildete kleine weiße Wolken in der eiskalten Morgenluft.

»Gibt es so viele Sünden, die du dir vergeben lassen musst?«, scherzte Guido, der ihr gefolgt war.

»Auch nicht mehr als bei anderen. Trotzdem bete ich, damit mir der Herr den Weg zeigt.«

»Ich verstehe nicht.«

»Aber ich, und das reicht.«

»Kannst du kurz warten? Ich rede mit dir!«

Sie blieb stehen und sah ihn mit ihren Katzenaugen direkt an: »Ich höre.«

In diesem Moment vergaß Guido seine Bergtour, auf der er sich mit Freunden amüsieren wollte, und fragte: »Möchtest du heute mit mir zu Mittag essen?«

»Gut«, erwiderte sie, woraufhin es ihm die Sprache verschlug, weil er nicht damit gerechnet hatte, dass sie einwilligen würde.

»Dann hole ich dich gegen eins ab? Ich bringe dich nach Mailand in ein nettes Lokal …«

»Nein. Kennst du Ritas Pizzeria? Sie liegt am Ende der Piazza. Ich warte dort um eins auf dich. Und jetzt geh zum Pfarrer, er wartet auf dich.«

Und bevor Guido noch etwas sagen konnte, war sie schon auf ihr Rad gestiegen und davongefahren.

Don Tranquillo wartete im Gemeindehaus.

»Was wolltest du von Mara?«, fragte er streng.

»Sie gefällt mir«, rutschte es Guido heraus.

»Sie ist ein liebes Mädchen, aber sie passt nicht zu dir. Lass sie in Ruhe.«

»Wir sind zusammen in die Grundschule gegangen, und sie kam immer zu uns nach Hause, wenn meine Mutter die Dorfkinder mit Süßigkeiten verwöhnt hat.«

»Aber jetzt geht ihr nicht mehr zusammen zur Schule, und sie ist eine deiner Angestellten. Respektiere sie!«, warnte ihn Don Tranquillo.

»Sehe ich aus wie jemand, der seine Angestellten in Verlegenheit bringt?«, fragte Guido.

»Schluss jetzt! Halte dich einfach nur von ihr fern. So, und jetzt schauen wir uns die Armaturen an«, sagte der Pfarrer rigoros.

»Erzählen Sie mir von Mara«, beharrte Guido.

»Verschwende nicht meine Zeit! Ich muss noch Krankenbesuche machen und mich mit dem Händler herumstreiten, der mir die Kohle bringt«, brummte er.

Guido nahm zur Kenntnis, in welch schlimmem Zustand die Armaturen waren, notierte, was zu tun war, und wollte gerade gehen, als Don Tranquillo noch einmal bekräftigte: »Halte dich an die Damen aus deinen Kreisen und lass Mara in Frieden. Sie hat schon genug Probleme!«

7

Ritas Pizzeria war ein winziges dunkles Lokal mit vier Tischen, einem Holzofen, der eine unglaubliche Hitze ausstrahlte, und einem Tresen, an dem Pizza zum Mitnehmen verkauft wurde.

Im Lokal stank es nach verbranntem Öl und geschmolzenem Mozzarella. Hinter dem Tresen faltete eine junge Frau mit weißer Haube Pappbögen zu flachen Pizzaschachteln, während ein zierlicher junger Mann Kugeln aus bereits gegangenem Hefeteig nebeneinander aufreihte. Der Ofen beheizte das Lokal nicht nur, sondern erhellte es auch.

Amaranta saß an einem der Tische und nickte, als sie Guido hereinkommen sah.

»Ich habe schon zwei Pizza Margherita bestellt. Auf dem Tresen stehen zwei Cola für uns, würdest du sie bitte mitbringen?«

Er gehorchte. Dann zog er seinen Mantel aus und hängte ihn neben Amarantas Jacke an die Garderobe. Dort blieb er kurz stehen, um sie zu betrachten, und wieder wusste er nicht, was er sagen sollte.

»Und?«, hakte Amaranta gelassen nach.

»Don Tranquillo hat mir heute Morgen gesagt beziehungsweise befohlen, dich in Ruhe zu lassen.«

»Er hat mich aufwachsen sehen und will mich beschützen. Was willst du von mir?«, fragte sie. Sie stützte die Ellbogen auf und verschränkte die Hände. Unter dem ausgeleierten Pulloverbündchen blitzte das winzige Goldarmband mit den kleinen Herzen hervor.

»Ich kann nicht aufhören, an dich zu denken. Wir verbringen den ganzen Tag am selben Ort, und ich kann mich kaum noch auf meine Arbeit konzentrieren.«

»Wir verbringen nicht den ganzen Tag am selben Ort. Du bist im Bürogebäude und ich im Lager. Die räumliche Entfernung ist vielleicht gering, trotzdem trennen uns Welten. Wenn ich dich richtig verstehe, wärst du gern mit mir zusammen, aber das geht nicht … noch nicht«, sagte sie zögernd.

»Warum?«, fragte Guido.

»Ich weiß nicht, ob in der Zukunft, die der Herr für mich vorgesehen hat, auch Platz für dich ist«, erwiderte sie.

»An deiner Stelle würde ich nicht auf Gott warten, der hat Wichtigeres zu tun. Aber wenn du mir jetzt sagst, dass du nichts für mich empfindest, werde ich gehen und dich nicht mehr belästigen«, schlug er vor.

Zwei Gäste betraten die Pizzeria. Sie setzten sich an einen Nebentisch und nickten Amaranta zu. Die flüsterte mit einem Lächeln: »Ich habe schon zu Schulzeiten nur an dich gedacht.«

»Eure Pizzas sind fertig!«, verkündete die Inhaberin vom Tresen aus. Sie standen gemeinsam auf, um ihre Teller zu holen.

Die knusprigen, gut aufgegangenen Pizzas schmeckten köstlich.

Sie aßen schweigend, während Guido sein Glück kaum fassen konnte.

»Ich bin zu Fuß da. Aber wenn du willst, kannst du mich nach Hause begleiten«, schlug sie vor.

»Bist du sicher?«, fragte er, wohl wissend, dass es Klatsch geben würde, wenn man sie im Ort zusammen sah.

»Ich habe nichts zu verbergen.«

Guido ging zum Tresen und wollte zahlen.

»Schon erledigt!«, sagte Rita, nicht ohne hinzuzufügen: »Mara muss nichts zahlen. Aber wenn es Ihnen geschmeckt hat, können Sie gern ein bisschen Werbung für mich machen, Dottor Cantoni.«

Amaranta lächelte und erklärte: »Wenn ich abends Zeit habe, komme ich her und gehe Rita zur Hand.«

Sie fuhren durch den Ort, und Guido parkte vor der Cascina Pompea, dem aufgelassenen Bauernhof, der in winzige Wohnungen für Arbeiterfamilien umgewandelt worden war. Amaranta erzählte, dass sie mit einer alten Tante, einer Cousine ihrer Mutter, zusammenlebe. Sie war es auch gewesen, die ihre Eltern damals von Kalabrien nach Villanova geholt hatte.

»Als du schon im Internat warst, bin ich weiterhin hier auf die Schule gegangen. Ich habe darauf gewartet, dass es Sommer wird, damit ich dich wiedersehe, mich gefragt, ob du mich wohl besuchen würdest. Aber du hattest mich vergessen, während ich mit dem Rad zum Park gefahren bin und dich heimlich beobachtet habe, wenn du mit deinen Freunden im Garten gesessen hast. Ihr wart so schön, so elegant, so sorglos! Ich habe euch beobachtet und für dich geschwärmt. Dann ist mein Großvater gestorben, und ich bin mit meiner Familie wieder nach Kalabrien gegangen.«

»Wie lange warst du dort?«, fragte Guido.

»Mehrere Jahre. Als ich nach Villanova zurückgekehrt bin, habe ich in der großen Pizzeria an der Landstraße gearbeitet. Dort hatte ich unglaublich anstrengende Arbeitszeiten und musste mich oft betrunkener Gäste erwehren. Dann habe ich erfahren, dass in der Armaturenfabrik eine Stelle frei ist. Ich habe mich vorgestellt und bin genommen worden. Du warst zu der Zeit an der Universität, und ich war glücklich, in deiner Firma arbeiten zu dürfen. Auf diese Weise konnte ich dir nahe sein. Du kannst dir nicht vorstellen, was ich mir als junge Frau alles zusammengeträumt habe! Du warst der Märchenprinz, der vor mir niedergekniet ist und gesagt hat: ›Willst du mich heiraten und meine Prinzessin sein?‹ Irgendwann habe ich aufgehört zu träumen, wurde mir klar, wie absurd diese Liebe ist. Das Beten hat mir immer geholfen, also habe ich darauf gewartet, dass Gott mir den Weg weist«, erklärte Amaranta.

»Ich bin hier, bei dir. Ist das nicht die Antwort, nach der du gesucht hast?«, flüsterte er, gerührt über ihr Geständnis.

»Ich weiß es nicht. Ich wage nicht, daran zu glauben, um nicht enttäuscht zu werden.«

Guido fuhr Amaranta sanft über die Wange und schaute in ihre wunderschönen grünen Augen, die ihn intensiv ansahen.

»Ich würde dich so gern küssen«, flüsterte er.

»Ich dich auch, aber bitte tu es nicht. Ich bin dir gegenüber aufrichtig gewesen. Du weißt also, was ich für dich empfinde. Ich will nicht deine Geliebte werden, und als Ehefrau bin ich nicht geeignet.«

»Wer weiß?«

»Reden Sie keinen Unsinn, Dottor Cantoni!«, erwiderte sie verbittert.

Sie öffnete die Wagentür, um auszusteigen, aber er hielt sie am Arm fest und versuchte, sie zu küssen.

Amaranta wehrte sich und stieß ihn von sich.

»Tu das nie wieder!«, sagte sie wütend.

»Das ist doch nicht dein Ernst!«, stammelte Guido ungläubig.

Amaranta stieg aus, knallte die Autotür zu und ging mit schnellen Schritten zu dem ehemaligen Bauernhof hinüber, in dem sie wohnte.

8

Auch wenn Amilcare Cantoni durch glückliche Umstände zum Patriarch einer Industriellendynastie geworden war, war er als Bauernsohn nach wie vor sehr naturverbunden. Nun, da er nicht mehr in der Firma arbeitete, außer man holte ihn als Berater dazu, widmete er sich daher gern der Gartenarbeit im Park der Villa.

Schon im Februar, wenn die Sonne allmählich wärmer wurde und die Erde aus ihrem Winterschlaf erwachte, half er den Gärtnern dabei, die Bäume zurückzuschneiden, Sträucher zu versetzen, Stecklinge zu pflanzen und den Boden für den Gemüseanbau aufzulockern.

Als sich die Familie zum Mittagessen versammelte, klagte er: »Ich bin wahrlich kein junger Mann mehr. Schon nach zwei Stunden Gartenarbeit tun mir die Beine weh!«

Dennoch eilte er regelmäßig schon wieder nach draußen, während die anderen noch am Tisch saßen, und meinte: »Solange die Sonne scheint, helfe ich den Männern. Wir wollen nämlich die Kamelien versetzen.« Oder: »Ich möchte Kletterkürbisse säen, und die Männer müssen eine Pergola errichten, an der sie sie befestigen, damit sie schön gerade wachsen.«

Eines Februarnachmittags, als er gerade einem Gärtner half, eine Kiwipflanze auszugraben, leistete ihm Guido im Obstgarten Gesellschaft.

»Gibt es ein Problem?«, fragte der Großvater, dem schon vor

Wochen aufgefallen war, dass seinem geliebten Enkel etwas auf dem Herzen lag.

»Warum willst du die Kiwi versetzen?«, fragte Guido, ohne auf seine Frage einzugehen.

»Das ist eine unsympathische Pflanze, außerdem stinkt sie. Deine Großmutter wollte sie unbedingt haben, und wie immer habe ich auf sie gehört. Aber inzwischen ist auch ihr der unangenehme Geruch dieser Pflanze aufgefallen, die wir früher ja gar nicht gekannt haben.« Dann verabschiedete Amilcare sich von dem Gärtner und setzte sich auf die Steinmauer, die einen alten Maulbeerbaum umschloss.

»Widersprichst du Großmutter nie?«, fragte Guido.

»Niemals! Du kennst sie ja. Wenn sie schlecht gelaunt ist, geht sie auf dich los wie eine giftige Viper.«

Guido hatte neben ihm Platz genommen.

»Wieso gibst du nicht einfach zu, dass dir ihre Extravaganzen gefallen und dass es dir Spaß macht, sie zu parieren?«, fragte er.

»Nicht immer.«

»Wenn sie übertreibt, stutzt du sie zurecht.«

»Aber nur, wenn es zu ihrem Besten ist.«

»Ist es nicht unglaublich anstrengend, mit so einer Frau zusammenzuleben? Wäre dir eine unkompliziertere Frau wie meine Mutter zum Beispiel nicht lieber gewesen?«

»Machst du Witze? Ich hätte mich zu Tode gelangweilt. Deine Mutter ist eine Heilige, wirklich! Eine echte Dame mit Stil, die nie ein falsches Wort sagen oder sich irgendwie danebenbenehmen würde … Aber sieh dir doch an, in welchen Zustand sie das gebracht hat! Sie isst und isst, um was weiß ich zu verdrängen … Und dein Vater ist genauso. Sie stopfen sich mit Essen voll, um ihre Dämonen zum Schweigen zu bringen.«

Amilcare sah seinem Enkel direkt in die Augen und versuchte, den Grund für seine Fragen zu ergründen.

»Ehrlich gesagt wird in unserer Familie generell nicht viel geredet. Und du bist da nicht anders. Du redest nur mit Großmutter.«

»Auch nicht über alles. Es gibt immer Dinge, die man mit sich allein abmachen muss. Aber möchtest du mir gerade irgendetwas sagen?«, fragte er direkt und erhob sich.

Er begriff, dass sein Enkel etwas auf dem Herzen hatte, aber nicht wusste, wie er es sagen sollte.

Als Guido klein war, hatte Amilcare ihm das Radfahren beigebracht, später hatte er ihn mit zu Spaziergängen aufs Land genommen. Er hatte ihm die Kaulquappen in den Wassergräben gezeigt, die Kräuter an den Böschungen und hatte ihm erklärt, wozu man sie gebrauchen konnte: Brunnenkresse, um Kartoffeln zu würzen, Fenchelblüten für den Salat, Malvenblätter für erfrischende Aufgüsse. Er hatte zum Himmel emporgesehen und ihm anhand einer winzigen Wolke oder des Flugs der Schwalben erklärt, wie am nächsten Tag das Wetter würde. Er hatte ihm von der wunderbaren Welt der Ameisen erzählt, davon, wie intelligent die Feldmäuse waren. Er hatte Dinge gesagt wie: »Schau nur, wie stabil diese Pflanze ist und wie viele Knospen sie hat. Am robustesten sind die in der Nähe des Stammes. Das ist genauso wie bei uns Menschen: Die gesündesten sind die, die bei ihrer Mutter aufwachsen.«

Daraufhin hatte Guido entgegnet: »Meine Mutter wird mich nie im Stich lassen. Deshalb werde ich immer gesund und widerstandsfähig sein.«

Und nun sagte er: »Nonna Bianca hat mich schon immer fasziniert, auch wenn ich mich ein bisschen vor ihr gefürchtet habe. Vielleicht habe ich mich deswegen in eine junge Frau verliebt, die ihr ähnlich ist: Sie ist so bizarr und unvorhersehbar wie ein wildes Fohlen.«

Amilcare setzte sich wieder auf die Steinmauer.

»Das wurde auch langsam Zeit! Ich dachte schon, du wolltest ewig Junggeselle bleiben!«, meinte er zufrieden.

»Aber sobald ich ihr nahekomme, scheut sie.«

»Das kenne ich«, sagte Amilcare lächelnd und fragte dann: »Wo hast du ihre Bekanntschaft gemacht?«

»In der Schule. Wir sind zusammen in die Grundschule gegangen. Sie mag mich schon lange, das hat sie mir gesagt. Aber immer wieder entwischt sie mir. Als ich versucht habe, sie zu küssen, hat sie mich weggestoßen.«

»Wer ist es?«, fragte der Großvater.

»Sie arbeitet bei uns im Lager.«

Amilcare sagte nichts darauf.

»Findest du es schlimm, dass sie nicht aus unseren Kreisen stammt?«

»Wie denkst du darüber?«, fragte sein Großvater.

»Du bist der Sohn eines Bauern und hast Großmutter geheiratet.«

Amilcare schwieg.

»Und? Hast du gar nichts dazu zu sagen?«, hakte Guido nach.

»Du hast schon alles gesagt. Du brauchst meine Meinung nicht.«

»Doch. Deine Unterstützung ist mir wichtig. Mit deinem Sohn kann ich nicht darüber reden. Er kennt keine Zwischentöne. Für ihn ist alles entweder Weiß oder Schwarz. Außerdem weiß ich noch gar nicht, wie sich die Geschichte entwickeln wird. Nicht zuletzt weil sie jeden Morgen zur Messe geht wie die Frömmlerinnen aus dem Dorf. Sie sagt, sie wartet auf eine Antwort von Gott. Wie bereits gesagt, sie ist etwas seltsam. Ich habe gehofft, du könntest mir helfen, sie zu verstehen«, meinte er errötend. »Aber anscheinend habe ich mich getäuscht.«

Großvater sah Guido in die Augen und erklärte: »Die Heirat mit deiner Großmutter war ein gutes Geschäft. Aber ich war aufrichtig in sie verliebt, und meine Arbeit bei Crippa-Armaturen hat mir viel bedeutet: Ich war zu jedem Opfer bereit, um mich so gut wie möglich um die Firma und meine Frau kümmern zu können. Du bist anders. Im Grunde arbeitest du nur in unserem Unternehmen, um deinem Vater einen Gefallen zu tun. Aber eines Tages wird es dir gehören, und da brauchst du eine zuverlässige Frau, die dir zur Seite steht, ja, vielleicht sogar mit dir zusammenarbeitet. Eine verrückte Lageristin, die auf eine Botschaft vom lieben Gott hofft, ist dafür wenig geeignet. Kannst du dir sie als Mutter deiner Kinder vorstellen? Du kannst Gott danken, dass sie dich abweist, während sie auf eine göttliche Botschaft wartet. Am besten, du betest auch, nämlich darum, dass der Herr ihr einen Weg weist, der weit von dir wegführt.«

»Vielen Dank. Du hast mir sehr geholfen!«, erwiderte Guido enttäuscht.

»Es tut mir leid, aber die Wahrheit kann manchmal sehr schmerzhaft sein.«

9

Wenige Tage nach seiner enttäuschenden Unterredung mit Großvater Amilcare sprach Guido mit Generoso, dem ewigen Verehrer seiner Großmutter, über das Amaranta-Problem, als er mit ihm das Hippodrom in San Siro besuchte.

Es war nicht leicht, Generosos Aufmerksamkeit zu erringen, weil er gerade einem Vollblut die Daumen drückte, auf das er eine stolze Summe gesetzt hatte. Guido beschloss, es nach dem Rennen erneut zu versuchen. Er selbst hatte auf ein junges, Erfolg versprechendes Pferd mit einer Quote von fünf zu eins gesetzt. Er staunte mehr über den Sieg seines Pferdes, als dass er sich freute.

»Das übliche Anfängerglück!«, schimpfte Generoso. »Und jetzt geh, du bringst mir Unglück …«

»Ich hole meinen Gewinn ab und fahre nach Hause«, sagte Guido. Da wurde Generoso bewusst, wie kindisch er sich benahm. »Zum Teufel mit dem Rennen! Ich komme mit nach Villanova«, beschloss er.

Er stieg zu ihm ins Auto, unterwegs forderte er den jungen Mann auf, sich ihm anzuvertrauen.

»Warst du mit ihr im Bett?«, fragte er direkt.

»Bist du verrückt? Ich habe sie nicht mal mit dem kleinen Finger angerührt!«

»Es könnte dir genauso ergehen wie mir mit deiner Großmutter. Als wir als junge Leute zusammen durchgebrannt sind, habe ich versucht, sie zu küssen. Es hätte nicht viel gefehlt, und sie hätte mir die Hand abgebissen! Hätte ich mich damals durchgesetzt … wer weiß?«

»Du meinst …?«, fragte Guido.

»Ich meine gar nichts. Ich erzähle dir nur, wie meine Geschichte ausgegangen ist – mit dem Ergebnis, dass sie mich noch heute am Gängelband hat.«

»Du meinst also, ich sollte …«, wiederholte Guido und klammerte sich an Generosos Worte.

»Junge Pferde brauchen Gerte *und* Karotte. Aber in deinem Fall solltest du die Bedenken deines Großvaters nicht unterschätzen: nämlich, dass ihr von eurer Bildung und Kultur her nicht zueinander passt«, bemerkte der Alte.

»Ich habe es einfach nicht geschafft, ihm zu vermitteln, wie komplex die junge Frau ist«, wandte Guido ein.

»Ich habe genau verstanden, worauf du hinauswillst: Du möchtest von mir die Zustimmung haben, die dir Amilcare verweigert hat. Aber die wirst du nicht bekommen. Denn es bringt nichts, sich in eine aussichtslose Verbindung zu verrennen. Dabei wirst du dir die Finger verbrennen, dir unglaublich wehtun, und wenn du später eine andere heiratest, wirst du niemals glücklich werden«, endete Generoso Castelli.

»Glaubst du nicht, du siehst das etwas zu schwarz?«, versuchte Guido, das Ganze abzumildern.

»In meinem Alter kann ich es mir erlauben, die Wahrheit zu sagen. Aber wenn du so weiterfährst, werde ich nicht viel älter werden! Bei deinem letzten Überholmanöver ist mir fast das Herz stehen geblieben.«

Sie fuhren durch das Tor in den Park der Villa, als hinter ihnen ein Wagen hupte. Es war Celina, die im Ort gewesen war. Sie hielten vor der Villa, und Guido half ihr beim Aussteigen.

So wie jeden Sonntagnachmittag hatte seine Mutter bei den Senioren vorbeigeschaut, im Palazzo Olgiati und bei anderen, die ihr Don Tranquillo genannt hatte. Sie hörte nach, was sie brauchen konnten, und half ihnen, wenn es möglich war.

»Ich begrüße nur kurz die Großeltern«, verkündete Generoso, als sie das Haus betraten. Er ließ Mutter und Sohn allein und ging zum Wohnbereich von Bianca und Amilcare.

»Signor Castelli bleibt zum Abendessen«, sagte Guido zu Nesto, der sie an der Tür empfangen hatte.

»Wir haben mit dem Mittagessen auf dich gewartet, aber du bist nicht aufgetaucht«, sagte Renzo zu seinem Sohn, als er den roten Salon betrat.

Guido hatte in seiner Wohnung in Mailand übernachtet, einer Dachgeschosswohnung in der Via Mozart. Sein Vater hatte sie ihm geschenkt, als er noch studiert hatte. Jetzt blieb er dort nur noch über Nacht, wenn er in die Stadt fuhr und es abends spät wurde.

»Entschuldige bitte, ich habe ganz vergessen, dir zu sagen, dass ich bei den Olgiati-Großeltern esse«, erklärte er.

»Wie geht es ihnen?«, fragte Celina und machte es sich in ihrem Sessel bequem.

»Sie leben unbekümmert vor sich hin, ohne sich um ihre schwindenden Finanzen zu kümmern«, erzählte Guido.

Der Großvater mütterlicherseits hatte inzwischen auch den Palazzo am Corso Venezia zum Verkauf angeboten und wollte mit seiner Frau ins kenianische Mombasa ziehen. Zunächst hatte der Graf den Cantonis den Palazzo angeboten, die jedoch auf den Kauf verzichtet hatten. Dafür hatte Guido ihm einen Industriellen aus der Lebensmittelbranche vorgestellt, der sich gut vorstellen konnte, mit seiner Familie dort zu leben. Allerdings zogen sich die Verhandlungen schon seit Monaten hin.

»War das Essen gut?«, fragte Celina.

»Köstlich.«

»Was gab es denn?«, fragte der Vater neugierig.

In Wahrheit konnte Guido sich nicht mehr an das Essen erinnern, da er die ganze Zeit über an Amaranta gedacht hatte. Er erfand ein Menü, das den Eltern das Wasser im Mund zusammenlaufen ließ.

»Und, hast du im Dorf einen weiteren bemitleidenswerten Fall entdeckt, um den du dich kümmern kannst?«, fragte er seine Mutter, um das Thema zu wechseln.

»Allerdings. Don Tranquillo hat mich auf eine alte Frau aufmerksam gemacht, die mit ihrer Nichte in der Cascina Pompea lebt. Die Arme hatte mehrere Schlaganfälle und sitzt jetzt im Rollstuhl. Dottor Beretta hat der Nichte mehrmals geraten, sie in unserem Altersheim anzumelden, aber die junge Frau will nichts davon wissen. Sie behauptet, ihrer Tante gehe es gut, und wenn sie in der Fabrik sei, werde sie von den Nachbarinnen versorgt. Die junge Frau ist nämlich eine Angestellte von uns«, erklärte Celina.

»Ich kenne sie«, flüsterte Guido.

»Wer ist es denn?«, fragte Renzo.

»Amaranta Casile.«

»Die, die im Lager arbeitet?«

»Genau die. Wir sind zusammen zur Grundschule gegangen. Sie war als Kind manchmal bei uns in der Villa, wenn Mama Süßigkeiten verteilt hat. Hat sie dir das nicht erzählt?«, fragte er seine Mutter.

»Sie redet nicht viel und hat mich nicht gerade mit offenen Armen empfangen. Ich muss allerdings zugeben, dass die Tante wirklich ausgezeichnet versorgt wird. Die Nichte wäscht sie, zieht sie an, sprüht ihr Parfüm auf, gibt ihr Spritzen … Aber besonders freundlich ist die junge Frau nicht gerade!«

»Sie ist eben eine selbstbewusste Kalabresin«, sagte Guido beinahe stolz.

»Trotzdem: Das ist doch kein Leben für das Mädchen, egal, wie gern sie ihre Tante hat!«, bemerkte Celina.

»Ich werde mit Dottor Beretta darüber reden, der kennt sie bestimmt. Er findet sicherlich die richtigen Worte«, schlug Guido hilfsbereit vor, weil er hoffte, auf die Art Amaranta näherkommen zu können.

Nach einigen Wochen wurde Amaranta Casiles Tante im Altersheim der Cantonis aufgenommen, und Guido, der die junge Frau seit dem gemeinsamen Essen in die Pizzeria nicht mehr gesehen hatte, passte sie eines Abends ab, als sie mit dem Rad die Fabrik verließ. Er wusste genau, dass es nicht leicht werden würde. Aber im Gegensatz zu seinem Großvater und zu Generoso war er fest davon überzeugt, dass Amaranta die Frau seines Lebens war. Sie war ein kluges Mädchen und würde sich zu einer außergewöhnlichen Frau entwickeln. Und gemeinsam würden sie alle Hindernisse überwinden.

10

»Ich muss mit dir reden«, sagte Guido und stellte sich Amaranta in den Weg.

»Ich habe keine Zeit. Ich muss zu meiner Tante, sonst ist die Besuchszeit im Altersheim vorbei.«

»Deine Tante wird in der Seniorenresidenz bestens versorgt. Sie wird also einen Tag auf deinen Besuch verzichten können. Steig von deinem Rad!«, befahl er.

»Außerhalb der Fabrik akzeptiere ich keine Anweisungen von meinen Chefs.«

»Du befindest dich noch auf dem Firmengrundstück«, beharrte er und packte den Lenker mit beiden Händen, sodass sich das Rad zur Seite neigte.

Amaranta war gezwungen abzusteigen. Er legte das Rad auf den Boden und zog sie zu seinem Auto hinüber. »Ich könnte dich wegen Entführung anzeigen«, drohte die junge Frau.

»Das kannst du anschließend gern tun. Aber jetzt kommst du erst mal mit, und ich will keine Widerworte hören.«

Guido fuhr vom Fabrikgelände und machte sich auf den Weg nach Mailand.

Mehrmals versuchte Amaranta, etwas zu sagen, doch er brachte sie jedes Mal mit einem entschiedenen »Ruhe!« zum Schweigen.

Erstaunlicherweise gehorchte sie.

Es war bereits dunkel, als Guido den Wagen in der Via Mozart parkte und mit Amaranta das Treppenhaus betrat.

Der Portier sah ihn, grüßte und sagte: »Meine Frau ist gerade oben, Dottore.«

»Danke«, erwiderte Guido und schob Amaranta in den Lift, der im fünften Stock hielt.

Die Tür zu seiner Wohnung stand offen, und Gina, die Frau des Portiers, stand auf der Schwelle, um ihn zu empfangen. Sie bemerkte Amaranta und konnte ihr Staunen kaum verbergen.

Als Dottor Cantoni sie gebeten hatte, ein Abendessen für zwei vorzubereiten, war sie davon ausgegangen, dass er eine schöne, elegante Frau mitbringen würde. Doch stattdessen stand da nun dieses seltsame Geschöpf in einem billigen Kleid mit dunklem Teint und katzengrünen Augen vor ihr. Ihr Haar war zerzaust und wurde von einer Plastikspange nur mühsam gebändigt. Sie lächelte die jungen Leute an und ließ sie allein. Guido führte Amaranta in das große Wohnzimmer mit der Dachterrasse, von der aus man einen wunderbaren Blick über die Stadt hatte. Die Wohnung enthielt nur wenige Möbelstücke, antike Kostbarkeiten, die aus dem Palazzo Olgiati stammten, genauso wie die Gemälde von Malern aus dem neunzehnten Jahrhundert, die von den schönsten Panoramen Mailands inspiriert waren. Viele Bücher standen in den Regalen an den Wänden, weiße Sofas auf modernen Teppichen luden zum Verweilen ein, und der brennende Kamin sorgte für eine behagliche Atmosphäre.

Amaranta schaute sich um, und Guido sah, wie sie staunte.

»Das ist meine Wohnung«, sagte er. »Seit ich in der Firma arbeite, bin ich nur selten hier.«

Er trat vor ein Barmöbel und schenkte sich einen Fingerbreit Whiskey ein. Amaranta, die an eine der Terrassentüren getreten war und über die Dächer sowie auf den Garten vor dem Haus schaute, bot er nichts an.

Gina erschien auf der Schwelle und verkündete: »In der Küche ist alles fertig. Soll ich den Tisch decken?«

»Danke, das machen wir selbst«, erwiderte Guido.

»Gut, dann gehe ich wieder nach unten. Morgen räume ich dann alles auf«, sagte die Frau und verschwand.

Sie waren allein. Er setzte sich aufs Sofa, schlug die Beine übereinander und nippte an seinem Whiskey. Dann sagte er zu Amaranta: »Jetzt darfst du reden.«

Sie drehte sich zu ihm um, setzte sich im Schneidersitz auf den Teppich vor dem Kamin und sagte ironisch: »Oh, wie nett von dir!«

Sie nahm den silbernen Brieföffner, der auf einem niedrigen Tischchen lag, und klopfte damit auf den Wollteppich mit einem Mirò-Motiv.

Guido beugte sich blitzschnell vor und entriss ihr das spitze Werkzeug.

»Falls du es nicht bemerkt haben solltest: Der Teppich ist ein Kunstwerk, du könntest ihn mit dem Brieföffner beschädigen«, erklärte er.

»Was willst du von mir? Was soll diese Entführung, denn um nichts anderes handelt es sich hier. Solltest du vorhaben, Gewalt anzuwenden, bringe ich dich zuerst um und werde dich anschließend anzeigen.«

»Ich werde nicht über dich herfallen, und das weißt du auch. Tu nicht so unschuldig, denn das bist du nicht!«, erwiderte er gereizt.

Sie senkte den Blick und sagte: »Ich habe ein verzweifeltes Bedürfnis nach Ruhe, und die finde ich, wenn auch nur vorübergehend, beim Gebet in der Kirche. Nur Gott kennt die Wut, die in mir ist und die mich von innen verzehrt. Ich wäre gern so lebenslustig wie die anderen jungen Frauen. Sie stellen sich keine Fragen. Sie arbeiten, weil es sein muss, und amüsieren sich ansonsten. Und sie sind glücklich. Sie haben einen festen Freund, schmieden Zukunftspläne, gehen tanzen, verabreden sich und lachen und plaudern endlos miteinander. Aber was haben sie sich schon groß zu erzählen? Ich schweige lieber und denke nach. Meine Gedanken überschlagen sich und quälen mich. Also fange ich an zu beten, um Ruhe und Frieden zu finden. Ich hatte noch nie einen Freund. Wenn mir jemand den Hof gemacht hat, war ich nicht etwa geschmeichelt, sondern wütend, weil ich nicht daran geglaubt habe, dass es ernst gemeint war. Bei solchen Gelegenheiten fahre ich die Krallen aus. Als ich noch klein war, habe ich gesehen, wie meine Mutter Öl auf das Brot getan hat, das sie für meinen Vater, meine Geschwister und mich abgeschnitten hat. Dann hat sie die Krümel zusammengefegt, sie in den Mund gesteckt und gesagt: ›Ich habe keinen Hunger.‹ Dann kamen mir die Tränen, und ich hatte eine Mordswut, weil ich wusste, dass sie log. Du hast ja keine Ahnung, welche Armut in Kalabrien auf dem Land geherrscht hat. Du kennst den Zynismus nicht, mit dem die Polizei die fliegenden Händler behandelt hat, so als wären sie Tiere. Es war der Hunger, der uns gezwungen hat, nach Norditalien zu gehen. Obwohl mein Großvater, der Vater meines Vaters, angeblich Geld und Land hatte! Nur leider nicht für uns. Wir wurden davongejagt. In Villanova mussten wir endlich nicht mehr hungern. Kleidung bekamen wir von der Kirchengemeinde, und deine Familie hat uns Kinder in ihre Villa eingeladen und Süßigkeiten geschenkt. Und dort warst du. Du warst so perfekt, dass es fast schon unwirklich war. Wegen jeder Kleinigkeit hast du dich an deine Mutter gewandt: ›Darf ich Mama? Erlaubst du, Mama?‹ Das war so schön, so niedlich und elegant … Ich habe dich geliebt. Wenn du mit mir geredet hast, hätte ich weinen können vor Freude, und dafür habe ich dich gehasst, verstehst du? Ich war verwirrt und habe schon damals gelitten. Ich frage mich, ob der Sinn meines Lebens in dieser großen Verwirrung besteht. Und jetzt provozierst du mich auch noch, sodass es mir schlechter geht als je zuvor. Wir beide haben nichts gemeinsam.«

Sie sah zu ihm auf und lächelte traurig.

»Heute Abend teilen wir zumindest das Essen«, sagte Guido, der ihr intensiv zugehört hatte.

Im Ofen standen Gnochetti mit Gorgonzola bereit sowie Fleischklößchen mit Ofenkartoffeln.

Sie aßen am Marmortisch in der Küche, saßen einander gegenüber und wechselten nur wenige Worte.

Anschließend bestand sie darauf abzudecken.

Guido beobachtete ihre raschen, präzisen Gesten.

Als die Küche aufgeräumt war, lächelte ihm Amaranta zu und sagte: »Jetzt möchte ich wieder nach Hause.«

Guido wollte sie nicht zu sehr aus dem Gleichgewicht bringen. Er war aufrichtig in sie verliebt und wollte ihre Wünsche respektieren.

»Ich fahre dich.«

Als sie vor der Fabrik standen, rief Guido den Nachtwächter an, damit er ihnen das Tor öffnete. Sie mussten noch Amarantas Fahrrad vom Vorplatz holen.

Sie luden es in den Kofferraum und fuhren zur Cascina Pompea, wo die junge Frau inzwischen allein lebte.

Guido gab ihr das Rad zurück und sagte: »Danke, dass du mir von dir erzählt hast.«

»Es gibt noch genug, was ich dir verschwiegen habe«, erwiderte sie.

»Zum Beispiel?«, fragte Guido neugierig.

»Ich habe ein Kind geboren«, eröffnete sie ihm und ließ ihn sprachlos zurück.

11

Der Kioskbesitzer, der in der Cascina Pompea lebte, war um vier Uhr morgens aufgestanden, um zu seinem Kiosk zu gehen und die Lieferung der Zeitschriften und Zeitungen entgegenzunehmen. Als er den Hof verließ, sah er ein Auto vor dem Tor stehen und hinterm Steuer die Umrisse eines Mannes, der die Stirn aufs Lenkrad gelegt hatte.

War er tot oder lebendig? Er klopfte ans Fenster. Der Mann hob den Kopf und sah ihn verwirrt an. Der Zeitungshändler erkannte ihn, es war der junge Cantoni.

»Alles in Ordnung, Dottore?«, fragte er.

Guido kurbelte das Fenster herunter und sagte: »Ich denke schon«, obwohl er nicht recht wusste, wo er eigentlich war.

»Brauchen Sie Hilfe?«, hakte der Mann nach, der ihn von klein auf kannte und ihm früher Comics und Sammelbildchen verkauft hatte. Da erkannte Guido ihn endlich und fragte: »Wie spät ist es?«

»Halb fünf.«

»Danke, dass Sie mich geweckt haben. Mich muss plötzlich der Schlaf übermannt haben«, entschuldigte er sich.

»Dann ist ja alles gut, und ich kann mich auf den Weg machen«, sagte der Zeitschriftenhändler, stieg auf sein tuckerndes Mofa und fuhr ins Dorf.

Die Straßenlaterne erhellte den ehemaligen Bauernhof sowie die Felder jenseits der Straße. Guido erkannte die Umrisse mehrerer Kräne, die in der Ferne aufragten, wo neue Wohnungen entstanden. In Gedanken hörte er noch einmal Amarantas heisere Stimme, die sagte: »Ich habe ein Kind.«

Nachdem sie gegangen war, war er ins Auto gestiegen und dort sitzen geblieben. Er wusste, dass er kein Recht hatte nachzufragen, aber er wollte unbedingt wissen, wer der Vater war.

Schließlich hatte Amaranta gesagt, dass sie noch nie einen Freund gehabt habe. Und dass sie die Krallen ausfahre, sobald ihr jemand den Hof mache. Deshalb hatte er wütend geflüstert: »Warum hast du mich angelogen?«

Ihr Glaube, ihr Bedürfnis, sich an Gott zu wenden, damit er ihr den rechten Weg aufzeige, war das alles nur gespielt? Sein Großvater und Generoso hatten recht: Diese Frau sollte er lieber vergessen. »Sie ist eine Hexe!«, hatte er mit zusammengebissenen Zähnen gezischt. Schließlich war er eingeschlafen. Jetzt wendete er den Wagen und fuhr los.

Doch anstatt zuerst zur Villa zu fahren, kehrte er in die Fabrik zurück.

Der Nachtwächter, der ihn am Vorabend mit Amaranta gesehen hatte, bekam mit, wie er um fünf Uhr morgens allein zurückkehrte, und dachte sich seinen Teil.

»Ich gehe ins Büro«, erklärte Guido ihm.

Nachdem der Wächter das Licht angeschaltet hatte, betrat er den alten Palazzo.

»Möchten Sie einen Kaffee, Dottore?«, fragte er, bevor er ging.

»Nein danke, ich brauche nichts«, lehnte Guido ab.

Zwischen seinem Büro und dem seines Vaters lag ein Zimmer mit einem Schrank, in dem sich Kleidung zum Wechseln für ihn und seinen Vater befand. In dem Raum befand sich auch eine Kochnische, und eine Tür führte in ein kleines Badezimmer. Guido ging ins Bad, duschte, zog einen Frotteebademantel über und machte sich einen Kaffee. Als er ihn getrunken hatte, zog er sich an und kehrte in sein Büro zurück, setzte sich an den Schreibtisch und machte die Lampe an. Er lehnte sich in seinem Sessel zurück und schloss die Augen.

Da fiel ihm wieder ein, wie sein Vater ihn als Kind nach der Sonntagsmesse mit in sein Büro genommen hatte, wo ein kleiner Kühlschrank mit Pralinen, Knabberzeug, Getränken und Champagner stand. »Bedien dich!«, hatte er dann zu ihm gesagt.

Guido hatte sich eine Cola eingeschüttet und eine Handvoll gesalzene Nüsse aus einer Dose genommen. Sein Vater hatte unterdessen am Schreibtisch gesessen und gearbeitet. Zum Zeitvertreib hatte Guido die Armaturen betrachtet, die im Regal aufgereiht waren und eine ganze Wand einnahmen. An jeder Armatur war ein Schildchen befestigt, auf dem der Name sowie die Nummer des Modells standen. Mit der Zeit hatte er sie alle auswendig gelernt. Er hatte die kleinen Etiketten umgedreht und seinen Vater gefragt: »Soll ich dir sagen, was darauf steht?«

Renzo hatte genickt und lächelnd zugehört.

»In zehn, fünfzehn Jahren wird das hier dein Reich sein. Dann wirst du merken, dass es nicht genügt, die Namen der Armaturen auswendig zu wissen, um die Firma zu leiten. Jede Armatur hat ihre Geschichte. Dieses Modell hier mit dem Namen Phönix war zum Beispiel der totale Reinfall. Hunderte von Arbeitsstunden für nichts und wieder nichts! Es hat den Leuten einfach nicht gefallen, obwohl dein Großvater und ich große Hoffnungen auf das kantige Design gesetzt hatten …«, hatte er seinem Sohn erzählt.

Einmal hatte Guido gefragt: »*Papà,* soll ich Ingenieur werden wie du und Großvater?«

»Du wirst dich für das Fach entscheiden, das dich interessiert, aber deine Aufgabe wird es sein, dieses Unternehmen zu führen«, hatte Renzo erwidert.

Guido hatte es kurz mit der Angst zu tun bekommen. Für einen Moment hatte er sich völlig wehrlos gefühlt. So wie wenn er mit seinen Freunden Indianer spielte und an den Marterpfahl gebunden wurde. An diesen Vorfall musste er nun zurückdenken. Noch nie zuvor hatte er sich so als Sklave einer Arbeit empfunden, die ihm nicht lag. Als Sklave einer Liebe, die ihn nicht glücklich, sondern unglücklich machte. Plötzlich hörte er ein Geräusch am Fenster. Er öffnete die Augen und sah sich um. Er war allein. Das Geräusch wiederholte sich, und er schob den Vorhang beiseite. Draußen war es hell, und auf dem Vorplatz sah er Amaranta, die Kieselsteine in der Hand hielt und in seine Richtung sah. Der Nachtwächter stand neben ihr. Guido öffnete das Fenster, und sie sagte: »Komm runter!«

»Komm rauf«, erwiderte er.

Kurz drauf hörte Guido Schritte, die sich seiner Bürotür näherten.

12

Man sah Amaranta an, dass sie nicht geschlafen hatte. Ihr Haar war noch zerzauster als sonst, und sie trug die Kleidung vom Vorabend. Sie nahm gegenüber von Guido Platz und sagte kaum hörbar: »Warum behandle ich dich so?«

Guido, der aufgestanden war, um sie zu begrüßen, setzte sich wieder an seinen Schreibtisch und beschränkte sich darauf, ihr wortlos in die Augen zu sehen.

»Ich vertraue mich nur ungern anderen an, nicht einmal dir. Nur dem Herrn kann ich alles sagen, da er mich nicht verurteilt«, brachte sie hervor. Guido schwieg gereizt und bereitete sich auf weitere Lügen vor.

»Hör mir gut zu, denn über das, was ich dir jetzt erzähle, werde ich nie wieder sprechen. Nicht dass ich mich vor dir rechtfertigen müsste, aber es ist passiert, als wir in unser Dorf in Kalabrien zurückgekehrt sind. Großvater war gestorben und hatte meinem Vater seinen gesamten Besitz vermacht. Solange er lebte, hatte er sich stets geweigert, seinem Sohn etwas zu geben, weil er meine Mutter verachtet hat. Als mein Vater sie gegen den Willen meines Großvaters geheiratet hat, hat er ihn aus dem Haus gejagt und gedroht, ihn zu enterben. Doch nach Großvaters Tod hatten wir auf einmal einen wunderschönen Bauernhof, einige Hektar Olivenhaine und sehr viel Geld. Ich war damals fünfzehn«, erklärte Amaranta. Dann erzählte sie Guido, dass sie nach ihrer Rückkehr sofort die Rache der Brüder ihres Vaters zu spüren bekommen hätten. Nachdem der Vater den nach Norditalien ausgewanderten Sohn verstoßen hatte, hatten sie mit dem ganzen Erbe gerechnet, aber nur den Pflichtteil bekommen.

»Du wagst es, hier aufzutauchen und zu behaupten, dass das alles dir gehört, nur weil es auf irgendeinem Stück Papier steht?«, hatten die beiden Brüder geschrien, als sich die ganze Familie in der Küche des Bauernhofes versammelt hatte.

»Du hast jedes Recht verwirkt, als du die da geheiratet hast!«, hatte eine Schwägerin gezischt und mit dem Finger auf Amarantas Mutter gezeigt.

»Das ist meine Frau, und du wirst sie respektieren. Bitte sie sofort um Entschuldigung!«, hatte Antonio Casile wütend befohlen.

Da hatte sich die Frau umgedreht, ihnen den Hintern entgegengestreckt und lachend verkündet: »Entschuldige, Schwägerin.«

Antonios Fuß war nach vorn geschnellt, hatte ihren Hintern getroffen und sie zu Boden geschickt.

Sein Bruder Raffaele, der mit der Frau verheiratet war, hatte ein Klappmesser gezückt, was ihm sein jüngerer Bruder Michele sofort nachtat. Antonio, der so viele Jahre im Norden gelebt hatte, hatte kein Messer dabei. Stattdessen hob er drohend einen Hocker über den Kopf, um sich zu verteidigen.

Die Frauen, die die Männer zur Vernunft hätten mahnen müssen, wiegelten sie noch zusätzlich auf. Amaranta, die bei den Kindern stand, wusste, dass die Familie ihres Vaters ihre Mutter verachtete, weil sie bei der Heirat mit Antonio bereits im sechsten Monat schwanger gewesen war. Die Casiles waren der Meinung, Antonio hätte sie verlassen sollen, anstatt sie zu heiraten, weil sie sich von ihm hatte schwängern lassen. Entsetzt über die Szene, war das Mädchen hinausgerannt und aufs Rad gestiegen, um ins Dorf zu fahren und Hilfe zu holen.

Wenige hundert Meter von ihrem Haus entfernt war Armaranta auf die Carabinieri getroffen.

Raffaele und Michele Casile, die Antonio verletzt hatten, wurden in Handschellen abgeführt. Als Raffaele an Amaranta vorbeiging, hatte er sie angelächelt und geflüstert: »Du bist genau im richtigen Alter, dass man es dir anständig heimzahlen kann.«

Was dieser geflüsterte Satz genau zu bedeuten hatte, sollte Amaranta wenige Wochen später erfahren, als der Onkel aus dem Gefängnis kam und ins Dorf zurückkehrte.

An einem Oktoberabend vergewaltigte er sie draußen auf dem Land bei der Olivenernte. Als er sich anschließend die Hose zuknöpfte und sie weinte, hatte er ihr ins Gesicht gespuckt.

Amaranta war an diesem Abend spät nach Hause gekommen und hatte niemandem gegenüber auch nur ein Wort gesagt. Auch als man ihr die Schwangerschaft bereits ansah, hatte sie noch geschwiegen. Hätte sie die Wahrheit gesagt, hätte der Vater den Bruder ermordet und wäre im Gefängnis gelandet. Ihre Eltern schlugen und quälten sie, um herauszufinden, wer sie verführt hatte.

Doch da Amaranta hartnäckig schwieg, schickten sie sie in ein Kloster, wo ihr Kind nach nur sechs Monaten zur Welt kam und sofort nach der Geburt starb.

»Im Kloster habe ich gelernt, Trost im Gebet zu finden. Hätte ich damals nicht mit dem Herrn sprechen können, wäre ich verrückt geworden«, erklärte sie jetzt Guido.

Guido war entsetzt von Amarantas Geschichte und sah sie mitfühlend an.

»Jetzt verstehst du vielleicht, warum mir das Beten so wichtig ist«, fügte die junge Frau noch hinzu. »Bitte tu nichts, was mich leiden lässt. Wenn du nur eine Affäre mit mir willst, gib mich auf. Denn du gefällst mir so sehr, dass ich dir nicht mehr lange werde widerstehen können.«

13

Alle kritisieren mich, egal, was ich tue«, beklagte sich Amaranta. Sie saß mit Guido auf der Terrasse seiner Mailänder Wohnung und genoss die sonntägliche Mittagssonne, während die Kirchenglocken von San Babila läuteten.

»In der Fabrik kann ich nicht mehr arbeiten, weil mich alle meine Kollegen ihre Missbilligung spüren lassen. Deiner Familie bin ich ein Dorn im Auge. Meine Eltern sind tot, und meine Verwandten in Kalabrien sind für mich gestorben!«

»Dafür hast du jetzt mich«, sagte Guido. »Ich verstehe, dass du nicht mehr in Villanova bleiben willst, so wie dich die Menschen dort behandeln. Aber hier in der Stadt lassen dich alle in Ruhe.«

»Nicht zuletzt, weil du mich von deinen Freunden fernhältst, was sicher richtig ist, denn ich würde mich in ihrer Gegenwart bloß unwohl fühlen – und sie sich in meiner. Ich frage mich nur, wie lange du noch so zurückgezogen leben willst: Du triffst dich mit niemandem mehr, und ich weiß nicht, ob das gut ist.«

»Das ist doch nur vorübergehend. Wir überstürzen nichts und warten ab. Ehrlich gesagt vermisse ich meine mondänen Freunde überhaupt nicht. Es entspannt mich, mich mit dir über alltägliche Dinge zu unterhalten, wenn du mir vom Supermarkt an der Porta Venezia erzählst, der Lebensmittel verkauft, die du beim *Salumaio* von Montenapoleone nicht findest, vom tauben Pfarrer von San Babia, der die Beichtenden zwingt, ihm ihre Beichten zuzuschreien, und von Ginas Angewohnheit, die von ihr gekochten Speisen abzuschmecken, ohne den Löffel abzuspülen. Das ist viel angenehmer als die gestelzten Gespräche mit gewissen Leuten, die mit der Quantentheorie beginnen und mit dem neuesten Maserati-Modell oder der Jaeger le Coultre-Mondphasen-Uhr enden«, sagte Guido, wobei er sanft über ihren Arm strich.

Die Cantonis hatten sich »zumindest vorläufig« geweigert, Amaranta bei sich zu empfangen, weil sie fest davon überzeugt waren, dass Guido einen Fehler beging. Und dabei wollten sie ihn nicht unterstützen. Er hatte sich nicht darüber aufgeregt, und wenn er bei seinen Verwandten war, vermied er es sorgfältig, von Amaranta zu erzählen, auch wenn er fest davon überzeugt war, dass sie die Frau seines Lebens sei.

»Es ist Mittag. Gehen wir?«, fragte sie.

Guido nickte.

Sie verließen das Haus und stiegen ins Auto. Sie fuhren nach Villanova. Dort würde sie ihre Tante im Altersheim besuchen, mit ihr essen und ihr Gesellschaft leisten, bis Guido sie nach dem Mittagessen mit seiner Familie wieder abholen würde.

Sie waren jetzt seit einem Monat zusammen, hatten aber noch nicht viel mehr Zärtlichkeiten als ein paar Küsse ausgetauscht. Wegen der Vergewaltigung jagte ihr die Vorstellung, Sex zu haben, nach wie vor furchtbare Angst ein, obwohl sie Guido liebte und begehrte. Guido verstand das und wollte sie nicht drängen. Er wollte sie glücklich machen.

Wenn sie in der Via Mozart übernachteten, wo sie inzwischen wohnte, schlief er auf dem Sofa. Trotzdem waren sie sich näher, als es mit vielen Frauen der Fall gewesen war, mit denen er geschlafen hatte.

Mit jedem Tag vertiefte sich ihre Beziehung, die für beide immer wichtiger wurde.

Damit Amaranta beschäftigt war, wenn er arbeitete, bat Guido sie, die Artikel zu lesen, die in der Firmenzeitung veröffentlicht wurden. Amaranta hatte die Aufgabe, ihm zu sagen, welche ihr gefielen und welche sie langweilten, welche Themen sie interessant fand. Sie sollte alle Wörter oder Sätze unterstreichen, die sie nicht auf Anhieb verstand.

Amaranta war sehr intelligent, und während sie seinen Ausführungen lauschte, wurde Guido bewusst, wie hilfreich die Gespräche mit ihr waren. Schließlich wollte er seinen Angestellten eine Zeitung bieten, die alle gern lasen.

In diesem Monat war er mit seinem Vater mehrmals auf Geschäftsreise gewesen und hatte Amaranta ein paar Tage allein gelassen. In dieser Zeit hatte sie einen Artikel über die Probleme der Fabrikarbeiterinnen geschrieben, der in den *Neuesten Nachrichten* veröffentlicht worden war.

»Die Tante hatte einen weiteren Schlaganfall und kann jetzt nicht mehr sprechen«, erzählte sie Guido, als er sie vom Altersheim abholte.

»Wird sie gut versorgt?«, fragte er.

»Sie bekommt Kortison, mehr kann man nicht tun. Ich habe mit dem Arzt gesprochen, und der meinte, ihre Tage seien gezählt.«

»Und die würdest du gern mit ihr verbringen.«

»Ja. Sie liegt allein in einem Zimmer, in dem noch ein bequemer Sessel steht. Dort könnte ich übernachten. Hast du etwas dagegen?«

»Ich habe etwas dagegen, dass es deiner Tante so schlecht geht«, erwiderte er und strich zärtlich über ihre Hand.

Drei Tage später starb die alte Frau.

»Jetzt bin ich vollkommen allein«, stellte Amaranta nach der Beerdigung fest, als sie mit Guido in die Via Mozart zurückkehrte.

»Aber du hast doch mich!«, versicherte er ihr.

»Ich brauche einen festen Halt, auf den ich mich verlassen kann.«

»Du kannst gut auf deinen eigenen Füßen stehen«, sagte er beunruhigt.

»So war es schon immer, und ständig habe ich das Gefühl, in einen Abgrund zu stürzen. Die Tante war mein Familienersatz, die Arbeit in der Fabrik hat mir Würde gegeben und das Gebet Kraft. Doch jetzt, da die Tante nicht mehr lebt und ich nicht mehr arbeiten gehe, genügt mir der Glaube nicht mehr. Du kannst das nicht verstehen, weil du immer eine Familie hattest, die für dich da war.«

»Wir beide können auch eine Familie sein: Wenn du es willst, heirate ich dich.«

»Dafür reicht es nicht aus, nur verliebt zu sein. Man muss den anderen mit all seinen Schwächen akzeptieren, und wir kennen uns noch nicht gut genug, um das beurteilen zu können. Was ist, wenn wir nach einer Weile merken, dass uns nur eine vorübergehende Leidenschaft verbindet anstatt ewiger Liebe?«

Guido verstand nicht recht, was sie meinte, und sah sie verwirrt an.

Er hatte sie nach der Beerdigung in die Via Mozart gebracht und wollte sie trösten, ihr eine gemeinsame Zukunft aufzeigen. Und jetzt sagte sie, dass sie ihn vielleicht gar nicht richtig liebte.

»Du bist verrückt und willst, dass ich ebenfalls verrückt werde!«, sagte er genervt.

Sie sah ihn mit ihren wunderschönen grünen Augen an, unterdrückte ein Schluchzen und stammelte: »Du machst mir Angst!«

Sie war schön, verängstigt, zerbrechlich und verwirrt, und er betete sie an, auch wenn ihn ihre Art ermüdete, alles so kompliziert zu machen und ihm das Leben zu erschweren. Dabei war doch alles ganz einfach … Schließlich traf er eine Entscheidung. Er lächelte sie an, nahm ihren Arm und zog sie ins Schlafzimmer, wobei er flüsterte: »Ich liebe dich sehr und will dich nur glücklich machen.«

14

In der halbdunklen Kirche, umgeben vom vertrauten, betäubenden Duft nach Kerzen, Weihrauch und Blumen, ging Amaranta bei Don Tranquillo zur Beichte. Der hörte ihren Ausführungen ungerührt zu, die von ihren inneren Nöten zeugten.

Nachdem sie verstummt war, sagte der Priester: »Mara, du darfst die Haltung der Kirche nicht infrage stellen. Du begehst eine Sünde.«

»Dann erklären Sie mir bitte, warum ich in meinem tiefsten Innern fest davon überzeugt bin, dass es keine ist!«, widersprach sie.

»Wie könnte Gott deine Liebe gutheißen, wenn du selbst voller Zweifel bist? Du fragst dich, ob er tatsächlich der Mann deines Lebens ist oder ob es nicht doch noch irgendwo einen anderen gibt, der für dich bestimmt ist. Darum ist es eine Sünde, wenn du dich Guido hingibst.«

»Aber ich zweifle an allem, Vater. Ich zweifle daran, dass die Sonne morgen wieder aufgeht, dass Kinder ein Geschenk sind, dass ich heute Abend Minestrone essen werde, dass Gott mich sieht und mir zuhört. Ja, ich zweifle sogar daran, dass Gott existiert, obwohl ich ihn so dringend brauche. Ich zweifle an Guidos Liebe für mich und meiner für ihn, weil ich noch nie etwas Ähnliches empfunden habe. Wir fühlen uns leidenschaftlich zueinander hingezogen, und das schon von klein auf. Und wenn wir uns lieben, bin ich glücklich.«

»Erzähl das bitte nicht einem alten Pfarrer!«, entfuhr es Don Tranquillo.

»Sehen Sie? Aber wenn nicht Ihnen, wem dann? Warum ist die Kirche so weit weg von den Menschen, insbesondere von denen, die wie ich nach Antworten suchen?«

»Die Kirche weiß, was gut und was schlecht ist, es steht dir nicht zu, sie zu kritisieren. Und die Leidenschaft, die dich und den jungen Cantoni verbindet, wird irgendwann vorbei sein, wenn du nicht aufhörst, daran zu zweifeln. Wenn du voller Zweifel bist, wie soll eure Beziehung dann Bestand haben? Denk darüber nach, Mara!«

Sie blieb noch lange in der Kirche, um zu beten und nachzudenken.

Doch je mehr sie grübelte, desto mehr fühlte sie sich wie in einer Sackgasse. Sie erkannte sich selbst nicht wieder. Wenn Guido und sie sich liebten, war sie glücklich. Das waren kostbare Momente, in denen sie aufhörte zu denken und die Lust aufsog wie einen Schwamm. Die Stunden, die sie in seinen Armen verbrachte, waren ein Fest. Seine blauen Augen sagten ihr mehr als seine Worte. Sein makelloser, muskulöser Körper, der auf ihrem lag, schenkte ihr Erfüllung. Aber anschließend verließ er das Haus, um zur Arbeit zu gehen, und dann fühlte sie sich nutzlos, einsam und verloren.

Vor einiger Zeit hatte sie Don Tranquillo gefragt: »Wo finde ich Antworten auf die Fragen, die mich bedrücken?«

»In Büchern. Lies über das Leben der Heiligen!«, hatte er erwidert und ihr anschließend einige Bände in die Hand gedrückt, die das Leben der heiligen Rita von Cascia, der heiligen Katharina von Siena und der heiligen Teresa von Avila beschrieben. Sie hatte sie gelesen, langweilig, kitschig und dumm gefunden. »Lieber hätte ich etwas über das Leben der Ameisen gelesen«, hatte sie Don Tranquillo gestanden, als sie sie ihm zurückgegeben hatte.

»Das liegt an deiner mangelnden Bildung, aber mach dir nichts draus! Bete auch weiterhin, dann kommen die Antworten irgendwann von selbst«, hatte er gesagt.

Sie verließ die Kirche und kehrte nach Hause zurück, wobei ihr die Worte des Beichtvaters noch in den Ohren klangen: »Die Leidenschaft, die dich mit dem jungen Cantoni verbindet, wird irgendwann vorbei sein.« Doch sie glaubte nach wie vor an die ewige Liebe.

Als sie die Wohnung betrat, klingelte das Telefon. Sie beeilte sich dranzugehen. Es war Guido.

»Heute Abend kann ich nicht nach Mailand kommen. Ich übernachte bei meiner Familie, denn morgen um sechs geht mein Flieger nach Rom. Mein Vater und ich haben um neun einen Kundentermin. Schaffst du es, bis morgen Abend ohne mich zu sein?«, fragte er.

»Bis auf dich habe ich alles, was ich brauche. Bis morgen!«

Sie legte auf und ging in die Küche. Sie öffnete den Kühlschrank. Darin entdeckte sie *fritelle* mit Zucchini, die Guido so gern mochte, und eine Fischsuppe. Sie musste sie nur aufwärmen, und schon war das Abendessen fertig.

Das Telefon klingelte erneut. Wieder Guido.

»Bist du böse?«, fragte er.

»Ich bin einsam«, erwiderte sie.

»Das kann gar nicht sein, denn ich bin in Gedanken bei dir.«

»Ich auch bei dir. Aber ich bin trotzdem einsam.«

Sie kam sich vor wie eine Geliebte, die wusste, dass er den Abend, die Nacht und den darauffolgenden Tag mit der Ehefrau verbringen würde.

»Willst du mitkommen nach Rom?«

»Das wäre nicht gut, und das weißt du auch. Ich benehme mich albern … entschuldige!«

Es würde weitere Geschäftsreisen geben, weitere Abwesenheiten, und sie musste lernen, auf eigenen Füßen zu stehen. »Ich bin noch in der Eingewöhnungsphase. Gib mir Zeit, bis ich weiß, womit ich mich beschäftigen will. Ich werde die Minuten und Stunden zählen, bis du wieder da bist.«

Sie kehrte in die Küche zurück. Sie hatte keinen Hunger, stand einfach nur da und fragte sich, womit sie ihrem Leben einen Sinn geben sollte.

»Ich mach mir eine Zabaione!«, sagte sie schließlich zu sich selbst.

Sie stellte zwei Eier, Zucker, eine Flasche Marsala und eine Schüssel auf den Tisch und musste an ihre Tante denken, die ihr schon vor Jahren gesagt hatte: »Wenn du deprimiert bist, mach dir eine Zabaione! Das tröstet jeden.«

Sie trennte Eigelb und Eiweiß, gab das Eigelb in die Schüssel, fügte zwei Esslöffel Zucker und eine winzige Prise Salz hinzu und schlug alles mit dem Schneebesen zu einem hellen Schaum auf, den sie mit einem Glas Marsala verdünnte. Sie goss die Masse in einen kleinen Topf und erhitzte sie bei kleiner Flamme im Wasserbad. Dann rührte sie, bis die Masse immer fester und schaumiger wurde. Hin und wieder überprüfte sie die Konsistenz mit einem Löffel. Sie machte den Herd aus, goss die Zabaione in eine Tasse, wartete, bis sie lauwarm war, und ging dann zum Fenster. Sie sah in den dunkel werdenden Junihimmel und führte die Tasse an die Lippen, nahm einen Schluck von dieser himmlischen Süßspeise und spürte etwas, das sie wiedererkannte, weil sie es vor vielen Jahren schon einmal gespürt hatte. Sie stellte die Tasse auf den Tisch und flüsterte: »Ich bin schwanger.«

15

Bis Mitte Juli erwähnte sie ihre Schwangerschaft nicht. Doch dann schlug Guido vor: »Komm mit mir nach Santa Margherita. Dort haben wir ein großes Haus. Meine Großeltern, meine Eltern und ein paar enge Freunde werden auch da sein, und ich möchte dich ihnen vorstellen.«

»Nein.«

»Warum denn nicht?«, fragte er und schrieb ihre Weigerung der Angst zu, einer Familie gegenüberzutreten, die sie, ohne sie zu kennen, für unwürdig erklärt hatte.

Sie waren abends essen gegangen, und Guido hatte sie in ein Restaurant vor den Toren der Stadt ausgeführt, das für seine Fischspezialitäten berühmt war. Es gab nur wenige Tische, ein ausgesuchtes Publikum und schwindelerregende Preise.

Amaranta wollte gerade etwas erwidern, als hinter ihr eine Frauenstimme jubelte: »Guido! Endlich sehen wir uns wieder!«

Amaranta drehte sich um und sah eine sonnengebräunte, natürliche, blonde junge Frau, die trotz ihres schlichten Kleides äußerst elegant wirkte.

Wie viele Generationen es wohl gebraucht hatte, um diesen charmanten, gebildeten Typ Frau hervorzubringen? Sie selbst würde niemals so aussehen, und neben ihr kam sie sich vor wie ein Nichts.

Sie fragte sich, warum Guido, der der gleichen Welt angehörte wie diese Frau, ausgerechnet sie erwählt hatte.

In dem Moment stand Guido auf, ergriff die ausgestreckte Hand der Frau und beugte sich vor, um sie auf die Wange zu küssen. Dabei sagte er: »Ciao, Bona. Wie geht es dir?«

»Das siehst du doch! Ich wäre gern im Urlaub, muss aber wie du noch arbeiten.«

»Kennst du Amaranta?«, fragte er und wies auf seine Begleitung, die misstrauisch von einem zum anderen sah.

»Nein, obwohl ich schon viel von ihr gehört habe«, gestand Bona lächelnd.

»Möchtest du dich zu uns setzen?«, fragte Guido.

»Du ahnst ja nicht, wie gern ich das tun würde! Aber ich bin mit den Carminatis da, du erinnerst dich?«

»Heizkessel, oder?«, fragte Guido, der den Namen der Industriellenfamilie aus Brianza kannte. Die Carminatis hatten in der Nachkriegszeit ein Vermögen gemacht und standen kurz davor, in die magische Welt der oberen Zehntausend vorzudringen.

»Genau die! Ich richte gerade ihr Haus in Pallanza ein. Echt mühsam! Die können keine Fortuny-Tapete von einer billigen Imitation unterscheiden und gucken auf jeden Cent, vor lauter Angst, betrogen zu werden. Sie sitzen dahinten und beobachten mich. Diese anstrengende Bekanntschaft will ich dir gern ersparen. Aber an einem der nächsten Abende müssen wir uns sehen, ich würde mich so gern mal wieder richtig mit dir unterhalten.«

Bona verabschiedete sich und schenkte Amaranta ein herzliches Lächeln, wobei sie ihr zuflüsterte: »Dann musst du mir unbedingt erzählen, wie du es geschafft hast, diesen ewigen Junggesellen einzufangen.«

»Ehrlich gesagt hat er mich eingefangen«, erwiderte Amaranta unsicher.

Bona musterte sie neugierig. Sie wusste nicht, was sie von diesem seltsamen Geschöpf halten sollte, und lächelte ihr zu. Sie hatte verstanden, warum Guido sich zu dieser jungen Frau hingezogen fühlte. In Amarantas wunderschönen grünen Augen hatte sie so etwas Bizarres wie bei Bianca Cantoni aufblitzen sehen, die sie auf der Griechenland-Kreuzfahrt kennengelernt hatte. Es machte sie traurig, weil er auch ihr ausnehmend gut gefiel. Aber sie hatte sich eben von ihrer Vernunft leiten lassen.

Sie küsste Guido auf die Wange und gesellte sich zu ihren Bekannten zurück.

»Du hast mich gefragt, warum ich mich deiner Familie nicht stellen will. Die Antwort hast du bekommen, als du mich soeben mit Bona gesehen hast. Ich werde immer anders sein als du und deine Familie, und das weißt du genau«, sagte Amaranta zu Guido.

»Aber eines Tages werden wir heiraten.«

»Ist das ein offizieller Heiratsantrag?«, fragte sie im Scherz.

»Ja, und ich erwarte eine Antwort!«, sagte er ernst.

Sie dachte an das Kind, das in ihr heranwuchs. Wie anders diese Schwangerschaft doch im Vergleich zu der war, die sie als Teenager erlebt hatte! Sie erinnerte sich an den Schmerz, an die Erniedrigung und an das unschuldige Geschöpf, das sie vergebens sechs Monate lang mit sich herumgetragen hatte, weil es gleich nach der Geburt gestorben war.

Jetzt freute sie sich, ein Kind von Guido zu bekommen. Lächelnd flüsterte sie: »Aber erst, wenn unser Kind geboren ist.«

16

Amaranta lag an Deck und sonnte sich. Guido hatte sich über sie gebeugt und streichelte ihren Bauch.

Sie waren auf Generosos Jacht und machten Urlaub auf den griechischen Inseln.

»Du kitzelst mich!«, sagte sie lachend.

»Ich streichle nur unser Kind«, erwiderte Guido.

Das Boot schaukelte leicht in der abgeschiedenen Bucht, in der sie zum Baden vor Anker gegangen waren.

Amaranta streckte die Arme aus, verschränkte sie hinter Guidos Hals und zog ihn an sich.

»Ich bin zu schwer, um auf unserem Kind zu liegen.« Er zog sich zurück.

Sie war im fünften Monat schwanger, und ihr Körper bekam weichere Konturen.

»Unser Kind ist durch die Fruchtblase geschützt. Hör auf, so zu tun, als wären wir aus Glas.«

»Du bist meine Frau und damit kostbar«, erwiderte er und umarmte sie.

Sie waren schon seit ein paar Tagen unterwegs – seit Guido begriffen hatte, dass seine Freundin Ruhe brauchte und von niemandem unter Druck gesetzt werden wollte.

An Bord des großen Boots, das Generoso Guido geliehen hatte, waren sie glücklich.

»Zehn Tage gemeinsam auf einem Boot sollten genügen, um

herauszufinden, ob ein Paar zusammenpasst oder nicht: Neun von zehn Paaren streiten sich so, dass sie die Beziehung beenden«, verkündete Guido.

»Wir haben schon genug gestritten. Meine Wut ist verraucht, und ich möchte den Urlaub mit dir genießen. Es ist schon erstaunlich, wie schnell man sich an so ein bequemes Leben gewöhnt!«

Seit ihrer Schwangerschaft war Amaranta viel sanfter, und Guido merkte, dass sie unter ihrer rauen Schale äußerst sensibel war.

Als die Mannschaft zurück an Bord kam, beschlossen sie, an Land zu gehen und Kos zu besichtigen. Sie liefen durch die weißen Gassen des Dorfes, begegneten alten Insulanern, die die beiden Verliebten anlächelten und mit einem *kalispera* begrüßten. Sie setzten sich in ein Café, um etwas zu trinken, kauften dann Flaschen und Vasen aus buntem Glas »made in Murano« und Silberkettchen »made in India«, die als einheimisches Kunsthandwerk feilgeboten wurden. Bei Sonnenuntergang saßen sie unter der Pergola eines Lokals, aßen gegrillten Fisch, frisches Gemüse und gefüllte Weinblätter. Dabei planten sie einen weiteren Ausflug nach Makedonien, um die dort nistenden Störche zu sehen.

Hätte Guido es nicht längst gewusst, hätte dieser glückliche Ferienmonat ihn endgültig davon überzeugt, dass Amaranta die Frau seines Lebens war. Die einzige, die ihm Sicherheit gab, ja, die einzige, mit der er gelassen in die Zukunft sehen konnte, weil sie ihm ebenso liebevoll wie wissend zuhörte.

»Ich weiß, dass du in der Firma nicht glücklich bist. Alles in dir sehnt sich danach, dich vom Joch der Armaturen zu befreien. Die Verehrung, die du deinem Vater entgegenbringst, und dein Bedürfnis, es ihm recht zu machen, haben es dir unmöglich gemacht, frei über deine Zukunft zu bestimmen. Ich habe dich beobachtet, wenn du liest und dir Anmerkungen an den Rand schreibst. Wenn du dir eifrig Notizen zu einem Gedicht oder einer Erzählung machst. Ich weiß, dass du ein Künstler bist, der etwas aus Worten erschaffen will«, sagte sie ihm eines Nachts, als das Boot an der Küste des Peloponnes entlangfuhr und sie auf der Brücke standen, um sich die Sterne anzusehen.

Guido dachte lange über ihre Worte nach. Und je mehr er darüber nachsann, desto überzeugter war er nicht nur von Amarantas Intelligenz, sondern auch von der Innigkeit ihrer Beziehung.

Sie hatten keine Geheimnisse voreinander und konnten sich auch unangenehme Wahrheiten sagen, weil sie wussten, dass es keine unüberwindbaren Hindernisse gab.

Nachdem sie nach Mailand zurückgekehrt waren, gab Guido ihr mehrere Erzählungen zu lesen, die er in den letzten beiden Jahren geschrieben hatte und sorgfältig in einer Schublade aufbewahrte.

Sie waren einige Tage früher nach Hause gekommen als geplant, da Amaranta einen Kontrolltermin beim Frauenarzt hatte und Guido nicht wollte, dass sie ihn verschob.

Er begleitete sie zum Arzt, einem früheren Klassenkameraden, der jetzt Assistent des Oberarztes an der Mangiagalli-Klinik war.

Der Spezialist unterzog Amaranta einer genauen Untersuchung und meinte, die Schwangerschaft entwickle sich ganz normal. Amaranta sagte ihm, dass sie seit über einem Monat nicht mehr an den seltsamen Fieberschüben leide, die sie ihr ganzes Leben über immer wieder heimgesucht hatten.

»Das ist die Kraft der Mutterschaft«, erklärte der Arzt und vereinbarte für das Ende des siebten Monats einen neuen Termin. Amaranta und Guido verbrachten den Abend zu Hause. Sie bereitete eine schlichte Mahlzeit zu.

Als sie in der Küche vor ihrer Graupensuppe Platz nahmen, legte sie ihm ein Blatt vor, das sie mit ihrer eigenwilligen Schrift bedeckt hatte. Guido las: »Noch zu erledigen, bevor das Kind kommt.« Er sah auf. »Muss ich das sofort lesen?«

»Ja, bitte. Dann reden wir beim Essen darüber«, erwiderte sie.

Er begann laut vorzulesen: »Erstens: Unser Kind bekommt ein eigenes Zimmer, sobald es zur Schule geht. Vorher wird es neben seiner Mutter schlafen, ohne dass es ein Kindermädchen gibt.«

»Ich will nicht, dass das Kind in dem Bewusstsein aufwächst, privilegiert zu sein«, erklärte Amaranta.

»Das ist scheinheilig, schließlich ist es privilegiert: Seine Eltern haben gerade einen Monat Urlaub auf einem wunderschönen Boot gemacht. Davon können Mütter aus der Arbeiterschicht nur träumen!«

»Außer, sie lernen einen Mann wie dich kennen. Aber schon morgen könntest du fort sein. Ich bin die feste Bezugsperson für unser Kind. Und ich bin nun mal eine Frau aus dem Volk.«

»Glaubst du, ich könnte … sterben?«, fragte Guido besorgt.

»Das nicht, mein Schatz! Ich denke eher, dass du mich eines Tages leid wirst.«

»Das Gleiche könnte ich von dir denken.«

»Nur dass ich die Mutter bin und mein Kind nie allein lassen werde.«

»Du willst mir also sagen, dass du mich leid werden könntest?«, fragte er gereizt.

»Du erschreckst mein Kind«, erwiderte sie und legte die Hand auf den Bauch.

»Wenn die anderen Punkte ähnliche Dinge betreffen, lese ich gar nicht erst weiter. Und versuch nicht, mich zu erpressen, indem du behauptest, ich könnte dich oder unser Kind erschrecken«, protestierte er.

»Ich wollte ein vernünftiges Gespräch führen. Aber anscheinend ist das mit dir unmöglich!«, schimpfte Amaranta und riss ihm das Blatt aus der Hand.

Er sah sie verzweifelt an.

»Amaranta, wir werden uns doch jetzt nicht streiten?«, sagte er leise.

»Anscheinend schon«, erwiderte sie und krümmte sich vor Schmerzen, wobei sie einen Schrei unterdrückte. »Ich habe Wehen … Es geht mir sehr schlecht, bitte ruf sofort den Arzt.«

17

Als alles vorbei war, wurde es hell. Amaranta lag noch ganz benommen von den Beruhigungsmitteln im Bett der Klinik, in die sie gebracht worden war. Guido saß neben ihr und streichelte ihre Hand. Er war verwirrt und traurig, denn ihr Kind gab es nicht mehr.

Es war sechs Uhr morgens, und er hörte die Glocken einer Kirche.

Amaranta wimmerte leise. Die Zimmertür ging auf, und eine Krankenschwester sowie der Gynäkologe kamen herein.

Die Schwester beugte sich über die Frau, um ihren Blutdruck zu messen, und der Arzt flüsterte Guido zu: »Gehen wir einen Moment hinaus!«

Als sie auf dem Flur standen, erklärte er: »Wie ich dir bereits gesagt habe, als ich aus dem OP kam, habe ich für deine Freundin und das Kind alles getan, was in meiner Macht stand. Wäre das Ganze erst in einem Monat passiert, hätte man das Kind vielleicht retten können, aber so … Es tut mir leid, Guido. Als ich sie gestern Nachmittag untersucht habe, gab es keinerlei beunruhigende Anzeichen.«

»Was ist genau passiert?«, fragte Guido.

»Das weiß ich nicht. Die Untersuchungsergebnisse waren perfekt, die Gebärmutter war tonisch, sie hatte keinerlei Blutungen – nichts wies auf ein so dramatisches Ende hin. Das heißt aber nicht, dass ihr keine Kinder haben könnt. Das nächste Mal muss sie sich mehr schonen, und dann wird alles gut gehen«, sagte der Freund.

»Ich fühle mich schuldig. Weißt du, wir haben bis zum Schluss miteinander geschlafen. Vielleicht hätten wir das lieber lassen sollen«, stammelte Guido.

»Das ist kein Grund für einen Abgang, glaub mir! Amaranta ist eine starke Frau, und ihr werdet so viele Kinder bekommen, wie ihr wollt. Jetzt wird sie allerdings erst einmal ziemlich deprimiert sein. Also reiß dich zusammen und sprich ihr Mut zu!«, befahl der Arzt.

»Das werde ich tun!«, sagte Guido und kehrte ins Zimmer zurück, wo die Schwester gerade über den Tropf ein Schmerzmittel verabreichte.

Als sie allein waren, ging er zu Amaranta und strich ihr lächelnd übers Haar.

»Wie geht es dir?«, fragte sie kaum hörbar.

»Zuerst will ich wissen, wie es dir geht!«, erwiderte er lächelnd.

»Ich fühle mich völlig erschöpft und kann keinen klaren Gedanken fassen.«

»Ich werde dir helfen, mein Schatz«, flüsterte er. »Vergiss nicht, dass wir froh sein können, uns zu haben. Und unsere Liebe.«

»Bis gestern Abend hatten wir auch noch ein Kind«, flüsterte sie.

»Der Herr, an den du dich immer wendest wie an einen engen Verwandten, hat entschieden, dass dieses Kind nicht zur Welt kommen wird.«

Nickend sagte sie: »Du bist müde. Bitte geh nach Hause.«

Er wollte sie nicht allein lassen und sagte ihr das auch.

»Aber ich möchte jetzt gern allein sein«, beharrte sie.

Er kehrte in die Via Mozart zurück und ließ sich noch angezogen aufs Bett fallen. Dann bedeckte er sein Gesicht mit einem Kissen und weinte. Eine überwältigende Traurigkeit erfüllte ihn –

nicht nur wegen des verlorenen Kindes, sondern weil er Angst hatte, Amaranta zu verlieren. Als keine Tränen mehr kamen, fiel er in einen tiefen, traumlosen Schlaf.

Er wurde von der Frau des Portiers geweckt, die zum Putzen in die Wohnung gekommen war. Er stand auf und verließ das Zimmer.

Die Frau sah ihn an, als wäre er ein Gespenst.

»Dottore, geht es Ihnen nicht gut?«

»Bitte machen Sie mir einen Kaffee. Ich gehe unter die Dusche«, sagte er ohne irgendeine Erklärung, und erst als er im Bademantel in die Küche kam, flüsterte er: »Amaranta geht es noch schlechter als mir. Sie hat heute Nacht das Kind verloren.«

Die Frau reichte ihm eine Tasse mit schon gezuckertem Kaffee und sagte: »Das tut mir unendlich leid. Am besten, ich komme später wieder, wenn Sie nicht zu Hause sind.« Dann verabschiedete sie sich.

Auf dem Tisch lag noch das Blatt Papier mit Amarantas Notizen. Er las dort weiter, wo er am Vorabend aufgehört hatte: *Zweitens: Ich werde mich zu einem Bibelkreis anmelden. Drittens: Ich werde alle Kleider und Pullis in die Reinigung bringen, die ich seit Monaten in der Kammer verstecke. Viertens: Ich werde ein Mutter-und-Kind-Tagebuch führen. Fünftens: Ich werde den kaputten Reifen meines Fahrrads reparieren. Sechstens: Ich werde Guido beichten, dass ich seine Geschichten heimlich gelesen habe und sie wunderschön finde. Siebtens: Ich werde Guido nicht länger anlügen und behaupten, keinen Knoblauch zu verwenden. Achtens: Ich werde dem lieben Gott nicht mehr mit meinen absurden Anliegen zur Last fallen. Neuntens: Ich werde stets daran denken, dass es immer Abend wird, auch wenn der Tag noch so strahlend gewesen ist. Zehntens: Das habe ich vergessen. Anscheinend war es nicht weiter wichtig.*

Er faltete das Blatt Papier zwei Mal und steckte es in seine Jackentasche.

Kurz darauf verließ er das Haus. Er war fest entschlossen, alles zu tun, um seine Frau nicht zu verlieren. Er schaute bei einem Blumenhändler vorbei, kaufte einen Strauß weißer Rosen und besuchte Amaranta im Krankenhaus.

Er traf sie im Bett an. Sie hatte sich aufgesetzt, nippte an einer Tasse Tee und empfing ihn mit einem Lächeln. Er zog einen Stuhl ans Bett und setzte sich neben sie.

»Danke für die wunderschönen Rosen!«, sagte sie und gab sie einer Schwester, damit diese sie in eine Vase stellte.

»Hast du noch Schmerzen?«, fragte Guido.

»Nur einen leichten Druck auf dem Unterbauch. Der Arzt sagt, dass es mir morgen deutlich besser gehen wird. In zwei Tagen werde ich dann entlassen.«

»Ich möchte heute Nacht hier bei dir schlafen …« Er zögerte, bevor er weitersprach.

»Und?«, hakte Amaranta nach.

»Ich finde, wir sollten unsere Beziehung endlich offiziell machen. Wir sind wie geschaffen füreinander, und ohne dich kann ich nicht leben, mein Schatz.«

»Ich muss erst trauern«, flüsterte sie nach langem Schweigen.

»Da bist du nicht die Einzige, Amaranta«, bemerkte Guido.

Sie nickte und strich ihm übers Gesicht.

»Im Himmel steht bereits geschrieben, wer wen lieben wird. Diese Liebe muss dann nur noch gelebt werden. Ob unsere dazugehört?«, fragte sie und sah ihm in die Augen.

»Zweifelst du daran?«

»Ich liebe dich von ganzem Herzen, und ich werde dich immer lieben«, murmelte sie, um dann traurig fortzufahren: »Aber ich weiß nicht, ob unsere Liebe schon im Himmel beschlossen wurde. Denn wenn, müssten wir nicht so leiden.«

»›Irgendwann wird es immer Abend, auch wenn der Tag noch so strahlend gewesen ist.‹ Das hast du selbst geschrieben, aber vergessen hinzuzufügen: Und anschließend geht die Sonne wieder auf«, sagte Guido in dem Versuch, sie aufzuheitern.

»Du hast meine Zehn Gebote gelesen«, sagte Amaranta überrascht und flüsterte mit gesenktem Blick: »Zerreiß sie, sie haben keine Bedeutung mehr.«

In den darauffolgenden Tagen wich Guido kaum von Amarantas Seite. Sie schien sich wieder zu beruhigen. Der Arzt hatte ihr gesagt, dass sie problemlos erneut schwanger werden könne. Am dritten Tag ging Guido zur Krankenhausverwaltung und beglich die Rechnung. Währenddessen zog Amaranta sich an, um mit ihm nach Hause zurückzukehren. Doch als er wieder in ihr Zimmer kam, fand er nur eine Krankenschwester vor.

»Die Signora ist bereits gegangen. Sie hat etwas für Sie dagelassen«, sagte die Frau und reichte ihm ein zweifach gefaltetes Blatt Papier.

Guido las: *Der Himmel will nicht, dass ich Kinder oder einen Lebensgefährten habe. Ich darf nicht gegen den Wunsch des Herrn verstoßen. Ich weiß, dass du mich verstehen wirst. Ich liebe dich sehr, Guido, aber ich kann nicht deine Frau werden.*

Léonies Aufstieg

1

»Und dann bist zum Glück du aufgetaucht, wie ein Geschenk des Himmels«, sagte der alte Amilcare.

Léonie war müde, das Gleiche galt für den Großvater. Trotzdem wollte sie mehr wissen.

»Wo ist Amaranta hingegangen?«, fragte sie.

»Zu Don Tranquillo. Er hat sie in die Obhut der Benediktinerinnen von Lecco gegeben, die sie als Novizin aufgenommen haben. Sie ist jetzt Äbtissin in einem Kloster. Laut Guido ist sie eine glückliche Nonne«, sagte Amilcare.

»Heißt das, er steht noch mit ihr in Kontakt?«

Im Nebenzimmer begann der kleine Gioacchino zu schreien. Die Kinderfrau, die sich auch um Giuseppe kümmerte, betrat das Zimmer und hielt ihr das Neugeborene hin.

»Mein Kleiner hat Hunger«, sagte Léonie lächelnd und nahm ihn in den Arm.

»Würden Sie mich zurück in meinen Wohnbereich begleiten?«, bat der Alte die Bedienstete.

Kurz darauf kam Celina und nahm in dem Sessel Platz, in dem kurz zuvor ihr Schwiegervater gesessen hatte. Sie sah zu, wie die Schwiegertochter ihren zweiten Enkel stillte.

Als der Kleine satt eingeschlafen war, sagte Léonie: »Ich bin müde, *maman*. Guido wird bestimmt gleich kommen, und ich möchte ein wenig schlafen«, und übergab den Kleinen dem Kindermädchen. Celina drückte ihr einen Kuss auf die Stirn und ließ sie allein. Léonie schlief ein, und als die Morgendämmerung eines weiteren Wintertags sie weckte, sah sie, dass ihr Mann in Jeans und Pulli neben ihr schlief. Auch Giuseppe, der Erstgeborene, schlief dort, eng an seinen Vater geschmiegt.

In dem großen Bett und der gedämpften Stille des frühen Morgens war ihre verlässliche, beruhigende Familie bei ihr – genau so wie sie es sich immer vorgestellt und erträumt hatte. Sie konnte sich wirklich glücklich schätzen.

Die Zimmertür ging auf, und ein Dienstmädchen, das das Neugeborene im Arm hielt und zum Stillen brachte, steckte den Kopf herein. Léonie legte den Zeigefinger auf die Lippen, damit sie schwieg, und schlüpfte aus dem Bett. Sie nahm den Kleinen auf den Arm, verließ mit der Hausangestellten das Zimmer und betrat den Nebenraum, der für das Neugeborene eingerichtet worden war. Sie stillte das Kind und vertraute es anschließend wieder der Kinderfrau an.

»Ist schon jemand in der Küche?«, fragte sie.

»Natürlich, Signora.«

Léonie betrat den Lift und fuhr nach unten. Die Küche war hell erleuchtet. Sie roch köstlichen Kaffeeduft. Aus dem Speisesaal drangen die Stimmen der Gärtner, Chauffeure und Putzfrauen herüber, die gerade frühstückten. Auf einem Tisch reihten sich ofenfrischer Kuchen, knuspriges Brot und aufgeschnittenes Obst aneinander. Eine Frau presste Orangen aus.

»Guten Tag, Evelina!«, sagte Léonie.

»Signora!«, rief das Hausmädchen und wischte sich rasch die Hände an einem Geschirrtuch ab. »Meinen Glückwunsch!«, fügte sie lächelnd hinzu.

»Danke. Ich habe Hunger«, verkündete Léonie und zog einen Hocker an den Marmortisch heran.

»Ich bringe Ihnen das Frühstück auf die Veranda«, erwiderte Evelina diensteifrig.

»Nein, ich möchte gleich wieder ins Bett. Aber ein frisch gepresster Orangensaft, ein Stück Kuchen und ein Kaffee wären herrlich!«

Evelina beeilte sich, ihrem Wunsch nachzukommen, und als Léonie ihren Orangensaft trank, kamen Guido und Giuseppe herein, die sie mit Küssen und Umarmungen hochleben ließen.

»Wann bist du zurückgekommen?«, fragte sie Guido.

»Um drei, aber du hast tief geschlafen. Ich muss ziemlich müde gewesen sein, denn nachdem ich Gioacchino begrüßt habe, habe ich Giuseppe aus seinem Zimmer geholt, und wir sind neben dir eingeschlafen. Danke für unseren neuen, wunderschönen Sohn!«, sagte er gerührt und küsste sie auf die Wange.

»Es stimmt nicht, dass er schön ist. Er ist unglaublich hässlich«, verbesserte Giuseppe ihn und schlang dann die Arme um den Hals seiner Mutter.

»Da hast du recht!«, pflichtete ihm Léonie zärtlich bei. »Gioacchino ist äußerst hässlich. Aber zum Glück habe ich noch dich, und du bist wunderschön«, fügte sie hinzu, um die Eifersucht des Erstgeborenen zu dämpfen.

»Aber Gioacchino hat dich lieb. Deshalb hat er dir ein Geschenk mitgebracht«, sagte Guido zu seinem Sohn.

»Wirklich?«, fragte der Kleine misstrauisch.

Léonie sah ihren Mann an, der ihr zunickte, und erklärte dem Kind: »Wenn du zurück auf dein Zimmer gehst, wirst du die Überraschung sehen, die dein kleiner Bruder dir bereitet hat.«

»Ich gehe gleich nachschauen!«, beschloss Giuseppe und rutschte vom Schoß seiner Mutter.

Evelina begleitete ihn in den ersten Stock, und Guido gestand seiner Frau: »Ich habe ihm in Rom ein Fahrrad gekauft. Er hat es sich so gewünscht! Es steht neben seinem Bett, aber noch hat er es gar nicht gesehen.«

»Bist du müde?«, fragte sie.

»Wenn hier jemand Grund hat, müde zu sein, dann wohl eher du«, erwiderte ihr Mann. Er nahm ihre Hand, führte sie an seine Lippen und wiederholte: »Danke.«

Léonie sah Guido zärtlich an, so als sähe sie ihn zum ersten Mal. Und im Grunde war es auch so, da ihn das, was Nonno Amilcare über Guidos Leidenschaft für Amaranta erzählt hatte, in ein ganz neues Licht rückte. Er war jetzt viel durchschaubarer. Sie spielte mit dem Gedanken, ihn zu fragen: »Trefft ihr euch noch?« Denn eine solche Liebe konnte doch nicht einfach mit ihrer Flucht ins Kloster geendet haben. Aber was, wenn seine Antwort lautete: »Ja, ich liebe sie immer noch.«

Sie fragte sich, was sie selbst ihm bedeutete, ob sie nach Amaranta nur eine Verlegenheitslösung war, eine Nebenfigur. Dabei konnte sie Guido nichts vorwerfen, denn er war ein perfekter Ehemann. Doch vorsichtshalber hielt sie ihre Neugier im Zaum und schwieg zu dem Thema.

Sie wollte lieber nicht wissen, ob er die Nonne insgeheim noch liebte. Und schließlich war auch ihr Herz von einem anderen besetzt. Die Cantonis waren weise, sie hüteten ihre Geheimnisse und ließen nicht zu, dass sie ihr Leben ruinierten. Und sie war eine optimistische Frau und konnte sich glücklich schätzen. Sie hatte gerade ihr zweites Kind zur Welt gebracht, was das Band zwischen ihr und dieser großzügigen Familie weiter verstärken würde.

An der Hand, die Guido geküsst hatte, funkelte jetzt ein Ring mit einem blauen Diamanten.

»Du bist ja verrückt!«, rief sie und bewunderte den wunderschönen, kostbaren Stein.

»Warte nur, was ich dir zur Geburt unseres dritten Kindes schenken werde!«, sagte Guido lachend.

»Ich dachte, zwei reichen«, protestierte sie, wenn auch wenig überzeugend.

»Hättest du nicht noch gern eine schöne, selbstbewusste Tochter?«

»Ich denke darüber nach«, erwiderte sie, dabei hielt sie die erfüllten Schwangerschaftsmonate und die Freude, ein weiteres Kind zur Welt zu bringen und zu stillen, für ein Glück, das sie nicht oft genug wiederholen konnte.

2

Im großen Flur im ersten Stock der Villa, der vom Licht, das durch die großen Fenster zum Park hereinfiel, geradezu durchflutet wurde, setzte sich Léonie auf ein kleines Sofa und stillte Gioacchino. Währenddessen fuhr Giuseppe auf seinem Fahrrad mit Stützrädern auf und ab.

»Schau nur, Mama, wie schnell ich bin«, jubelte ihr Erstgeborener, der keine Gelegenheit ausließ, die Aufmerksamkeit von seinem kleinen Bruder ab und auf sich zu lenken.

»Du wirst noch Weltmeister!«, lobte sie.

»Aber mein kleiner Bruder nicht, stimmt's, Mama?«

»Er nicht, er ist kein Weltmeister. Aber wenn er mal so groß ist wie du, wirst du großzügig sein und ihm das Radfahren beibringen.«

Das Kind stieg ab, ließ das Rad liegen und trippelte zu Léonie herüber. Es stützte die Ellbogen auf den Oberschenkel seiner Mutter und das Kinn in die Hände. So sah es eine Weile zu, wie das Neugeborene trank. Dann sagte es: »Warum bekommt nur er deine Milch?«

»Als du so klein warst wie Gioacchino, habe ich dir auch Milch gegeben.«

»Daran kann ich mich nicht erinnern.«

»Wenn er so groß ist wie du, wird er sich auch nicht mehr daran erinnern können.«

»Und warum gibst du mir jetzt keine mehr?«

»Weil du inzwischen mit uns am Tisch isst.«

»Ich möchte auch mal nuckeln!«

»Bitte sehr!«, sagte Léonie lächelnd.

Giuseppe enthüllte die andere Mutterbrust und saugte daran.

Angewidert fuhr er zurück.

»Das ist ja eklig!«, rief er.

»Jetzt weißt du, warum ich dir keine Milch mehr gebe!«, sagte Léonie lachend.

Giuseppe fuhr sich mit dem Handrücken über den Mund und wiederholte: »Eklig, eklig!«

Da trat Celina aus dem Aufzug und ging schwerfällig auf sie zu. Sie beugte sich zu ihrer Schwiegertochter herab und flüsterte ihr etwas zu.

»Ich will ein Bonbon!«, beschwerte sich Giuseppe.

Celina nahm ihn an der Hand und sagte: »Komm, du darfst dir eines in der Farbe aussuchen, die dir gefällt.«

»Ich will ein rotes!«, rief das Kind, während Léonie den Säugling hastig dem Kindermädchen übergab. Dann ging sie in den Ostflügel der Villa hinüber, in dem der Wohnbereich von Amilcare Cantoni lag. Sie hatte den Großvater schon seit ein paar Tagen nicht mehr gesehen – seit dem Abend, an dem sie ihr Kind zur Welt gebracht und er ihr die Geschichte von Guido und Amaranta erzählt hatte.

Die Tür zum Zimmer des Patriarchen war angelehnt.

Sie trat ein und erwartete, ihn im Bett vorzufinden. Stattdessen saß er mit ihrem Mann, ihrem Schwiegervater und dem Arzt am ovalen Tisch am Fußende des Bettes. Die vier Männer hatten Spielkarten in der Hand und schwiegen konzentriert.

Léonie wusste, dass Amilcare ein ausgezeichneter Kartenspieler war und zeit seines Lebens in die alte Osteria am Kirchplatz gegangen war, wo er ein gefragter Gegner war. Mit seiner Leidenschaft für das Kartenspiel hatte er inzwischen auch seine Frau, seinen Sohn Renzo, seinen Enkel Guido und kürzlich auch sie angesteckt.

Léonie ging auf die vier Männer zu, beugte sich zu ihrem Mann hinunter und flüsterte: »Wie geht's?«

»Großvater hat auf dich gewartet«, erwiderte Guido. »Er hat Mama gebeten, dich zu holen.«

Amilcare, der tief im Sessel saß und von einigen Kissen gestützt wurde, lächelte ihr zu und sagte kaum hörbar: »Jetzt, da Léonie hier ist, soll sie mich ersetzen.«

Also zog Léonie einen Hocker heran, setzte sich und nahm die Karten, die Amilcare ihr mit den Worten reichte: »Wir sind in der letzten Runde.«

Dann flüsterte er ihr ins Ohr: »Dieser unfähige Dottore hat einen Settebello auf der Hand, dein Mann den Re di denari, und du nimmst jetzt die Sieben mit deiner Fiori-Sieben, während mein Sohn sich den König mit …« Er verstummte und neigte den Kopf.

Alle erhoben sich, während der Arzt zum Stethoskop griff. Er legte es auf Amilcares Brust und schüttelte den Kopf.

»Es ist vorbei«, flüsterte er erschüttert.

3

Amilcare hatte schon länger gespürt, dass es mit ihm zu Ende ging. Manchmal hatte er Angst davor, aber meist sah er dem Tod gelassen entgegen. Das Alter und seine Begleiterscheinungen beleidigten seinen Schönheitssinn. Er musste oft an seine Mutter, eine einfache, aber intelligente Bäuerin, denken, die bei ihrem Tod geflüstert hatte: »Älter als alt kann man nicht werden.« Damit hatte sie die unvermeidliche Tatsache in Worte gefasst, der sich niemand entziehen konnte.

Der Patriarch dachte oft an diejenigen, die ihn auf seinem Lebensweg begleitet hatten und bereits nicht mehr lebten.

Er glaubte nicht an das Jenseits, seiner Meinung nach waren Hölle und Himmel auf das irdische Leben beschränkt.

Er hatte in seinem Leben zahlreiche Höllenqualen erlitten, aber auch viele paradiesische Freuden genossen.

Trotzdem hoffte er, dass Tod mehr war als nur das Ende des Lebens, das er immer geliebt hatte – in seligen Augenblicken genauso wie in schmerzlichen.

Seit Langem suchte er bei den von ihm so geliebten Philosophen und Autoren nach einer Erklärung. *Vergiss nicht, dass du sterblich bist,* sagen die Trappistenmönche. Und er stellte sich vor, wie sie das zufrieden, ja, selig wiederholten: eine Warnung, die nichts erklärte und den Niedrigsten genauso betraf wie den Mächtigsten, den Guten wie den Bösen. Wie sagte Benjamin Costant so schön? *Der Tod ist ein unerklärliches Rätsel.* Und Petrarca hatte geschrieben: *Ein schönes Sterben ehrt das ganze Leben.* Und Svevo beschrieb den Tod als *große Missetat*. Begangen von wem?, fragte sich Amilcare. Von Gott? Nein, Gott gibt es nicht. Vom Leben?

Vielleicht. Das Leben war wie eine schöne, auf den ersten Blick großzügige Frau, die im Grunde jedoch eine Sadistin ist: Erst schenkt sie dir alles, und anschließend gefällt sie sich darin, dir wieder alles zu nehmen.

Amilcare stand am Ende seines Lebens, und zusammen mit ihm würde auch das zärtliche, verträumte Kind sterben, das er einmal gewesen war. Der junge Mann, der sich in eine reiche, ruhelose junge Frau verliebt und Unerträgliches von einer schwierigen Ehefrau erduldet hatte. Der Vater, der von der Angst gequält worden war, Biancas Wahnsinn könnte sich an die Kinder weitervererbt haben. Der Patriarch, dem das Schicksal hold gewesen war, weil es dafür gesorgt hatte, dass sein Enkel, in dem kein einziger Tropfen von Bianca Crippas verrücktem Blut floss, den Namen Cantoni fortführte.

Er hatte gelitten, als er mit ansehen musste, wie Guido ganz krank vor Liebe zu Amaranta gewesen war. Aber er wusste, dass seine Frau, diese kleine Französin, ihn heilen würde. Er hatte zwei Urenkel, weitere würden folgen, und das Geschlecht der Cantoni würde weiterbestehen, wenn auch ohne einen einzigen Tropfen seines Blutes. Aber es war nicht das Blut, das zählte, sondern die Familie, und dies war seine Familie.

Er spürte, dass sein Leben gelungen war. Er hatte viele Gewissensbisse, aber er bereute nichts.

Der Tod, *die große Missetat*, hing über ihm wie ein Damoklesschwert. Deshalb hatte er das Bedürfnis gehabt, Léonie von Guido zu erzählen, denn er wusste, dass sein Enkel selbst schweigen würde. Und er war fest davon überzeugt, dass Geheimnisse einer harmonischen Beziehung schadeten.

Am Tag seines Todes hatte Amilcare sich unwohl gefühlt. Der

Arzt der Familie, der sofort herbeigerufen worden war, hatte ihn sorgfältig untersucht und gesagt: »Mein lieber Freund, du bist gesünder als ich, aber alt.«

»Und das sagst ausgerechnet du!«, hatte Amilcare scherzhaft entgegnet.

»Ich bin zwanzig Jahre jünger als du, verglichen mit dir bin noch ein Kind!«

»Dann schuldest du mir Respekt.«

»Ich bringe dir höchsten Respekt entgegen, alter Freund. Deshalb zwinge ich dich nicht zu essen, wenn du nicht willst. Aber ich zwinge dich zu trinken.«

Amilcare hatte gehorcht, und als der Arzt nachmittags noch einmal gekommen war, hatte er gesagt: »Ich will nicht, dass mich der Tod im Bett ereilt. Hilf mir in den Sessel.«

Der Freund hatte ihm geholfen, nachdem er ein Stethoskop aus seinem Koffer geholt und ihn abgehört hatte.

»Lass den Mist!«, hatte Amilcare protestiert und hinzugefügt: »Ich möchte eine letzte Partie Scopone spielen. Ruf Renzo, meinen Sohn, und meinen Enkel und setz dich anschließend zu uns. Ich würde dich nicht darum bitten, wenn mein anderer Sohn hier wäre. Aber er lässt bestimmt nicht mehr lange auf sich warten, man wird ihm Bescheid gegeben haben. Monsignor Cantoni hat die Taufen, Hochzeiten und Beerdigungen dieser Familie gefeiert. Er kommt immer, wenn es feierlich wird.«

»Amilcare, ich glaube nicht, dass …«, versuchte der Arzt zu protestieren.

»Du brauchst nichts zu glauben. Hör einfach nur auf mich.«

Kurz darauf saßen die vier Männer am Spieltisch.

Der Patriarch hielt seine Karten gut fest und spielte die aus, die sein Partner, sein Sohn, gebrauchen konnte. Er war in diesem Spiel stets unschlagbar gewesen, und in der letzten Runde wusste er nach einigen Berechnungen genau, wie viele Punkte seine Gegenspieler erzielt hatten. Sein Sohn und er standen kurz davor zu gewinnen, aber er war müde. Und obwohl er stets behauptet hatte, nicht an Gott zu glauben, flehte er ihn jetzt insgeheim um ein schnelles schmerzloses Ende an.

»Ruft meine Schwiegertochter. Sie soll meinen Platz einnehmen«, sagte er kaum hörbar.

Als Léonie neben ihn getreten war, hatte er kurz den Duft des Lebens eingesaugt. Danach hatte sein Herz endgültig aufgehört zu schlagen.

Monsignor Cantoni war eingetroffen, als der Leichnam des Vaters bereits ins Bett gelegt worden war. Zusammen mit Don Ivano, dem neuen Dorfpfarrer, las er die Totenmesse, und am Tag darauf taufte er den neugeborenen Cantoni, den kleinen Gioacchino. Das Kind erhielt den zweiten Vornamen Amilcare. Monsignor Gioacchino blieb ein paar Wochen, in denen er sich mit seinem Bruder häufig in die Gemächer der Eltern zurückzog. Guido und Léonie vermuteten, dass es um Erbfragen ging. Doch dann merkten sie, dass die beiden Stunden damit verbracht hatten, Briefe und Fotos zu ordnen, weil sie die längst vergangenen Jahre der Kindheit Revue passieren lassen und sich an die Eltern erinnern wollten.

Als der Priester abreiste, fiel Cavalier Renzo Cantoni wieder ein, dass er der Chef der Fabrik war, und er kehrte an seinen Arbeitsplatz zurück.

4

Wir haben ein Problem mit Edilcapitale«, begann Cavalier Cantoni beim Abendessen das Gespräch.

Dabei handelte es sich um eine Firma aus Rom, die dem Bauunternehmer Ennio Tommasini gehörte. Der errichtete im Hinterland der Hauptstadt Satellitenstädte, wofür er von seinen Kritikern als »dreckiger Spekulant« beschimpft wurde.

Die Cantonis interessierten sich nicht weiter für die wenig schmeichelhaften Urteile über diesen Tommasini. Für sie war er nur ein Kunde von vielen, besser gesagt, einer ihrer besten, schließlich bestellte er im Wert von vielen Millionen.

Léonie sah, wie beunruhigt der Schwiegervater wirkte. Außerdem brachte er nur selten Probleme aus dem Büro mit nach Hause. Die Lage musste also ernst sein. Sie legte die Gabel weg und wartete darauf, dass er weitersprach.

»Er will keine Rechnungen, stattdessen will er die Summe in bar auf ein Konto in Luxemburg einbezahlen«, verkündete Renzo.

»Das heißt, es stimmt, was man in Rom über ihn munkelt«, mischte sich Guido ein.

»Das munkelt man auch über Mailänder Baufirmen. Aber neulich habe ich erfahren, dass Tommasini auf unsere Ländereien scharf ist. Er hat schon den kleinen Adelspalast an der Porta Vittoria gekauft und dort Büros eingerichtet«, erzählte Celina, die in Mailand viele Freundinnen hatte, die mit wichtigen Geschäftsleuten verheiratet waren.

»Hilf mir auf die Sprünge, *papà!*«, bat Léonie.

»Wach auf, mein Schatz! So etwas nennt man Steuerhinterziehung, und das ist eine Straftat«, erklärte ihr Guido.

»In unserer Firma gibt es gewisse Regeln, und die sind unantastbar, selbst wenn das bedeutet, höhere Steuern zahlen zu müssen. Natürlich könnten wir noch viel reicher sein, wenn wir uns nicht an diese Regeln hielten. Aber dann würden wir das Gesetz umgehen, uns eines Verbrechens schuldig machen. Und selbst wenn es niemals auffiele – was würde nur aus unserem Staat, wenn Steuerhinterziehung nur noch als ein Kavaliersdelikt angesehen würde? Außerdem könnte ich dann nicht mehr guten Gewissens in den Spiegel sehen. Was Tommasinis Bitte anbelangt, gibt es also nur eine Möglichkeit: seinen Vorschlag ablehnen und riskieren, einen wichtigen Kunden zu verlieren. Ich hoffe, ich habe mich klar ausgedrückt«, verkündete Cavalier Cantoni.

Schweigend setzten sie die Mahlzeit fort. Erst beim Nachtisch sagte Léonie: »*Papà*, ich würde gern mal mit diesem Tommasini reden, ihm dabei ins Gesicht sehen.«

»Ich fürchte, du hast da recht naive Vorstellungen! Du wirst gar nicht erst bis zu ihm vordringen. Er hat ein Heer von Leuten, die ihn abschirmen. Und selbst wenn er einwilligt, wird er dir kaum sein wahres Gesicht zeigen. Warum sollte er dir gegenüber ehrlich sein?«, wandte Guido ein.

»Ich würde es trotzdem gern versuchen – auf meine Art«, erwiderte Léonie, die sich eine Strategie zurechtgelegt hatte.

»So kurz nach der Entbindung solltest du dich mit solchen Problemen noch nicht beschäftigen. Aber ich weiß jetzt schon, dass ich dich nicht davon abbringen kann. Du wirst Tommasini anrufen«, sagte der Schwiegervater mit der Andeutung eines Lächelns.

Es war Ende Februar, der Nebel und die Kälte ließen allmählich nach. Guido schlenderte durchs Haus und konnte sich nicht recht dazu durchringen, die Arbeit wieder aufzunehmen. Celina verlor beim Essen jedes Maß und schleppte sich zwischen ihrem Wohnzimmer und den Zimmern der Enkel hin und her.

Léonie ging in die Fabrik, nachdem sie am Vormittag gestillt hatte. Sie ließ sich die Verträge mit Edilcapitale vorlegen, rief im Mailänder Büro der Baufirma an und bat um einen Termin mit Dottor Ennio Tommasini.

Sie musste lange in der Leitung warten, aber dann säuselte eine Sekretärin, dass der Dottore sie am Nachmittag in seinem Mailänder Büro empfangen werde.

»Ich gehe in die Höhle des Löwen!«, verkündete Léonie, als sie das Büro ihres Schwiegervaters betrat und ihm von dem Termin erzählte.

»Ich komme mit!«, sagte Renzo Cantoni.

»Bitte lass mich die Sache auf meine Art regeln! Ich werde Gioacchino mitnehmen.«

»Was für ein Unsinn! Das solltest du dem Kleinen wirklich ersparen …!«, warnte Renzo Cantoni. Aber sie ließ ihn gar nicht erst ausreden.

»*À la guerre come à la guerre!* Ich habe meine eigenen Waffen und bin fest entschlossen, sie auch zu benutzen. Verliere ich, werde ich dich bitten, mein anmaßendes Verhalten zu entschuldigen«, verkündete sie. Spätestens da war ihr Schwiegervater davon überzeugt, dass sie nichts aufhalten konnte. Sie kehrte in die Villa zurück und sagte zu der Kinderfrau:

»Wir brechen nach Mailand auf. Mach dich fertig und zieh Gioacchino an. Ich werde ihn mitnehmen.«

Die Mailänder Büros der römischen Baufirma befanden sich in einem kleinen Palazzo aus dem neunzehnten Jahrhundert hinter einem beeindruckenden Eingangstor. Das öffnete sich zu einem kleinen umzäunten Garten hin. Am Tor waren Überwachungskameras angebracht, die aufnahmen, wie Léonie mit Gioacchino auf dem Arm und der Kinderfrau im Gefolge eintraf.

Die Tür öffnete sich automatisch, und das seltsame Trio betrat ein helles Treppenhaus mit elfenbeinfarbenen, mit Stucco Veneziano verputzten Wänden. Eine Empfangsdame mit sinnlichen Kurven begrüßte sie. Sie trug ein blauviolettes Kostüm, das ihr mindestens eine Nummer zu klein war.

»Ich bin Léonie Cantoni. Ich habe eine Verabredung mit Dottor Tommasino«, stellte sich Léonie vor. Und da die junge Frau sie zögernd anlächelte, was ihr Erstaunen verriet, fügte sie noch hinzu: »Gibt es irgendein Problem? Haben Sie noch nie ein Neugeborenes gesehen?«

»Doch, natürlich. Der Dottore erwartet Sie bereits, aber ich wusste nicht … Ich meine, ich dachte …«, stammelte die junge Frau.

»Am besten melden Sie mich einfach an«, half Léonie ihr mit einem zuckersüßen Lächeln auf die Sprünge.

Sie hatte sich sorgfältig geschminkt, trug ein fuchsiafarbenes Kostüm und hatte Parfüm aufgelegt. Sie war fest entschlossen, siegreich aus dem Kampf mit diesem arroganten Baulöwen hervorzugehen, der anderen seine Gesetze aufzwang, statt die des Staates zu respektieren.

Léonie und das Kindermädchen wurden zu einem Lift geführt, der sie in den ersten Stock brachte. Dort wurden sie von einer Sekretärin empfangen, die eher wie eine Varieté-Tänzerin aussah. »Der Dottore wird Sie sofort empfangen«, flüsterte sie. »Ich weiß allerdings nicht, ob es angebracht ist …«

Gioacchino schlummerte selig, und Léonie überreichte ihn behutsam dem Kindermädchen mit den Worten: »Ja, es ist in der Tat angebracht, das Kindermädchen und meinen Sohn, wenn auch nur kurz, angemessen unterzubringen. Wissen Sie, er ist noch zu klein für eine Arbeitsbesprechung.«

Die völlig verblüffte Sekretärin beeilte sich, auf einen Raum zu zeigen, in den sich das Kindermädchen mit dem Kleinen zurückzog.

Dann wartete Léonie hocherhobenen Hauptes, dass die Sekretärin die Tür zu Tommasinis Büro öffnete und sie ankündigte.

Wenig später fand sich Léonie in einem prunkvollen Saal wieder, der mit weichen Teppichen, antiken Spiegeln und üppigen Pflanzen dekoriert war. Das Ganze ließ den kahlköpfigen, übergewichtigen Fünfzigjährigen darin beinah lächerlich wirken. Er saß am Ende des Raums in einem thronartigen Sessel hinter einem gläsernen Schreibtisch. Neben ihm stand in Habachtstellung ein dürres rotblondes Männchen, das ihr entgegenkam, während sich der Baulöwe von seinem Thron erhob, langsam auf sie zukam und ihr ein breites Lächeln schenkte. Léonie hütete sich davor, auch nur die geringste Unsicherheit zu zeigen.

»Signora Tardivaux, Sie sind ja noch schöner, als mir erzählt wurde«, begann der Dottore, wobei er Léonies Hand an die Lippen führte. Dann fuhr er fort: »Ich bin der römische Baulöwe, den man hier im Norden verachtet, aber man wird mich schon noch schätzen lernen. Darf ich Ihnen meinen übergenauen Buchhalter Signor Lucetti vorstellen? Ein wertvoller Mitarbeiter natürlich, aber hin und wieder ein wenig zu penibel. Bitte setzen Sie sich«, sagte er und wies mit einer übertriebenen Geste auf einen Sessel vor seinem Schreibtisch.

Léonie gab Lucetti die Hand und setzte sich, während Tommasini es sich wieder auf seinem Thron bequem machte.

»Signor Lucetti ist so fleißig, dass er es manchmal übertreibt.«

Der beschimpfte Buchhalter verzog keine Miene und begab sich wieder in Habachtstellung neben seinen Chef.

»Ich habe um ein Treffen gebeten, das Sie mir großzügigerweise gewährt haben, um Ihnen deutlich zu machen, wie wichtig Sie uns als Kunde sind. Ich muss eingestehen, dass wir an den derzeitigen Problemen in unserer Geschäftsbeziehung nicht schuldlos sind. Ich habe mir den Liefervertrag angeschaut. Dabei habe ich gesehen, dass über die genaue Art der Zahlung nichts vereinbart wurde. Es gibt jedoch einen Nachtrag, der weitere Vereinbarungen vorsieht, die allerdings nie getroffen wurden.«

Während sie sprach, reichte Lucetti seinem Vorgesetzten einige Unterlagen, doch der winkte bloß ab.

»Ich weiß, ich weiß«, erwiderte Tommasini, ohne sein Lächeln abzulegen. »Das will ich Ihnen gern erklären. Sie als Französin wundern sich sicher, wie weit die Spitzfindigkeiten der italienischen Gesetzgebung gehen! Sie ahnen sicher gar nicht, wie gierig unsere Finanzbehörden sind. Menschen wie ich, die Häuser, ja, ganze Städte bauen, um allen ein anständiges Dach über dem Kopf zu garantieren, werden regelrecht schikaniert. Um als Firma weiterbestehen zu können, sind wir manchmal zu, nennen wir es, lässlichen Sünden gezwungen, so auch in diesem Fall.«

»In diesem Fall zwingen Sie uns jedoch, ebenfalls zu sündigen. Ich bin keine Steuerfachfrau, glaube aber, dass bei zwei Sündern die Angelegenheit nicht mehr ganz so ›lässlich‹ ist«, erwiderte Léonie geistesgegenwärtig.

Der Mann schwieg einen Moment und sagte dann: »Wissen Sie, dass ich versucht bin, Sie zu bitten, für mich zu arbeiten? Bei Ihnen verbindet sich Intelligenz mit Schönheit und Charme – und glauben Sie mir, das ist nicht übertrieben!«

»Danke für das Kompliment. Trotzdem frage ich Sie: Wollen Sie wirklich, dass auch meine Firma zur Sünderin wird? Wissen Sie, wir Industriellen aus Brianza mögen weniger raffiniert sein. Wir wünschen uns Großkunden wie Sie, wollen aber auch ruhig schlafen können. Jetzt, da Sie wissen, dass wir keine Zahlungen auf ausländische Konten akzeptieren können … werden Sie uns da trotzdem noch zu Ihren Lieferanten zählen?«, fragte sie mit einem strahlenden Lächeln.

»Sie treiben mich in die Enge, das aber mit einer solchen Eleganz, dass ich … nicht Nein sagen kann«, verkündete der kleine, dicke Mann theatralisch und breitete dabei die Arme aus wie ein Gekreuzigter.

Léonie erhob sich rasch, gab ihm die Hand und sah ihn gespielt bewundernd an, während sie sagte: »Danke, Dottore. Ich danke Ihnen von Herzen. Ich war mir sicher, dass wir uns verstehen. Deshalb bin ich persönlich hierhergekommen, trotz meiner Mutterpflichten. Mit meinem gerade mal einen Monat alten Kind, das gleich gestillt werden will.«

Sie bewegte sich anmutig, und ein betörender Parfümduft ging von ihr aus.

»Ich verstehe die Eile. Ich weiß, dass draußen die Kinderfrau mit Ihrem Sohn wartet. Wie schade! Ich fliege gleich wieder nach Rom und hätte Sie zu gern gebeten, mich zu begleiten. Ich bin nämlich dermaßen eingespannt, dass ich die Flüge nutze, um mich mit interessanten Menschen zu unterhalten.«

»Tja, wirklich zu schade!«, meinte sie und tat enttäuscht. Dann schloss sie mit den Worten: »Gut, dass das Wichtigste nun geklärt ist.«

Er begleitete sie zur Tür, gefolgt von seinem stummen Buchhalter, und sagte: »Da irren Sie sich, Signora Tardivaux, zwischen uns ist das letzte Wort noch nicht gesprochen. Mein Angebot war ernst gemeint. Überlegen Sie doch mal, was für ein Karrieresprung es für Sie wäre, von der Firma Ihres Schwiegervaters zu Edilcapitale zu wechseln – vom kleinen Familienbetrieb ins Big Business. Sie ahnen ja nicht, was Sie noch alles erreichen könnten, wenn Sie für mich arbeiten würden. Ich arbeite gern mit Frauen zusammen, die so intelligent und vor allem so schön sind wie Sie.«

»Ich werde darüber nachdenken, Dottore«, versprach sie dankbar, nicht ohne hinzuzufügen: »In der Zwischenzeit erwarte ich jedoch, dass unsere Rechnungen korrekt beglichen werden.«

5

Gioacchino wurde in den Armen der Kinderfrau langsam unruhig. Léonie trat mit ihnen in den Lift und beeilte sich dann, den Palazzo zu verlassen. Sie fühlte sich, als würde sie von einer Meute wilder Hunde verfolgt.

Sie ließ sich das Kind geben und reichte dem Kindermädchen die Autoschlüssel. »Fahr du! Ich setze mich mit dem Kleinen auf den Rücksitz«, befahl sie und seufzte erleichtert auf.

Bevor der Wagen losfuhr, legte Léonie den Kleinen an die Brust und gestand der Kinderfrau: »Das Treffen war der reinste Albtraum, aber ich habe gewonnen!«

Dottor Tommasini war ihr zuwider, sodass sie ihn für die Zukunft gern von ihrer Kundenliste streichen würde.

»Nie im Leben!«, sagte der Schwiegervater, als sie ihn in seinem Büro aufsuchte. »Unsere Kunden sind unser Kapital. Ohne sie könnten wir gleich dichtmachen!«

»Ja, aber ein Typ wie der …«, protestierte sie.

»Du kannst stolz auf dich sein, dass du unsere Interessen bei ihm durchsetzen konntest, kleine Hexe«, erwiderte Cavalier Cantoni.

»Ich habe dir noch gar nicht gesagt, dass er mich abwerben wollte.«

»Das wundert mich nicht! Ich denke, ich brauche dir nicht zu erklären, nach welchen Kriterien er seine Mitarbeiterinnen auswählt?«

»Bitte erspar mir das, denn so viel habe ich auch begriffen. So erfolgreich er auch ist: Seinen wahren Charakter kann dieser *petit bonhomme* nicht verbergen.«

»Danke für alles, meine Liebe. Und jetzt geh zu deinen Kindern und lass die Arbeit noch bis zum Sommer allein meine Sache sein!«

»Du weißt genau, dass ich das nicht tun werde, *papà*. Aber heute bin ich wirklich müde. Und ein wenig Erholung habe ich mir verdient.«

Nach diesem unangenehmen Nachmittag wollte Léonie erst einmal viel Zeit mit ihren Kindern verbringen.

Sie fand ihren Mann in Giuseppes Zimmer, wo dieser mit der Hilfe seines Vaters ein buntes Legohaus baute. Das Kind rannte ihr entgegen. Sie hob den Kleinen hoch und nahm ihn auf den Arm, wobei ihr das besorgte Gesicht ihres Mannes auffiel.

»Ich war ganz brav in deiner Abwesenheit. Singst du mir jetzt das Lied vom Bären vor?«, fragte Giuseppe.

»Der, der dem königlichen Koch von Berlin alles wegfrisst?«, fragte sie.

»Ja, genau das, *Mammina!*«

»Hol das Buch, dann singen wir es zusammen«, erwiderte sie und setzte sich neben ihren Mann auf den Teppich.

Während Giuseppe in seinem kleinen Bücherregal wühlte, flüsterte Guido: »War das wirklich nötig, dass du diesen Kerl persönlich aufgesucht hast?«

Anscheinend wusste er schon von ihrem Besuch bei Dottor Tommasini.

»Ich dachte, es sei eine gute Idee, und das war es auch, denn ich habe bekommen, was ich wollte. Du solltest stolz auf mich sein!«, sagte sie.

»Ich hätte dir die Fahrt gern erspart und stattdessen selbst mit ihm geredet.«

»Und wir hätten einen Kunden verloren.«

»Vielleicht. Trotzdem, ich würde ihm zu gern einmal die Meinung geigen.«

Léonie sah ihn fragend an.

»Warum, glaubst du wohl, bin ich seit über einem Monat in Villanova? Dieser Emporkömmling, der den Schutz wichtiger Politiker genießt, hat es sich in den Kopf gesetzt, einen Film zu produzieren! Nicht dass er sich wirklich dafür interessiert, dafür umso mehr für die Schauspielerinnen. Er hat es geschafft, staatliche Subventionen zu bekommen, und so wie es aussieht, wird er der Produzent meines nächsten Films sein. Und nun schmiert er reihenweise Regisseure und Drehbuchautoren, damit die Rollen mit Schauspielerinnen besetzt werden, die nett zu ihm sind«, schloss er.

»Das sind ja Neuigkeiten!«, rief Léonie.

»Hier, singen!«, befahl der kleine Giuseppe und drückte ihr ein Buch in die Hand.

»Warte, Mama und ich unterhalten uns gerade«, ermahnte ihn Guido.

»Die Mama hat gesagt, dass sie mit mir singt«, protestierte der Kleine.

»Das stimmt. Mama und *papà* werden später weiterreden«, sagte Léonie, während Guido verstimmt den Raum verließ.

Als Giuseppe schließlich in seinem Zimmer schlief, saß Léonie mit ihrem Mann im daneben liegenden Wohnzimmer und stillte Gioacchino zum letzten Mal an diesem Tag. Ein Hausmädchen hatte Feuer im Kamin gemacht.

Guido saß neben seiner Frau auf dem Sofa, las ein Buch und unterstrich darin Zeilen, die er später noch einmal lesen würde, um sie dann richtig zu genießen. Léonie tupfte die Milchtropfen von den Lippen ihres Kleinen. Ab und zu sah sie von ihrem Kind auf und betrachtete ihren Mann, seine hohe Stirn, in die immer wieder die eine oder andere schwarze Locke fiel, seinen konzentrierten, undurchdringlichen Gesichtsausdruck.

»Du liest, als wolltest du vor dir selbst und vor dem Leben davonlaufen«, bemerkte sie.

Er sah sie an und schenkte ihr ein zärtliches Lächeln.

»Du ahnst ja nicht, wie viel Wahrheit in deinen Worten steckt! Und apropos: Ich möchte mich wegen meines schroffen Verhaltens eben entschuldigen. Das war wirklich unangebracht«, sagte er.

»Ich dachte schon, du wärst eifersüchtig.«

»Das bin ich auch, aber nicht auf Tommasini, sondern auf deine Arbeit. Vielleicht bin ich auch eifersüchtig auf deine Anmut, deine Intelligenz und die Leidenschaft, mit der du dich den Familiengeschäften widmest. Und ich bin … erstaunt. Du hast dich verändert. Ich habe dich für einen in sich ruhenden Menschen gehalten, für eine Frau, die sich damit zufriedengeben würde, Kinder zu bekommen und Mutter zu sein. Ich habe dich als eine von diesen wohlhabenden Ehefrauen vor mir gesehen, die die Zeit mit Friseurbesuchen, Shoppen und Bridgespielen verbringen und sich, wenn es langweilig wird, wohltätigen Zwecken widmen oder einen Urlaub planen. Aber das war ein Irrtum. Du hast dich perfekt in unsere Welt eingefügt. Und dich mit deiner sanften, aber hartnäckigen Art in die Firma eingearbeitet. Du bist eher die geborene Managerin als eine verwöhnte Ehefrau. Damit will ich eigentlich nur sagen, dass ich dich schätze und aufrichtig bewundere.«

»So offen bist du selten zu mir«, bemerkte Léonie zufrieden. »Ich kann dazu nur sagen, dass ich mein Leben so nicht geplant habe. Es hat sich einfach so ergeben.«

»Es ist wirklich erstaunlich, wie du es schaffst, gleichzeitig eine gute Mutter zu sein und der Arbeit nachzugehen!«, bemerkte Guido lächelnd.

»Ich liebe meine Kinder. Sie werden immer das Wichtigste in meinem Leben sein.«

»Wenn du möchtest, können wir gleich für Nachwuchs sorgen«, flüsterte er und legte zärtlich einen Arm um ihre Schultern.

»Darf ich vorher noch unseren Sohn zu Ende stillen?«, fragte Léonie mit einem verführerischen Lächeln.

6

Gioia, Léonies und Guidos drittes Kind, kam Ende November zur Welt. Sie war die erste Tochter in einer Familie mit lauter Söhnen, und die Cantonis feierten ein großes Fest. Der vierjährige Giuseppe gewöhnte sich allmählich an seine Rolle als großer Bruder und begrüßte die kleine Schwester wohlwollend. Und Gioacchino war noch zu klein, um eifersüchtig zu sein. Guido schenkte seiner Frau eine Dachwohnung im römischen Trastevere und sagte: »Wenn du mal Abstand von diesem Kindergarten brauchst, kannst du mich in Rom besuchen. Und dann nehmen wir uns Zeit nur für uns zwei.«

Er selbst verbrachte aus Arbeitsgründen inzwischen fünf von sieben Wochentagen in der Hauptstadt.

Etwa einen Monat nach Gioias Geburt stieg Léonie am zweiundzwanzigsten Dezember ins Auto, um allein nach Varenna zu fahren. Mithilfe der Milchpumpe hatte sie einige Fläschchen gefüllt, die ein paar Stunden Abwesenheit erlaubten.

Varenna empfing sie mit Sonnenschein. Es war inzwischen Mittag, und einige Hotelgäste nahmen ihren Aperitif auf der Terrasse ein.

»Dottor Bastiani ist draußen«, sagte die Hotelbesitzerin und zeigte auf einen Mann, der ihr den Rücken zugekehrt hatte und auf den See schaute.

Als Roger ihre Schritte hörte, drehte er sich abrupt um. Bei ihrem Anblick strahlte er vor Freude. Sie reichte ihm die Hand, die er sanft mit den Lippen streifte. Anschließend flüsterte er: »*Te voilà enfin, mon amour.*«

»*Bonjour, mon ami*«, sagte sie lächelnd.

»Wie geht es dir?«, fragten sie gleichzeitig und mussten lachen. Da umarmte Roger sie impulsiv.

»Dieses Jahr kann ich nicht lange bleiben«, flüsterte sie.

»Wie lange?«

»Nur ein paar Stunden«, meinte Léonie und entzog sich sanft seinen Armen.

Roger nickte, ohne weiter nachzufragen.

»Hast du Hunger?«, wollte er wissen.

»Nur ein Sandwich!«, schlug sie vor und setzte sich mit Roger an einen der Tische. Dann sagte sie: »Und ein Helles, das ist gut fürs Stillen.«

»Fürs Stillen von wem?«, fragte er neugierig.

»Anfang des Jahres wurde Gioacchino geboren, und gerade ist Gioa, meine erste Tochter, zur Welt gekommen«, verkündete sie glücklich.

Roger musste laut lachen.

»Zwei Kinder in einem Jahr, du bist ja fantastisch! Und du hast die Kleine allein gelassen, nur um zu mir zu kommen?«

»Zu Hause ist sie von zahlreichen Frauen umgeben, die sich freuen, sich um sie kümmern zu dürfen. Und im Kühlschrank steht genügend Muttermilch. Trotzdem … Ja, ich habe sie allein gelassen, um zu dir zu kommen.«

»Du hättest im Hotel anrufen können, und wir hätten telefoniert«, sagte er.

»Wäre das das Gleiche gewesen?«

»Nein.«

»Erinnerst du dich an unsere Abmachung? Egal, was passiert, wir werden alles tun, um uns hier zu treffen. Ich habe mich daran gehalten. Und wie geht es dir?«

Ein Kellner kam zu ihnen auf die Terrasse und legte eine Tischdecke auf.

»Wollen die Signori wirklich draußen bleiben?« Sie nickten und bestellten Panini und Bier.

»Ich bin heute Nacht aus Venedig gekommen. Die Konferenz wurde verschoben, und gestern Nachmittag habe ich meinen Vortrag gehalten. Dann habe ich mich ins Auto gesetzt und bin hierhergeeilt«, erklärte Roger.

Léonie streckte die Hand aus, um ihm über die Wange zu streichen. »Du siehst gut aus«, flüsterte sie.

»*Mon amour,* es ist nett, dass du das sagst, aber bei dem wenigen Schlaf in den letzten Tagen kann das eigentlich nicht sein«, protestierte er.

Der Kellner kam und brachte ihre Bestellung.

Wie aus dem Nichts tauchte eine Schar Enten auf dem Wasser unterhalb der Terrasse auf.

»Und was hast du in den letzten zwölf Monaten so gemacht?«, fragte Léonie.

»Ich habe mich bei meinen Kindern mit Scharlach angesteckt, was eine ziemlich unangenehme Erfahrung war. Dann war ich zu einer Fortbildung für ein halbes Jahr in den Vereinigten Staaten, in Cincinnati. Ich habe bei einer farbigen Zwölfjährigen einen Kaiserschnitt durchgeführt, die von einem vierzehnjährigen Klassenkameraden schwanger geworden war. Ich habe eine Krise mit meiner Frau überstanden, die die Folgen des furchtbaren Unfalls immer noch nicht verwunden hat …«

»Welche Folgen?«

»Sie hat ein Hinken zurückbehalten. Und anstatt dem Schicksal dankbar zu sein, dass sie fast wieder genesen ist, macht sie ein Riesendrama aus dieser kleinen Behinderung und hat sogar Depressionen. Die Kinder leiden darunter, und auch ich bekomme es zu spüren. Ansonsten betrachte ich abends die

Sterne, dieselben, die auch deine Nächte erhellen, und denke an dich.«

Léonie nahm einen Schluck Bier, schloss die Augen und lauschte seinen Worten.

»Ich bin so glücklich, dass es dich in meinem Leben gibt … Ich liebe dich sehr, Léonie.«

Ein eiskalter Windstoß ließ sie erschaudern.

»Du darfst dich nicht erkälten. Gehen wir hinein!«, sagte Roger. Dann sah er auf die Uhr.

»Ich glaube, du solltest zu deiner Gioia zurückkehren.«

»Aber ich bin doch gerade erst angekommen!«, protestierte sie.

»Vor zwei Stunden. Mach es mir nicht noch schwerer, mein Schatz!«

Die kleine Lobby lag verlassen da. Sie traten auf die Via del Prestino hinaus und gingen langsam, Hand in Hand, die Treppe zum Parkplatz hinauf.

Léonie stieg in ihr Auto und ließ den Wagen an. Roger setzte sich neben sie.

Sie umarmten sich, und er wischte ihr eine Träne aus dem Gesicht.

»Es gibt keinen Grund zu weinen. Bis wir uns wiedersehen, dauert es gerade mal ein Jahr!«, scherzte er.

»Und was, wenn wir uns vorher wiedersehen würden?«, flüsterte sie. »Zum Beispiel im …«

»Im Frühling?«, schlug er vor.

»Dann würden wir gegen unsere Abmachung verstoßen«, bemerkte sie traurig.

Er nickte.

»Frohe Weihnachten und ein gutes neues Jahr, Léonie!«, flüsterte Roger.

»Ich liebe dich«, sagte sie.

»Pass mir auf dich und deine Kleinen auf«, riet er ihr. Und kurz bevor er ausstieg, schenkte er ihr ein verschmitztes Lächeln und sagte: »Bitte bring dein viertes Kind nicht kurz vor oder nach unserem nächsten Treffen zur Welt.«

»Ich werde mein Bestes tun, aber du weißt ja, wie das ist: Kinder kommen, wann sie wollen.«

7

Obwohl der zweiundzwanzigste Dezember der kürzeste Tag des Jahres ist, kehrte Léonie noch vor Sonnenuntergang nach Villanova zurück.

Sie wurde von der Melodie eines Weihnachtslieds empfangen, das ihre Schwiegermutter am Klavier spielte, während Giuseppe dazu sang, Gioia wimmerte, und Gioacchino, der dem großen Bruder nacheifern wollte, brabbelte vor sich hin. Doch weil er schon müde war, döste er gleich darauf ein.

Léonie küsste ihre beiden Söhne und nahm das Neugeborene auf den Arm. »Hat Gioia die ganze Milch getrunken?«, fragte sie die Kinderfrau, die die Kleine betreut hatte.

»Sie hat keinen einzigen Tropfen übrig gelassen«, erwiderte die Frau, die alle in der Familie mit ihren lustigen Versprechern amüsierte, bei denen Estragon zu Östrogen wurde und Variationen zu Varitationen.

Gioia wimmerte nun lauter, Giuseppe hatte aufgehört zu singen und versuchte, die Großmutter zum Weiterspielen zu bewegen, indem er neben ihr wütend auf die Tasten eindrosch.

»Mach einen Kamillentee. Ich möchte der Kleinen etwas davon geben«, bat Léonie das Dienstmädchen und setzte sich dann auf das Sofa, auf dem Gioacchino eingeschlafen war.

Léonie liebte es, mit ihren Kindern und ihrer Schwiegermutter zusammen zu sein, die zwischen Mozartsonaten und Krapfen mit kandierten Früchten gelassen alterte.

»Giuseppe, hör auf, so in die Tasten zu hauen, und komm zu deiner Mutter! Ich will dich umarmen.«

»Ich will singen!«, erwiderte der Kleine.

»Dann setz dich zu mir, und wir singen gemeinsam«, schlug Celina vor, die angesichts ihres Umfangs vergeblich versuchte, ihm auf dem Schemel Platz zu machen.

Das Hausmädchen brachte einen lauwarmen Kamillentee mit Honig, und Léonie verabreichte Gioia etwas davon, woraufhin sich das Kind sofort beruhigte.

»Wo ist Guido?«, fragte Léonie.

»Er ist mit dem Elektriker ins Dorf gefahren, um neue Lichterketten zu kaufen. Die vom letzten Jahr sind alle kaputt. Das Dach des Schuppens, in dem sie aufbewahrt wurden, ist wohl undicht«, erklärte die Schwiegermutter.

Kurz darauf kam Guido. Die Sonne war inzwischen untergegangen.

Er küsste seine Frau auf die Stirn und fragte: »Mit wem hast du heute zu Mittag gegessen?«

»Mit einer Freundin, die du nicht kennst. Eine aus meinem Yogakurs«, log Léonie überraschend gelassen.

Ihr Mann hatte sie zu Anfang ihrer dritten Schwangerschaft dazu überredet, einen Gymnastikkurs zu belegen. Sie hatte wenig überzeugt eingewilligt, doch nach einigen Monaten gemerkt, wie gut es ihr tat.

»Wie wäre es, wenn wir heute Abend ausgehen würden? Ich habe einen talentierten Regisseur kennengelernt und ihn und seine Frau ins *Vecchio Mulino* eingeladen.«

»Bei dieser Kälte hättest du sie besser zu uns eingeladen!«, mischte sich Celina ein.

Léonie war der gleichen Meinung.

»Bitte, lad sie lieber zu uns ein! Ich muss die Kleine stillen.«

Guido gab sich geschlagen und ging hinaus, während der um

Aufmerksamkeit heischende Giuseppe versuchte, Gioia wegzuschubsen, um sich seiner Mutter in die Arme werfen zu können. Gioacchino wachte auf und begann zu weinen. Die Schwiegertochter und die Schwiegermutter sahen sich vielsagend an, woraufhin Léonie lachend sagte: »Jetzt ist es mit unserer Ruhe vorbei!«

Die beiden Gäste kamen mit einer Flasche Champagner und einer Torte, obwohl die Cantonis einen Koch und einen Patissier im Haus hatten. Bei der Arbeit in Rom hatte Guido nie über sich und seine Familie gesprochen, doch nun, da sie zusammen am Tisch saßen, schwärmte er von seiner Frau, nannte sie eine fantastische Mutter und eine Managerin, die immer für eine Überraschung gut sei.

»Andererseits verbringen Sie sehr wenig Zeit zusammen«, bemerkte die Frau des Regisseurs, eine Kostümbildnerin. »Haben Sie denn gar keine Angst, bei all den Frauen, die sich in der Welt des Films tummeln und jeden becircen, nur um an eine Rolle zu kommen? Die sind zu allem bereit, um Erfolg zu haben! Ein gut aussehender Drehbuchautor wie Ihr Mann gefällt bestimmt vielen.«

Léonie verkniff sich eine böse Antwort und beschränkte sich darauf, zu lächeln und freundlich zu antworten: »Woher kommt dieses mangelnde Vertrauen? Sollte es einen konkreten Anlass geben, will ich ihn gar nicht wissen.«

Die Kostümbildnerin begriff, dass sie sich auf vermintes Gelände begeben hatte, und versuchte, ihren Fehler wiedergutzumachen.

»Das war natürlich nur ein Scherz«, gab sie vor.

»Du lässt aber auch kein Fettnäpfchen aus!«, tadelte ihr Ehemann, der Regisseur, peinlich berührt.

Léonie schloss aus dem Ganzen, dass der Mann seine Frau wohl betrog.

Guido entspannte die Atmosphäre, indem er das Thema wechselte. Aber nachdem die beiden gegangen waren, sagte er zu Léonie: »Er ist ein fantastischer Regisseur, hat aber ein weniger glückliches Händchen im Umgang mit Frauen.«

Diese Kritik deckte sich mit Léonies Eindruck, und es freute sie, dass Guido genauso dachte.

»Ganz meine Meinung!«

»Gut, dass du bei dem Essen heute dabei warst! Sonst wäre es mir vielleicht entgangen, und es könnte sich negativ auf unsere Zusammenarbeit auswirken. Danke für deine wertvolle Unterstützung.«

Als Léonie sich im Frühling von der Schwangerschaft erholt und ihre alte Figur wiederhatte, half sie ihrem Schwiegervater erneut ganztags in der Firma. Guido, der daran gedacht hatte, eine eigene Filmproduktionsgesellschaft zu gründen, verwarf diesen Gedanken wieder, da er mit so namhaften Konkurrenten wie Cineriz, Titanus oder De Laurentiis nie würde mithalten können. Es mangelte ihm nicht an Geld, sondern eher an der Lust auf das anstrengende Tagesgeschäft eines Filmproduzenten. Letztlich war er ein Geschichtenerfinder. Einer, der es liebte, Figuren zu entwickeln und sie auf die große Leinwand zu bringen. Einer, der sich gern spannende Plots und überzeugende Dialoge ausdachte.

Gegen Ende des Jahres, am 22. Dezember, ließ Léonie ihre drei Kinder in der Obhut der Frauen des Hauses, um nach Varenna zu fahren.

Sie brach gut gelaunt auf, da sie sich keine Ausrede für ihre Abwesenheit ausdenken musste. Guido war zwei Tage zuvor mit einem Regisseur und einem Standfotografen zu einer Locationsuche aufgebrochen.

»Ich bin auf der Suche nach einem reizvollen Ort, an dem mein Film richtig in Szene gesetzt werden kann«, hatte er ihr gesagt und versprochen: »An Heiligabend bin ich wieder zurück.«

In Varenna traf sie sich mit Roger. Und wie jedes Mal hatten sie sich viel zu erzählen. Sie sprachen über ihre Schwächen, ihre Glücksmomente, ihre Ängste, ihre Probleme und das, worauf sie stolz waren. Sie verbrachten ein paar Stunden im Bett, liebten sich zärtlich und vergaßen alles andere um sich herum. Sie lachten über Kleinigkeiten und waren gerührt, dass ihre Gefühle füreinander in all den Jahren nicht nachgelassen hatten.

Am späten Nachmittag machten sie einen Spaziergang durch die Altstadt.

»Glaubst du, wir werden nächstes Jahr auch wieder hier sein?«, fragte Léonie.

»Wieso fragst du?«

»Weil alles Schöne irgendwann einmal vorbei ist.«

»Unsere Liebe, *mon amour,* ist nicht schön. Sie ist der absolute Superlativ und kann gar nicht irgendwann vorbei sein.«

Sie blieben stehen und sahen in die Schaufenster der Läden, die Souvenirs und Weihnachtsschmuck verkauften. Und genau dort, vor einem dieser Geschäfte, sah Guido seine Frau Arm in Arm mit einem gut aussehenden, eleganten Mann. Die beiden sahen sich tief in die Augen, unterhielten sich und lachten.

8

Guido war zufällig nach Varenna gekommen, nachdem er gemeinsam mit dem Regisseur und dem Standfotografen beschlossen hatte, am Flusslauf des Lecco nach passenden Panoramen zu suchen. Sie hatten den Vormittag in Bellano verbracht, wo sie zu Mittag gegessen hatten, und waren am Nachmittag nach Varenna gefahren.

Sie waren zwischen mittelalterlichen kleinen Häusern über Maultierpfade gegangen und unter Arkaden am See entlang, wobei sie Osterien, Fässer und alte Küchenherde fotografiert hatten sowie die in den Fels gehauenen alten Läden.

In Varenna hatten sie sich für den kleinen Souvenirladen interessiert, der hölzerne Nachbildungen der berühmten Barke verkaufte, mit der die Lucia aus Alessandro Manzonis *Die Brautleute* in Pescarenico vom Ufer abgelegt hatte. Sie waren in das Geschäft hineingegangen. Während der Fotograf Bilder von der alten Gewölbedecke machte, hatte Guido in den Regalen gestöbert. Vom Fenster aus hatte er dann Léonie Arm in Arm mit dem anderen Mann gesehen. Dabei war ihm vor Schreck beinah das Herz stehen geblieben. Er war wie zu Stein erstarrt. Kurz darauf waren die beiden verschwunden. Er war vor die Tür des Ladens getreten und hatte gesehen, wie sie ein kleines Lokal betraten. Kurz entschlossen war er ihnen gefolgt, und durch die mit weißen Spitzenvorhängen geschmückten Fenster hatte er beobachtet, wie sie sich an einen Tisch neben einem großen Kachelofen setzten.

Er musste sich an der Außenmauer des Lokals abstützen, um wieder zu Atem zu kommen. Dabei sah er, dass der Fotograf aus dem Souvenirladen kam und sich vergeblich nach ihm umschaute. Kurz darauf kam der Regisseur dazu. Die beiden redeten miteinander und bogen dann in eine Gasse ein, die zum Kirchplatz führte, in Richtung des *Hotel Royal*, wo sie Zimmer gebucht hatten.

Guido stand nicht der Sinn danach, sich gleich wieder zu ihnen zu gesellen, aber sollte er wirklich hier draußen, in der eiskalten Abendluft, darauf warten, dass seine Frau und ihr vermutlicher Liebhaber wieder herauskamen? Am Ende siegte seine Neugier, und so blieb er am Fenster stehen, bis Léonie und ihr geheimnisvoller Begleiter das Restaurant verließen. Anschließend verfolgte er sie bis zum *Hôtel du Lac*. Dann stieg er in seinen Wagen und fuhr nach Hause. Später würde er die beiden Kollegen im Hotel anrufen und ihnen sagen, dass er müde geworden und nach Villanova zurückgekehrt sei.

Auf der Fahrt wurde ihm klar, dass Léonie seit Jahren, ja, im Grunde seit ihrem ersten Weihnachtsfest als Ehepaar, stets am zweiundzwanzigsten Dezember irgendwohin aufgebrochen war. Wer war dieser Mann? War er wirklich ihr Liebhaber? Wie hatte sie ihn kennengelernt? Wann und wo trafen sie sich?

War es denn möglich, dass eine so hingebungsvolle Mutter und zärtliche Ehefrau, die dazu unermüdlich ihrem Beruf nachging, ein Doppelleben führte? Warum hatte er nicht längst Verdacht geschöpft? Während er die letzten Jahre Revue passieren ließ, wurde ihm bewusst, dass er den Unternehmungen seiner Frau nie große Aufmerksamkeit geschenkt hatte, auch nicht, wenn sie einen ganzen Tag oder länger weggeblieben war. Nicht zuletzt weil er sie immer erreichen konnte, wenn er für längere Zeit unterwegs war und mit ihr reden wollte. Er telefonierte mit ihr, wenn sie in der Firma, im Fitnessstudio, bei gemeinsamen Freunden oder auf Geschäftsreise war. Im letzten Fall war fast immer sein Vater dabei.

Dann jedoch fiel ihm ein, dass es durchaus auch Gelegenheiten gegeben hatte, an denen er sie vergeblich angerufen hatte.

Als er die Villa betrat, schliefen die Kinder, und sein Vater war bereits zu Bett gegangen. Die Mutter saß im Wohnzimmer vor dem Kamin und schmückte die Geschenkpäckchen mit Schleifen und Weihnachtskarten. Dabei sah sie sich einen Film im Fernsehen an, für den Guido das Drehbuch geschrieben hatte.

»Guido, mein Schatz, du siehst so müde und verfroren aus!«, sagte Celina.

»Das bin ich auch, trotzdem habe ich gesehen, wie eifrig du zu den Pralinen greifst. Du hast sie unter dem Sessel versteckt«, sagte ihr Sohn vorwurfsvoll.

»Jetzt sei nicht so streng! Es ist schlimm genug, dass ich in meinem Alter zu solch kindischen Schwindeleien greife!«

»Diese Schwindeleien, *mammina,* sind Gift für dich, und das weißt du auch.«

»So lass mir doch meine wenigen Laster!«, bat die Frau. Guido sagte nichts darauf und fragte stattdessen, ob sie schon etwas von Léonie gehört habe.

»Sie ist heute Morgen weggefahren und will erst nach dem Abendessen zurückkommen«, sagte Celina gelassen.

»Weißt du, wo ich sie erreichen kann?«

Seine Mutter dachte kurz nach und gab dann zu: »Ich habe nicht die geringste Ahnung. Falls sie mir gesagt hat, wohin sie fährt, habe ich es wieder vergessen. Musst du dringend mit ihr reden?«

»Sie ist meine Frau. Ich wüsste einfach gern, wo sie ist.«

»Beruhige dich! Deinem Vater und mir geht es gut, den Kindern hervorragend, und Léonie kommt gleich wieder. Hast du schon gegessen?«

»Nein, ich habe keinen Hunger.«

»Der Appetit kommt beim Essen. Ruf Nesto und lass dir etwas zubereiten!«

»Ist schon gut, Mama. Ich lege mich schlafen.«

Er fühlte sich verloren wie ein kleines Kind. In seinem Arbeitszimmer ließ er sich auf einen Sessel fallen. Seine Frau hatte einen Liebhaber. Sie nutzte seine Abwesenheit aus, um sich mit ihm zu treffen, den Tag mit ihm zu verbringen.

Seit Jahren erzählte er Geschichten von Liebe und Verrat. Daher wusste er, dass es viele Gründe gab, weshalb es zu Letzterem kommen konnte. Manchmal erfand er Missverständnisse, um sie dann aufzulösen und die Unschuld des vermeintlich Schuldigen zu beweisen. Wenn er schrieb, machte es ihm einen Riesenspaß, in Hass, Eifersucht, Rachegelüsten, Tränen und Versöhnungsszenen zu schwelgen. Um diese heftigen Gefühle glaubhaft schildern zu können, musste er sich nur seine unglückliche Liebesgeschichte mit Amaranta in Erinnerung rufen, die ihn immer noch quälte.

Und nun war er wieder von der Frau, die er liebte, verraten worden. Seine erste große leidenschaftliche Liebe hatte sich in den Schoß der Kirche geflüchtet. Und seine zweite Liebe, seine Frau, in die Arme eines Unbekannten. Warum?

Wieso durfte er nicht glücklich sein?

Er quälte sich lange mit diesen Gedanken, bis er erschöpft einschlief.

Als er wieder erwachte, war es fast Mittag. Vor seinem Arbeitszimmer hörte er die Geräusche der Hausmädchen, die mit Putzen beschäftigt waren.

Er ging in sein Schlafzimmer, zog sich aus, duschte und zog sich wieder an. Dann kehrte er in sein Arbeitszimmer zurück und läutete nach Nesto.

»Ich hätte gern einen Kaffee und ein paar Kekse.«

Als Nesto mit den gewünschten Dingen zurückkehrte, brachte er ihm auch gleich die Tagespost mit.

»Irgendwelche Neuigkeiten?«, fragte Guido.

»Nein. Die Signora ist mit den Kindern im Garten. Sie sehen

den Elektrikern zu, die gerade die Lichterketten montieren. Ihr Herr Vater lässt ausrichten, dass er nicht zum Mittagessen kommen wird. Ihre Frau Mutter ist beim Arzt und lässt sich den Blutdruck messen.«

»Ich werde gleich hinausgehen, um nach meiner Frau und den Kindern zu schauen«, verkündete Guido.

Wie würde Léonie reagieren, wenn sie ihn sah? Sie hatte Gioia auf dem Arm, hielt Gioacchino an der Hand und sah aufmerksam zu, wie Giuseppe den Arbeitern half, eine schwere Lichterkette zu halten. Als sie Guido entdeckte, kam sie ihm entgegen und hielt ihm die Wange zum Kuss hin.

»Wann bist du zurückgekommen?«, fragte sie.

»Gestern Abend, aber ich habe noch lange gearbeitet und bin im Arbeitszimmer eingeschlafen«, erwiderte er. »Und wie geht es dir?« Er konnte sich gerade noch davon zurückhalten, sie einem strengen Verhör zu unterziehen.

»*Papà,* schau nur, ich arbeite«, jubelte Giuseppe.

»Sehr schön!«, sagte Guido und ließ seine Frau nicht aus den Augen.

»Hervorragend. Sieht man das nicht?« Léonie wirkte glücklich.

»Wo warst du gestern?«, fragte er beiläufig.

»Ich habe mir eine Pause von zwölf Stunden gegönnt«, erwiderte sie gelassen.

Hin- und hergerissen zwischen dem Wunsch, sie ins Haus zu zerren und ihr Vorwürfe zu machen, und der Angst, eine unangenehme Antwort zu erhalten, entschied er sich für einen Kompromiss.

9

Guido beschloss, sich an eine Privatdetektei zu wenden, die in Mailand für genau zwei Dinge bekannt war: für ihre Seriosität und Professionalität sowie für ihr unverschämtes Honorar. Die Inhaberin, Antonella Ponzani, war ein Ausbund an Korrektheit. Sie hatte die Detektei von ihrem Vater übernommen und ihren Aktionsradius auf Unternehmen ausgedehnt, um das tatsächliche Potenzial einer Marke oder Finanzgruppe in puncto Bankdarlehen, Fusionen und Transaktionen zu ermitteln. Ihre Vermögensnachforschungen waren zuverlässiger als die der Steuerbehörden – nicht umsonst hatte sie einige ehemalige Steuerfahnder unter ihren Mitarbeitern.

Auf ebenso diskrete wie verschwiegene Weise nahm sich Antonella Ponzani auch Familienproblemen an wie Ehebruch, gewalttätige Jugendliche oder Spielsucht.

Wie die meisten hatte auch Guido Cantoni schon von dieser Detektei gehört. Trotzdem hätte er nie gedacht, einmal ihre Dienste in Anspruch nehmen zu müssen. Doch genau das tat er jetzt, wenn auch etwas verschämt. Aber der Wunsch, mehr zu erfahren, war stärker als seine Scham.

Guido war eifersüchtig.

Léonie Tardivaux, die charmante, intelligente Französin, hatte ihn nach der Sache mit Amaranta vor der schlimmsten Verzweiflung bewahrt.

Hätte ihn der Schmerz über Amarantas Zurückweisung nicht

in so tiefe Depressionen gestürzt, hätte er sich vielleicht eher für einen anderen Frauentyp interessiert. Für jemanden mit ähnlichen Interessen und kulturellen Vorlieben. Doch in jener von Selbstzweifeln geprägten Lage hatte er in Léonie eine zuverlässige Partnerin entdeckt, die ihn mit ihrer Fröhlichkeit und Spontaneität vielleicht aus dem tiefen Tal hinausführen konnte. Und genau so war es auch gewesen. Sie war unkompliziert, unterstützte ihn, wo sie nur konnte, und er hatte wieder angefangen, das Leben zu lieben. Mit der Zeit hatte seine Frau überraschende Qualitäten entwickelt und war inzwischen zu einem unverzichtbaren Mitglied der Familie Cantoni geworden.

Ohne es zu merken, hatte Guido sich Tag für Tag mehr in sie verliebt, und die Erinnerung an Amaranta schmerzte ihn immer weniger. Er besuchte sie zwar noch ab und zu im Kloster, aber seit einigen Jahren in einer durchaus ausgeglicheneren Verfassung. Zuletzt hatte er ihr gegenüber sogar eingestanden: »Wir haben beide Glück gehabt: Du bist deiner Berufung gefolgt, und ich habe begriffen, dass du recht hattest. Hätten wir geheiratet, hätten wir uns irgendwann gehasst.«

Jetzt sagte er in der Detektei zu Antonella Ponzani: »Ich habe meine Frau mit einem Mann in Varenna gesehen. Sie sind in ein kleines Hotel am See gegangen.«

Hätte die Frau in dem Moment einen banalen, tröstenden Satz gesagt, hätte Guido sich verabschiedet und wäre geflohen. Er war nämlich alles andere als stolz auf das, was er tat: Die Figur des Privatdetektivs gefiel ihm in Krimis von Mickey Spillane oder Raymond Chandler, im eigenen Leben deutlich weniger. Denn nicht nur, dass er seine Frau erniedrigte, indem er sie beschatten ließ, erniedrigte er sich durch seine Anfrage bei der Detektei selbst. Doch die Besitzerin der Detektei ging gleich auf sein Anliegen ein: »Verstehe. Aber sind Sie sicher, dass Sie die Wahrheit wissen wollen? Haben Sie schon versucht, mit Ihrer Frau zu reden?«

Antonella hatte Klasse. Sie war um die vierzig und hatte das Haar im Nacken zu einem tief sitzenden Knoten gebunden. Sie war nicht wirklich schön, hatte aber einen aufgeweckten, freundlichen Blick und duftete nach Maiglöckchen. Mit den Blumendrucken, den Spitzengardinen und den pastellfarbenen Damastsofas wirkte ihr Büro eher wie ein Salon als eine Detektei.

»Ehrlich gesagt, nein«, erwiderte Guido unschlüssig. »Bei drei Kindern, meiner Arbeit und meinen gesellschaftlichen Verpflichtungen kommt unsere Beziehung oft zu kurz. Léonie ist eine hingebungsvolle Mutter, in der Firma unersetzlich, und sie leitet geschickt den Haushalt. In den wenigen Stunden, die wir für uns haben, ist sie auch eine hervorragende Ehefrau. Sie liebt meine Eltern, wie sie auch schon meine Großeltern geliebt hat. Im Grunde ist sie perfekt.«

»Ein Grund mehr, dass ich Sie fragen muss, ob Sie von uns wirklich die Wahrheit erfahren wollen. Denn unsere Aufgabe besteht darin, heimlich durchs Schlüsselloch zu schauen, anstatt den Betroffenen die Gelegenheit für eine plausible Erklärung zu geben.«

»Ich fürchte, ich wage es nicht, mit ihr darüber zu reden«, gab Guido zu.

»Auch das kann ich verstehen«, erwiderte Signora Ponzani. Dann lächelte sie ihm ermutigend zu und sagte: »Meine Leute werden Ihre Frau für ein paar Wochen beschatten. In einem Monat sage ich Ihnen, was wir herausgefunden haben.«

Der Monat war schnell vergangen, und erneut saß Guido der Frau in der Detektei gegenüber.

»Die Signora hat den zweiundzwanzigsten Dezember tatsächlich teilweise im *Hôtel du Lac* in Varenna verbracht«, leitete Antonella Ponzani die Ergebnisse ihrer Ermittlungen ein. »Mit einem Herrn aus Marseille, also mit einem Landsmann von ihr … Doch danach haben sich die beiden nicht mehr gesehen, und ihre wenigen Ortswechsel lassen keinerlei Verdachtsmomente zu. So gesehen ist wohl eher zu bezweifeln, dass es sich bei dem Franzosen um ihren Liebhaber handelt. Vielleicht ist es ein Verwandter. Wollen Sie, dass wir weitere Nachforschungen über diesen Roger Bastiani anstellen?«

»Ich möchte, dass Sie meine Frau auch weiterhin beschatten.«

»Eine Frau mit einer heimlichen Affäre benimmt sich anders, glauben Sie mir. Ich spreche da aus Erfahrung.«

»Versuchen Sie nicht, mich von meinem Entschluss abzubringen. Machen Sie weiter. Benachrichtigen Sie mich nur, wenn Sie etwas entdeckt haben.«

Nachdem er einen Scheck über einen hohen Betrag ausgestellt hatte, sagte er: »Ich bin mir beinahe sicher, dass Sie doch etwas finden werden.«

An diesem Tag stritt er heftig mit Léonie. Die Eifersucht machte ihn äußerst besitzergreifend, und nach einigen Tagen wurde sie unwillig.

Als er sie eines Abends erneut bedrängt hatte, fragte sie: »Was willst du mir damit eigentlich beweisen?«

Guido, der mit einem solch strengen Tonfall nicht gerechnet hatte, sagte: »Dass ich dich begehre.«

»Es liegt zu viel Wut in deinem Begehren.«

»Könnte es vielleicht etwas damit zu tun haben, dass du mich nicht ebenso begehrst?«, provozierte er sie.

»Das mit Sicherheit! Wenn du mich weiterhin so bedrängst, werde ich bei den Kindern schlafen. Wie ein Tier fällst du über mich her. So als wolltest du mir etwas beweisen, mir deine Männlichkeit demonstrieren. Das mag ich nicht, so etwas gefällt keiner Frau!«, verkündete sie schroff, verließ das Bett und flüchtete sich ins angrenzende Wohnzimmer.

Es war fast Mitternacht, und sie war müde. Doch nun fand sie keinen Schlaf mehr. Da sie weder Lust hatte fernzusehen, noch in einer Zeitschrift zu blättern oder ein Buch zu lesen, überlegte sie, in die Küche zu gehen und sich einen Kamillentee zu machen. Als sie gerade das Wohnzimmer verlassen wollte, kam Guido wie ein geprügelter Hund zu ihr.

»Vergib mir, Léonie!«, flüsterte er.

Doch während er dies sagte, schob sich wieder das Bild von ihr mit dem fremden Mann vor sein inneres Auge.

»Ich glaube, wir müssen reden.«

10

Guido folgte ihr in die Küche, wo Léonie den Wasserkessel aufsetzte und Kamillenblüten aus dem Garten, einige Blätter Citronella, Fenchelsamen und zwei Nelken in den Porzellanfilter der Kanne gab.

Guido, der am Marmortisch saß, bewunderte die Anmut ihrer Gesten. Am liebsten hätte er sie direkt gefragt: »Wer war der Mann, mit dem du den zweiundzwanzigsten Dezember in Varenna verbracht hast?« Aber er brachte es einfach nicht über sich. Léonie war eine perfekte Ehefrau, die er, wie er erstaunt festgestellt hatte, aufrichtig liebte. Und die Angst, sie zu verlieren, hielt ihn davon ab, sie zu verhören.

Sie stellte zwei dampfende Tassen mit bernsteinfarbenem Tee auf den Tisch.

»Willst du deinen Tee mit Honig trinken?«, fragte sie.

»Ja, bitte«, erwiderte Guido, nicht ohne hinzuzufügen: »Nimmst du keinen Honig?«

»Honig macht dick. Du isst regelmäßig Süßes und hast trotzdem eine beneidenswerte Figur. Ich würde dick wie ein Fass, wenn ich nicht ständig auf meine Ernährung achten würde.«

»Mir würde es nicht das Geringste ausmachen, wenn du dicker wärst.«

»Aber mir!«, entgegnete Léonie.

»Essen kompensiert vieles. Dass wir Cantonis vor allem emotional unsere Probleme haben, ist, denke ich, nicht zu übersehen.«

»Wolltest du darüber mit mir reden?«, fragte sie, nachdem sie kurz an ihrem Tee genippt hatte.

»Ich wollte dir sagen, dass ich mir meines Frusts bewusst bin und ihn dummerweise an dir ausgelassen habe«, antwortete er. Dann sagte er leise: »Mir ist klar geworden, dass ich mich falsch verhalten habe. Es tut mir leid, wenn ich dich sexuell bedrängt habe. Ich bitte dich aufrichtig um Entschuldigung.«

»*Ça suffit, mon pauvre ami*«, sagte Léonie und strich ihm zärtlich über die Wange. »Ich habe dir bereits verziehen – auch weil ich hoffe, dass es nicht wieder passiert. Willst du mir sagen, was dich quält?«

»Ich weiß es selbst nicht so genau«, log er. »Wir Männer sind manchmal feige, unsicher und erbärmlich. Und genauso fühle ich mich jetzt«, gestand Guido.

Léonie betrachtete ihren hochgewachsenen Ehemann mit den blassen, aristokratischen Zügen. Sie sah ihn mit liebevollem Bedauern an und redete sich ein, dass er wahrscheinlich durch irgendetwas an seine alte unglückliche Leidenschaft für Amaranta erinnert worden war. Nicht einmal ansatzweise vermutete sie, dass Guido über ihre Affäre mit Roger Bescheid wusste.

Noch einmal strich sie ihrem Mann zärtlich über das Gesicht.

»Weißt du, Guido, ich bin dir und deiner Familie sehr dankbar für eure Zuneigung. Als wir uns kennenlernten, war ich rastlos, und heute bin ich eine gelassene, glückliche Frau. Es tut mir leid, dass du Probleme hast, aber das geht bestimmt wieder vorbei. Wir sind doch eine glückliche Familie, oder etwa nicht?«

Seit sie geheiratet hatte und in der großen Cantoni-Villa wohnte, ging sie manchmal bis zum Teich am Ende des Parks, um dort aufs Wasser zu schauen. Auf einer steinernen Bank überließ sie sich ganz dem Frieden dieses Ortes, der für sie die Familie Cantoni versinnbildlichte. Sie war sich sicher, dass sich unter der glatten Oberfläche des Teiches etwas in der dunklen Tiefe verbarg. Aber auf den ersten Blick wirkte das stille Wasser beruhigend, und das genügte ihr.

»Wir sind eine glückliche Familie«, bestätigte Guido lächelnd.

In der gemütlichen Wärme der großen Küche dachte Léonie, dass Guido und sie vielleicht kein perfektes Paar sein mochten, aber trotzdem gut zusammenpassten, weil sie durch Zuneigung, die Liebe zu ihren Kindern, Respekt voreinander und gemeinsame Zukunftspläne miteinander verbunden waren.

»Wollen wir nach den Kindern sehen?«, fragte sie leise.

Sie stiegen in den Aufzug, fuhren in den ersten Stock und gingen in Giuseppes Zimmer, der als Ältester allein schlief.

Eine Lampe, die in einer Zimmerecke auf dem Boden stand, spendete schwaches Licht.

Gemeinsam traten sie ans Bett des Kleinen, der ganz tief schlief, den Teddy im Arm. Er hatte die gleichen schwarzen Locken wie sein Vater, einen gesunden rosigen Teint und verströmte diesen köstlichen Babyduft, der Eltern dahinschmelzen lässt.

Guido legte sanft eine Hand auf sein Köpfchen, als wollte er ihn segnen. Léonie zupfte die bunte Daunendecke zurecht. Schweigend gingen sie aus dem Raum und ließen die Tür angelehnt. Dann traten sie Hand in Hand in das Zimmer, in dem Gioacchino und Gioia schliefen, beide in ihren Gitterbettchen.

Gioacchino hatte sich zusammengerollt, da er die Decke weggestrampelt hatte, und fror. Er hatte den Daumen in den Mund gesteckt und lutschte manchmal daran. Léonie deckte ihn wieder richtig zu.

Gioia dagegen hatte einen Schnuller im Mund und sah sie mit großen Augen an. Bei ihrem Anblick strahlte sie, und der Schnuller fiel aufs Kissen.

Léonie legte den Zeigefinger auf die Lippen, während Guido ihr beruhigend zuflüsterte: »Es ist mitten in der Nacht, schlaf!«

Gioia steckte sich den Schnuller wieder in den Mund, reckte sich, schloss die Augen und schlief ein.

»Wie schön sie sind!«, sagte Guido, als er mit seiner Frau ins Schlafzimmer zurückkehrte.

»Sie sind so sorglos«, bemerkte sie.

»Glaubst du, sie werden uns von ihren kleinen und großen Dramen erzählen, wenn sie älter sind?«, fragte er.

»Zu ihrem eigenen Vorteil werden wir dafür sorgen, dass sie nicht zu lange hier wohnen bleiben«, erwiderte sie.

»Das Schweigen und die Geheimnistuerei in diesem Haus sind ansteckend. Auch du hast dich angesteckt«, rutschte es Guido heraus.

Léonie ging nicht weiter auf die Anspielung ein und sagte stattdessen: »Ich hätte gern noch ein Kind.«

»Ich auch«, stimmte ihr Guido zu.

»Aber ganz zärtlich!«

In dieser Nacht zeugten sie Giacinta. Guido hielt seine Frau fest im Arm und dachte vor dem Einschlafen: »Morgen werde ich die Spionin anrufen und sie bitten aufzuhören. Ich will Léonies Geheimnisse gar nicht wissen, so wie sie auch meine nicht weiß.«

Léonie lag still neben ihm und redete sich ein, dass sie wirklich glücklich war. Keine Sekunde wünschte sie sich, noch einmal jung zu sein und das schwierige, unglückliche Leben zu führen, das ihr vor ihrer Hochzeit mit Guido bestimmt gewesen war.

Léonie

1

Léonie, was hast du denn um diese Zeit hier zu suchen?«

Das Kind, das sich auf der Bank in der Platanenallee vor und zurück wiegte, zuckte zusammen und sah die alte Thérèse mit großen Augen an, die mit ihrer besten Freundin Ninette vor ihr stand.

»Erklär mir bitte, was ein so kleines Mädchen wie du hier draußen macht, obwohl es längst dunkel ist!«, sagte Ninette tadelnd.

Die beiden alten Damen nahmen sie wie zwei Schutzengel in ihre Mitte. Léonie musterte ihre dunklen Kleider und ihre schweißglänzenden Gesichter. Es war Juli, und trotz der Dunkelheit hatte sich die Luft noch nicht abgekühlt. Sie wusste, dass die beiden Freundinnen gerade von ihrer Runde durch die Altstadtlokale zurückkamen, wo sie frische Lavendelsträußchen und Säckchen mit getrockneten Lavendelblüten verkauft hatten.

»Wartest du auf deine Mutter?«, fragte Thérèse.

Die Kleine nickte.

Nadine Tardivaux würde hier auf dem Heimweg vorbeikommen. Léonie würde sie sehen und ihr entgegenlaufen, und dann würde ihre Mutter sie vielleicht umarmen.

Thérèse und Ninette wussten, dass das Mädchen Angst hatte, nachts allein zu bleiben, und das wusste auch die Mutter, die Léonie jeden Abend vor dem Ausgehen zwang, eine Tasse Kamillentee zu trinken – in der Hoffnung, dass sie dann schneller einschlief. Aber Léonie hatte wie alle ängstlichen Kinder einen leichten Schlaf und wachte schon beim geringsten Geräusch auf. Wenn sie dann ihre Mutter nicht fand, zog sie sich aus Angst vor der Einsamkeit an und verließ das Haus, um draußen auf sie zu warten.

»Wie oft habe ich dir gesagt, dass du das Haus nachts nicht verlassen darfst? Wenn dich ein Gendarm sieht, nimmt er dich mit aufs Revier. Das weißt du doch, oder?«, ermahnte Thérèse sie.

»Na ja, besser ein Gendarm als irgendein Tourist mit Hintergedanken!«, mischte sich Ninette ein.

»Komm mit, Kleine! Wir gehen jetzt nach Hause«, sagte Thérèse.

Léonie gehorchte. Die beiden Freundinnen und die Familie Tardivaux wohnten im selben Haus zu Füßen des Château de l'Empéri, in dem einst die Bischöfe von Arles gelebt hatten und das anschließend viele französische Könige beherbergt hatte.

Das Mädchen wusste, dass Thérèse sie in ihrem Bett schlafen lassen würde, einem riesigen Paradebett, in das sie mithilfe eines Stuhls klettern musste. Hätte sie dann, umgeben vom Lavendelduft aus Gazesäckchen am Kopfende, erst einmal dem Schnurren der Katze gelauscht, die sich am Fußende zusammengerollt hatte, würde sie selig einschlafen. Sie wusste auch, dass sich Nadine bei ihrer Heimkehr keine Sorgen um sie machen würde, denn es kam oft vor, dass die Tochter bei der Nachbarin schlief. Sie hatte sie aufwachsen sehen und sich jedes Mal wie eine Großmutter um sie gekümmert, wenn die Mutter das Kind allein ließ.

Jetzt riss Thérèse das Fenster auf, das den ganzen Tag geschlossen gewesen war, um die endlich etwas kühlere Nachtluft hereinzulassen. In der Ferne hörten sie das Stimmengewirr der Touristen, das Orchester vom Café de l'Empéri, die Schritte der Passanten, das Miauen einer liebestollen Katze und das Gelächter junger Leute. Léonie schloss die Augen und hörte Thérèses Kleider rascheln, als sie sie auszog, um in ihr Nachthemd zu schlüpfen.

Dann streckte sich Thérèse neben ihr aus, und Léonie schlief ein.

Es war der durchdringende Duft nach Kaffee, der sie weckte. Die Fensterläden waren angelehnt, um die Morgensonne nicht hereinzulassen. Léonie kletterte aus dem Bett und zog ihre Unterhose und das etwas abgetragene blaue Hemdchen an. Barfuß hüpfte sie über den Boden in die Küche. Dort setzte sie sich an den rustikalen Tisch mit der weiß-roten Wachstuchtischdecke.

»*Bonjour, ma petite*«, sagte Thérèse.

»*'jour*«, erwiderte Léonie mit schlafverquollenen Augen und lächelte angesichts der Schale mit dem Milchkaffee, in dessen Duft sich der nach warmem Baguette mischte.

Während sie das Brot in die dampfende Flüssigkeit tunkte, sagte die Frau: »Deine Mutter ist schon zur Arbeit gegangen. Sie hat dir Geld fürs Mittagessen dagelassen und lässt dir ausrichten, dass sie die Küche picobello vorfinden will, wenn sie heute Abend nach Hause kommt.«

»Immer muss ich auch noch ihre Teller spülen!«, klagte das Kind.

»Nachher helfe ich dir. Aber jetzt wasch dich bitte und hilf mir, Lavendelsträußchen für heute Abend zu binden«, bat die Frau, die bereits zwei Körbe mit Blüten auf dem Balkon stehen hatte.

Draußen auf der Straße rief Ninette nach ihrer Freundin. »Heute Abend begleite ich dich nicht auf deine Runde«, sagte sie strahlend und erklärte dann: »Pierrot holt mich ab und bringt mich nach Aix. Ich werde die ganze Woche bei der Familie verbringen.«

Léonie, die auf den Balkon getreten war, fragte: »Darf ich mitkommen, Ninette?«

Dem Kind war jeder Vorwand recht, um nicht allein schlafen zu müssen. Es lebte in ständiger Angst vor Einsamkeit und Dunkelheit, und das seit jeher.

»Ich hab dir doch von meiner Schwägerin erzählt, *mon petit lapin*. Es ist schon eine Sensation, dass sie mich eingeladen hat.

Und ehrlich gesagt weiß ich gar nicht, ob ich es überhaupt eine ganze Woche bei *madame la baronne* aushalten werde«, klagte die Frau.

»Na dann, viel Spaß!«, sagte Thérèse.

»Siehst du, alle fahren in Urlaub, nur ich nicht!«, sagte Léonie, während sie den Tisch abdeckte und ihre Schale spülte.

»Beklag dich nicht, *ma petite!* Der liebe Gott wird's schon richten. Und bis es so weit ist, hat er dafür gesorgt, dass du gesund und schlau bist, was auch nicht zu verachten ist. Solltest du es eines Tages verdient haben, belohnt zu werden, wirst du auch belohnt werden«, heiterte die freundliche alte Dame sie auf.

»Ja, abwarten und Tee trinken!«, erwiderte die Kleine, die gerade mal acht Jahre alt war, sich aber ausdrückte wie eine Erwachsene.

Langsam füllte sich die Gasse; die kleinen *boutiques* öffneten die Läden, und erste Touristen machten mit ihren Fotoapparaten die Runde.

Am Mittag wurde es still, und die Straßen leerten sich. Die Geschäfte schlossen ihre Läden, sogar die Kirchenglocken schwiegen, und die alte Thérèse zog sich in ihr abgedunkeltes Schlafzimmer zurück. Léonie dagegen setzte sich vor den bemoosten Brunnen, der aussah wie ein riesiger grünlicher Pilz, und las in *Der kleine Nick*, einem dicken Buch aus der Schulbücherei, in dem sie sich wiedererkannte, weil es darin auch um die Inkonsequenz der Erwachsenen im Umgang mit Kindern ging.

Sie bekam Durst und gönnte sich eine Coca-Cola am Tresen des Café du Midi. Dann beschloss sie, ihre Mutter im Friseursalon zu besuchen, wo diese als Kosmetikerin arbeitete.

Der Salon hieß *Chez Jules et Lorette*. Er befand sich direkt am Marktplatz und hatte zwei Eingänge, einen für Männer und einen für Frauen. Noch hatte der Salon geschlossen, aber Léonie ging davon aus, dass ihre Mutter sich mit ihren Kolleginnen im Innenhof ausruhte, bevor das Geschäft am Nachmittag wieder aufmachte.

Monsieur Jules und Madame Lorette spielten mit Stanis und Linda Karten. Von Nadine fehlte jede Spur.

»Deine Mutter ist nach Hause gegangen. Sie war müde und wollte ein Nickerchen machen«, sagte Madame Lorette.

Voller Sehnsucht nach ihrer Mutter eilte Léonie nach Hause.

Die Tür war von innen abgeschlossen, also klopfte sie. Da niemand antwortete, hämmerte sie dagegen und rief laut: »Nadine!«

Die alte Thérèse öffnete ihre Tür, die direkt gegenüberlag, und sagte: »Musst du solchen Lärm machen? Ich habe geschlafen, und du hast mich geweckt.«

»Aber nicht die Mama!«, erwiderte das Kind und schlug weiter auf die Tür ein.

»Los, *ma petite,* mach kein Theater und komm zu mir!«, bat Thérèse.

»Nein, zu dir will ich nicht. Ich will zu meiner Mama!«, schrie Léonie mit Tränen in den Augen.

In diesem Moment ging die Haustür auf. Im Türspalt tauchte eine junge, verschwitzte Frau mit wirrem Haar auf, die sehr schön, aber auch sehr wütend war. Sie trug nur ein Unterkleid.

»Du hast einen indiskutablen Lärm veranstaltet. Geh sofort zu Thérèse. Nachher hole ich dich!«

Sie knallte ihrer Tochter die Tür vor der Nase zu, aber vorher erhaschte Léonie noch einen Blick auf den fast nackten Mann hinter ihrer Mutter.

2

Das Mädchen versetzte der Tür einen wütenden Tritt und schrie: »Du bist böse!«

Thérèse rief nach ihr, aber Léonie kreischte: »Auch du bist böse.«

Sie lief auf die Gasse und hörte nicht auf zu rennen, bis sie das kleine Geschäft erreicht hatte, das gerade wieder aufmachte.

Sie wandte sich an den Mann, der sie immer bediente und bei dem sie anschreiben durfte, wenn sie kein Geld hatte. Er wusste, dass die Mutter die Schulden begleichen würde.

»Ich möchte ein Stück Lebkuchen, einen Riegel Schokolade und eine Tüte Honigbonbons. Die Mama zahlt!«

Der Verkäufer, der sie von klein auf kannte, fragte: »Bist du sicher, dass die Mama das alles erlaubt hat?«

»Ja!«, erwiderte das Mädchen sofort. Mit ihrem Schatz an Süßigkeiten ging sie zum Marktplatz und setzte sich im Schatten der Platane auf eine Bank direkt vor dem Friseurgeschäft, in dem die Mutter arbeitete. Dort begann sie, die Leckereien zu verzehren, wobei sie sich mutterseelenallein fühlte und ihr Kopf ganz leer war.

Bald darauf sah sie die Mutter, die eilig in den Salon *Jules et Lorette* zurückkehrte. Léonie betrachtete ihren stolzen Gang, die sich wiegenden Hüften, die den Rock mit roten Mohnblüten auf weißem Grund zum Schwingen brachten, und den üppigen Busen, dessen Ansatz aus der engen Puffärmelbluse hervorsah. Ihr dunkles Haar ringelte sich bis zu den Schultern hinab, und die knallrot geschminkten Lippen waren halb geöffnet und ließen ihre Zähne weiß aufblitzen. Nadine war wunderschön. Nicht umsonst war sie mit achtzehn zur Miss Provence gewählt worden, und wäre sie nicht schwanger geworden, hätte sie es sicher auch noch zur Miss France gebracht.

Einmal hatte sie zu Léonie gesagt: »Weißt du, es gibt immer eine Möglichkeit, ein ungewolltes Kind loszuwerden. Ich habe das nicht getan. Ich habe beschlossen, dich zu behalten. Was erwartest du noch von mir?«

Léonie hatte das Gefühl, nur eine Teilzeitmutter zu haben. Sie wünschte sich sehnlichst eine Familie. Ihren Kummer und ihr Bedürfnis nach Zärtlichkeit reagierte sie dadurch ab, dass sie häufig log und vor allem ihrer Mutter so manchen Streich spielte.

In dem Moment entdeckte ihre Mutter sie, und anstatt gleich zum Salon zu gehen, blieb sie vor ihr stehen und musterte sie streng.

Sie stellte einmal mehr die übliche Frage: »Was erwartest du noch von mir?«

Da sagte Léonie zum ersten Mal: »Du holst dir Fremde in dein Bett. Aber mich nie!«

Nadine war sechsundzwanzig, sie hatte eine Riesenangst vor dem Älterwerden und suchte nach einem Ehemann, möglichst einem mit Geld, der ihr Sicherheit und eine gewisse gesellschaftliche Stellung bot. Aber von all den Männern, mit denen sie sich abgab, wollte sie keiner heiraten.

Die Frau warf einen Blick in den Salon: Noch warteten dort keine Kunden. Also setzte sie sich neben Léonie auf die Bank, öffnete ihre rote Basttasche, zog ein Papiertaschentuch heraus und säuberte Léonies schokoladenverschmiertes Gesicht. Sie knüllte das Taschentuch zusammen und warf es in den Abfallkorb. Dann steckte sie erneut die Hand in die Tasche, zog ein paar Münzen hervor und zeigte sie ihrer Tochter.

»Vielleicht wirst du nie einen Vater haben. Aber es wird immer genug Geld da sein, um dich zu ernähren.« Dann fügte sie hinzu: »Das, was ich in meinem Beruf verdiene, reicht nicht, um die Miete, die Rechnungen, das Essen, unsere Kleider und die Krankenhausrechnungen für die Oma zu bezahlen.«

Léonie antwortete nicht. Sie konzentrierte sich auf das Spiel von Licht und Schatten, das die Platanenzweige auf das Gesicht ihrer Mutter warfen.

»Du bist jetzt groß genug, um die Wahrheit zu kennen: Deine Großmutter ist in einem Waisenhaus in Lyon aufgewachsen, mit achtzehn kam sie dann als Dienstmädchen zu wohlhabenden Leuten. Der Hausherr hat sie erst geschwängert und dann vor die Tür gesetzt. Aus Scham ist sie aus Lyon weggegangen und nach Arles gezogen. Sie hat als Bäuerin gearbeitet und Veilchen, Lavendel und Oliven geerntet, bis ich zur Welt kam. Sie hat sehr darunter gelitten, dass sie ihre Eltern nie kennengelernt hat, und wollte, dass ich wenigstens eine Mutter habe. Sie hat mich behalten und gearbeitet bis zum Umfallen. Dann hat sie angefangen zu trinken. Aber da war ich schon groß genug, um auf mich selbst aufzupassen.

Ich habe bald verstanden, dass Schönheit eine Ware ist, mit der man Geld verdienen kann. Und ich war schön. Als ich zur Miss Provence gewählt wurde, dachte ich: ›Jetzt steht mir die Welt offen!‹ Ich hatte Geld, Kleider, Schmuck. Die Männer machten mir den Hof und überschütteten mich mit Geschenken, um mich ins Bett zu kriegen. Ich sah mich schon auf dem Laufsteg, als Model für Dior oder Chanel. Ich sah mich als Filmschauspielerin wie die Bardot oder die Deneuve. Doch alle meine Träume sind zerplatzt wie Seifenblasen, als ich schwanger wurde. Den Rest kennst du. Ich liebe dich, aber auf meine Art: Ich gebe dir ein Dach über dem Kopf und etwas zu essen. Mehr darfst du von mir nicht erwarten. Hasst du mich deshalb? Ich wünsche mir so sehr ein besseres Leben, warte immer noch auf die große Liebe. Und du schaust mich mit deinen eiskalten Augen an und verurteilst mich! Du wirfst mir vor, dass deine Freundinnen jetzt gerade irgendwo am Meer sind, nur du nicht.

Aber die haben auch einen Vater, vielleicht ein Ferienhaus und mit Sicherheit Geld für ein Hotel. Und du musst mit mir vorliebnehmen. Auch ich wäre jetzt gern am Meer, mit einem jungen, reichen, schönen Mann, anstatt zu arbeiten. Niemand weiß, ob unsere Wünsche eines Tages in Erfüllung gehen. Im Moment kannst du dich nur mit diesen Süßigkeiten trösten, die du auf Kredit kaufst. Und am Sonntag muss ich nach Arles zu meiner Mutter, mit der ich nicht mal mehr reden kann, um die Krankenhauskosten zu bezahlen.

Damit das Geld bis zum Monatsende reicht, muss ich den einen oder anderen großzügigen Verehrer finden. Also hör auf, mich zu verurteilen. Nimm, was ich dir geben kann, aber erwarte nicht mehr. Habe ich mich klar genug ausgedrückt?«

Léonie hatte nicht wirklich verstanden, was Nadine gesagt hatte, aber eines war ihr nun endgültig klar geworden: Ihre Mutter versuchte, ihr Leben zu leben, und sie war dabei nur ein Störfaktor.

»Wer ist mein Vater?«, flüsterte sie. Es war das erste Mal, dass sie ihrer Mutter diese Frage stellte.

»Wer weiß?«

»Weißt du es wirklich nicht, oder willst du es mir nur nicht sagen?«

Nadine dachte daran, wie sie als Siebzehnjährige ihren Ausweis gefälscht hatte, um an dem Schönheitswettbewerb teilnehmen zu können. Sie hatte behauptet, sie sei volljährig. Damals arbeitete sie in einer Firma, die Blumen exportierte.

Über Jahre hatte sie jeden Abend zu Hause eine völlig betrunkene Mutter vorgefunden. Doch eines Tages, als Nadine von der

Arbeit zurückkehrte, hatte ihre Mutter leblos am Boden gelegen. Nadine hatte gedacht, sie sei tot, aber sie lag nur im Koma. Im Krankenhaus hatte man dann Alzheimer bei ihr diagnostiziert. Der Alkohol hatte nichts damit zu tun.

Nadine hatte sich entscheiden müssen, ob sie sie zu Hause pflegen oder versuchen sollte, das Geld für den Aufenthalt in einem Sanatorium aufzubringen. Letzteres war das Realistischere, doch es kostete sie den Großteil ihres Lohns. Sie brauchte Geld, und würde sie den Schönheitswettbewerb gewinnen, brächte ihr das eine hübsche Summe ein. Sie gewann den Titel und konnte der Klinik das Geld für ein ganzes Jahr auf einmal überweisen. Sie wurde zu Abendessen, Mittagessen, wichtigen Partys in Villen am Meer und in Landschlössern eingeladen. Der Reichtum schien zum Greifen nah. Alles, was sie dafür tun musste, war, sich den Hausherren gegenüber entgegenkommend zu zeigen.

Als sie merkte, dass sie ein Kind erwartete, waren die Männer, mit denen sie zusammen gewesen war, plötzlich verschwunden. Und sie wusste nicht, wer der Vater des Kindes war. Ein Jahr nach der Wahl zur Miss Provence hatte sie Léonie zur Welt gebracht. Sie hatte Arles verlassen und in Salon-en-Provence neu angefangen, wo niemand sie kannte. Sie hatte Schmuck verkauft und damit die Miete für eine Wohnung in einem uralten Haus bezahlt, in dem zwei reizende alte Frauen wohnten: Ninette und Thérèse. Die beiden hatten ihr geholfen, Arbeit bei *Jules et Lorette* zu finden, und passten oft auf ihre Kleine auf.

»Léonie, ich schwöre dir, dass ich nicht weiß, wer dein Vater ist. Und das ist auch besser so, denn es ist in jedem Fall ein Mistkerl!«

Ihre Tochter glaubte ihr.

»Aber eines Tages werde ich es schaffen, einen Vater für dich zu finden. Der Mann, den du heute gesehen hast, ist ein Hotelier aus Toulon. Er sieht gut aus und hat viel Geld. Mach mir das Leben nicht schwerer, als es ohnehin schon ist, und gib mir ein wenig Zeit, ihn zu verwöhnen.«

Léonie schwieg. Im Gegensatz zu ihrer Mutter hatte sie verstanden, dass es hier nur um Luftschlösser ging.

3

Ninette kehrte nicht mehr aus ihrem Urlaub in Aix zurück. Ein plötzlicher Herzinfarkt hatte sie wenige Stunden vor ihrer Ankunft im Haus ihres Sohnes aus dem Leben gerissen.

Thérèse war untröstlich.

»Es ist, als fehlte mir ein Arm!«, sagte sie zu Léonie.

Die beiden alten Damen waren von klein auf befreundet gewesen. Sie waren zusammen zur Schule gegangen, hatten zusammen auf dem Land gearbeitet. Ninette hatte geheiratet, war aber schon nach fünf Jahren Ehe mit zwei Kindern Witwe geworden. Ein Sohn war nach Australien ausgewandert, der andere, Pierre, hatte eine Stelle in einer Pariser Autowerkstatt gefunden. Dort hatte er die hässliche, eingebildete Tochter seines Chefs kennengelernt.

Pierre hatte zu seiner Mutter gesagt: »Wenn ich sie heirate, werde ich zu Hause nicht viel zu sagen haben. Aber sie ist eine zuverlässige Ehefrau.«

»Und die Liebe? Was ist mit der Liebe?«, hatte Ninette gefragt.

»Die Liebe kommt und geht, aber das Geld bleibt, wenn man damit umzugehen weiß.«

Ninette hatte nie auch nur einen Cent von ihrem Sohn genommen. Genau wie Thérèse lebte sie von ihrer Rente und verdiente sich im Sommer noch etwas dazu, indem sie Lavendel verkaufte.

Die beiden Freundinnen hatten sich ein Leben lang gegenseitig Gesellschaft geleistet, und jetzt, da Ninette nicht mehr lebte, rechnete auch Thérèse bald mit dem Tod.

»Weißt du, Ninette hat mir ihren gesamten Besitz hinterlassen«, vertraute sie Léonie an, während sie in die Wohnung im ersten Stock gingen, in der die Freundin gelebt hatte.

Deren Sohn Pierre hatte angerufen, um ihr zu sagen, dass er Ende des Monats die Wohnung räumen und dem Vermieter die Schlüssel zurückgeben würde.

»Ninette hatte handbestickte Leinenwäsche und auch sehr schöne Tischdecken. Sie hatte eine Schwäche für Wäsche. Jetzt gehört sie mir, aber ich schenke sie dir. Ich nehme nur die Tässchen aus Limoges und die Kaninchenstola, die mir im Winter zupasskommen wird. Aber wenn du etwas siehst, das dir gefällt, kannst du es haben. Alles hier gehört mir, weil sie es so verfügt hat. Das hat mir ihr Sohn gesagt«, erklärte Thérèse, während sie die Haustür der Freundin aufschloss.

Léonie hatte ein wenig Angst, die winzige Wohnung zu betreten, obwohl sie sie in- und auswendig kannte. Doch jetzt, da Ninette nicht mehr lebte … Der Tod hatte für sie einen geheimnisvollen Schrecken.

»Die Wäsche einer Toten will ich nicht!«, sagte sie und blieb an der Tür stehen.

Thérèse drängte sie nicht.

»Dann geh runter zu mir und warte dort auf mich!«

Als die alte Frau zurück in ihre Wohnung kam, ging bereits die Sonne unter. Sie fand einen gedeckten Tisch vor und eine Zwiebelsuppe auf dem Herd.

»Hast du das ganz allein gemacht, *ma petite?*«, fragte Thérèse.

»Weißt du, auch jetzt, da Ninette nicht mehr da ist, wirst du nicht einsam sein. Ich habe nämlich beschlossen, zu dir zu ziehen«, verkündete das Kind.

»Aber du bist doch eh die meiste Zeit hier, vor allem jetzt in den Ferien«, meinte Thérèse.

»Bitte setz dich und lass dir von mir Suppe auftragen«, forderte

Léonie die alte Dame auf. »Nimm mich ganz zu dir! Meine Mutter kümmert sich nicht um mich, und ihre Träume werden sich niemals bewahrheiten. Sie will mich bloß aus dem Weg haben.«

Léonies Worte rührten Thérèse. Die Kleine liebte sie wie eine Großmutter. Dieses Mädchen wurde viel zu schnell erwachsen, und zwar auf eine sehr schmerzhafte Art.

»Wenn ich dich zu mir nehme, ist das eine sehr große Verantwortung«, erklärte sie.

»Aber ich kann dir helfen. Jetzt, da Ninette nicht mehr lebt, könnte ich mit dir zusammen Lavendel verkaufen. Gemeinsam könnten wir gute Geschäfte machen.«

»Ich denk drüber nach!«, versprach Thérèse.

Langsam aßen sie die Suppe, die zwar nicht perfekt war, aber zumindest essbar.

Und so kam es, dass Léonie mit acht Jahren eine ausgezeichnete Lavendelverkäuferin wurde. Der Charme, mit dem sie die Sträußchen den Touristen aus aller Welt feilbot, brachte ihr ihr erstes selbst verdientes Geld ein. Léonie sah in ihrem farbenfrohen provenzalischen Rock entzückend aus – fast wie eine Puppe. Ihr strahlendes Lächeln ließ sie glücklich wirken. Und in diesem Sommer war Léonie tatsächlich glücklich.

Es kam vor, dass die Leute ihr mehr Geld zusteckten, als sie für die Sträußchen verlangte, dass sie jemand besonders gerührt musterte. Viele hielten Thérèse für ihre Großmutter und gratulierten ihr zu ihrer reizenden Enkelin.

Eines Abends hatte Léonie eine Begegnung, die ihr Leben verändern sollte: Sie trat an einen Tisch, an dem eine große italienische Familie saß, und bot ihre Lavendelsäckchen an. Eine der Damen, die gebrochen Französisch sprach, sagte, sie wolle sie alle mitsamt dem geflochtenen Korb.

Léonie sah sie verblüfft an und fürchtete, sie nicht richtig verstanden zu haben. Doch die junge Frau fragte immer wieder: *»Combien, combien?«*

»Der Korb ist nicht zu verkaufen«, beharrte Léonie. Die Frau verstand nicht. Sie fragte, ob sie Englisch spreche, aber das Mädchen sprach nur Provenzalisch und Französisch. In diesem Moment schaltete sich Thérèse ein.

»Dreißig Säckchen Lavendel und das Körbchen … macht zweihundert Francs«, sagte sie rasch.

Es war ein Mann, vermutlich der Ehemann der Dame, der Thérèse das Geld in die Hand drückte, während ein Mädchen die kleine Blumenverkäuferin fragte: *»Comment t' appelles-tu?«*

»Léonie«, erwiderte sie und fragte zurück: *»Et toi, comment tu t' appelles?«*

»Daniela.«

»Danielle?«

»Nein, Daniela«, beharrte die kleine Italienerin.

»Ciao, Daniela!«, verabschiedete sich Léonie.

»Willst du ein Erdbeereis?«, fragte Daniela und zeigte auf das vor ihr stehende Schälchen.

»Glace à la fraise«, sagte Léonie und dann, *»non, merci«*, da es sich nicht gehörte, sich zu reichen Touristen an den Tisch zu setzen.

Inzwischen waren die anderen Kinder am Tisch auf die kleine Lavendelverkäuferin aufmerksam geworden, und Thérèse flüsterte: *»Ma petite,* bedank dich, und dann gehen wir.«

Aber Danielas Mutter beharrte in ihrem gebrochenen Französisch auf der Einladung, weil sie Mitleid mit Léonie hatte.

»Lassen Sie sie doch ein Eis mit den Kindern essen!«

»Es ist schon spät, wir müssen wieder nach Hause«, erwiderte Thérèse.

»Grand-maman, je t' en prie«, bettelte Léonie und nannte sie auf einmal Großmutter.

Danielas Mutter versprach, Léonie nach Hause zu bringen, wenn das Kind noch eine Weile bei ihrer Tochter und den anderen Kindern bleiben dürfe.

Léonie erzählte, dass sie Waise sei und bei der Großmutter lebe. Diese verkaufe im Sommer Blumen, um ihre Schulbücher bezahlen zu können. Und das waren nicht die einzigen Lügen, die sie den Italienern auftischte. Thérèse wartete zu Hause auf sie, und als die Italiener sie brachten, hatten die beiden Mädchen ihre Adressen ausgetauscht und sich feierlich versprochen zu schreiben: die eine auf Französisch und die andere auf Italienisch. Auf diese Weise würde jede die Sprache der anderen lernen. Und so kam es, dass sich Daniela Pallavicini mit Léonie Tardivaux anfreundete.

4

Die Ferien gingen zu Ende, und die Schule fing wieder an. Thérèse hatte Léonie gezeigt, wie man eine *tarte aux champignons* zubereitete, und als das Mädchen eines Abends für sich und die Mutter den Tisch deckte, stellte sie diese Delikatesse ofenfrisch auf den Tisch. Sie hatte dafür Pilze verwendet, die sie an ihrem letzten Ferientag selbst gesammelt hatte. Nach den Sommergewittern waren diese jetzt auf den Wiesen in Hülle und Fülle zu finden. Neben den Teller der Mutter hatte sie das Geld gelegt, das sie mit dem Lavendelverkauf verdient hatte.

Nadine aß ohne großen Appetit.

»Der Teig ist ein bisschen angebrannt«, bemerkte sie und sagte dann: »Nie machst du irgendetwas richtig! Und was soll dieses Geld hier?«

Léonie wurde traurig, weil sie sich ein Lob erhofft hatte. Deshalb sagte sie nichts darauf.

Nadine zählte das Geld und hakte nach: »Woher kommt das Geld?«

»Ein kleiner Beitrag für meinen Unterhalt. Ich hab es verdient, als ich mit Thérèse Lavendel verkauft habe«, flüsterte sie.

»Du brauchst dieses Jahr neue Schuhe, einen Mantel und Pullover für den Winter. Du wächst und wächst, und deine Sachen sind dir längst zu klein.«

Selbst das wurde ihr zum Vorwurf gemacht.

»Wenn sich deine Großmutter wenigstens dazu durchringen könnte zu sterben …«, setzte Nadine leise nach.

Léonie wusste, dass Nadine, sobald sie ihren Lohn bekam, sofort nach Arles eilte, um die Klinikkosten ihrer Mutter zu begleichen.

Sie verstand, dass es der Geldmangel war, der die Mutter so verbitterte. Und tatsächlich fuhr Nadine fort: »Der Hausbesitzer hat die Miete erhöht.«

Wieder einmal spürte Léonie, wie sehr ihr ein Vater fehlte, der ihr das Leben etwas hätte erleichtern können.

»Monsieur Clément hat gesagt, dass er mir Geld gibt, wenn ich zweimal am Tag seinen Hund ausführe«, schlug sie ihrer Mutter vor.

»Aber verstehst du denn nicht, dass uns ein paar Centimes nicht weiterhelfen?«, schrie die Frau.

»Was ist denn? Gibt dir dein Verehrer kein Geld mehr?«, schrie nun auch Léonie, den Tränen nahe.

Sie bekam eine schallende Ohrfeige.

»Etwas mehr Respekt!«, zischte Nadine.

Anstelle einer Antwort warf Léonie die *tarte* und das Geld in den Müll, verließ Türen knallend die Küche und ging auf ihr Zimmer. Sie warf sich aufs Bett, bedeckte den Kopf mit einem Kissen und weinte. Sie spürte, dass sie ihrer Mutter zur Last fiel, die ohne sie viel mehr Geld gehabt hätte, aber eben ein Kind ernähren und sich nach einer zusätzlichen Einkommensquelle umschauen musste. Nadine hätte sie besser gar nicht erst zur Welt gebracht, schließlich machte sie Léonie für alles verantwortlich, was in ihrem Leben schiefging. Das Beste war wohl zu sterben.

Sie würde verhungern.

Mit diesem Vorsatz schlief sie ein.

Als sie wieder aufwachte, war es schon hell. Ihr erster Schultag nach den Ferien stand bevor. Die Wohnung war leer. Auf dem

Küchentisch standen eine Schale mit Frühstücksflocken und Milch sowie ein noch warmes Croissant.

Léonie lächelte bei dem Gedanken, dass ihre Mutter sie trotz allem vielleicht doch auch ein wenig lieb hatte. Sie sah ihre Klassenkameradinnen wieder. Alle waren gut erholt, und die Lehrerin ließ sie gleich einen Aufsatz schreiben.

»Erzählt, wie ihr die Ferien verbracht habt!«, sagte sie, nachdem sie alle durchgezählt und festgestellt hatte, dass ihre Klasse vollständig war.

Léonie begann, an ihrem Füller zu lutschen. Was sollte sie zu dem Thema schreiben? Ihre Freundinnen würden von ihrem Sommer am Meer oder in den Bergen, vielleicht von Paris oder dem Ausland berichten. Doch sie war zu Hause geblieben, hatte unter Hitze und Einsamkeit gelitten. Sie konnte ja schlecht berichten, dass ihre Mutter sie aussperrte, wenn sie Herrenbesuch bekam, dass die alte Ninette gestorben war und Thérèse sich als ihre Großmutter ausgab. Dass sie Lavendelsträußchen verkauft und ihre Mutter nicht mal Danke gesagt hatte, als sie ihr ihr selbst verdientes Geld gegeben hatte.

Die Lehrerin bemerkte den traurigen Blick ihrer besten Schülerin. Sie rief sie nach vorn und fragte leise: »Warum schreibst du nicht?«

Léonie zuckte die Achseln.

»Ist etwas Schlimmes passiert?«

Das Kind schüttelte den Kopf. Die Lehrerin hatte aus den Aufsätzen des Vorjahrs viel über sie erfahren. Jetzt sagte sie: »Komm mit!«

Sie führte Léonie hinaus und sagte zu den anderen Schülerinnen: »Schreibt weiter an euren Aufsätzen und seid leise!«

Als sie draußen auf dem von Blumenbeeten gesäumten Schulhof standen, forderte sie ihre Schülerin auf, sich zu ihr auf eine Bank zu setzen, und fragte: »Schreibst du deshalb nichts, weil du glaubst, nichts zu erzählen zu haben?«

Léonie nickte.

»Aber ich bin mir sicher, dass du viel interessantere Dinge zu erzählen hast als deine Klassenkameradinnen! Weil du nicht weggefahren bist, glaubst du, unterlegen zu sein. Dabei bist du den anderen mit deiner Intelligenz, deiner raschen Auffassungsgabe und deiner Sensibilität weit voraus! Wenn man ein großes Abenteuer erleben will, muss man nicht um die Welt reisen. Weißt du, was ich denke? Die interessantesten Abenteuer sind die, die du erlebt hast. Denn du hast bestimmt ein Buch gelesen, Geschichten von deinen beiden alten Nachbarinnen gehört …«

»Eine der beiden, Ninette, ist gestorben«, sagte das Mädchen schüchtern.

»Siehst du, da hast du dein Thema!«

»Ich habe ein italienisches Mädchen kennengelernt. Sie heißt Daniela. Sie ist sehr nett und hat mir schon aus einer italienischen Stadt namens Mailand geschrieben. Ihr Brief ist auf Italienisch, und mit Thérèses Hilfe, die ein wenig Italienisch kann, habe ich ihn gelesen und verstanden. Also habe ich ihr auf Französisch zurückgeschrieben, weil wir uns das so geschworen haben.«

»Gehen wir zurück ins Klassenzimmer. Dort beginnst du sofort mit deinem Aufsatz!«, sagte die Lehrerin ermutigend.

Léonie schrieb und schrieb – vier Heftseiten voll. Am Tag darauf verkündete die Lehrerin vor der ganzen Klasse, dass Léonie den schönsten Aufsatz geschrieben habe.

An diesem Abend erzählte das Mädchen alles seiner Mutter, die zerstreut zuhörte und dann sagte: »Mit deiner Schwärmerei für die Lehrerin kommen wir auch nicht über den Winter! Den Mann, den du nicht mochtest, gibt es nicht mehr. Deshalb werde ich jetzt freitags und samstags in einer Bar arbeiten müssen. Du übernachtest dann bei Thérèse, denn ich werde spät nach Hause kommen.«

Der Stolz, den das Mädchen eben noch empfunden hatte, war

verpufft. Sie fühlte sich wieder als Last für ihre Mutter und weinte sich in den Armen der alten Thérèse aus.

Doch dann geschah etwas. Als Nadine eines Sonntags von ihrem Besuch bei der Mutter zurückkehrte, sagte sie: »Ich habe einen reichen Herrn kennengelernt. Diesmal werde ich es schlau anstellen und meine Trümpfe richtig ausspielen.«

5

Er hieß Jean-Marie Perrin, war Winzer und besaß mehrere Hektar Weinberge. Er war etwas über vierzig, Witwer und hatte zwei erwachsene Söhne, die in Paris studierten. Glaubte man Léonie, war er hässlich wie die Nacht und unglaublich unsympathisch.

Nadine hatte ihn in Arles kennengelernt, im Krankenhaus, in das auch er regelmäßig fuhr, um seine Mutter zu besuchen.

Sie waren sich im Park der Klinik begegnet, wo sie beide die Rollstühle ihrer Mütter auf einer kleinen Allee zu einem Brunnen geschoben hatten.

Jean-Maries altersdemente Mutter war deutlich pflegeleichter als die Nadines, die nur mit Medikamenten ruhigzustellen war.

Anfangs hatten sie sich knapp gegrüßt und nur ein paar Worte gewechselt. Aber seit dem Beginn des Sommers hatten sie sich mehr erzählt. Der Winzer war ein redseliger Mensch, der seinem Gegenüber nicht wirklich zuhörte. Nadine hatte gleich gemerkt, dass er ein egozentrischer Mann mit einer auffälligen Schwäche für seine Mutter war.

»Sie ist jetzt schon seit fünf Jahren in diesem Zustand! Vier Jahre lang hatte ich sie zu Hause. Ich hatte zwei Krankenschwestern, die sich abgewechselt haben. Aber sie ist sehr schlau. Ein kurzer Moment der Ablenkung genügt, und sie haut ab. Letztes Jahr ist sie wie durch ein Wunder gerettet worden, als sie auf der Terrassenbrüstung herumgeklettert ist. Ich bin viel auf Reisen und brauche Ruhe beim Arbeiten. Deshalb habe ich mich dazu durchgerungen, sie in diese Klinik zu geben, wo die Fenster vergittert sind. Es schmerzt mich, sie hier zu wissen anstatt bei uns zu Hause, aber das verstehen Sie bestimmt!«

Nadine hatte das nur für eine hohle Phrase gehalten, gedacht, dass der Mann überhaupt nicht verstanden werden wollte, sondern nur jemanden zum Zuhören brauchte. Er schien sie gar nicht richtig wahrgenommen zu haben, und auch für die Krankheit, an der ihre Mutter litt, interessierte er sich nicht. Einmal stellte er immerhin fest: »Anders als Sie komme ich jeden Sonntag hierher.«

Eine Krankenschwester hatte Nadine erzählt, dass Monsieur Perrin sehr reich sei, den besten Wein der ganzen Camargue herstelle und dass sein Weingut bereits über hundert Jahre alt sei. Deshalb hatte sie erwidert: »Ich bin alleinstehend, verdiene nicht viel, muss eine Tochter großziehen und bringe mich fast um, um die Klinikkosten tragen zu können. Vier Fahrten von Salon bis hierher übersteigen meine finanziellen Möglichkeiten. Zum Glück bekommt meine Mutter nichts mehr mit. Ob ich nun da bin oder nicht, ist für sie egal. Mir dagegen tut es sehr leid, sie nicht jede Woche sehen zu können, weil ich sie sehr liebe.«

Zum ersten Mal hatte Jean-Marie sie neugierig gemustert und dann gesagt: »Wenn Sie wollen, kann ich Sie sonntags in Salon abholen und anschließend wieder nach Hause bringen.«

»Aber das kann ich unmöglich annehmen …«, hatte Nadine zögernd entgegnet.

»Aber ich bitte Sie, das ist doch gar nichts! Außerdem habe ich niemanden, der mir zuhört, nicht einmal meine Söhne, die viel zu selten zu Hause sind. Meine Frau, ja, die hat mir zugehört! Aber sie ist vor zwei Jahren gestorben. Eine furchtbare Krankheit, meine Régine fehlt mir sehr.«

Ein Sonntag folgte auf den nächsten, und während sich die kleine Léonie in Thérèses Obhut befand, wurde Nadine für den reichen Winzer zu einer unverzichtbaren Begleiterin.

An Weihnachten schenkte er ihr einen Korb mit Wein, Öl und anderen Delikatessen: »Für ein üppiges Weihnachtsessen, Nadine. Ich würde Sie gern an den Festtagen zu mir einladen, aber meine Söhne sind da, und wer weiß, auf welche Gedanken sie kommen. Ich werde Sie, wie besprochen, am Neujahrsvormittag abholen. Ich wünsche Ihnen frohe Feiertage.«

Nadine kamen die Tränen, und der Mann dachte, sie sei extrem gerührt über sein Geschenk. Dabei hätte sie ihm den Korb am liebsten an den Kopf geworfen, denn der half auch nicht, ihre Geldprobleme zu lösen.

Diese Probleme löste dafür ihre alte Mutter, indem sie nach Weihnachten starb. Als der Winzer am ersten Januar bei ihr vor der Tür stand, um sie nach Arles mitzunehmen, sagte Nadine: »Vielen Dank, Monsieur Perrin, aber ich werde nicht mitfahren. Meine Mutter liegt inzwischen auf dem Friedhof.«

Sie sah das Entsetzen im Gesicht dieses selbstsüchtigen, egozentrischen Mannes, als er fragte: »Soll das heißen, ich muss allein nach Arles fahren?«

Nadines hübsches Gesicht verfinsterte sich, und sie erwiderte kühl: »Und ich dachte schon, Sie würden zur Abwechslung mal an mich denken und mir Ihr Beileid aussprechen.«

Jean-Marie sah sie verblüfft an und stammelte dann: »Entschuldigen Sie bitte. Natürlich, mein Beileid … Na gut, also einen schönen Sonntag noch!« Dann machte er auf dem Absatz kehrt, stieg in seinen Wagen und fuhr davon.

Léonie hatte alles mit angehört und fragte: »Ist das der Verehrer, der uns die Delikatessen geschenkt hat?«

»Das ist er, und er ist sehr reich. Und trotzdem tut er nichts für uns. Aber ich hoffe, dass mein Lohn von nun an für uns reichen wird.«

In den letzten Monaten hatte Nadine von einem schönen Leben an der Seite des reichen Monsieur Perrin geträumt. Doch wieder hatte sie umsonst gehofft. Er hatte nicht einmal bemerkt, wie begehrenswert sie war.

Er hatte nie etwas gesagt oder getan, um sein Interesse an ihr zu bekunden. Er wollte nur, dass sie ihm auf der Fahrt zu seiner Mutter Gesellschaft leistete. Für all die Stunden, die sie Sonntag für Sonntag geopfert hatte, hatte sie nichts als einen Weihnachtsfresskorb bekommen.

»Stell dir vor, und ich war so blöd, mich schon als zweite Frau von Monsieur Perrin zu sehen! Ich habe alles versucht, ehrlich«, sagte sie zu ihrer Tochter. »Ich habe mich benommen wie ein naives Schulmädchen, um ihm zu gefallen. Stell dir bloß vor, Léonie, ich habe ihm alles von mir erzählt, weil ich ein neues Leben beginnen wollte. Und jetzt weiß ich, dass mir der Kerl nicht mal zugehört hat. Was für ein Widerling, genau wie alle anderen reichen Leute!«

Léonie hätte ihr gern gesagt: »Du hörst mir ja auch nie zu«, schwieg aber. Trotzdem freute sie sich über das Verschwinden des Mannes, den sie nur kurz gesehen hatte, der ihr aber unsympathisch gewesen war. Jetzt, da die Großmutter tot war und keine Klinikkosten mehr anfielen, mussten sie keine Angst haben, dass das Geld nicht mehr bis zum Monatsende reichte. Und vielleicht würden sie ja im nächsten Sommer einmal zusammen ans Meer fahren können – wenigstens für ein paar Tage.

Dann hätte sie ihrer Freundin Daniela endlich einmal etwas zu erzählen.

Léonie hatte der Italienerin inzwischen gestanden, nur Halbwaise zu sein. Sie wisse zwar nicht, wer ihr Vater sei, habe aber eine Mutter. Und Thérèse sei nur eine Nachbarin, die sie allerdings mehr liebe als ihre Mutter. Und da Daniela ihr zu Weihnachten einen Panettone aus Mailand geschickt hatte, überraschte sie sie mit einem Päckchen voller getrockneter Lavendelblüten.

Léonie wusste, dass die Familie ihrer italienischen Freundin reich war, und deshalb war sie mit dem vernichtenden Urteil ihrer Mutter über Leute mit Geld nicht einverstanden.

Sie wollte gerade etwas sagen, als es an der Tür klopfte.

»Wer ist denn das jetzt?«, fragte die Frau und ging zur Tür. Monsieur Jean-Marie Perrin stand stocksteif davor.

»Guten Tag!«, stammelte Nadine überrascht.

»Darf ich reinkommen?«, fragte er.

Sie trat beiseite, und er betrat die Küche, wo Léonie am Tisch saß.

Der Mann warf ihr nur einen flüchtigen Blick zu und widmete sich dann wieder ihrer Mutter.

»Wie Sie wissen, war ich gerade auf dem Weg nach Arles, bin aber noch mal umgekehrt«, begann er.

»Ich höre«, sagte Nadine.

»Na ja … ich wollte Ihnen sagen, dass es mir wirklich leidtut …«, murmelte er.

»Dass meine Mutter gestorben ist?«

»Das auch«, erwiderte er, nicht ohne hinzuzufügen: »Aber vor allem, dass ich Sie nicht mehr abholen und sonntags ein paar Stunden mit Ihnen verbringen kann.«

»Ein bisschen tut mir das auch leid«, flüsterte Nadine.

»Und da habe ich mich gefragt, ob ich Sie wohl zum Mittagessen einladen dürfte. Hier in Salon gibt es ein gutes Restaurant, das meine Weine bezieht. Wenn Sie meine Einladung annehmen, würde ich gern jeden Sonntag vorbeikommen, vorausgesetzt, Sie haben Zeit für mich.«

Nadine wandte sich an ihre Tochter: »Und was sagst du dazu?«

»Toll!«, sagte das Kind widerwillig.

»Du kannst bei Thérèse zu Mittag essen«, schickte ihre Mutter gleich hinterher, die wieder neue Hoffnung geschöpft hatte.

6

So wie du mir das schilderst, scheint sich Monsieur Perrin in deine Mutter verliebt zu haben. Du wirst schon sehen, diesmal klappt es, und sie ist versorgt!«, bemerkte Thérèse.

»Er ist hässlich und unsympathisch«, wandte Léonie ein.

»Aber alle respektieren ihn.«

»Man soll den Tag nicht vor dem Abend loben«, sagte Léonie und plapperte damit eine Redewendung nach, die sie von Thérèse aufgeschnappt hatte.

»Und das soll heißen?«

»Dass er bestimmt keine Frau will, die nicht aus seinen Kreisen stammt«, erklärte das Mädchen altklug.

Thérèse sagte nichts darauf, sondern sah ihre kleine Freundin fast schon bewundernd an. Für ihre neun Jahre war sie wirklich sehr helle. Doch wenn Nadine ihre Trümpfe geschickt ausspielte, vielleicht …

Der Winzer sprach im Laufe des Jahres eine Sonntagseinladung nach der anderen aus, wobei er Nadine nach wie vor siezte und ununterbrochen auf sie einredete. Sie dagegen nickte stumm und langweilte sich zu Tode. Und jung und lebenslustig, wie sie war, fühlte sie sich von der Beharrlichkeit, mit der dieser Mann sie zur bloßen Zuhörerin degradierte, regelrecht erdrückt.

Jetzt, da Léonie kein kleines Kind mehr war, zog Nadine sie zunehmend ins Vertrauen. Eines Tages sagte sie: »Findest du es richtig, dass ich meine Zeit an einen fast Fünfzigjährigen verschwende, der reich, aber geizig ist? Letzten Sonntag habe ich ihm erzählt, dass ich Geburtstag habe, und da hat er gelächelt und gesagt: ›Herzlichen Glückwunsch.‹ Ich wünsche mir einen Mann, mit dem ich das Leben genießen kann und der mich ab und zu zum Tanzen ausführt. Der mich nach Paris mitnimmt, mir Geschenke macht. Soll ich dir mal was sagen? Am nächsten Sonntag knalle ich ihm die Tür vor der Nase zu.«

»Fragt er eigentlich nie, wie es mir geht?«, wollte Léonie wissen.

»Das fragt er nicht einmal mich! Außerdem mag er Kinder nicht besonders. Sie stören ihn.«

»Wusste ich's doch: Monsieur Perrin ist unsympathisch.«

»Du kannst eh keinen meiner Verehrer leiden. Wenn er mich heiraten würde, wäre ich für den Rest meines Lebens versorgt.«

»Würdest du ihn wirklich heiraten, wenn er dich fragen würde?«

Nadine überlegte und sagte dann leise: »Dann wäre ich endlich in Sicherheit. Du kannst das nicht verstehen, aber ich habe eine unglaubliche Angst vor dem Tag, an dem ich in den Spiegel sehe und merke, dass meine Schönheit langsam dahinwelkt. Dieser Körper und dieses Gesicht sind mein einziges Kapital. Doch wie lange kann ich sie noch einsetzen, um Gewinn daraus zu schlagen? Meine Zeit ist kostbar, und ich sollte sie besser mit jemandem verbringen, der nicht so egoistisch ist wie Monsieur Perrin.«

»Vielleicht tust du das ja schon?«, fragte ihre Tochter vorsichtig.

Seit einigen Wochen hörte sie, dass ihre Mutter kurz vor dem Schlafengehen leise und lange Telefonate führte. Sie hatte im Bad ein teures Parfüm von Dior entdeckt und in der Wäscheschublade ein kostbares Wäscheset aus schwarzer Seide, das noch neu verpackt war.

Daraufhin erwiderte ihre Mutter: »Dir entgeht aber auch gar nichts! Das ist bloß ein L'Oréal-Vertreter, den ich im Friseursalon kennengelernt habe. Er ist ein gut aussehender junger Mann und sehr amüsant. Er hat viele Pläne und möchte einen Kosmetiksalon in Avignon eröffnen … Aber ich weiß nicht so recht. Er hat mich zu einer Silvesterparty nach Marseille eingeladen.«

»Und mit wem verbringe ich Silvester?«

»Merkst du eigentlich, wie du bist? Du denkst nur an dich. An mich denkst du nie!«

Léonie hatte Mitleid mit ihrer kindischen Mutter. Deshalb versicherte sie ihr rasch: »Fahr du ruhig! Ich bleibe bei Thérèse und einer Verwandten von ihr, die aus Nantes kommt.«

Der letzte Tag des Jahres war ein Sonntag, und Nadine fuhr frühmorgens mit dem jungen L'Oréal-Vertreter davon. Zur Mittagszeit tauchte Monsieur Perrin auf.

»Meine Mutter ist nicht da«, sagte Léonie fast schon freudig.

»Das kann doch nicht sein, heute ist Sonntag!«, erwiderte der Mann fassungslos.

Er trug einen Kamelhaarmantel mit Pelzkragen, schwarze Handschuhe und einen schwarzen Hut, und sie konnte sein Aftershave riechen.

»Aber es ist auch der letzte Tag des Jahres. Meine Mutter wurde zu einer Silvesterparty nach Marseille eingeladen«, verkündete sie.

»Trotzdem ist und bleibt es Sonntag«, erwiderte er beleidigt.

Léonie freute sich diebisch, als sie die Enttäuschung bei dem reichen Herrn sah.

»Sie hätte mir wenigstens Bescheid geben können!«, bemerkte er und verabschiedete sich grußlos.

Léonie feierte Silvester mit Crêpes Suzette und einem winzigen Schluck Champagner aus dem jährlichen Weihnachtsfresskorb von Monsieur Perrin. Sie lauschte der lebhaften Unterhaltung zwischen Thérèse und ihrer Schwägerin, und als sie der Schlaf übermannte, ließen die beiden alten Frauen sie zwischen sich übernachten.

Als sie wach wurde, schlief die Schwägerin aus Nantes noch.

Thérèse dagegen war bereits fix und fertig angezogen, stand in der Küche und machte Frühstück.

Da erzählte Léonie ihr von Monsieur Perrins Besuch, und sie mussten beide lachen.

»Soll ich dir mal was sagen? Dieser Mann muss so unerträglich sein, dass er völlig vereinsamt ist. Deine Mutter hat gut daran getan, sich rar zu machen. Vielleicht hat Perrin heute begriffen, dass er ihr einen Heiratsantrag machen muss, wenn er weiterhin auf sie einreden will.«

»Ich kann nur hoffen, dass er das nicht tut!«

»Das hoffe ich auch, nicht dass sie noch Ja sagt.«

»Er wird sich hier nicht mehr blicken lassen. Mir tut es nur wegen der Delikatessen leid. Nächstes Jahr wird es wohl keinen Fresskorb mehr geben«, bemerkte Léonie.

Jean-Marie Perrin ließ sich einige Wochen nicht mehr sehen.

Im Frühling sah Léonie, wie sich der Winzer eines Tages hinter dem Blumenstand auf dem Marktplatz versteckte. Er sah zum Friseursalon *Jules et Lorette* hinüber und hatte die Hände in die Taschen seines Regenmantels gesteckt. Bestimmt spionierte er ihrer Mutter nach. Also ging sie zu ihm und begrüßte ihn laut und deutlich.

»Guten Tag, Monsieur Perrin.«

Überrascht fragte er: »Wer bist denn du?«

»Ich bin Nadines Tochter, erinnern Sie sich nicht?«

»Ach so, ja. Ich habe es eilig, ich muss gehen«, erwiderte er und verschwand.

Abends erzählte Léonie ihrer Mutter: »Monsieur Perrin spioniert dir nach.«

»Ich weiß. Jetzt, da es Frühling ist, scharwenzelt er ständig um den Salon herum. Er ist so dumm und glaubt, ich merke es nicht. Aber ich lasse ihn in seinem eigenen Saft schmoren.«

Nadine ging oft mit dem gut aussehenden jungen Mann aus,

der als Vertreter für L'Oréal arbeitete. Er hatte nicht viel Geld, dafür jede Menge Träume. Und sie, die aufgehört hatte zu träumen, zögerte noch, an ein neues Glück zu glauben.

»Ich hatte gedacht, der hässliche Perrin hätte genug«, bemerkte die Tochter.

»Er spioniert mir hinterher, seit er mich mit Philippe gesehen hat. Bestimmt beißt er sich vor Wut in den Hintern. Denn noch so eine Dumme, die bereit ist, sich sein ganzes dummes Geschwätz anzuhören, findet er bestimmt nicht mehr.«

Eines Abends, es war bereits Sommer, rief Monsieur Perrin an. »Gib mir deine Mutter«, befahl er Léonie.

»Mama, Monsieur Perrin ist am Telefon. Bist du zu Hause oder nicht?«, fragte das Mädchen, obwohl es ganz genau wusste, dass der Mann es mitbekam.

»Sag ihm, ich bin nicht da!«, rief Nadine so laut, dass es nicht zu überhören war.

»Meine Mutter ist nicht da«, richtete Léonie ihm aus und legte anschließend auf.

Nadine lachte amüsiert und sagte dann: »Jetzt dürfte er verzweifelt genug sein, um den entscheidenden Schritt zu unternehmen. Aber diesmal werde ich die Regeln bestimmen!«

7

Als Nadine am nächsten Abend von der Arbeit kam, stand sie Monsieur Perrin gegenüber.

»Ich möchte nicht stören, Mademoiselle Nadine, aber ich will gern kurz mit Ihnen sprechen. Auch um Ihnen zu sagen, dass meine arme Frau Mutter gestorben ist.«

Die ganze Stadt wusste, dass die alte Madame Geneviève Perrin sich in der Klinik vom Balkon gestürzt hatte. Niemand wusste, wie es ihr gelungen war, durch die verschlossene Tür nach draußen zu gelangen.

»Monsieur Perrin, das mit Ihrer armen Mutter tut mir sehr leid. Aber wenn ich ganz aufrichtig sein darf: Als ich meine Mutter verloren habe, hat es Sie nicht weiter interessiert. Ich habe Ihnen zwei Jahre lang zugehört. Ich habe mir die Heldentaten Ihrer verstorbenen Ehefrau angehört, die Probleme mit Ihren Angestellten, die detaillierten Beschreibungen der Weinherstellung. Ich weiß alles über den Unterschied zwischen einem herkömmlichen Korken und einem Plastikverschluss. Ich weiß, wie die Flaschen etikettiert und die Fässer gereinigt werden, worin sich die Trauben unterscheiden, je nachdem ob die Saison sonnig oder verregnet war. Zwei Jahre lang haben Sie mir von Ihren Gewinnen und Verlusten erzählt und wie viel die Louis-Quinze-Sessel und die Aubusson-Teppiche gekostet haben. Üben Sie sich in Geduld, denn ich habe dringendere Probleme. Auf Wiedersehen, Monsieur Perrin.«

Der Mann stand da wie erstarrt. Er hatte die Augen weit aufgerissen, die Kinnlade war ihm heruntergefallen, und er verstand nicht, womit er es verdient hatte, dass Nadine seine Einladungen ablehnte, sich am Telefon verleugnen ließ und ihm jetzt so eine Abfuhr erteilte. Schließlich hatte er die junge Frau wie eine Freundin behandelt, sie jeden Sonntag in die besten Restaurants ausgeführt. Und das war der Dank dafür? Nein, die Wahrheit war die, dass Nadine eine Schlampe war. Sie hatte nicht nur eine uneheliche Tochter, sondern war mit zahlreichen Männern zusammen gewesen. Und nun gab sie sich mit einem mittellosen Vertreter ab, der ihr nie eine anständige Zukunft bieten würde. Während er ihr durchaus …

Der Gedanke traf ihn wie ein Blitz, und plötzlich wurde ihm klar, dass er trotz allem bereit war, Nadine zu heiraten. Eine Erkenntnis, die ihn mit Entsetzen erfüllte.

Sollte er, Jean-Marie Perrin, sich tatsächlich so weit herablassen, einer ungebildeten jungen Frau von zweifelhaftem Ruf, die noch dazu ein uneheliches Kind hatte, einen Antrag zu machen?

Ja, das sollte er vielleicht. Aber er konnte nicht. Er hatte ihr als Mann von Welt Respekt entgegengebracht, aber das hatte sie nicht begriffen. So leid es ihm auch tat, er würde sie ihrem Schicksal überlassen. Schließlich war er Monsieur Perrin und sie nur eine kleine Kosmetikerin. Er konnte sie unmöglich heiraten.

Nadine hatte nicht verstanden, dass er ihr mit all seinem Gerede seine ganz andere anregende, großbürgerliche Welt hatte zeigen wollen.

Genauso gut hätte man einer streunenden Katze eine Atlantik-Auster servieren können.

»Pech für Sie!«, sagte er halblaut und beschloss, Salon zu verlassen.

Doch wen konnte er jetzt mit seiner Verbitterung überschütten? Wenn doch wenigstens seine arme Mutter noch leben würde!

Sie hatte ihm immer zugehört. Oder seine bewunderungswürdige Frau! Die arme Régine hatte stundenlang an seinen Lippen gehangen und ihn getröstet. Aber jetzt war er einsam und verzweifelt. Er hatte zwei Söhne, aber die ließen sich nur selten blicken. Dabei würde das Weingut eines Tages einmal ihnen gehören!

Als am Horizont zwischen den Weinbergen die Umrisse seiner Villa auftauchten, war sein Blick tränenverschleiert.

Nadine dagegen lachte sich ins Fäustchen, weil es ihr mal wieder gelungen war, diesem wortreichen, langatmigen Egoisten, der sich in seinem Hochmut nicht eingestehen wollte, wie sehr er sie brauchte, die Laune zu verhageln.

Sie erzählte ihrer Tochter von dem Vorfall, die so gar nicht darüber lachen konnte. Stattdessen bemerkte sie: »Ich finde das gar nicht witzig.«

»Da siehst du mal, wie du bist! Wer weiß, wer der Mann war, der dir diesen Pessimismus vererbt hat!«

»Egal, wer mein Vater ist, ich würde ihn liebend gern kennenlernen! Aber dazu wird es nie kommen, weil du nie etwas ernst nimmst, nicht einmal deine Männergeschichten. Nicht einmal mich, deine Tochter! Ich bin es leid, dich ständig über Männer reden zu hören. Wann redest du endlich mal ein bisschen über mich?«, klagte sie verärgert.

»Was soll ich denn sonst noch tun, außer dich zu ernähren?«

»Ich wünsche mir eine richtige Mutter, wie ich sie nie gehabt habe!«, schrie sie.

Léonie verglich ihre Mutter mit denen ihrer Klassenkameradinnen, die sie manchmal zum Essen einluden, weil sie eine gute Schülerin war und anderen Kindern bei den Hausaufgaben half. Diese Mütter waren zwar nicht so jung und schön wie Nadine, aber dafür waren sie richtige Mütter. Ihre war eher eine Art größere Schwester, leichtfertig und egoistisch. Von ihren Männergeschichten gar nicht zu reden. Deshalb fuhr sie ihre Mutter nun an:

»Soll ich dir mal was sagen? Wenn ich erwachsen bin, werde ich auf jeden Mann losgehen, der etwas von mir will. Und wenn du schlau wärst, würdest du das Gleiche tun.«

»Du verstehst überhaupt nichts. Ich sollte dich ohrfeigen, aber das tue ich nicht, weil ich zu müde bin. Was gibt es zum Abendessen?«

Nach dem langen Arbeitstag war Nadine wirklich müde und außerdem verbittert: Jetzt, da Léonie älter wurde, hatte sie gehofft, eine Freundin in ihr zu finden, und nun benahm sie sich wie ihre Feindin. Schließlich hatte auch sie nie einen Vater gehabt, war aber ihrer Mutter gegenüber nie so frech gewesen. Wenn überhaupt, hatte sie versucht, die arme Frau zu beschützen, und sich bis zu ihrem Tod um sie gekümmert.

»Übrigens«, sagte sie, »nächstes Jahr wirst du mit vierzehn die Schule beenden. Du kannst dich jetzt schon mal nach einer Arbeit umsehen.«

Léonie musste wieder an die schmerzende Enttäuschung an dem Abend denken, als sie ihrer Mutter das mit dem Kauf von Lavendel verdiente Geld angeboten hatte.

»Ich kann es kaum erwarten. Denn dann kann ich endlich für mich allein sorgen!«, erwiderte sie.

Bei diesen Worten stellte sie eine Hafersuppe und einen Teller mit Frischkäse auf den Tisch.

Das Telefon klingelte, und Nadine ging ran. Es war der L'Oréal-Vertreter, der bei ihr übernachten wollte, da er am nächsten Tag nach Marseille musste.

Nadine dachte an ihre Tochter. Langsam wurde es ihr peinlich, sie ständig zu Thérèse zu schicken. Und genau in diesem Moment klopfte es an der Tür.

Léonie machte auf und sah sich einem großen Strauß roter Rosen gegenüber, gehalten von der zitternden Hand Monsieur Perrins.

Nadine betrachtete die Szene und sagte zu ihrem Freund, dem Vertreter: »Heute Abend geht es leider nicht. Ich habe Probleme mit meiner Tochter.«

Sie legte auf und ging zu Léonie und dem Winzer hinüber.

8

Sind die etwa für mich, Monsieur Perrin?«, säuselte Nadine.

»Mademoiselle Nadine, ich bin gekommen, um Sie zu fragen, ob Sie nach einer angemessenen Verlobungszeit meine Frau werden wollen«, sagte der Mann atemlos, wobei er erst rot und dann blauviolett anlief.

»Léonie, nimm die Blumen!«, befahl Nadine.

»Nimm du sie doch!«, erwiderte die Tochter. »Ich gehe zu Thérèse.«

Sie verschwand und betrat die Wohnung der alten Freundin, die in der letzten Zeit etwas geschwächt war und schon im Bett lag.

»Sie hat das große Los gezogen!«, verkündete sie, während Thérèse Brille und Buch weglegte.

»Was ist passiert?«, fragte die Frau.

»Der Witwer Perrin ist mit einem Strauß roter Rosen aufgetaucht und hat Mama einen Heiratsantrag gemacht. Ich habe meine Suppe stehen lassen. Ich gehe kurz in die Küche und schaue, ob ich etwas zu essen finde«, sagte sie und verließ das Zimmer.

»Ich will alles wissen«, murmelte die alte Frau, während sie sich aus dem Bett erhob, in ihre Pantoffeln schlüpfte und dann zu Léonie in die Küche ging. Das Mädchen bestrich gerade eine dicke Scheibe Brot mit Pastete.

»Ich habe dir alles erzählt, was ich weiß. Nachdem er ihr den Antrag gemacht hat, bin ich gegangen.«

Die Alte nahm Léonie gegenüber Platz und knabberte an einem Stück Brot.

»Diesmal war Nadine wirklich schlau, das muss man schon sagen. Sie hat den hässlichen Perrin regelrecht weichgekocht«, bemerkte sie. »Er gefällt meiner Mutter eigentlich gar nicht, sie will nur sein Geld. Außerdem ist noch längst nicht gesagt, dass sie auch wirklich heiraten. Er hat von einer angemessenen Verlobungszeit gesprochen. Weißt du, wie oft Mama schon verlobt war? Ihre Verehrer verdrücken sich immer in letzter Sekunde, und ich hoffe sehr, dass auch der noch die Flucht ergreift. Zumal sie schon einen anderen Freund hat.«

»Der sehr gut aussieht, während Monsieur Perrin …«

»… hässlich, alt und unsympathisch ist.«

»Aber wenn sie heiraten würden, könntest du weiter zur Schule gehen und vielleicht sogar Abitur machen. Du gehst gern zur Schule, ich weiß, dass dir das Spaß machen würde.«

Das Mädchen beendete seine Mahlzeit, wischte die Krümel auf und spülte das Messer ab. Dann fragte sie: »Thérèse, glaubst du, ich werde auch so wie Mama, wenn ich einmal groß bin?«

»Ich glaube, dass dein Vater, wer immer das sein mag, ein schlauer Kopf ist. Denn du bist intelligenter als Nadine, und deshalb wirst du nicht die gleichen Fehler machen wie sie. Vor allem nicht den, ein uneheliches Kind zu bekommen.«

»Auch die Oma hat meine Mutter bekommen, ohne verheiratet zu sein.«

»Aber du wirst eines Tages deinen Märchenprinzen kennenlernen. Er wird dich heiraten, und ihr werdet viele Kinder bekommen.«

»Ich bin schon zu alt, um an Märchen zu glauben. Und an die Männer glaube ich auch nicht. Ich werde niemals heiraten.«

Thérèse lächelte. »Wart's ab, meine Kleine!«

Sie hörten, wie nebenan die Tür ins Schloss fiel, und sahen vom

Fenster aus, wie Monsieur Perrin in sein Auto stieg. Sie sahen, wie er davonfuhr. Und im selben Moment stürmte Nadine in Thérèses Küche. Mit einem triumphierenden Lächeln verkündete sie: »Die Bastille wurde gestürmt. Schaut nur!«

Sie zeigte die linke Hand, an der ein Ring mit einem Brillanten funkelte. »Stellt euch vor, zum ersten Mal habe ich ihn Jean-Marie genannt und er mich Nadine. Er hat mich auf die Wange geküsst, und am Sonntag bin ich bei ihm zu Hause zum Essen eingeladen. Ist das nicht fantastisch?«

»Wann werdet ihr heiraten?«, fragte Thérèse.

»In genau einem Jahr«, erwiderte Nadine strahlend. »Es tut mir aufrichtig leid, Philippe verlassen zu müssen. Er ist ein netter Kerl, und er gefällt mir sehr. Aber ich wäre dumm, wenn ich ihn nehmen würde anstatt Perrin. Zumal Perrin mich heiraten will, während Philippe ...«

»Und mit wem soll ich am Sonntag essen, wenn du bei deinem reichen Verlobten in der großen Villa zu Mittag isst?«, fragte Léonie aufmüpfig.

»Geduld, Geduld, eins nach dem anderen! Er hat seinen Söhnen noch nichts von mir erzählt und erwartet, dass ich dir gegenüber ebenso zurückhaltend bin. Ich weiß, dass dir das nicht gefällt.«

»Und dir gefällt das auch nicht!«, betonte Léonie.

»Aber mir gefällt sein Geld«, bemerkte Nadine.

»Es heißt, dass er seiner ersten Frau gegenüber unheimlich geizig war ...«, wandte Thérèse schüchtern ein.

»Es wird so manches geredet ... Aber ich weiß, dass ich die von allen respektierte Madame Perrin sein werde und man mich wie eine Dame bedienen und behandeln wird. Und du, Thérèse, wirst dann zu uns in die Villa eingeladen, während du, Léonie, wunderschöne Kleider bekommst. Ich werde einen Nerz haben.«

An diesem Abend schrieb Léonie Daniela, ihrer italienischen

Freundin, um ihr von dem großen Ereignis zu berichten. Sie schloss mit den Worten: »Anscheinend werde ich in einem Jahr einen reichen Stiefvater haben. Aber da das ein sehr unsympathischer Mann ist, freue ich mich nicht. Ich würde dich gern einmal wiedersehen. Auf dem Foto, das du mir geschickt hast, siehst du bezaubernd aus. Wann kommst du wieder nach Salon?«

Daniela antwortete ihr einige Tage später und lud sie in den Sommerferien nach Italien ein. Sie schrieb: »Wir haben ein Haus in Castiglioncello, und bis feststeht, ob ich versetzt werde, muss ich dort lernen. Wenn du kommst, können wir gemeinsam über meine trostlosen Paukferien lachen.«

Die Tage vergingen, und Nadine hatte die Gewohnheit der sonntäglichen Mittagessen mit Jean-Marie wieder aufgenommen. Nur dass sie nun nicht mehr in irgendwelchen Restaurants, sondern in der Villa inmitten seiner Weinberge stattfanden.

Die Dienstboten Monsieur Perrins behandelten sie mit Respekt, und er zeigte ihr sein Anwesen. Er führte sie durch die Zimmer des prunkvollen Hauses und schwärmte ihr von der kostbaren Einrichtung vor, von den Tapeten und Teppichen, wobei er nie unerwähnt ließ, was sie wert waren. Anschließend spazierten sie durch die Weinberge. Er zeigte ihr die Reben, erzählte ihr von falschem Mehltau, Hagelunwettern und Klimaeinflüssen. Sie nickte und gähnte. Bevor er sie gegen Abend wieder nach Hause brachte, schenkte er ihr entweder einen besonderen Wein, ein Öl aus erster Pressung, einen Korb mit wilden Erdbeeren oder Pilzen, Eingemachtes oder eine Konfitüre. Sie bedankte sich.

»Jetzt, da die Schule vorbei ist und meine Léonie den Hauptschulabschluss hat, solltest du sie einmal einladen. Anschließend wird sie für zwei Monate nach Italien fahren«, sagte sie eines Tages zu ihrem Verlobten.

»Für diese offiziellen Dinge ist immer noch Zeit. Vielleicht können wir das im Herbst kurz vor der Hochzeit erledigen.«

Eines Sonntags stellte er Nadine seinen beiden Söhnen vor, die extra aus Paris gekommen waren. Sie waren abweisend und hochmütig, und Nadine begriff, dass diese sie niemals als Familienmitglied akzeptieren würden. Sie setzte ein Lächeln auf und nahm sich vor, es ihnen heimzuzahlen, wenn sie erst einmal Madame Perrin wäre.

Ihr Verlobter wusste nicht, wie er sich für das schlechte Benehmen »dieser jungen Leute« entschuldigen sollte, und Nadine nutzte die Gelegenheit, ihn um finanzielle Unterstützung für ihre Tochter zu bitten.

»Ich möchte nicht, dass Léonie bei dieser italienischen Familie, die sie großzügigerweise eingeladen hat, einen schlechten Eindruck hinterlässt.«

Ganz verblüfft über diese unerwartete Bitte, zückte der Mann sein Portemonnaie und gab ihr Geld, wobei er sagte: »Das muss aber eine Ausnahme bleiben.«

»Im Gegenteil: Du hast mich dazu gedrängt, meine Stelle aufzugeben, und mir Unterhalt zugesichert. Jetzt, da ich deine Frau werde, solltest du ihn erhöhen, findest du nicht auch?«

»Willst du damit sagen, dass ich auch noch die Kosten für deine Tochter übernehmen soll?«

»Ganz genau«, säuselte sie, nicht ohne hinzuzufügen: »Léonie ist sehr begabt. Wenn du nicht wärst, müsste sie arbeiten gehen. Aber als ihr Stiefvater willst du sicher für ihre Ausbildung aufkommen.«

Er überlegte lange und sagte dann: »Gut, aber nur wenn du dafür sorgst, dass sie mich nicht stört. Ich komme mit jungen Leuten nicht zurecht. Wie du gemerkt hast, nicht einmal mit meinen Söhnen.«

Als Nadine Léonie zum Zug brachte, mit dem sie nach Italien fahren würde, gab sie ihr das Geld von Perrin und sagte: »Bleib solange du kannst, denn ich stehe vor einer schweren Entscheidung:

Entweder ich verlasse dich und heirate ihn. Oder ich verlasse ihn und bleibe bei dir.«

»Von mir aus tu Ersteres«, verkündete ihre Tochter und verabschiedete sich winkend.

9

Léonie war fünfzehn Jahre alt, als Nadine Tardivaux Monsieur Perrin heiratete und zu ihm in die Villa in den Weinbergen zog. Sie war ihrer Tochter dankbar, dass sie ihren reichen Mann in Ruhe ließ. Und weil sie sich einredete, dass Léonie es gar nicht anders wollte, hatte sie auch kein schlechtes Gewissen, sie in der alten Wohnung in Salon zurückgelassen zu haben.

Hin und wieder kam sie zu Besuch und schenkte Léonie Kleider und Parfüms, die die Tochter annahm, um sie nicht zu enttäuschen, und dann wegsperrte.

Manchmal weinte Léonie nachts in dem Bett, in dem sie mit ihrer Mutter geschlafen hatte, und fühlte sich unendlich allein. Jetzt, da sie erwachsen wurde, konnte Léonie Nadine gegenüber nicht mehr so hart sein. Sie begriff, dass Nadine gar nicht anders handeln konnte, dass ihr größter Liebesbeweis darin bestanden hatte, sie zur Welt zu bringen. Ihre Erziehung überstieg ihre Kräfte. Nur aus Verzweiflung hatte sie sie mehr oder weniger den beiden alten Nachbarinnen überlassen. Unbewusst hatte Nadine ihr durch ihr schlechtes Beispiel dabei beigebracht, dass ein glückliches Leben nicht von den Männern abhing, denen man begegnete, sondern von dem, was man selbst aus seinem Leben machte. Während des Italienurlaubs bei Daniela Pallavicinis Familie hatte Léonie noch einiges dazugelernt. Wie ein Schwamm hatte sie dort vieles aufgesogen, das wichtig für ihre Zukunft war: Sie hatte gelernt, wie man sich benahm und mit seinen Aggressionen umging. Sie hatte gelernt, welche kaum wahrnehmbaren, aber unüberwindbaren Unterschiede Neureiche von alteingesessenen Mitgliedern der Gesellschaft trennten. Aber vor allem hatte sie gelernt, was eine richtige Familie war. Und nichts wünschte sie sich sehnlicher. Sie hatte sich geschworen, eines Tages auch zu einer solchen Familie zu gehören. Nachdem sie nach Frankreich zurückgekehrt war, hatte sie sich nach einer Arbeit umgesehen. Der nette Postdirektor, den sie schon von klein auf kannte, hatte ihr geholfen, einige Bewerbungsformulare für die Post auszufüllen. Während sie noch auf eine Antwort wartete, hatte ihr die Besitzerin des Restaurants *Le Château* eine Stelle in ihrer Küche angeboten.

Da Léonie immer in der Lage sein wollte, sich ihren Lebensunterhalt selbst zu verdienen, hatte sie sich Häubchen und Schürze angezogen und die einfachsten Tätigkeiten verrichtet, die dieser kleine Gourmettempel der provenzalischen Küche zu bieten hatte. Sie wusch die Töpfe, schälte Äpfel und Kartoffeln, putzte Gemüse, begleitete den Küchenchef auf den Markt und trug die Einkäufe. Sie schrubbte Böden und den Herd und fiel abends erschöpft ins Bett.

Ihren ersten Lohn bekam sie am Vorabend der Hochzeit ihrer Mutter ausbezahlt, und davon wollte sie ihr den Brautstrauß kaufen.

Als Monsieur Perrin Nadine abholte, um zum Rathaus zu fahren, wo der Bürgermeister sie trauen würde, sagte Léonie zu ihrer Mutter: »Ich hoffe sehr, dass du glücklich wirst!« Nicht zuletzt, weil sie daran insgeheim ihre Zweifel hatte.

Monsieur Perrin hatte darauf bestanden, dass seine Söhne an der Zeremonie teilnahmen, und bei dieser Gelegenheit traf Léonie zum ersten Mal ihre Stiefbrüder. Sie mochte sie nicht, so wie auch sie Léonie nicht mochten, aber sie machte sich keine weiteren Gedanken darüber.

Nach dem Hochzeitsessen in der Villa reichte ihr der Stiefvater einen Umschlag mit Geld.

»Um dein Gehalt aufzubessern«, sagte er.

Sie bedankte sich, wollte ihn aber nicht annehmen. Dabei besann sie sich auf die guten Manieren, die sie in Italien gelernt hatte: »Ich bin Ihnen überaus dankbar, versuche aber, allein zurechtzukommen.«

Es fiel ihr nicht schwer, das zu sagen – nicht zuletzt, weil die widerwillig erhöhte Unterhaltssumme ziemlich mickrig war. Außerdem verbot es ihr Stolz, von einem reichen Geizkragen Almosen anzunehmen.

Als ihre Mutter sie bald darauf besuchte, stand der Winter vor der Tür. Nadine trug einen Nerz, der einmal der ersten Frau ihres Mannes gehört hatte.

»Ich kann nicht lange bleiben, weil mich Jean-Marie zum Essen erwartet. Aber nimm das!«, rief sie und stellte einen Karton mit Lebensmitteln auf den Tisch. »Dafür, dass man mich in diesem Haus respektiert, muss ich einen hohen Preis zahlen. Ich brauche all meine Überredungskünste, damit er ausnahmsweise mal ein bisschen Geld lockermacht, mich nach Paris mitnimmt oder abends Musik mit mir hört. Am liebsten wäre ihm, ich würde im Sessel sitzen und stricken, so wie seine bemitleidenswerte erste Frau.«

»Und was wäre, wenn du ihm einfach nicht mehr ständig Gesellschaft leistest, wie er es sich wünscht?«, fragte Léonie.

»Keine Ahnung, das will ich lieber nicht ausprobieren. Wenn ich sein dummes Gerede nicht mehr ertrage, nehme ich eine Beruhigungstablette. Jeden Abend schlafe ich in der Hoffnung ein, dass es am nächsten Tag besser wird.«

In diesem Winter starb plötzlich die alte Thérèse, obwohl Léonie sich schon darauf gefreut hatte, Weihnachten mit ihr zusammen zu verbringen.

Im Frühling bekam sie einen Brief von der Post. Darin stand, dass die Filiale in Salon sie einstellen würde.

Die Arbeit im Restaurant gab sie trotzdem nicht auf. Also stand sie tagsüber hinter dem Postschalter, und abends half sie dem Koch in der Küche des *Château*.

Die jungen Männer, die mit ihr ausgehen wollten, hielt sie auf Distanz. Manchmal sagte sie sich: Irgendwo auf der Welt lebt vielleicht der Mann, den ich einmal heiraten werde.

Wie er wohl aussieht? Ist er blond oder braunhaarig? Gut aussehend oder eher hässlich? Wie klingt seine Stimme, was denkt er? Wo lebt er gerade? Studiert er oder arbeitet er? Geht er gern ins Kino, oder liest er lieber ein Buch? Ist er reich oder genauso arm wie ich? Werde ich ihn lieben? Und wird er mich lieben?

Wenn ihr ein junger Mann wegen seines Aussehens oder seines Charakters gefiel, fragte sie sich: Ist er das? Aber jedes Mal sagte ihr Instinkt ihr schon kurz darauf, dass dies nicht der Mann ihres Lebens war.

Eines Tages, als sie wie immer hinter dem Postschalter stand, rief Monsieur Perrin an.

»Deine Mutter hatte in Avignon einen Autounfall. Sie ist tot.« Da Léonie wie betäubt schwieg, fügte er noch hinzu: »Sie wird gerade im Krankenhaus aufgebahrt, falls du sie noch einmal sehen möchtest.«

Der Mann hatte bereits aufgelegt, doch Léonie hielt nach wie vor den Hörer umklammert. Nach dieser Nachricht, die ihr noch dazu so schonungslos mitgeteilt worden war, fühlte sie sich wie gelähmt.

Zwei Tage später nahm sie der zum zweiten Mal verwitwete Monsieur Perrin nach der Beerdigung in seine Villa mit.

Unterwegs sagte er: »Nadine hat darauf bestanden, ein eigenes Auto zu haben. Ich habe sie gewarnt, dass sie viel zu unkonzentriert zum Fahren ist. Aber sie wollte nicht auf mich hören! Wieso musste sie unbedingt nach Avignon zum Einkaufen? Diese junge Frau hatte nichts als Flausen im Kopf, die übertriebensten Ansprüche.

Erst neulich hatte sie die Idee, Weihnachten in den Bergen zu feiern, weil sie Skifahren lernen wollte. Nun, jetzt ist es vorbei. Und wie stehe ich jetzt da? Ihretwegen bin ich jetzt wieder allein!«

»Ist Ihnen gar nicht in den Sinn gekommen, dass meine Mutter lieber tot sein wollte, anstatt noch länger einen Mann wie Sie zu ertragen?«, fragte Léonie streng.

»Wenn du meine Tochter wärst, würde ich dir jetzt eine Ohrfeige verpassen!«, sagte er und hielt vor der Villa.

»Aber zum Glück bin ich das nicht!«, erwiderte sie und stieg aus.

Sie hatte eingewilligt, mit zur Villa zu fahren, weil ihr Stiefvater sie gebeten hatte, die persönlichen Dinge ihrer Mutter abzuholen.

Er begleitete sie ins Haus und sagte: »Komm bloß nicht auf komische Gedanken! Nicht dass du glaubst, hier gäbe es etwas zu erben. Deiner Mutter haben nicht mal die Kleider gehört, die sie am Leib trug. Aber die kannst du von mir aus haben, genau wie all die teure Spitzenunterwäsche.«

Sie sagte nichts darauf und folgte ihm schweigend ins Schlafzimmer mit dem prunkvollen Bett, in dem Nadine noch bis zwei Tage zuvor geschlafen hatte.

Der Mann ließ sie allein, und sie sah sich um. Sie starrte auf die Parfüms und Schönheitscremes auf dem Schminktisch, betrachtete die im Schrank hängenden Kleider, lächelte über die Puppensammlung auf dem Kaminsims, öffnete die Schubladen mit der Seidenunterwäsche und entdeckte darin ganz weit hinten ein getrocknetes Blumenbouquet aus Lavendel und weißen Röschen. Es war ihr Hochzeitsgeschenk, und Nadine hatte es zusammen mit einer kleinen Schwarz-Weiß-Fotografie aufbewahrt, die sie als Kind neben ihrer Mutter zeigte.

Ein Kindheitsfoto mit der Alkoholikermutter und ein kleiner Blumenstrauß waren Nadines einzige Verbindung zur Vergangenheit, das Einzige, was ihre wahren Gefühle widerspiegelte. Léonie nahm das Foto und die Blumen und ging in den Flur, wo Monsieur Perrin auf sie wartete.

»Das sind die persönlichen Gegenstände meiner Mutter, die ich mitnehme«, verkündete sie.

»Und was ist mit dem Rest?«, fragte er.

»Meinen Sie den Schmuck, den Sie schon in Sicherheit gebracht haben? Oder den umgearbeiteten Nerz von Ihrer ersten Frau? Ich wäre Ihnen dankbar, wenn mich irgendjemand nach Hause bringen könnte, denn der Bus nach Salon geht nur alle paar Stunden, und ich will keine Minute länger bleiben.«

Der Gutsverwalter fuhr sie. Zu Hause kochte Léonie eine leckere Zwiebelsuppe, die sie sich mit ein paar Scheiben gerösteten Brots schmecken ließ. Das war ihre Art, von ihrer Mutter Abschied zu nehmen.

10

Trotz aller Fehler Nadines war sie doch Léonies Bezugsperson gewesen und nach dem Tod von Ninette und Thérèse der wichtigste Mensch in ihrem Leben. So stürzte Léonie nun, nachdem es ihre Mutter nicht mehr gab, in tiefe Einsamkeit.

Mit gerade mal achtzehn Jahren hatte sie keinerlei Familie mehr. Sie sprach mit dem Postdirektor.

»Ich brauche Urlaub.«

»Das kann ich verstehen. Du musst wieder neuen Lebensmut schöpfen. Man hat nur eine Mutter«, erwiderte er väterlich. »Nimm dir einen ganzen Monat Zeit, ich werde schon dafür sorgen, dass du dein Gehalt trotzdem ausgezahlt bekommst.«

Am Abend zuvor hatte sie in ihrer Verzweiflung ihre Freundin Daniela angerufen und ihr erzählt, was vorgefallen war und auch, wie unmöglich sich der Mann ihrer Mutter benommen hatte. Daraufhin hatte Daniela gesagt: »Nimm den nächsten Zug und komm nach Mailand. Verbring etwas Zeit mit uns.« Léonie hatte die Einladung sofort angenommen.

Sie hob das Geld, das Thérèse ihr vermacht hatte, von ihrem Konto ab. Es war keine große Summe, aber einen Monat lang würde sie damit schon über die Runden kommen. Dann ging sie auf den Friedhof. Ihre Mutter war in der Gruft der Familie Perrin bestattet worden. Noch war ihr Name nicht dort eingraviert worden. Léonie legte dort den vertrockneten Blumenstrauß nieder, den sie ihrer Mutter zur Hochzeit geschenkt hatte, murmelte ein Gebet und kehrte nach Hause zurück.

Sie packte ihren Koffer, und am Morgen darauf verließ sie Salon.

Im Zug weinte sie lange um ihre Mutter, aber auch, weil sie sich so einsam und verloren fühlte.

Als sie in Mailand ankam, dämmerte es bereits. Daniela erwartete und umarmte sie und zeigte ihr stolz ihr neues Auto.

»Ich habe erst vor Kurzem den Führerschein gemacht, bin aber die geborene Autofahrerin«, sagte sie und legte Léonies Gepäck auf den Rücksitz, da der Kofferraum zu klein dafür war.

»Das ist mein gesamter Besitz«, verkündete Léonie. »Aber keine Angst, ich werde mich nicht häuslich bei dir niederlassen. Ich möchte nur mein Zuhause dabeihaben.«

»Hör zu, Léonie, gib den Glauben an eine bessere Zukunft nicht auf! Meine Familie freut sich, dich hier zu haben, und wir werden alles tun, damit es dir wieder besser geht«, versuchte sie, Léonie aufzumuntern, während sie ihren Kleinwagen im Zickzackkurs durch den Verkehr lenkte und zur Via Boccaccio fuhr, in der sich der Palazzo der Familie Pallavicini befand. Dann verkündete sie ihre Neuigkeiten.

Sie erzählte Léonie von ihrem Freund, der gerade sein Medizinstudium beendet hatte und sich auf Augenheilkunde spezialisieren wollte.

»Er heißt Damiano und macht gerade ein Praktikum bei meinem Vater. Ich kann es kaum erwarten, ihn dir vorzustellen! Er sieht umwerfend aus, ist unglaublich lieb, und ich bin hoffnungslos in ihn verknallt. Ich selbst werde gegen die Familientradition verstoßen und Archäologie studieren. Ich liebe die Antike, und die Vorstellung, in der Vergangenheit zu forschen, begeistert mich. Aber vorher muss ich mich anstrengen, um das Abitur zu bestehen.«

»Dann stehle ich dir nur kostbare Zeit«, sagte Léonie kleinlaut.

»Du bist gekommen, um mir zu helfen. Außerdem habe ich schon alles geplant: Tagsüber gehe ich zur Schule, und dann muss ich lernen. Aber abends lasse ich mir keinen Film und keine andere Veranstaltung entgehen. Am Wochenende vergesse ich meine Pflichten und amüsiere mich. Du wirst also tagsüber mit meiner Mutter vorliebnehmen müssen, aber die Abende verbringen wir gemeinsam. Du musst besser Italienisch lernen, und dieser Mailänder Intensivkurs wird dir dabei helfen.«

Alle nahmen sie liebevoll auf, und Léonie hatte beinahe das Gefühl, zur Familie zu gehören.

Daniela teilte ihr Zimmer mit ihr, und abends vor dem Einschlafen plauderten die Freundinnen und schmiedeten Pläne. Mal abgesehen von ihrer lang anhaltenden Freundschaft, hatten sie nicht viel gemeinsam. Und trotzdem hatten sie die gleichen Träume: Beide wollten sie ihr Glück machen, sehnten sich nach einem Leben voller Liebe und Abenteuer.

Léonie war bereits zwei Wochen in Mailand, als Daniela verkündete: »Morgen Nachmittag sind wir auf ein Dorffest im Hinterland eingeladen. Ein Freund von Damiano, Guido Cantoni, gibt eine Art Empfang im Park seiner Villa, um seinen ersten Vertrag mit der RAI zu feiern: Er hat einen kurzen Roman geschrieben, der fürs Fernsehen verfilmt wird.«

»Er ist also ein erfolgreicher Autor?«, fragte Léonie.

»Ehrlich gesagt weiß ich das gar nicht. Ich weiß nur, dass er aus einer Industriellenfamilie stammt und meinen Freund noch aus dem Gymnasium kennt. Er soll in einem fantastischen Haus mit einem großen Park leben. Wir werden uns amüsieren«, versicherte ihr Daniela.

An diesem Tag lernten sich Guido und Léonie kennen, und sie kehrte nicht mehr nach Frankreich zurück.

Léonie trug einen weit ausgestellten tiefblauen Rock und eine smaragdgrüne Bluse, die ihren dunklen Teint und ihren schwarzen

Pagenkopf betonte. Aber noch mehr als von ihrer zierlichen Figur, ihrer schmalen Taille und den wohl gerundeten Brüsten war Guido von ihrem sanften und zugleich energischen Gesichtsausdruck beeindruckt sowie von ihrer lebhaften, aufgeweckten Art.

»Du bist also das provenzalische Mädchen, von dem mir Damiano erzählt hat!«

»Ich fühle mich eher provinziell als provenzalisch, denn das bin ich auch«, gestand Léonie, während sie leicht errötete.

»Verlier nie deine erfrischende Unschuld!«

»Und wenn, würdest du es nie erfahren, weil ich in wenigen Tagen nach Salon zurückkehren werde«, erwiderte sie.

»Nach Salon? Wo liegt denn das?«

»In der blühenden, romantischen Provence.«

»Die kenne ich. Ich war mehrmals dort, als ich mich mit der Geschichte der Päpste und der französischen Könige beschäftigt habe. Aber an Salon kann ich mich nicht erinnern.«

»Warum auch? Die Einwohner von Avignon verachten Salon, den hässlichsten Ort in der ganzen Provence.«

»Und du willst Italien verlassen, um dorthin zurückzugehen?«

»Ich will nicht, aber ich muss.«

»Weil deine Familie dort auf dich wartet«, schlussfolgerte er.

»Ich habe keine Familie mehr, aber eine Arbeit.«

»Wollen wir an einem der nächsten Abende zusammen ausgehen?«, schlug Guido vor, ohne weiter darüber nachzudenken.

Léonie beobachtete Danielas Freundinnen und Freunde neugierig, und ihr fiel auf, wie anders sie doch waren. Sie kleideten und benahmen sich auf eine Art, die ihr fremd war. Manche Mädchen musterten sie ein wenig abschätzig aus den Augenwinkeln, was sie in Verlegenheit brachte. Nur der junge Hausherr mit dem Benehmen eines wahren Gentlemans hatte ein aufrichtiges Interesse an ihr gezeigt. Als sie nach Villanova gefahren waren, hatte Danielas Verlobter ihnen von den Cantonis erzählt. Über Guido hatte er gesagt: »Vor einem Jahr hat er sich aus einer zerstörerischen Beziehung befreit. Aber er leidet noch immer.«

Im Moment beobachtete sie, wie er sich ungezwungen mit einem jungen Paar unterhielt.

»Wenn ich das sagen darf: Sie sind der anmutigste Gast heute«, sagte eine Stimme hinter ihr.

Sie fuhr herum und stand einem Bediensteten gegenüber, der ihr ein Tablett mit Erfrischungsgetränken hinhielt.

»Das ist nett von Ihnen, Monsieur«, erwiderte Léonie und errötete.

»Ich bin Nesto und arbeite schon seit Langem für die Familie Cantoni. Bitte entschuldigen Sie, dass ich mir erlaubt habe, Ihnen ein Kompliment zu machen. Und jetzt möchte ich Ihnen dieses köstliche Getränk aus Erdbeeren aus unserem Garten empfehlen.«

Daniela kam und hakte sich bei Léonie unter.

»Du hast Guido schwer beeindruckt«, flüsterte sie ihr verschwörerisch zu.

»Wirklich?«, fragte Léonie gespielt gleichgültig.

»Er redet gerade mit meinem Freund über dich.«

Wenige Monate später waren Guido und Léonie verheiratet.

Villanova

1

Die Ultraschalluntersuchung ergab, dass Léonies viertes Kind ein Mädchen war.

»Ich möchte sie Daniela nennen«, sagte sie zu ihrem Mann.

Vor einiger Zeit war ihre Freundin an einer unheilbaren Krankheit gestorben. Indem sie ihre Tochter nach ihr benannte, konnte sie des Menschen gedenken, der ihr in schwierigen Zeiten beigestanden und ihrem Leben eine entscheidende Wendung gegeben hatte.

»Ich wollte sie eigentlich Giacinta nennen, weil dir Hyazinthen gefallen und es so sensible, duftende Blumen sind. Daniela könnte ihr Zweitname sein, was meinst du?«

Léonie hatte keine Lust zu diskutieren, auch weil sie in letzter Zeit ziemlich gereizt war. Sogar ihr Schwiegervater hatte das zu spüren bekommen, und er kannte den Grund dafür.

Sie hatten eine Meinungsverschiedenheit, was die Zukunft des Unternehmens betraf. Léonie wollte Cantoni-Armaturen zu einem modernen Vorzeigeunternehmen machen, und deshalb hatte sie einen berühmten Industrie-Designer engagiert, damit er eine innovative Armaturen-Serie entwarf. Dabei war ein Prototyp aus bräunlichem Stahl und kalkfestem Plexiglas herausgekommen, der sehr originell und hochfunktionell war. Außerdem war die Idee geboren worden, die sich leicht abnutzenden Duschschläuche durch durchsichtige Kanülen zu ersetzen. Sie hatten einige Sanitärfirmen damit experimentieren lassen, die den Prototyp begeistert aufgenommen hatten. Jetzt musste nur noch eine Händlerumfrage gemacht werden. Doch Dottor Panizza, der Vertriebsleiter, hatte gesagt: »Es bringt nichts, Geld für eine Umfrage auszugeben. Dieses Designerzeug ist höchstens ein Nischenmarkt, und ich bezweifle sehr, dass wir die Kosten wieder hereinholen werden.«

Léonie war immer offen für andere Meinungen und stellte die Erfahrung ihres Vertriebsleiters nicht infrage. Ihr Hauptansprechpartner war jedoch der Schwiegervater, dem sie die Bedenken des Kollegen, eines älteren Mannes kurz vor der Pensionierung, vortrug.

»Glaubst du an diese neue Serie?«, wollte Cavalier Cantoni wissen.

»Absolut.«

»Warum?«

»Weil sie mir gefällt. Hätte ich ein neues, entsprechend eingerichtetes Haus, würde ich mir solche Armaturen aussuchen.«

»Panizza hat sich auch schon gesträubt, als wir die Einhebelarmaturen eingeführt haben. Würde es nach ihm gehen, würden wir nur Modelle im altenglischen Stil herstellen.«

»Und ich habe vor, diese Serie *New Generation* zu nennen. Trotzdem: Auch du scheinst nicht wirklich begeistert zu sein.«

»Du wolltest freie Hand haben, und ich habe sie dir gegeben«, sagte er wie ein Großvater, der seinem Enkel ein Glas Nutella gegönnt hat.

»Das heißt, wenn es schiefgeht, ist es allein meine Schuld. Aber wenn es gut geht, sind alle dafür verantwortlich«, konterte Léonie frech. Als eine Art Entschuldigung setzte sie nach: »Warum beziehst du keine eindeutige Position? Erst betonst du, wie altmodisch der Vertriebsleiter ist, und gleich darauf hebst du warnend die Hand, weil es ein Reinfall werden könnte. Die Firma gehört dir. Warum sagst du mir nicht, was du wirklich denkst?«

»Seit wann bist du so misstrauisch?«

»Seitdem du meinem Vorschlag neutral gegenüberstehst, den ich ohne eine Umfrage nicht weiterverfolgen werde!«

»Jetzt explodier doch nicht gleich, das ist keine gute Arbeitsgrundlage! Hast du mit meinem Sohn gestritten?«

»Nein, und jetzt fehlt nur noch, dass du mich hysterisch nennst!«

Sie tobte vor Wut, und als sie das Büro verließ, musste sie sich beherrschen, nicht laut die Tür hinter sich zuzuknallen.

Wie oft hatte sie Verantwortung geschultert, ohne mit der Wimper zu zucken? Noch nie hatte sie mit ihrem Schwiegervater gestritten. Was war bloß mit ihr los? Anstatt in sein Büro zurückzukehren, verließ sie die Firma, stieg ins Auto und fuhr nach Hause – gerade noch rechtzeitig, um einen Streit zwischen Giuseppe und Gioacchino zu schlichten, die um ein Spielzeug rauften, während die kleine Gioia in Tränen aufgelöst war, weil die beiden Brüder im Streit ihre Lieblingspuppe kaputt gemacht hatten.

Als Léonie ins Spielzimmer kam, hörte sie nur ein einziges Wehklagen: »*Mammina,* er ist so gemein!«, »*Maman,* du musst ihn ohne Abendessen ins Bett schicken!«, »Léonie, *regarde ma pauvre poupée!*«

Gioia nannte sie Léonie, genau wie ihr Vater Guido, und es war unmöglich, ihr das auszureden. Außerdem bestand sie darauf, Französisch zu sprechen, und behauptete, kein Italienisch zu verstehen.

Ersilia, das älteste Dienstmädchen, saß ruhig im Sessel, strickte und meinte: »Die Kinder sollen sich ruhig austoben, damit sie abends schön müde sind.«

»Gut, weil ihr Gioias Puppe kaputt gemacht habt, bekommt ihr Jungs heute Abend keinen Nachtisch. Und du auch nicht, kleine Hexe, weil du dich weigerst, Italienisch zu reden«, verkündete Léonie und verschwand trotz lauten Protests.

Sie ging in ihr Zimmer, zog sich aus und schlüpfte in Badeanzug und Bademantel. Dann fuhr sie mit dem Aufzug ins Souterrain.

Sie sprang ins Schwimmbecken und begann, ihre Bahnen zu ziehen.

Sie schwamm etwa zehn Bahnen, bevor sie sich etwas entspannte. Dann drosselte sie ihr Tempo und zog sich schließlich am Rand hoch. Als sie in ihr Zimmer zurückkehrte, strich sie sich zärtlich über den Bauch, der immer dicker wurde, und flüsterte: »Keine Sorge, mein Mädchen! Deine Mama weiß genau, was sie tun wird, falls du Mitte Dezember noch nicht geboren sein solltest.«

Das war ihre heimliche Sorge, seit ihr klar geworden war, dass sie bei einer Geburt um den zweiundzwanzigsten herum auf ein Treffen mit Roger verzichten müsste, der sich daraufhin große Sorgen machen würde. Vorausgesetzt, Roger würde wie immer zu ihrer Verabredung erscheinen.

Die Monate bis zur Geburt verbrachte sie in der Firma und damit, sich um die Kinder zu kümmern. Guido, der in der Woche wieder in Rom arbeitete, kam an den Wochenenden nach Hause, und wenn das nicht ging, besuchte Léonie ihn mit den Kindern. Die waren die Flugreisen gewohnt und beschäftigten die Stewardessen mit unaufhörlichen Bitten nach Spielzeug und Bonbons.

Guido hatte zu seiner alten Gelassenheit zurückgefunden und war liebevoller geworden. Er bezog Léonie in seine Arbeit mit ein wie noch nie zuvor, und seine neue Produktionsfirma für Filme, Drehbücher und Sitcoms, die er letztendlich doch noch gegründet hatte, rechnete sich.

»Mir gefällt die Vorstellung, dass sich unsere Kinder als Erwachsene zwischen Armaturen und Filmgeschäft entscheiden können«, sagte er eines Tages zu Léonie.

»Wenn sie nach mir kommen, werden sie sich für Armaturen begeistern«, verkündete sie.

»Vielleicht wollen sie auch etwas ganz anderes machen.«

»Wir werden sie darin unterstützen, so wie dein Vater dich auch deinen Traum leben lässt.«

»Mein Vater konnte mich durch eine ziemlich ehrgeizige Französin ersetzen. So ein Glück hat man nicht zwei Mal!«

»Mit anderen Worten, wir werden beide unsere Firmen verkaufen und eine Weltreise machen«, schlug Léonie vor.

»Das wird eine lange Reise! Sie wird einige Jahre dauern, damit wir länger an den Orten bleiben können, die uns gefallen.«

»Aber die Kinder werden uns Enkel schenken. Findest du nicht, dass wir auch unserer Aufgabe als Großeltern gerecht werden sollten?«

»Im Moment werde ich der Vaterrolle gerecht. Um unsere Enkel sollen sich die Eltern kümmern!«

Léonie musste laut lachen.

»Wir sind noch heftig damit beschäftigt, Kinder zu kriegen, und machen uns jetzt schon Sorgen um unsere Enkel.«

»Ich male mir gern aus, was aus unseren kleinen heiß geliebten, verwöhnten Monstern einmal werden wird, die uns heute so viel Zeit und Zuneigung stehlen«, sagte Guido.

Léonie liebte diese entspannten Momente mit ihrem Mann.

Die kleine Giacinta beschloss, genau zur Wintersonnenwende zur Welt zu kommen. Léonie war am Abend des einundzwanzigsten Dezembers mit Wehen in die Klinik gegangen.

»Der Muttermund ist noch nicht offen«, hatte der Gynäkologe festgestellt. »Ich glaube, bis morgen früh wird sich nichts tun.«

Trotz der Schmerzen und der Übelkeit hatte Léonie darauf bestanden, dass ihr Mann und ihr Schwiegervater wieder nach Hause fuhren.

»Ich rufe euch, sobald es richtig losgeht. Aber jetzt möchte ich mich einfach nur ausruhen«, sagte sie.

Sie tat die ganze Nacht kein Auge zu. Morgens kam der Gynäkologe und sagte: »Ich hänge Sie jetzt an den Wehentropf, um die Öffnung des Muttermunds zu beschleunigen.«

Als die Krankenschwester ins Zimmer kam, um ihr die verschriebene Lösung zu geben, bat Léonie sie, kurz zu warten, und rief in Varenna im *Hôtel du Lac* an.

»Dottor Bastiani ist noch nicht eingetroffen«, erwiderte die Hotelbesitzerin.

»Wenn er kommt, richten Sie ihm doch bitte aus, dass ich in der Mangiagalli-Klinik bin, um mein viertes Kind zu bekommen.«

2

Es war der Abend des zweiundzwanzigsten Dezember. So erschöpft Léonie auch war – sie freute sich, von ihrer Familie umgeben zu sein.

Die kleine Gioia war neben ihr im Bett eingeschlafen. Giuseppe und Gioacchino spielten Verstecken und traten hin und wieder an Giacintas Wiege, wobei sie die neue Schwester misstrauisch musterten, die ihnen zufolge unvorstellbar hässlich war.

Mit ihrem Geschrei hatten die großen Brüder sie bereits mehrmals geweckt, und es half auch nichts, dass Guido drakonische Strafen androhte: Nach wenigen Minuten Stille gewann ihr Temperament wieder die Oberhand.

»Ich fahre nach Hause und nehme diese beiden Wildfänge mit!«, entschied Cavalier Cantoni, der davon ausging, dass Guido noch ein wenig in der Klinik bleiben und sich um die schlafende Gioia kümmern würde.

Auch die kleine Giacinta war eingeschlafen, sodass Guido und seine Frau endlich etwas Ruhe genießen konnten, auch wenn diese nicht lange anhalten würde.

»Weißt du, dass sie mir die Fäden erst am zweiten Weihnachtsfeiertag ziehen werden?«, sagte Léonie.

»Ich habe schon mit den Ärzten gesprochen und weiß Bescheid. Findest du es denn nicht schlimm, über Weihnachten hierbleiben zu müssen?«, fragte ihr Mann.

»Das ist mal ein anderes Weihnachten! Bitte komm bloß nicht auf komische Gedanken!«

»Zum Beispiel auf den, die Weihnachtstafel hier decken zu lassen?«

»Du kannst Gedanken lesen.«

»Wird dir deine Familie an Weihnachten nicht fehlen?«

»Nein, keine Angst, ich überlasse dir das Privileg, einmal ganz allein für Kinder und Verwandtschaft zuständig zu sein. Zu Hause habe ich schon alle Geschenke vorbereitet. Du musst sie nur noch unter den Baum legen und die Karten vorlesen. Ich selbst muss mich jetzt wirklich ausruhen. Das ist seit August meine erste Auszeit.«

»Du weißt, dass du uns sehr fehlen wirst.«

»Ich bin mir nicht so sicher, ob ich von euch das Gleiche behaupten kann!«, scherzte Léonie.

»Nicht einmal ich werde dir fehlen?«

»Ich hoffe, dass du mich besuchen kommst, und das weißt du genau. Aber nur du! Diesmal bin ich wirklich erschöpft. Ich fühle mich, als hätte ich den Mount Everest bezwungen.«

»Ich habe gesehen, wie sehr du leiden musstest, als du unser viertes kleines Monster zur Welt gebracht hast. Ich finde, wir sollten jetzt aufhören. Vier Kinder dürften genügen.«

»Das Gleiche hast du bei Gioias Geburt auch schon gesagt. Aber dann …«

Ganz so, als fühlte sie sich angesprochen, riss Gioia plötzlich die Augen auf, sah sich um und sagte dann lächelnd: *»Bonsoir, maman, bonsoir, papa. On y va?«* Sie setzte sich auf.

In diesem Moment rührte sich Giacinta in der Wiege, zog furchterregende Grimassen und begann zu weinen.

»Und schon ist es mit unserer Ruhe vorbei!«, bemerkte Guido und nahm Gioia auf den Arm. Eine Schwester eilte herbei und sagte: »Nach diesem Schreihals kann man die Uhr stellen. Es ist Zeit zum Stillen.«

Sie schob eine komplette Ausrüstung, bestehend aus Windeln, Feuchttüchern und Wundsalben, herein, um dem Neugeborenen die Windeln zu wechseln.

»He, warum schreist du bloß so? Möchtest du der Callas Konkurrenz machen?«, scherzte die Frau, während sie Giacinta geschickt versorgte.

»*Ah, qu' elle est agaçante*«, beschwerte sich Gioia, die so gar keine Geduld für ihre Schwester aufbringen konnte.

»Wir sehen uns morgen!«, verkündete Guido und beugte sich über seine Frau. Er küsste sie flüchtig auf den Mund, nahm seine Tochter und ging.

»Endlich allein«, freute sich Léonie, während sie ihrer jüngsten, nach Babypuder duftenden Tochter die Brust gab.

Die Anwesenheit ihrer Familie, ja, auch die der Kinder, hinderte sie daran, die innige Bindung zu ihrem Neugeborenen voll und ganz auszukosten. Die furchtbaren Geburtsschmerzen hatte sie beinah schon wieder vergessen. Dieses Glücksgefühl würde während der Stillmonate anhalten, und erst beim Abstillen würde dieses Bedürfnis nach Nähe einer gelasseneren Mutterliebe weichen.

Diesmal war die Geburt auf den Termin ihrer Verabredung in Varenna gefallen. Aber das Glück, ihre Kleine im Arm zu halten, verhinderte, dass Léonie allzu sehr unter dem verpassten Treffen mit Roger litt.

Beim Gedanken an seine Worte musste sie lächeln: »Bitte bring dein viertes Kind nicht kurz vor oder nach unserem nächsten Treffen zur Welt.« Jetzt würde sie ein Jahr bis zum kommenden Dezember warten müssen. Aber das war es wert gewesen, denn so nah wie in den letzten Monaten waren Guido und sie sich noch nie gewesen.

Dieser stille und geheimnisvolle Mann hatte sich ihr gegenüber endlich geöffnet – etwas, worauf sie seit ihrer Hochzeit gewartet hatte.

Nachdem sie die Kleine von der Brust genommen hatte, legte Léonie sie vorsichtig zurück in die Wiege, ging wieder ins Bett und schlief mit einem Lächeln ein.

Kurz darauf näherte sich Roger ihrer Zimmertür. Er hatte einen recht turbulenten Tag hinter sich. In Varenna hatte ihm die Hotelbesitzerin Léonies Botschaft ausgerichtet.

»Oh nein, nicht schon wieder!«, hatte er lächelnd gerufen. In ihrer unberechenbaren, amüsanten Art war Léonie wirklich einmalig!

Da hatte er beschlossen, den freien Tag mit Skifahren zu verbringen. Er mietete sich Ski, weil er seine eigenen nicht mitgenommen hatte. Doch später wollte er sich unbedingt persönlich davon überzeugen, dass alles gut gegangen war.

Er stieg in den Wagen und fuhr nach Mailand. Unterwegs legte er eine kurze Pause ein, um in einem kleinen Restaurant, das ihm ein Mailänder Kollege empfohlen hatte, etwas zu essen.

Bevor er sich zu Tisch setzte, schaute er ins Telefonbuch, fand die Nummer der Klinik und rief am Empfang an.

»Ich habe einen Strauß Blumen für Signora Tardivaux zu überbringen. Können Sie mir ihre Zimmernummer nennen?«

Nach dem Mittagessen erreichte er die Klinik. Er stellte seinen Wagen ab und machte zuerst einen langen Spaziergang durch die Innenstadt, in der wegen des bevorstehenden Weihnachtsfests sehr viel los war. Schließlich kehrte er zur Klinik zurück, ging in den dritten Stock und nahm im Wartebereich vor Léonies Zimmer Platz.

Von dieser privilegierten Warte aus beobachtete er, wer kam und ging.

Er sah die vielen Blumensträuße an sich vorbeiziehen, die von Boten abgegeben und von den Schwestern mitgenommen wurden.

Er sah einen distinguierten Herren, der das Zimmer mit einem kleinen Mädchen verließ, und schloss daraus, dass es sich um Léonies Mann und das dritte Kind handeln musste.

Es war schon spät, als niemand mehr das Zimmer betrat oder verließ. Da öffnete er mit klopfendem Herzen die Tür und sah Léonie und das Neugeborene in der Wiege.

Beide schliefen tief und fest. Er hätte gern ihr Gesicht gestreichelt, sie auf die Stirn geküsst, wollte sie jedoch nicht wecken. Es ging ihr gut, und mehr brauchte er nicht zu wissen. Auf Zehenspitzen verließ er das Zimmer, die Klinik, die Stadt, Léonies Welt und suchte sich ein Hotel. Am nächsten Tag würde er nach Marseille zurückkehren.

3

Es war einer dieser Februartage, die den Frühling ankündigten, trotz des Nordwinds, der im Gesicht brannte wie eisige Nadeln. Die Natur erwachte allmählich aus ihrem langen Winterschlaf.

Der alte Nesto hatte bereits die Handwerker gerufen und war mit ihnen aufs Dach der Villa gestiegen, um sich einen Überblick über die Schäden zu verschaffen, die die heftigen Schneefälle im Januar angerichtet hatten. Der Fensterbauer, der Klempner und der Elektriker waren ebenfalls gekommen.

Der Raumausstatter hatte den Auftrag bekommen, einen Kostenvoranschlag für einige neue Tapeten und Vorhänge zu machen. Der Parkettleger hatte den Preis für die Ausbesserung alter Böden geschätzt und der Kunsttischler den für das Einziehen einer Kassettendecke.

»Jetzt ist der Moment gekommen, den Winter zu verjagen«, sagte Nesto, der sich inmitten dieses hektischen Treibens so flink wie ein junger Mann bewegte.

Léonie hatte nach und nach wieder angefangen, in der Firma zu arbeiten, und Guido hatte das Pendeln zwischen Villanova und Rom wieder aufgenommen.

Giuseppe, der in die erste Klasse der Grundschule ging, war eines Tages tränenüberströmt nach Hause gekommen, weil ihn die Klassenkameraden »betucht« genannt hatten.

»Wie ist es dazu gekommen?«, hatte Guido nachgehakt.

»Sie haben es gesagt, als die Lehrerin dabei war«, erzählte das Kind.

»Und sie?«

»Sie hat gesagt, dass man nichts dafür kann, ob man reich oder nicht reich geboren wird.«

»Weißt du, was das Wort bedeutet?«

»So was Ähnliches wie bescheuert?«, fragte das Kind.

Guido hatte ihm mit großer Geduld erklären müssen, dass »betucht« keine Beleidigung war, dass seine Klassenkameraden nur die Realität erkannten und die Unterschiede bemerkten. Sie stellten eben fest, dass er reich war. Andere waren weniger reich und wieder andere arm. Guido hatte noch hinzugefügt, dass diese Ungleichheit ungerecht sei. Deshalb seien diejenigen, die mehr hätten, verpflichtet, denen, die nicht das Glück hätten, zu helfen.

Geendet hatte er mit der Erklärung, dass die Cantonis schon lange Familien in Schwierigkeiten, notleidenden alten Menschen und armen Kindern halfen, indem sie ihnen Arbeit gaben, alte Leute ins Seniorenheim aufnahmen und Kinder in den Betriebskindergarten, den Léonie sich gewünscht hatte. Da hatte sich der kleine Giuseppe wieder beruhigt. Auch Gioacchino hatte so seine Probleme: Er spielte gern mit den Puppen seiner Schwester, und auch wenn er sich manchmal mit seinem großen Bruder in die Haare geriet, ging er Raufereien mit Gleichaltrigen aus dem Weg – nicht zuletzt, weil er seinen Freunden stets unterlag.

Gioia gab nach wie vor Rätsel auf. Sie war sehr stur, weigerte sich, Italienisch zu sprechen, ja, gab sogar immer wieder vor, es nicht zu verstehen. Weder Strafen noch gutes Zureden konnten sie davon abbringen, und Léonie überlegte schon, mit ihr zu einer Kinderpsychologin zu gehen. Doch Guido und der Schwiegervater waren davon überzeugt, dass es sich nur um die fixe Idee eines Kindes handelte und sich die Angelegenheit bald von selbst regeln würde.

»Ich hatte eine Mutter mit psychischen Problemen und kann dir versichern, dass Gioia vollkommen gesund ist. Außerdem: Einem Kind, dessen Name ›Freude‹ bedeutet, bleibt doch gar nichts anderes übrig, als seinen Eltern Sorgen zu machen, allein um sie zu provozieren!« Mit diesen Worten des Großvaters war die Sache erst einmal vom Tisch.

Während Léonie eines Tages Giacinta stillte, fragte sie Guido: »Ist dir aufgefallen, dass dein Vater in letzter Zeit etwas seltsam ist?«

»Wie meinst du das?«, wollte er wissen.

»Er hat seinen Kleidungsstil geändert, dabei war auch der vorherige völlig in Ordnung. Er hat ein neues Aftershave, ein englisches. Du bist fünf von sieben Tagen in Rom, deshalb kannst du das nicht wissen, aber abends, nach der Arbeit, kommt er manchmal nicht mehr nach Hause, sondern geht auswärts essen. Aber das sind keine Geschäftsessen, denn das wüsste ich. Außerdem gibt es noch andere Hinweise, die eine Frau sofort erkennt«, verriet ihm Léonie belustigt.

»Hat er eine Geliebte?«, meinte Guido fast angewidert.

»Wenn ja – würdest du es wissen wollen?«

»Nein. Und du?«

»Ich auch nicht. Das ist seine Sache, schließlich ist er Witwer und hat ein Recht auf eine Gefährtin. Doch was, wenn es sich um eine Frau handelt, die nur auf sein Geld scharf ist …«

»Du hast es gerade selbst gesagt: auf *sein* Geld, nicht auf unseres. Doch die Firma gehört uns allen. Andererseits ist Papa immer sehr vernünftig gewesen. Vielleicht machen wir aufgrund von kleinen Indizien, die nur dir aufgefallen sind, gerade aus einer Mücke einen Elefanten«, überlegte Guido laut. »Oder sprichst du vielleicht aus Erfahrung?«

Seine Frau ließ sich nichts anmerken. Sie sah ihn gelassen an und sagte: »Ich hoffe, das war ein Scherz, wenn auch ein sehr geschmackloser.«

Diese Gelassenheit konnte sie zur Schau stellen, weil sie fest davon überzeugt war, dass ihre Geschichte mit Roger nichts mit ihrer Ehe zu tun hatte. Und zwar nicht nur, weil sie ihn nur einmal im Jahr traf und die letzte Verabredung nicht mal eingehalten hatte, sondern auch weil die Gefühle, die sie für ihn empfand, nichts mit der tiefen Zuneigung zu tun hatten, die sie mit ihrem Mann verband.

Guido wiederum hatte nach den beruhigenden Worten der Mailänder Detektivin beschlossen, Léonie keine Fragen zu stellen, schließlich war sie wirklich eine tadellose Ehefrau und Mutter. Deshalb erwiderte er versöhnlich: »Für jemanden, der Dialoge schreibt, war das wirklich eine furchtbar primitive Bemerkung. Zur Wiedergutmachung lade ich dich heute ins Theater ein. Pavarotti singt in der Scala. Die Oper gefällt dir sicher: Es ist *La Bohème*, ein Meisterwerk.«

Und so saßen sie an diesem Abend neben Cavalier Cantoni im Parkett, der von einer schönen Dame zwischen vierzig und fünfzig begleitet wurde, die er seinem Sohn und der Schwiegertochter leicht verschämt vorstellte.

Sie hieß Violetta Bianchi Clementi und hatte einen Antiquitätenladen in der Via Bagutta.

»Du hast tatsächlich ins Schwarze getroffen!«, flüsterte Guido seiner Frau ins Ohr.

»Ich muss sagen, ich bin positiv überrascht«, bemerkte Léonie.

»Na ja, zum Glück ist es keine Zwanzigjährige«, erwiderte ihr Mann.

Es handelte sich um eine sehr charmante Dame mit tadellosen Umgangsformen und einem distinguierten Äußeren. Um eine Frau, die durchaus in der Lage war, einem einsamen Witwer den Kopf zu verdrehen, dachte Léonie.

Als sie später, in der ersten Pause, zusammen im Foyer standen, fühlte Renzo sich gezwungen, seinem Sohn zu sagen: »Sie ist nur eine Freundin. Mein Bruder hat sie mir vorgestellt, als er eine Altartafel für seine Kirche kaufen wollte und ich ihm bei den Verhandlungen helfen sollte. Bisher habe ich diese Freundschaft, die mir sehr guttut, noch nicht erwähnt.«

»Wieso lädst du sie nicht zu uns nach Hause ein?«, fragte Guido.

»Weil ich nichts verkomplizieren will, was im Grunde ganz einfach ist«, entgegnete sein Vater, womit das Gespräch für ihn beendet war.

Einige Monate später rief Signora Violetta Bianchi Clementi mitten in der Nacht in der Villa an, um mitzuteilen, dass Cavalier Cantoni gerade in die Notaufnahme der Poliklinik gebracht werde, es gehe ihm nicht gut.

Das war der erste Herzinfarkt, der Renzo zu einer langen Bettlägerigkeit zwang und ihn die Beziehung kostete, die er ihnen als eine platonische Freundschaft hatte verkaufen wollen.

4

»Ich wünsche keinen Besuch von Angestellten, erwarte aber, dass du mich über alles auf dem Laufenden hältst«, hatte Cavalier Cantoni seiner Schwiegertochter gesagt, woraufhin sie zwischen Firma und Krankenhaus hin und her pendelte.

Guido wachte die kritischen Tage über am Bett seines Vaters und kam nur zum Schlafen nach Hause.

Jetzt, da Renzo die Intensivstation verlassen hatte, wollte er gleich wieder mit der Arbeit beginnen, aber die Ärzte waren unerbittlich: Wenn er wieder gesund werden wolle, brauche er absolute Ruhe. In der Firma verließen sich alle darauf, dass Léonie ihren Schwiegervater würdig vertreten würde, und wandten sich mit ihren Problemen an sie. Sie hörte allen zu und sagte: »Ich werde meinem Schwiegervater Bericht erstatten und Ihnen bald Bescheid geben.«

In Wirklichkeit informierte sie ihren Schwiegervater längst nicht über alles. In vielen Fällen überlegte sie, was wohl die beste Lösung sei, und entschied allein.

Guido, der das mitbekam, kam nicht umhin, sie zu fragen, woher sie nur die Kraft nahm, sich um die kleine Giacinta und die anderen drei Kinder sowie um die Firma zu kümmern. Lächelnd erwiderte sie: »Ich bin eine Frau, ein anderes Geheimnis gibt es nicht. Ich bin in der Lage, meine Zeit optimal zu nutzen, und versuche, alles mit Freude zu tun.«

Wenn sie aus dem Büro nach Hause kam, eilte sie jedes Mal gleich in Giacintas Zimmer, um sie zu stillen.

Eines Tages, als sie das Kind gerade an die Brust gelegt hatte, kam Nesto herein.

»Signorina Mombelli aus der Firma möchte Sie sprechen«, verkündete er und hielt ihr ein großes, schweres schnurloses Telefon hin, die neueste Erfindung der Telefontechnik.

»Wenn nicht gerade die ganze Firma in Brand steht, rufe ich später zurück«, sagte Léonie, bevor die Sekretärin ihres Schwiegervaters auch nur ein Wort sagen konnte.

»Ich habe mir erlaubt, Sie zu stören, weil es Streit in der Personalabteilung gibt«, erklärte die Frau.

Der Personalchef war auf einer Fortbildung in Turin, und wenn Signorina Mombelli deswegen anrief, hieß das, dass es ein ernsthaftes Problem gab.

»Dann sollen sich die Gemüter wieder etwas beruhigen. Ich komme am Nachmittag noch mal rein«, erwiderte sie und beendete das Gespräch.

Vermutlich eine Auseinandersetzung zwischen den weiblichen Angestellten, die die Mombelli überforderte. Während Léonie ihre Tochter entspannt weiterstillte, hatte sie die Abteilung genau vor Augen. Der Personalchef, Dottor Luigi Stucchi, war ein äußerst attraktiver Mann, der allerdings verheiratet war. Alle sechs weiblichen Angestellten wetteiferten darum, ihm ein Lächeln oder ein Kompliment abzuringen, was er manchmal verschenkte, ohne zu merken, welche Erwartungen er damit bei den jungen, hübschen, für ihn schwärmenden Damen weckte.

Die Arbeit des Personalchefs, der an der Wirtschaftsuniversität Luigi Bocconi in Mailand studiert hatte und zwei Master-Abschlüsse (von denen er einen in Italien und einen im Ausland erworben hatte) vorweisen konnte, war alles andere als einfach, und er sagte gern: »Es ist einfacher, dreihundert Arbeiter zu führen als drei weibliche Angestellte.«

Léonie mit ihrer Arbeitserfahrung teilte Stucchis Meinung.

Doch vielleicht weil sie eine Frau war und den Frust dieser Angestellten, die oft kein einfaches Leben hatten, verstehen konnte, war sie für die jungen Damen so etwas wie eine mütterliche Vertraute geworden und wurde gern gerufen, wenn Kontroversen beigelegt und geeignete Lösungen gefunden werden sollten.

Dennoch las sie nach dem Stillen, Giacinta weiterhin im Arm, Gioia erst einmal ein Märchen vor, die sie nach jedem Satz mit endlosen »Warums« unterbrach: »Warum hält der Drache die schöne Prinzessin gefangen? Warum benutzt der junge Ritter keine Pistole, sondern ein Schwert, um den Drachen zu töten? Warum hat der Drache keine Freundin?«

Als Giacinta eingeschlafen war, übergab sie ihre jüngste Tochter dem Kindermädchen und ging mit Gioia zum Mittagessen nach unten. Giuseppe aß in der Schule und Gioacchino im Kindergarten. Dann brachte sie ihre Drittgeborene zum Mittagsschlaf ins Bett und kehrte in die Firma zurück.

»Die Rovani und die Isgrò haben sich in die Haare bekommen. Und als Picchi, der Buchhalter, dazwischengehen wollte, hat er eins auf die Nase bekommen. Daraufhin bekam er Nasenbluten, und seine Nase sieht jetzt aus wie eine rote Tomate«, erklärte Signorina Mombelli, kaum dass Léonie einen Fuß in ihr Büro gesetzt hatte.

Sie kannte die beiden Streithennen, beide hübsch und fest entschlossen, sich besonders hervorzutun. Signorina Rovani arbeitete schon seit fünf Jahren in der Firma und hielt sich für die Schönheitskönigin ihrer Abteilung. Ihre Konkurrentin war erst vor wenigen Monaten eingestellt worden und war nicht nur ebenso schön, sondern auch ehrgeizig. Sie hatte fest vor, ihre Kollegin vom Thron zu stoßen. Die beiden hatten sich auf Anhieb gehasst und führten unter Anwendung von kindischen Streichen einen regelrechten Krieg gegeneinander. Und alle beide waren in Dottor Stucchi verliebt.

»Die Rovani hat die Isgrò eine Nutte genannt, bitte verzeihen Sie den Ausdruck. Und die hat die Rovani wiederum als alte Jungfer bezeichnet, die nicht mehr tue, als für den Chef zu spionieren. Als Picchi verletzt wurde, habe ich den Wachmann gerufen, damit er die beiden trennt. Wir haben es hier mit einem ernsten Problem zu tun, Signora«, sagte die Sekretärin aufgeregt.

Léonie fragte sich, ob Picchi Anzeige erstatten sollte, und rief ihn zu sich ins Büro.

Seine Nase erinnerte tatsächlich an eine Tomate, aber da er seit fünfunddreißig Jahren für die Cantonis arbeitete, spielte der Mann den Vorfall herunter.

»Ich habe es fast schon darauf angelegt. Man sollte sich nicht einmischen, wenn zwei sich hassen. Aber sie sind wirklich richtig aufeinander losgegangen«, erklärte der ältere Angestellte.

»Sie wollen also keine Anzeige erstatten?«, fragte Léonie.

»Das würde nur dem guten Ruf der Firma schaden«, erwiderte er.

»Und was schlagen Sie stattdessen vor?«, fragte sie, wohl wissend, dass sie schlimmstenfalls beide Frauen entlassen musste.

»Dann würden wir zwei gute Angestellte verlieren. Aber wir müssen sie trennen, ihnen getrennte Büros zuweisen«, riet Picchi.

Léonie bedankte sich, entließ ihn und ließ die beiden Frauen rufen.

Die standen ihr gegenüber, bis sie sie aufforderte, auf der anderen Seite ihres Schreibtisches Platz zu nehmen. Sie sah ihnen ernst in die Augen, ohne einen Ton zu sagen.

Signorina Isgrò gab zuerst klein bei. »Bin ich entlassen?«, flüsterte sie. Sie war eine Kalabresin, die einiges einstecken konnte, aber auch wusste, was es hieß, arbeitslos zu sein.

Léonie schwieg.

»Es tut mir leid. Ich wollte Signor Picchi nicht verletzen«, entschuldigte sich da Signorina Rovani.

Léonie schwieg immer noch, während die beiden regungslos vor ihr standen.

Als die beiden jungen Frauen kurz davor waren, in Tränen auszubrechen, sagte Léonie: »Es ist wirklich schade, dass zwei so tüchtige schöne junge Frauen so wenig Selbstvertrauen haben, dass sie handgreiflich werden und sich in zwei Furien verwandeln müssen. Hat Ihnen denn niemand beigebracht, wie wichtig die Solidarität unter Frauen ist? Auch in der Berufswelt können wir besser sein als die Männer, wenn wir uns gegenseitig mehr respektieren würden. Nach dem heutigen Vorfall könnten wir Sie entlassen oder strafversetzen. Ich sehe da allerdings noch eine dritte Möglichkeit: Sie werden weiterhin im selben Büro arbeiten und Ihre Aversionen ablegen. In einem Monat werde ich dann in Bezug auf Ihre Zukunft eine Entscheidung treffen.«

Léonie sah auf die Uhr. Sie musste nach Hause, um die Kleine zu stillen, und dann in den Ort fahren und die Kinder von der Schule abholen. Also stand sie auf und verließ grußlos das Zimmer.

Am nächsten Tag hatte sich die Lage wieder beruhigt, und unter den Angestellten sprach sich herum, dass die »Signora« unparteiisch, ja, fast besser als der Chef sei.

Die Nase des Buchhalters Picchi schwoll wieder ab, und Cavalier Cantoni bekam nichts von einem Vorfall mit, der ihn nur unnötig beunruhigt hätte.

Varenna

1

Léonie verließ Villanova bei Schneetreiben. Es hatte am Vorabend begonnen, und die Landschaft war bereits vollkommen weiß.

Je weiter sie sich dem See näherte, desto schwerer und feuchter wurde der Schnee. In Varenna regnete es, und die Schneeketten ihres Wagens klapperten über den Asphalt.

Es gelang ihr, ihre Aufregung zu verbergen, während die Hotelbesitzerin sie lächelnd empfing.

»Dottor Bastiani ist noch nicht eingetroffen, aber Ihre Suite ist bereits fertig. Möchten Sie hinaufgehen?«, fragte sie.

Sie hatte Roger seit zwei Jahren nicht gesehen und gehofft, dass er bereits auf sie wartete.

»Ich warte lieber an der Bar. Würden Sie mir bitte einen heißen Tee bringen?« Sie schluckte ihre Enttäuschung hinunter, setzte sich vor die Panoramascheibe, gegen die der Regen prasselte, und fragte sich, warum er noch nicht da war.

Sie knöpfte ihre Jacke auf, ohne sie auszuziehen, denn ihr war kalt, und ohne Roger kam ihr der Ort längst nicht so einladend und gemütlich vor. Er war noch nicht da und hatte auch keine Nachricht für sie hinterlassen. Warum?

Was, wenn er krank war? Sie verwarf diese Möglichkeit gleich wieder, denn er hätte bestimmt einen Weg gefunden, sie zu benachrichtigen. Genau wie sie im Vorjahr, als sie in der Klinik gewesen war, um ihre Tochter zur Welt zu bringen.

Vielleicht war er tot ... Roger war seit einem Jahr tot, und sie hatte nichts mitbekommen. Während sie sich sein tragisches Ende ausmalte, war ihre Kehle wie zugeschnürt. Sie merkte nicht einmal, dass der Kellner Teetasse und Kanne längst gebracht hatte. Ihr Lächeln fand sie erst wieder, als ihr eine Hand sanft übers Haar strich und eine vertraute Stimme leise sagte: *»Bonjour, Léonie.«*

Sie schlug die Hände vors Gesicht, und ihr entfuhr ein Schluchzen.

Roger, der hinter ihr stand, umarmte sie, wobei er sich vorbeugte und murmelte: »Psssst ... ich bin ja da, mein Schatz.«

»Lass dich anschauen!«, sagte Léonie.

Roger ging um den Tisch herum und stand vor ihr.

»Geht es dir gut?«, fragte sie.

Lächelnd erwiderte er: »Ausgezeichnet. Ich komme aus Venedig und hatte bei Brescia einen Motorschaden. Ich musste den Wagen in einer Werkstatt stehen lassen und hatte noch Glück, weil ich gleich ein Ersatzfahrzeug mit Chauffeur bekommen habe. Ich hatte eigentlich gehofft, wie immer vor dir hier zu sein, aber bei diesem Schneetreiben ist die Situation auf den Straßen katastrophal. Ich habe mich furchtbar verspätet. Verzeih mir, bitte!«

»Ich bin froh, dass du da bist.«

»Trink deinen Tee, bevor er kalt wird.«

Er schenkte ihr ein, half ihr aus der Jacke und nahm schließlich gegenüber von ihr Platz, wobei er sie genau musterte.

»Bist du wieder schwanger?«, fragte er, während Léonie an dem bernsteinfarbenen Getränk nippte.

»Nein, aber wir können nur kurz zusammen sein, weil meine Tochter Geburtstag hat.«

»Ich weiß.« Roger nickte.

Als Léonie am Morgen mit ihrem Mann und den drei älteren Kindern gefrühstückt hatte, hatte Guido sie neugierig angesehen.

»Ist irgendwas?«, hatte sie schließlich gefragt.

»Ich wüsste gern, was du für Giacintas Geburtstag organisiert hast.«

»Nur eine Torte mit einer Kerze, jede Menge frisch gepressten Orangensaft und einen mit einer Klaviertastatur bedruckten Gummiteppich, der Töne von sich gibt, wenn man darüberläuft.«

Die drei größeren Kinder, denen so schnell nichts entging, wenn sich ihre Eltern unterhielten, hatten sich begeistert eingemischt. Alle drei wollten den Musikteppich sehen.

»Kommt gar nicht infrage! Wenn ihr aus der Schule kommt, feiert ihr gemeinsam mit uns den Geburtstag eurer Schwester«, hatte Léonie bestimmt.

»Aber das ist nicht fair! Diese Zimperliese bekommt einen Teppich, der Musik macht, und ich gar nichts!«, protestierte Gioia, die vor einiger Zeit endlich angefangen hatte, Italienisch zu sprechen.

»Die wissen auch nicht mehr, was sie noch alles erfinden sollen, um unsere Kinder zu verblöden«, hatte Cavalier Cantoni gebrummt. Er schenkte dem Kind wie an jedem Geburtstag eines Enkels eine Goldmünze.

»Ich dachte, du würdest heute wie immer wegfahren«, hakte ihr Mann nach. Léonie wollte gar nicht erst auf die Provokation eingehen und sagte nur entschieden: »Ich werde rechtzeitig zurück sein, wenn meine Rasselbande am Nachmittag nach Hause kommt, um Giacinta zu feiern.«

Guido hatte die beiden Söhne in die Schule und den Kindergarten gebracht, Gioia und Giacinto waren der Obhut des Kindermädchens übergeben worden, und sie war nach Varenna aufgebrochen.

»Es fällt mir schwer, dich zurückzulassen, aber ich muss zu meiner Kleinen«, sagte sie zu Roger.

»Fahr nur!«, ermutigte er sie und lächelte, als wolle er sagen, dass Kinder die oberste Priorität hatten.

Dann fügte er hinzu: »Komm, ich bring dich zum Parkplatz. Fahr vorsichtig, denn die Straßen sind nach wie vor verschneit.«

Er erhob sich als Erster, half ihr in die Jacke und führte sie zu der Treppe vom Vicolo del Prestino zum Parkplatz.

Erst als sie einsteigen wollte, drückte er sie fest an sich und sagte: »Bis nächstes Jahr, mein Schatz! Zwölf Monate vergehen schnell, glaub mir. In der Zwischenzeit werde ich immer an dich denken und dich begehren.«

Sie setzte sich ans Steuer und kurbelte das Fenster herunter.

»Und was machst du heute noch?«

»Ich werde mich auf unser Zimmer zurückziehen und von dir träumen. Fahr vorsichtig, und wenn du mir einen echten Gefallen tun willst, gib im Hotel Bescheid, sobald du heil angekommen bist. Aber wenn ich's mir recht überlege: Ruf lieber nicht an.«

»Bis nächstes Jahr!«, sagte Léonie.

Varenna, sechs Jahre später

1

Kaum zu glauben, dass schon fast Weihnachten ist!«, sagte Léonie.

»Es ist ein wunderbarer, warmer Tag, ja, es riecht sogar nach Frühling«, erwiderte Roger.

Sie saßen im Bademantel auf der Terrasse ihrer Suite im *Hôtel du Lac.*

»Du hast mir noch gar nichts von dir erzählt. Davon, wie das letzte Jahr so war«, sagte sie.

»Wann hätte ich das denn tun sollen?«, fragte er lächelnd.

»Tja, bei deinem stürmischen Empfang …« Sie lachte.

»Jetzt gib nicht allein mir die Schuld! Du warst wie ausgehungert.«

»Wir mussten die verlorene Zeit nachholen«, sagte sie in Anspielung auf ihr letztes Treffen, als sie nach einer Pause von sechs Jahren wieder schwanger gewesen war. Dann fuhr sie fort: »Ehrlich gesagt war Giuditta ein Unfall. Mein Mann und ich hatten nicht vor, ein fünftes Kind in die Welt zu setzen.«

»Warum nicht? Du liebst doch Kinder.«

»Weil die letzten sechs Jahre ohne Schwangerschaft wunderschön waren. Ich konnte richtig arbeiten und meiner Mutterrolle gerecht werden. Jetzt reicht es mit den Kindern, nicht einmal mehr aus Versehen!«

Sie schwiegen, lauschten den ans Ufer schlagenden Wellen.

»Du hast mir immer noch nichts von dir erzählt«, wiederholte Léonie kurz darauf.

»Wollen wir essen gehen?«, schlug Roger vor und erhob sich.

Léonie tat es ihm gleich, ließ aber nicht locker.

»Und?«

»Meine Frau wollte nach Italien mitkommen. Diesmal findet unsere Konferenz in Mailand statt. Ich habe sie heute Morgen mit den Frauen meiner Kollegen im Hotel zurückgelassen. Hoffentlich geht sie einkaufen und lenkt sich etwas ab.«

»Ich komme mir vor wie ein Eindringling … Das tut mir leid. Wie hast du dich gerechtfertigt?«

»Ich habe ihr die Wahrheit gesagt.«

»Soll das ein Witz sein?«

Sie waren wieder im Salon ihrer Suite.

»Nein, das ist mein voller Ernst. Ich habe ihr gesagt, dass ich erst nachmittags wieder zurückkomme. Und da sie mich begleiten wollte, habe ich ihr erklärt, dass das nicht geht, weil ich mich mit meiner Geliebten treffe.«

»Meine Güte, Roger! Das hättest du nicht tun sollen. Wir haben uns doch geschworen, weder meinen Mann noch deine Frau zu verletzen.«

»Ich habe sie auch gar nicht verletzt. Sie hat mich nur überrascht angesehen und dann laut gelacht. Anschließend wollte sie wissen, wann ich endlich einmal ernst sei. Glaub mir, es gibt keine bessere Methode, Unglauben zu ernten, als die Wahrheit zu sagen. Sie ist fest davon überzeugt, dass ich den Tag auf der Skipiste verbringe. Und sollte sie doch Verdacht schöpfen, wird sie sich hüten, das zu sagen, da ich die übrigen dreihundertvierundsechzig Tage im Jahr ein perfekter Ehemann bin.«

Sie verließen das Hotel und gingen in ihr Stammlokal.

»Auch mein Mann wird sich fragen, was ich auf meinen geheimnisvollen vorweihnachtlichen Ausflügen so treibe. Aber offensichtlich spricht er mich lieber nicht darauf an«, überlegte Léonie laut.

»Wir beide verschwinden schon seit vielen Jahren am gleichen

Tag kurz vor Weihnachten. Wir würden die Intelligenz unserer Partner beleidigen, wenn wir glaubten, sie vermuteten in unserem Leben kein Geheimnis.«

»Und das soll es auch bleiben!«, sagte Léonie entschieden.

Doch als sie vor dem alten Kamin saßen, in dem das Holz knisterte, nahm Roger den Faden wieder auf.

»Unsere Liebesgeschichte wird so lange ein Geheimnis bleiben, bis dein Mann oder meine Frau beschließen, Fragen zu stellen«, sagte er.

»Roger, wir haben nur einen einzigen Tag im Jahr für uns. Wollen wir nicht über etwas anderes reden?«, schlug sie vor.

»Wir können nicht so sein wie sie und den Kopf in den Sand stecken!«

»Also reden wir darüber.«

»Angenommen, dein Mann würde dich mit mir ertappen. Was würdest du tun?«

»Dann müsste ich ihm das mit uns beichten und wäre gezwungen, mich zu entscheiden: für ihn oder für dich«, überlegte Léonie laut.

»Dann müsstest du dich fragen, was du wirklich für mich empfindest.«

»Das Gleiche gilt für dich, wenn deine Frau dich mit mir erwischen würde.«

»Ich würde mich für dich entscheiden, aber ich bin auch keine Mutter von fünf Kindern, von denen das jüngste erst wenige Monate alt ist.«

»Ich fühle mich meinem Mann und seiner Familie sehr nahe, von meinen Kindern ganz zu schweigen. Ich verdanke Guido sehr viel. Bevor ich ihn kennengelernt habe, war ich ein einsames, unglückliches Mädchen. Er hat mir alles gegeben, was ich mir jemals gewünscht habe: ein Haus, eine Familie, finanzielle Sicherheit, aufrichtige Zuneigung. Aber die Leidenschaft, nach der ich regelrecht ausgehungert bin, wie du gesagt hast, habe ich bisher nur mit dir erlebt«, gestand sie offen.

»Aber wenn du wählen müsstest?«

»Roger, *ça suffit!* Sollte es je dazu kommen, werde ich es dich wissen lassen. Und du hältst es bitte genauso. Im Moment möchte ich mich auf die wenigen Stunden mit dir konzentrieren, die ich noch habe. Und jetzt lass uns bestellen!«

Als sie ins Hotel zurückkehrten, herrschte in dem Raum neben der Lobby ein Riesentumult. Zwei Musiker mit Gitarre und Akkordeon stimmten ihre Instrumente.

»Verzeihen Sie bitte, aber meine Tochter hat letzte Woche ihr Studium abgeschlossen und möchte das mit ihren Freunden feiern. Ich hoffe, es stört Sie nicht, wenn es etwas lauter wird«, entschuldigte sich die Hotelbesitzerin.

»Ich mag Musik«, meinte Léonie.

»Aber Ihre Suite liegt direkt über diesem Saal. Ich musste mich entscheiden, ob ich die Ruhe meiner Gäste wahren oder meiner Tochter eine Freude machen will. Da habe ich mir gesagt, dass Kinder vorgehen«, verkündete die Frau lächelnd.

»Da bin ich ganz Ihrer Meinung!«, beruhigte Léonie sie.

»Du ahnst ja nicht, was die alles anstellen können! Warte nur, bis deine größer sind, dann wirst du schon sehen!«, ermahnte Roger sie und ging die Treppe zu ihrer Suite hinauf.

»Hast du schon vergessen, wie wir in dem Alter waren?«, fragte Léonie.

»Du hast recht. Ich bin ein alter Griesgram.«

Von ihren Partnern war nicht mehr die Rede gewesen, aber das Thema lastete schwer auf ihnen. Sie liebten sich, als wäre es das letzte Mal. Danach weinte Léonie, und er, der sie zärtlich umarmte, flüsterte: »Wir werden uns auch weiterhin sehen. Ich möchte dich nicht verlieren, und du willst auch nicht auf mich verzichten müssen.«

Er trocknete ihre Tränen und wiegte sie wie ein kleines Kind.

Bei Einbruch der Dunkelheit verließen sie die Suite, und als sie die Treppe hinunterkamen, sahen sie die jungen Leute, die in den Saal strömten, um dort zu feiern. Die Musiker spielten eine Mazurka, und Roger flüsterte Léonie zu: »Wie wär's, wenn wir mittanzen?«

»Das wollte ich dir auch gerade vorschlagen«, erwiderte Léonie.

Sie fanden sich auf einem Fest wieder, auf dem sich alle, einschließlich der Musiker, amüsierten. Und so tanzten und tanzten sie und versuchten zu vergessen, dass ihr schöner, heimlicher Traum zu Ende zu gehen drohte.

Villanova heute

1

Wieder einmal waren die Feiertage ein Anlass, Freunde und Verwandte einzuladen, wobei Guidos und Léonies Geduld auf eine harte Probe gestellt wurde. Aber wie in jedem Jahr fuhren die beiden nach Silvester mit ihren Kindern in die Berge. Und als sie dann nach Villanova zurückkehrten, trafen sie dort nur auf Cavalier Cantoni und seinen Bruder, den Monsignore, die wegen ihres fortgeschrittenen Alters zu Hause geblieben waren. Die beiden Brüder genossen es, zusammen zu sein, was in ihrer Kindheit zu kurz gekommen war. Sie liebten es, in Erinnerungen zu schwelgen, und konnten im Nachhinein über viele schwierige Phasen in ihrem Leben lachen.

Während sie beim Abendessen saßen, das pünktlich um sieben begann – ein jeder an seinem Tischende –, musterten sie Guido und Léonie, die mit ihren Kindern beide Längsseiten der Tafel einnahmen. Für den Industriellen und den Priester war Guidos Familie eine Art Meisterwerk, wobei sie nicht aufhören konnten, sich zu fragen, was wohl das Geheimnis von so viel Perfektion war. Sie wünschten sich jedenfalls, dass diese Harmonie durch nichts gestört würde.

Während sie ein Gorgonzola-Risotto und ein golden paniertes Wiener Schnitzel mit Steinpilzragout aßen, unterhielten sich die Erwachsenen über Arbeit, Wirtschaft und Politik, während die von Léonie gut erzogenen Kinder schweigend zuhörten.

Sie schimpften auf die neue Regierung, die das Blaue vom Himmel versprach und nur Almosen verteilen würde. Sie verachteten die weitverbreitete Akzeptanz von Steuerhinterziehung und anderen Gesetzesverstößen, die zu Kavaliersdelikten wurden. Sie dachten an das korrekte Verhalten von früher, das in anderen europäischen Ländern überlebt hatte, und sagten Italien eine schwierige Zukunft voraus.

»Regeln, liebe Kinder, sind die Grundvoraussetzung für Zivilisation«, gab der Monsignore seinen Großnichten und -neffen zu denken.

»Ohne Regeln geht es nicht«, erwiderte Cavalier Cantoni.

Nach der x-ten Wiederholung dieses Themas fragte der kleine Gioacchino: »Gibt es auch eine Regel, die uns sagt, was besser ist: Schokotorte oder Obsttorte mit Zitronencreme?«

»*Tais-toi, s'il te plaît!*«, herrschte Léonie ihren Zweitgeborenen an.

»Wieso? So unpassend finde ich die Frage gar nicht«, mischte sich Guido ein.

Gioacchinos Frage entstammte einem Streit mit der Mutter.

Am Vortag hatte Gioacchino das frühe Aufstehen seines Vaters genutzt, um auf der Suche nach Zärtlichkeit zu Léonie ins Bett zu schlüpfen – etwas, was sie keinem ihrer Kinder verwehrte.

Während sie warm eingepackt unter der Decke lagen und kuschelten, hatte sie geflüstert: »Bitte, lieber Gott, mach, dass ich nie gezwungen sein werde, mich zu entscheiden.«

Ohne es zu wollen, hatte sie den Gedanken, die sie seit ihrem letzten Treffen mit Roger quälten, laut Ausdruck verliehen.

»Dass du gezwungen wärst, dich zu entscheiden?«, hatte das Kind gefragt, das den Satz sofort aufgeschnappt hatte.

»Was meinst du damit?«, hatte sie ertappt entgegnet.

»Das weißt du genau. Warum sagst du es mir nicht?«

»Ich habe daran gedacht, dass Schokotorte und Obsttorte mit Zitronencreme das Beste sind, was es gibt. Und ich kann mich zwischen beidem nie entscheiden«, hatte sie gesagt und sich vorgestellt, zwischen Guido und Roger wählen zu müssen.

»Wieso denn entscheiden? Ich esse alle beide!«, hatte der Junge erwidert.

»Das ist eine hervorragende Idee«, hatte Léonie lachend verkündet.

Kurz darauf war das Kind in ihren Armen eingeschlafen.

Jetzt sagte Guido zu seinem Sohn: »Die einzige Methode herauszufinden, was einem besser gefällt, besteht darin, von beidem zu kosten.«

»Aber die Mama hat davon gekostet und sagt, dass ihr beides schmeckt«, wandte der Junge ein, anstatt wie befohlen zu schweigen.

»Tatsächlich? Ich wusste gar nicht, dass du so ein Schleckermaul bist«, sagte Guido zu seiner Frau.

»Darum geht es nicht. Wie soll man sich zwischen zwei Dingen entscheiden, die man liebt, obwohl man ganz genau weiß, dass man sich nur für eines entscheiden darf?«, mischte sich Giuseppe ein und wandte sich an den Großvater, den er als oberste Autorität betrachtete.

»Am besten, man sucht sich etwas Drittes, das einem noch besser gefällt. Damit ist das Problem gelöst«, meinte Gioia, die eher pragmatisch veranlagt war.

»Es gibt Dinge, für die gelten keine Regeln. In diesem Fall kommt nur ein Kompromiss infrage. Und um wieder auf die beiden Torten zurückzukommen, die deiner Mutter so schmecken«, erwiderte der Großvater und wandte sich an die Schwiegertochter: »Da genügt es, beide Portionen zu verkleinern und sowohl die eine als auch die andere zu essen.«

Guido lächelte seiner Frau zu und schlussfolgerte: »Manchmal gibt es eben nichts Besseres als eine anständige Portion Schokotorte, um die Laune zu heben.«

Kurz fragte sich Léonie, was ihr Mann wohl damit meinte, aber sein heiterer, gelassener Gesichtsausdruck beruhigte sie.

2

Es gab Abende, an denen Léonie und ihr Schwiegervater allein im roten Salon am Kamin saßen und redeten. Wenn die Kinder im Bett waren und Guido in Rom und es auch sonst keine Gäste gab, ließ der Patriarch seinen Gedanken freien Lauf – wohl wissend, dass ihm seine Schwiegertochter aufmerksam zuhörte.

Léonie war intelligent und verfügte über einen außergewöhnlichen Geschäftssinn. Renzo hegte väterliche Gefühle für sie, aber da er recht störrisch war, sagte er ihr nicht »Ich hab dich lieb« oder machte ihr ein Kompliment über ein geglücktes Geschäft oder einen interessanten Vorstoß. Stattdessen meinte er: »Das kannst du noch besser.«

Die Schwiegertochter, die ihn inzwischen gut kannte, reagierte mit einem liebevollen Lächeln, ohne auf seine Provokation einzugehen.

Eines Abends im April, als es draußen gewitterte und der alte Herr an einem Goldmohntee nippte, den Nesto zubereitet hatte, schlug sie vor: »Ich habe mir überlegt, dass wir eine Kinderkrippe für den Angestelltennachwuchs einrichten sollten. Dann könnten die jungen Mütter nach der Geburt ihrer Kinder leichter wieder in den Beruf einsteigen, ohne sich Sorgen machen zu müssen, wo sie die Kleinen lassen sollen. In Japan und anderen Ländern wirken sich Firmenkrippen positiv auf die Arbeitsleistung aus.«

»Reichen dir der Kindergarten, das Armaturen-Museum und die Kantine, die du in ein Restaurant mit freier Speisenwahl umgewandelt hast, immer noch nicht? Jetzt kommst du auch noch mit so einem Unsinn an!«, rief Renzo wie immer barsch.

»Hätte es eine firmeneigene Kinderkrippe gegeben, hätte ich nicht so viel kostbare Zeit verloren und früher und effektiver wieder arbeiten können«, beharrte sie, ohne sich von der Reaktion ihres Schwiegervaters auch nur im Geringsten entmutigen zu lassen.

»Du bekommst den Hals wirklich nie voll! Weißt du überhaupt, was so etwas kostet? Mal abgesehen von den ganzen bürokratischen Hindernissen, die überwunden werden müssen. Ahnst du überhaupt, was einem blüht, wenn man gegen die Regeln und Kontrollen des Gesundheitsamts verstößt? Und wo soll diese Krippe überhaupt hin?«, fragte er, schon ein wenig neugieriger.

»Zwischen der Fabrik und den Büros liegt ein Grundstück, auf dem man ein schmales Gebäude mit einem Garten errichten könnte. Ich habe schon Pläne zeichnen lassen, einen Kostenvoranschlag eingeholt, die Genehmigungen vorliegen und eine Umfrage unter unseren Angestellten durchgeführt: Die würden sich freuen, wenn sie die Kleinen mit zur Arbeit bringen und in der Mittagspause besuchen könnten. Mal ganz abgesehen davon, dass die Kinderkrippe im Ort deutlich mehr kostet, während wir nur eine symbolische Summe verlangen können. Die Mehrkosten, die das für uns bringt, holen wir durch die erhöhte Produktivität locker wieder rein«, erklärte Léonie in der Hoffnung, dass ihr Schwiegervater seine Zustimmung geben würde.

»Du bist wirklich eine kleine Hexe! Du hast dir den Respekt und die Zuneigung der Angestellten längst erarbeitet, aber das genügt dir immer noch nicht. Du willst wohl, dass sie dich verehren!«, rief Renzo amüsiert.

»Ich möchte nur, was du auch möchtest, *papà*. Auf jeden Fall habe ich dir meine Idee nun vorgestellt. Jetzt musst du eine Entscheidung treffen.«

Renzo Cantoni bewunderte die Intelligenz und den Geschäftssinn seiner Schwiegertochter. Er war froh, dass sie das Familienunternehmen fortführen würde. Noch vor ein paar Jahren hatte er befürchtet, die Armaturenfabrik in Ermangelung eines Nachfolgers verkaufen zu müssen, denn Guido, seinen einzigen Sohn, konnte er, was das anging, vergessen. Was für ein Wunder, dass plötzlich diese junge Frau aus der französischen Provinz aufgetaucht war, sich für die Fabrik begeistert, fünf wunderbare Kinder zur Welt gebracht und den Fortbestand der Familie und der Firma Cantoni gesichert hatte. Außerdem entstaubte sie die Armaturen durch ein modernes, fast futuristisches Design.

Sämtliche Fachzeitschriften, darunter auch die bedeutendsten, widmeten den Modellen aus dem Hause Cantoni seitenlange Artikel mit vielen Fotos. Ihre Produkte wurden immer eleganter und innovativer. Ihre Armaturen waren inzwischen in den wichtigsten Gebäuden und exklusivsten Hotels der Welt zu finden. Léonies Geniestreich hatte darin bestanden, den Elysée-Palast und den Kreml zu beliefern. Vor allem die Russen hatten zuerst nur Armaturen aus massivem Gold gewollt, wie es sie in den arabischen Ländern gab.

Und nun hatte Léonie dem Schwiegervater etwas vorgeschlagen, das perfekt zum sozialen Engagement der Familie passte, die ein Altersheim und einen Kindergarten mit ausgebildeten Erziehern unterhielt.

Genau wie sein Vater sagte auch Renzo Cantoni immer wieder: »Wir müssen dafür sorgen, dass man uns unsere Privilegien verzeiht, indem wir den Bedürftigen helfen.«

Im Laufe der Jahre hatte Renzo gehört, wie sich Unternehmer ihrer Tricks rühmten, mit denen sie ihre Gewinne auf dem Rücken der Arbeiter steigerten. Das galt vor allem für Frauen, die gezwungen wurden, zusammen mit dem Einstellungsvertrag gleich auch eine Kündigung zu unterschreiben: Sollten sie schwanger werden, mussten sie gehen.

Viele Unternehmen machten eine doppelte Buchführung: eine legale und eine gefälschte, in der sie regelmäßig nur die Hälfte der Arbeiter aufführten – ein perverses System, das die ehrlichen Unternehmer bestrafte und allen nur schadete.

Wenn Renzo diese Unternehmer kritisierte, sagten einige: »Du bist noch schlauer als wir. Du hast deine Leute so gut im Griff, dass es keiner wagt zu mucksen.«

Das stimmte, aber auch nur, weil er die Gesetze respektierte und die Angestellten zu einem verantwortungsbewussten Verhalten erzog. Diese Prinzipien waren ihm von seinem Vater, Amilcare Cantoni, überliefert worden, und er hatte nie dagegen verstoßen.

Nach einem langen Schweigen, das von lautem Donnern betont wurde, sagte Renzo zu Léonie: »Ich schaue mir den Kostenvoranschlag für dieses Projekt gerne näher an.« Er erhob sich aus seinem Sessel. »Aber jetzt gehe ich erst mal schlafen.«

»Ich auch«, erwiderte sie und folgte ihm.

Als sie am Klavier vorbeikamen, das seiner Frau gehört hatte, strich Renzo zärtlich über die Tasten und flüsterte: »Mir fehlt die Contessa. Ich kann nicht verstehen, warum du und dein Mann nur so wenig Zeit miteinander verbringt. Nur, weil er sich diesen verrückten Beruf in den Kopf gesetzt hat, der ihn an Rom bindet. Wer weiß, warum? Er hätte es verdient, wenn du dir einen Liebhaber suchen würdest«, murmelte er, während sie den Lift verließen, der sie in den ersten Stock gebracht hatte.

Léonie lächelte und fragte amüsiert: »Soll das eine Aufforderung sein?«

»Im Gegenteil, das ist eine Befürchtung«, sagte er leise und sah ihr in die Augen.

»Sei ganz beruhigt, *papà*«, erwiderte Léonie und küsste ihn flüchtig auf die Wange.

3

Die ganze Familie nahm an der festlich gedeckten Tafel Platz. Draußen fiel lautlos der Schnee.

Renzo Cantoni und Onkel Gioacchino, die immer älter und besserwisserischer wurden, saßen wie immer an den beiden Tischenden, während sich Léonie und Guido zwischen ihren Kindern und deren Freunden gegenübersaßen.

Ihr erstes Enkelkind, die Tochter von Giuseppe und seiner Frau Fiona, war drei Monate alt und schlief unter Aufsicht eines Kindermädchens in seinem Zimmer.

Es war Heiligabend, und wie immer waren sie nach dem einfachen Mittagessen in den gelben Salon gegangen, wo unter einem riesigen Tannenbaum ein Berg Geschenke auf sie wartete. Cavalier Cantoni murmelte: »Genießt den Überfluss, denn schon nächstes Jahr müssen wir uns vielleicht mit einer Suppe zufriedengeben, die wir mit unserem eigenen Atem aufwärmen müssen.«

Das sollte als Abwehrzauber dienen, war aber auch der Angst vor der Krise geschuldet, die die ganze Welt erfasst hatte. Italien hatte es wegen des geringen Vertrauens der Menschen in die Politiker und in ihre Fähigkeit, das Land wieder auf den richtigen Kurs zu bringen, besonders schlimm erwischt.

Der Familienbetrieb hatte dank Renzos und Léonies gutem Gespür noch keine Einbußen zu verzeichnen. Sie hatten in die Qualität ihrer Produkte investiert und neue Kunden in den arabischen Ländern und China gewonnen.

Als Léonie die Armaturen kontrollierte, die für reiche chinesische Geschäftsleute und arabische Herrscher bestimmt waren, sagte sie seufzend: »Die sind fast schon obszön kostbar!«

Die Modelle waren vergoldet, aus reinem Edelmetall oder hatten futuristische Formen. Jedes Teil war ein wertvolles Schmuckstück, in das der Name desjenigen eingraviert war, der es montiert und fertiggestellt hatte. Eine Reihe dieser Modelle war im Museum of Modern Art ausgestellt. Dadurch, dass sich die Cantonis auf dem internationalen Luxusmarkt etabliert hatten, konnten sie ihren Angestellten qualifizierte Tätigkeiten und angemessene Gehälter garantieren. Aber auch in Villanova gab es viele Menschen, die bei anderen kleinen und mittelgroßen Firmen beschäftigt waren und nun Kurzarbeit verrichten mussten oder gleich ihre Arbeitsplätze verloren.

Die trüben Zukunftsaussichten schlugen allen aufs Gemüt.

Guidos und Léonies Sohn Gioacchino, der in der Londoner City arbeitete und die Geldmärkte Tag für Tag aus nächster Nähe verfolgte, hatte ihnen eine erbarmungslose Zusammenfassung der zukünftigen Wirtschaftslage gegeben.

Giuseppe, der in einer New Yorker Anwaltskanzlei tätig war, hatte verkündet: »Wir müssen noch ein paar Jahre Geduld haben, dann erholt sich der Markt wieder.«

»Können wir denn nicht wenigstens an Weihnachten aufhören, über die Krise zu reden, und unsere Geschenke genießen?«, entfuhr es Guido, der gerade das Geschenk seiner Tochter Gioia und ihres Verlobten Bertrand ausgepackt hatte: goldene Manschettenknöpfe mit seinen Initialen. Von da an folgte ein Begeisterungsschrei dem anderen, und die Geschwister umarmten und neckten sich.

Léonie blickte mit Stolz auf ihre wohlgeratenen Kinder, die noch träumen konnten. Ob eines von ihnen wohl eines Tages das Erbe der Armaturenfabrik antreten würde?

Giuseppe hatte nicht vor, nach Italien zurückzukehren, es sei denn, er merkte irgendwann, wie sehr seine zugeknöpfte blonde Frau ihn an der kurzen Leine hielt und ihm ihre Entscheidungen aufzwang. Gioia lebte in Paris. Sie war in die Fußstapfen ihres Vaters getreten und arbeitete als Journalistin. Gerade machte sie ein Praktikum bei der Zeitschrift *ELLE*, und ihr Freund arbeitete im Elysée-Palast.

Léonie setzte nicht unbegründete Hoffnungen in Gioacchino und Giacinta.

Gioacchino war schön wie ein Engel mit seiner athletischen Figur, die aussah wie in Marmor gemeißelt. Kaum war er an Weihnachten nach Villanova zurückgekehrt, war er in die Firma geeilt und hatte sich in ihrem Büro breitgemacht. Dort hatte er sie mit Fragen zur Produktion, zur Geschäftsführung und zur zukünftigen Investitionsplanung bestürmt.

Giacinta spezialisierte sich in Rom auf Antikenrestaurierung. Neugierig befasste sie sich mit den Skizzen und Zeichnungen der jüngsten Armaturen-Modelle. Schon mehrmals hatte sie gesagt: »Ich liebe das Restaurieren, aber mich deprimiert, wie beschränkt unsere finanziellen Mittel sind. Wer weiß, vielleicht verliere ich irgendwann die Geduld und arbeite mit dir zusammen.«

Léonie setzte keines ihrer Kinder unter Druck und wartete auf den Tag, an dem sie von sich aus zu ihr kommen würden.

Gioacchino war seit Jahren mit Peter zusammen, der für den *Sunday Mirror* schrieb. Er war ein sympathischer Mensch und ein fantastischer Journalist, aber so besitzergreifend, dass Gioacchino langsam ungeduldig wurde. Immerhin war es Peter zu verdanken, dass Gioacchino es geschafft hatte, offen zu seiner Homosexualität zu stehen. Die Familie Cantoni hatte ihn und seinen Lebensgefährten ohne jedes Drama akzeptiert. Aber Léonie war sich sicher, dass er sich früher oder später von Peter trennen und wieder nach Villanova zurückkehren würde.

Giuditta war ihr noch ein Rätsel: Sie war sechzehn, ging auf ein Schweizer Internat, hasste Sport und las in ihrer Freizeit hauptsächlich Liebesromane. Im Unterschied zu ihren Schwestern, die zwar manchmal den Kopf in den Wolken trugen, aber dafür mit beiden Beinen fest auf der Erde standen, ließ sie sich treiben, ohne ein Bedürfnis nach Halt zu haben. Sie wurde eben einfach langsamer erwachsen als ihre anderen vier Kinder, sagte sich Léonie.

Kurz vor Mitternacht hatten sie alle gemeinsam die Messe in der Dorfkirche besucht.

Onkel Giacchino war schon vorausgegangen, da er zusammen mit dem Pfarrer den Gottesdienst feiern wollte.

Am nächsten Morgen hatten Guido, sein Vater und Léonie wie jedes Weihnachten die alten Leute in der Seniorenresidenz besucht, Geschenke verteilt und in die strahlenden Gesichter der Heimbewohner und ihrer Verwandten geschaut. Anschließend hatte sich die Familie unter dem gestrengen Blick des alten Nesto am Tisch versammelt, der die Kellner dirigierte wie ein Orchester.

Traditionsgemäß erhob sich Cavalier Cantoni und hielt seine Ansprache, die er wie immer mit folgendem Satz begann: »Wieder einmal habe ich anlässlich der Geburt unseres Herrn das Vergnügen, euch alle hier versammelt zu sehen.« Er gedachte seines Vaters Amilcare, seiner Mutter Bianca Crippa, seiner geliebten Celina, deren guter Geist bestimmt über sie wachte. Wie immer sagte er ganz gerührt: »Ich weiß nicht, wie viele Weihnachtsfeste mir der liebe Gott noch schenken wird, denn ich bin inzwischen ein alter, kranker Mann. Aber ich danke ihm dafür, dass es meinen Bruder und mich, mit dem ich gemeinsam eine schwierige Kindheit verbracht habe, immer noch gibt. Meinen Sohn, der leider nicht in meine Fußstapfen treten wollte, und meine Schwiegertochter, die nach wie vor aussieht wie ein junges Mädchen, schier übermenschliche Kräfte besitzt und inzwischen die tragende Säule unserer Firma ist, sowie meine Enkel, die, dem Himmel sei

Dank, alle schön und gesund sind und von denen ich hoffe, zumindest von einigen, dass sie die Liebe zu unserer Firma weitergeben …« Er verstummte, um eine Träne fortzuwischen, und schloss mit den Worten: »Euch allen frohe Weihnachten!«

Renzo Cantoni setzte sich. Monsignor Gioacchino machte das Kreuzzeichen, und die anderen taten es ihm nach. Nach dem Segen konnten sie sich dann dem Essen widmen.

Erst am späten Nachmittag gelang es Guido und seiner Frau, sich in ihr privates Wohnzimmer zurückzuziehen.

Erschöpft ließen sie sich aufs Sofa fallen, während das Dienstmädchen, das zwei Tassen und eine Kanne Kräutertee auf den Tisch gestellt hatte, den Raum verließ.

»Wie fandest du es?«, fragte Guido, während er den aromatischen Aufguss einschenkte.

»Schön wie immer. Und was sagst du?«

»Wunderbar! Hoffen wir, dass unsere Kinder wirklich so sind, wie sie wirken, nämlich glücklich und ausgeglichen.«

»Auch ich hoffe, dass sie keine Enttäuschungen oder schlimmen Sorgen erleben müssen.«

»Und wenn eines dir sagen würde, dass es ein Riesenproblem hat, das es schon seit Jahren heimlich mit sich herumträgt …«

»Ich kenne die Cantonis inzwischen so gut, dass ich ihm raten würde: ›Verbanne es in den hintersten Winkel deines Herzens und tue so, als ob es nicht existiert‹«, unterbrach ihn Léonie. Dann sah sie ihm tief in die Augen und fragte: »Möchtest du mir vielleicht etwas sagen?«

Schweigen. Guido nahm einen Schluck von seinem Tee und murmelte schließlich: »Auch dieses Jahr bist du nach Varenna gefahren, um dich mit diesem Mann zu treffen.«

4

Léonie hielt mit beiden Händen die Tasse umklammert, die sie gerade zum Mund führen wollte, und blieb stumm.

»Seit ich euch das erste Mal zusammen gesehen habe, ist viel Zeit vergangen«, fuhr Guido fort.

Wieder ein langes Schweigen. Aus dem Garten drangen die Stimmen und das Gelächter der Kinder, die gerade eine Schneeballschlacht machten, zu ihnen herein.

»Beim ersten Mal habe ich euch rein zufällig überrascht. Ich habe mich nach einer Filmlocation umgesehen und euch entdeckt. Da hat es mir fast den Boden unter den Füßen weggezogen. Der Mann an deiner Seite war sehr attraktiv, und ihr schient euch wirklich wohl miteinander zu fühlen.«

Guido sprach ganz gelassen, den Blick aufs Fenster gerichtet, vor dem der Schnee fiel. »Als du wieder nach Hause gekommen bist, habe ich in meinem Arbeitszimmer geschlafen. Aber am Tag darauf habe ich dich strahlen sehen«, fuhr er fort. »Da habe ich zum ersten Mal seit unserer Hochzeit gemerkt, wie hoffnungslos ich in dich verliebt bin. Ich wusste nicht, was ich tun soll, und habe mich schließlich an eine Privatdetektei gewandt, die dich monatelang beschattet hat, ohne auch nur das Geringste zu entdecken. Sie hat nur herausgefunden, dass du dich einmal im Jahr für wenige Stunden mit diesem Mann triffst, jedes Mal am zweiundzwanzigsten Dezember. Ich habe versucht, dich aus deinem Schweigen zu reißen, aber mir fehlte der Mut nachzuhaken, weil ich viel zu viel Angst hatte, dich zu verlieren. In all den Jahren war ich mehr als nur einmal versucht, dir nach Varenna zu folgen. Doch stattdessen bin ich zu Hause geblieben und habe gebetet, dass du zu mir zurückkehrst. Nach jedem Treffen habe ich versucht, mir einzureden, dass es das letzte wäre, dass diese Geschichte irgendwann aufhören würde. Doch nichts weist darauf hin, dass deine Affäre mit dem Mann aus Marseille irgendwann einmal vorbei ist. Deshalb bin ich bereit, dich frei zu geben, wenn du beschließen solltest, mich zu verlassen. Aber ich möchte, dass du weißt, dass ich dich zutiefst liebe und dass du die Frau meines Lebens bist.«

Mit zitternden Händen stellte Léonie ihren Kräutertee ab.

Stumme Tränen liefen ihr über die Wangen, als sie sagte: »Warum hast du so lange gewartet, um mir das zu sagen?«

»Weil ich ein Cantoni bin, und die Cantonis schweigen, wie du weißt.«

Sie trocknete ihre Tränen und sagte: »Und ich dachte immer, du wärst nach wie vor in Amaranta verliebt und in deinem Herzen wäre kein Platz für eine andere Liebe. Aber ich hatte das verzweifelte Bedürfnis, geliebt zu werden.«

»Du weißt also Bescheid … von wem denn?«, fragte er leise.

»Von Großvater Amilcare.«

»Und du hast nie mit mir darüber geredet«, stellte er traurig fest.

»Ich habe mich der Familientradition angepasst«, erwiderte sie verbittert.

»Die so viel unnötiges Leid über uns gebracht hat«, sagte Guido und griff nach ihrer Hand. »Amaranta war lange der Inbegriff der Leidenschaft für mich, wenn auch eine *amour fou*. Doch seit vielen Jahren gibt es nur noch dich. Ich liebe dich, begehre dich und möchte dich mit niemandem teilen, nicht mal einen Tag im Jahr.«

Jetzt ist der Moment der Wahrheit gekommen, dachte Léonie. Plötzlich wurde sie von einer unglaublichen Wut gepackt. Sie sprang auf und sagte anklagend: »Du hast mich geheiratet und jahrelang leidenschaftlich eine andere geliebt. Und jetzt sagst du einfach so, dass du mich schon immer geliebt hast. Dass du eifersüchtig bist und ich dich habe leiden lassen. Dass du keinen anderen neben dir duldest. Und da du so großzügig bist, gibst du mir die Möglichkeit, mich zu entscheiden. Wie kannst du es wagen? Erinnerst du dich noch an unsere Hochzeitsnacht? Ich war Jungfrau und hatte große Angst. Doch dir ist nichts Besseres eingefallen als: ›Na gut, dann versuchen wir es eben ein anderes Mal.‹ Du hast dich umgedreht und bist eingeschlafen. Klar, du warst immer vorbildlich, hast mich mit Geschenken und Zärtlichkeiten überschüttet. Aber in Gedanken warst du ständig woanders. Erst als du mich mit einem anderen gesehen hast, bist du eifersüchtig geworden und hast deine Liebe für mich entdeckt. Und was hast du getan? Du hast geschwiegen! Was bist du nur für ein Mensch, Guido Cantoni? Wenn du es wirklich wissen willst: Im Grunde hat der Mann, den ich in Varenna treffe und dem ich nur wenige Stunden im Jahr meine Aufmerksamkeit schenke, unsere Ehe gerettet. Und jetzt, nach fast dreißig Jahren, sagst du mir, dass du mich liebst und nicht Amaranta. Doch jetzt bist du derjenige, der sich entscheiden muss, nicht ich. Du kannst beschließen, bei mir zu bleiben, aber nur, wenn du keine Geheimnisse mehr vor mir hast. Oder du kannst nach Rom zurückkehren, wo du ohnehin die meiste Zeit verbringst, während ich mich mithilfe deiner Großeltern und Eltern allein um unsere Kinder kümmern musste, die mich im Gegensatz zu dir vom ersten Tag an geliebt haben. Ich werde jetzt zu unseren Kindern gehen, und wenn sie merken, wie aufgebracht ich bin, werde ich nicht so tun, als wäre alles in bester Ordnung, sondern sagen, dass ich eine Mordswut auf dich habe.«

Bei den letzten Worten knallte sie die Tür hinter sich zu.

Doch die Kinder stellten keinerlei Fragen. Giuseppe und seine Frau Fiona waren bereits weiter nach Mailand gefahren und hatten die kleine Margaret mitgenommen. Gioacchino und Peter diskutierten über eine Schachpartie, Gioia und Giacinta blätterten in Modezeitschriften, und Giuditta lag auf dem Teppich vor dem Kamin und las in einem Liebesroman.

Sie sahen nur kurz auf, als ihre Mutter den gelben Salon betrat, und ignorierten sie ansonsten. Da ging sie in den roten Salon, in dem Onkel Gioacchino auf dem Sofa schnarchte und der Schwiegervater von seinem Sessel aus fernsah.

»Welche Laus ist dir denn über die Leber gelaufen?«, fragte Renzo, als er sie hereinkommen sah.

»Ich habe mit deinem Sohn gestritten«, sagte Léonie barsch.

»Die Feiertage sind hervorragend dazu geeignet, sich in die Haare zu bekommen«, erwiderte er gelassen.

»Gut möglich, dass Guido und ich uns scheiden lassen«, gestand sie ihm.

»Seid ihr nicht etwas zu erwachsen für solche Albernheiten?«

»Irgendwann musste das ja passieren. Und jetzt ist es eben so weit«, erwiderte Léonie.

In diesem Moment kam Guido herein. Wortlos nahm er sie am Arm und zog sie nach draußen, während Renzo Cantoni amüsiert lächelte und sein Bruder, der Monsignore, weiterschnarchte. Léonie leistete keinen Widerstand, nicht zuletzt, weil ihr Mann stärker war, und folgte ihm in den Salon im ersten Stock neben ihrem Schlafzimmer.

»Setz dich!«, befahl er so drohend, dass sie ganz verwirrt war.

Sie gehorchte, und er setzte sich ihr gegenüber. Plötzlich wurden Guidos Züge ganz weich, als er sagte: »Ich bin ein Idiot. Ich habe mich viel zu lange wie ein kompletter Idiot benommen. Es genügt nicht, dass ich dich um Verzeihung bitte. Stattdessen flehe ich dich an, für den Rest meines Lebens bei mir zu bleiben. Bitte sag Ja, denn ich liebe dich wie ein Wahnsinniger.«

5

Léonie hatte ihren Mann noch nie so verzweifelt erlebt. Sie hörte auf ihr Gefühl und gab ihm die Hand, die er fest in die seine nahm.

»Und?«, fragte er bang und setzte sich neben sie.

»Das ist doch verrückt!«, flüsterte Léonie mehr zu sich selbst als zu ihm.

»Was denn?«

»Dass du so viele Jahre gewartet hast, um mir zu sagen, dass du mich liebst.«

»Ich hielt es für unnötig. Ich dachte, dass ich es dir Tag für Tag auf jede nur denkbare Art gezeigt hätte.«

»Wie denn? Indem du mir Geschenke gemacht hast? Indem du die ganze Woche in Rom verbracht und dir eingebildet hast, wir würden eine perfekte Ehe führen?«

»Jedes Wort von dir ist ein Giftpfeil, der meine Hoffnung auf einen gemeinsamen Neuanfang zunichtemacht«, meinte Guido niedergeschlagen.

»Weißt du überhaupt, wie sehr mir deine lauwarme Liebe zu schaffen gemacht hat, so ohne jeden Elan? Und deine Geschichte mit Amaranta, die du mir stets verschwiegen hast, als wäre ich eine Fremde? Ich habe dir alles aus meinem Leben erzählt, aber du mir rein gar nichts!«, machte Léonie ihrem Herzen Luft.

»Warum hast du mich nicht verlassen und bist mit dem Mann aus Marseille weggegangen?«, hakte Guido nach.

Léonie antwortete nicht. Sie musterte ihren gut aussehenden Mann, der ihr direkt in die Augen sah, und war kurz verwirrt.

»Weil ich dich liebe?«, flüsterte sie.

»Das musst du nicht mich, sondern dich fragen«, forderte Guido sie auf und drückte ihre Hand.

»Oh Gott! Ich … ich bin geblieben, weil … weil ich verliebt in dich bin.«

Sie brach in Tränen aus und weinte lange in den Armen ihres Mannes, der sie fest an sich gedrückt hielt.

Nachdem sie sich wieder beruhigt hatte, sagte Guido: »Wir waren beide Idioten.«

»Überleg nur, wie viele Jahre wir verloren haben«, bemerkte Léonie und trocknete ihre Tränen.

»In Wahrheit haben wir gar nichts verloren, weil wir immer noch zusammen sind«, beruhigte Guido sie lächelnd.

»Ich möchte jetzt ein wenig allein sein, um wieder richtig zu mir zu kommen. Bitte kümmer du dich um die Kinder.«

»Einverstanden«, erwiderte er, küsste sie auf die Stirn und verließ das Zimmer. Léonie ging in den Nebenraum, legte sich aufs Bett und war kurz darauf eingeschlafen.

Als sie wieder wach wurde, lag Guido neben ihr.

Léonie kuschelte sich in seine Arme und sagte: »Wie wäre es mit noch einem Kind, um unseren gemeinsamen Neuanfang zu feiern?«

»In unserem Alter?«, fragte Guido lachend.

»Tja, das würde uns bestimmt wieder jugendlichen Schwung verleihen«, erwiderte sie.

»Dann lass es uns versuchen«, beschloss Guido.

Nach den Feiertagen und bevor die Kinder Villanova wieder verließen, baten Guido und Léonie Onkel Gioacchino, in der Dorfkirche eine Messe für die glückliche Familie zu feiern.

Drei Monate später rief Guido alle seine Kinder an, um ihnen mitzuteilen, dass ihre Mutter schwanger war.

Das sechste Kind wurde Anfang Oktober geboren, es wurde auf den Namen Giovanni getauft.

Anfang Dezember fuhr Léonie nach Varenna und übergab der Besitzerin des *Hôtel du Lac* einen Umschlag für Professor Bastiani, falls er denn eintreffen würde. Er enthielt ein Blatt Papier, auf das sie geschrieben hatte:

Mein lieber Freund, ich habe jeden Moment genossen, den wir zusammen verbracht haben. Aber nach vielen Jahren habe ich schließlich bei meinem Mann gefunden, wonach ich während unserer wunderschönen Liebesgeschichte bei dir gesucht habe. Du bist ein wunderbarer Mann. Adieu mon cher ami. Léonie.

Dank

Was die medizinischen Details angeht, war mir Professor Massimo Candiano, Oberarzt für Gynäkologie in der Mailänder Universitätsklinik San Raffaele, eine große Hilfe.

Wie man einen Autoreifen wechselt, hat mir Edoardo Colombo, der Leiter der Renault-Vertragswerkstatt Ezio Colombo, erklärt.

Alles andere verdanke ich meiner hochgeschätzten Lektorin Donatella Barbieri und den »Mädels« bei Sperling.

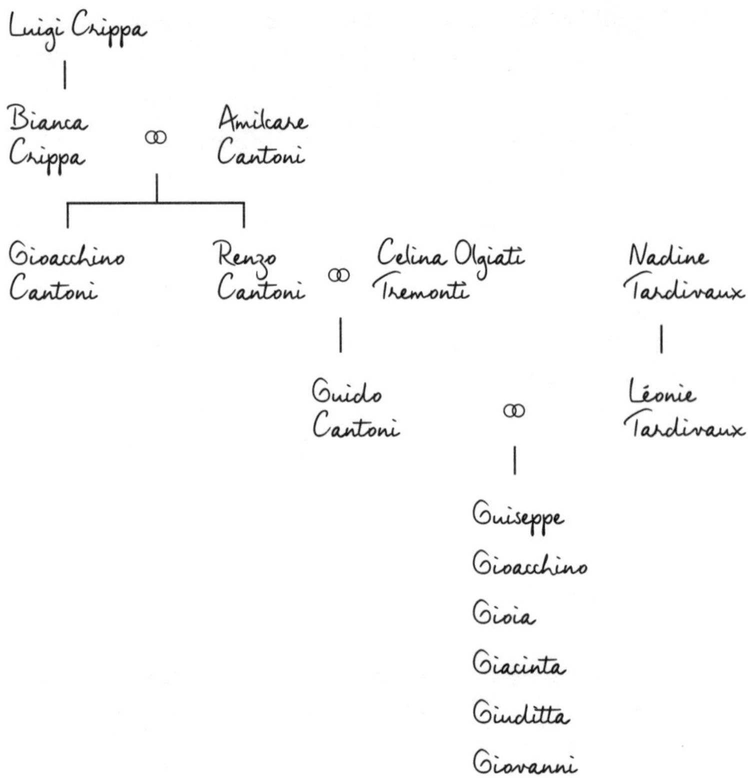
Luigi Crippa
Bianca Crippa
Amilcare Cantoni
Gioacchino Cantoni
Renzo Cantoni
Celina Olgiati Tremonti
Nadine Tardivaux
Guido Cantoni
Léonie Tardivaux
Guiseppe
Gioacchino
Gioia
Giacinta
Giuditta
Giovanni